多文化世界【原書第3版】

違いを学び未来への道を探る

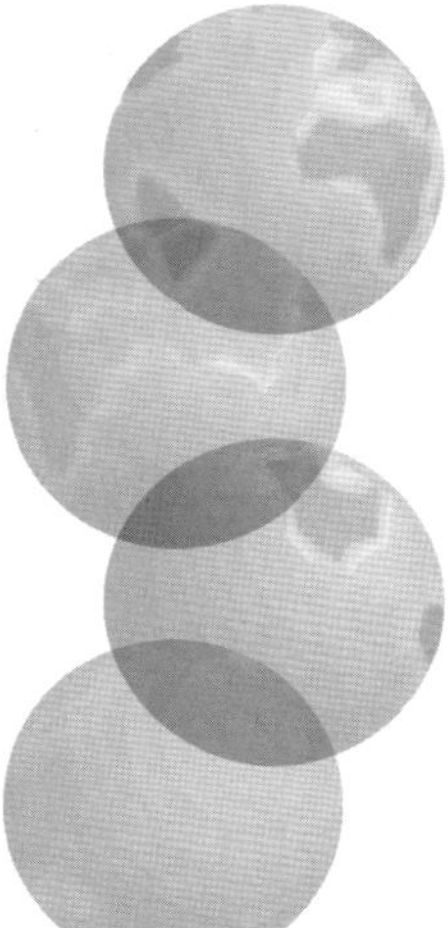

G・ホフステード、G・J・ホフステード、M・ミンコフ 著
Geert Hofstede, Gert Jan Hofstede, Michael Minkov

岩井八郎・岩井紀子 訳
大阪商業大学JGSS研究センター 編集協力

Cultures and Organizations
Software of the Mind, 3rd ed.
Intercultural Cooperation and Its Importance for Survival

有斐閣

まえがき

一九六〇年代の終わりに、ヘールト・ホフステードはふとしたことから国民文化の違いに興味を持つようになり、それを研究する豊富なデータを手にすることができた。その研究から、*Culture's Consequences*（『経営文化の国際比較』）という表題の本が一九八〇年に生まれた。その本は、心理学、組織社会学および経営学で確立されている理論がどの社会にも当てはまる、という考え方に疑問を投げかけた。したがってヘールトは、その本を研究者向きに書かなければならず、結論を導くための理論的根拠、基礎データ、統計処理について論じなければならなかった。一九八四年に出したペーパーバック版では、基礎データと統計処理の部分が省かれているが、そのほかの部分は一九八〇年のハードカバー版と全く同じである。

『経営文化の国際比較』が世に出た当時、国や組織における文化の違いについての関心は急速に高まっていたが、この問題についての実証的な裏づけのある情報が不足していた。上記の本はたしかにそのような情報を提供した。ただし、あまりにも多くの情報を一度に提供しすぎたようであった。多くの読者は、明らかにメッセージの一部分しか読んでいなかった。たとえば、数えきれないほど多くの人が、あの本をＩＢＭ社（本では「ヘルメス社」と称している）の管理職たちの価値観を研究した文献として引用した。ヘールトが用いたのは、ＩＢＭ社の社員たちから得たデータであって、本のなかでも示しているように、社員の価値観と管理職の価値観には大きな隔たりがある。

文化の違いというテーマについてさまざまな人々に教えたり、協力的な読者を対象に検証を重ねたりした後、ヘールトは一九九一年に知的好奇心の強い一般の読者向けの本として『多文化世界』の初版を出版した。文化の違いというテーマは、もちろん、社会科学者や国際ビジネスの研究者だけの関心にとどまらない。このテーマは、自分の限られた交友範囲の外からやってきた人と出会う者ならば、誰にでも関係のある問題であり、現代の世界では、ほとんど誰もがこのテーマとかかわりを持っている。この新しい本は、関心のある読者すべてを想定して執筆した。社会科学の専門用語はできるだけ使わないように心がけ、どうしても必要なときは、十分な説明を加え、さらに巻末に用語解説をつけた。一九九四年と一九九七年には、若干の更新をして出版されている。

その間、政治や経済、思想の世界では急速な変化が起こっていた。二〇〇一年にヘールトは『経営文化の国際比較』を改訂した最新版を出版し、一九八〇年以降に公表された、ほかの研究者による追調査の結果についての議論も組み込んだ。研究や学術的な検討をめざす者は、誰もがこの本をもとに議論を行った。

二〇〇五年にヘールトは、『多文化世界』を全面的に書き改めた最新版を出版した。ヘルト・ヤン・ホフステードは、この本の共著者として加わった。ヘルト・ヤンは、生物学を専攻し、ヴァーヘニンゲン大学で情報システムに関して教鞭をとった後、父の研究成果を自分の授業や研究で用い始めた。ヘルト・ヤンは二〇〇二年に *Exploring Culture: Exercises, Stories and Synthetic Cultures*（『文化の探索――課題、物語、合成文化』）を出版しており、この書物には、ポール・B・ペデルセンとヘールト・ホフステードも寄稿している。ヘルト・ヤンは、国際的ネットワークにおける文化の役割について実地経験があり、シミュレーション・ゲームを用いて文化の役割を教えることを実践しており、文化の生物学的起源についても造詣が深い。

ＩＢＭ社員のデータ・セットは、そもそも偶然に手にしたものであったので、ヘールトは、それを用いた最初の比較文化研究以降、ＩＢＭデータの妥当性を検証し、補足するためにほかのデータを探し続けてきた。この三〇年間で、価値観に関する自記式調査に基づく比較文化データのなかで、利用可能なものが膨大な数になっている。ヘールトは、もう一度研究をやり直すことになるなら、これらの新しいデータベースからデータを選びたいと、かねがね語っていた。一〇年ほど前、ヘールトはブルガリアのソフィアにいる一人の研究者とＥメールで連絡をとった。その人物は、利用可能なデータベースを精査し、得られた結果に共通する構造を探求するという、まさしくヘールトの希望した仕事に携わっているように思えた。この研究者が、マイケル・ミンコフであり、われわれが後に、ミッショと呼ぶ人物である。ミッショは、二〇〇七年に *What Makes Us Different and Similar: A New Interpretation of the World Value Survey and Other Cross-Cultural Data*（『差異と類似性――世界価値観調査ならびにほかの比較文化データの新しい解釈』）と題する書物において、分析結果を公表した。この研究は、われわれが求める方向に洞察力を深めてくれた。さらに東ヨーロッパ出身のミッショは、ヘールトのもともとのデータベースに含まれていなかった国々に関するインサイダー情報を提供してくれた。東ヨーロッパ諸国についての情報は、ヨーロッパ大陸の将来にとって大変重要である。

二〇一〇年に出版した『多文化世界』のこの新しい第三版では、ミッショは三人目の著者として、ヘルト・ヤンとヘールトに加わった。チームとしての分業は、ヘルト・ヤンが第1章に大いにかかわり、第12章をすべて執筆した。ミッショは、第2章、第4章、とりわけ第7章に大いにかかわり、また第8章のすべてを執筆した。さらに、それぞれが互いの担当部分に対して意見を交換した。最終原稿に対する責任はヘールトが負っている。

ヘールトは数年前に世界一周旅行を行い、三枚の世界地図を買った。三枚とも平らで、地球の表面を平面に投影したものである。一枚目はヨーロッパとアフリカを真ん中に置き、アメリカが西に、アジアが東に来ている。西洋と東洋という用語はヨーロッパ中心の世界観が生み出したものである。二枚目はハワイで買った地図で、太平洋を真ん中に置き、アジアとアフリカが左側に（ヨーロッパは左上の片隅に小さく描かれている）、アメリカが右側に来ている。ハワイから見ると、東洋が西になり、西洋が東になるのである！　三枚目はニュージーランドで買った地図で、二枚目と似ていたが、上下が逆である。南が上で、北が下になっている。ヨーロッパは、今度は右下の片隅に描かれている。これらの地図のうちどれが正しいのだろうか。もちろん、三つとも正しい。地球は丸く、地球上のどの場所も中心になるのである。どの国の人も、自分の国が世界の中心であると考えてきた。中国人は自分の国を「真ん中の王国、つまり中国」（Zhongguo）と呼び、古代のスカンジナビア人も自分の国を同じような名前で呼んでいた（midgardr）。今日でも、さまざまな国で多くの一般市民、政治家、研究者が、心の中で自分の国こそが中心であると思っていることであろう。彼らはそのように行動しているのである。

自分の国が中心であるという考え方は非常に強いものなので、ほとんどの場合は本の内容だけから著者の国籍を当てることができる。われわれの著作についても同じである。ヘールトとヘルト・ヤンはオランダ人であり、英語で書いたとしても、注意深く読めばオランダのソフトウェア・オブ・ザ・マインドがはっきりと表れている。ミッショの東ヨーロッパ的な考え方も発見されるであろう。このため、同国人以外が書いた本を読むことは、それ自体が異文化体験であり、カルチャー・ショックにさえなってしまうだろう。それは悪いことではない。カルチャー・ショックを受けずに文化を学ぶことは、水のないところで水泳を練習するのと同じだからである。フランスの有名なマンガ『アステリックス』では、外国人の訪問を嫌がる最年長の村人がこのように述べている。「わしは外国人に何のいやな気持ちも持っておらん。わしの親友には外国人もおる。じゃが、**こいつら**はここの者ではないんじゃ！」

異文化体験の市場は拡大しているが、そのような講座や本は明るい面しか示していない。文化の統合ばかりで、文化間の対立を見せていないのである。ビジネスに興味のある人にはそのような明るいメッセージが好まれるだろうが、それは誤りである。カルチャー・ショックを経験せずに文化を学ぶことは、外国についての知識を自分の国にいる外国人の話だけで得ることと同じである。

ヘールトが一九九一年にこの本の初版を出版したとき、未来を担う孫たちにこの本を捧げた。第二版になって、ヘルト・ヤンの長女リースベットが文書の作成を手伝い、とくに参考文献をタイプしてくれた。今回はその妹のケーティ・ホフステードが図表の作成に多大の貢献をしてくれた。

学術的な交流のなかでは、とくにマリーク・デ・ムーイに感謝したい。彼女は、文化が重要な役割を果たす、マーケティング、広告、消費行動の分野にわれわれを導いてくれた。彼女の業績については、この書物の多くの箇所で引用している。第12章は全く新しい試みである。ヘルト・ヤンは、デイビット・スローン・ウィルソンから強い影響を受けている。また、校正をしてくれた、デュール・アーネン、ジョセフ・ベレフィールド、アーリエ・オスカム、インゲ・フォン・ストッコム、アーヤン・デ・ビッサー、ウィン・ヴァーシンガのコメントもたいへん有益であった。

初版は一七カ国語（英語の翻訳版としてブルガリア語、中国語、チェコ語、デンマーク語、オランダ語、フィン語、フランス語、ドイツ語、日本語、韓国語、ノルウェー語、ポーランド語、ポルトガル語、ルーマニア語、スペイン語、スウェーデン語）で出版された。第二版は、これまで中国語、チェコ語、デンマーク語、オランダ語、ドイツ語、ハンガリー語、ポーランド語、スウェーデン語に翻訳された。この新しい版が、多くの読者にそれぞれの言語で広く読まれることを願っている。

目　次

第5章　男性・女性・人間……124

第6章　違うということは、危険なことである……173

第12章　文化の進化……406

第Ⅰ部　文化という概念

第1章　社会というゲームの規則

第11陪審員：(立ち上がって)「失礼ですが、その議論では……」
第10陪審員：(話をさえぎって、まねる)「「失礼ですが」いったい全体なんてご丁寧な言い方をするんだ」
第11陪審員：(第10陪審員をまっすぐ見て)「あなたが丁寧でないのと同じ理由からです。私はそのように育てられたのです」(レジナルド・ローズ原作の *Twelve Angry Men*〔『一二人の怒れる男』〕から)

『一二人の怒れる男』は、ヘンリー・フォンダ主演で映画化され有名になったアメリカの戯曲である。この作品は一九五五年に出版された。舞台はニューヨークの裁判所の陪審員室である。一二人の陪審員はお互いに面識がない。彼らは、殺人罪で告訴されているスラム街の少年が有罪であるか無罪であるかを満場一致で決めなくてはならない。冒頭に挙げたのは、第二幕つまり最後の幕から引用したせりふである。陪審員たちの感情は極限にまで達するほど高まっていた。第10陪審員と第11陪審員が対決している。第10陪審員は、自動車の修理工場の経営者であり、第11陪審員は、ヨーロッパ生まれの、おそらくオーストリア生まれの時計職人である。第10陪審員は、第11陪審員の非常に丁寧なふるまいにいらいらしていた。しかし、この時計職人はほかにふるまいようがなかったのである。アメリカを母国としてから何年も経っているけれども、彼は今でも、彼が育ってきた環境で身につけたとおりに行動している。彼は、その行動パターンを忘れることができないのである。

▼考え方は異なるが、問題は共通している▲

世界では、考え方、感じ方、そして行動の仕方の異なる人々や集団さらに国々が、絶え間なく争いを続けている。しかし、争いの渦のなかにいる人々や集団そして国々も、一二人の怒れる男と同じように、今や共通の問題に直面しており、それを解決するために協力することが求められている。生態系、経済、政治、軍事、衛生ならびに気象における変化は、国境あるいは地域の境界線でとどまるものではない。核戦争、地球温暖化、組織犯罪、貧困、テロリズム、海洋汚染、動物の絶滅、エイズあるいは世界的な不景気のおそれに対処するために、多くの国々のオピニオン・リーダーたちの協力が求められている。一方、これらの指導者たちは、彼らが協議した決定事項を実行に移すために、幅広い支持者たちからの支援を必要としている。

指導者たちとその支持者たちの考え方、感じ方、そして行動の仕方の違いを理解することは、世界的に有効な解決策を見出すための条件である。経済、科学技術、医学あるいは生物学における国際協力の問題は、これまでたんなる技術的な問題だと考えられることが多すぎた。これほどまでに多くの解決策が効を奏さなかったり、実行されない理由の一つとして、ともに解決を図っているパートナーとの考え方の違いが無視されてきた点が挙げられる。

この本の目標は、地球上の人々の考え方、感じ方、そして行動の仕方の違いに対処する場合の一助となることである。本書は、人々の考え方はさまざまに異なるが、その背後には一貫した構造が存在しており、その構造を理解すれば、相互理解の基盤が得られることを示そうとしている。

▼心のプログラムとしての文化▲

すべての人は、どのように考え、感じ、行動するかについて、その人に固有のパターンを備えている。人は一生を通して、パターンを学び続けているが、その多くは、学んだり、適応したりすることがもっとも容易な幼年時代に身につけたものである。考え方、感じ方、行動の仕方について何らかのパターンをいったん身につけてしまうと、それと違ったパターンを覚えるためには、現在身につけているパターンを忘れる努力をしなければならなくなる。いったん身につけたパターンを忘れることは、白紙の状態で覚えることに比べてはるかに難しい。

コンピューターにプログラムが組み込まれるようすにたとえて、本書では、考え方、感じ方、行動の仕方のパターンを**メンタル・プログラム**、あるいは「**ソフトウェア・オブ・ザ・マインド**」と呼ぶことにしよう。このようにたとえるとしても、人間はもちろん、コンピューターとまったく同じようにプログラムで制御されているわけではない。メンタル・プログラムによってあらかじめ決定されているのは、人間の行動の一部分にしかすぎない。人間は、メンタル・プログラムによって決められた行動とは異なった行動をとり、新たな、創造的な、破壊的な、あるいは予測もつかない方法で反応を示す基本的な能力を備えている。「ソフトウェア・オブ・ザ・マインド」とは、ある人が成長してきた過程がわかれば、その人の反応をある程度予測でき理解できるということを示唆するにすぎない。

それぞれの人のメンタル・プログラムの源は、その人が成長し、人生経験を重ねた社会環境のなかにある。プログラムの組込みは家庭のなかで始まって、近隣、学校、若者の仲間集団、職場や地域でも続けられる。この章の冒頭に登場したヨーロッパから移住した時計職人の母国と出身階級では、丁寧にふるまうことに対して今日でも非常に高い価値が置かれている。そのような環境で育った人ならば、たいてい彼と同じように行動するであろう。一方、スラム街から地位を築き上げてきた、自動車修理工場のアメリカ人経営者は、まったく違ったメンタル・プログラムを獲得していた。メンタル・プログラムは、それをどのような社会環境において身につけたかによって、違ってくるのである。

メンタル・ソフトウェアは一般には、**文化**と呼ばれている。「文化」はいくつかの意味を持つ言葉であるが、それらはすべて土を耕すというラテン語の語源から派生したものである。たいていの西洋の言語では、「文化」は「文明」または「精神の洗練」を意味し、とくに、教養や芸術や文学のように洗練された精神によって生み出されるものを意味する。これは「狭い意味の文化」である。しかし、メンタル・ソフトウェアとしての文化は、社会学者や、とくに人類学者たちが対象としているようなもっと広い意味を持っている[1]。これが本書で扱う文化の概念の意味するところである。

社会（文化）人類学は人間社会に関する科学である。とくに、伝統的または「原始的」社会を主たる対象とした科学である。前に触れたように、社会人類学では、「文化」は考え方、感じ方、行動の仕方のパターンを総称するものである。精神を洗練するための活動だけでなく、あいさつ、食事、感情の表し方や抑え方、他人との距離のとり方、愛し方、身づくろいの仕方など、日常的なささいな活動も含まれる。

文化は、常に集合的な現象である。なぜなら同じ社会環境のなかで生きている人々あるいは生きてきた人々は、その環境のもとで文化を学習しているので、少なくとも部分的には同じ文化を共有しているからである。文化は社会ゲームについての不文律から成り立っている。**文化は、集合的に人間の心に組み込まれたプログラムであり、そのプログラムは集団によってあるいは人々のカテゴリーによって異なっている**[2]。

文化は生まれつき身につけているものではなく、学習されるものである。文化は社会環境に起源を発するものであって、遺伝子に文化の起源はない[3]。文化は人間性とも、個人のパーソナリティとも区別されるものであるが（図1・1参照）、人間性と文化、および文化とパーソナリティの間のどこに境界線を引くかは、社会科学者の間でも議論の対象となっている[4]。

人間性は、全人類に共通するもので、ロシアの大学教授にもオーストラリアの先住民アボリジニにも見られる。人間性はメンタル・ソフトウェアにおける普遍的な部分であり、遺伝子によって世代から世代へと引き継がれる。コンピューターにたとえると、人間の身体と基本的な精神の働きを決定している「オペレーティング・システム」である。恐怖、怒り、愛情、喜び、悲しみ、恥を感じる能力、他人とのつきあい、遊び、身体を動かしたいという欲求、環境に注意を払い、自分が見聞きしたことを他の人々と語り合う能力などはすべて、メンタル・プログラミングのこのレベルに属している。しかし、これらの感情をどのように処理し、どのように表現するかは、それぞれの文化のなかで修正される。

一方、個人の**パーソナリティ**は、それぞれの人に特有のもので、メンタル・プログラムのこの部分は他者と共有されていない。パーソナリティは、その人に特有の遺伝子によって受け継がれた特性と生後学習された特性の両方に基づいている。「学習された」とは、その人だけの個人的経験の影響だけではなく、集団的なプログラミング、すなわち文化の影響によってパーソナリティが変容することをも意味している。

図1・1　人間のメンタル・プログラミングの３つのレベル

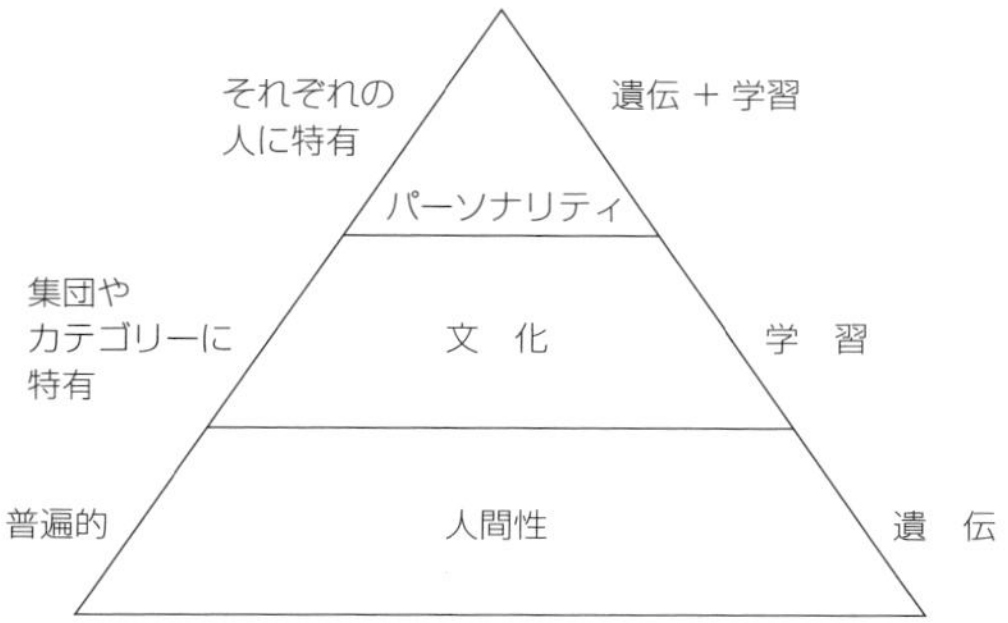

文化的特徴はこれまでしばしば遺伝によるものであると考えられてきた。さもなければ、過去の哲学者や学者たちは、人間の集団に見られる文化のパターンの差が驚くほど安定して続いているという事実を説明できなかったからである。彼らは、自分たちに先立つ世代から学び、自分たちが学んだものを次の世代に教えていくことがどれほど影響力を持つものであるかということを十分評価できなかった。人種についての疑似理論では、遺伝の果たす役割が誇張されている。この偽りの理論は、とりわけ第二次世界大戦中にナチスによって引き起こされた大虐殺に力を貸してしまった。人種や民族の対立はしばしば、文化の優劣に関する根拠のない議論によって正当化されている。

アメリカでは、特定の少数民族、とくに黒人は白人に比べて遺伝的に知能が劣っているではないかという科学的な議論が周期的に闘わされている。[5] なお、遺伝的な違いを重視するこの議論によれば、アジア系アメリカ人の方が、白人よりも平均して知能が高いことになる。この場合、社会的な環境の違いによって生じた能力差ではなく、生まれつきの能力だけを測定できるテストが求められる。しかし、文化的な影響をまったく受けていない知能テストを作ることは、不可能ではないとしても、非常に難しい。アメリカでは、社会的に不利な環境で育つ人の割合は、白人に比べて黒人の方がはるかに多く、このこと自体が文化の影響を受けて生じたことであり、このような違いに影響されないテストはどこにも存在しない。同じことは、ほかの国々における民族間の知能の違いにも当てはまる。

▼シンボル、ヒーロー、儀礼、価値観▲

文化の違いはいくつかの形を通して現れる。文化を表現する数多くの用語のなかでも次に挙げる四つの用語は、文化の概念全体をかなり整理してとらえている。シンボル、ヒーロー、儀礼、価値観である。図1・2に示すように、これらの四つの概念はたまねぎ型のモデルとして表すことができる。文化のもっとも表層にあるのはシンボルで、もっとも中枢にあるのは価値観である。ヒーローと儀礼はその中間にある。

シンボルとは、同じ文化を共有している人々だけが理解でき

図１・２ 「たまねぎ型モデル」：文化の表出のレベル

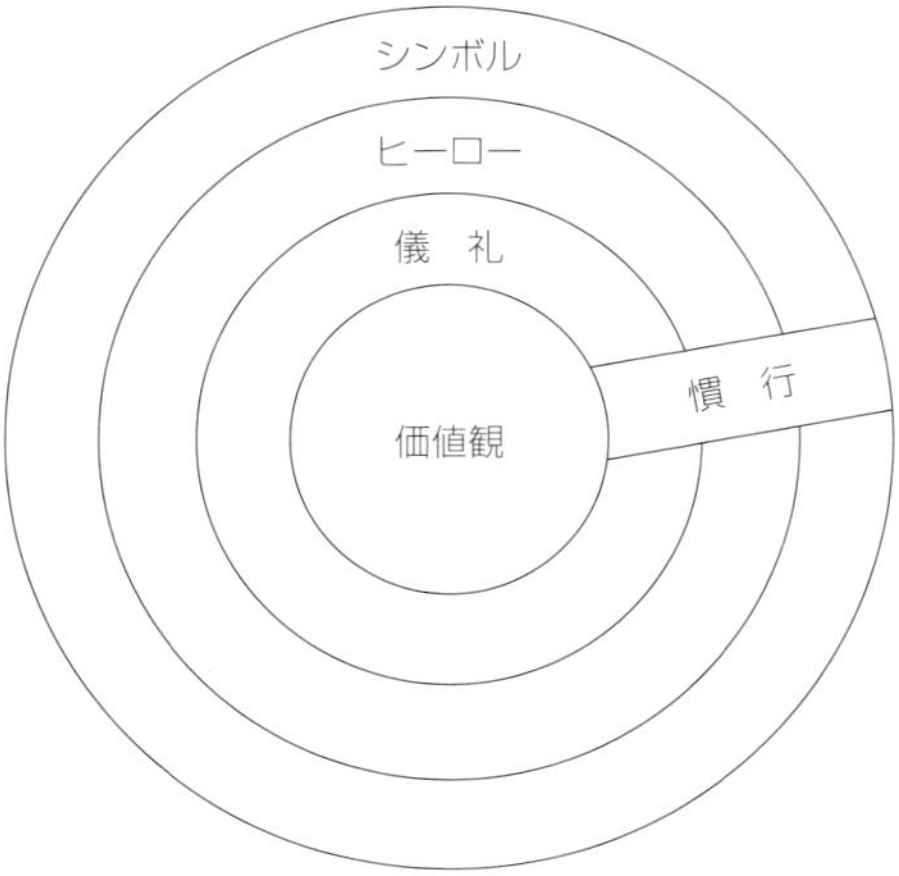

る、特別な意味を持つ言葉、しぐさ、絵柄あるいは物である。言葉遣いや俗語、服装、髪型、旗、ステータス・シンボルなどが、シンボルの例である。新しいシンボルは簡単に生み出され、古いシンボルは消え去る。ある文化集団のシンボルが他の文化集団によってコピーされることはたびたび生じる。だからこそシンボルは、**図１・２**にあるように、文化のもっとも表層に位置している。

ヒーローとは、その文化で非常に高く評価される特徴を備えていて、人々の行動のモデルとされる人物である。現在生きている人物である場合も故人である場合もあり、実在の人物である場合も架空の人物である場合もある。アメリカのバービーやバットマン、あるいはそれとは正反対の特徴をもつスヌーピー、フランスのアステリックス、オランダのオリー・B・ボモル（ミスター・バンブル）らもそれぞれの文化のヒーローとして扱われてきた。現在のようなテレビ時代には、ヒーローの条件として、以前よりも外見が重視されるようになっている。

儀礼とは、人々が集団で行うものであるが、望ましい目的に到達するための手段としては、なんの役にも立たないものである。しかし、その文化圏の人々にとっては、社会的になくてはならないものであるとみなされている。つまり、何かの役に立つというより、儀礼は儀礼自体のために行われるのである。あいさつの仕方や尊敬の表し方、社会的儀礼や宗教的儀礼がその例である。一見、もっともな理由をつけて設定されたビジネスや政治の会議は、グループの結束を強化したり、あるいはリーダーが自説を主張するといった儀礼的な意味しか持たない場合が多い。儀礼には、**言説**、すなわち文章や会話、日常のやりとり、考えの伝達において言語がどのように使われるかの表現方法が含まれる(6)。

図１・２では、シンボルやヒーローや儀礼はそれぞれ**慣行**とつながっている。シンボルやヒーローや儀礼は、慣行として他の文化圏の人々の目に触れる。しかし、その文化的な意味は目に見えることなく、その文化を共有する人々だけが理解することができる。

図１・２にあるように、文化のもっとも中枢にあるのは**価値**

観である。価値観とは、ある状態の方が他の状態よりも好ましいと思う傾向である。価値観は、肯定的な側面と否定的な側面の両極をあわせ持つ感情である。価値観としては次のようなペアが挙げられる。

悪い↔良い
汚い↔きれい
危険な↔安全な
禁じられた↔認められた
上品な↔下品な
道徳的↔非道徳的
みにくい↔美しい
不自然な↔自然な
異常な↔正常な
矛盾している↔論理的
非合理的↔合理的

図1・3　価値観と慣行の習得

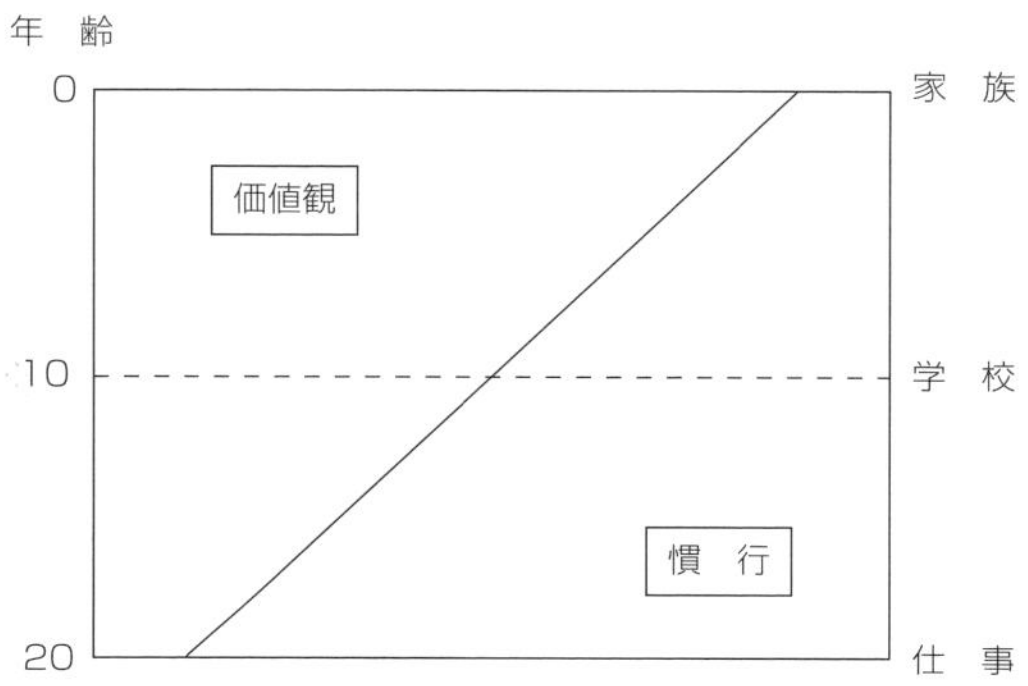

図1・3は、われわれがいつどのようにして価値観と慣行を身につけるのかを示している。われわれは価値観を人生の早い段階で身につける。ほかの多くの動物とは異なり、生まれたばかりの人間は生きるすべをほとんど備えていない。しかし幸運なことに、われわれ人間は生理学上生まれてから一〇～一二歳ぐらいまでの間が受容力に富む時期であり、この期間に周囲の環境から必要な情報を無意識のうちに極めて急速かつ大幅に吸収することができる。この情報のなかには言語などのシンボル、両親などのヒーロー、トイレ・トレーニングなどの儀礼、そしてもっとも重要なものとして、基本的価値観を含んでいる。この時期が終わる頃には、われわれは別の意識的な学習方法によって、主として新たな慣行を学習するようになる。

▼文化の自己再生産▲

幼い子どもの頃のことを思い出してみよう。あなたは価値観をどのように身につけただろうか。生まれてから数年間の記憶はないだろうが、その数年間はとても大切である。あなたは母親のお尻や背中のうえで一日中動き回っていただろうか、母親やきょうだいと一緒に寝ていただろうか。あるいは自分だけのベッドや乳母車に乗せられていただろうか。あなたの世話をしていたのは両親だろうか、母親だけか、あるいは他の人だっただろうか。あなたの周りはうるさかっただろうか、静かだっただろうか。あなたは周りに物静かな人や笑っている人、遊んでいる人、働いている人、優しい人や暴力的な人を見ただろうか。あなたが泣いたときには何が起きただろうか。

そして記憶が始まる。あなたのモデルとなるのは誰で、人生の目的は何だっただろうか。十分ありうることだが、両親やきょうだいがあなたのヒーローで、あなたは彼らをまねようとしたであろう。何が汚くて悪いもので、清潔で善良であるためにはどうすればよいかを学んだであろう。たとえば、つばを吐く、左手を使って食べる、鼻をかむ、排便する、あるいは人前でげっぷをするといった身体の使い方や、身体のさまざまな部分に触れたり、座ったり立ったりするときに身体をどのように人前にさらすのかといった仕草について、何が清潔で何が汚いかというルールを学んだであろう。ルールを破ることがどれだけ悪いことかも学んだであろう。また、他の人との関係においてどれだけイニシアチブをとるべきか、どれだけ親しくすべきか、そしてあなたが男の子であれ女の子であれ、ほかの誰が男であるか女であるか、男女の違いが何を意味するのかを学んだであろう。

そして、おそらく六歳から一二歳の子どもの頃には、学校の教師やクラスメート、スポーツ選手やテレビのアイドル、国民的あるいは宗教的なヒーローが新たなモデルとしてあなたの人生に入り込んでくる。あなたは彼らを次々とまねたであろう。両親、教師やほかの人々はあなたのふるまいを誉めたり罰したりしたであろう。あなたは質問をしたり、自分の思いを口に出したり、喧嘩したり、泣いたり、努力したり、嘘をついたり、無作法にふるまうことがよいのか悪いのかを学んだであろう。あなたはどのようなときに誇りを感じ、どのようなときに恥ずかしく思うかを学んだであろう。あなたは子ども同士とくに同学年の子どもたちとの間で駆け引きをして、どうすれば友だちになれるか、上下関係のなかをどうすれば上っていけるか、そして誰が誰にどのような借りがあるのかを考えたであろう。

一〇代になると、同世代の他者に関心が移ったであろう。あなたは自分の性に基づくアイデンティティや仲間との人間関係作りに強く関心を寄せたであろう。あなたが暮らす社会によっては、同性の仲間とほとんどの時間を過ごす社会もあれば、同性異性の区別なく共に時間を過ごす社会もある。その仲間の誰かに、あなたは強く憧れたかもしれない。

その後、あなたはおそらく自分の国の他の若者と似たような基準でパートナーを選び、子どもを持つかもしれない――そして、このサイクルが繰り返されるのである。

このサイクルには、安定を保とうとする強力な力が働いており、それを生物学者は**ホメオスタシス**（**恒常性**）と呼んでいる。

両親は望むと望まないとにかかわらず、自分が受けた教育を再生産する傾向がある。そして技術は控えめな役割しか果たさない。幼い時期に学ぶもののなかでもっとも主要な事柄は、身体や人間関係に関することである。これらが厳しいタブーの源であることは偶然ではない。

価値観はわれわれの人生の極めて早い時期に形成されるので、われわれは意識しないままに多くの価値観を内面化している。それゆえ、価値観というものは議論の対象にされることも、ほかの文化の人々から直接観察されることもない。価値観は、さまざまな環境のもとで人々がとる行動様式から推論されるだけである。人々はなぜそのように行動するのかと尋ねられたとしてもなすべきことをするすべを「知っている」あるいは「感じている」と答えるしかないだろう。彼らの心や意識が、そう行動するように伝えているのである。

▼誰も文化から逃れられない▲

本来、文化は継続性を持ったものである。しかし、たとえばあなたが乗った船が海で突風に巻き込まれて座礁し、あなたは見知らぬ二九人の乗客とともに無人島にたどり着いたとしよう。そのとき、あなたならどうするだろうか(7)。あなたやほかの乗客たちが世界のさまざまな場所から来ていたとしたら、共通の言語を持たず習慣も異なることになる。まず、簡単な共通語を編み出し、ともに行動し、協力し、統率を図る共通のルールを作らなければならない。若者と年長者、男性と女性との間で、役割分担が必要となるだろう。対立が生じるだろうが、なんとかして収めなければならない。カップルが結婚するかどうかを決めるときに責任を負うのは誰なのか。病気になる人、亡くなる人、生まれてくる子どもの世話は誰がするのか。

この例のポイントは、文化から逃れられる集団はないということである。明文化しようがしまいが、共通のルールを作ることは、集団が生きのびるための前提条件である。たまたまひとまとまりになった三〇人の開拓者の集団は、新たな文化を作ることになる。その文化の特徴は偶然に大きく左右される。それは既存の価値観、とりわけメンバーのなかでも有力な人々の価値観を継承することになる。しかし、いったん文化が定着し、子どもたちが生まれてくるようになれば、その集団における文化も再生産されるようになる。

▼価値観とモラル・サークル▲

第二次世界大戦のさなか一九四〇年から一九四五年にかけて、ドイツがオランダを占領した。一九四五年四月、ドイツ軍は混乱のうちにオランダを撤退したが、その際オランダの人々から多くの自転車を没収していった。二〇〇九年、オランダ・ナイケルクの聖カタリナ教会教区会は、かつて進軍してきたカナダ軍から逃れるために、教会の前に停めてあった自転車を持ち去ったという元ドイツ兵士から手紙を受け取った。その手紙の主は当時のお詫びをしたいと願っていて、損害の弁償をするために教区会に自転車の持ち主かその相続人を探し出してもらえないかとたずねたのだった[8]。

人間は内省や共感、コミュニケーションについて優れた能力を持っているにもかかわらず、どんなことからでも集団同士の衝突を生み出してしまう。これは理解しにくい問題である。破壊的なことはわかりきっているのに、なぜ集団同士の衝突はなくならないのか。明らかに、われわれが使う道徳のルールは、自分が所属する集団のメンバーに対する場合と他の集団のメンバーに対する場合では異なる。しかし「自分の集団」とは誰なのか。これはどの集団にとっても重大な問題である。われわれは子どもの頃から、誰が自分の集団のメンバーで誰がそうではないのか、そしてメンバーであるかどうかが何を意味するのかを学ぶ。人間は自分たちの集団とみなす人々を取り巻くところに心の境界線を引く。このように線引きされた**モラル・サークル**の内側のメンバーだけが、完全な権利と義務を有する[9]。

この話に登場するドイツ兵は、おそらく自らの戦争経験を長年にわたって考え続けたのだろう。年老いた今、彼は六四年前に持ち去った自転車の持ち主と自分が同じモラル・サークルに属していると考えるようになった。そして、自転車を没収したことを盗みと考え、お詫びがしたいと思うようになったのである。

われわれのメンタル・プログラムは、モラル・サークルのなかでの生活に合わせて調整される。われわれは、自分の子どもが何か成し遂げれば誇りに思うし、好きなスポーツチームが勝てば喜ぶ。われわれの多くは感情をこめて愛国的な歌や宗教歌を歌い、国旗に忠誠を誓う。集団のメンバーが失敗すれば恥ずかしく思い、罪を犯せば罪悪感を持つ。これらの感情には集団ごとに微妙な違いがある。ある社会では、女性は男と不適切な関係を持ったらしいと噂が立つだけで、自分の家族の男性によって殺されることがある。他の社会では、男の方が買春のかどで法によって裁かれる。しかし、集団に関係したモラル感情は普遍的なものである。スポーツや歌の祭典、テレビのクイズなど取るに足らないものについてすら、これらの感情が動くのである。モラル・サークルは、われわれのシンボルやヒーロー、儀礼だけではなく、価値観にも影響を与える。

集団のなかで誰がよくて誰が悪いかについて、意見の不一致が生じることもある。政治はそのような不一致を解決するためにある。政治的に多元的な社会では、右翼政党はモラル・サークルのなかの有力なメンバーを守り、左翼政党は弱者を守り、緑の党は環境保護を訴え、大衆受けを狙うポピュリスト政党は社会の一部の人々を悪者呼ばわりする。ジョージ・W・ブッシュ前アメリカ大統領のような指導者は、敵を作り出すことでグループ内の結束を高めようとする。彼らはポピュリストや独裁者と同じやり方で、モラル・サークルを狭めることが多い。人々は脅威を感知すると、現在の指導者との一体感を高める。バラク・オバマ現大統領のようなリーダーは、外交官や交渉人と同じやり方で、友人を作り、モラル・サークルを広げようとする。しかし、そうすることで自らのモラル・サークルが分裂するリスクが高まる。アンワル・エル・サダト元エジプト大統領（一九一八～一九八二）やイツハク・ラビン元イスラエル首相（一九二二～一九九五）は、宿敵との和解を果たしたあと、どちらも自国の国民によって暗殺されている。

モラル・サークルは、一組の婚姻関係から人類全体に至るまで、さまざまな形や規模があるが、われわれの社会生活を決定づける重要な要因であり、文化を生み出し伝達する。

▼モラル・サークルの境界——宗教と哲学▲

哲学や精神世界、そして宗教は、善悪の違いを選り分ける手段である。二五〇〇年もの間、東西の哲学者が教えを説いてきた黄金律にはこうある——「あなたが人にしてもらいたいように、あなたも人にしなさい」。これはモラル・サークルの肯定命題のように読める。[10]「汝の隣人を愛せよ」などの宗教的な処方箋も、同じような役割を果たす。宗教セクトは自らの共同体のメンバーでモラル・サークルを作る傾向がある。道徳的な権利と義務や来世での褒美は、同じ信仰を持つメンバーにのみ保証される。信仰の対象が何であれ、宗教はモラル・サークルを作り、境界線を引くうえで、本質的に重要な役割を果たす。

ひとつの国のなかで社会レベルのモラル・サークルを描こうと、国民国家と宗教が競い合うことも起こりうる。これは歴史上たびたび起こってきたことであり、今日でも起こっている。これらの衝突の激しさは、モラル・サークルに属することの重要性を示しており、またモラル・サークルの境界を決める権限がいかに大きな特権であるかを示している。新たな指導者が各地を訪問し、演説を行うのは、自らが率いるモラル・サークルの境界を再定義するための典型的な行動である。

社会や宗教によっては、モラル・サークルを拡大し、すべての人間が一つのモラル・コミュニティに属すると考えるものもある。「世界人権宣言」[11]や開発援助は、そのような志向に由来するものである。モラル・サークルのなかに動物を含めて考えることもありうる。人は動物の権利を守るために組織や政党まで作り、ペットが死ねば厳かに埋葬する。しかし、そのような巨大なモラル・サークルでは、権利と義務は必然的に希薄になる。歴史的に見て、宗教的多元性に寛容な宗教は、より閉鎖的な宗教に駆逐されている。多くの帝国は内部から崩壊している。

悪人や新たに参入を求める者を扱うルールは社会によって異なる。それらの例は、これから本書に登場する。われわれ人間は自らのモラル・サークルの境界をめぐって絶え間なく交渉を行っており、交渉の方法は文化によって異なる。文化はモラル・サークルのなかでよきメンバーであるための方法を示すものであるが、その方法は個人の生まれつきの特性により異なる。また、文化は悪人に対してどうすべきか、どのような人をモラル・サークルに迎え入れてよいのかについても示している。

▼人種と家族を越えて▲

かつて、ヘルト・ヤン・ホフステードはウィーンからアムステルダムまで夜行列車で旅をしたことがある。個室では年配のオーストリア人の女性といっしょで、彼女からおいしい自家栽培のアンズをもらった。その後、個室にハンサムな若い黒人男性が入ってきた。年配の女性は彼の身体に触れそうになると、おびえた表情をしたので、ヘルト・ヤンはなごやかな雰囲気を作り直そうとした。その若い男性はスリナム出身で、オランダ国立バレエ団でクラシックバレエを踊っていて、ウィーンの公演を終えたところだった。しかし、彼女は文字通りの外国人恐怖症で、取り乱したままだった。彼女は、その男性とヘルト・ヤンが音楽について話していたとき、アフリカのタムタムにちがいないと思い込んでいた。幸い、男性は旅慣れていて感情を害することはなかった。三人は英語でややよそよそしい会話を交わしたあと、何事もなくアムステルダムに到着した。

世界の異なる場所にルーツを持つ人々の外見は違って見える。種としての遺伝子の違いは、人間の場合小さく、チンパンジーの違いのほうが大きいくらいである。しかし人間の遺伝子の違いには、外見にはっきり表われるものがある。生物学者によれば、人間の遺伝情報はほどよく混ざっている。われわれはたしかに単一の種であり、道徳的にもわれわれは同じ人類だという方が好ましい(12)。それでも、生物学的にいえば、肉眼や遺伝学的手段で確認可能な人種の違いは存在する。しかし、遺伝子上の違いは集団の境界にとって主要な基盤ではない。われわれの遺伝子には連続性があるが、集団への帰属感覚には連続性がない。何百万もの移民たちは、自らの先祖が住んだ大陸とは異なる大陸で暮らしている。ある人の民族としての出自と育った国を見た目だけで言い当てるのは、よほどの専門家でないと難しい。

しかし、ある集団との同一性を認識するかどうかは大きな問題である。人間にとって宗教、言語などに象徴される集団の境界は重要なものであり、われわれは境界を定め、境界について交渉し、変更しようと多くの時間を費やしている。人間はあらゆるシンボルを旗印に団結したり、シンボルをめぐって争ったりしている。昔ながらのお家騒動から領土紛争や、侮辱に対して名誉を守ろうとする争い、本の意味をめぐる争いなどがそうである。

人間社会が拡大し、何百万もの人々からなる社会が現れると、関係性というものの性質が変化した。今日、人々は遺伝子上の共通性を持つ人よりも、むしろ、同じシンボルを共有する集団のメンバーに対して親しみを感じている。われわれは自らの国や、ことによってはサッカーチームのためにすら戦い、死ぬことがある。何百万もの人々が、ポップ・スターや魅力的な政治家、カリスマ的な宗教家を称え、一体感を感じて陶酔した群をなす。世界中の人々とコンピューターを通じて社会的ネットワークを積極的に築くこともある。コンピューター上の関係は、直接会ったことがない相手との間でも、意味のあるものになりえる。誕生や相続などの場合を除けば、法律は家族のつながりに関係なく権利と義務を人々に与える。家族のきずなは今でも非常に大切なものであり、今後も大切であり続けることは疑いない。しかし、それはより大きな社会全体の枠組みの一部なのである。われわれが暮らす社会は非常に大きいため、血のつながりは道徳上の権利と義務を決定づける唯一の手段にもなりえなければ、もっとも重要なものにもなりえない。とはいうものの、血は水よりも濃いことに疑いはなく、しかも社会によって濃さが異なるのである。この点については第4章で見ていこう。

▼「われわれ」と「やつら」▲

社会科学者は内集団《ないしゅうだん》と外集団《がいしゅうだん》という言葉を使う。内集団は直観的に「われわれ」と感じる集団を、外集団は「やつら」と感じる集団を表す。人間は実際にこのように単純な方法で動いている。他者がどちらの集団に入るかを分類しようとする必要性が常に存在している。内集団の定義は社会によってかなり異なるが、定義は常に目につきやすいものである。われわれはその定義を用いて、家族と義理の家族（「家族のうち血の流れていない方」）、自分のチームと敵チーム、自分と似た人々とほかの人種を区別する。アメリカの研究者による実験で、アフリカ系アメリカ人とヨーロッパ系アメリカ人の参加者に対して、自らの民族集団《エスニック・グループ》と、異なる民族集団のメンバーの写真をそれぞれ見せ、感情的な反応をテストするというものがある(13)。アフリカ系アメリカ人の参加者も、ヨーロッパ系アメリカ人の参加者も、人種が異なる人の写真を見たときよりも、人種が同じ人の写真を見たときに、より感情的で生理的な反応を示した。つまり、彼らは内集団のメンバーに対して、より好意を持ったのである。この実験は人間が内集団に共感を示すことを支持しているが、外集団に対して一般的に反感を持つことを明らかにしたわけではない。

性別もまた「われわれ」と「やつら」の関係性のなかで、重要な役割を果たしている。集団の境界を越えることに関して、性別によって対応が異なることは歴史が示している。女性はたいてい成人したばかりの若いころに別の集団に入り、その集団のなかで忠実なメンバーとして暮らす。男性が新たな集団に向かう場合には、その集団を支配するか、その集団と戦おうとすることが多い。男性にとっても女性にとっても、見慣れない女性への恐怖を克服するのは簡単であるが、外集団の男性に対しては恐怖感が残りがちである(14)。もちろん、このような傾向は外集団としてどのような顔が思い浮かぶか次第であり、どのような顔が思い浮かぶかは、幼い頃の経験に左右される。

「われわれ」対「やつら」の実験では、恐怖感を測るのに質問紙とともに生理学的な測定手段を用いることがある。タブーに触れると感じたときの反応は、人間の身体に表れる。これらの実験結果によると、家族は非常に広い意味において人間の社会生物学的特性と結びついており、誰が家族に属するのかを素早く判断するうえで、民族的な特性が非常に重要な手がかりとなることが確認された。人間は「われわれ」と「やつら」を分ける動物である。幼児期には、誰の顔を見ても「われわれ」であると判断する。しかし、数カ月後には誰が「われわれ」であるかの認識が固まってしまう。人生も後になると、人種的な特性に対する直観的な「われわれ」と「やつら」の区別を変えることは難しくなる。「われわれ」と「やつら」を区別する生理的反応は、集団間のどのような差異に対しても生じるのであって、同じ大学でも学部が異なる学生の間でも生じるのである。[15]

▼集団はイデオロギーで識別される▲

もし自分自身を三つの文章で表すとしたら、あなたなら何を語るだろうか。目の色や好きなスポーツ、食べ物などの個人の特徴について語るだろうか。むしろ、性別や職業、国籍や宗教、好きなスポーツチーム、社会での役割など、集団のメンバーとしての属性について語る可能性の方が高いだろう。もし個人としての属性について語るとしても、それらはおそらく自分にかかわる人々のなかで尊重される属性であろう。人間の社会的活動の多くは、集団との象徴的な結びつきを明確に維持することに費やされている。多くの人々はほとんどの時間、いとまもなく、集団のよいメンバーであろうと努めている。彼らは自分がよいメンバーであることを、服装や身のこなし、話し方、持ち物、職務において示している。彼らは集団の結束を高めるための儀礼に時間を費やす。これらの活動には、話し、笑い、遊び、触れ合い、歌い、遊び半分で争ってみたり、食べたり飲んだりすることなどが含まれており、すべてがモラル・サークルを強化することをめざしている。しかし、このようなことを意識している人はほとんどいない。むしろ、人々は儀礼的な行為であるという理由から、自らの行動を説明する。彼らは仕事に行き、戦略的計画を立て、チーム作りを行い、礼拝に参加し、国家に仕え、特別な日を祝うのである。

したがって、人類学者や生物学者にとっては類似性として理解されることが、多くの人々にとっては違いとして認識される。われわれは誰がどの集団でどの役割を果たしているか、常に定義と再定義を繰り返しているので、これらの違いが重要になる。集団を形成することや、別の集団のメンバーになることは、人々の日常生活の中心的な活動の一つとなっている。集団を離れてほかの集団に入ることに対する罰則は、社会により異なる。当然のことながら、離脱に対しては多くの集団が強い禁止措置を設けており、ときには厳しい処罰を伴うこともある。どのような国に住むにせよ、宗教の上で少数派であることは難しい。集団が逸脱的な象徴的アイデンティティや行動に対してどの程度の罰を加えるかは、社会によって非常に大きく異なっている。この点については後の章で議論する。

▼文化の重層性▲

人生を通して、誰もがモラル・サークルにおける自分の居場所を見つけなければならない。人間の集団やカテゴリーには、それぞれの文化を構成する共通のメンタル・プログラムがある。たいていの人はいくつかの異なる集団やカテゴリーに同時に属しているので、それぞれの文化のレベルに対応して、メンタル・プログラムも当然、重層的になる。たとえば、

◇　国籍による国のレベル（移住した人の場合は複数の国）
◇　地域、民族、宗教、言語のレベル
◇　性別のレベル——女の子として生まれたか、男の子とし

て生まれたか

◇　世代のレベル――祖父母、親、子という世代の差

◇　社会階級のレベル――教育機会や職業や職務と結びついている

◇　組織、部署ないしは企業のレベル――雇用者の場合には、労働組織においてどのように社会化されるかが異なる

このようにさまざまなレベルで形成されているメンタル・プログラムは、必ずしも調和を保っているわけではない。現代社会では、これらが部分的に矛盾するような事態がしばしば生じる。たとえば、宗教に関する価値観は、世代の価値観と矛盾するかもしれないし、性に基づく価値観は、企業組織の慣行と矛盾するかもしれない。相矛盾するメンタル・プログラムを抱えている人が、新たな状況に置かれた場合に、どのような行動をとるかを予測することは難しい。

▼文化の変化――変わる慣行、変わらない価値観▲

タイムマシンに乗って六〇年前、両親あるいは祖父母の時代に足を踏み入れることができれば、世界が大きく変化したことを実感するであろう。当時はコンピューターもなければテレビもめったに見られなかった。都市は小さく田舎じみており、たまに車が通るだけで大きな小売チェーン店もない。さらに六〇年さかのぼれば通りから車も消え、同じように家からは電話や洗濯機や掃除機が、空からは飛行機が消えるであろう。

世界は変化を続けている。人々が生み出した技術がわれわれを囲んでいる。ワールド・ワイド・ウェブが世界を小さくした結果、「グローバル・ビレッジ（地球村）」という考え方が適切になったように思える。企業は世界規模で活動し、新しい技術を急速に導入している。多くの企業は、来年何を生産し、売るのか、あるいは五年後にどのような新たな職務が必要になるのかわからない。合併や株式市場の変動はビジネスの風景を揺さぶっている。

そのため、表面的には、変化はすべてに行きわたる。しかしこのような変化はどれほど深いものなのだろうか。人間社会は変化の荒れ狂う海をあてもなくさまよい、座礁した船にたとえられるものなのだろうか。あるいは、波をかぶってはまた姿を現わし、打ち続く潮の流れによって極めて緩慢に姿を変える海岸にたとえられるものだろうか。

あるフランス人がアメリカを訪問したときのことを記した本に、次のような文章がある。

アメリカの聖職者たちは人々の視線をすべて来世に引きつけ、そこに固定しようとは試みない。人が心のどこかで現世のことを考えるのを進んでゆるす。……自ら産業に従事することはないが、少なくともその進歩に関心を持ち、これを称賛する……

一見すると、この一文を書いた著者は、アメリカのテレビ宣

教師について述べているように思われる。しかし、実際のところ著者はフランスからの訪問者アレクシス・ド・トクヴィルであり、この本は一八四〇年に刊行されたのである[16]。

ある国から別の国への旅行者によって残された紀行文は、過去において国民文化の違いがどのように認識されていたかについての豊かな情報源であり、それらは何世紀も前のものであっても著しく現代的なものに映る。

社会のなかには技術やその製品によって変わらないものがある。トルコ人の若者がコカコーラを飲むようになったからといって、権威に対する態度が変わるとはいえない。ある部分では、若いトルコ人と年配のトルコ人との間には違いがあるであろう。しかし、それはちょうど若いアメリカ人と年配のアメリカ人が違うのと同じことである。図1・2のたまねぎ型モデルでいえば、そのような違いのほとんどはシンボルやヒーロー、流行や消費といったかなり表面的な領域における違いである。人生に対する根本的な態度や自分以外の人間に対する根本的な態度といった価値観に関しては、年配のトルコ人と年配のアメリカ人とは異なるが、それとまったく同じように若いトルコ人は若いアメリカ人と異なるのである。今日、各国の同世代の人々の価値観が収斂しつつあるという証拠は、どこにもない。

文化の変化はたまねぎ型モデルの外層にあたる慣行と呼ばれる部分では早く進むであろう。慣行は文化の目に見える部分である。われわれは人生を通じて新たな慣行を学ぶ。七〇歳を越えた人でも、初めて出会うパソコンでインターネットの使い方を喜んで学び、新たなシンボルを身につけ、新たなヒーローに会い、新たな儀礼を通じてコミュニケーションを図ろうとする。文化の変化はたまねぎ型モデルの中核にある、価値観においてはゆっくりとしたものでなる。すでに議論してきたように、これらは子どもの頃に両親から学ぶものだが、両親も自分が子どもの頃にこれらを身につけたのである。このことにより、慣行が広範囲に変化しても、社会の基本的な価値観はかなり安定している。

これらの基本的価値観は、主にジェンダー、国籍、そしておそらくは地域性といった文化の層に影響する。国民的価値観を改革すると主張する政治家や宗教指導者や企業のトップを決して信じてはならない。なぜなら、国民的価値観のシステムは、国の地理的な位置や気候のように変えることが難しく、所与のものとみなされるべきだからである。文化の層のなかでも後天的に身につけられるものは、はるかに変化しやすいものである。とくに組織文化についてはそうである。というのも、組織の構成員は大人としてその組織に参加するからである。ただし、組織文化を変えることが簡単だというわけではない(これについては第10章で述べる)。しかし、少なくとも変えることは可能なのである。

華々しい技術の変化は、極貧あるいは最僻地以外のほとんどの人々に影響を及ぼしている。しかし、人々はこれらの最新の技術を利用し慣れ親しんでいる。それらを利用して、お金を稼ぎ、ほかの人々に感銘を与え、生活をより楽なものにし、他人を抑圧し、あるいは将来のパートナーを口説くなど、自分たちの祖父母がしてきたことと同じことをしている。これらすべての活動が社会というゲームの一部なのである。われわれはほかの人々が技術を使う方法や着ている服、彼らがいう冗談、食べるもの、あるいは余暇の過ごし方について注意深く観察している。また、われわれはある社会サークルに属したいのなら、どのような選択をすればよいのかを教えてくれる感度のよいアンテナを持っているのである。

社会というゲーム自体は、今日の社会の変化によって大きくゆさぶられることはない。成功や失敗、親密な関係や、人生にかかわるほかの重要な要因については暗黙のルールがあるが、それらはほぼ同じままである。われわれは自分が属するグループのなかで受け入れられるような行動をとり、それになじむ必要がある。多くの変化はゲームをする際に使うおもちゃが変わったというたぐいの変化である。

文化の変化については、その起源や動態を含めて、第12章で述べる。

▼国民文化の違い▲

「国民国家」の創造は、人類史上では極めて最近の出来事である。全世界が政治的単位ごとに分かれ、誰もが、パスポートによって明示されるように、どこかの国に所属しなければならなくなった。国民国家が出現する前にも、国という概念はあったが、すべての人がいずれかの国に属しているわけでもなかったし、帰属意識を持っているわけでもなかった。国民国家という考え方は、二〇世紀の半ばになって初めて世界中に広まった。それは、一七世紀から二〇世紀にかけて発達した植民地システムに続いて生まれた概念である。植民地時代には、技術的に先んじていた西ヨーロッパの国々が、ほかの列強に支配されていない、地球上のありとあらゆる領地を分割した。旧植民地国の国境には、植民地時代の統治のなごりがいまだに残っている。とくにアフリカでは、ほとんどの場合、国境は、そこに住んでいる人々の文化の違いを示す境界というよりも、植民地時代の支配国間の力関係によって決められたものである。

したがって、**国民国家**と**社会**は同じではない。社会は、社会組織が歴史のなかで有機的に発展してできた形態である。だから共有している文化があるということは、厳密にいえば、国民よりもむしろ社会に当てはまる。多くの国民は、明らかに異質な複数の集団から構成されており、少数民族を統合できないでいる。にもかかわらず、歴史的に一つのまとまりとしての形態を作り上げてきた。

建国後ある程度の期間が経過すると、国民国家の統合をさらに進めようとする強い力が生まれてくる。通常は、公用語を一つに定め、公共のマス・メディアを作り、国家の教育システムを制定し、国家の軍隊を持ち、国家の政治システムを整備し、象徴的ならびに情緒的に強くアピールできるスポーツの祭典に国の代表を送り、技術や製品やサービスを交換する自国の市場を設ける。今日の国家には、人類学者がフィールド調査で研究した社会、すなわちほとんどの場合、文字を持たない孤立した社会に見られたような高い同質性は存在しない。ところが、国家という枠組みこそが、人々に共通するメンタル・プログラムのかなりの部分を規定する源になっている[17]。

一方、民族集団、言語集団、宗教集団は、それぞれ国家として独立するまでには至らないものの、自分たち自身のアイデンティティが認められるように戦いを続けている。この傾向は、二〇世紀の後半になっても衰えないばかりか、むしろ勢いづいている。たとえば、アルスターのローマ・カトリック教、ベルギーのフランダース人、スペインおよびフランスのバスク人、イラン、イラク、シリア、トルコのクルド人、旧ユーゴスラビアの民族集団、ルワンダのフツ族とツチ族、さらにロシアのチェチェン人などである。

このように、文化の違いを研究する場合には、パスポートに記載された国籍を用いることは十分な注意を要する。しかしそれでも、現在のところ、国を単位として比較することがもっとも現実的なやり方である。真偽のほどとは関係なく、われわれはこの国民はこれこれの特徴を持ち、あの国民はこれこれの特徴を持つと決めつけることが多い。「典型的なアメリカ人」の行動、「典型的なドイツ人」の行動、「典型的な日本人」の行動について語ることは日常茶飯事である。国籍を基準にすることは手っ取り早いやり方である。国を単位としてデータを集めることは、有機的に同質な社会を単位としてデータを集めるよりもはるかにやさしい。政治的単位としての国家は、国民についてのありとあらゆる統計を持っている。自国の文化についてたずねる質問紙調査のデータも、たいていは国の機関を通じて収集されている。地域や民族あるいは言語集団ごとにデータを分類して検討することができるところでは、この方法が有益である。

国を単位としてデータを収集する積極的な理由は、比較文化研究の目的の一つが国家間の協力を促進することにあるからである。この章のはじめに論議したように、今日、地球上には二〇〇を超える国々がひしめき合って存在し、生存か消滅かという運命をともにしている。したがってどのような文化的要因によって国々が分裂したり、足並みをそろえるようになるのかを探ることは、実践的にも意義があるのである。

▼国民的アイデンティティ、価値観、制度▲

国や地域の違いは文化の違い以上に大きい。図1・4は国家間の違いについて、三種類の区別を表している。それらは、アイデンティティ、価値観、制度であり、どれも歴史に根ざしている。アイデンティティは、私はどの集団に属しているのかという問いへの答えである。アイデンティティは言語や信仰する宗教を源にしており、そのアイデンティティを保持する者はもちろん、そのアイデンティティを共有していない外部の者にも明確であり感じ取られるものである。しかし、アイデンティティは国民文化の中核部分ではない。図1・2の用語によれば、アイデンティティの違いは慣行（共有するシンボル、ヒーローや儀礼）に根ざすものであり、必ずしも価値観に根ざすものではない。

成功を収めた多くの移民がそうであるように、アイデンティティは人生において変化することがある。これは移民の第二世代が共通して経験することだが、両親が移民して、自分が生まれた国で暮らしているときには、両親の出身国にアイデンティティを持っているが、いざ両親の出身国を訪問してみると、自分が生まれた国の方に所属しているのだと感じる。この理由は、移民の第二世代が、気持ちのうえではアイデンティティの対象となる第一次集団を求めているのだが、両方の社会における暗黙の文化的規則が入り混じった状態で暮らしているからである。当然ながら、彼らはしばしばそれぞれから安らぎを得ようとする。

図1・4　国家や集団間の違いの源

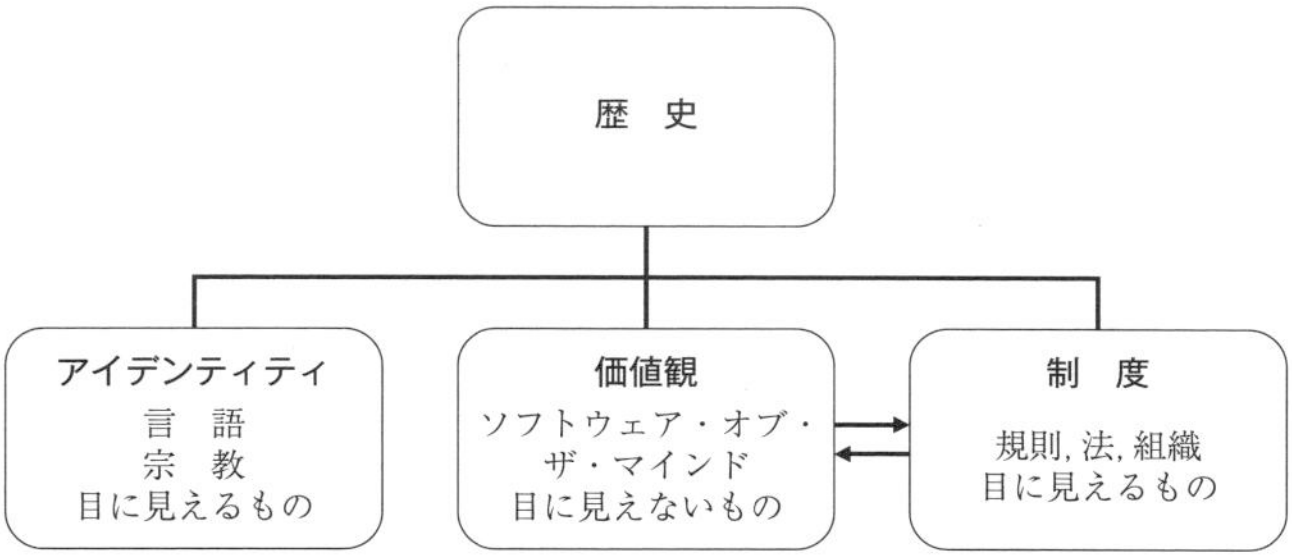

アイデンティティは明示的なものであり、たとえば「ある女性」「二つの文化に属する人」「アメリカ人」などの言葉で表すことができる。実際、ある人がアイデンティティについてたずねられた場合に、状況に応じてこれら三つのどれを答えることもありうる。複数のアイデンティティを持つことができる程度は文化によって異なる。アイデンティティを複数持つことは、第4章で紹介する個人主義‐集団主義の区別と関連している。近代的な都市や学術の世界、現代のビジネス界のような個人主義的な環境では、人々はいくつかのアイデンティティを持ち、アイデンティティの組み合わせを簡単に変えることができる。しかし世界のほとんどの人々は今でも集団主義的な社会で暮らしていて、そのような社会では、人は自分を個人というよりも、民族、地域、国といった共同体に所属する一員とみなしており、アイデンティティの感覚は主にその集団に所属していることから得られる。

価値観は暗黙のものであり、その源となっているソフトウェア・オブ・ザ・マインドは目に見えない。価値観について語ろうとすると、自分自身の動機や感情、タブーについて自問することになる。それゆえ、自分自身の価値観について語ることは難しい。自分の文化は空気のようなものであるが、ほかの文化は水のようなものである。両方のなかで生きていくためには、特別な技能が必要となる。異文化との出会いとはそのような技能の問題であり、この点については第11章で述べる。

文化とアイデンティティという言葉は、一般に使われるときも、報道で使われるときも混同されやすい。集団的アイデンティティのことを表すのに、**文化的アイデンティティ**という用語を使う者もいる。アイデンティティの違いがもとで争っている国内の集団や国同士が基本的な価値観を共有していることがある。このような例としてバルカン半島の諸国や、北アイルランドのカトリック教徒とプロテスタント、ベルギーのフランドル語圏とフランス語圏の人々が挙げられる。一方で、文化的背景の異なる人々が、同じアイデンティティを持つ単一の集団を作ることもある。ビジネスや学術の世界、プロサッカーといった文化を超えたチームがそうである。

家族生活や学校、医療、ビジネス、政治、スポーツ、メディア、芸術、科学を扱う規則、法律、組織は歴史のなかで作り上げられたものであり、これらの制度は国によって明らかに異なる。社会学者や経済学者をはじめとして、かなり多くの人々が、制度の違いのため、思考や感情、また行動が国により異なると信じている。もしハッキリと目に見える制度によって、このような違いが説明できるとすれば、目に見えないメンタル・プログラムである「文化」について考察する必要は本当にあるのだろうか。

この問いに対する答えは、フランスの貴族シャルル・ド・モンテスキュー（一六八九～一七五五）の著書『法の精神』によって二〇〇年以上も前に出されている。モンテスキューは、「一般的な国民精神」（われわれがいうところの文化である）というようなものがあると論じたうえで、「国民の精神……に従うべきなのは立法者のほうである。なぜなら、われわれは、自由に、かつわれわれの生来の天分に従って作り上げたもの以上によいものを作り出すことができないからである」と述べている。[18]このように、制度はメンタル・プログラムに従うものであり、制度は各地の文化に適応しながら機能する。ＥＵがこれまで幾度となく経験しているように、国が違えば似たような法律でも異なった働き方をする。逆に、ある文化のなかで形成された制度は、その土台となったメンタル・プログラムを存続させる。文化について考えることなしに制度を理解することはできず、また文化を理解すれば制度への洞察も深まる。文化と制度のどちらか一方を説明するだけでは実り豊かな理解は得られない。ある国の価値観は、アイデンティティの違いよりも、その国の制度が持つ仕組みや機能にかかわっている。**図１・４**で「価値観」と「制度」との間にだけ矢印が引かれていたのはそのためである。

このような文化と制度との関係が導く重要な結果は、われわれはたんに外国の制度を輸入するだけでは、ある国の人々が考え、感じ、また行動する方法を変えることはできない、ということである。旧ソ連や東欧での共産主義の崩壊後、経済学者のなかにはこれらの国々が豊かになるための道のりを歩むには、アメリカ式の資本主義的な制度さえあればよいと考える者がいた。しかし、ことはそのようには運ばなかった。それぞれの国は、人々の心のなかにあるソフトウェアに応じた独自の形の改革に取り組まなければならないのである。経済システムは文化と無関係ではない。そのため、多国籍企業や世界銀行のような超国家的な制度は、受け入れ国の猛烈な抵抗にあうのである。

▼国民文化としての経営文化とは？▲

ビジネス書やビジネス・スクールの文献は、しばしばその国の「経営」や「リーダーシップ」の文化について触れている。しかし、経営やリーダーシップは社会のほかの部分とは切り離すことができない。アメリカの人類学者マーヴィン・ハリスはこのように警告している。「人類学者が常に指摘してきたのは、社会生活上の諸側面は互いに関係がないように見えていても、実は関係があるという点である[19]」。

経営者やリーダーは、彼らとともに働く人々と同様に、国民社会の一部である。彼らの行動を理解したいと思うならば、彼らが属する社会を理解しなければならない。たとえば、彼らの属する国においてどのようなパーソナリティが一般的なのか、家族がどのように機能し、その機能が子育てに対してどのような意味を持っているのか、学校システムがどのように作用し、誰がどのような学校に通っているのか、政府や政治システムは市民生活にどのような影響を与えているのか、彼らの世代がどのような歴史的事件を経験してきたのかなどを理解しなければならない。また、彼らの消費者としての行動や、健康や病気、罪と罰や宗教的な事柄についての信念についても知る必要がある。彼らの国の文学や芸術、また科学からも多くのことを学べるだろう。本書の次章以降では、これらの分野すべてについて折にふれて関心を向けることにする。これらの分野のほとんどは国家の経営（かじ取り）についての理解に関係している。文化の領域では、ビジネスの世界への近道はないのである。

▼文化相対主義▲

日常の会話、政治演説、またそれらに話題を提供するメディアでは、異文化はしばしば道徳的な観点から、よいものと表現されたり、悪いものと表現されたりする。しかしながら、ある集団がほかの集団に比べて、本質的に優れているとか劣っているとか判断する科学的な根拠はまったくない。

集団や社会の文化の違いを研究する場合には、中立的な立場、すなわち文化相対主義の立場をとることが前提である。フランスの偉大な人類学者クロード・レヴィ・ストロース（一九〇八～二〇〇九）は、文化相対主義の立場について次のように述べている。

> いかなる文化も他の文化の活動の程度が「劣っている」とか「香り高い」と判断する絶対的な基準など持っていないというのが、文化相対主義の主張です。ただし、どの文化でも自分たちの活動に対しても、そのような判断を向けることができるし、そうすべきです。なぜなら、その文化を共有する人々は、文化の観察者であると同時に文化の担い手でもあるのです[20]。

文化相対主義は、自分自身の活動にも、自分が属している社会の活動にも規範が欠如していることを意味するわけではない。自分たちとは異質な集団あるいは社会を対象とするときに、安易に判断を下すことに対して警告を発しているのである。自分自身や自分の集団や社会の規範を他の人や集団や社会に当てはめる前にもう一度考え直すべきであると主張する。異質な文化について判断し行動を起こす前に、文化の違いの本質について知り、そのような違いを生み出した源と違いがもたらす結果について情報を得ることが必要である。

しかしそれらの情報を得たとしても、文化の部外者はやはりその社会のやり方を快く思わない傾向がある。仮に、海外駐在の管理職や開発協力の専門家として、職務上の理由で他の社会にかかわっているとすると、その人は、その社会でのやり方を変えたいと考えることが多いであろう。植民地時代には、外からやってきた支配者たちは、その社会で絶対的な権力をふるい、自分たちのルールを押しつけた。しかし、ほかの社会でのやり方を変えたいと考える者は、交渉を通じて介入しなければならない。交渉を進める際に、当事者双方がお互いの見解の相違をもたらしている原因について理解していれば、成功する可能性はやはり高くなる。

▼文化という不死鳥▲

人は生きている限り、古い細胞を新しい細胞に置き換えていく。二〇歳の人は新生児のときの細胞を一つたりとも残していない。それゆえ、厳密に身体的な意味においては、人間は細胞の集合体として存続しているにすぎないといえよう。しかし、人間は自分自身として存在する。というのも、集合体のすべての細胞は遺伝子を共有しているからである。

社会のレベルでも、よく似た現象が起こっている。われわれの社会は変化をもたらす多様かつ無数の圧力を受けているが、それにもかかわらず、それぞれの社会は独自の文化を世代から世代へと継承するという優れた能力を保持している。変化は表面を一掃するが、より深いところにある層は安定したままであり、文化は不死鳥のように灰から蘇るのである。

しかし、その深いところにある層は何から成り立っているのだろうか。われわれの遺伝子には文化を作り、維持する能力が備わっている。しかし、今までに得られた証拠からいえば、文化への影響は遺伝子よりも経験の方がはるかに強い。文化は、社会というゲームの規則を、まとめた不文律であり、社会のメンバーから新たなメンバーへと受け継がれ、彼らの心のなかに根付く。第2章以降では、この不文律の対象となる主なテーマを描き出す。それらのテーマは、人間の社会生活の基本的な問題にかかわるものである。

注

（1）イギリスの社会学者アンソニー・ギデンズ（一九三八〜）は社会学を「人間の生活や集団、そして社会についての研究」と定義している（Giddens, 2001, p.2）。この定義は社会人類学にも当てはまるであろう。社会学者と人類学者との実際上の違いは、前者がその焦点を社会の内部における社会的なプロセスに当てているのに対し、後者は社会全体に当てていることにある。

（2） **集団**とは、互いにかかわりを持つ人々の集合であるのに対して、**カテゴリー**とは互いにかかわりを持たなくても何らかの共通項を持つ人々の集合である。「女性の管理職」とか、「一九四〇年以前に生まれた人」というのは、後者の例である。

（3） 「人間の心を集合的にプログラミングする」という文化の概念は、フランスの社会学者ピエール・ブルデュー（一九三〇〜二〇〇二）が提唱した**ハビトゥス**の概念と似ている。「生存のためのいくつかの特定の条件がハビトゥスを生み出す。ハビトゥスとは、状況が変わっても不変で永続的な心的諸傾向のシステムである。ハビトゥスは……実践とイメージの基礎として機能し……現実に指揮者がいなくても、ハビトゥスによって実践とイメージは集合的なまとまりを持ちうる」（Bourdieu, 1980, pp. 88-89.〔ヘールト・ホフステードの英訳から〕）。

（4） 異なる国々において同じパーソナリティ・テスト（パーソナリティ特性のビッグ・ファイブと呼ばれる次元を測定するNEO－PI－Rテスト）を行った結果によれば、文化によって平均的もしくは「標準的な」パーソナリティは異なることが示されている（Hofstede and McCrae, 2004）。第2章を参照のこと。文化とパーソナリティの違いは第4、5、6章において議論する。

（5） 遺伝的な優劣に関する主張への批判的議論については、Neisser et al.（1996）を参照。

（6） ディスコースは言語学者、心理学者および他の社会科学者が関心を寄せる研究分野である。van Dijk（1997a, 1997b）はこの分野を幅広く紹介している。

（7） この例はウィリアム・ゴールディングの小説『蠅の王』にヒントを得た。この小説では、ほとんど面識のない少年たちが、とある島に居合わせるという設定になっている。

（8） http://www.destentor.nl/regio/veluwewest/4803075

（9） モラル・サークルの概念は、一九世紀にアイルランドの歴史学者ウィリアム・レッキーによって生み出され、オーストラリアの哲学者でプリンストン大学で生命倫理学を教えているピーター・シンガーによって一般に知られるようになった。

（10） 孔子とソクラテスの教えについては第7章を参照。モラル・サークルの肯定命題は、ドイツの哲学者イマヌエル・カント（一七二四〜一八〇四）の著作のなかで中心的な位置を占めている。

（11） 国連総会において一九四八年一二月一〇日に採択。

（12） 著名な遺伝学者ルイジ・ルーカ・カヴァッリ・スフォルツァも、ヒトゲノム計画のなかでどの大陸においても人間の遺伝子には構造的な違いがあるという強い証拠を得たにもかかわらず、二〇〇〇年に刊行した著書『文化インフォマティックス』のなかで、人間は一つの種であると論じている。ただし、このような議論は道徳的なものであり、遺伝学的なものではない。

（13） Brown, et al., 2006.

（14） Navarrete et al., 2009.

（15） Platow et al.（2006）はオーストラリアにおいて、面倒な仕事をしている理系の学生を、通りがかりを装った実験者が慰めるという実験を行った。実験の結果は、通りがかりを装った人が文系の学生だといったときよりも、同じ理系の学生だといったときの方が、学生の気分がより和らぐというものであった。

（16） Tocqueville, 1956（1835）, p. 155. 日本語訳は松本礼二訳『アメリカのデモクラシー』第二巻（上）、二〇〇八年、五七頁より引用。

（17） 文化的統合があまりなされていない国もある。旧植民地国家やベルギー、マレーシア、旧ユーゴスラビアのような複数の言語を用いる多民族国家にはそのような例が多い。これらの国家では、個々の民族集団や言語集団は互いにほかの集団とはおおいに違うと考えている。しかし、これらの国家でも、よその国の国民と比較すると、国民に共通する特性が浮かび上がってくる。ベルギーと旧ユーゴスラビアにおける言語集団にはこのことが当てはまる（Hofstede, 2001a, p. 501）。

（18） Montesquieu, 1989［1742］, p. 310. 日本語訳は野田良之ほか訳『法の精神』中巻、一九八九年、一五九頁より引用。

（19） Harris, 1981, p. 8.

（20） Lèvi-Strauss and Eribon, 1988, p. 229. ヘールトの英訳から。

第2章　文化の違いを研究する

> 初めのうちは、新しいパラダイム候補はごく一部の支持者を得るだけであろうし、時として、その支持者の動機も怪しいものである。しかし、支持者たちが有能ならば、そのパラダイムを改良し、その可能性を開発し、その専門の中でどういう位置づけをされるべきかを示すであろう。このように進行するにつれて、もしそのパラダイムが究極的に勝利を占めるものであるなら、それを支持する議論の数と力が増加するだろう。そうなると、ますます多くの科学者が改宗して、新しいパラダイムの開発を進行させるだろう。だんだんそのパラダイムに基づく実験、装置、論文、書籍の数が増していく。新しい考えの成果を革新する人がさらに増して、彼らは新しい通常科学のやり方を採用することになり、最後にはただわずかの年老いた頑固者だけが残ることになる。このような老人も間違っているとは言えない。（トーマス・クーン『科学革命の構造』中山茂訳、一七九頁）

トーマス・クーン（一九二二〜一九九六）はアメリカの哲学者・科学史家である。右の文章は彼の有名な著書から引用したもので、さまざまな科学分野での例を取り上げて、どのようにして革新がもたらされるかについて説明している。これによると、ある期間「パラダイム」と呼ばれる一定の仮定が科学の領域を支配し、その領域において科学者の思考を制約する。これらのパラダイムの枠組みのなかで行われる研究をクーンは「通常科学」と名づけた。通常科学はしばしば限界に直面する。通常科学では新たな事実を説明することができず、新たな挑戦に立ち向かうことができない。するとパラダイムの変化が始まる。次第に新たなパラダイムに移る人が増えていき、それが新しいタイプの通常科学になるのである。

本章では、本書が基盤とする研究プロセスについて説明する。それはヘールト・ホフステードが『経営文化の国際比較』（一九八〇年版）で紹介したパラダイムである次元アプローチに基づいている。以来、このアプローチはすでに通常科学としての地位を得ている。

▼価値観を測定する▲

文化のなかで、価値観は慣行よりも安定した要素であるため、文化に関する比較研究は価値観の測定から始まる。人々の行動から価値観を推論する方法は、手間がかかりすぎるし、あいまいすぎる。一方、選択肢を示して人々の好みをたずねる質問紙調査の方法に関しては、さまざまなものが開発されてきた。しかし、その回答をあまり文字通りに受け取ってはならない。実際、人々は調査票に記入した回答通りに行動するとは限らないのである。それでもなお調査票は、回答者が属する集団やカテゴリーによって、回答に違いがあることを明らかにしてくれるので、有用な情報を得るための手段である。たとえば、「労働時間が短くなることと、給与が多くもらえることのどちらをとりますか」という質問を考えてみよう。労働時間の短縮をとると回答した社員でも、現実にどちらかの選択を迫られた場合には、給与の増加の方をとるかもしれない。しかし、労働時間の短縮の方を選好する人が、B集団よりもA集団に多いならば、この二つの集団では、時間と収入の相対的な重要性において文化的な違いがあるといえる。

　価値観についての人々の意見を解釈するにあたっては、**望ましいものと現実に求めるもの**とを区別することが重要である。望ましいものとは、世界がどうあるべきかについて人々が望んでいることであり、現実に求めるものとは、人々が自分自身のために手に入れたいもののことである。望ましいものについてたずねている質問では、回答者自身の意見というより、一般論をたずねている場合が多く、よい‐悪い、すべき‐すべきでない、賛成‐反対、重要‐重要でないなどの選択肢が用いられる。一般論としては、誰でも善を好み、罪に異議を申し立てる。したがって、望ましいものについてたずねた質問は、人々が何を善と考え、何を罪と考えているかを聞いていることになる。一方、現実に求めるものに関する質問は、「あなたは……」とか「私は……」といった言葉を用い、あまり好ましいとはいえない価値を含めて、その人が何を求めているかをたずねる。望ましいものについての回答は、現実の行動をかすかに映し出すだけである。他方、現実に求めるものについての回答は、現実の行動により近いが、それでも現実に選択を迫られたときのふるまい方と必ずしも一致するわけではない。

　望ましいものと現実に求めるものとは、それらにかかわっている**規範**の性質によって区別される。規範とは、ある集団あるいはあるカテゴリーに属している人々の行動基準である。[1] 望ましいものの場合には、規範は絶対的で、倫理的にも正しいものである。現実に求めるものの場合には、規範は統計的に決まり、大多数の人々が行った選択の結果を示す。望ましいものはイデオロギーと関連が強く、現実に求めるものは実際的な問題と関連が強い。

　望ましいものと現実に求めるものとの違いを無視して、価値観の研究を進めると、矛盾する結果が生まれてしまうことがある。ＩＢＭ研究（本章の後半を参照のこと）において、この二つに関する質問がまったく正反対の回答を引き出したことがある。各国の社員は、「管理職の行う決定に社員はもっと参加すべきである」という考え方に賛成であるか反対であるかをたずねられた。これは望ましいものに関する項目である。もう一つの質問では、「あなたは、通常、決定を行う前に部下に相談するタイプの管理職のもとで働きたい」と思うかどうかをたずねている。これは現実に求めるものに関する項目である。この二つの質問に対する回答を比べると、部下に相談するタイプの管理職があまり人気のない国では、「社員は管理職の行う決定にもっと参加すべきである」という見解が人気のある国では、逆に部下に相談するタイプの管理職が人気のある国では、この見解に反対する社員が多かった。そのイデオロギーは上司との日々の関係の映し鏡だったのである。(2)

▼国民文化の次元▲

二〇世紀の前半、社会人類学者たちは、近代社会にせよ、伝統社会にせよ、すべての社会は等しく、共通の基本的な問題の解決を迫られているが、その解決策は社会によって異なっているという説を展開した。アメリカの人類学者、とくにルース・ベネディクト（一八八七〜一九四八）とマーガレット・ミード（一九〇一〜一九七八）は、このメッセージを多くの人々に広めるにあたって重要な役割を果たした。

論理的に見て、社会科学者たちが次にすべきことは、概念を用いて推論し、フィールド調査における経験を生かし、さらに統計的な研究を通して、あらゆる社会が等しく直面している問題は何であるかを探ることであった。一九五四年に二人のアメリカ人——社会学者のアレックス・インケルスと心理学者のダニエル・レヴィンソン——が、国民文化に関して英語で書かれた文献をくまなく調査した結果をまとめて発表した。世界の国々はどこも共通の基本的な問題に取り組んでいるが、その解決方法には違いがあり、その解決方法は、社会の機能や社会を構成している集団の機能、さらに集団に属している人々の行動に多大な影響を与えている、というのである。その共通の問題とは、次の三点である。

1　権威との関係
2　自己概念、とくに
　a　個人と社会との関係
　b　男性らしさと女性らしさについての概念
3　葛藤の解決の仕方——攻撃性のコントロールおよび感情の表現方法を含む(3)

インケルスらの指摘から二〇年後に、ヘールトは、世界の五〇カ国以上の国々における人々の価値観に関する大規模な調査データを分析する機会を得た。調査の回答者は、巨大な多国籍企業ＩＢＭの各国の支社で働く人々である。多国籍企業の社員というかなり特別な状況に置かれた人々を対象にして、国民の価値観の違いを検討しようとすることは、一見、的はずれのように思われるかもしれない。しかし、国と国の比較という観点からすると、これほど理想的なサンプルはなかった。各国の社員は国籍が違うという点を除くと、あらゆる点で似ていた。だからこそ、彼らの回答には、国民文化の違いが驚くほど鮮明に出てきたのである。

　価値観についての質問に対する回答を統計的に分析した結果、[4]どの国のＩＢＭの社員にも共通する問題があることがわかった。ただし、次に挙げるような分野では、解決の方法が国によって異なっていた。

1　権威との関係をはじめとする、社会的不平等
2　個人と集団との関係
3　男性らしさと女性らしさの概念——男の子として、あるいは女の子として生まれたことの社会的かつ感情的意味
4　不確実性とあいまいさへの対処の仕方——攻撃性のコントロールと感情の表現に関係する

　このような調査結果は、二〇年前にインケルスとレヴィンソンが予測した分野と驚くほど一致している。インケルスらの予測通りであるということは、経験的なデータから見出された結果は、まさに理論的にも重要な意味を持っていることになる。すべての人間社会にとって基本的な問題は、研究方法が異なっていても、当然浮かび上がってくるものである。インケルスとレヴィンソンの研究は、二〇年後にヘールトが何を発見するのかを驚くほど正確に予測していたのである。

　インケルスとレヴィンソンが定義し、ＩＢＭ社での調査データに見出された四つの基本的な問題領域は、文化の**次元**を表している。文化の次元とは、他の文化と比較したときに相対的にとらえることができる側面である。本書の第3章から第6章では、この四つの次元について解説する。四つの次元とは**権力格差**（power distance）（小←→大）、**集団主義**（collectivism）－**個人主義**（individualism）、**女性らしさ**（femininity）－**男性らしさ**（masculinity）、および**不確実性の回避**（uncertainty avoidance）（弱←→強）である。これらの用語はそれぞれすでに社会科学の領域で使われており、四つの次元の各々が表している基本的な問題領域に非常にぴったりと適合している。これらの四つの次元を組み合わせると、国民文化の違いを表す四次元のモデルとなる。このモデルでは、各国の特徴は、四つの次元の各々における数値によって表される。

　一つの次元は、社会のなかで現実には輻輳《ふくそう》的に生じる多くの現象を一くくりにしている。一見したところでは、それらの現象の間になぜ関連があるのか、その論理的必然性がわからない場合もある。しかし、社会の論理は個人の側から見る論理とは同じではない。互いに関連のあるさまざまな現象のどこまでを一つの次元としてまとめるかは、常に統計的な関係に基づいている。すなわち一つの次元にまとめられるいくつかの現象は、互いに組み合わさって生じる**傾向**があるのであって、鉄のような堅い結びつきがあるわけではない。社会によっては、ほかの大多数の社会で見られるような一般的な傾向に反する現象が現れる場合もある。文化の次元は統計的な方法によって見出されるので、ある程度の数の国についての情報が得られることが不

可欠である。少なくとも一〇カ国の情報が必要であろう。IBM社の研究の場合、ヘールトは幸運にも、(当初)四〇カ国から、文化的な価値観に関する比較可能なデータを手にすることができた。各国の人々の回答には、四つの次元に沿った違いが鮮明に現れていた。

一つの次元における各国のスコアは、一直線上の点として表示することができる。二つの次元のそれぞれにおける各国の数値を同時に表すには、二次元の平面図上に点を定めればよい。三つの次元のそれぞれにおける各国の数値を同時に表すには、三次元空間上の点を想像すればよい。四次元以上についてはは想像しにくい。この点が次元モデルの欠点である。次元モデルの代わりに**類型論**によって、国家間のあるいはほかの社会システム間の差を示すこともできる。類型論では、数多くの理念型の一つひとつについて記述するという方法をとるので、個々の理念型を思い浮かべることが容易である。二〇世紀後半の世界については、第一世界、第二世界、第三世界(資本主義国、共産主義国、旧植民地の各ブロック)という類型論による分類が一般的である。

類型論は、次元モデルに比べてわかりやすいが、実際に**調査**研究を行うと問題が出てくる。調査したケースが、どれか一つの理念型にそっくり当てはまるということはめったにない。多くの場合、複数の理念型の特徴が同時に現れていて、それらがどの理念型に当てはまるかを区別するためには、ルールを任意にいくつも作らなければならない。一方、次元モデルの場合には、個々のケースは、はっきりとしたスコアで表される。各次元におけるスコアに基づいて、ケースは**事後的**にではあるが、スコアの近いもの同士、いくつかのクラスター(群)に分類することができる。このようにしてできあがったクラスターが、調査によって見出される類型である。IBM研究で調査対象となった五〇カ国以上の国々は、四つの各次元におけるスコアをもとにすると一二のクラスターに分類できた[5]。

実際には、類型論と次元モデルとは、補完的な関係にあるといえる。研究を目的とする場合は次元モデルが適しており、教えることが目的であれば類型論が適している。本書では、各次元を説明する箇所では類型論のアプローチをとり、各次元の両極端における状況を二つの理念型として説明している。そのうえで、いくつかの次元については、ある次元の二つの理念型と別の次元の二つの理念型を組み合わせて、四つの類型を提示する。しかし、それぞれの次元における各国のスコアが表しているように、現実の事例というものは極端なものは少なく、両極端の間に位置している。

▼相関の利用▲

次元は相関に基づくものである。**変数**と呼ばれる数量が二つ同時に変化する場合、それらは相関があるといわれる。たとえば、街を歩く人のうち一〇〇人をランダムに選び、身長と体重を測るとすると、身長と体重に相関があることが明らかになるであろう。すなわち、背の高い人はたいてい体重が重く、また背の低い人は体重が軽い傾向がある。ただし、なかには背が高くてやせている人や、背が低くて太っている人もいることから、この相関は完全なものではないであろう。

相関係数[6]は関係の強さを表している。もし相関が完全なものであれば、ある尺度の数値はもう一方の数値とまったく同じ変化をするので、相関係数は一・〇〇の値をとる。もし相関が存在しなければ、つまりその二つの数値がまったく無関係であれば、相関係数は〇・〇〇となる。二つの数値が反対の方向に変化すると、相関係数は負の値をとる。たとえば、ある人の身長と、その人が自分よりさらに背の高い人に出会う回数との関係がそうである。相関係数のもっとも低い値はマイナス一・〇〇であり、この場合にも二つの数量は完全な相関関係にある。ただし、一方が正の方向に変化すれば、もう一方は負の方向に変化し、逆もまたしかりという関係である。身長と体重の例でいえば、サンプルが大人だけの場合は相関係数が〇・八〇ぐらいになる。そしてサンプルに子どもと大人の双方が含まれる場合には、子どもは大人に比べて極端に背が低く、かつ体重が軽いので、サンプル全体の相関係数はさらに高くなる。

二つの尺度の相関係数がゼロから十分に大きいまたは小さい場合、(統計的に)有意と呼ばれる。それは、二つの尺度が類似した動きをすることが、まったく偶然である可能性が統計的に排除されるという意味である。**有意水準**とはその類似性が偶然である危険がどの程度残っているかを示し、普通は五%か一%、あるいは〇・一%に設定される。有意水準が五%ならば、偶然ではない場合と偶然である場合とのオッズは一九対一になる。有意水準が〇・一%ならば、九九九対一である[7]。

二つの変数の間の相関係数が一・〇〇かマイナス一・〇〇であれば、一方の値がわかれば、もう一方の値を完全に予測できる。相関係数がプラスあるいはマイナス〇・九〇であれば、一方の値がわかっているときにもう一方のデータの変化(**分散**と呼ばれる)の八一%を予測することができる。相関係数がプラスまたはマイナス〇・八〇であれば、分散の六四%が説明できる。相関係数の二乗が説明力になるので、相関係数の値が下がれば説明力も下がる。相関係数が〇・四〇であったとすると、一方の変数はもう一方の変数の一六%しか説明しないことになるが、それでも多くのデータがある場合には意味のある数値となる。これほど弱い相関にわれわれが関心を持つのは、社会におけるさまざまな現象は、多くの要因が複合的、つまり同時に作用した結果として生じているからである。相関分析では考えられる原因を一つひとつ切り離して分析することができる。

三つ以上の尺度を分析する場合は、そのうちの一つを**従属変数**として選び、残りの**独立変数**の従属変数への影響を合計することができる。たとえば、一〇〇名のランダムに選ばれた被験者について、身長だけではなく肩幅も測定するとしよう。これら二つの独立変数を同時に用いれば、身長だけの場合よりもはるかに強く従属変数である体重と相関するだろう。**回帰**と呼ばれる統計的手法を用いれば、独立変数それぞれの寄与率を別々に計測することができる。本書では多くの場合、**ステップワイ**

ズ式重回帰分析という方法を用いている。この方法では、独立変数を寄与率に応じて並び替え、段階的に投入していく。寄与率は独立変数が従属変数に与える影響を示し、通常は従属変数の分散のパーセントで表す。ここで、一〇〇人の身体的特徴について**ステップワイズ式重回帰分析**で分析すると想像してみよう。この場合、たとえば身長が体重の分散の六四％を説明し、身長と肩幅だと寄与率が分散の八三％になる、というような結果が得られるだろう。

本書では読みやすさを考え、相関係数と重回帰分析の結果は注で示している。本文ではそれらの相関係数から導き出される結論や、説明される分散の割合について述べる。詳しい統計的な結果に関心のある読者は、ヘールトの『経営文化の国際比較』（*Culture's Consequences*, 2001）を参照されたい。

▼IBM研究の追調査▲

ヘールトは、ＩＢＭ研究を行っていた一九七〇年代に、ＩＢＭ社以外のさまざまな国の管理職に同じ質問を用いて調査を実施した。これらの人々は一五カ国の多様な企業から、ヘールトが客員講師として教えていたスイスのビジネス・スクールの講座に出席していた[8]。当時ヘールトはデータの次元について明確な考えを持っていなかったが、彼らを対象として追調査を行ったところ、権力（**権力格差**の次元のうち上司の意思決定スタイル）に関する主要な質問については、各国のランクがＩＢＭ研究でのランクとほぼ一致することが明らかになった。ほかの質問についても、個人主義‐集団主義に関する各国の違いは、ＩＢＭ研究とかなり似通っているという結果が出た。ＩＢＭ社で見出された各国の違いはＩＢＭ社以外でも見出されることを初めて示した、ヘールトの研究結果であった。

その後、多くの人々がＩＢＭ調査のアンケートやその一部、あるいは価値観調査モジュール（VSMs）と呼ばれる改良版の調査を実施した[9]。調査対象となる国の数が増加するにつれて、追調査を行う意義が大きくなった。国の数が増えれば、それだけ結果の類似性について検証する際に統計学的な検定を使いやすくなる。本書の執筆時点では、小規模な調査は多数あるのだが、主要な追調査は六つであり、それぞれはＩＢＭ調査で対象とした国のうち一四カ国以上に及んでいる。**表2・1**に六つの主要な調査を示す。

表2・1に示した六つの追調査のうち、四つの調査では、四つの次元のうち三つしか確認されておらず、どの次元が欠けているかは、調査により異なる。たとえば、消費者を対象とした調査のデータでは権力格差の次元が得られない。これは、回答者の職業が多様でそれぞれ権力との関係性が異なるためであり、また学生や主婦のようにそもそも働いていない人たちも含まれているためであろう。

さらに小規模な調査の多くは、一回の調査で二、三カ国しか対象にしていない。これらのすべてについて、ＩＢＭ調査の結果が確認されるのを期待するのは都合がよすぎるであろうが、デンマークの研究者ミカエル・センデゴーが一九の小規模な追

表2・1　IBM調査の6つの主要な追調査

著　者	公表年	サンプル	対象国数	追調査が行われた次元			
				権力格差	個人対集団	男性らしさ	不確実性
Hoppe	1990	エリート[1]	18	○	○	○	○
Shane	1995	社員[2]	28	○	○		○
Merritt	1998	パイロット[3]	19	○	○	○	○
de Mooij	2001	消費者[4]	15		○	○	○
Mouritzen	2002	市町村長[5]	14	○		○	○
van Nimwegen	2002	銀行員[6]	19	○	○	○	

注）1　1984年のアメリカ研究ザルツブルク・セミナーにおいて，政府職員，国会議員，労働組合と経営者のリーダー，学者および芸術家を対象にした調査を行った。VSM 82の公式に基づき，彼らの回答から権力の格差，不確実性の回避および個人主義について検証が行われた（Hoppe, 1990）。VSM 94の公式により，男性らしさについても検証した（Hoppe, 1998）。

2　IBM以外の6つの多国籍企業で働く28～32カ国の社員が対象（Shane, 1995; Shane and Venkataraman, 1996）。この研究では権力格差，不確実性の回避および個人主義が検証された。この研究には男性らしさに関する設問が含まれていないが，それは「男性らしさ」に関する設問を入れることは差別的であると判断されたからにほかならない（！）。

3　19カ国の民間航空会社のパイロットが対象（Heimreich and Merritt, 1998）。この研究ではVSM 82を用いて，権力格差と個人主義について検証している。パイロットのおかれている状況に関連があると判断されたほかのIBM調査設問を含めると，すべての次元について検証されたことになる。

4　ヨーロッパ15カ国の消費者が対象（de Mooij, 2004; Hofstede, 2001a, pp. 187, 262, 336）。この研究ではVSM 94を用い，不確実性の回避，個人主義および男性らしさについて検証が行われた。権力格差については検証されていないが，これはおそらく調査対象となった消費者が選ばれた基準が、職業（あるいは有給の職業があるかどうか）ではなかったためであろう。

5　14カ国の地方自治体幹部職員が対象（Søndergaard, 2002; Mouritzen and Svara, 2002）。彼らはVSM 94を用い，権力格差，不確実性の回避および男性らしさについて検証を行い，権力の格差と不確実性の回避については，それぞれの国における地方政府の形態と関連づけた。

6　19カ国における国際銀行の職員が対象（van Nimwegen, 2002）。この研究では権力格差と個人主義について検証が行われた。また適合性はあまりよくないが，男性らしさと長期志向についても検証が行われている。ただし，不確実性の回避については検証されていない。

調査を検討した結果、それらを合わせれば統計的に四つの次元すべてが確認された[10]。もっともはっきりと確かめられた次元は、個人主義であった。ほとんどの小規模な追調査はアメリカとの比較をしているが、アメリカはIBM調査では個人主義のスコアがもっとも高い国であり、アメリカと比較すれば個人主義の次元での違いは明確に表れやすい。

追調査によって同じ結果が得られたからといって、IBM研究以降、各国の文化が変化しなかったというわけではない。各国の文化が変化したとしても、それぞれがともに変化したので、相対的位置が変わっていない。

表2・2は本書において各次元のスコアを示している国と地域をアルファベット順にリストアップしたものである。第3章から第6章では、IBM調査とその追調査に基づいて、七六の国や地域の次元別のスコアを示している。第7章と第8章では、世界価値観調査のデータに基づき、九三の国と地域の次元別のスコアを示している。

▼IBM調査の拡張——中国的価値観調査▲

Culture's Consequences（『経営文化の国際

表2・2　次元別のスコアが算出されている国と地域

アイルランド共和国	コロンビア	ハンガリー
アメリカ合衆国	ジャマイカ	バングラデシュ
アラブ諸国	シンガポール	東アフリカ諸国
（エジプト，イラク，クウェ	スイス（ドイツ語圏）	（エチオピア，ケニア，タン
ート，レバノン，リビア，サ	スイス（フランス語圏）	ザニア，ザンビア）
ウジアラビア，アラブ首長国	スウェーデン	フィリピン
連邦）	スペイン	フィンランド
アルゼンチン	スリナム	ブラジル
イギリス	スロバキア	フランス
イスラエル	スロベニア	ブルガリア
イタリア	セルビア	ベトナム
イラン	タイ	ベネズエラ
インド	台湾	ペルー
インドネシア	チェコ共和国	ベルギー・フランドル地方（オ
ウルグアイ	中国	ランダ語圏）
エクアドル	チリ	ベルギー・ワロン地方（フラン
エストニア	デンマーク	ス語圏）
エルサルバドル	ドイツ	ポーランド
オーストラリア	トリニダード・トバゴ	ポルトガル
オーストリア	トルコ	香港（中国）
オランダ	西アフリカ諸国	マルタ
カナダ（全国）	（ガーナ，ナイジェリア，シ	マレーシア
カナダ・ケベック州	ェラレオネ）	南アフリカ[1]
韓国	日本	メキシコ
ギリシア	ニュージーランド	モロッコ
グアテマラ	ノルウェー	ルーマニア
クロアチア	パキスタン	ルクセンブルク
コスタリカ	パナマ	ロシア

注）1　白人からのデータ

比較』）が出版された直後の一九八〇年の終わり、ヘールトは香港中文大学のマイケル・ハリス・ボンドに出会った。ボンドとアジア・太平洋地域出身の彼の同僚たちは、一〇の国ないし民族集団のそれぞれにおいて、心理学を受講する男女の学生に対して、価値観の比較調査を実施したところであった。(11) アメリカの心理学者ミルトン・ロキーチは一九七〇年頃のアメリカ社会における価値観の目録をもとにして、ロキーチ価値観調査（Rokeach Value Survey: RVS）を開発しており、彼らはその応用版を用いたのである。ボンドはヘールトがＩＢＭ調査データを分析したときと同じ方法でＲＶＳデータを分析しており、彼もまたここから四つの意味深い次元を発見した。双方の調査に含まれていた六カ国において、ＲＶＳでの次元それぞれがＩＢＭ調査での次元の一つひとつと有意に相関していたのである。(12)

まったく異なる調査で似通った次元が発見されたことは、両者に共通する基本的な特徴の存在を示している。異なる調査票、異なる回答者（学生とＩＢＭ社員）、異なる時点（一九七九年と一九七〇年）そして対象となった国も限られているが、四つのよく似た次元が見出されたのである。しかし、ボンドもヘールトもただ喜んだわけではなく、困惑もした。調査結果自体は人々の考え方が文化的に制約されていることを表しているのである。研究者自身も、人間であって自らの文化のなかで育っているのである。ＩＢＭ調査票もＲＶＳも、西洋的な精神の産物である。どちらのケースでも、非西洋人の回答者が西洋的な設問に回答しているのである。このことが、二つの研究結果の間の相関にどの程度影響しているのか。どの程度、無意味な設問がたずねられ、意味ある設問が除外されていたのか。

ボンドはカナダ人だが、一九七一年以降、極東に長く住んで研究を行っていたことから、西洋的なバイアスの問題について独創的な解決法を見出した。ボンドは香港と台湾で多くの中国人の社会科学者に依頼し、彼らの助けを得て、中国人の持つ基本的な価値観のリストを作り上げた。新たな調査票は中国的価値観調査（Chinese Value Survey: CVS）と呼ばれ、翻訳されて二三カ国のそれぞれで男女五〇名ずつの一〇〇名の学生を対象に調査が実施された。ＣＶＳの結果を統計的に分析すると、ここでも四つの次元が見出された。ＣＶＳ調査とＩＢＭ調査が行われた二〇カ国では、ＩＢＭ調査で発見された次元のうち、三つの次元がＣＶＳ調査でも再現されたが、ＣＶＳの四つめの次元はＩＢＭのものとの相関がなかった。不確実性の回避に相当するものが、ＣＶＳにはなかったのである。その代わり、ＣＶＳの四つめの次元は、未来志向と過去・現在志向という対立する価値観から構成されていた。(13) ヘールトはこれを**長期志向-短期志向**（Long Term Orientation: LTO）と名づけ、これを第五の普遍的次元として扱うことにした。それから二〇年後に、ミッショ・ミンコフ〔訳者注：「ミッショ」は、原著者マイケル・ミンコフの愛称〕が世界価値観調査のデータからＬＴＯと関連する次元の存在を明らかにした。これによりＬＴＯを再定義し、さらに多くの国々について用いることが可能になった。詳細については第7章で述べる。

▼国別文化スコアの妥当性▲

次のステップは、注目している国に対して次元スコアから得られる、実際的な意味を示すことである。これは、定量的には次元スコアと同様の文化的差異を反映すると論理的に予想可能な尺度があれば、両者の相関を調べることによって実行される。これらの定量的な検証結果は、各国についての定性的かつ記述的な情報によって補完される。この全体のプロセスが**妥当性の検証**と呼ばれる。

第3章から第8章で詳しく述べる例のなかには次のようなものがある。権力格差は国内政治での暴力の行使や、収入の不平等と相関する。個人主義は国の豊かさ（一人当たり国民総所得）や世代間での階級移動と相関する。男らしさは裕福な国々が国民総所得のうち第三世界への開発援助に振り向けられる政府予算の割合と負の相関がある。不確実性の回避は、ローマ・カトリック教徒の割合と関連し、また先進国においては国民が身分証明書の携帯を法的に義務づけられているか否かと関連している。長期指向は国の貯蓄率と相関している。

世界には計測可能な現象がいろいろとあるが、それらの間の関係は非常に複雑である。次章以降で述べる国民文化の次元は、そのような複雑さを縮減することで、われわれの理解力を高めるためのものである。しかし、複雑さを完全に取り除くことはできない。それぞれの次元について、どのような現象ともっとも強く相関しているのかを見ていくが、その際、ときには二つの次元を用いる必要もあれば、まれに三つの次元が必要になることもある。しかし、われわれの目的は、データが許すかぎり簡潔な解説を行うことである。

二〇〇一年版の *Culture's Consequences* では、IBM調査の次元スコアとほかの尺度との相関について、合計四〇〇以上が意味をもつものとしてリストされている。そのうち六分の一では二つの次元が関連し、五〇分の一では三つの次元が関連していた[14]。妥当性の検証の結果、印象的なのは、相関が時間の経過とともに弱くなるわけではない、ということである。IBMの国別次元スコア（あるいは、その相対的な位置）の有効性は、二〇一〇年でも一九七〇年頃と変わっていない。これは、次元スコアがこれらの国々においてかなり持続力の高い側面を描いていることを示している。

▼文化とパーソナリティ——ステレオタイプ化できない▲

二〇世紀前半、アメリカの社会人類学者は文化とパーソナリティとの間に強い関係があると考えていた。これは現在われわれがいうところの**国民文化**であるが、当時は**国民性**や**モーダル・パーソナリティ**と呼ばれていた。アメリカ人類学のパイオニア、ルース・ベネディクトは、人間の文化は「大きく書かれたパーソナリティ[15]」であると考えていた。

このような見方に対しては、それが個人についてのステレオタイプ化につながるという批判がある。ステレオタイプとは文字通り印刷版である。比喩的にいえば、ステレオタイプは個人が育った背景と無批判に結びつけられた、慣習的な観念である。個人をステレオタイプ化するという批判は、国民文化の次元というパラダイムに対しても行われてきた。

国民文化とパーソナリティとの関係は、より良質のデータが得られるようになった二〇世紀の終わりになって新たに関心を引くようになった。文化研究の側ではわれわれの価値観研究が、パーソナリティ研究の側ではパーソナリティ・テストの発展が、この関係への新たな関心を呼び起こした。パーソナリティ・テストでは、個人が自分自身に関する多数の質問に回答する。二〇世紀半ばには、パーソナリティ・テストの種類が多すぎて混乱をきたすぐらいであったが、一九九〇年代には、パーソナリティの多様性をとらえる有用な次元は五つあり、多くの国々のほとんどのパーソナリティ・テストではこれらをセットとして組み込むことが合意されていた。それらは以下の五つである（いわゆる「ビッグ・ファイブ」）。

O：経験に対する開放性－硬直性
C：誠実性－不誠実さ
E：外向性－内向性
A：調和性－短気
N：神経症的傾向 － 精神的安定性

アメリカの心理学者ポール・T・コスタとロバート・マクレーは、ビッグ・ファイブに基づき、改訂版NEO－PI－R（the Revised NEO Personality Inventory）と呼ばれる自己採点式のパーソナリティ・テストを開発した。二〇世紀終わりまでに、NEO－PI－Rはアメリカ英語から多数の言語に翻訳され、多くの国で同じ属性の人々を対象にして、使用されている。

マクレーとヘールトは、共同論文のなかでパーソナリティに関する次元のスコアと国民文化に関する次元のスコアとの関係について研究を行った。比較可能な三三カ国のサンプルを用いた研究結果では、NEO－PI－Rの五つの次元の平均値はIBM調査の四つの文化次元とすべて相関していた[16]。次章以降では、これらの相関のうちいくつかについて見ていく。われわれの共同研究では、文化とパーソナリティは独立していない。図1・1に戻って説明すると、どの国でも人々の性格は大きく異なっているが、パーソナリティ・テストに対する回答の仕方はある部分で、その国の国民文化の影響を受けている。

しかし、パーソナリティと文化との関連は統計的なものであって、絶対的なものではない。関連があるからといって、国民文化スコアを使ってそれぞれの国の人々をステレオタイプ化することは正当化されない。各国の人々のパーソナリティには非常に大きな差があり、ステレオタイプ化できないのである。国民文化は個人に関するものではなくて、国民社会に関するものなのである。

▼国民文化のほかの分類法▲

『経営文化の国際比較』が一九八〇年に刊行されたとき、いくつかの次元に沿って国民文化を分類するという点が革新的であった。本章の冒頭で述べたように、この方法は文化の研究における新たな**パラダイム**を表しており、極めて新しいアプローチであった。パラダイムは理論ではないが、理論の一歩手前である。つまり、理論の発展につながる考え方である。新たなパラダイムは、それまで抱かれていた真理をくつがえし、かつ新たなものの見方を拓くことから、常に論争を生む。『経営文化の国際比較』以来、国民文化に関するほかのいくつかの理論が同じパラダイムを用いており、それぞれは文化を分類する独自の方法を提案している。

次元パラダイムの応用としては、イスラエルの心理学者シャローム・H・シュワルツが開発したものが精巧であり、広く知られている。彼は文献調査から五六の価値観のリストを作成した。このリストは、主にアメリカの心理学者ミルトン・ロキーチ（一九七三）の研究に触発されたものである。ロキーチの研究は、それぞれ一八の「最終価値」（望ましい最終状態を表す名詞、**平等**など）と「手段価値」（望ましい最終状態に至るための方法を表す形容詞、**誠実**など）について、アメリカ人のさまざまな集団の間で比較調査を行うものであった。シュワルツの研究では、回答者はそれぞれの価値項目が「あなたの人生の指針」としてどの程度大切なのかを、「マイナス1　価値観に反する」「0　重要ではない」から「7　きわめて重要である」の九点からなるスコアで表すよう求められた。本章の「価値観を測定する」の節で述べた区分にあてはめると、シュワルツの価値項目は**現実に求めるものよりも望ましいものに近い**。(17)

シュワルツは共同研究者のネットワークを通じ、六〇カ国以上の大学生と小学校教師からなるサンプルからスコアを収集した。(18) シュワルツはまず個人間の違いに着目し、統計的な手法（**最小空間分析**）を用いて、調査した価値項目を一〇の次元に分割した。ヘールトと同様、シュワルツも国レベルの分析では貴重な経験を得たようである。シュワルツは当初の期待に反して、国レベルの次元が個人レベルの次元と異なることを発見した。彼は国レベルで七つの次元を発見し、それぞれ**保守主義**、**ヒエラルキー**、**支配**、**感情的自律**、**知的自律**、**平等主義的コミットメント**、**調和**と名づけた。シュワルツの国別スコアとわれわれの国別スコアとは有意な相関があるが、それらの多くがわれわれの個人主義‐集団主義の次元におけるスコアと相関している。おそらく、その理由の一つとしてシュワルツの国別スコアが国の豊かさをコントロールしていない点があるだろう（第4章を参照(19)）。

文化次元パラダイムの大規模な応用としては、アメリカの経営学教授ロバート・J・ハウスが一九九一年に企画したGLOBE（Global Leadership and Organizational Behavior Effectiveness）プロジェクトがある。当初ハウスはリーダーシップに焦点を当てていたが、すぐに研究対象は国民文化や組織文化のほかの側面へと広がった。一九九四〜一九九七年にかけて、一七〇人ほどの共同研究者が自発的に集まり、多国籍組織を除く一〇〇〇近い組織に属する一万七〇〇〇人の管理職からデータを集めた。それらの組織はおよそ六〇の国と地域に位置しており、食品加工、金融サービス、通信の三つの産業部門のうち、いずれかに属するものである。プロジェクトの活動について記した著書の序文で、ハウスはこう述べている。「われわれはホフステード（一九八〇）の画期的な研究を追調査するのに非常に適したデータを持っており、彼の研究を発展させて社会レベルの変数や、組織の慣行、そしてリーダーの属性と行動に関する仮説を検証することができる」[20]。

概念上の理由から、GLOBEはホフステードの五つの次元を九つに拡大した。GLOBEでは権力格差と不確実性の回避という名前がそのまま使われているが、集団主義が制度的集団主義と内集団的集団主義に、男性らしさ‐女性らしさ指標が自己主張性と男女平等主義にそれぞれ分割されている。長期志向指標は未来志向指標に改められ、さらに人間志向と業績志向という次元が加えられている。最後の二つの次元は、男性らしさ‐女性らしさ指標にヒントを得たものである。これら九つの次元は調査票に用意された七八の設問から算出される。設問の半分は回答者の文化を表すもの（「ありのまま」）であり、残る半分は文化に対する判断を表すもの（「あるべき」）である。このようにして、GLOBEはそれぞれの国について、九×二＝一八の文化スコアを算出する。一八のスコアのうち、「ありのまま」と「あるべき」が九つずつとなる。また、GLOBEは二種類の質問票を用いている。半数の回答者に「自らの社会の」文化についてたずね、もう半分の回答者には「自らの組織の」文化についてたずねている。

GLOBEプロジェクトへの評価で、ヘールトはGLOBEの調査票が研究者の専門用語で作り上げられていて、回答者となっている（主に第一線の）管理職が考えるような問題がほとんど入っていないと批判した[21]。GLOBEは自国市民の特徴や行動、さらには自国の文化についての一般的な記述や評価を行うよう回答者に求めている。この方法は、たとえば家族関係など、取り上げる問題が単純な場合にのみ、意味のある結果を生み出す。より抽象的な問題については、回答が何を意味するのかがわかりにくくなる[22]。GLOBEの質問項目は、たとえば次のようである。「この社会では、たいていの人は非常に決まりきった生活を送っていて、予期せぬ出来事はほとんどない」。社会科学の専門家でも難しいと思うような質問に、管理職がどうやって回答すればよいのであろうか。

GLOBEの「ありのまま」設問は記述的であるべきものだが、それらの多くが国民性のステレオタイプとなってしまっている。GLOBEの「あるべき」設問は、本章ですでに述べた区分でいえば、望ましいものを扱っている[23]。ホフステードの研究とは異なり、GLOBEのなかに現実に求めるものを扱った設問は一つもない。

GLOBEの次元のなかには、国別スコアで互いに相関している次元がある。「ありのまま」と「あるべき」次元の間には、しばしば負の相関が見出される。ヘールトは再分析によって、一八の次元が国別スコアに基づいて五つの次元にまとめられることを発見した。GLOBEの七つの次元からなるグループは、国の豊かさと有意かつもっとも強く相関しており、次いでホフステードの次元のうち権力格差、個人主義、不確実性の回避の順に相関している。ほかの三つのクラスターは、それぞれ不確実性の回避、個人主義、長期志向の次元とのみ有意な相関がある。GLOBEの調査票のうち、ホフステードが用いる意味での男性らしさを扱う項目は非常に少ないが、ともあれ残る一つのクラスターが男性らしさに属することになる。アプローチとしては非常に異なっているものの、GLOBEデータの大部分はホフステードのオリジナルなモデルが持つ構造を反映している。

GLOBEが出した結論とわれわれのものとを比較するうえで厄介なのが、GLOBEがしばしば同じ用語をまったく異なる意味で用いている点である。このことは次元の名前からも明らかである。GLOBEとホフステードの研究では「権力格差」と「不確実性の回避」のように同じ名前の次元があるが、質問を構成する方法がまったく異なっているために、同一の次元を測定しているとは思えない。このことは第3～7章で明らかになる。次に、GLOBEでは慣行という用語が「ありのまま」の文化に関する回答を表すのに、価値観が「あるべき」文化に関する回答を表すのに用いられている。図1・2で示したように、われわれは「慣行」をシンボルやヒーロー、儀礼という外部の観察者の目に見えるものを表すのに用いており、「価値観」は回答者が自分にとって好ましいと思う状態を表すのに用いている。「価値観」のなかには意識していないものもある。さらに、GLOBEは「この社会では」で始まる設問が国民文化を表し、同じ設問で「この組織では」で始まるものが組織文化を表すものと仮定している。GLOBEによれば、実際にはどちらの回答も事実上同じであり、そのため彼らは二つのデータを後に一つに統合している。ヘールトと同僚は組織文化のみに焦点を当てた大規模研究プロジェクトのなかで、組織文化と国民文化は非常に異なる現象であり、同一の設問で測定できないことを明らかにしている。この研究については本章の末尾で紹介するほか、第10章でくわしく説明する。

国民文化の次元に関しては、オランダ人の経営コンサルタント、フォンス・トロンペナールスによる研究も引用されることがある。彼は普遍主義－個別主義、個人主義－集団主義、情動性－中立性、特異性－拡散性、達成－帰属主義、時間志向、そして自然への態度という七つの次元を分類している。(24) しかし、これらは実証研究に基づくものではなく、一九五〇年代と一九六〇年代にかけてアメリカの社会学者が用いた概念的な分類から借用したもので、とくに各国の特徴を記述しようとしてはいない。(25) トロンペナールスは、こちらも二〇世紀半ばのアメリカの社会学の文献から見出した設問項目を用い、自らの講演の聴衆や仕事上交流のあった相手からデータを収集した。(26) また、インターネットでは五万五〇〇〇人の「管理職」からデータを得たそうである。残念ながらトロンペナールスの文献は専門家の審査を受けた学術文献ではなく、彼はデータベースが何を含んでいるのかを正確にどこにも示していない。データが概念的な分類にどのように貢献しているのかは明確ではない。トロンペナールスのデータを用いた統計分析のうち、これまでに専門家によって審査されたのは、一九九〇年代にイギリスの心理学者ピーター・スミスとショーン・デュガンによるものしかない。管理職と非管理職からなる四三カ国の約九〇〇〇人の回答者のスコアから、彼らは二つの独立した次元を見出した。その一つはＩＢＭ調査の個人主義－集団主義次元と相関しており、もう一つは主として権力格差の次元と相関していたが、これもまた個人主義－集団主義次元とも相関していた[27]。トロンペナールスの調査票は、国民文化のほかの側面をカバーしていなかった。

▼ホフステードの次元モデルのさらなる拡張 ――ミンコフによる世界価値観調査の研究▲

一九八〇年代初頭、ヨーロッパの六つの大学にある神学部は、キリスト教信仰が失われていることに懸念を抱き、世論調査の手法を用いて、それぞれの国の人々が持つ価値観の共同調査を行った。この調査は「ヨーロッパ価値観調査」と呼ばれ、後年アメリカの社会学者ロナルド・イングルハートの主導のもとで、「世界価値観調査」という定期的な調査へと拡大され、その焦点も変わっていった。継続的なデータ収集が一〇年おきに行われており、本書の執筆時点で、四回目の調査が実施されている。この調査は現在世界一〇〇カ国以上で実施されており、調査票には強制選択による三六〇以上の質問項目が含まれている。質問票に含まれる領域は、エコロジー、経済、教育、感情、家族、ジェンダー・セクシュアリティ、政府・政治、幸福感、健康、余暇・友人関係、道徳観、宗教、社会・国家、そして仕事である。世界価値観調査のデータは、過去の調査や個人の回答も含め、ウェブ上で自由にアクセスできる[28]。

世界価値観調査のほかにも、価値観に関する豊富なデータが次々とウェブ上でアクセス可能になった。それらのなかには、ヨーロッパ社会調査やアジア太平洋経済社会調査が含まれている。一九七〇年代にヘールトが価値観研究を始めた当時、ＩＢＭ社員の調査データは国際比較が可能な価値観のデータとしては世界最大のものであった。もしヘールトが今から価値観研究を行うのであれば、世界価値観調査の研究から始めるであろう。

世界価値観調査のコーディネーターであるイングルハートは、調査データの初期の分析において、二つの主要な因子の存在を示した。それらは**幸福**（well-being）－**生存**（survival）、**世俗的・合理的**（Secular-rational）－**伝統的権威**（traditional authority）である。次章以降で示されるように、どちらもわれわれの次元スコアと相関がある。しかし、世界価値観調査の巨大なデータのなかに、さらに多くの宝物が隠れていることはもとより明らかだった。

宝探しを始めたのは、ミッショ・ミンコフである。彼は世界価値観調査のジャングルへと勇敢に踏み込み、他の関連する資料から近年のデータを加え、三つの次元を抽出した。それらは**排外主義－普遍主義**、**放縦－抑制**、**壮大主義－柔軟・謙虚さ**である。[29]

結果として、ミッショはわれわれのチームに加わり、われわれは研究成果を統合することになった。[30] ミンコフの三つの次元のうち、排外主義－普遍主義は集団主義－個人主義と強く相関している。これについては第4章で述べる。壮大主義－柔軟・謙虚さは短期志向－長期志向と有意に相関していた。このことから、世界価値観調査のデータベース探索がさらに進み、このデータベースは長期志向次元を測定する新たなデータになることが判明し、長期志向次元の意味合いについての理解が深まるほか、信頼できるスコアが得られる国の数が劇的に増加した。これらについては第7章で述べる。放縦－抑制はまったく新たな六つめの次元として、第8章で紹介する。

▼地域・宗教・性・世代・階級による文化の差▲

一つの国のなかでも地域、民族、宗教によって、さまざまに異なる文化が観察される。民族や宗教の違いは国境という政治的な境界と一致していないことが多い。このような民族集団や宗教集団は、国内において支配的な文化と自分たちの集団の伝統的な文化との交差点にあって、マイノリティ集団の立場に置かれている。彼らのなかには、一世代以上の時間をかけて、主流の文化に同化する者もいるが、自分たちの文化を守り続ける者もいる。アメリカは、移民の国としては世界の代表格であるが、文化の主流に同化する人々（「人種のるつぼ」）と、何代にもわたって自分たちの文化を守り続けている人々（たとえば、ペンシルベニア州に移住したオランダ人）がいる。民族の違いによる差別があると、主流の文化に同化するスピードが遅くなる。これは多くの国々が抱える問題である。地域、民族、宗教の違いから生まれる文化差は、生まれた後に身につけるという点に限っていえば、国民文化の違いとよく似ている。基本的には、国民文化の違いを表す次元と同じものが、国内の地域、民族、宗教による文化の違いにも当てはまる。

性差を文化に結びつけて語ることはあまりない。しかし、それは語られてしかるべきである。どの社会にも男性の文化と女性の文化があり、両者が互いに異なっていることを認めれば、なぜ伝統的に根強い性別役割を変えることがこれほど難しいかを説明することができるであろう。女性は、伝統的に男性が従事してきた仕事には適さないとみなされる。これは、女性がそれらの仕事をこなす技術を備えていないからではなく、男性の文化で重要であると考えられているシンボルを持たず、ヒーローのイメージに当てはまらず、儀礼に参加せず、その価値観を育むべきものとされていないからである。逆に、伝統的に女性が従事してきた仕事には、男性は適さないとみなされる理由も同じである。異性の行動に対して持つ感情や恐れは、異文化に接したときの反応と同じくらい頑強なものであろう。性差を文化というテーマについては第5章で改めて述べる。

世代によって、シンボル、ヒーロー、儀礼や価値観に差があることはよく知られているが、しばしば誇張されすぎている。若者が年長者の価値観に敬意を払わなくなったという非難は、紀元前二〇〇〇年のエジプトのパピルスの巻物にも記されているし、紀元前八世紀のギリシアの作家ヘシオドスの作品にも書かれている。慣行や価値観に現れる世代差の多くは、たんに年齢の差によるものであり、世代が変わるごとに繰り返されている。しかし、歴史上の出来事は、たしかに特定の世代に特有の影響を与えている。一九六六年から一九七六年の文化大革命のときに学生時代を過ごすはずだった中国人はその証人である。この時期に高校生や大学生となるはずであった中国人は労働者として農村に下放され、教育の機会を逸してしまった。中国人がいうところの「失われた世代」である。科学技術の発展によって、世代間にこれまでとは異なる差が生まれることもある。たとえば、テレビの普及によって、それまでには見ることのできなかった人々の生活を、世界の別の地域に住む人々が見るようになった。

文化は社会階級によって異なっている。人がどの社会階級に属しているのかは、教育機会ならびに職業や職務と強く関連しており、このことは、階級なき社会を標傍している社会主義国家でも当てはまる。教育と職業それ自体を通して、文化が深く学習される。社会階級の定義として、すべての国で一様に適用できるようなものはない。国によって階級のタイプや階級の数は異なる。どの人がどの階級に属しているかを決める基準は多くの場合、文化的なものである。その際、シンボルが大きな意味を持ち、国語を話す場合のアクセント、ある種の言葉を口にするかしないか、あるいはふるまい方によって、どの階級に属しているかがわかる。『一二人の怒れる男』（第1章）に登場する二人の陪審員の対決にも、明らかに階級の要因が絡んでいる。

性、世代ならびに階級による文化の差については、国民文化に関して見出された次元を用いて分類できる部分は限られている。なぜなら、それらの差は国や民族集団のように統合された社会システムではなく、社会システム内で人々を分けるカテゴリーだからである。性、世代、ならびに階級による文化の差は、とくにそれらの文化に的を絞った研究に基づいて、明らかにされなくてはならない性格のものである。

▼組織文化▲

組織文化あるいは企業文化は、一九八〇年代初頭以来、経営に関する文献で流行の話題である。一九八〇年代のはじめに経営の分野では、組織の「優秀さ」の鍵は、その組織のメンバーが共有している考え方、感じ方あるいは行動の仕方にあるのではないかという主張が広まり始めた。「企業文化」は、ソフトでホリスティックな概念であるが、それにもかかわらず予想されたような企業への影響が目に見える形で現れている。

組織社会学者は、半世紀以上も前から、組織におけるソフトな要素の役割を強調してきた。組織に属している人々が共有しているメンタル・ソフトウェアを「文化」という言葉で表すことによって、そのような社会学的見解がふたたび注目を集めるに至った。しかし、組織「文化」はそれ自体が一つの独自な現象であり、多くの点で国民文化とは異なっている。組織は国とは異なった特徴を持つ社会システムである。組織のメンバーは、組織のなかで成長するわけではないからである。それどころか、彼らは組織への加入に当たって、たいていの場合、自ら決断する余地がある程度与えられており、組織にかかわっているのは就業時間内だけであって、組織を去る可能性をいつも抱えているのである。

国民文化と国民文化の特徴を表す次元についての研究結果は、部分的には組織文化の理解に役立つことがわかった。本書のなかで組織文化の違いを扱っている箇所（第10章）は、ＩＢＭ社の研究ではなく、デンマークとオランダの二〇の組織部門を対象として一九八〇年代に実施した特別の研究プロジェクトの研究結果に基づいている。

▼メンタル・プログラムを読み取る――研究者への提案▲

動物の学習方法については最近数年間で多くの研究が行われており、膨大な量の忍耐強い観察と実験がなされている。調査対象となった問題については一定の結果が得られているが、一般原理については今でもかなりの論争がある。対象となった動物すべての行動を慎重に観察した結果、観察者があらかじめ持っていた信条が確認されたという者もいるかもしれない。それどころか、むしろ動物の行動はすべて観察者の国民性を示しているのである。アメリカ人が研究した動物は必死になって動きまわり、信じられないほど精力や活気を示し、ついには観察者が求めていた結果に偶然たどり着くのである。ドイツ人が観察した動物は静かに座って考え、ついには内的意識によって解決法を導き出すのである。私のような単純な者にとっては、このような状況にはがっかりさせられる。しかし、私が見たところ、人間が動物について設定する問題はそれぞれの哲学に左右されるものであり、おそらくこのために結果に違いが生じるのである。動物は一つの種類の問題に対し、さまざまな反応を示す。それゆえ、別々の観察者が得た結果は異なっているにもかかわらず矛盾がないのである。しかし、一人の研究者にすべての領域の研究を任せられることは決してないということは、覚えておく必要がある。[31]

（バートランド・ラッセル *Outline of Philosophy*, 1927）

これはイギリスの偉大な哲学者による八〇年前の著作からの引用であり、科学研究の結果が無意識の間に研究者によって左右されることを警告している。同じテーマは、本章の冒頭で引用したクーンの著作でも、違った形で表されている。科学者は自分が生きている時代のパラダイムにとらわれているのである。

異文化間の比較研究は、クーンがいうところの新しい通常科学に属することがしばしばである。修士課程や博士課程の大学院生のための共通の研究手法となっているのは、一つの国で開発された手法（ほとんどは質問紙調査である）を用い、これをほかの国の回答者に対しても実施するというものである。たいていの場合、その手法は、アメリカの研究者がアメリカの回答者に対してテストを行って開発されたものである。ただ残念ながら、そのような手法は開発された国でのみ適切なものであり、手法を考案した人が気づかない問題は、その人の社会では起こりえないために除外される。しかし、文化的な観点からいえばそのような質問こそがまさにもっとも重要なのである。研究においては、この種の隠れた自民族中心主義があるために、平凡な調査結果になってしまう。

本書に刺激を受け、自らの研究プロジェクトに本書のアプローチを用いたいと思った将来の異文化研究者は、ヘールトの学術書 *Culture's Consequences*（二〇〇一年版）のとくに第10章を参照されたい。そこでは初心者も経験を積んだ研究者も陥りやすい落とし穴についての警告がなされている。

われわれが強く助言したいのは、自国の文化スコアについてはよく考えてから収集した方がよいということである。研究はデータの解釈に関するものであり、必ずしもデータの収集に関するものではない。文献やインターネットを検索すれば、ほぼどのような応用研究についても、関連するテーマについて専門家が収集したデータベースが、閲覧、解釈、比較、応用できる状態になっているのがわかるだろう。ミッショによる世界価値観調査の利用がよい例である。一人の研究者が文化を測定しようとするのは、たいてい時間の無駄や混乱のもとになるぐらいで、たかだか、すでに存在するものをあらためて見つける程度であろう。少なくとも一〇カ国について調べないかぎり、IBM研究から発展した価値観調査モジュールを利用しても同じことである。[32] それよりは、文献や利用可能なデータベースに習熟し、それらを自分が調べるトピックについて批判的に用いる方がよい。

注

（1）日常の話し言葉では、「規範」と「価値」はあまり区別されずに使われている。あるいはローレルとハーディ（アメリカの喜劇役者のコンビ）のように、「価値と規範」という切り離すことのできない一くくりの表現として使われることもある。この場合には、二つの言葉のうちの一つはおまけにすぎない。

（2）Hofstede, 2001a, p. 91.

（3）Inkeles and Levinson, 1969〔1954〕, pp. 447ff.

（4）この分析は Hofstede,（2001a）の2章に詳しい。

（5）Hofstede, 2001a, p. 64.

（6）Hofstede（2001a）ではピアソンの積率相関係数とスピアマンの順位相関係数の双方が用いられている。前者は数量の絶対的な値、後者は相対的な順位に基づいている。

（7）本書では一般的な社会科学の慣行に従って相関を表す記号を用いる。〝*r*〟は積率（ゼロ次）相関係数を表す。ギリシア文字のロー（ρ）はスピアマンの順位相関係数を表す。大文字の〝*R*〟は二つ以上の変数の重相関係数を表す。有意水準はアスタリスクによって表される。* は五％水準、** は一％水準、*** は〇・一％水準でそれぞれ有意であることを表す。他の有意水準は〝*p*〟で表す。〝*n*〟は相関を測定する際のケース数を表す。

(8) ローザンヌにあるＩＭＥＤＥ（現ＩＭＤ）でのこと。Hofstede (2001a), p. 91とp. 219を参照。

(9) ＶＳＭ（Value Survey Module）は、ホフステードによる国民文化研究の追調査を実施したいという研究者のために、利用可能な標準的な質問文である。二〇〇八年版はVSM 08と標記されている。geerthofstede. nlより入手可能。初期のバージョンは一九八二年と一九九四年に公表された。

(10) Søndergaart, 1994.

(11) Ng et al., 1982.

(12) Hofstede and Bond, 1984.

(13) 一九八七年に「中国的文化コネクション」（マイケル・ボンドが二四人の研究者からなるチームにつけた名称）が著した論文による。Hofstede and Bond (1998) の第三～七章を参照。

(14) Hofstede, 2001a, pp. 503-520. 五二〇頁の要約表には、単純相関で有意なものが三五五、二次相関で有意なものが六二、三次相関で有意なものが九である。

(15) ルース・ベネディクト『文化の型』一九五九年版〔訳者注：米山俊直訳『文化の型』一九七三年〕にマーガレット・ミードが記した序文から。

(16) 外向性と個人主義との相関が〇・六四で最も高い（Hofstede and McCrae 2004）。第４章を参照。

(17) 「あなたの人生の」という言葉からすれば、この質問が現実に求めるものについてたずねているようにも見えるが、「指針」という言葉があることから、これが望ましいものに関する抽象的な質問であることがわかる。

(18) 調査対象となる価値項目の数と国の数はさらに増加している。インターネットでのシュワルツの調査では、二〇〇九年の時点で七九の価値項目がリストされている。Schwartz and Bardi (2001) では、サンプルは五四カ国の大学生と五六カ国の小学校教師からなると報告されていた。

(19) Schwartz (1994)、Sagiv and Schwartz (2000)、Hofstede (2001a, p. 265) 参照。Smith et al. (2002) は、ＩＢＭ指標とシュワルツのデータから計算して三つにまとめられた次元との相関を示している。それら三つの次元はいずれも個人主義－集団主義の次元ともっとも強く相関していたのである。

(20) House, et al., 2004.

(21) Hofstede, 2006.

(22) 最新の世界価値観調査では、自分の国がどのぐらい「民主的」であるか、回答者にたずねる設問がある。全国を代表するサンプルから得られた回答によれば、スイスやドイツ、アメリカ、スウェーデンやフィンランドなどの欧米諸国よりも、ガーナやベトナム、ヨルダンの方が民主的ということである。

(23) このことはMcCrae et al. (2008) の人格心理学研究によって実証的に示されている。

(24) Trompenaars, 1993.

(25) 最初の五つはParsons and Shils (1951)、あとの二つは

Kluckhohn and Strodtbeck（1961）によるものである。

（26） とくにStouffer and Toby（1951）に由来するものが目立つ。

（27） Smith et al., 1995; Smith et al., 1996; Smith et al., 2002. われわれが知るかぎり、トロンペナールスのデータベースに関する学術文献はこれらのみである。報告されている回答者の数とカテゴリーは、トロンペナールスが著書（1993）で述べているものとは異なっている。Hofstede（2001a, p. 274, n. 26, 27）を参照。

（28） www.worldvaluessurvey.com. 利用可能なデータの概要は、Inglehart et al.（1998）に示されている。

（29） Minkov（2007）ではこの単語は“flexumility”と綴られている。われわれは“h”の文字を加え、形容詞“flexhumble”としても用いられるようにした。

（30） われわれの協力関係は、すでに二〇〇八年版の価値観調査モジュール（VSM 08）として結実している。ヘールトの既存の五つの次元のほかに、VSM 08はミンコフの二つの次元も含んでいる。モジュールのマニュアルでは、壮大主義‐柔軟・謙虚さが短期志向の変形であることが明らかになる可能性について示唆されている。

（31） Russell, 1979［1927］, pp. 23-24.

（32） 本章の注9を参照。

第Ⅱ部　国民文化の次元

第3章　平等？　不平等？

スウェーデンの歴史における最後の革命は平和のうちに終結した。一八〇九年、スウェーデンの貴族たちは、国王グスタフ四世を不適任であると判断して退位させた。そして驚いたことに、敵であるナポレオンの配下のフランス元帥、ジャン・バティースト・ベルナドットをスウェーデンの王位に招いた。ベルナドットは同意し、国王チャールズ一四世となった。それ以来今日まで、彼の子孫がスウェーデンの王位を継承している。ベルナドットは、新しく国王に就任するに際して、スウェーデン議会での演説をスウェーデン語で行った。スウェーデン人たちは彼のあやしげなスウェーデン語に驚き、大笑いをしてしまった。国王に就任したフランス人ベルナドットは、おおいに狼狽して、それ以後決してスウェーデン語を話そうとしなかった。

この事件では、ベルナドットはカルチャー・ショックの犠牲者であった。フランスでの教育や軍隊での経歴を通して、彼は目下の者が目上の者の失敗を笑うような場面を経験したことがなかった。歴史家によると、彼は、スウェーデンやノルウェー（彼は後にノルウェー国王にもなった）の平等主義的な考え方と憲法によって部下の権利が保障されているという状況に適応することが難しかった。しかし彼は（言葉以外は）上手に学習して、スウェーデンを人々から敬われるような立憲君主国にし、一八四四年まで統治した。

▼社会における不平等▲

スウェーデンとフランスはいくつかの点で異なるが、その一つとして、不平等への対応の仕方の違いが挙げられる。不平等はどの社会にも存在している。もっとも単純な狩猟採集部族の社会においても、体格や腕力や利口さは人によって違う。次に問題となってくるのは、権力の差である。より大きな権力を持つ者は、他者の行動により大きな影響を与えることができる。獲得する富の大きさにも違いがあり、地位や敬意の配分もさまざまである。

身体的能力と知的能力、権力、富、地位は、互いに釣り合っている場合もあるし、そうでない場合もある。運動選手や芸術家や科学者は名を成せば、地位を獲得することが多い。しかし同時に富まで獲得できる社会は限られており、まして、政治権力を握ることはほとんどない。政治家についても、地位と権力はあるが、富を持たない国々もある。一方、実業家には富と権力があるが、地位が伴わないという国々もある。不平等が生じうるさまざまな領域が、このように一貫していない場合、これは問題であると考えられることが多い。領域間の一貫性を高めることによって、問題を解決しようとする社会もある。スポーツマンは富を獲得するためにプロになり、政治家は富を獲得するために権力を乱用し、ビジネス界の魅力的な地位に就く。実業家は成功すると地位を獲得するために公職に就く。このような傾向が強くなると、明らかに、その社会全体における不平等は拡大する。

領域間に一貫性のないことを問題視するよりも、むしろ望ましいとする感情の方が支配的な社会もある。ある領域で高い位置にいても、別の領域での位置が低ければ、不平等はある程度相殺される。このプロセスが進行すると、あらゆる点でトップにいる人々と、あらゆる点で機会を持っていない人々との間に位置する、中流階級の規模が拡大することになる。地位や富や権力のいかんにかかわらず、法に従ってすべての人間を平等に扱うことが平等の理想を実現する道である、と多くの国々において考えられてきた。しかし、この理想を実現している国はほとんどない。キリスト教の聖書では、貧困が賛美されているが、これは平等への願いの表れと見ることができる。またカール・マルクスによる「プロレタリアートの独裁」という呼びかけも、平等への願いの表れであろう。

▼社会における不平等の測定——権力格差指標▲

不平等にどのように対応しているかという観点から、スウェーデンとフランスのみならずほかの国々の差異を明らかにすることができる。国籍は異なるけれども、類似した地位についているＩＢＭの社員を対象とした調査によって、各国における**権力格差**は、第2章で紹介したように国民文化を構成する「次元」の一つである。ＩＢＭ研究では、人々の間に不平等が存在するという事実にどのように対応するかについてたずねている。権力格差は、この根本的な質問に対する各国の回答の差異に表れている。権力格差という名前は、上司と部下を隔てている情緒的な距離に関して、オランダ人の実験社会心理学者であるマウク・ムルダーが行った研究に由来している[1]。

五〇カ国と三つの地域の権力格差のスコアは、各国のＩＢＭで同じような地位に就いている社員が、同一の質問項目に回答した結果から、算出した。質問はすべてあらかじめ用意した回答のなかから選択してもらう形式で、選択された回答の番号である1、2、3、4、5がそのままスコアになるようにしていた。サンプルは回答者の職業別構成がどの国でも等しくなるよう調整しており、それぞれのサンプルから、各国の平均スコアを求めた（X国のサンプルの平均は二・五三、Y国は三・四三というように）。場合によっては、特定の回答を選択した人々の割合を求めた（X国では1ないし2を選んだ回答者が四五％、Y国では三三％というように）。このようにして、一つひとつの質問について各国の平均値もしくはパーセンテージを示す表が作成された。

統計的な手続き（因子分析）を用いて、質問項目を**因子**もしくは**クラスター**と呼ばれるグループに分類した。それぞれのグループには、平均値やパーセンテージが同じように変化する項目が分類されている。[2] つまり、あるクラスターに属する質問項目の一つに関して、各国のスコアが高い場合、同じクラスターに属するほかの質問項目についてもスコアが高く、反対の意味を持つような質問項目についてはスコアが低いと予想される。逆に、あるクラスターに属する質問項目の一つに関して、各国のスコアが低い場合、同じクラスターのほかの質問項目についてもスコアは低く、反対の意味を持つように作成された質問項目については、スコアが**高い**であろう。あるクラスターに属する質問項目の一つについてのスコアが平均的であれば、同じクラスターのほかの質問項目についても、おそらくスコアは平均的であろう。

分析を通して得られたクラスターの一つは、権力と（不）平等に関係すると思われる質問だけから構成されていた。このクラスターに属する質問項目のなかから、もっとも強い関連を示す三つの質問項目が選ばれた。[3] これらの三つの質問に対して、各国のＩＢＭ社員の構成する標準的なサンプルが示した回答の平均スコアをもとにして、各国の**権力格差指標**（power distance index: PDI）を算出した。この目的のために、簡単な計算式を立てた（三つの質問項目のそれぞれのスコアに一定の値を掛けてから、互いに加えるか引くかして、最後に別の定数を加えた）。この計算式のねらいは、（1）三つの質問項目のそれぞれが最終的に算出される指標に対して同じ重みを持つようにすることと、（2）指標の値が、権力格差が小さい国ではゼロに近く、権力格差が大きい国では一〇〇に近い値をとるようにすることであった。実際には、後から追加された二つの国でスコアが一〇〇を超えた。

権力格差指標を作成するために用いられた、三つの調査項目は次の通りであった。

1　次の質問に対する一般社員の回答――「あなたの経験から考えて、次の問題はどのくらい起こっていると思いますか――社員が管理職に反対を表明することをしりごみする」（「1　非常にしばしば起こる」から「5　全く起こらない」までの五段階尺度の平均スコア）。

2　上司が**実際に行っている**意思決定のスタイルについての部下のとらえ方（管理職が行いがちな四つのスタイルと「どれにも該当しない」を加えた五つの選択肢のなかから、独裁的なスタイルまたは温情主義的なスタイルを選択した社員のパーセンテージ[4]）。

3　上司の意思決定のスタイルとして部下が**好ましい**と思っているスタイル（相談的なスタイル**以外**のもの、つまり、独裁的なスタイルもしくは温情主義的なスタイル、あるいは逆に、多数決に任せるスタイルを選好した社員のパーセンテージ)。

権力格差指標のスコアは、表3・1に提示されている。五七の国と地域(表2・2を参照)については、スコアはIBMデータセットから算出している。残る国や地域のスコアは、追調査もしくは既存情報からの予測値をもとに算出している。[5] 算出方法からわかるように、これらのスコアは各国の絶対的な位置ではなく、相対的な位置を表している。つまり、各国の間の差異のみを測定しているのである。スコアはすべてIBMの社員の回答に基づいているけれども、IBMの企業文化に関する情報は、含まれていない。これらのスコアが示しているのは、X国にあるIBMの支社に勤務する人々と、Y国のIBMの支社に勤務する人々とが、同じ質問に対して、どの程度違った回答をするかということだけである。IBM以外の人々を比べても同じ違いが見出されたという事実から、スコアの違いが国民文化の違いを反映しているという結論を確認することができる(検証プロセスは第2章で示した通りである)。

ベルギーやスイスのような多言語国家の場合、表3・1は最も広範に使われている二つの言語を取り上げ、それぞれを用いる地域についてのスコアを示している。カナダでは国全体については IBMスコアが、フランス語圏については追調査に基づくスコアがそれぞれ出されている。旧ユーゴスラビアのIBMサンプルは、クロアチア、セルビア、スロベニアに分けられている。そのほかの国々については、表3・1では単一のスコアが出されている。ただし、このことはこれらの国々が文化的に単一であることを必ずしも意味しない。たんに、利用可能なデータではさらに下位の単位へと分けることができないだけのことである。

表3・1は、アジアのほとんどの国々(マレーシアやフィリピン)や東ヨーロッパ諸国(スロバキアやロシア)、ラテン系諸国(パナマやメキシコなどのラテン・アメリカ諸国や、程度としては若干弱いものの、フランスやベルギーのフランス語圏であるワロン地方などヨーロッパのラテン系地域)、アラビア語圏、アフリカ諸国において、権力格差の値が高いことを示している。一方、オーストリアやスイス(のドイツ語圏地域)、ドイツなどのドイツ語圏や、イスラエル、北欧諸国(デンマーク、フィンランド、ノルウェー、スウェーデン)やバルト三国(エストニア、ラトビア、リトアニア)、アメリカ、イギリスや旧大英帝国で白人が多数派の地域(ニュージーランド、アイルランド、オーストラリア、カナダ)、オランダの値が低い(ただし、ベルギーのオランダ語圏であるフランドル地方はワロン地方とスコアが似ている)。スウェーデンのスコアは三一で、フランスのスコアは六八である。このような差が二〇〇年前にすでに存在していたならば——後で述べるように実際に存在していたと思われる——ベルナドットのカルチャー・ショックの理由がわかる。

▼権力格差の定義▲

権力格差指標の作成に用いられた三つの質問を見て、意外な

おける権力格差指標の値

（IBM データベースおよび追調査などによる 3 項目の回答に基づき算出）

順位	中南米	南　欧 南東欧	北　欧 北西欧 アングロ世界	中東欧 旧ソ連	イスラム世界 中　東 アフリカ	東アジア 東南アジア	スコア
37		ポルトガル					63
39			ベルギー （オランダ語圏）				61
39	ウルグアイ						61
41		ギリシア					60
41						韓　国	60
43					イラン		58
43						台　湾	58
45				チェコ共和国			57
45		スペイン					57
47		マルタ					56
48					パキスタン		55
49			カナダ （ケベック州）				54
49						日　本	54
51		イタリア					50
52	アルゼンチン						49
52					南アフリカ		49
54	トリニダード・トバゴ						47
55				ハンガリー			46
56	ジャマイカ						45
57				ラトビア			44
58				リトアニア			42
59				エストニア			40
59			ルクセンブルク				40
59			アメリカ				40
62			カナダ（全国）				39
63			オランダ				38
64			オーストラリア				38
65	コスタリカ						35
65			ドイツ				35
65			イギリス				35
68			フィンランド				33
69			ノルウェー				31
69			スウェーデン				31
71			アイルランド共和国				28
72			スイス （ドイツ語圏）				26
73			ニュージーランド				22
74			デンマーク				18
75					イスラエル		13
76			オーストリア				11

表３・１　76 の国と地域に

順位	中南米	南　欧 南東欧	北　欧 北西欧 アングロ世界	中東欧 旧ソ連	イスラム世界 中　東 アフリカ	東アジア 東南アジア	スコア
1						マレーシア	104
1				スロバキア			104
3	グアテマラ						95
3	パナマ						95
5						フィリピン	94
6				ロシア			93
7				ルーマニア			90
8				セルビア			86
9	スリナム						85
10	メキシコ						81
10	ベネズエラ						81
12					アラブ諸国		80
12						バングラデシュ	80
12						中　国	80
15	エクアドル						78
15						インドネシア	78
17						インド	77
17					西アフリカ諸国		77
19						シンガポール	74
20				クロアチア			73
21				スロベニア			71
22				ブルガリア			70
22					モロッコ		70
22			スイス（フランス語圏）				70
22						ベトナム	70
26	ブラジル						69
27		フランス					68
27						香　港	68
27				ポーランド			68
30			ベルギー（フランス語圏）				67
30	コロンビア						67
32	エルサルバドル						66
32		トルコ					66
34					東アフリカ諸国		64
34	ペルー						64
34						タ　イ	64
37	チ　リ						63

ことに気づく人がいるかもしれない。質問（1）（社員の抱く上司への恐れ）と（2）（上司が独裁的か、温情主義的か）は、回答者が日々の職場環境をどのようにとらえているかを表している。しかし質問（3）は、回答者の好みとして表現されたこと、つまり職場環境がどうあってほしいと思っているかを表している。

三つの質問が同じクラスターに属していることから、どの国でも人がとらえる現実と人が希望する現実とは、密接に関係していることがわかる[6]。社員が上司にあまり恐れを抱いているようには見えず、上司は独裁的でも温情主義的でもないと見られている国では、社員は相談的な意思決定のスタイル、つまり調査票の表現を用いると「決定を行う前に、部下に相談することが多い」上司が好ましいとしている。

一方、権力格差の尺度のうえでこれらの国とは反対側に位置する国々では、上司に異論を唱えることにしり込みをしている社員の様子がしばしば観察されており、上司は独裁的または温情主義的なタイプであると認知されている。そのような国の社員は、相談的なスタイルの上司をあまり好まない。その代わり、独裁的または温情主義的に物事を決定する上司が好ましいという社員が多い。しかしなかには現実の上司とは正反対のタイプ、つまり多数決に任せて自分では何も決定しない上司を好む者もいる。実際には、ほとんどの組織において多数決はやりにくい方法であり、上司がこのスタイルをとっていると実際に認めている者は、ほとんどいない（多数決に任せるふりをしている上司は、ごまかしを行っていると非難されることが多い）。

要約すると、権力格差指標のスコアは、われわれにその国における依存関係に関する情報を与えてくれる。権力格差の小さい国では、部下は上司に一方的に依存するのではなく、上司から相談されることを好んでいる。つまり部下と上司は、相互依存関係にある。部下と上司の感情的な隔たりは相対的に小さい。部下はかなり気楽に上司と接し、反対意見も述べるであろう。権力格差の大きい国では、部下は上司にかなり依存している。部下の反応は、そのような依存関係（独裁的あるいは温情主義的なスタイルの上司に仕えること）を好むか、そのような依存関係を完全に拒否するかのどちらかである。依存関係を完全に拒否することは、心理学では、反依存として知られている。反依存とは、依存関係が逆になることである。このように権力格差の大きい国では、依存と反依存という両極端のパターンが見られる。このような場合、部下と上司の感情的な隔たりは大きい。部下にとって上司は近づきがたく、面と向かって反対意見を述べることは、ほとんどありえない。

したがって、権力格差は次のように定義できる。権力格差とは、それぞれの国の制度や組織において、権力の弱い成員が、権力が不平等に分布している状態を予期し、受け入れている程度である。「制度」とは、家族、学校、地域社会のように社会を構成する基本的な要素である。また「組織」とは、人々の労働の場である。

権力格差はこのように、権力の弱い成員の価値システムに基づいて説明される。権力がどのように分布しているかについては、権力の強い成員、すなわち指導されるよりも指導する側の人間の行動によって説明されることが多い。「リーダーシップ」に関して書かれた経営学の一般的な文献は、リーダーシップは「従う者」がいてこそ存在可能であることをしばしば忘れている。権威は、服従する者がいてこそ存続する。ベルナドットが困惑したのは、彼にリーダーシップが欠けていたためではない。支配者に対する敬意に関して、スウェーデン人とフランス人では考え方が違っていて、ベルナドットはフランス人であったからである。

リーダーシップに関する価値観の国際比較研究プロジェクトによると、国家間に見られる価値観の差異は、リーダーと部下のどちらの回答にも存在している。しかし部下から得られた情報の方が、リーダーから得られたものよりも、その差をよく表していることが多い。これは、人間は誰でも、自分のリーダーシップ行動よりも、上司のリーダーシップ行動の観察にたけているからである。上司の現実のリーダーシップのスタイルと自分の好みのスタイルをたずねる質問――権力格差指標の（2）と（3）――以外に、IBM調査では、管理職に自分のリーダーシップ・スタイルを評価するように求めている。管理職による自己評価は、その管理職が自分の上司に希望しているスタイルと非常によく似ているようだ。しかし、その管理職の部下が、その管理職についてとらえているスタイルとはまったく似ていない。現実には、管理職が自分の上司を見るのとまったく同じように、部下はその上司を見たのである。管理職はこの教訓を心すべきである。もし部下があなたのことをどのように見ているか知りたいのなら、鏡を見ようとしてはいけない。鏡を見れば願望ばかりが込められてしまう。一八〇度回転して、自分の上司の方を向いてみよう。[7]

▼追調査における権力格差▲

第2章の表2・1では、一九九〇年から二〇〇二年の間に、IBM設問やその改訂版を用いて行われたほかの六つの国際比較調査が挙げられている。このうちの五つはIBM調査が行われた国々のうち一四～二八カ国をカバーしており、結果として算出された権力格差スコアはオリジナルのIBMスコアと有意な高い相関を有している。[8]残る一つの調査では、サンプルは消費者であり、権力との関係を検討する目的では選ばれておらず、職業もさまざまであれば、学生や主婦のように、そもそも有給の職業を持たない人々が含まれていた。われわれは新しいスコアがオリジナルのIBMスコアの一部を修正すべきかどうか検討したが、新しいスコアはこの目的にかなうほど一貫した値ではなかった。[9]オリジナルのIBM調査ほど、多くの国々をカバーしておりかつ十分にマッチしたサンプルに基づいた調査はなかったのである。また、オリジナルのIBMスコアと消費者の購買行動といったほかの調査データとの相関は、近年の調査になっても弱くなっていない。[10]ここで注意すべきは、スコアは文化そのものを測定しているのではなく、国民文化間の相違を測定していることである。文化は移り変わるかもしれないが、それらが同じグローバルな力によって一緒に移り変わっている場合、スコアは有効なままなのである。

第2章で紹介した、二三カ国の学生を対象としたボンドの中国的価値観調査は「道徳的規律」次元を導き出した。この次元における各国の位置は、IBM調査の権力格差とほぼ同様であった（統計的には、「道徳的規律」は権力格差指標と有意に相関していた）[11]。権力格差スコアが高い国々の学生は、以下のものがとくに重要だと回答した。

◇　欲望をほとんど持たない
◇　中庸の道を行く
◇　自らを公平無私で純粋に保つ

不平等な社会では、学生のような一般の人々は分をわきまえないような野心を持つべきではないと考えている。

一方、権力格差スコアが低い国々の学生は、以下のものがとくに重要だと回答した。

◇　適応性
◇　慎重さ（注意深さ）

より平等な社会では、誰かが権力を見せつけることによって問題が解決するわけではない。学生たちは何らかの解決にたどり着くために柔軟な態度が重要であると強調した。

第2章ではGLOBEの研究も紹介したが、こちらも**権力格差**次元の測定を目的とした設問項目を扱っている。すでに述べたように、GLOBEの設問はわれわれの研究とは非常に異なる形である。回答者が日常使うような言葉よりも、研究者の専門用語が使われているため、多くの設問において回答者は質問に対する自分の答えが何を意味するのか推測することが難しい。GLOBEの一八の次元（九つは回答者自身の文化の「ありのまま」についてたずねており、残る九つは「あるべき」についてたずねている）のうち、九つもの次元がわれわれの研究の権力格差指標と有意に相関していた。最も相関が強かったのは「ありのまま」の**内集団的集団主義**であった。GLOBEの「ありのまま」の**権力格差**と、われわれの権力格差指標との間には、弱い相関しかなく、GLOBEの「あるべき」**権力格差**と権力格差指標との間にはまったく相関がなかった[12]。実際のところ、GLOBEの「ありのまま」の権力格差と「あるべき」権力格差は、不確実性の回避指標（第六章）との相関の方が強かった[13]。GLOBEの**権力格差**は、われわれの権力格差指標の代用にはならないのである。

▼社会階級・教育水準・職業の違いによる権力格差▲

社会内部における不平等は、さまざまな社会階級の存在に現れている。上流、中流、下層という分け方のほかにも論者によってさまざまな分け方があり、国によっても違う。社会的に有利な条件に近づき、そこから利益を得る機会は、階級によって差がある。そのような有利な条件の一つが教育である。高等教育を受ければ自動的に少なくとも中流階級に所属することが約束される。そして、教育は人がどの職業に就けるかを決定する主要な要因の一つである。その結果、実際にはほとんどの社会では、社会階級と学歴と職業とが密接に関連している。第1章で取り上げたように、これらの三つはどれも人々のメンタル・ソフトウェアの源である。われわれの文化には、階級や教育や職業による差異が存在するが、それらは相互に関連している。

権力格差指標の算出に用いたデータは、さまざまな職種に就いているIBMの社員から収集したものである。したがって学歴や社会階級もさまざまであった。ただし、どの職種をデータに含めるかについては、すべての国で統一した。国や地域を比較する場合には必ず、同じ職種に従事している人々を比較しなければならないからである。スペインのエンジニアとスウェーデンの秘書を比較すべきではない。すべての支社を通して比較することができる職種として、営業部門とサービス部門を取り上げた。この二つの活動だけが、あらゆる国で行われていたからである。IBMの製品開発研究所は大規模な支社のある一〇カ国にしかなかったし、製造工場は一三カ国にしかなかった。

IBMの営業部門とサービス部門の社員は全員、中等教育もしくは高等教育を修了しており、主として中流階級に属していると考えられる。同様のことが、追調査の対象となった人々にも当てはまる。したがって、表3・1に示した権力格差指標のスコアは、実際には各国の中流階級の人々の違いを表している。中流階級の価値観は、下層階級の価値観よりも、政府や教育システムのような、その国の諸制度に影響を与えている。これは、制度を動かしている人間が、中流階級に属していることが多いからである。労働組合の指導者のように下層階級の集団を代表する人物も、教育程度が高いか独学で身を立てた者が多く、このこと自体が、彼らが中流階級の価値観を身につけていることを示している。下層階級の親は、子どもに対して中流階級的な野心を抱いていることが多い。

三大国（フランス、旧西ドイツ、イギリス）にあるIBMの支社では、あらゆる範囲の企業活動が行われていたので、IBMにある職種のすべてについて権力格差指標のスコアを算出することができた。そこには、下層階級もしくは「労働者」階級が従事することの多い、高学歴を必要としない職種も含まれている。[14] 全体として、これらの三カ国では三八種類の職種について比較することができた。

各国の権力格差指標の算出に用いられた三つの質問への回答は、職種別にみても互いに相関していた。そこで、権力格差指標を職種別に算出することができた。[15]

三八の職種を比較した結果を表3・2に要約している。この表によると、地位と学歴がもっとも低い職種（非熟練工と半熟練工）において、権力格差指標の値がもっとも高くなっており、地位と学歴がもっとも高い職種（エンジニアや科学者のような専門職における管理職）では、その値がもっとも低くなってい

表３・２　６つの職種カテゴリー別の権力格差指標の値

（イギリス，フランス，旧西ドイツの IBM のデータに基づく）

職種カテゴリー	各カテゴリーに属する職種の数値	権力格差指標の範囲		
		最　小	最　大	平　均
非熟練工と半熟練工	3	85	97	90
事務職と非専門販売職	8	57	84	71
熟練工と技術職	6	33	90	65
上記の３つのカテゴリーにおける管理職	8	22	62	42
専門職	8	－22*	36	22
専門職における管理職	5	－19*	21	8
総　計	38	－22*	97	47

＊　これらの負の値は，各国の差異を表す範囲として本来設定した０から 100 までの範囲を超えている。

る。職種別の権力格差指標の最大値と最小値の開きは、約一〇〇である。これは、七六の国と地域における最大スコアの国から最小スコアの国までの範囲と等しい（**表３・１**を参照。ただし、国別の差異は、職種も同じで学歴も等しい社員のサンプルをもとにしているのである！）。

次に、職種による権力格差の差異は、すべての国で同じように存在するのかという問題がある。この問題を検討するために、権力格差の水準が大きく異なる一一カ国のＩＢＭの支社について、地位が大きく異なる四つの職種を選んで比較を行った。その結果によると、職種による差異は、権力格差指標がもっとも低い国で一番大きく、権力格差指標のスコアが高い国で相対的に小さい[16]。いいかえると、**表３・１**において、国全体として権力格差のスコアが大きい場合には、その傾向は、職業的な地位が高い社員にも低い社員にも当てはまる。国としての権力格差のスコアが小さい場合には、その傾向は、職業的な地位が中程度か高い社員にもっともよく当てはまる。しかし、職業的な地位が低く学歴の低い社員は、権力格差が大きい国で同じような職種に就いている社員と同じくらい大きな権力格差のスコアを示している。地位の高い社員が不平等に対してどのような価値観を持っているかは、国民性に強く左右されるようである。一方、地位の低い社員の場合は、国民性にあまり左右されない[17]。

多くの西洋諸国において、学歴が低く地位の低い社員ほど、地位が高い社員よりも「権威主義的な」価値観を持っている、という事実はかなり多くの社会学者によって記述されてきた。権威主義的な価値観は、職場に現れるだけではなく、家庭においても見出されている。一九六〇年代のアメリカとイタリアでの研究によると、労働者階級の親は中流階級の親よりも子どもに従順さを求めるが、この階級間の差はイタリアよりもアメリカの方が大きかった[18]。

▼権力格差と関連のある尺度――本章以降の構成▲

本章の以下の項では、権力格差スコアにおける国別の差異が、家族、学校、職場、国家、各国で普及しているアイデアにおける相違とどのように関連しているかを示す。第４章から第８章にかけても本章とほぼ同じ構成にしたがって、他の次元を扱っていく。ここで述べる関連性のほとんどは、ＩＢＭの次元のスコアと第2章で紹介したほかの定量的な研究結果との相関を統計的に分析した結果に基づいている。そのほかにもさまざまな国の家族、学校、職場などに関する質的な情報を利用している。この本では、統計的な証明は省略している。関心のある読者は、『経営文化の国際比較』を参照されたい。

▼権力格差の違いは家庭から始まる▲

世界中のほとんどの人間は、家族の一員として生まれる。すべての人間は、生まれた直後から、成育過程で出会う周りの年長者が示す手本をまねることによって、メンタル・ソフトウェアを獲得し始める。

権力格差の大きい状況のもとでは、子どもたちは両親に対して従順であることを期待されている。場合によっては、子どもたちの間にも権威の序列があって、年下の子どもは年上の子どもに従うことが期待されている。子どもが自立した行動をとることは、良しとされていない。両親と年長者を**尊敬する**ことは、基本的な美徳であるとみなされている。両親や年長者に対して敬意が払われているのを見て、子どもたちは、すぐに自分でもその態度を身につける。両親や年上の子どもたちは小さい子どもに対して、とくに幼い子どもに対しては、ずいぶん温かく思いやりを込めて接している場合が多い。しかしこの子どもたちは世話をされているのであって、自分で何かを試みるということは、期待されていない。両親と年上の親族を敬うことは、成人した後も続く。親の権威は、親が健在であるかぎり、人々の人生において何らかの役割を果たし続ける。両親と祖父母は、子どもたちが自分の人生を自分で生きるようになった後でも、形のうえでは、敬われるのである。年長者に依存するというパターンは、あらゆる人間関係に及んでいる。また人々が身につけているメンタル・ソフトウェアには、依存したいという強い欲求が含まれている。両親が年老いたり、何らかの理由で弱ってきたりすると、子どもたちには彼らを金銭的に、また実際に扶助することが期待される。祖父母たちが子ども家族と同居することもしばしばある。

権力格差の小さい状況のもとでは、子どもたちは自分で行動できるようになるとすぐに、多かれ少なかれ平等に扱われる。これは、お風呂での赤ん坊の扱われ方にすでに表れている[19]。子どもに対する教育における親の目標は、できるかぎり早く自分のことを自分でさせることである。子どもが自分で積極的に実践を試みることが奨励されている。子どもは、親に反対意見を述べてよい。そして、たいへん早い年齢から、「ノー」と言えるようになる。他者に対する行動は、他者の年齢や地位に左右されない。そのため、型通りの尊敬や敬意が払われることはほとんどない。そのような社会における家族関係は、ほかの社会で育った人々には、けじめのない印象を与える。子どもが成長すると、子どもと親の関係は友人としての関係か、少なくとも対等な関係に変わる。成人した人間が、重要な決定に際して、親の許可を求めたり、アドバイスを求めたりすることはほとんどない。家族のなかには、個人の自立という理想がある。**自立**

への欲求は、成人のメンタル・ソフトウェアを構成する主要な要素であるとされている。両親は自分が年老いたり弱ったりしたときのために、自分自身で蓄えをしておかなければならない。彼らは子どもの助けに頼ることや、一緒に住むことを期待することはできないのである。

前の二つの段落では、権力格差の大きい社会と小さい社会の特徴をわざと極端に描いた。実際には、この両極端の間に位置づけられるような現象が、もっともよく現れるであろう。各国のスコアは、連続体をなす権力格差指標のうえのどこかに位置している。すでに見たように、親の社会階級と親の学歴はとくに権力格差の小さい国では権威に関する価値観に重要な役割を果たしている。家族は、それぞれの家族としての独自の文化を育てており、その文化が社会の規範と異なることがあるかもしれない。親や子どものパーソナリティのために、逸脱的行動になってしまう場合もある。家族のなかで不平等な状況に置かれている人間が、そのジレンマを解決する方法はさまざまである。前述した二つの特徴は、そのような多様性が分布する一つの軸の両極をなしている。

ユーロバロメーターは、EU加盟国と加盟候補国の代表性のあるサンプルを対象として行う定期的な調査である。この二〇〇八年調査では、両親の雇用形態に関して、フルタイムとパートタイムの割合についてデータを収集している。権力格差の大きい国ほど両親がともにフルタイムで働いている。権力格差の小さい国では、両親の一方がフルタイムで働き、もう一方はパートタイムで働く割合が高かった。もっとも貧しい国々を除くと、これらの違いは各国の豊かさとは関連がなかった。この結果は、権力格差の小さい文化では、大きい文化よりも親子が密に接触していることを示唆している。[20]

家族はメンタル・プログラムを形成するまさに第一の源泉であり、その影響は極めて大きい。そして、この段階で設定されたプログラムを変更することは、たいへん難しい。精神医学者や精神分析家は、家族背景のこの重要性を認識しているが、文化的背景の重要性については、必ずしも認識していない。精神医学は、社会規範から逸脱した行動をする個人を支援しようとする。本書は、その規範自体が社会によって異なることを記述するものである。社会によって規範が異なるということは、ほかの社会から来た人や、同じ社会のなかでも別のセクターの出身者に対して、精神医学による支援を行うことは危険を伴うことを意味している。支援する側の人間は、自分が患者に対して文化的に異なっており、かつバイアスを持っていることを自覚する必要がある。[21]

▼学校における権力格差▲

今日ではほとんどの社会において、子どもたちは少なくとも数年間は学校に通っている。裕福な社会では人生の初期の二〇年以上を占めることもある。子どもたちは、学校でメンタル・プログラムをさらに発展させる。家庭で育まれた価値観に加えて、教師とクラスメートから新たな価値観を教え込まれ、そのような価値観を称賛する文化と一体化するように教え込まれる。教育システムが社会の変革にどれほど貢献できるのかという問いは、答えを見出せないでいる。学校は、今まで存在しなかった価値観を創造することができるのか、あるいは学校は、既存の社会のなかにすでに存在する価値観を知らず知らずのうちに強化しているだけなのか。とにかく、学校について国際比較研究を行うと、家庭においてすでに見出されたものと同じ差異のパターンが現れるのである。親と子という役割関係は、教師と生徒という役割関係に置き換えられるが、基本的な価値観と行動は、一つの領域から別の領域へと持ち込まれている。もちろん、学校に通う子どもといっても、そのほとんどはまだ家庭で多くの時間を過ごしている。

権力格差の大きい状況のもとでは、生徒の内面にすでに依存したいという欲求が確立しており、教師と生徒の間の不平等な関係においてもその欲求が満たされるため、親子の間の不平等な関係も依然として維持される。教師は敬意や、ときには恐れをもって接する存在である（若い教師よりも年配の教師の方がさらに尊重され、恐れられる）。だから教師が教室に入ると、生徒は起立しなければならないかもしれない。教育のプロセスは教師中心である。教師は生徒が従うべき勉学の道筋の輪郭を描く。教室には厳しい秩序があって、教師がすべてのコミュニケーションの主導権を握るべきであるとされている。生徒たちは教室で求められたときにだけ発言する。教師は決して公に反対されたり批判されたりすることはなく、学校の外でさえ敬意を払われている。子どもがあるまじき行いをすると、教師は親を巻き込んで、親が子どもの行動を正すように協力してくれることを期待する。教育のプロセスは、教師の人格にたいへん影響されている。とりわけ大学の高度な科目において、伝達される内容は個人を離れた「真理」ではなく、その教師自身の知恵であると考えられている。教師はサンスクリット語で「重い」とか「名誉がある」という意味を表す「グルー」にたとえられる。インドやインドネシアでは、実際に教師は「グルー」と呼ばれている。フランス語では、maître à penser、すなわち「思考の師」である。このようなシステムでは、学習の質は、事実上、教師の優秀さに大きく左右されるのである。

権力格差の小さい状況のもとでは、教師は生徒を基本的に平等な存在として扱うものと考えられており、教師も生徒から平等な存在として扱われることを期待している。若い教師ほど平等であるため、年配の教師よりも好かれることが多い。教育のプロセスは生徒中心であり、生徒の自発性に高い価値が置かれている。生徒は自分自身で勉学の道筋を見つけるように期待されている。生徒たちは、教室で何か理解できないことがあれば質問することになっているので、自発的に授業に割り込んでくる。生徒は教師と議論するし、教師に反論したり、批判したりする。また学校の外では、教師に対してとくに敬意を払うということもない。子どもが不作法なふるまいをした場合、親は教師に反対して、子どもの側につく場合もしばしばである。教育のプロセスが教師の人格に左右されることはあまりない。伝達される内容は、特定の教師とは無関係に存在している「真理」や「事実」である。このようなシステムでは、学習が効果的に行われるかどうかは、生徒と教師の間に期待されている相互のコミュニケーションが、実際に成立しているかどうかに大きく左右される。生徒が独立への欲求を十分に身につけていることが、システム全体の基礎になっている。つまり学習の質は、かなりの程度、生徒の優秀さによって決定される。

本章のはじめの方では、少なくとも、権力格差のスコアの比較的低い国においては、高等教育を必要とする職業ほど権力格差のスコアが低いことを示した。これは、権力格差の小さい国では、生徒たちは上級の学校に進むにつれて、教師からますます独立するようになること、つまり依存への欲求が低下することを意味する。しかし権力格差の大きい国では、高等教育機関においても生徒は教師に依存し続けている。

権力格差の小さい国々では、誰もが受ける中等教育への支出が予算に占める割合が比較的大きく、このことが社会における中流階級の発展につながっている。権力格差の大きい国々では高等教育に予算が使われる割合が比較的大きく、中等教育にはあまり使われない。このため、国民がエリートと、教育を受けていない層とに両極化したままになっている。

学校での体罰、少なくとも思春期の子どもに対する体罰は、権力格差の大きい文化では小さい文化に比べて、容認される傾向が強い。体罰は、教師と生徒の間の不平等な関係を引き立たせ、象徴化する。また子どもの性格形成にとっても、よいと考えられることが多い。権力格差の小さい社会では、体罰は即座に児童の虐待であるとみなされる。親が警察に訴え出る理由になるかもしれない。ただし、第5章で取り上げる男性らしさ(−女性らしさ)の次元に関連した例外がある。イギリスのように、男性らしさが強く権力格差が小さい文化では、必ずしもすべての人が学校での体罰に反対しているわけではない。

前項で論じた家族の場合のように、現実は二つの極端な特徴の間にある。状況を左右する重要な要因は生徒の能力である。権力格差の小さい状況のもとでは、才能に恵まれないとか、ハンディキャップを背負った生徒は、その文化から期待されるような独立心を形成することができないであろう。この生徒たちはむしろ権力格差の大きい状況のもとで、よりよい対応を受けるであろう。権力格差の小さい社会では、労働者階級出身の有能な子どもは、大学のように権力格差が小さいことを規範としている教育機関においては不利な条件にある。前項で示したように、労働者階級の家庭は、権力格差の大きい下位文化を持つことが多いからである。

▼権力格差と医療▲

EU加盟国における医療システムの機能に関する比較調査では、医者と患者の関係が、社会における権力格差の違いに影響されることが示されている。しかし、これは驚くには当たらない。権力格差の大きい国々では、診察にはあまり時間がかからず、事前に予期できないような情報交換が起こる余地もあまり

表３・３　権力格差の小さい社会と大きい社会の基本的な違い

①一般的な規範，家庭，学校，医療

権力格差が小さい	権力格差が大きい
・人々の間の不平等は最小限にすべきである。	・人々の間に不平等があることは予期されているし，望まれてもいる。
・社会関係は慎重に扱うべきである。	・社会的地位のバランスは自制心によって保たれるべきである。
・権力の弱い者と強い者はお互いに依存すべきである。	・権力の弱い者は強い者に依存すべきである。
・権力の弱い者は相互に依存しあうことで感情的な安定を得られる。	・権力の弱い者は感情面で依存と反依存の両極に分かれている。
・親は子どもを平等な存在として扱っている。	・親は子どもに従順さを教える。
・子どもは親を平等な存在として扱っている。	・親や年長の親族に対して敬意を払うことは，一生にわたって続く基本的美徳である。
・親が年老いても，子どもは生活保障に何の役割も果たさない。	・親が年老いたときには子どもが生活を保障する。
・生徒は教師を平等な存在として扱っている。	・生徒は学校の内外を問わず教師に敬意を払う。
・教師は教室で生徒が自発的にふるまうことを期待している。	・教師は教室で全主導権を握ることが期待されている。
・教師はその人格とは無関係に真実を伝える専門家である。	・教師は自己の英知を伝えるグルーである。
・学習の質は教師と学生との間のコミュニケーションと，生徒の優秀さによって決まる。	・学習の質は教師の優秀さによって決まる。
・学歴の低い人は学歴の高い人に比べて権威主義的な価値観をより強く持つ。	・学歴に関係なく誰もが同じように権威主義的な価値観を持っている。
・教育政策では中等教育に重点が置かれている。	・教育政策では大学に重点が置かれている。
・患者は医者を平等な存在として扱っており，積極的に情報を提供する。	・患者は医者を目上の人として扱っており，診察は短く，医者が主導権を握っている。

ない[22]。

権力格差の違いは投薬にも影響を与える。権力格差の大きい国々では、抗生物質は効き目の速い一般的な治療薬と見られていて、医者が抗生物質を投与する機会が多い。これらの国々では、家庭でも抗生物質がよく用いられる[23]。抗生物質を使いすぎると病原菌が抗生物質に耐性を持つ危険があるため、この研究結果は重大な意味を持つ。

このほか、ヨーロッパ二五カ国を対象とした輸血に関する比較研究もある。輸血は国内で行われる傾向があり、血液製剤の国際貿易はあまりない。権力格差の小さい国々では、血液の提供者や献血の機会も多く、病院への血液の供給量が多い。献血と血液の供給量に関しては、平均的な教育レベルも役割を果たしている。研究対象となった国々のうち、二〇〇四年の人口一〇〇〇人に占める血液提供者の割合は、二人から五一人までと大きく異なっている。これらすべての国々において、献血は自発的かつ無償の行為である。献血と権力格差指標との間に負の相関があることは、有力者の権限への依存度が低く、また人々の教育レベルが高い文化において、献血の行われる確率が高いことを示している。国の豊かさはいかなる影響も与えてはいなかった[24]。

表3・3は、権力格差の小さい社会と大きい社会との基本的な違いについてこれまで述べてきたことを要約している。

▼職場における権力格差▲

家庭と学校での学習経験を経た後、ほとんどの人々は成人への過渡期に職業生活を開始する。親と子、教師と生徒あるいは、医者と患者という役割関係に、今度は上司と部下という役割関係が加わって完全なものとなる。人々のメンタル・プログラミングを構成している、親、とくに父親に対する態度と教師に対する態度は、当然のことながら、上司に対しても向けられるようになる。

権力格差の大きい状況のもとでは、上司と部下はお互いを不平等な存在であると考えている。そして、組織の階層的なシステムは、現実に存在するこの不平等を基礎にしている。組織は権力をできるかぎり少数の手の内に集中している。部下には、何をすべきかが命じられるはずである。多くの管理職がおり、お互いが仕え仕えられる関係になって、背の高い階層構造が形作られている。給与システムについて見ると、組織のトップと底辺との間で大きな開きがある。労働者は学歴が比較的低く、肉体労働は事務労働よりもはるかに地位が低い。上司には文字通りの「私法」によって特権が与えられており、上司と部下のやりとりでは、上司が主導権を握っている。部下の目から見ると、もっとも安心できて、かつ尊敬できる上司とは、慈悲深い独裁者か「よき父」である。「だめな父」であるという経験が重なると、部下は、現実場面では従順にふるまうが、意識のうえでは上司の権威を完全に否定するであろう。

権力格差の大きい組織では、部下と上司との関係に感情的な要素が絡んでいることが多い。フィリップ・ディリバルネは、国際経営に関するフランスの国立研究センターの所長であった。彼の研究チームは、フランス（権力格差指標のスコアは六八）、アメリカ（四〇）、オランダ（三八）にあるフランスの多国籍企業の製造工場で大規模なインタビュー調査を行い比較した。このプロジェクトについて著した書物のなかで、ディリバルネは次のようにコメントしている。

フランスでは、階層的な関係がしばしば感情的な特徴を強く帯びているという点が興味深い。上司に対する感情は実にさまざまである。上司は尊敬されている場合もあれば、それと同じくらいの強さで軽蔑されている場合もある。この状況は決して普遍的なものではなく、オランダにもアメリカにも見られなかった[25]。

この引用によると、フランスでは、権威のある者に対する感情が依存と反依存との間で二極分化していることが確認される。これは一般に、権力格差の大きい国で見られる特徴である。

権力格差の大きい国では、上司の権威は地位を示す目に見える印があると高まる。近所の人に「私の上司は、あなたの上司よりも大きな車に乗っている」と話すことができる部下は、それを誇らしく思うに違いない。一般に年配の上司は、年若い上司よりも尊敬されている。運が悪いと上司による権力の乱用の犠牲になってしまう。そのような状況を打開する手段が用意されているべきであるとは考えられていない。事態があまりに悪化すると、人々は結束して暴動を起こすかもしれない。権力格差の大きい国では、アメリカで開発された、「目標による管理(Management by Objectives)」[26]のような、パッケージ化されたリーダーシップの技法は役に立たないであろう。それらの技法は、部下と上司が何らかの形で交渉の場を持てることを前提にしているが、そのような場を持つことは、権力格差の大きい国では、部下も上司もよい気持ちがしないであろう。

権力格差の小さい状況のもとでは、部下も上司も、お互いを平等な存在であると考えている。階層的なシステムには役割の不平等があるが、それは便宜的な意味で作られているにすぎない。役割は入れ替わるかもしれない。今日は部下であった人物が、明日は上司になるかもしれないのだ。組織はかなり分権化されていて、階層的なピラミッドは平たく、管理職の数は限定されている。トップの職種と底辺の職種との給与の開きは比較的小さい。労働者は高度の資格を備えており、技能水準の高い肉体労働は、技能水準の低い事務労働よりも地位が高い。地位が高い人々に特権が与えられていることは、基本的には望ましくなく、すべての社員が、同じ駐車場、同じトイレ、同じカフェテリアを使用すべきであると考えられている。上司は部下にとって、近づきやすい存在でなければならない。理想的な上司とは、才能豊かな(それゆえ尊敬される)民主主義者である。部下は、自分の仕事を左右するような決定を上司から下される前に自分の意見が求められることを望んでいる。しかし部下は、最終的な決定を下すのは上司であることを認めている。

地位を表すシンボルは不興を買う。上司が会社の金で高級車を買ったならば、部下は近所の人にその上司のことを悪くいうだろう。一般に若い上司の方が、年配の上司よりも歓迎される。権力の乱用について社員から不満が申し立てられたならば、それを解決する組織的な方法があらかじめ用意されているはずである。経営的な配慮が十分になされれば、目標による管理のようにパッケージ化されたリーダーシップの技法はうまく機能するかもしれない。

イギリス・サセックス大学教授のピーター・スミスは、研究協力者のネットワークを通じて、一九九〇年に四七カ国の七〇〇〇人以上を超える部長を対象とする調査を行った。調査は、職場で日常起きる八つの仕事上の「出来事」(たとえば、部署内の設備や機械を更新する必要が出てくるなど)について、彼らがどのように対処しているかをたずねるものであった。それぞれの出来事について可能性のある八つの手引きが示してあり、部長たちはどの程度それらに頼っているのかをそれぞれ(たとえば、「公式の規則や手順」など)について示すことになっていた。スミスは四七カ国それぞれについて**垂直性指標**、つまり、自らの経験や部下**ではなく**、上司への依存度と公式規則への依存度を結合させた指標を作成した。垂直性指標は権力格差指標と強

表3・4　権力格差の小さい社会と大きい社会の基本的な違い

②職場

権力格差が小さい	権力格差が大きい
・組織における階層的構造は，便宜的な意味で役割の不平等を設定したものである。	・組織における階層的構造は，上司と部下の間に現実に存在する不平等を反映している。
・分権化が一般的である。	・中央集権化が一般的である。
・監督者が比較的少ない。	・監督者が比較的多い。
・組織のトップと底辺の給与の格差は小さい。	・組織のトップと底辺の給与の格差は大きい。
・管理職は自分自身の経験と部下を頼りにしている。	・管理職は上司と公式な規則を頼りにしている。
・部下は相談されることを期待している。	・部下は何をすべきか命じられることを期待している。
・理想的な上司は才能豊かな民主主義者である。	・理想的な上司は慈悲深い独裁主義者または「よき父」である。
・部下と上司の関係は実際的なものである。	・部下と上司の関係は感情的なものである。
・特権や地位を表すシンボルは不興を買う。	・特権や地位を表すシンボルは一般的であり期待されている。
・肉体労働は事務労働と同じ位置づけがなされている。	・ホワイトカラーの仕事はブルーカラーの仕事より高く評価されている。

い相関を示した。権力格差の大きい国々では、サンプルに含まれた部長は上司や規則により大きく依存し、自らの経験や部下にはあまり依存しないことが報告されていたのである(27)。

権力格差の大きい国の組織と小さい国の組織との間で、効率性について一貫した違いがあるということを実証した研究はない。権力格差の大小によって、向き不向きとする業務が異なるのかもしれない。権力格差が小さい場合は、部下が率先して行う業務に向いているのだろうし、権力格差が大きい場合は、規律を要する業務に向いていると考えられる。経営のうえで大事なことは、その土地の文化の強みを活用することである。

繰り返しになるけれども、この項で説明しているのは極端な例である。たいていの職場の状況は両極端の間にあり、どちらの要素もいくらか含んでいる。しかし経営学理論は、このように異なるモデルが存在することや異なるモデルが生まれる原因が文化にあることをほとんど認識していない。第9章では、この問題に立ち返り、経営と組織に関するさまざまな理論がそれぞれの著者の国民性の違いをどのように反映しているかを示してみよう。

表3・4は、権力格差の小さい社会と大きい社会における職場の主な相違点についてまとめている。

▼権力格差と国家▲

これまでの項では、権力格差に関する各国の違いが、親と子、教師と生徒、医者と患者、上司と部下といった役割関係にとってどのような意味を持っているかについて見てきた。明らかに同じような影響を受けている関係として、国家当局と市民の役割関係が挙げられる。世界のニュースに少しでも目をやれば、国家当局と市民との間の権力の格差に対処する方法が、国によって非常に異なっていることがすぐに明らかになるに違いない。一方で、ある国における権力に対処する方法というものは、国家当局がどのようにふるまうべきかについての大多数の人々の信念に根ざしているのだが、そのような方法についてはそれほど明らかではない。しかし、その理解は極めて重要なのである。

アメリカの政治学者ロナルド・イングルハートは、世界価値観調査（第2章参照）を通じて収集した四三の社会のデータから、「世俗的・合理的権威－伝統的権威」という次元によって各国を序列化できることを見出した。相関分析によれば、この次元はわれわれの権力格差次元と密接に対応している(28)。権力格差が大きい国の場合、権威は伝統や、ときには宗教に根ざしている。権力とは、善であるか悪であるかという選択以前の基本的な社会的事実であるとみなされている。権力の正当性が問われることはない。力は正義に勝るのである。これはインパクトの強い言葉であるから、このような形で述べられることはほとんどないであろうが、権力を握っている人間の行動はもちろん一般の人々の行動にも反映されている。この世界には不平等の序列があり、その序列のなかに自分の位置が定められているということが、暗黙の内に合意されている。そのような序列は、他者に依存しようとする人々の欲求を満たし、権力者とそのもとにいる人々に安心感を与えるのである。

本章のはじめの部分で、社会によっては、権力、富、地位に関する人々の序列の一貫性を高めようとする傾向があることにふれた。序列の一貫性を求めようとする傾向は、権力格差が大きい文化に典型的に見られる。そのような文化では、権力者には特権が約束されており、権力者は権力を利用して富を増大させると思われている。権力者の地位は、自分たちをできるだけ強力に見せるような象徴的な行動によって高められる。権力の主な源は、家族と友人、カリスマ性、そして武力を行使できる力である。武力を行使する力が、権力の一つの源であることは、権力格差スコアが平均より高い国々には、軍事独裁政権が多いという事実を説明している。権力者の絡んだスキャンダルが起こることは予期されており、そのスキャンダルが覆い隠されてしまうということも予期されている。都合が悪くなると、序列の底辺にいる人々に非難が向けられる。事態があまりにも悪化すると、革命によって権力者の交代を図るという方法で、システムが一新される。そのような革命は最初のうちは成功するかもしれないが、新しい権力者もしばらくすると、前任者と同じように不平等に関する支配的な価値観に即した行動を繰り返すようになり、失敗に終わる。

権力格差の大きい国々では、人々は新聞をあまり読まず（しかし、新聞に対しては信頼を示している）、政治について議論することはほとんどない。政治的な対立はすぐに暴力に発展する。その政治システムは一党独裁的になる場合が多く、複数の政党が認められていても、選挙ではたいてい同じ政党が勝利する。権力格差の大きい国の政治的なスペクトルは、その存在が合法化されている場合は右も左も強力で、中間が弱いという特徴を持っている。これは、前にこの章で記述した、依存と反依存との両極化が政治の場面に現れた結果である。このような国では、収入は非常に不平等に分配されており、少数の大富豪とおびただしい数の貧しい人々がいる。さらに税制が裕福な者を保護し、課税後の収入は一段と不平等になってしまう。労働組合は政府の統制を受けていることが多い。一方、政府による統制を受けないところでは、労働組合はイデオロギーによって支えられ、政治に関与している。

権力格差の小さい社会での権威は、イングルハートによって「世俗的・合理的」と特徴づけられた。それは、そのような社会では、権威は伝統というよりも現実的な判断に基づくことを意味している。権力格差の小さい社会では、政治と宗教は分離されるべきであるという感情が優勢である。権力は法に従い、善悪の判断に従って行使されねばならない。不平等は、基本的に望ましくないことであると考えられている。どうしても避けられないとすれば、政治的手段によって最小限にとどめられるべきであると考えられている。法は、すべての者がその地位とは無関係に平等の権利を持つことを保証しなければならない。権力と富と地位に関する序列が一貫している必要はない。むしろ一貫していない方が望ましいと考えられている。権力者の地位の象徴は、人々の不興を買う。たとえば通勤に市街電車を利用するというように、フォーマルなシンボルを捨て去ることによって、指導者のインフォーマルな地位が高まるかもしれない。権力格差の小さい国の多くは、比較的豊かで、中流階級の層が厚い。権力の主な源は、フォーマルな地位であり、専門的な知識であり、報酬を与えることができる能力である。スキャンダルが起きれば、政治家のキャリアは終わることが多い。革命は人々の支持を得られない。システムは、権力の座にいる者を必ずしも退陣させることなく、進化という形で転換する。新聞はよく読まれるが、新聞への信頼は高くない。政治問題はしばしば議論にのぼるが、国内政治において暴動はほとんど起こらない。権力格差の小さい価値システムを持った国は、複数政党制の政治形態をとることが多く、選挙結果に従って、政権政党もしくは連立政権から、別の政権あるいは連立政権へと平和的に移行する。そのような国における政治的なスペクトルでは、一般に中道勢力が強く、右派と左派の力は弱い。収入の分布は、権力格差が大きい国ほど不平等ではない。税制は収入の再分配に役立ち、課税後の収入では不平等が軽減される。労働組合は政党から独立した組織として、イデオロギーや政治に関与するよりも、組合員のために実際的な問題を解決しようとしている。

読者はすぐに、多くの国の歴史や現状において、二つの極端な特徴のなかのいくつかの要素が見出されることに気づくであろう。たとえばEUは、複数政党制による民主主義の原則に基づいているが、加盟国の多くでは過去に独裁制が敷かれていた。それぞれの文化における権力格差の水準を見れば、各国が民主主義のもとでなぜ苦悩しているのかが理解できるようになる。たとえば、前述のユーロバロメーター調査によれば、権力格差の高い国ほど、警察を信頼する人は少なく、政党に入る若者も少なく、政策立案者との論争に加わったことのある人も少ない[29]。もっとも、民主的な体制のもとでも、スキャンダルを告発したジャーナリストや内部告発者は辛い思いをすることになる。さらに民主的ではない体制においては彼らは生命の危険を冒すことになる。

政治思想は伝播するものなので、権力格差の小さい国の制度が、権力格差の大きい国で模倣されることがときどきある。留学経験のある政治指導者は、留学先の政治システムを見習おうとするかもしれない。権力格差の小さい国の政府は、開発協力を行うなかで、自国の制度の仕組みをしばしば熱心に輸出しようとしている。しかし政治的慣習がその国の大多数の国民のメンタル・ソフトウェアに深く根を下ろしたものであるならば、選挙という手段を用いるだけでは、政治的慣習を変えることはできないであろう。とくに、食料が乏しく、教育を受けていない大衆は、民主主義になじめず、裕福な国では習慣になっている政治の方法も貧しい国では機能しないであろう。ほかの国を民主主義へ導き人権を尊重させようとして行われる外国政府の行動は、明らかに援助する側のメンタル・プログラムに基づいている。民主主義へ導き人権を尊重させようとする行動は、援助されるはずの国の問題に対処するよりも、援助する国の有権者の世論に対処する方法として有効である。このジレンマと、ジレンマからの脱出方法については、第11章でもう一度取り上げる。

▼権力格差とアイデア▲

親、教師、管理職、統治者は、みな文化の申し子である。ある意味では、彼らは自分たちに従う者に従っているといえる。そこで、彼らの行動を理解しようとすれば、子ども、生徒、部下、市民のメンタル・ソフトウェアを理解しなければならない。しかし、この世界では、行動する人ばかりでなく思索する人もまた文化の申し子である。経営書の著者も政治的イデオロギーの創始者も、自分たちの成長の過程で学習したことを背景にして、アイデアを生み出している。だから、権力格差のような価値の次元に沿って各国の差異を検討することは、導く者と導かれる者の思想や感情や行動に見られる相違を理解するのに役立つだけではない。思想や感情や行動を説明したり方向づけたりするために、それぞれの国で生み出されたり採用されたりしている理論を理解するのにも役立つのである。

世界史上、何人かの哲学者や宗教の創始者は、権力と不平等の問題を明確に取り上げている。紀元前五〇〇年頃の中国において、孔子——二〇〇〇年後にイエズス会の宣教師たちが（旧名の Kong Fu Ze より）Confucius とラテン語で綴った——は、社会の安定は人々の間の不平等な関係を基礎としていると主張した。孔子は**五倫**、すなわち、主君と臣下、父と子、兄と弟、夫と妻、先輩と後輩という、五つの基本的な関係を区別した。

これらの関係には、相互に補足し合うような義務が伴っている。後輩は先輩を尊敬し従わなければならない。一方、先輩は後輩を保護し思いやらねばならない。孔子の考え方は、今日に至るまで中国の人々にとって適切な行動の指針として存続してきた。中華人民共和国の毛沢東は儒教を一掃しようとしたが、一方では、彼が制定した規則には儒教的な要素が含まれていた[30]。IBM研究で対象とした国々のうち、中国人が大多数を占める国、もしくは中国の文化的影響を受けた国は、表3・1に示されている順に挙げると、中国、シンガポール、香港、韓国、台湾、日本である。これらの国は、権力格差指標では中の上から中あたりに位置している。これらの国々の人々は、不平等の存在を受け入れその意義を評価するが、権力の行使には義務感が伴わなければならないと感じている。

紀元前三五〇年頃の古代ギリシアではプラトンが、人間には平等への基本的欲求があることを認めていた。しかし彼は同時に、エリート階級、すなわち守護者たちがリーダーシップをふるう社会を弁護した。プラトンはこのように相反する傾向がもたらす葛藤を「平等」という言葉の持つ二つの意味――量的な意味と質的な意味――を用いて解決しようとした。しかしわれわれには、プラトンの議論はジョージ・オーウェルの *Animal Farm*（『動物農場』）にある、次の有名な一節に似ているように思われる。「すべての動物は平等である。だがなかには、他の動物よりも一段と平等な動物がいる」。表3・1のIBMのデータによると、今日のギリシアの権力格差のスコアはほぼ中くらいである（スコアは六〇で四一位）。

一世紀に編さんされたキリスト教の新約聖書では清貧が説かれている[31]。清貧の徳を追求することによって社会には平等がもたらされるが、その実践はそれぞれの修道会の信徒に委ねられていた。清貧のすすめはキリスト教徒の指導者にも、国家やビジネス界にも、さらには教会自体にも不人気であった。ローマ・カトリック教会はローマ帝国の階層的な序列を維持している。同じことは東方正教会にもいえる。一方、プロテスタントの各宗派は程度の違いこそあれ、階層的ではない。伝統的に、プロテスタント国はカトリックや正教会の国と比較して、権力格差指標が低い傾向がある。

イタリアのニッコロ・マキアヴェリ（一四六九～一五二七）は、政治権力の行使に関する世界的に著名な書物を残した、もっとも偉大な学者の一人である。彼は、キツネ・モデルとライオン・モデルの二つのモデルを区別した。マキアヴェリによると、思慮深い支配者は、時期に応じて二つのモデルを使い分ける。キツネのように策略をめぐらせることができれば、罠にはまることはないであろう。またライオンのように実力があれば、狼どもを震え上がらせるであろう[32]。マキアヴェリの思想を権力格差に関する各国の差異と関連づけてみると、権力格差の小さい国ではキツネ・モデルが慣習になっており、権力格差の大きい国ではライオン・モデルが慣習になっていることがわかる。二〇世紀に実施したIBM研究のデータによると、イタリアの権力格差のスコアはほぼ中程度である（スコアは五〇で五一位）。

もしイタリアを地域別に研究したならば、北部はキツネの特徴を示し、南部はライオンの特徴を示すであろう。マキアヴェリは書かなかったが、政治システムと市民のメンタル・ソフトウェアとを結びつけると、次のことが示唆される。支配者がどちらの動物になりすますかは、支配される者がどちらの動物であるかによって決まる。

カール・マルクス（一八一八～一八八三）もまた、権力の問題に取り組んだが、彼は権力を無力な階級に与えようとした。ただし彼は、自分の説いた革命が新しい無力な階級を生み出すことはないのかという問題については、まったく取り組んでいない。実際、マルクスは、権力を行使する主体を人間からシステムに移行させることができると仮定していたようである。この哲学は、マルクスの母国であるドイツのように権力格差の小さい社会において見られるメンタル・ソフトウェアである。マルクスのアイデアが主として、権力格差の大きい国に輸出されたということは、現代世界における悲劇であった。この章の前の部分で論じたように、これらの国には、権力は法に従うべきであるという仮定が存在してしない。権力に対するチェックがないために、マルクスが天国で落ち着いていられないような政治システムでさえも、マルクスの継承であると主張されて存続しているのである。マルクスの「プロレタリアートの独裁」という概念のなかで、**独裁**という言葉が、権力格差の大きい国の一部の支配者を魅了してしまい、**プロレタリアート**という言葉は忘れ去られてしまった。実際、プロレタリアートの独裁という概念は素朴すぎる。不平等へと向かう人間の性向についての知識から判断すると、プロレタリアートによる独裁というのは、論理的に矛盾する。

アイデアが生み出された価値の文脈とは無関係に、そのアイデアをほかの国の人々に輸出すること――そしてほかの国の素朴な信奉者によってそのようなアイデアが輸入されること――は、政治の領域に限定されない。教育の分野でも見られるし、とくに経営と組織の分野でも観察される。第二次世界大戦前後の数十年間に及ぶアメリカの経済的成功によって、ほかの国々の人々は、経営に関するアメリカのアイデアは優れており、模倣しなければならないと信じるようになった。その場合――もし本当に書物に主張されている通りにアイデアを適用しようとしたのなら――アイデアが生み出され、適用された社会について問うことが忘れられていた。一九六〇年代の後半以降、日本的な考え方についても同じことが起きている。

表3・1において、アメリカの権力格差のスコアは低いが、極端に低くはない（七四カ国のなかで五七～五九位）。アメリカのリーダーシップ理論は、部下が中程度の、つまり高すぎることもなく低すぎることもない程度の、依存への欲求を持っていることを前提にする傾向がある。基本的なアイデアは**参加型マネジメント**である。それは、管理職の裁量と主導によって、意思決定に部下を参加させるような状況を管理職が作り出すことである。アメリカのリーダーシップ理論とスウェーデンやデンマークのような国（権力格差のスコアが極端に低い）での「産

表3・5　権力格差の小さい社会と大きい社会の基本的な違い

③政治，アイデア

権力格差が小さい	権力格差が大きい
・権力は正当な理由のもとで善悪の判断に従って行使されねばならない。	・力は正義に勝り，権力を握る者は常に正しく善良である。
・技量と富と権力と地位は一貫しているとは限らない。	・技量と富と権力と地位は一貫していなければならない。
・ほとんどの場合，中流階級の層が厚い豊かな国である。	・ほとんどの場合，中流階級の層が薄い貧しい国である。
・人はみな平等な権利を持つべきである。	・権力者は特権を得ている。
・権力は，公式の地位や専門的な知識や報酬を与えることができる能力に基盤を置いている。	・権力は，家族や友人，カリスマ性や武力を行使することができる能力に基盤を置いている。
・政治システムの変革は，ルールを変えることによって行う（進化）。	・政治システムの変革は，トップの人々を入れ替えることによって行う（革命）。
・国内政治においては対話がよく用いられ，暴動が起こることは少ない。	・国内政治においては対話があまり用いられず，しばしば暴動が起きる。
・多数決の論理による選挙の結果に基礎を置く複数政党政治。	・コープテーション（現任者が新任を選ぶ）に基礎を置く独裁政治または寡頭政治。
・政治的なスペクトルでは中道勢力が強く，右派も左派も弱い。	・政治的なスペクトルが現れる余地がある場合には中道勢力が弱く，右派と左派が強い。
・社会における収入の格差は小さく，課税後はさらに差が縮まる。	・社会における収入の格差は大きく，課税後はさらに差が開く。
・スキャンダルにかかわれば政治的生命は終わる。	・権力者がかかわるスキャンダルはたいていもみ消される。
・参加型経営論――新約聖書，マルクス。	・権力を基盤にした経営慣行――孔子，プラトン，マキアヴェリ。

業民主主義」の実験とを比較してみると、スカンジナビア諸国においては、部下の方から率先して参加する場合の多いことがわかる。アメリカの管理職には、そのような参加形態は受け入れがたい。それは「管理職の特権」の侵害を意味するからである。しかしスカンジナビアでは、管理職の特権はそれほど神聖なものではない。他方、参加型マネジメントに関するアメリカの理論もまた、権力格差の尺度上でもっとスコアの高い国では適用できそうにない。権力格差の大きい職場に慣れ親しんだ部下にとって、上司が歩み寄ってきて意見を求めると当惑してしまうだろうし、無能な上役として軽蔑してしまう[33]。

表3・5は、これまでの二つの項で論じた、権力格差の小さい社会と大きい社会との基本的な違いを要約している。**表3・3**と**表3・4**とを合わせると、この章で論じた生活のあらゆる領域における権力格差の差異について、そのエッセンスを概観することができる。

▼権力格差の違いの起源▲

ロマンス語系の言語（フランス語、イタリア語、ポルトガル語、ルーマニア語、スペイン語）を母語とするヨーロッパの国々は、権力格差の尺度において、中程度のスコアから高スコアまでを示している（**表3・1**では、イタリアの五〇から、ルーマニアの九〇まで）。ゲルマン語系の言語（デンマーク語、オランダ語、英語、ドイツ語、ノルウェー語、スウェーデン語）を母語とするヨーロッパの国々はスコアが低い（オーストリアの一一から、ルクセンブルクの四〇まで）。このことから、言語圏と権力格差に関する現代のメンタル・ソフトウェアとの間に関連があるように思われる。どの国がどの言語圏に属するかという問題は歴史に根ざしている。ロマンス語系の言語はすべて、俗ラテン語から派生しており、かつてローマ帝国に属していた国々、またはかつてのローマ帝国の植民地であったスペインとポルトガルによって植民地化されたラテン・アメリカの国々で用いられている。ゲルマン語系の言語はローマ帝国時代に「未開」状態であった国々、また一度はローマの統治下に入ったが、ゲルマン系の人々によって再び征服された国々（たとえばイングランド）や、彼らの植民地で用いられている。このように、権力格差と呼ばれるメンタル・プログラムの何らかの起源は、少なくともローマ帝国時代――二〇〇〇年前――にさかのぼるのである。中国（儒教）文化の遺産を持った国々もまた、権力格差尺度において中程度のスコアから高スコアのところに集まっている。ここでは、文化は少なくとも四〇〇〇年の歴史を持っている。

文化のパターンが分岐しはじめた時代に立ち会った人々は誰も生存していない。そのため、文化の違いの原因を何に求めるかという問題は、歴史的資料と有史以前の資料に基づいた、高度な推測の領域に入る。ローマ帝国も中国の王朝も一つの権力の中枢によって支配されており、中央からの命令を人々が進んで受け入れることを前提にしていた。一方、ヨーロッパのゲルマン系の地域は、地方の領主のもとで小さな部族集団に分割されており、領主以外の者からの命令を受け入れることはなかった。初期の国家形態のもとでの経験を通して、人々は自分たちの政治・社会システムの存続にとって必要なメンタル・プログラムを身につけてきたというのが、もっともらしい仮説のように思われる。

もちろん、初期の国家形態のもとでの経験がなぜ分岐したのか、という問題が残る。その原因を推察する手掛かりを得る一つの方法は、権力格差スコアと関連するような各国の量的データを探すことである。そのような量的変数として利用できるものはたくさんある。第2章で述べたステップワイズ式回帰分析と呼ばれる統計手法によって、それらの変数のなかから、表3・1の権力格差指標スコアの違いをもっともよく説明する変数を選ぶことができた。その結果によると、権力格差スコアは、次の変数を用いるとかなり正確に予測することができる。(34)

1 国の位置する緯度（緯度が高いほど、権力格差指標のスコアは低い）

2 国の人口規模（人口規模が大きいほど、権力格差指標のスコアは高い）

3 国の豊かさ（裕福な国ほど、権力格差指標のスコアは低い）

最初にＩＢＭ調査を行った五〇カ国について見ると、緯度

（各国の首都から赤道までの距離）だけで、権力格差指標の値における差異（分散）の四三％を予測することができた。緯度と人口規模の二つの要因を用いると、分散の五一％が予測でき、緯度と人口規模に国の豊かさ（ＩＢＭでの調査期間の中間にあたる一九七〇年度の一人当たりＧＮＩ）を加えると、五八％が予測できる。各国についてほかに何も情報がないとしても、これら三つのかなりハードなデータを利用すれば、各国の権力格差指標を予測して、**表3・1**にかなりよく似たリストを作成することができるであろう。そのようにして予測した値は、ＩＢＭ調査で実際に得られた値から、平均して一一スコアしかずれていない。

統計的な関連は因果の方向を示しておらず、どちらが原因でどちらが結果かを語ってはいない。またどちらにも共通する第三の要因によって、両者が関連しているように見えるのかもしれない。この点についても明らかではない。しかし各国の地理的位置というような場合には、人々が権力格差に関する自分たちの観念と一致するような気候のところへ有史以前に移動したという無理なこじつけをしないかぎり、地理的位置を原因もしくは主たる原因以外の何かであると考えることは難しい。

さまざまな調査研究の結果、緯度と権力格差の関連については、およそ次のように推論される[35]。第一に、ここで対象としている社会はすべて、定住農業と都市産業の段階まで発展している。もっと原始的な狩猟採集社会には、別の論理が当てはまるかもしれないが、それらの社会はここでは取り上げていない。

緯度の低いところでは（すなわち、熱帯気候）、農耕社会は一般にかなり豊かな自然に恵まれている。そのような気候のもとでは、自然に対して人間があまり介入しなくても、生存がおびやかされず、人口増加が進む。そこでは、すべてのものが成長する。このような状況では、同じ領土と資源を求めてほかの人間集団と敵対することが、社会に対する主な脅威となる。中枢権力によって秩序とバランスが保たれ、中枢権力に依存するように階層的に組織された社会ほど、存続する確率が高い。

緯度の高いところ（すなわち、温暖気候と寒冷気候）では、自然はそれほど豊かではない。人間は生活していくために、自然に対して手を加える必要に迫られる。このような状況のもとでは、農業に続いて産業を起こすような力が強く働く。敵対すべき第一の対象は、ほかの人間よりむしろ自然の方である。このような社会では、人々は権力者にあまり依存することなく、自分で生活の道を切り開くようになる。緯度の高い環境のなかで存続する確率は、子どもに従順さを植えつける教育を行う社会よりも、このような社会の方が高い。

気候と豊かさとの組み合わせというテーマについては、オランダの社会心理学者エーヴェルト・フォン・デ・フリールトが非常に興味深い研究を行っている。彼の研究については第12章で再び取り上げる。フォン・デ・フリールトは生存のための（権力格差指標が高い）文化と自己表現のための（権力格差指標が低い）文化という両極を設定するという手法で、文化に対する気候の影響に関する研究を行った。結果として、暑さや寒さが厳しい地域では生存のための文化が発達するが、そのような暑さや寒さに対処する手段を持つ裕福な社会では自己表現のための文化が見出されることが示されている。気候が温暖な地域では、豊かさの影響力はあまり大きくない[36]。

国の豊かさは、権力格差の小さいことの原因にも結果にもなるようなほかの多くの変数を代表している。実際には、われわれが扱っている現象では、鶏と卵の関係のように、因果関係はたいてい循環している。国の富の大きさに関連し、かつ権力者への依存の低さに関連する要因としては、次のものが挙げられる。

1 伝統的な農業が少ないこと
2 現代の科学技術が多く用いられていること
3 都市居住者が多いこと
4 社会移動が多いこと
5 教育制度がよく整備されていること
6 中流階級の層が厚いこと

かつて植民地を支配していた国々よりも、かつて植民地化されていた国々の方が、権力格差が大きい。しかし、過去二世紀の間に植民地化されていたかまたは植民地を支配していたということも、今日の国の豊かさと強く結びついている。IBM調査の対象国に限って見ると、貧困と植民地化と大きな権力格差という三つの要因の間に因果の道筋を示すことはできない。これらの要因の間にどのような因果関係を仮定するかは、仮定しようとする人の好みに左右されることが多い。

人口規模は、権力格差を予測する第二の要因である。人口の多い国では少ない国に比べて、政治権力は疎遠で近づきにくい存在になる。しかし、人々はそれを受け入れなければならない。そのため、人口が多いほど権威への依存傾向が助長される。一方、人口規模と権力格差との関係については、因果関係が逆である可能性も考えられる。たとえば、あまり依存的でない人々は、大きな国家に統合されるのを避けるために激しく抵抗すると思われるからである。

▼権力格差の違いの未来▲

これまでのところ、権力格差に関する各国の差異を静的な図に描いてきた。前項では、差異の歴史的起源には四〇〇〇年かそれ以前にまでさかのぼるものもあると論じた。過去についてはこれまでにしよう。それでは未来についてはどうであろうか。われわれは、国際的なコミュニケーションが前例のないほど高まった時代に生きている。このことによって差異が消滅し、世界が一つの基準に向かって進むことになるのだろうか。もしそうであれば、世界は、大きな権力格差、小さな権力格差、中程度の権力格差のどこへ向かうのであろうか。

少なくとも印象としては、過去数世代の間に、世界の広範な地域で、他者の権力への依存が弱まってきたように思われる。われわれの世代では多くの者が、両親や祖父母が抱いていたほどの依存心を持っていない。さらに自立は政治的にも魅力のあるトピックである。自由と解放のための運動はみちあふれている。教育機会は多くの国で向上しており、教育水準が高まるにつれてその国の権力格差のスコアが低下してきている。しかしこのことは、本章で述べた各国の**差異**が変化してきたということを必ずしも意味してはいない。各国の権力格差の水準がいっせいに低くなれば、**表3・1**に示した相対的なランキングは変わらないのである。

前項で取り上げた基本的な要因にどのような変化が生じるだろうかという点に注目することによって、権力格差の長期的変化について予測してみよう。権力格差と最も密接に関連していた要因（緯度、人口規模、国の豊かさ）のなかで、緯度は動かすことができない。第二の人口規模については、グローバル化する世界において、小国はもちろんのこと大国でさえも、次第に自分の国のレベルで決定することができなくなっており、国際的な決定に依存する傾向がますます強くなっている、といえる。この議論によると、権力格差が地球規模で**拡大する**という予測が成り立つであろう。

第三の要因である富に関しては、増大している国もあれば、増大していない国もある。富が増大すれば権力格差は縮小するかもしれないが、それは富の増大が人口全体を潤す場合に限ってのことである。二〇世紀最後の一〇年以来、アメリカなど豊かな国の一部では、所得分配は平等どころかますます不平等になっていった。富の増大は、すでに豊かな人だけを不均等な形で潤したのである。このことは、社会の不平等のみならず、法的な不平等の拡大という逆の効果をもたらす。というのは、大富豪は立法者に対してロビー活動を行ったり、裁判官の給与の倍をも稼ぐ弁護士を雇ったりできるからである。この種の富の増大は権力格差をも**拡大する**。一方、経済発展が停滞または悪化しているところ、すなわち今でも非常に貧しい国々では、権力格差の縮小は起こりそうにないし、むしろさらに拡大することが予想される。

われわれが知るかぎり、権力格差の**差異**が縮小する方向で世界各国が収斂していると実証している者は誰もいない[37]。この章で提示した各国の多様性を示す図は、歴史的起源が非常に古く、今後も長期にわたって、少なくとも何世紀かは存続するであろうとわれわれは信じている。今後、諸文化の融合が進むといわれているが、その影響を受けて、権力と依存、自立、相互依存に関するメンタル・プログラムが世界的に同質化することは、たとえ実現するとしても、はるかに先のことであろう。

一九八八年一二月、次のニュース記事が新聞紙上に現れた。

一九八八年一二月二三日、ストックホルム。スウェーデン王、カール・グスタフは今週子どもたちにクリスマス・プレゼントを買おうとしたとき、かなり時間がかかってしまった。そのとき彼は小切手で支払おうとしたが、小切手が彼のものであることを証明することができなかった。店員は、身分証明書なしではチェックを受け付けようとしなかった。そばで見ていた親切な人々がポケットに手を突っ込んで、国王の顔を刻んだ一クラウン硬貨を取り出した。店員はその硬貨を身分証明としてようやく受け付けたが、小切手が本物であるかどうかを念入りに調べて、所持者の名前と住所を記録することを忘れなかった(38)。

現代のベルナドット（フランス元帥の直系の子孫）も、彼の祖先と同じように平等の規範に出会っている。アメリカ、ロシア、ジンバブエの市民が、自分の国の大統領に対して同じような扱いをするようになるのは、いつのことだろうか。あるいはスウェーデン人が自国の王に対して、タイ人が国王に対して示す尊敬の態度をとり始めるまでに、どれくらいの年月がかかるのであろうか。

注

(1) Mulder, 1976, 1977.

(2) 因子分析を行った行列は、三二の質問項目（変数）と四〇カ国（ケース）から構成されていた。因子分析についての参考書では、ケースの数が少ない行列の場合、因子が不安定になるので、因子分析を行うことを勧めていない。特異なケースが一つでもあると、それに大きく影響されるからである。しかし、この制約は、個々のケースのスコアが多数の独立した観測値の平均である**生態学的**な因子分析には当てはまらない。この場合、因子構造の安定性は、平均を求めた回答者の総数によって決まる。したがって、生態学的な因子分析では、ケースの数が変数の数よりも少ない場合でも安定した結果が得られる。

(3) 統計用語で表現すると、因子負荷量の高い項目。

(4) 分析に当たって、ヘールトは四つのスタイルをそれぞれ**独裁的**、**温情主義的**、**相談的**、**多数決に任せる**と名づけた。質問票の詳細についてはHofstede（2001a, p. 470）を参照。

(5) 詳細については、Hofstede（2001a, pp. 501-502）、Kolman et al.（2003）およびHuettinger（2006）を参照。

(6) ピエール・ブルデュー（第1章の注3を参照）は、これを**ハビトゥス**の基本的な特徴の一つであるとしている。ハビトゥスは、徳となった必然的なものを表している（*nécessité faite vertu*）。Bourdieu（1980, p. 90）を参照のこと。

(7) Sadler and Hofstede, 1976.

(8) **表2・1**で示された人々の権力格差指標のスコアとIBM調査の権力格差指標のスコアとの相関係数は、エリートが〇・六七***（新しいVSM公式では〇・八〇***）、六つの異なる組織の従業員に関しては〇・五九***、航空機のパイロットでは〇・七六***、地方自治体幹部に関しては〇・七一***、銀行職員は〇・五九**であった。

(9) 追調査同士の相関は、それら追調査とIBM調査との相関よりも弱かった（たとえば、van Nimwegen〈2002, p. 153〉）。

(10) de Mooij, 2004.

(11) Chinese Culture Connection, 1987. 両調査に含まれる二〇

カ国では、道徳規範と権力格差との相関係数が〇・五五**、個人主義との相関係数はマイナス〇・五四**であった。

(12) 双方の調査に含まれる四八カ国で、権力格差指標と「ありのまま」の内集団的集団主義との相関係数は〇・七三***であった。権力格差指標と「ありのまま」の権力格差との相関係数は〇・三三*であった。「あるべき」権力格差との相関係数はマイナス〇・一二であった。これらの国々で、「ありのまま」と「あるべき」権力格差との間にはマイナス〇・五二***という強い負の相関があった。House et al.（2004, p.543）によれば、四七カ国において権力格差指標と「ありのまま」の権力格差との相関係数は〇・五七***であった。「あるべき」権力格差との相関係数は〇・〇三であった。

(13) 不確実性の回避と「ありのまま」の権力格差との相関係数は〇・五〇***で、「あるべき」権力格差との相関係数はマイナス〇・三一*であった。

(14) 「労働者階級」という言葉は、もちろんひどく古風な表現である。多くの国では、これは中流階級のことではなくむしろ失業中の人々のことを指している。

(15) 職業ごとの権力格差指標が算出できる理由は、この指標が社会的不平等を測定するものだからである。社会的地位の違いもまた、職業を区別する主要な基準となっている。

(16) Hofstede, 2001a, p. 89.

(17) 国際比較に用いたIBMの社員のサンプルには、表3・2の職種のうち非熟練工を除いたすべての職種が含まれていた。イギリスとフランスと旧西ドイツの国際比較のサンプルのスコアの平均は四六であった。

(18) Kohn, 1969.

(19) カナダのNational Film Boardが人類学者マーガレット・ミードの専門的な助言を得て、一九五九年に制作したFour Families〔四つの家族〕という傑作は、インド、フランス、日本、カナダの同じような農家の家庭における両親と幼い子どもたちとの関係を描いている。ヘールトがこの映画を見せて、権力格差の次元上にこの四カ国を並べるように求めてみたところ、四カ国の権力格差のスコアを知らなくても、映画に描かれている親子関係をもとにして、正確に並べることができた。

(20) Flash Eurobarometer 247, 2008. 二〇〇七年の一人当たり国民総所得が一万九〇〇〇ユーロ以上である一八カ国で比較すると、両親がともにフルタイムで働いている家族が占める割合の違いのうち、四〇％は権力格差指標の高さによって説明された。両親のうち一方がパートタイムで働いている家族が占める割合の違いのうち、四九％は権力格差指標の低さによって説明された（マリーク・デ・ムーイの好意により算出）。

(21) 多文化間精神医学は、移民を扱うメンタル・ヘルスの専門家にとって特別な分野となりつつある。

(22) Meeuwesen et al. 2009. この研究は、ヨーロッパ一〇カ国（ベルギー、エストニア、ドイツ、イギリス、オランダ、ポーランド、ルーマニア、スペイン、スウェーデン、スイス）の三〇七人の開業医と五八二〇人の患者とのやりとりをビデオに録画する方法で実施された。

(23) Deschepper et al., 2008. この研究は、ヨーロッパ諸国における三つの異なる国際研究の結果をまとめたものである。それらは、一九カ国を対象とした処方薬と家庭薬に関する研究、二四カ国を対象とした抗生物質の配付と診療報酬の研究、一五カ国を対象とした医療法に関するユーロバロメーターのデータ分析である。

(24) de Kort et al., 2010. 二五カ国において、権力格差指標と人口一〇〇人当たりの血液提供者との相関係数はマイナス〇・五四**であり、一〇〇〇人当たりの血液の収集量との相関係数はマイナス〇・七七***、病院への血液供給量との相関係数はマイナス〇・六五***であった。

(25) d'Iribarne, 1989, p. 77. ヘールトによる英訳から。

(26) 目標による管理は、上司と部下が定期的にミーティングを行い、その場で部下が何らかの目標を達成することを約束するシステムである。次のミーティングでは、その達成度の評価を行い、次回に向けて新しい目標を決定する。

(27) Smith et al., 2002. 垂直性指標と権力格差指標との双方が算出された四〇カ国において、両者の相関は〇・六〇***であった。これはイベント・マネジメント研究プロジェクトにおいて見出された外部データとの相関のなかで、もっとも強いものである。

(28) Hofstede, 2001a, p. 93. 伝統的権威と権力格差指標がともに計測された二七カ国において、相関係数は〇・五六**であった。

(29) 二〇〇八年に実施されたユーロバロメーター六九・一によると、一九の裕福な国（二〇〇七年の一人当たり国民総所得が一万九〇〇〇ユーロ以上）では、警察への不信を示す比率の違いのうち、五〇%が権力格差指標の高さによって説明される。若年層を対象に二〇〇七年に実施されたユーロバロメーター調査によれば、同じ一九の裕福な国では、政党への加入率の四一%と政策立案者との論争に参加した比率の三九%が、それぞれ権力格差指標の低さによって説明される（デ・ムーイの好意により算出）。

(30) 儒教については第7章でさらに詳しく述べている。

(31) 「あなたがたは地上に富を積んではならない。そこでは、虫が食ったり、さび付いたりするし、盗人が忍び込んで盗み出したりする。富は、天に積みなさい。そこでは、虫が食うことも、さび付くこともなく、また、盗人が忍び込むことも盗み出すこともない。あなたの富のあるところに、あなたの心もあるのだ」（マタイの福音書六：一九－二一、日本語訳は日本聖書協会発行『聖書新共同訳』（一九八七）から引用）。

(32) Machiavelli, 1955〔1517〕, p. 91.

(33) Triandis, 1973, pp. 55-68. 本書の第9章も参照。

(34) Hofstede, 2001a, pp. 115-117.

(35) Hofstede, 2001a, p. 118.

(36) van de Vliert, 2009.

(37) ＩＢＭ調査プロジェクトによって、一九六八年と一九七二年の間で比較を行うことは可能である。ＩＢＭの従業員の間では、この四年間に自立への欲求が世界的に高まったが、これは国際的なコミュニケーションによってそのアイデアが普及した影響にほかならない。しかし、自立への欲求の高まりと整合性がある現象は、権力格差がすでに小さい国で権力のとらえ方に関して平等化への移行が認められたことだけである。実際、尺度の両端に位置する国々の間では、スコアの開きが大きくなっている（Hofstede, 2001a, p. 136）。

（38） オランダの新聞 *NRC Handelsblad* の一九八八年一二月二三日に掲載された記事をヘールトが英訳。

第4章　私・われわれ・やつら

スウェーデンのハイテク関係の中規模企業が、サウジアラビアと関係の深いスウェーデン人の実業家から仕事の誘いをかけられた。その企業は一人のエンジニア――ヨハネソンと呼んでおこう――をリヤドに派遣した。ヨハネソンはリヤドで、三〇代半ばの兄弟二人の経営するサウジアラビアの小さな工学関係の会社に紹介された。兄弟は二人ともイギリスの大学を卒業している。ヨハネソンは、サウジアラビア政府のために開発プロジェクトを支援するはずであった。しかしながら、ヨハネソンが二年間にわたって六度も訪問しても、何の進展もないようであった。ヨハネソンとその兄弟との会合は、いつも最初に両者の仲を取り持ったスウェーデンの実業家を交えて開かれていた。このことがヨハネソンと彼の上司たちを悩ませていた。この実業家が自分たちの会社の競争相手と接触していないという確信が持てなかったからである。しかしサウジ側は、仲介役が同席することを望んだ。会議ではしばしば、その兄弟の好きなシェークスピアの話題など、ビジネスと関係のない事柄が話題になった。

ちょうどヨハネソンの上司たちが、このような費用のかかる渡航に会社の金をつぎこむことの意義を疑い始めたとき、リヤドからファックスが届き、ヨハネソンに緊急の来航を求めてきた。数百万ドルに相当する契約が交わされようとしていた。ヨハネソンはリヤドに向った。その一両日で、サウジ側の態度が変わったのである。もはや仲介役の実業家が同席する必要はなかった。ヨハネソンは、相手のサウジアラビア人が微笑んで、ジョークを飛ばすのを初めて目にした。

ここまではよいが、話はまだ続く。破格の注文を取り付けた功績が評価されて、ヨハネソンは別の部門の管理職に昇進することになった。こうして、彼はサウジとの取引の担当から外れた。国際的な経験の豊富な別のエンジニアが任命され、ヨハネソンはサウジの兄弟にその人物を紹介した。二、三週間後にリヤドからファックスが届き、サウジ側は輸送条件についてのある項目のことで契約を破棄すると脅してきた。ヨハネソンの助けが求められた。ヨハネソンがリヤドに着いてみると、対立はささいな問題に関して生じたものであって、簡単に解決できるように思われた。ただし、サウジ側としては、ヨハネソンが企業の代表であればの話である。そこで、スウェーデンの企業はその組織機構をゆがめて，ヨハネソンが，まったく別の分野の担当でありながら，サウジとの取引を扱えるようにしたのである。

▼社会における個人と集団▲

この実話に登場するスウェーデン人とサウジアラビア人は，ビジネスにおける人間関係の役割について，異なった概念を持っているのである。スウェーデン人にとって，ビジネスは企業を相手に行うものであるが，サウジアラビア人にとっては，親しくなって信頼できるようになった人物と行うものである。サウジでは，相手についてよくわからない間は，自分と相手をよく知っており，どちらからも信頼されている人物を間に立てて接触をとるのがもっともよいこととされている。このような文化の違いの源には，「個人の役割」対「集団の役割」という人間社会においてもっとも根源的な問題がある。

世界の大多数の人々は，集団の利害が個人の利害よりも優先される社会で生活をしている。このような社会を**集団主義社会**と呼ぶことにしよう。この言葉から政治的なニュアンスを感じる読者がいるかもしれないが，ここでは政治的な意味は込められていない。集団主義は，個人を支配する国家権力のことではなく，**集団の権力**のことを指している。人の一生で最初に出会う集団は，自分が生まれた家族である。ただし，家族構造は社会によって違っている。集団主義的な社会ではたいていの場合，子どもたちは，両親と兄弟姉妹だけではなく，祖父母，おじ，おば，召使い，その他の同居人などが生活をともにしている「家族」に囲まれて育つ。このような家族は，文化人類学では**拡大家族**と呼ばれている。子どもたちは，成長するにつれて，自分が「われわれ」の集団の一員であると考えるようになる。これは生まれたときに与えられた関係であって，自発的に築いた関係ではない。社会には「やつら」の集団がたくさんある。「われわれ」の集団は，「やつら」の集団に属している人々とは明確に区別されている。「われわれ」の集団（もしくは**内集団**）は，自らのアイデンティティの主な源であり，人生の荒波のなかで自らの安全を確保する唯一の防波堤である。したがって，人は生涯にわたり自分の内集団に忠誠を誓う。この忠誠を破ることは人にとって最悪の行為である。個人と内集団の間には，現実的にも心理的にも相互依存関係が形成されていく。

個人の利害が集団の利害よりも優先される社会に暮らしている人々は，この世界では少数派である。このような社会を**個人主義社会**と呼ぼう。個人主義的な社会では，子どもたちはたいていの場合，二人の両親（兄弟姉妹もいるかもしれない）からなる家族に誕生する。単親家族の割合が増えている社会もある。親戚は別のところに住んでいて，めったに顔を合わせない。このタイプの家族は**核家族**といわれる（核を意味するラテン語の nucleus から派生した言葉）。核家族出身の子どもたちは，成長するにつれて，自分のことを「私」と考えるようになる。この「私」は，個人としてのアイデンティティであって，ほかの人々の「私」とは区別される。またほかの人々も，どの集団に属していているかではなく個人の特徴に基づいて分類される。たとえば、遊び友だちは自分の好みに応じて選ばれる。教育の目的は、子どもが自立できるようにすることである。子どもは、自立できるようになればすぐに親元を離れていくと考えられている。親元を離れた後、子どもたちと親との関係が極めて薄くなってしまったり、また関係がまったくなくなってしまう場合も珍しくない。このタイプの社会では、健全な人間は、現実的にも心理的にも集団に頼ることはないであろう。

▼個人主義の測定▲

第3章で取り上げた権力格差に続く国民文化の第二の次元は、集団主義と個人主義を対極としている。IBM研究で対象とした国々のすべてに個人主義指標のスコアを与えることができる。その指標では、集団主義的な社会はスコアが低く、個人主義的な社会はスコアが高い。

この新しい次元は、次のように定義される。**個人主義**（individualism）を特徴とする社会では、**個人と個人の結びつきはゆるやかである。人はそれぞれ、自分自身と肉親の面倒をみればよい。集団主義**（collectivism）を特徴とする社会では、**人は生まれたときから、メンバー同士の結びつきの強い内集団に統合される。内集団に忠誠を誓うかぎり、人はその集団から生涯にわたって保護される。**

個人主義の程度は、各国間で異なるだけでなく、一つの国の内部においても明らかに差異がある。したがって、ほかの国と比較することができるようなサンプルに基づいて、各国のスコアを算出することが非常に重要である。IBMのサンプルは、このような条件を備えていた。

個人主義指標のもとになった調査項目は、**仕事の目標**に関する一四の質問リストの一部である。この一連の質問では、「あなたの理想とする仕事にとって重要な条件は何でしょうか。あなたが現在行っている仕事において、それらの条件がどの程度満足されているかということではありません。あなたは、次に挙げる条件をどのくらい重視しますか」とたずねたあと、一四の項目が続く。それぞれの項目について「1　極めて重視する」から「5　ほとんどまたは全く重視しない」までの尺度で評価するように求めている。一四の項目に対する四〇カ国の回答者の結果を分析したところ、回答パターンの背後には二つの次元が存在していた。その一つが、**個人主義‐集団主義**であり、もう一つは**男性らしさ‐女性らしさ**と呼ばれる次元であった（第5章を参照）。

個人主義‐集団主義を表している次元は、「仕事の目標」に関する項目のなかでも、次のような項目を比較的重視した回答ともっとも強い関連があった。

個人主義の極では、

① **個人の時間**――自分や家族の生活にふり向ける時間的余裕が十分にある

② **自由**――かなり自由に自分の考えで仕事ができる

おける個人主義指標の値

（IBM 調査の 14 項目に関する因子得点あるいは追調査から算出）

順位	中南米	南 欧 南東欧	北 欧 北西欧 アングロ世界	中東欧 旧ソ連	イスラム世界 中 東 アフリカ	東アジア 東南アジア	スコア
35					モロッコ		46
38					イラン		41
39	ジャマイカ						39
39				ロシア			39
41					アラブ諸国		38
41	ブラジル						38
43		トルコ					37
44	ウルグアイ						36
45		ギリシア					35
46				クロアチア			33
47					フィリピン		32
48				ブルガリア			30
48	メキシコ						30
48				ルーマニア			30
51					東アフリカ		27
51		ポルトガル					27
51				スロベニア			27
54						マレーシア	26
55						香 港	25
55				セルビア			25
57	チ リ						23
58						バングラデシュ	20
58						中 国	20
58						シンガポール	20
58						タ イ	20
58						ベトナム	20
58					西アフリカ		20
64	エルサルバドル						19
65						韓 国	18
66						台 湾	17
67	ペルー						16
67	トリニダード・トバゴ						16
69	コスタリカ						15
70						インドネシア	14
70					パキスタン		14
72	コロンビア						13
73	ベネズエラ						12
74	パナマ						11
75	エクアドル						8
76	グアテマラ						6

表4・1　76の国と地域に

順位	中南米	南　欧 南東欧	北　欧 北西欧 アングロ世界	中東欧 旧ソ連	イスラム世界 中　東 アフリカ	東アジア 東南アジア	スコア
1			アメリカ				91
2			オーストラリア				90
3			イギリス				89
4			カナダ（全体）				80
4				ハンガリー			80
4			オランダ				80
7			ニュージーランド				79
8			ベルギー（オランダ語圏）				78
9		イタリア					76
10			デンマーク				74
11			カナダ（ケベック州）				73
12			ベルギー（フランス語圏）				72
13		フランス					71
13			スウェーデン				71
15			アイルランド共和国				70
15				ラトビア			70
17			ノルウェー				69
17			スイス（ドイツ語圏）				69
19			ドイツ				67
20					南アフリカ（白人）		65
21			スイス（フランス語圏）				64
22			フィンランド				63
23				エストニア			60
23				リトアニア			60
23			ルクセンブルク				60
23				ポーランド			60
27		マルタ					59
28				チェコ共和国			58
29			オーストリア				55
30					イスラエル		54
31				スロバキア			52
32		スペイン					51
33						インド	48
34	スリナム						47
35	アルゼンチン						46
35						日　本	46

③ **やりがい**――やりがいがあり達成感の得られる仕事である

反対の集団主義の極では、

④ **訓練**――訓練（技能向上や新技術の修得のため）の機会が多い

⑤ **作業環境**――作業環境がよい（風通しがよく、照明が十分で、作業空間が適当であるなど）

⑥ **技能の発揮**――自分の技術や能力を十分に発揮できる

ある国のＩＢＭの社員が、仕事の目標として相対的に①を重要であると評価している場合には、一般に②と③も重視し、④と⑤と⑥は重視してしない。そのような国は個人主義的な国であると考えられる。一方、①があまり重視されていない場合には、概して②と③も重視されておらず、逆に④と⑤と⑥が相対的に重視されているであろう。そのような国は集団主義的な国であると考えられる。

　ＩＢＭ調査の項目は明らかに、社会の個人主義と集団主義を区別する要素のすべてを網羅しているわけではない。これらの調査項目は、ＩＢＭ研究の課題のなかで個人主義と集団主義の区別に関係するものを表しているにすぎない。ＩＢＭ研究で得られた各国の個人主義スコアと社会のほかの特性に関するＩＢＭ以外のデータとの関連を調べた結果、ＩＢＭデータから得られたこの次元が実際に個人主義を測定している、という主張の妥当性が確認された。

　個人の時間、自由、（個人の）やりがいを重視することと個人主義とを関係づけることは、それ自体としては難しいことではない。これらの項目はすべて、社員が組織から自立することを強調しているからである。それらと対極の位置にある、訓練、作業環境、技能の発揮に関する仕事の目標は、組織が社員に提供する事柄である。つまり、組織に対する社員の依存性を強調しているのであって、集団主義と一致する。仕事の目標と個人主義とを関係づける事実がもう一つある。あとで見るように、個人主義的な国は裕福で、集団主義的な国は貧しいという傾向がある。裕福な国では、職場において訓練の機会があり、作業環境が整っていて、技能を発揮できることは当然のことであって、仕事の目標としての重要性は相対的に低い。一方貧しい国では、それらは決して自明なことではない。それらは、仕事の良し悪しを決める本質的な要素であるため、仕事の目標のなかでもたいへん重要なことなのである。

　個人主義指標の算出方法は、権力格差の場合とは異なる。権力格差の場合には、回答に割り当てたスコアに定数を掛けてから、たんに足したり引いたりして指標の値を求めた。個人主義の次元と第5章で取り上げる男性らしさの次元については、仕事に関する一四の目標に対する各国のスコアに対して**因子分析**を行い、それぞれの次元についての各国の**因子得点**を計算した。因子得点は、質問項目のスコアを加減して求める尺度に比べて、ある次元における各国の位置をより正確に示す尺度である。個人主義の次元の因子得点は二五倍され、定数として五〇が加算された。この手続きによって各国のスコアは、もっとも集団主義的な国でほぼ〇、もっとも個人主義的な国でほぼ一〇〇の範囲内に収まった。この計算方法がＩＢＭデータベースに含まれる国々に対して用いられた。その後のさまざまな研究からは、仕事に関する四つの目標から単純な数式によって個人主義指標を計算できる近似式が用いられている(1)。

個人主義指標における各国のスコアは、**表４・１**の通りである。第2章の権力格差指標の場合と同じように、各国のスコアはその国の**相対的な**位置を表している。**表４・１**から、裕福な国々のほとんどすべてにおいて個人主義指標のスコアが高く、逆に貧しい国々ではほとんどの場合スコアが低いことが確認できる。国の豊かさと文化における個人主義の程度とは強く関連しているのである。この問題については、この章の後半でさらに詳しく検討する。

個人主義指標におけるスウェーデンのスコアは七一で、サウジアラビアが属しているアラビア語圏の国々のスコアの平均は三八である。この差が、ヨハネソンを悩ませたジレンマの文化的な根源を表している。もちろんアラブ諸国もさまざまであって、サウジアラビアはこの地域のなかでは、レバノンやエジプトのようなほかのアラブ諸国に比べて集団主義の傾向が一段と強い印象を受ける。ＩＢＭのアラブ諸国のサンプルには、サウジよりもレバノンやエジプトに近い国々が多く含まれている。七六の国と地域のなかで、スウェーデンは一三位であり、アラブ諸国は四一位である。したがってアラブの平均よりもさらに集団主義の強い国が、たくさんあるのである。前述したように、世界では集団主義が標準であって、個人主義はむしろ例外なのである。

▼世界価値観調査における個人主義と集団主義——普遍主義と排外主義▲

第2章ではイングルハートによる世界価値観調査の膨大なデータの分析について述べた。その分析では、二つの次元が見出されたが、第3章で見たように、そのうちの一つである**世俗的・合理的権威－伝統的権威**が権力格差の大小と関連があった。一方、もう一つの次元である**幸福－生存**は、個人主義指標との相関がもっとも強く、次いで、女性らしさ（第5章参照）、権力格差という順であった(2)。

ミッショ・ミンコフは二〇〇七年の著書のなかで、世界価値観調査の最新のデータも含め、より詳細な分析を行った(3)。ミンコフは、イングルハートの第二の次元が概念としては意味が広いことを見出した。因子分析によれば、この次元は二つの要素に分解される。一方はとくに幸福感の違いを反映している。この点については第8章で、**放縦－抑制**次元の一部として説明する。他の要素は内集団と外集団との関係を扱う項目から成り立っており、**正の極では**、

◇　人種が異なる人が近所に住むことを拒絶する

という意見に加え、家族やジェンダーの問題に関する保守的な意見から構成されている。

◇　リーダーには女性よりも男性の方が向いている（強く賛成）

◇　自分の親に欠点があっても、子どもは常に親を愛さなければならない（強く賛成）

◇　子どもの幸福のためには、父親と母親がどちらも必要である（賛成）

◇　女性が充足感を得るためには、子どもを持つ必要がある（賛成）

負の極では、

◇　すべての人に対する寛容さと尊敬の気持ち

ミンコフは、この次元の正の極には内集団への強い愛着とほかの集団のメンバーに対する排除の意識が反映されており、負の極は所属する集団にかかわらず他人を受け入れる心理を示していると結論づけた。彼はこの次元を**排外主義**－**普遍主義**と名づけた。

排外主義は、所属する集団の違いに基づいて、人に対する扱いを分ける文化的傾向と定義される。友人や親類、また自分が仲間意識を持つほかの集団に対しては、世話を焼いたり尽くしたり、特別な扱いをしたり、場合によっては自らを犠牲にすることもあるが、そのような扱いに値する人々のなかに部外者を含めることはない。排外主義的な文化では、人々は自らの内集団の人々と調和やよい関係を築くよう努力するが、外集団の人々に対しては関心や配慮が払われず、無作法になったり、ときには敵意を示すこともある。

普遍主義は排外主義とは対極にある文化的傾向である。人に対する扱い方は、所属する集団に関係なく、まずその人が個人としてどのような人物であるかに基づいて決まる。

ヘールトは以前から集団主義を内集団と外集団の区別と結びつけて考えていた。世界価値観調査に基づくミンコフの排外主義－普遍主義の次元は、個人主義指標と強い負の相関があることがわかっている。ヘールトのＩＢＭデータに含まれる四一カ国で、個人主義指標によって普遍主義次元の五九％が予測できた。ＩＢＭデータベースの妥当性は、三五年ののちに非常に強く確証されたのである(4)。

第1章で述べたように、内集団－外集団の区別は文化的集団主義の主要な側面である。排外主義と個人主義指標との相関は強いが、完全なものではない。ＩＢＭデータに含まれる四一カ国について、個人主義と排外主義のスコアの順位を比較したところ、コロンビア、ベネズエラ、ペルー、スロベニア、フィンランド、スウェーデンの六カ国では、排外主義スコアは個人主義指標に基づく予測値よりも普遍主義の極に寄っている。世界価値観調査のデータによれば、これらの国の文化は予想よりも外集団に対して開放的である。逆に、インド、イタリア、トルコ、イラン、フィリピンの五カ国では、スコアは個人主義指標に基づく予測値よりも排外主義の極に寄っている。これらの文化では、外集団に対する敵意が予想される以上に強い。

普遍主義はほかの文化に対する敬意を示す。二〇〇八年のユーロバロメーターでは、二六カ国の代表性のあるサンプルに対して、「あなた個人にとってもっとも重要な価値観」三つを、一二の文言のなかから選ぶことを求めており、そのうちの一つは「異文化の尊重」であった。この項目を選んだ割合の国ごとの違いは、個人主義指標と最も相関が強かった。[5]

▼そのほかの国際比較調査における個人主義と集団主義▲

表2・1では一九九〇年から二〇〇二年に公開されたIBM調査の追調査から、六つの主要なものを紹介した。このうちの五つはIBMデータに含まれる国のうち一五から二八カ国を対象としており、個人主義指標はオリジナルのIBM調査のスコアと有意に相関している。[6] 権力格差指標（第3章）の場合と同様、どの国のスコアについても、これらの追調査によるスコアに変更する必要性は見当らない。さまざまな研究にとって最適の基準たりうるのは、やはりオリジナルのIBM調査なのである。

ボンドが二三カ国の学生を対象に行った中国的価値観調査については第2章で述べたが、ここでは統合という次元が見出されており、この次元ではIBM調査の個人主義－集団主義の次元とほぼ同じように、それぞれの国が位置している。中国的価値観調査の統合の次元は、世界価値観調査の排外主義の次元に類似している。[7] 個人主義的とされる国々出身の学生は、以下の価値観がとくに重要であると回答した。

◇　他者への寛容
◇　他者との調和
◇　競争しないこと
◇　親密な友人関係
◇　信頼できること
◇　自分の現状への満足
◇　他者との連帯
◇　保守的であること

これらは中国的価値観調査の価値観のなかで、IBM調査の次元のうち単一の極にと結びつく最大のクラスターを形成している。個人主義的な社会では、他者との関係は自明ではなく、前もって決まってもいない。他者との関係は自発的で、注意深く育まれるものである。統合の次元における個人主義の極にある価値観とは、理想とすべき自発的な人間関係の条件を表している。

逆に集団主義的な社会の学生は、以下の価値観がとくに重要だと回答した。

◇ 孝行（親に従順であり、親を尊敬し、先祖を尊び、親を経済的に援助すること）
◇ 女性の貞節
◇ 愛国心

集団主義的社会では、個別の友人関係を築く必要はない。というのも、友人関係は家族や集団のなかでの地位によってあらかじめ決定されるからである。家族関係は孝行や女性の貞節によって維持され、愛国心へと結びつけられる。IBM調査票のなかには、仕事の目的として「国への奉仕」という項目を組み込んでいたものもあった。これもまた、集団主義と強く結びついていた。

第2章では、シュワルツ、GLOBE、トロンペナールス、という三つの価値観に関する国際比較のデータベースについても述べた。これら三つのすべてで、個人主義指標と強く相関する次元やカテゴリーが見出されていた。シュワルツは価値観を七つのカテゴリーに区別したが、このうち五つまでもが個人主義指標と有意な相関を示したのである[8]。シュワルツによる七つのカテゴリーは三つのクラスターに単純化することができ、そのうちの二つ、すなわち**自律－埋め込まれていること**、ならびに**平等主義－支配**は、個人主義指標と有意な高い相関がある[9]。

GLOBEの研究では、集団主義について、二つのカテゴリーを定義したうえで測定している。それらは**制度的集団主義**と**内集団的集団主義**であり、それぞれには「ありのまま」と「あるべき」の二側面がある。GLOBEによる一八の次元のうち、一〇は個人主義指標と有意に相関していたが、もっとも相関が強かったのが、「ありのまま」の内集団的集団主義であった。この次元がほかの次元よりも相関が強くなった理由は、この次元にかかわるGLOBEの設問が、人間の行動のうちかなり単純な面を扱っていたことで説明できる。個人主義指標は「ありのまま」の内集団的集団主義の国による違いのうち五八%を説明できる[10]。第3章ではGLOBEによる次元のなかで、「ありのまま」の内集団的集団主義が権力格差指標ともっとも強く相関していることを見たが、この次元と個人主義指標との相関はわずかとはいえさらに強いものであった。

集団主義に関するGLOBEの残る三つの次元のうち、「あるべき」制度的集団主義だけが個人主義指標と弱いながらも負の相関を示した。しかし、この次元は、不確実性の回避の指標（第6章）と強く相関していた。「ありのまま」の制度的集団主義指標は、不確実性の回避の指標とのみ相関していた。「あるべき」内集団的集団主義指標は、長期志向指標（第7章）と相関していた[11]。

ピーター・スミスがトロンペナールスのデータベースを分析した結果からは二つの主要な次元が導かれている。どちらも個人主義指標と相関しているが、第二の次元は権力格差指標との相関の方がさらに強い[12]。しかし、権力格差指標との相関が見出されたのは、IBMサンプルのなかに東ヨーロッパのなかでも権力格差の高い国々が含まれていなかったことに影響されている。実際、第二の次元では東ヨーロッパのほとんどの国が東アジア諸国と対極の位置にある。この次元に関連する項目は主にチームワークに焦点を当てたものであり、中国では正の相関があり、東ヨーロッパの多くの国々では負の相関があった。

スミスによる巧みな研究では、国際調査の結果を比較するのではなく、回答における**黙認**の程度について比較が行われている。黙認とは質問内容にかかわらず正の回答をしてしまうという回答者の傾向であり、あらゆる質問紙調査において発生するものである。スミスは三四カ国以上をカバーする六つの調査を比較した。それらにはホフステード、シュワルツ、GLOBEによる調査が含まれる。質問票のうち価値観に関する部分では、六つの調査はよく似た黙認パターンを示していた。スミスはわれわれがいうところの集団主義的かつ権力格差の大きい国々において、正の回答をする一般的傾向がより強いことを示した。スミスの研究は、ある文化において回答者が調査者に対して形だけでも調和と敬意を保とうとする程度を回答者に気づかれないように測定する方法を提供している[13]。

▼個人主義と集団主義は 一つの次元なのか、二つの次元なのか▲

個人主義と集団主義は、同じ次元の両極にあるものとして扱うべきなのか。あるいは、二つの別々の次元として見るべきではないのだろうか。これはよく聞かれる質問である。答えは、われわれが社会全体を比較しようとしているのか（本書の目的もこちらである）、あるいは社会のなかの個々人を比較しようとしているのかによって異なる。これは**分析のレベル**の問題として知られている。

社会は多種多様な個人からなり、それぞれの価値観も多様である。さまざまな実験の結果からわかっている点は、ある人が、個人主義的価値観と集団主義的価値観の両方でスコアが高い場合もあれば、個人主義的価値観のスコアが高く集団主義的価値観のスコアが低いこともその逆もあり、両方とも低くなる場合もあることである。そのため、個々人の価値観を比較する場合には、個人主義と集団主義は二つの別々の次元として扱うべきである[14]。

社会について研究する場合には、二つの種類のデータを扱うことになる。それらは、それぞれの社会における個々人の価値観の平均スコアに加えて、社会制度を含む、社会全体の特性である。われわれの研究においても、ほかの研究においても、平均的に見て個人主義的価値観のスコアが高い人々からなる社会では、平均的に集団主義的価値観のスコアが低いことが示されている。個々の人々はこのパターンとは異なるかもしれないが、そのような人々は社会のパターンと一致する人々よりも数のうえでは少ないのである。そのような社会の制度は、もっぱら個人主義者たちの要求に応じるように進化し、デザインされている。平均的な集団主義的価値観のスコアが高い人々からなる社会では、平均的な個人主義的価値観のスコアは低い。そのような社会の制度は、人々が主に集団主義的であると想定している。それゆえ、社会（国）のレベルでは、個人主義と集団主義は一つの次元の両極にあるものと見られる。ある国の成人男性もしくは成人女性が、自分が一員となっている集団とどの程度の強いつながりを持つべきかという問題は、普遍的なジレンマであるが、その人物が属している国がこの次元においてどのような位置にあるかを見れば、この問題に対するその社会の解決法が示されている。

▼集団主義 - 権力格差▲

権力格差指標のスコア（表3・1）が高い国の多くは、個人主義指標のスコア（表4・1）が低く、またその逆も同様である。言いかえれば、この二つの次元は、負に相関する傾向がある。つまり権力格差の大きい国ほど集団主義的であり、権力格差の小さい国ほど個人主義的である。図4・1は、この二つの指標の関係を示している。

図4・1にプロットされた国々の位置を見てみると、左下と右上を結ぶ対角線のあたりに分布していることがわかる。[15] これは、権力格差と集団主義が相関していることを表している。内集団への依存性が高い文化では、通常、人々は権力者にも依存する。拡大家族はたいていの場合、家長が道徳的権威を強く行使する家父長制の構造をとっている。内集団からの独立性が比較的高い文化では、人々は、通常、権力者にあまり依存しない。

しかし例外がある。ラテン系ヨーロッパ諸国、とくにフランスとベルギーでは、権力格差は中程度であるが個人主義が強いという組み合わせになっている。フランスの社会学者ミシェル・クロジェは、自国の文化について次のように述べている。

　フランス文化の背景のもとでは、相手に対して直接あからさまに従属するという関係を持つことは耐えがたいことであると考えられている。しかし一方で、権威は絶対的であるという見解がいまだに有力である……。この二つの態度は相矛盾する。しかし官僚制システムの内部では、この両者を調和させることができる。非人格的な規則を定め、中央集権化を進めることにより、権威を絶対化すると同時に、直接的な従属関係の大部分を排除することが可能となるからである。[16]

クロジェと同じフランス人のフィリップ・ディリバルネは、フランス、アメリカ、オランダの組織を比較研究して、フランスの組織は「名誉の原理」に従って構成されていると述べている。ディリバルネによると、ナポレオンに先立つ一八世紀のフランス王政期に、すでにこの原理が存在していた。この原則によると、人は誰でも等級を持っている（権力格差が大きい）が、ある等級に所属していることの意味は、その人の属する集団から強制されるよりも、むしろ伝統によって決定されている。等級は「他人のおかげで手に入れられるものではなく、むしろ自力で手に入れるものである」[17]。等級とは、**階層分化した**個人主

図４・１　権力格差指標と個人主義指標

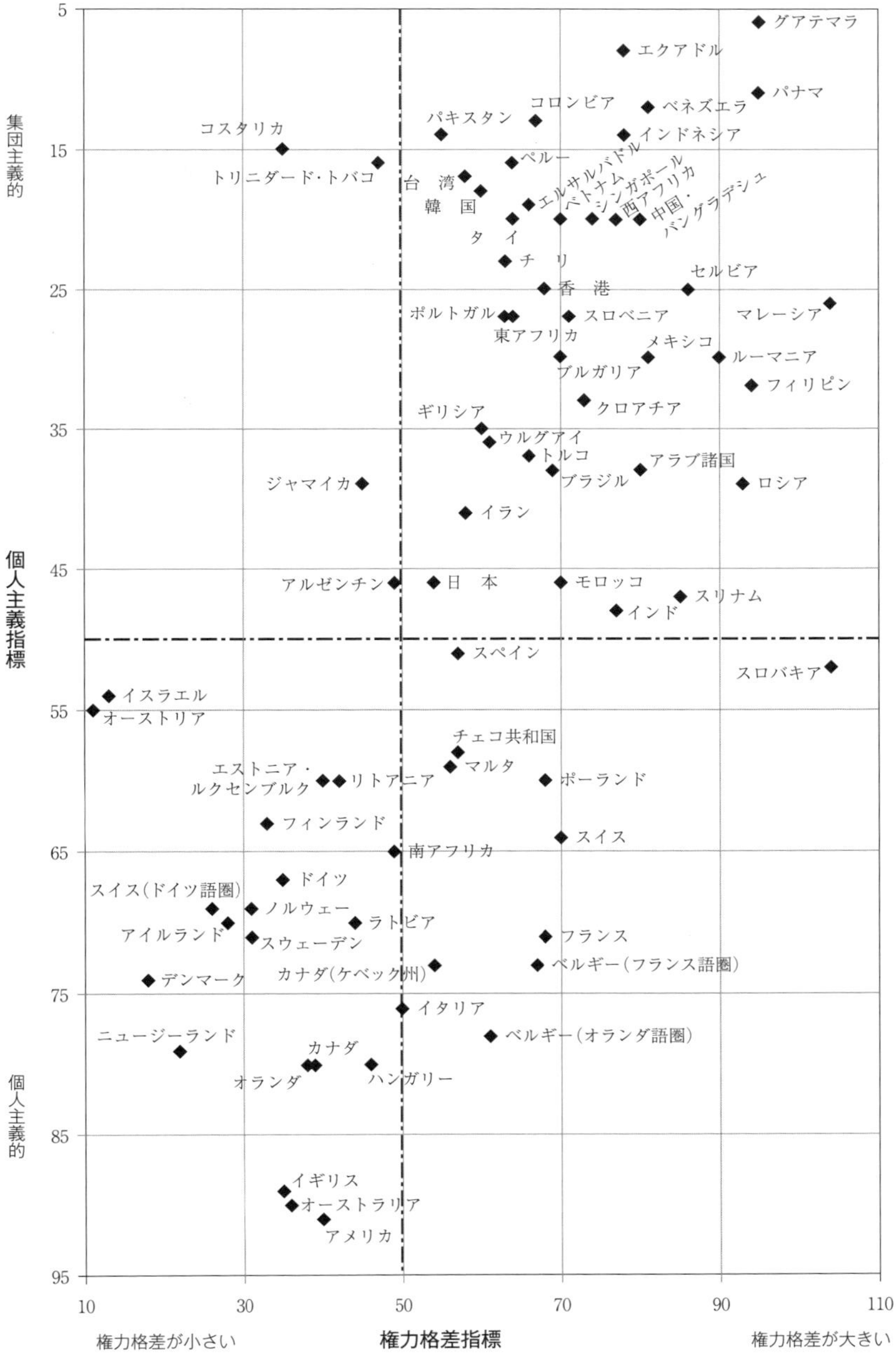

義の形態である。

これと逆のパターンは、権力格差は小さいが、集団主義が中程度の場合であり、オーストリアとイスラエルに見られる。またコスタリカでは、権力格差はかなり小さいが、集団主義が強い。コスタリカは、中央アメリカにある六つの共和国の一つである。ラテン・アメリカ諸国では、強力な指導者に依存する傾向があり、それはスペイン語では**ペルソナリスモ**と呼ばれている。しかし、コスタリカは例外的な存在として広く知られている。この国は正規の軍隊を持たない。その経済状態は、世界の産業国の市場経済と比較すると、相対的に貧困である。にもかかわらずコスタリカは、ラテン・アメリカのなかで「民主主義がもっとも深く根を下ろした」国だといわれている。アメリカの開発の専門家、ローレンス・E・ハリソンは、コスタリカよりも国土は広いがはるかに貧しい隣国であるニカラグアを取り上げて、コスタリカと比較して次のように述べている。

コスタリカ人はニカラグア人よりも強い連帯感を持っているという証拠が十分にある。コスタリカは長年にわたり、公教育と公衆衛生を重視してきたし、協同組合運動を活発に展開してきた。また公平さを重んじ、正当な法の手続きに従うという根本的な考え方を遵守する司法制度は、ラテン・アメリカ諸国の基準に照らせば特筆すべきである。とりわけ、政治は柔軟性に富んでおり、妥協の必要を認識して、平和的な解決策を見つける能力を備えている。コスタリカ人の連帯感は、このような事例に反映されている。[18]

権力格差と集団主義は多くの国において一致したものであるが、フランスやコスタリカのようなケースからは、それらを二つの次元に分けることが正当化される。権力格差と集団主義が相関する理由の一つとして、両者と第三の要因との関連が挙げられる。第三の要因とは「国の豊かさ」である。裕福な国だけを比較するとか、貧しい国だけを比較するというように、国の豊かさを一定にすると、権力格差と集団主義との相関はかなり弱まる。[19]

IBM研究の結果とほかの研究の結果とを比較すると、権力格差と集団主義を区別することの妥当性が裏づけられる。不平等に関する研究では、権力分布は個人主義－集団主義よりも権力格差と関連することが示されている。また個人の集団への統合に関する研究では、社会統合は権力格差よりも集団主義と関連することが示されている。[20]

▼職種から見た個人主義と集団主義▲

権力格差と集団主義を区別する根拠をもう一つ挙げておこう。第3章で示したように、権力格差指標は国別ばかりでなく職種別にも算出することができた。しかし、個人主義指標は国別だけで職種別には算出できない。個人主義指標の算出のもとになった一四の仕事目標に関する質問に対する回答を職種別に比較検討してみたが、その回答は個人主義や集団主義の観点からは分類できなかった。たとえば職種別に見ると、やりがいが重視されている場合には技能の発揮も重視されているが、国別に見ると、この二つの目標は反対の極に属している。また職種別に見ると、個人の時間が重視されている場合にはやりがいが重視されていない。一方、国別に見ると、両者は補強し合っている。[21]

職種を区別するのに利用される一対の言葉として、**内在的-外在的**という用語がある。これらの用語は、仕事において人々にモチベーションを与えるものを指しており、作業それ自体（内在的にモチベーションを与える仕事）、あるいは待遇や報酬など（外在的にモチベーションを与える仕事）がある。このような区別はアメリカの心理学者フレデリック・ハーツバーグと彼の研究チームによる仕事のモチベーションに関する研究によって、一九五〇年代の終わり頃に一般に広まった。ハーツバーグらは内在的な要因が真の「モチベーションを与えるもの」であり、外在的な要因は仕事の心理的な「衛生状態」を表していると論じた。[22] 教育をより必要とする職種に就いている人々が内在的な要素をより重要だと考えている一方で、地位が低く、必要な教育水準も低い職種の人々は、外在的な要素を好む。内在的・外在的の区別は、職業文化を区別するうえでは有用であるが、国別の比較には向いていない。

▼家庭における個人主義と集団主義▲

この章の冒頭で、個人主義は核家族の構造と関連し、集団主義は拡大家族の構造と関連しており、拡大家族では、内集団と外集団の区別が育まれると述べた。個人と集団との関係は、人間文化に関するほかの基本的な要素と同じように、まず家庭において学習される。**表4・1**では、日本のスコアは中程度である（個人主義スコアは四六で三五位）。伝統的な日本の家族では、長男だけが両親と同居し続けて直系家族の構造を作り上げるので、核家族と拡大家族の間のどこかに位置づけられる。

子どもが、たくさんの年長者、仲間たち、年少者のなかで成長すると、自然に自分のことを「われわれ」という集団の一員であると考えるようになる。この傾向は、核家族の子どもよりもはるかに強い。拡大家族の子どもは昼も夜も一人だけで過ごすようなことがほとんどない。ベルギーの大学に留学したアフリカ人学生は、部屋のなかでかなり長い時間一人で過ごすのは、彼女の人生において初めての経験であると語っていた。一方、ペルーやマレーシアでのインターンシップに参加した北欧の学生は、ホストファミリーが自分を一人にさせてくれないと不満を漏らしていた。

人との親密な接触が継続するような状況では、自分の置かれている社会的環境との調和を保つことが、美徳として、家族を越えた社会生活の領域でも重要になってくる。集団主義的な文化のもとではたいていの場合、他人と面と向かって対決することは、無作法で望ましくないことであると考えられている。「ノー」と言うことは対決を意味するので、**ノー**という単語はほとんど使われない。「あなたのおっしゃることは、もっともかもしれませんね」とか「そのことについては、後で検討いたします」という言葉が、依頼を断る場合の丁寧な言い回しの例である。同様に、イエスという言葉も、必ずしも肯定を意味しない。むしろコミュニケーションの流れを維持する言葉であると解釈されるべきである。日本では「イエス」は、「はい、あなたのお話は承りました」という意味である。

一方、個人主義的な文化では、自分の心のうちを語ることが美徳である。自分の感じていることについて真実を語ることが、誠実かつ正直な人間の特徴である。対決は、実り豊かな結果につながる。意見の衝突は、高次の真理に結びつくと考えられているからである。コミュニケーションがほかの人々に与える影響については、考慮されるべきである。しかしだからといって事実を曲げてもよい、ということには通常ならない。大人ともなれば、面と向かってフィードバックされた内容を建設的に受けとめられるようにならなければならない。家庭においては、たとえさしさわりがあろうとも常に真実を語るべきである、と子どもたちに教えている。葛藤を克服していくことは、家族としてともに生活するうえでの正常な営みなのである。

インドネシア（個人主義指標のスコアは一四で七〇位）で以前宣教師をしていたオランダ人の話では、インドネシア人の信者たちは、聖書のなかの次のたとえ話について思いもかけぬ解釈をした。「ある人に息子が二人いたが、彼は兄のところへ行き、『子よ、今日、ぶどう園へ行って働きなさい』と言った。兄は『お父さん、承知しました』と答えたが、出かけなかった。弟のところへも行って、同じことを言うと、弟は『いやです』と答えたが、後で考え直して出かけた。この二人のうち、どちらが父親の望み通りにしたか」[23]。聖書の答えは後者である。しかしその宣教師のインドネシア人の信者たちは、前者を選んだ。長男は形式的な調和を保って父親に反論していないからである。彼が、実際に行ったかどうかは二の次なのである。ヘルト・ヤンが授業でこの話をしたところ、あるギリシア人の学生が「その場にほかの人はいなかったのですか」と質問してきた。彼の意見では、もしほかに誰かいたとしたら、長男は父親に恥をかかせなかったことになり、その分長男にも見どころがあることになるのだそうだ。ギリシアは集団主義の指標では中間あたりの文化である。

集団主義的な家庭の子どもは、他者との関係から、自分の意見としてふさわしい立場を定めるようになる。個人的な意見というものは存在しない。それは集団によってあらかじめ決められている。新しい問題が持ち上がり、集団としての意見が確立されていない場合には、家族会議のようなものが開かれた後で、意見が表明される。子どもが集団としての感情から逸脱した意見を繰り返すと、性格が悪いとみなされてしまう。一方、個人主義的な家庭の子どもは、自分の意見を持つようになることが期待され奨励されている。いつも他人の意見を口にするだけの子どもは、自我が確立されていないとみなされる。望ましい性格に伴う行動も、文化的環境によって左右されるのである。

集団主義的な家族の本質は集団への忠誠心であり、それはまた、資源が家族で共有されることを意味している。総勢二〇人の拡大家族の一人だけが収入のある仕事に就いているとしたら、その稼ぎ手は自分の収入で家族全員を食べさせることになっている。この原則に基づけば、家族はそのなかの一人が高等教育を受けるための費用を、全員で負担しようとするかもしれない。そして、卒業後に収入のよい仕事に就くことができれば、その収入は家族全員のものであると期待するであろう。

　個人主義的な文化のもとでは、子どもが小さい時分から簡単な仕事をして、自分の好きなように使える小遣いを稼ごうとすることは、親にとって誇らしいことである。オランダ政府は、ほかの個人主義的な多くの西ヨーロッパ諸国と同様に、学生の生活費をかなり援助している。一九八〇年代になると、その制度は手当てを親へ支払う方法から学生へ直接支払う方法に変更され、学生の自立を強調している。政府は、一八歳以上の男女を独立した経済主体として扱っている。アメリカでは、学生がアルバイトや個人のローンによって自分の学費を払うのは当たり前のことである。政府の援助がなくても親にあまり頼らないし、さらに遠い親戚を頼ることはまったくない。

　個人主義的な文化のもとでは、子どもは高等教育に進むと両親のもとから離れ、自活しようとする。親の側も、子どもがそうすることを期待している。集団主義的な文化のもとでは、このような例は少ない。ユーロバロメーター調査データで比較的裕福な一九のEU加盟国を見ると、若者が「出ていく余裕がない」という言い回しを使うかどうかを左右するのは集団主義の程度の違いであって、国の豊かさの違いではない。文化的な価値観を合理化するために、しばしば経済的な議論が用いられるのである。[24]

　集団主義的な社会では、人は家族の財政面ばかりでなく、家族の儀礼についても義務を負っている。洗礼や結婚や葬式のように家族で行う儀礼は極めて重要であって欠席すべきではない。とりわけ葬式は重要である。個人主義的な社会から集団主義的な社会に派遣された管理職は、任地の社員が特別休暇を申し出る場合に、その理由が家族の事情であることにしばしば驚かされる。海外赴任している管理職は、だまされているのではないかと考えてしまうが、その理由の信憑《しんぴょう》性は非常に高い。

　個人主義的な文化においては、人々が出会うときには、言葉によってコミュニケーションをする必要が感じられる。沈黙していると変だと思われる。社交上の会話は、平凡極まりないこともあるが避けては通れない。集団主義的な文化においては、その場にともにいるということだけで、気持ちのうえでは十分である。伝えるような情報がなければ、話す必要はない。ジャワの貴族出身のインドネシア人の実業家、ラデン・マス・ハジウィボォウは、青年時代の一九三〇年代に経験した家族の訪問の場面を回想して、次のように述べている。

> 　ジャワでは家族がお互いを訪問するときには、あらかじめ約束しておく必要はなかった。約束しようと思えば、実際には簡単にできたであろう。電話がまだ普及していなかったとはいえ、訪問の日時を書いた手紙を召使いに持たせることは

いつでもできた。しかし、そのようなことはしなかった。訪問したのが相手側にとって都合の悪いときであったことなどない。いつも都合がよかった。予期せぬ訪問者は一人としていなかった。入り口の扉は、常に開いていた（今でも開いている）。

訪問者は、歓迎され丁重に迎え入れられ、椅子に座るように勧められた。主人とその妻は急いで奥に引っ込んで、ふだん着からもっとよい衣装に着替えた。頼んでもいないのに、召使いはコーヒーか紅茶を運んできた。クッキーもふるまわれた。そうこうしているうちに、主人とその妻がやって来た。

そこで皆が席に着いたが、誰も話さなかった。沈黙が続いても、誰も困らないし神経質になることもなかった。時々、意見が交わされて、新しい出来事が伝えられた。しかしこれとて本当に必要なわけではなかった。ふたたびお互いに会うことができて、一緒にいられることを楽しんだ。最初に新しい出来事について伝え合えば、後の話のやりとりはまったく余分であった。何も言うことがないのであれば、陳腐な決まり文句を並べる必要はない。一時間もすると、訪問客はおいとましてよいかと切り出した。お互いが満足感を抱いて別れた。ジャワ島の小さな町では、今でもこのような生活が営まれている[25]。

ユーロバロメーター調査データで、豊かな一九のEU加盟国を見ると、「毎日レストランやバーに行く」という人々の割合は、国ごとに大きく異なっている。集団主義的な文化では、この種のつきあいは普通のことである[26]。個人主義的な文化では、人と会うことがあったとしたら、家で会う方が好まれる。「わが家は自分の城である」とは、個人主義的な国イギリスのことわざである。

アメリカの人類学者で、著書もよく読まれているエドワード・T・ホール（一九一四〜二〇〇九）は、コミュニケーションの様式が高コンテキストから低コンテキストまでの次元のどこに位置するかによって文化を分類した[27]。高コンテキストのコミュニケーションでは、ほとんどの情報が物理的環境に入り込んでいるか、関係のある人々にとって自明のものとされているので、言語や文字で表す必要がほとんどない。明文化されたメッセージはほとんど意味を持っていない。このタイプのコミュニケーションは、集団主義的な文化によく見られる。ハジウィボォウの家族訪問はその例である。低コンテキストのコミュニケーションでは、明文化された記号の形で大量の情報が与えられる。それは、個人主義的文化において典型的に見られるコミュニケーションの様式である。集団主義的な文化では自明な事柄も、個人主義的な文化でははっきりと言葉で表現されなければならないことが多い。アメリカの仕事の契約書は、日本のものよりはるかに長いのである。

集団主義的な家族との関連において、調和の次に重要な概念は恥である。個人主義的な社会は、罪の文化として記述されている。社会の規則を侵す者は、たびたび罪の意識にさいなまれるであろう。個人の内面に良心が育まれ、私的な操縦士としての役割を果たそうとするので、それに悩まされるからである。集団主義的な社会はこれとは反対に、恥の文化である。集団に所属している人々は、集団としての義務を感じているので、その集団の一員が社会の規則を侵したときには、恥じるであろう。恥は社会的な性質のものであり、罪は個人的な性質のものである。恥を感じるかどうかは、違反行為がほかの人に知られるかどうかに左右される。違反するという行為自体よりも、それを知られることのほうが恥の源になる。これは、罪の場合には当てはまらない。不正な行為がほかの人に知られようと知られまいと、罪の意識を持つのである。

集団主義的な家族のもとで育まれるもう一つの概念は、**面子**である。「面子を失う」という意味での「losing face」という英語は、中国語から入ってきた表現である。英語にはそれに対応する表現がなかった。香港の社会科学者であるデーヴィッド・ヤウ＝ファイ・ホーはこれを次のように定義した。「人には、自分の社会的地位を保つうえで不可欠な要件が与えられている。自分の行為や非常に親しい人の行為によって、その要件が満たされなくなる場合、面子が失われる」[28]。また、中国人は誰かの「面子を立てる」ことを話題にする。それは名誉や威信を高めるという意味である。**面子**は基本的には、自分の置かれている社会環境との適切な関係について記述する言葉である。

面子は、人（とその家族）にとって顔と同じほど重要なのである。社会的なコンテキストを強く意識する社会で暮らすことが、面子の重要性を高めている。ほかの集団主義的な文化の言語にも、多少とも類似した意味の言葉がある。たとえばギリシアには、**フィロティモス**という言葉がある。ギリシア系アメリカ人の心理学者、ハリー・トリアンディスは次のように書いている。

自分の内集団の規範と価値観に従う者は、フィロティモス（対面を重んじる）である。内集団の規範や価値観には、家族や友人、そして「自分の幸福に関心を寄せてくれる」他者のために行うべきさまざまな犠牲的行為が含まれている。たとえば、妹たちが適当な持参金を持って嫁にいくまで兄が自分の結婚を遅らせることは、ギリシアの伝統的な地方の人々の規範において期待されているばかりでなく、インドの地方の人々の規範（そして両国の間に位置するほかの多くの人々の規範）においても期待されているのである[29]。

個人主義的な社会において、面子に対応する特性は自尊心である。しかし自尊心の定義はやはり個人の立場から下されるのに対して、面子と**フィロティモス**の定義は社会的環境の立場から下されるのである。

集団主義的な社会には、血縁関係はないが社会的に自分の内集団の一員である人物と家族のような絆を結ぶならわしのあるところが多い。たとえばラテン・アメリカでは、**コンパドレ**と**コマドレ**と呼び合う擬性親族関係の制度によって家族のような絆が結ばれて、親戚ではなくても親戚と同じように扱う。もう一つの例としては、ヨーロッパのカトリックやギリシア正教の国々では、ゴッド・ファーザー（代父）とゴッド・マザー（代母）という制度が伝統的に強い。かつて日本では、年少の男の子が養子という形で職人の弟子になった。中世の中央ヨーロッパにも、よく似た習慣があった。

集団主義的な社会では親戚縁者の意見を尊重しなければならないため、結婚相手の選択は当人たちのみならず、彼らの家族にとっても重大な出来事である。結婚相手となる可能性のある人を選ぶ基準については、アメリカ人のデイビッド・バスが調査を行っている[30]。彼の調査では三七カ国から平均二三歳の青年男女約一万人が対象となった。花嫁と花婿のどちらに対しても、どの国でも求められる資質は、お互いへの愛情、思いやり、情緒的な安定、知性ならびに健康であった。ほかの資質は、花嫁と花婿で異なり、国によっても異なる。国による違いは主に個人主義的な側面に関連していた。集団主義的な社会では、男性は結婚相手として年下の女性を好み、また相手が裕福で働き者で、かつ貞淑であることを強く求める。一方、女性は結婚相手の男性として、年上で裕福であることを望むが、働き者であることはたいして重要ではなく、貞操についてはは一顧だにされない。

しかし、花婿が花嫁に貞操を求める傾向は、集団主義的であるかどうかよりもその国の貧しさによるところがはるかに大きい。豊かさが増すにつれて、女性の教育の機会は広がる（どのような社会でも、教育が初めて受けられるようになったときには、まず家にいる必要のない男の子が優先される）。女の子はより自由に外出できるようになり、男の子と知り合う機会も増える。また、人々の生活空間が増え、プライベートな部分も多くなる。避妊のノウハウを含め、医療や情報の普及が一層進む。若者は性的な冒険に走る機会が増え、性的規範もこの状況に応じて変化する。

集団主義的な社会で結婚相手の女性に勤勉さや裕福さ、それに貞淑が強く求められるのは、そのような社会において、結婚が個人同士ではなく家族同士の契約だからである。花嫁も花婿も結婚相手を選ぶことについて、発言権はほとんどない。ただし、これはそのような結婚が幸せではないことを意味するわけではない。インドでの調査では、見合い結婚のほうが恋愛結婚よりも満足度が高いことが示されている。そして、インド人の恋愛結婚はアメリカ人の結婚よりも満足度が高いのである。個人主義的な文化はロマンチックな恋愛に価値をおく傾向を育む一方で、親密な関係を築くことは、問題を生み出す[31]。一一カ国の大学生男女を対象とした結婚における愛情の役割に関する調査では、「もしあなたの求めるすべての条件を満たした男性（女性）が現れたら、あなたはその人のことを愛していなくても結婚しますか」とたずねている。回答は一一の社会で異なったが、その違いは個人主義の程度により異なり、アメリカでは四％が「はい」、八六％が「いいえ」であったのに対し、パキスタンでは五〇％が「はい」、三九％が「いいえ」であった[32]。集団主義的な社会では、結婚において愛情以外に考慮すべき条

表4・2　集団主義的な社会と個人主義的な社会の基本的な違い

①一般的な規範，家庭

集団主義的	個人主義的
・人々は拡大家族またはほかの内集団のなかに生まれて，その集団に忠誠を誓う代わりに保護される。	・成人すれば，自分と身近な（核）家族だけの世話をすればよい。
・子どもは「われわれは」という視点から物事を考えることを学ぶ。	・子どもは「私は」という視点から物事を考えることを学ぶ。
・内集団と外集団とで価値観の基準が異なる：排外主義的。	・すべての人に対して同じ価値観が適用される：普遍主義的。
・常に調和が保たれねばならず，直接対決は忌避される。	・自分の心の内を語る人こそ，誠実な人物である。
・誰と友人関係を結ぶかはあらかじめ決まっている。	・友人関係は自発的なものであり，育むべきものである。
・資産は親族と共有するものである。	・所有権は個人のものであり，子どもとも共有しない。
・成人した子どもは親と一緒に住む。	・成人した子どもは親元を離れる。
・コミュニケーションは状況に左右されやすい。	・コミュニケーションは状況に左右されにくい。
・公共の場でのつきあいが多い。	・わが家は自分の域である。
・不法行為を犯すことは，本人とその内集団にとって恥であり面子を失うことである。	・不法行為を犯すことは，罪の意識をかき立て，自尊心を傷つけることである。
・花嫁は若く勤勉で貞淑であり，花婿は年上であるべきだ。	・結婚相手の選択の基準は前もって決まっていない。
・少女の美の理想にもっとも影響を及ぼすのは女友だちである。	・少女の美の理想にもっとも影響を及ぼすのは男の子一般である。

件が存在するのである。

二〇〇五年に、ニューヨークに拠点をおく市場調査会社が美容やボディ・イメージに関する電話調査を行った。対象となったのは、ブラジル、カナダ、中国、ドイツ、イギリス、イタリア、日本、メキシコ、サウジアラビア、アメリカという一〇カ国の都市に住む一五～一七歳の少女であった。調査項目の中に、自分が考える美の理想に対してもっとも影響を及ぼしているのは誰かという質問があった。集団主義的文化では、内集団の一員である女友だちという回答が最も多かった。個人主義的文化では、男の子（一般）という回答が多かった[33]。

表4・2は、これまでに述べてきた集団主義的な社会と個人主義的な社会の基本的な違いを要約したものである。

▼言語、パーソナリティ、行動における個人主義と集団主義▲

ともに日系オーストラリア人で、心理学者のヨシ・カシマと、言語学者のエミコ・カシマの夫婦は、文化と言語の関係について研究を行った。言語のさまざまな特徴のなかで、彼らが研究したのは**代名詞の脱落**、すなわち一人称単数の代名詞（「私」）の文からの脱落についてであった。たとえば、スペイン語で yo te quiero（私はあなたを愛しています）というよりも te quiero（あなたを愛しています）というようなものである。彼らは七一カ国で使われる三九の言語を対象に、代名詞の脱落と他の多くの変数との相関を調べた。彼らが見出した相関のなかで、もっとも強かったのが個人主義指標との相関であった[34]。個人主義的な国で話される言語では、自分自身のことを指すときに代名詞「私」を必要とする傾向がある。集団主義的な国で話される言語では、この代名詞は脱落してもよいか、あるいは文法上脱落させることになっている。**表4・1**においてもっとも個人主義的な国々で話されるのは英語であり、英語はわれわれが知るかぎり、「私＝Ｉ」を大文字で書く唯一の言語である。

言語は時間とともに変わるが、変化はゆっくりとしたものでしかない。西欧では、一人称単数の代名詞は中世の詩でも使われていた。同じ時期のアラブのことわざには、「悪魔のような『私』など消えてしまえ!」[35]というものがあった。文化的なスコアと言語の特徴の結びつきは、文化の違いにはとても古い深い根があることを表している。現代における言語の違いが、われわれの生きている間に消えることを期待するのはあまりにも非現実的だ。

中国系アメリカ人の人類学者フランシス・シューは、西洋的な意味での**パーソナリティ**に相当する単語が中国語にはないという議論を行った。西洋でいうパーソナリティとは、社会や文化とは別個の独立した実体であり、個人の属性である。中国語の訳としてもっとも近い言葉は**人**（ren）であるが、これは個人だけではなく、その個人の存在に意味を与える親密な社会的・文化的環境も含んでいる[36]。

これと同じことが、二人のアメリカの心理学者（うち一人は日本人である）のヘーゼル・ローズ・マーカスと北山忍によって指摘されている。二人の研究によれば、多くのアジア文化において個性（individuality）という概念は、個々の人々が根底において関係していることを表している。一方、アメリカでは個人は、自己に焦点を当て、独特な内的特性を見出して表現することで、他者からの独立を保とうとしている。自己をどのように経験するかは文化によって異なるのである[37]。われわれの解釈では、個人主義的な文化は自己の独立性を高めるものであり、集団主義的な文化は自己の相互依存性を高めるものである。

アメリカの心理学者ソロモン・Ｅ・アッシュ（一九〇七～一九九六）は、アメリカ人が多数派に反してでも、自分の判断にこだわる程度を試すために、いささか意地の悪い実験を行った。被験者は二つの線分のうちどちらが長いかを判断するグループのうちの一人であるとされた。被験者には知らされなかったが、ほかのメンバーはすべて実験者と共謀しており、わざと間違った答えを出した。このような状況では、かなりの割合の被験者が、自分の確信を曲げてグループの意見に従った。一九五〇年代以降この実験はほかの多くの国々で追試された。間違った判断に従う被験者の割合は、各国の個人主義指標のスコアと負の相関関係があった[38]。

第2章では、三三カ国における「ビッグ・ファイブ」と呼ばれるパーソナリティの次元の平均スコアと、ＩＢＭデータによる四つの文化次元におけるスコアとの相関をもとに、パーソナリティと国民文化の関係について述べた。ビッグ・ファイブの国別平均スコアはIBM調査の文化次元四つとすべて相関していたが、もっとも相関が強かったのは、外向性と個人主義指標とであった。[39] 外向性（内向性の対極にある）は、自己採点によって得られたパーソナリティ・スコアのうち、一致しやすい傾向のある以下の側面をまとめている。それらは、温和さ、社交性、自己主張、行動性、刺激の追求と前向きな気持ちである。相関関係が示しているのは、集団主義的な文化に属する人々よりも、個人主義的な文化に属する人々で、スコアが概して高いということである。自己の独立性を高めようとする文化において社交性が高いというのは、意外に思えるかもしれない。しかし、人間関係が文化的に前もって決められていない場合、仲良くしようと意識的に決定することがより重要になるのである。

アメリカの心理学者デイビッド・マツモトは、表情による感情表現の認知に関する膨大な研究を分析した。学生は顔写真を、幸せ、驚き、悲しみ、恐怖、不機嫌、怒りというように分類した。IBM調査に含まれる一五カ国では、幸せという表情を正しく認知する観察者の割合は、個人主義指標と正の相関を有していた。また悲しみについては、個人主義指標と負の相関があった。われわれの解釈では、個人主義的な文化では幸せを表情で表すことは勧められるが、悲しみを共有することははばかられる。集団主義的な文化ではその逆である。[40]

アメリカのロバート・レヴァイン教授は、外国人学生に母国での人々の生活のペースに関するデータを集めるよう依頼した。収集された尺度の一つが歩く速度であり、これは都市のなかで混雑していない二カ所を定め、それぞれの場所で、七〇人の健康な成人（男女半数ずつ）が六〇フィートを歩く時間をストップウォッチで計ったものであった。調査の対象となった三一カ国のうち、二三カ国がIBM調査と重なっていた。歩く速度は個人主義指標と強く相関していた。[41] 個人主義的な文化に属する人々は、歩く速度が早い傾向があった。このことは、自己という概念の身体的な表現として解釈される。つまり、個人主義的な文化に属する人々は、より積極的に目的地に到着しようとする。

各国における行動の違いに関する有力な情報は、消費者調査から得ることができる。オランダ人でマーケティングの教授であり、コンサルタントでもあるマリーク・デ・ムーイは、ヨーロッパ一五カ国の比較から、消費者行動のデータと個人主義指標との間に多くの意味のある相関を発見した。[42] 個人主義指標のスコアが高い国の人は、個人主義スコアが低い国の人に比べて、アパートやフラットよりも一戸建てに住む傾向がある。個人主義スコアの高い国の人は、自分の庭やレジャー用のキャンピングカーを持つ傾向がある。また、ペットフードの家庭での消費量を比較すると彼らは犬を飼ったり、とくに猫を飼う割合が高い（猫は犬よりも個人主義的な動物なのである！）。個人主義スコアの高い国の人は、住宅を所有し、生命保険に加入する割合も高い。また、家のペンキ塗りや木工、壁紙貼りなどの大工仕事や、電気器具の改造や修理、配管などの日曜大工を行ってい

表４・３　集団主義的な社会と個人主義的な社会の基本的な違い

② 言語，パーソナリティ，行動

集団主義的	個人主義的
・「私」という言葉の使用は避けられる。 ・相互依存的な自己。 ・パーソナリティ・テストでは内向性を示すスコアが高い。 ・悲しみを表すことは勧められるが，幸せを表すことはははばかられる。 ・歩く速度が遅い。 ・消費パターンはほかの人々への依存を示している。 ・主な情報源は社会的ネットワークである。 ・個人支出も公共支出も保健分野に使われる割合が低い。 ・障害者は家族の恥であり，人目につかないところに置かれる。	・「私」という言葉の使用が勧められる。 ・独立した自己。 ・パーソナリティ・テストでは外向性を示すスコアが高い。 ・幸せを表すことが勧められ，悲しみを表すことはははばかられる。 ・歩く速度が速い。 ・消費パターンは自助的ライフスタイルを示している。 ・主な情報源はメディアである。 ・個人支出も公共支出も保健分野に使われる割合が高い。 ・障害者は通常の生活にできるかぎり参加すべきである。

る頻度も高い。これらすべてのケースについて、国の豊かさよりも個人主義指標の方が説明力が高いのである。これらすべてが、他人に頼るのではなく自助努力を行おうとするライフスタイルを示している。

情報に関しては、個人主義スコアの高い国の人ほど、本をよく読み、自宅にパソコンや留守番電話を持っている傾向が強い。個人主義スコアの高い国の住民は、新製品の情報を得るのにテレビ広告が有用であるとする人が多い。彼らは社会的ネットワークよりもメディアに頼っている。

個人主義的な国に住む人々が集団主義的な国の人々と比べて健康か不健康かを示す資料はないが、個人主義スコアの高い文化の人々は、低い文化の人々に比べて自分自身の健康により大きな関心を持っている。このことも、個人主義スコアの高い文化の人々が、低い文化の人々に比べて自己への関心が高いことの表れとして見ることができる。医療サービスの利用が十分に可能だと思われる所得水準の高い国々に限定して分析を行うと、個人主義的な文化では個人所得のうち健康維持に使う割合が高い。そのような文化をもつ国々の政府もまた、公共予算のうち保健分野に支出する割合が高い[43]。

個人主義的な文化と集団主義的な文化では、障害者の扱いが異なっている。オーストラリアの医療従事者による調査からは、アングロサクソン系、アラビア語系、中国系、ドイツ語系、ギリシア系、イタリア系の移民のコミュニティで、障害者になったときの反応が異なることが示された。個人主義的なコミュニティ（アングロサクソン系・ドイツ語系）では、障害者は陽気で楽観的なままで、他者に依存せず、他者に助けを求めず、できるかぎり、今まで通りの未来を計画する。だが、集団主義的なコミュニティ（ギリシア系・中国系・アラビア語系）では、嘆きや恥、悲観が表されることが多かった。家族は助言や支援を求められ、家族が障害者の将来を決めていた。イタリア系移民はその中間であった。北部イタリア系移民はより個人主義的であったが、オーストラリアのイタリア系移民の大部分は集団主義的な南部からの移民である。同じ調査に基づく別の研究では、障害児の扱い方が文化によって異なることを、医療従事者の回答から紹介している。ここでも、個人主義的なコミュニティでは、障害児を可能なかぎりほかの子どもたちと同じように扱い、彼らがなしうるすべての活動に参加させようとするのが支配的な考え方であった。集団主義的なコミュニティでは、障害は家族にとって恥や汚点であり（とくにその子どもが男の子である場合）、その子どもはしばしば人目につかないところに置かれてしまう。[44]

表4・3は、本項で述べてきた集団主義的な社会と個人主義的な社会の基本的な違いを要約したものである。

▼学校における個人主義と集団主義▲

幼い頃に家庭において子どもの意識のなかに形成された個人と集団との関係は、学校でさらに育まれ強化される。個人と集団との関係について子どもが抱いている観念は、教室での行動にはっきりと表れている。開発援助の関係で、個人主義的な文化を持つ国の教師が、集団主義的な環境で仕事をすることがしばしばある。そのような教師のもらす不平のなかで典型的なものは、生徒が教室で発言しないことであり、教師がクラスの生徒たちに質問をしたときでも発言がないということである。自分は集団の一員であると考えている生徒にとって、集団の許可なしに発言することは筋が通らない。教師が生徒の発言を求めるならば、特定の生徒を個人的に指名すべきである。

集団主義的な文化では、教師がいなければ生徒は大きな集団で発言することをためらうであろう。とくに外集団に属する、あまりよく知らない人間が混じっている場合には、発言するのを躊躇してしまう。集団の規模が小さいほど、ためらいは少なくなる。集団主義的あるいは、文化的に同質ではない大規模なクラスでは、小グループを作るのが生徒の参加を促す方法となる。たとえば、生徒たちに椅子を移動させて三〜四人のグループを作らせ、一つの質問について五分間の討議を行い、グループで得た回答を発表する代表者を決めるように求めてみる。このようにすると、生徒個人の回答はグループとしての回答となり、小集団を代表するという立場でクラス全体に発言することになる。その後の課題ではたいていの場合、生徒たちは自然に代表者を順番に交代させるようになる。

集団主義的な社会では、家庭生活のなかで形成された内集団と外集団の区別が学校でも継続する。その結果、生徒が教室で人種や氏族（クラン）ごとにサブグループを作ってしまうことが多い。共同作業をやらせてみると、集団主義的な社会よりも個人主義的な社会において、新しいグループができやすい。集団主義的な社会では、生徒の人種や出自が教師やほかの学校関係者と同じであれば、その生徒は自分が優遇されることを期待するであろう。これは、個人主義的な社会ではえこひいきであって、完全に道徳に反するとみなされるが、集団主義的な環境のもとでは、内集団のメンバーをほかの者より優遇しないことの方が、道徳に反するのである。

集団主義的な教室では、調和と面子の維持という美徳が、絶大な価値を持っている。意見の対立や争いごとは避けなければならない。それができない場合、少なくとも誰も傷つけないような形にしておかねばならない。避けられるものならば、生徒にも面子を失わせるべきではない。もっとも、恥をかかせることとは、集団の名誉に訴える方法であるために、反抗的な生徒を正そうとするときには効果的である。反抗的な生徒も、自分の内集団の圧力で正されるからである。教師は常に、生徒を内集団の一部として扱っており、決して単独の個人としては扱わない。

個人主義的な教室では、生徒はもちろん、自分の出自にかかわらず個人として公平に扱われることを期待している。生徒は、教室での課題や特定の友人関係と技能に応じて、グループをその場その場で形成する。意見の対立があることや争いごとを皆で議論することは、もっぱら健全な状態と考えられている。面子にこだわるような意識は薄いし、存在しない場合もある。

教育の目的についての認識も、個人主義的な社会における教育の目的は、一人ひとりが個人として存在する社会のなかで、何らかの地位を達成するために個人に準備をほどこすことである。その準備とは、新しい状況、未知の状況、予期せぬ状況に対処する方法を学ぶことを意味する。人々は、新しい物事に対して基本的に積極的な態度を抱いている。学習の目的は、何かを行う方法を知るよりも、むしろ学習の仕方を知ることにある。その背景には、人間の学習は生涯にわたり終わりがないという仮定がある。したがって学校を卒業した後でも、大学院の授業を受講するなどして、学習を続けるであろう。

集団主義的な社会では、集団のメンバーとして受け入れられるために必要な技能と美徳を身につけることが強調される。その結果、伝統によって生み出されたものが重んじられる。学習はもっぱら、人生の一時期に若者だけに用意されたプロセスであるとみなされており、若者は、社会に参加するために物事を行う具体的な方法を学習しなければならない。つまり、学習は長期間にわたる通過儀礼である。

首尾よく学業を終えた結果として卒業証書や資格が得られるが、卒業証書や資格の役割も、個人主義的な社会と集団主義的な社会とでは異なっている。個人主義的な社会では、卒業証書はそれを修得した人の経済力を高めるばかりでなく、その人に達成感を与え、自尊心をも高めてくれる。集団主義的な社会では、卒業証書は本人とその内集団にとって名誉なものである。

卒業証書を得ることによって、自分が所属する集団よりも地位の高い集団のメンバーと交際することが認められる。たとえば結婚相手としてより魅力的な相手を見つけることができるというように、卒業証書は、いわば「乗車券」のようなところがある。卒業証書によって社会的に認知されることの方が、ある学問分野を修得して自分の自尊心が満たされることよりも重要である。そのため闇で取引するような不正を犯してまでも卒業証書を得ようとする誘惑が、集団主義的な社会では強いのである。

▼職場における個人主義と集団主義▲

集団主義的な社会では、個人主義的な社会と比較して、男性は自分の父親の職業を継ぐ傾向が強い[45]。ヘールトとヘルト・ヤンは親子でチームを組んで本を著しているが、これは集団主義的な文化では賞賛される一方で、個人主義的な社会では軽蔑されることもある。個人主義的な社会では、肉体労働者を父にもつ息子は肉体労働以外の仕事に就くことが多く、逆もまたしかりである。集団主義的な社会では、職業移動は頻繁ではない。

個人主義的な文化では、社員は自分の利害に応じて行動するものと思われている。そして社員の利害と雇い主の利害が一致するように、仕事は組織されていなければならない。労働者は「経済的な人間」として、あるいは経済的な欲求と心理的な欲求を兼ね備えた人間として、ともかく自分の欲求を持った個人として、行動するものと考えられている。一方、集団主義的な文化においては、雇い主は、たんなる個人を採用するのではなく、ある内集団に所属している人物を採用するのである。社員は、自分の内集団の利害に応じて行動するであろうが、内集団の利害は、その社員の個人的な利害と必ずしも一致しないかもしれない。そのような社会では、内集団の利害のために自分を抑えることが、一般に期待されているのである。収入は、しばしば親族と分け合わなければならない。

集団主義的な社会では、社員を採用する際には常に内集団が考慮の対象となる。通常、もっとも好まれる方法は、雇い主の親族または社員の親族を採用することである。すでに事情のわかっている家庭から社員を採用すれば、危険を冒す可能性が低い。また親族であれば、家族の評判に気を使い、家族のメンバーが間違いを犯せば、それを正すように力を貸してくれるであろう。個人主義的な社会では、職場での家族関係はえこひいきにつながり、しかも利害の衝突を引き起こすので、もっぱら望ましくないと考えられている。社内結婚をした場合には、どちらかがその会社を辞めなければならない、という規則を定めている会社もある。

集団主義的な社会では、職場そのものが、気持ちのなかでは内集団ととらえられているかもしれない。国によって程度の差はあるが、職場が内集団であるべきだという思いは絶えず存在している。雇い主と社員との関係は、道徳的な観点から評価される。その関係は家族関係と類似していて、忠誠を誓う代わりに保護を受けるというように互いに義務を負っている。このような関係があるので、社員の業績が悪くても解雇する理由にはならない。自分の子どもを辞めさせるわけにはいかないのである。しかし、それぞれの社員に割り当てられる業務の内容は、各社員の業績と技能水準に応じて決定されている。雇い主と社員の関係がこのようなパターンを示すという点では、日本の組織がもっとも有名である。厳密にいえば、日本においてもこの関係は、終身雇用の地位にある社員にしか当てはまらず、その数は全労働力の半数以下である。日本の個人主義指標のスコアは、尺度の真中あたりである。個人主義的な社会では、雇い主と社員の関係は、原則的には仕事上の取引関係、つまり労働市場における売り手と買い手が計算に基づいて結ぶ関係であるとみなされている。社員の業績が上がらないことや、別の雇い主からより高い給与の提示があることは、雇用関係の打ち切りにつながる社会的に認められた正当な理由である。

アメリカの経営学者であるクリストファー・アーリーは、個人主義的な社会と集団主義的な社会との労働の精神における違いを実験によって非常に巧みに示している。その実験では、経営者訓練コースの受講者のうちの中国南部出身の四八名とアメリカ人四八名に対して、「事務処理の課題」が与えられた。その課題は、メモをとったり、計画を評価したり、応募書類を査定するといった四〇の個別の項目から構成されており、一つの項目を処理するのに二分から五分かかる。中国人とアメリカ人の被験者のそれぞれ半数には、一時間以内に一〇人で二〇〇項目を仕上げるという、グループとしての目標が与えられた。後の半数には、個人の目標が与えられ、それぞれが二〇項目を仕上げることになった。またどちらの国の被験者も、グループ目標を持つ者の半数と個人目標を持つ者の半数は、仕上げた書類に自分の名前を記入するように求められた。残りの半数は匿名で提出した。

集団主義的な中国人の被験者は、グループ目標に匿名で取り組んだ場合に、もっとも成果を上げた。個人として課題に取り組み、仕上げた書類に自分の名前を記入した中国人は、もっとも成果が上がらなかった。個人主義的なアメリカ人の被験者は、個人として課題に取り組み、自分の名前を記入した場合に、もっとも成果があった。グループとして匿名で課題に取り組んだ場合には、成果がまったく上がらなかった。この実験ではまた、被験者のそれぞれが個人主義的な価値観を持っているか、集団主義的な価値観を持っているかについて調べている。中国人のなかにも個人主義的な価値観を持つ者が少数いて、彼らの実験結果は、アメリカ人的なパターンを示していた。アメリカ人のなかにも集団主義的な価値観を持つ者が少数いて、その実験結果は中国人的なパターンであった[46]。

現実には、集団主義的な社会の内部にも、個人主義的な社会の内部にも、さまざまなタイプの労使関係が存在する。集団主義的な国にも、社員を内集団のメンバーとして扱うという社会規範を尊重しない雇い主がいる。その場合には、社員の方も雇い主に対して忠誠を尽くしていない。このような場合には、労働組織に代わって労働組合が情緒的に結びついた内集団としての位置を占めるようになり、インドの一部に見られるように、労使の対立が暴力的な行動に発展する可能性がある。個人主義的な社会にも、社員とともに集団としての強いまとまりを築いて、集団主義的な社会の規範と同じように保護と忠誠の相互関係を保とうとする雇い主がいる。組織文化というものは、一般的な規範からある程度逸脱して、その独自性によって競争力を高めることが可能である。第10章では、このような問題についてさらに深く検討する。

　個人主義的な社会における経営では、個人をいかに処遇するかがポイントである。部下は、個人として処遇され、個人としての業績に応じて報酬やボーナスを受け取ることが多い。一方、集団主義的な社会における経営では、集団をいかに処遇するかがポイントになる。気持ちのうえで人々がどの程度まで職場集団に統合されているかは、状況によって異なる。職場集団の内部に人種の違いやそのほかの内集団の要素が入り込んでいるときには、職場集団の統合のプロセスに何らかの影響が生じる。集団主義的な文化のもとでは、管理職はそのような要因に対して、極めて注意深いであろう。同じ人種で一つの職場集団を構成するとうまくいくことが多い。しかし、個人主義的な文化のもとで育った管理職は、この方法を危険であると考えて逆の方法をとりたがることが多い。職場集団が、情緒的な絆を持った内集団として機能しているならば、報酬やボーナスは個人ではなく集団に与えられるべきである。

　全体としては個人主義的な中流階級文化が支配的な国においても、地方の下位文化に目を向けると、集団主義的な要素が強く保持されている場合がある。このことは、少数民族の立場にいる移民労働者の場合にも当てはまる。個人主義的な国々のなかには、移民労働者が労働の大半を担っている産業もある。このような場合、管理職と地方の労働者や少数民族の労働者との間で文化摩擦が生じやすい。移民労働者にとっては、集団単位で報酬を受け取ることが彼らの文化に合致した方法であるにもかかわらず、管理職はそのような方法をとることを非常に躊躇する。このような事態は、両者の間の文化的な摩擦をもっともよく表している。

　経営の技術と訓練の方法は、ほとんど例外なく個人主義的な国々において開発されてきており、集団主義的な文化には当てはまらないような文化的な仮定に立っている。第一線の監督者の訓練には、**評価のための面接**をどのように行うかという訓練が組み込まれていることが多い。それは、定期的な話し合いの場で、部下の業績を査定する方法である[47]。定期的に話し合って業績を評価することは、目標による管理の一部である。しかし目標による管理が用いられない場合でも、業績評価を行い、悪い評価を伝える能力は、管理職として成功するために重要な技能であると考えられている。集団主義的な社会では、業績について部下と率直に話し合うことは、調和を重視する社会規範と真っ向から衝突してしまい、部下はどうしようもないほど面子を失ったと感じてしまうかもしれない。そのような社会には、もっと遠回しに繊細に評価を伝える方法がある。たとえば、いつもの好意をさし控えるとか、仲介者を通して口頭で伝えてもらうとかの方法がある。われわれの知っているケースでは、業績の悪い社員の年配の親戚が同じ会社に勤めており、彼が仲介の役割を受け持った。彼が自分の甥に悪い評価を伝えたので、甥は、評価が行われる正式の面談の場で面子を失うことは避けられたのである。

アメリカでは**感受性訓練**や**エンカウンター・グループ**、**取引分析**と呼ばれる手法が周期的に流行している。これらの訓練方法はすべて、他者に対する感情を正直にそのまま共有することを基礎としている。しかし集団主義的な社会では、業績について部下と率直に話すのがうまくいかないのとまったく同じ理由で、これらの手法は不適切なのである。

内集団と外集団を区別することは集団主義的な文化のパターンの本質であり、雇い主と社員の関係にかぎらず、ビジネス上の関係に広範な影響を及ぼしている。この章の冒頭の話に関連させると、ヨハネソン氏と彼の上司であるスウェーデン人がサウジアラビアで経験した文化的な障害の背後にあったのが、この内集団と外集団の区別である。個人主義的な社会の規範では、人はみな平等に扱われるべきである。社会学の用語を用いれば、これは**普遍主義**として知られている。ある顧客をひいきすることは、不正な商売のやり方であり、倫理に反すると考えられている。しかし集団主義的な社会においては、その逆こそ真である。「われわれのグループ」と「やつらのグループ」との区別が人々の意識の根底にあるので、自分の友人を優遇することはあたりまえで倫理的であり、健全な商売のやり方である。社会学者はこの行動様式を**個別主義**と呼んでいる。個別主義はミンコフによる世界価値観調査の分析において**排外主義**と呼ばれた次元と似ている。

個別主義的な考え方の帰結として、集団主義的な社会では、商談の行われる前に相手側との信頼関係が成立していなければならない。この信頼関係を通して、他者が内集団に迎え入れられ、それ以降、優遇されるのである。ヨハネソンの場合、これに二年かかった。その間、仲介者としてのスウェーデン人実業家の存在が不可欠であった。しかし、内集団に受け入れられた後は、仲介者は必要なくなった。しかしその関係は、ヨハネソン個人と結ばれたものであって、会社とではなかった。集団主義的な精神にとって、生身の人間だけが信用に値し、その生身の人間によって紹介された友人や同僚も信用される。しかし会社のような非人格的な法的存在は信用されない。要約すると、集団主義的な社会では、**人間関係が職務よりも優先される**。まず、人間関係が結ばれなければならない。一方、個人主義的な社会では、**職務が人間関係よりも優先される**。集団主義的な文化のもとで、仕事を急がせようとする単純な西洋の実業家は、自ら外集団のメンバーの役割を演じてしまい、逆に差別を受けることになるのである。

▼個人主義‐集団主義とインターネット▲

現代の情報コミュニケーション技術（ICT）の利用は国によって大きく異なることが、調査や観察によって示されている。

表4・4　集団主義的な社会と個人主義的な社会の基本的な違い

③ 学校，職場，情報コミュニケーション技術

集団主義的	個人主義的
・生徒は集団から認められたときのみ授業中に発言する。	・生徒は授業中に個人として発言することが期待されている。
・教育の目的は，具体的な方法を学習することである。	・教育の目的は，学習の仕方を学ぶことである。
・卒業証書を得ることは，より地位の高い集団の一員となる道を開く。	・卒業証書を得ることは，経済力ばかりでなく，自尊心を高める。
・職業移動が低い。	・職業移動が高い。
・社員は内集団のメンバーとして内集団の利益を追求する。	・社員は「経済人」であり，雇い主の利益が自らの利益と合致した場合に，雇い主の利益を追求する。
・採用や昇進に関する決定では，社員の内集団についての情報が考慮される。	・採用と昇進は技量と規則のみによって決定されることになっている。
・雇い主と社員の関係は，家族関係と同じく，基本的に道徳的なものである。	・雇い主と社員の関係は，労働市場における相互の契約によるものである。
・経営とは，集団をいかに管理するかである。	・経営とは，個人をいかに管理するかである。
・部下を直接評価すると調和が乱れる。	・経営のトレーニングでは，感情を正直に共有することが教えられる。
・内集団の顧客は特別扱いされる：**個別主義**。	・すべての顧客は同じ扱いを受けることになっている：**普遍主義**。
・人間関係が職務よりも優先される。	・職務が人間関係よりも優先される。
・インターネットとｅメールは魅力的ではなく，あまり用いられない。	・インターネットとｅメールは非常に魅力的であり，人々を結びつけるのに多く用いられる。

これらの道具のほとんどはアメリカという極めて個人主義的な社会で開発されたものである。ＩＣＴは個人同士を結びつける道具であるため、集団主義的な社会よりも個人主義的な社会で、よりたやすく頻繁に積極的に用いられる。集団主義的な社会では、人々はより直接的な方法で社会環境とつながっている。個々の社会におけるＩＣＴの利用には、個人主義のほかに、男性らしさと不確実性の回避という二つの文化の次元が関係している。これらの次元の影響については、第5章と第6章で見ていく。

ユーロバロメーター調査では、ヨーロッパ諸国のなかで個人主義の強い国ほど、インターネットへのアクセスやｅメールの使用が多いことが示された。そのような国の人々は、ショッピングや銀行取引、公的機関への情報提供にコンピューターを使うことが多い[48]。

インターネット導入の影響についてたずねたところ、ヨーロッパ諸国のうち個人主義の弱い国の人々は、インターネットを使わない人の方が、自分自身や家族、友人との時間を多くとることができると主張した[49]。

表4・4は、学校、職場、ＩＣＴに関して、これまでに述べてきた集団主義的な社会と個人主義的な社会の基本的な違いを要約したものである。

▼個人主義‐集団主義と国家▲

異文化間コミュニケーションの分野の著述家であるアメ

リカ人のアルフレッド・クレーマーは、ロシアの詩人ウラジーミル・コローチチが、アメリカの大学をめぐる二カ月間の講演旅行を終えたあとで、ロシアの文学雑誌に寄せた次のようなコメントを引用している。

アメリカでは、聴衆が二〇名いたら、そのうちの五名はある見解を支持し、七名は別の見解を支持している。そして残りの八名は、何も考えていない。だから、アメリカの聴衆をどのようにして喜ばせるか、前もって思案しておかねばならない。[50]

このコメントを読んだ西側の読者は、アメリカの学生の態度ではなく、コローチチが別のことを期待していたことに、驚かされる。彼は、集団主義的な文化の特徴である聴衆が対立する意見を述べようとしないことに明らかに慣れていたのである。表4・1では、ロシアは西洋諸国よりもかなり集団主義的である。

世界の政治情勢をうわべだけ観察すると、政治体制の違いのみしか見えてこない。しかし、そのような観察からは、そのような体制の違いをもたらし、また違いを維持するような人々の思考態度が見えてこない。もし集団の利益が個人の利益よりも優先されるという価値観が一般に支持されているのであれば、そのような国は、個人の利益が集団の利益よりも優先されるという感情が支配的な国とは違ったタイプの国家になるであろう。アメリカの論壇では、集団主義という用語は共産主義的な政治システムを表すものとして使われる。表4・1のなかで、かつて共産主義政権か国家資本主義政権があった国々、もしくは現在もそのような体制の国々は、個人主義指標のスコアが中程度から低いところに位置していて、集団主義的である。国民のメンタル・ソフトウェアのなかで個人主義的な傾向が弱いほど、経済システムにおいて国家が支配的な役割を果たす可能性が高くなる。

個人主義の高まりは、西洋諸国が一九九〇年代に規制緩和や公共支出の削減を行うことになった要因の一つである。エネルギー供給や公共輸送のような公共的な独占企業体も、実績や信頼性を犠牲にしてまで民営化された。これらは実用的見地からというよりも、むしろイデオロギー的な理由によるものであり、文化的な価値観の力を示している。

株式会社は、個人主義的なイギリスで資本主義によって発明されたものであり、各地に散らばっている株主が、会社の所有者として株式市場で持ち株を売買できる。つまり、その機能については、株主の個人主義的な思考態度が前提となっているのである。[51] しかし実際には、株式会社は個別主義者の利害関係によって常に脅かされており、自由であるべき市場は、国家の強い規制を必要とする。これは、興味深い逆説的な現象である。

他方、集団主義的な社会での経済生活は、政府による支配がないとしても、とにもかくにも集団の利益に基づくものである。同族会社は山ほどある。中国では一九八〇年代の経済自由化以降、農村や軍隊、地方の警察が自ら企業を設立している。

個人主義的な国々は集団主義的な国々よりも裕福で、権力格差が小さい傾向にある。これは統計的な関係であり、すべての国に当てはまるわけではないが、このような関係があるために、国の豊かさ、個人主義、小さな権力格差のそれぞれが政府に与える影響を区別することが難しい場合がある。たとえば、政治学者は多くの国を対象として、報道の自由の指数を開発してきた。この指数は個人主義指標の高スコアと権力格差指標の低スコアと有意に相関しているが、もっとも強く相関しているのは国の豊かさである。裕福な国において報道の自由度が高いのは、個人主義や平等のためだけではない。新聞やテレビという情報源や、自らの意見を宣伝する手段を持った利益集団の存在にもよるのである[52]。

プライバシー権は多くの個人主義的な社会で主要な問題となっているのだが、集団主義的な社会ではそれほどの関心を集めていない。集団主義的なところでは、自己の属する内集団が私生活に介入するのは普通であり、また当然だと思われている。

ヨハネソンのエピソードは、普遍主義者と個別主義者が顧客に対処するときの違いを描いたものである。この違いは国家全体としての機能にも当てはまる。個人主義的な社会では、法と権利は誰にとっても同じものであり、誰に対しても差別なく適用される（この基準が常に満たされているかどうかは別問題である）。集団主義的な社会では、法と権利は人のカテゴリーによって異なる可能性がある。理論上は違っても、法はそのように運用されてしまい、悪いとはみなされていない。

各国における政治システムの違いが、国民のメンタル・ソフトウェアに根ざしているならば、外国からのプロパガンダや資金援助、軍事援助によって、その国の政治システムに影響を与えようとしても限度がある。人々の心にメッセージを受け入れる素地がなければ、プロパガンダも資金もおそらく無駄になってしまう。外国からどれほど強力な力を加えても、すべての人々を洗脳して心に深く根ざした価値観を捨てさせることはできない。

国際政治の主な問題の一つが、国家による人権の尊重である。一九四八年には国連で「人権に関する世界宣言」が採択された。アムネスティ・インターナショナルの元研究者であるチャールズ・フマーナは、国連の基準に基づく四〇の質問をもとに、各国を人権によって格付けした。IBMデータに含まれている五二カ国について見ると、フマーナの人権格付けは主に一人当たり国民総所得と相関し、国ごとの違いの五〇%が説明できた。文化的なスコアを加えても説明力は上がらなかった。しかし、裕福な二五カ国について見ると状況は変わってくる。個人主義指標一つだけで人権格付けの違いの五三%を説明できるのである。残る貧しい二七カ国を見ると、一人当たり国民総所得が単独の説明変数として残るが、差異（分散）の一四%しか説明できない[53]。これらの関係からわれわれが出した結論は、国連によって策定された人権の尊重は、貧しい国々よりも裕福な国々において手に入りやすい贅沢品である。しかし、これらの裕福な国々がどの程度国連の基準に従っているかは、その文化における個人主義の程度による。世界人権宣言（一九四八）ならびに国連のほかの誓約は、それらが採択されたときに力のあった国の価値観に触発されたものであり、個人主義的な性格を有する。

▼個人主義－集団主義とアイデア▲

個人主義的な社会では、個人主義を実践しているだけではない。個人主義は、ほかのメンタル・ソフトウェアよりも優れていると考えられている。アメリカ人ならばたいていい、個人主義こそ善であり、アメリカの偉大さの根幹であると思っている。一方、中国の亡き毛沢東首席は、個人主義を害悪であるとみなした。毛沢東によれば、個人主義と自由主義は利己主義の源であり、規律に対する反感を募らせる。個人主義と自由主義によって、人々は集団の利益よりも自分の利益を優先させてしまい、自分のことしか関心を持たないようになる。表4・1では、中国系が大勢を占める国々すべてで個人主義指標のスコアが低い（香港二五、中国・シンガポール二〇、台湾一七）。

世界価値観調査に先行して開始されたヨーロッパ価値観調査（European Values Study）では、一九八一年にヨーロッパ九カ国における代表性の高いサンプルに対して次のような質問をしている。[54]

A　自由と平等はどちらも大切だと思う。しかし、どちらかを選ばなければならないなら、私は、個人の自由の方が大切だと考える。誰もが自由に生活し、自由に才能を伸ばす方がよい。

B　たしかに、自由も平等も重要だ。しかし、どちらかを選ばなければならないなら、私は、平等の方が大切だと考える。恵まれない人がおらず、社会階級の差が大きくない方がよい。

これはもちろんイデオロギーに関する設問である。ヨーロッパ九カ国のほとんどの国では、回答者たちは概して平等よりも自由を好んだ。このデータについて鮮やかな分析を行って発表したのはフランスの社会学者ジャン・ステゼル（一九一〇～一九八七）である。彼は、それぞれの国ごとに自由を選好する回答の数を、平等を選好する回答の数で割ってその比率を求めた。その値は、スペインの約一（両者が同等）から、イギリスの約三（平等よりも自由の方が三倍も好まれる）までの間に分布している。九カ国における〈自由／平等〉の比率は、IBM研究の個人主義指標のスコアと有意な関連を示している。すなわち、個人主義的な傾向の強い国ほど、その国民は平等よりも自由を好む傾向が強い。[55]自由は個人主義者の理想であり、平等は集団主義者の理想なのである。

社会レベルでの個人主義か集団主義かの選択は、経済理論にかなりの影響を及ぼしている。経済学は、一八世紀にイギリスで学問として確立された。その創設者たちのなかで傑出した存在は、アダム・スミス（一七二三～一七九〇）である。スミスは、個人が自分の利益を追い求めれば、「見えざる手」が働いて、国家の富は増大するであろうと仮定した。これは、今日においても個人主義スコアが高い国で生まれた個人主義的な考え方である。経済学は現在でも個人主義的な学問であり、指導的な学者のほとんどは、イギリスやアメリカのような個人主義が強い国の出身である。経済理論がよって立つのは個人主義的な前提であるため、西洋で発展した経済理論は、集団の利益が優先される社会では当てはまりにくい。このことは貧しい国々への開発援助や、経済のグローバル化に深刻な結果をもたらしている。個人主義の次元での文化的な違いを考慮に入れた新たな経済理論が強く求められている。

ある社会の個人主義の程度もしくは集団主義の程度は、人間性についてその社会の人々が抱いている観念に影響を及ぼしている。アメリカでは人間の動機に関するエイブラハム・マズロー（一九〇八〜一九七〇）の考え方が、とくに経営学を学ぶ学生と実務家の訓練に影響力があったし、今もその影響力をとどめている。マズローによる有名な「人間の欲求の階層理論」によると、人間の欲求には階層があり、低い水準から高い水準へと次のように配列されている。生理的欲求、安全欲求、所属欲求、尊重への欲求、自己実現への欲求の順である(56)。高い水準の欲求が現れるためには、低い水準の欲求がある程度まで満たされていなければならない。たとえば、飢えに苦しむ人は、生理的欲求がまったく満たされていないので、食物を求めることだけが動機づけになるだろう。マズローの欲求の階層は、ピラミッドの形に描かれることが多いが、その頂上には自己実現の欲求がある。それは、個人に備わった潜在的な創造力を可能なかぎり開花させることである。それはまた、自分のことをしようという意味でもあり、いうまでもなく、自己実現の欲求が最高の動機づけになるのは個人主義的な社会においてのみである。集団主義的な文化のもとで達成されるべきは、内集団の利益と名誉であり、そのためには内集団のメンバーの多くに節度が求められるかもしれない。アメリカ人のグループが一九七〇年代の終わりに中国を訪問したときに、「自分のしたい通りにする(doing your own thing)」という考え方が中国語には翻訳できないことがわかった。このような社会では、調和と意見の一致の方が個人の自己実現よりも究極の目的として魅力的なのである。

『経営文化の国際比較』が一九八〇年に刊行されて以来、個人主義－集団主義の次元は心理学者、とりわけ経済的に台頭してきたアジア諸国の心理学者の間でおおいに知られることとなった。個人主義－集団主義の次元から見ると、伝統的な心理学は伝統的な経済学と同様に普遍的な科学とはいえず、個人主義的な仮定にとらわれた西洋的な思考の産物である。そのような仮定を集団主義的な仮定に置き換えれば、個人主義的な国で生まれた心理学とは重要な点で異なる別の心理学が現われる。たとえば、これまでの章で議論したように、個人主義的な心理学は普遍主義的であり、「自己」を「他者」と対立させている。集団主義的な心理学では、自己を社会的文脈から切り離すこと

表４・５　集団主義的な社会と個人主義的な社会の基本的な違い

④ 政治とアイデア

集団主義的	個人主義的
・意見は集団の成員によってあらかじめ決められている。	・誰もが個人の意見を持つことを期待されている。
・個人の利害よりも集団の利害が優先される。	・集団の利害よりも個人の利害が優先される。
・経済システムにおいて，国家が支配的な役割を果たしている。	・経済システムにおいて，国家の果たす役割は限られている。
・1人当たり国民総所得は低い。	・1人当たり国民総所得は高い。
・会社は家族や集団に所有されている。	・個人投資家が株式会社を所有している。
・私生活も集団に干渉される。	・プライバシーが保障されている。
・法と権利は，集団によって異なる。	・法と権利は，普遍的なものであるとみなされている。
・人権の格付けが低い。	・人権の格付けが高い。
・個人の自由のイデオロギーよりも平等主義のイデオロギーが優先される。	・平等主義のイデオロギーよりも個人の自由のイデオロギーが優先される。
・ほかの社会から持ち込まれた経済理論は，集団の利害や個別主義者の利害について論じることができないので，ほとんど関連がない。	・個人が自己の利益を追求することを背景として，固有の経済理論が生まれている。
・社会の調和と合意を達成することが究極の目的である。	・誰もが自己実現できることが，究極の目的である。
・愛国主義が理想である。	・自律が理想である。
・心理学実験の結果は内集団と外集団の区別に左右される。	・心理学実験の結果は自己と他者の区別に左右される。

ができない。集団主義的な社会では、人々は排外主義的区別をし、自己がその一部となっている内集団を外集団のすべてと対立させる。このことから、集団主義的な社会で心理学の実験を行う場合、被験者が同じ内集団に属するかどうかによって結果が異なると考えられる。

表４・５は表４・２、表４・３、表４・４の続きである。この表では、前項と本項で扱った集団主義的社会と個人主義的社会の基本的な違いについて要約している。

▼個人主義－集団主義の起源▲

権力格差の違いの起源について論じたときと同じように、個人主義－集団主義の次元における違いの起源についても推論するほかない。ただし、地理的、経済的、歴史的諸要因との統計的な関連によって推論を裏づけることができる。

考古学者の間では一般に、人間社会は狩猟採集遊牧民の集団を出発点として発展したと仮定されている。その後、人々は農耕民として定住生活を行うようになり、農業共同体は大規模な村落へと拡大し、さらに町や都市が生まれ、最終的には現代の巨大都市に至っている。文化人類学者は、今日の狩猟採集部族と農耕社会と都市社会とを比較して、もっとも原始的な社会からもっとも近代的な社会に移行するまでの過程で、家族構造の複雑さが一度は高まり、その後低下することを発見した。狩猟採集民は、核家族か小規模の集団で生活する傾向がある。定住的な農耕社会ではたいていの場合、複雑な形態をとる拡大家族が現れ、また村落共同体が内集団として機能する。農民が都市に移住するようになると、拡大家族の規模は縮小する。そして典型的な都市家族はふたたび核家族となる。今日、ほとんどの国では、農村の下位文化と都市の下位文化だけが見られる。この二つのタイプに関していえば、近代化とは個人主義化を意味している。

狩猟採集社会に関する情報は、オーストラリアの研究者レイ・シモンセンの研究から得ることができる。彼はオーストラリア北部準州ダーウィン在住のアボリジニの企業家と、比較対象としての白人のオーストラリア人に、ＶＳＭ94（ＩＢＭ調査票の一九九四年改良版）による調査を行った。アボリジニの社会は依然として、大半が狩猟採集に基づいており、彼らは白人のオーストラリア人とは異なり、権力格差スコアが高く、男性らしさが低く、不確実性の回避が高い。ただし、個人主義については白人のオーストラリア人と同じ高さであった[57]。

表４・１では、伝統的な農村部内が中心の社会はほとんどが集団主義的な側にあり、近代的な産業社会は個人主義の側にある。例外はとくに東アジアであって、日本、韓国、台湾、香港、シンガポールは産業化したにもかかわらず、かなり高い集団主義が保たれている。

第３章の権力格差指数と同様に、ステップワイズ式回帰分析を用いて、個人主義指標のスコアの違いをもっともよく説明する量的な情報が何なのかを見つけようとした。その結果、各国の個人主義スコアが、二つの要因によってかなり正確に予測できることがわかった。

◇　国の豊かさ（裕福な国ほど個人主義スコアが高い）

◇　地理的緯度（赤道に近い国ほど個人主義スコアが低い）

ＩＢＭ調査の当初の対象であった五〇カ国では、国の豊かさ（ＩＢＭ調査を実施した当時の一人当たり国民総所得）が個人主義スコアの違いの実に七一％を説明していた。右の二つの尺度はまったく異なる情報源によるものであり、どちらも測定誤差に左右されやすい不確かなものであったということを考えると、これは驚くべき結果である。

二つの関連する現象のうち、どちらが原因でどちらが結果なのか、あるいはどちらも第三の要因によって引き起こされているのかどうかは、相関だけではわからない。もし個人主義が豊かさの原因だったとすれば、個人主義のスコアは国の豊かさそのものだけではなくその後の**経済成長**にも関連するはずである。経済成長については、世界銀行が長期にわたって国民一人当たりの総所得の平均年率成長率を測定している。もし個人主義が豊かさの原因であれば、個人主義スコアのデータが収集された時期以降の経済成長と、個人主義指標のスコアの間には正の相関があるはずである。しかし、個人主義指標のスコア（一九七〇年頃収集）と、それに引き続いて起きた経済成長との間にはどちらかといえば負の相関があった。個人主義の強い国では、個人主義の弱い国と比較して、経済成長が高くはなく、むしろ**低い**のである。

一九七〇年代の個人主義指標のスコアと、その後の豊かさとの相関を見ても、同じ結論が導き出される。一九七〇年の豊かさは個人主義の違いの七二％を説明していた。その説明力は一九八〇年には六二％、一九九〇年には五五％、そして二〇〇〇年には五二％であった[58]。もし因果の方向が個人主義からその後の国民総所得に向かうのであるなら、相関は時を追うごとに強くなるはずである[59]。

逆向きの因果関係、つまり国の豊かさから個人主義へという因果関係の方が、まだもっともらしい[60]。国が裕福になれば、国民は自分のしたいことをするだけの資源を得ることができる。村の市場にいた語り部は、テレビにとって代わられ、村に一台しかなかったテレビがすぐに増えていく。裕福な西洋の家庭では、家族全員がそれぞれ自分専用のテレビを持っているだろう。砂漠を行くキャラバン隊は多数のバスに代わる。そしてバスの代わりにさらに多くの自動車になり、最後には、家族のなかで大人はそれぞれ自分専用の車を運転するようになる。家族全員が寝食をともにした村のみすぼらしい家は、いくつもの個室のある家屋に変貌する。集団生活に代わって、個人の生活が営まれる。しかし裕福な国では、個人主義と経済成長との間に負の関係が認められる。この事実は、経済発展自体が破滅の原因になってしまうことを示唆している。二〇〇八年の経済危機は、非常に裕福な国で発生したのである。

国の豊かさの次に個人主義指標と統計的に関連している唯一の尺度は、地理的緯度、つまり赤道からその国の首都までの距離である。緯度は個人主義スコアの差異の七％を説明している。第3章で見たように、緯度は権力格差スコアを説明する第一の要因であった。権力格差のところで論じたように、気候の温暖な国または寒冷な国では、生存のためには人は自分の力で生きていくしかない。この環境のもとでは、強力な他者から自立するよう子どもを教育することになる（権力格差スコアが低い）。この環境が、個人主義的な文化にも向いているようである。

国の人口規模は、権力格差を説明する要因であったが、集団主義とは関連していない。人口増加（一〇年間の年平均人口増加率）は集団主義と強く関連しているが、これは人口増が国の豊かさと関連しているからである。貧しい国々では一家族当たりの子ども数が多い傾向がある。これにはいくつかの理由があるが、もっとも明確な原因としては、女性の教育水準が低いこと、老後の扶養を子どもたちに期待していることが挙げられる。大家族のなかの子どもは、明らかに、個人主義的な価値観よりも集団主義的な価値観を身につける傾向がある。

経済的な要因以外の歴史的な要因も、この次元における各国の差異をある程度説明しているが、ローマ帝国が権力格差に与えた影響ほどはっきりしていない。東アジア諸国では、孔子の教えが影響力を保っており、それが集団主義的な価値システムの存続を支えている。第7章の一部では、この問題を扱っている。一方西洋諸国のなかで、とくにイングランド、スコットランド、オランダでは、何世紀も前、国民が平均してまだかなり貧しく、農業が経済の中心であった時代において、すでに個人主義が認められた。また、インドはその貧しさにもかかわらず、文化的には個人主義的である。

▼個人主義 - 集団主義の未来▲

国民文化の源は深い。そのため、権力格差の場合と同じように、個人主義 - 集団主義の違いも、将来長い期間にわたって存続するであろう。しかし、もし国民文化が収斂するとすれば、この次元においてであろう。国の豊かさと個人主義との強い関係は否定できない。そして上述したように、因果の方向は国の豊かさから個人主義へと向かっている。急速に経済発展を遂げた国々では、個人主義的な傾向への移行が認められる。たとえば、家族による高齢者の介護は当たり前ではなくなりつつある。

しかしながら、国民一人当たりの所得が同じであっても、歴史に根ざした個人主義的な価値観や集団主義的な価値観は保たれる。日本や韓国などの東アジア諸国では、独自の集団主義的な要素が、家族、学校、職場にはっきりと残っている。イギリス、スウェーデン、ドイツのような西洋諸国の間でも、それぞれ同じような経済発展の影響を受けて、個人主義的な傾向が顕著に強まっているものの、個人と集団との関係に関する違いは存続している。文化は移り変わる。しかしどの文化もともに動くので、文化差はそのまま残るのである。文化の差が消滅する理由がない。

世界の貧しい国々に関していえば、これらの国が貧しい状態のままであるならば、個人主義化する理由は見当たらない。もし裕福な国と貧しい国との間で富の格差が拡大し続けるようであれば、そして多くの場合は実際に拡大しているのだが、個人主義 - 集団主義の次元の格差はさらに拡大するよりほかないのである。

個人主義 - 集団主義の次元に関連した価値観の違いは存続し、国際関係の舞台において重要な役割を果たし続けるであろう。個人主義 - 集団主義の次元は、国民文化の一次元として異文化が出会う場で生まれる数多くの誤解の原因になっている。そのような異文化の出会いで生じる問題は、第11章で示すように、この次元における差によって説明できるものが多い。

注

(1) VSM94とVSM08のスコアの計算方法については、www.geerthofstede.nlのガイドを参照。

(2) 二つの要因はいずれも、一人当たり国民総所得と強く相関していた。IBM調査の四つの次元とで回帰分析を行ったところ、個人主義指標は幸福 - 生存の分散の五四%を、個人主義と男性らしさ指標（負の値に変換）では七四%、これら二つと権力格差指標（負の値に変換）では八二%を説明した。本書の第5章およびInglehart（1997, p. 93）、Hofstede（2001a, pp. 222-223, 266）を参照。

(3) Minkov, 2007. ミンコフの最新のスコアは世界価値観調査のうち一九九五～二〇〇四年のデータと二〇〇五～二〇〇八年のデータの平均値に基づいている。

（4） 個人主義指標と排外主義との相関はマイナス〇・七七***であった（n＝四一）。排外主義とＩＢＭ調査の四つの次元との回帰分析では、個人主義指標（負の関係）が排外主義の分散の五九％を説明しており、これに男性らしさ指標を加えると六五％、さらに権力格差指標を加えると六九％を説明した。

（5） Eurobarometer 69.1. 2008. 調査票に含まれる価値観は、民主主義、平等、人権、個人の自由、平和、宗教、人命の尊重、異文化の尊重、法の支配、連帯感、自己実現、寛容さであった。「異文化の尊重」を選んだ頻度についての各国の差異のうち、個人主義指標によって三〇％が、男性らしさ指標（の低さ）によって二三％が説明される（マリーク・デ・ムーイの好意により算出）。

（6） 表2・1に挙げた調査の対象者については、個人主義指標の相関係数は、エリートが〇・六九***、六つの組織の社員が〇・六三***、パイロットが〇・七〇***、消費者が〇・六〇**、銀行員が〇・六一***であった。

（7） Chinese Culture Connection, 1987. 両方の調査の対象である二〇カ国についてみると、統合と個人主義の相関係数は〇・六五***、統合と権力格差の相関係数はマイナス〇・五八**であった。統合とミンコフの排外主義との相関は一七の共通する国についてみると、マイナス〇・七〇**であった。

（8） シュワルツが調査対象とした二三カ国の教師（Schwartz, 1994, pp. 112-115）とHofstede（2001a, pp. 220-221, 265）に基づく。シュワルツのカテゴリーのうち、個人主義指標と相関のあった三つは、一人当たり国民総所得とさらに強い相関を有していた。残る二つは個人主義指標と負の相関のある「ヒエラルキー」と、正の相関のある「平等主義的コミットメント」であった。

（9） Smith et al. 2002. 三九カ国において、個人主義指標と「自律 - 埋め込まれていること」との相関係数は〇・六四***、「平等主義 - 支配」との相関係数は〇・五〇***であった。

（10） ＧＬＯＢＥ研究については第2章での紹介を参照。双方の調査に含まれる四八カ国のうち、個人主義指標と「ありのまま」の内集団的集団主義との相関係数はマイナス〇・七七***であった。ステップワイズ式回帰分析に基づき、個人主義指標をＧＬＯＢＥの一八の次元によって分析したところ、「ありのまま」の内集団的集団主義のみが分散の五八％を説明していた。

（11） 「あるべき」制度的集団主義と不確実性の回避の指標との相関係数はマイナス〇・四六**であり、個人主義指標との相関係数はマイナス〇・四〇**であった。ステップワイズ式回帰分析の結果からは、不確実性の回避の指標は「ありのまま」の制度的集団主義の分散の一五％を説明しており、不確実性の回避の指標と個人主義指標の二つでは、二二％を説明していた。「あるべき」内集団的集団主義は、中国的価値観調査に基づく長期志向指標との相関係数がマイナス〇・六三**、世界価値観調査に基づく長期志向指標との相関がマイナス〇・四九***であった。「ありのまま」の制度的集団主義と不確実性の回避指標との相関係数は〇・四一**であった。

(12) Smith et al. 2002. 彼らは一方の次元を**平等主義的コミットメント－保守主義**と呼んでおり、三五カ国において、この次元は個人主義指標との相関係数が〇・六一***であった。二つめの次元は**忠誠的関与－効用的関与**と名づけられており、これは権力格差指標との相関係数が〇・七四***、個人主義指標との相関係数がマイナス〇・五九**であった。

(13) Smith, 2004. 価値観に関する質問ではなく実際の状況に関する質問に対する黙認の程度は、不確実性の回避と相関していた。第6章を参照。

(14) Oyserman et al. (2002) が、個人レベルでの個人主義と、集団主義の測定に関する広範な文献レビューを行っている。

(15) **表3・1**と**表4・1**に含まれる七六の文化では、権力格差指標と個人主義指標との相関係数はマイナス〇・五五***であった。IBMデータベースの五三カ国については、マイナス〇・六八***であった。

(16) Crozier, 1964, p. 222.

(17) d'Iribarne, 1989, p. 59. ヘールトの翻訳による。

(18) Harrison, 1985, pp. 55-56.

(19) 国の豊かさ（一人当たり国民総所得）を一定とすると、**表3・1**と**表4・1**に含まれる六九の国において、権力格差指標と個人主義指標との相関係数はマイナス〇・三六***であった。IBMデータベースの五〇カ国では、マイナス〇・三二***であった。

(20) Triandis (1995, pp. 44-52) では、個人主義と集団主義について、**水平**と**垂直**という区分を導入している。彼はこの区分を主に個人のレベルに適用している。社会のレベルでは、水平－垂直の区分は権力格差の小さい場合と大きい場合との区分と一致する。

(21) 職種によって個人のイニシアチブが要求されたり、集団への忠誠が要求されたりという差異があることは想像がつくが、IBMデータベースの質問は、そのような差異を測定するのには適していない。

(22) Herzberg et al. 1959.

(23) マタイによる福音書、第二一章第二八～三一節。モファット訳。

(24) この結果は、二〇〇七年のユーロバロメーター調査のうち、同年の一人当たり国民総所得が一万九五〇〇ユーロ以上ある一九カ国の若者のデータに基づいている。個人主義指標の低さは、両親の家を「出ていく余裕がない」という回答を選んだ割合についての各国の違いのうち、二四％を説明した（デ・ムーイの好意により算出）。

(25) R・M・ハジウィボォウが一九八三年の九月にオランダのセマフォ上級管理職研修学校（Semafor Senior Management College）で行ったスピーチからの引用。彼の助言を受けながら、ヘールトがオランダ語から英語に訳した。

(26) Flash Eurobarometer 241, 2008. 一人当たり国民総所得が一万九五〇〇ユーロ以上あるヨーロッパ一九カ国を見ると、この質問への回答の違いのうち、七二％が個人主義指標の低さで説明された（デ・ムーイの好意により算出）。
(27) Hall, 1976.
(28) Ho, 1976, p. 867.
(29) Triandis, 1972, p. 38.
(30) Buss, 1989; Buss et al., 1990; Hofstede, 2001a, pp. 230–31.
(31) Yelsma and Athappilly, 1988; Dion and Dion, 1993; Hofstede, 2001a, p. 230.
(32) Levine et al., 1995; Hofstede, 2001a, p. 230.
(33) Etcoff et al., 2006. に基づく。選択肢は女友だち、母親、恋人や配偶者、メディア、きょうだい、女の子一般、有名人、男の子一般、父親であった。「女友だち」の選択率と個人主義指標との相関係数はマイナス〇・八七***、「男の子一般」との相関係数は〇・七四**（n＝一〇）であった。この情報はデ・ムーイの好意によるものである。第5章と第7章も参照。
(34) 相関係数は六〇カ国でマイナス〇・七五***、三〇の言語でマイナス〇・六四***であった（Kashima and Kashima, 1998; Hofstede, 2001a, p. 233）。追跡研究（Kashima and Kashima, 2003）では、代名詞の脱落が起きる国において、個人主義指標と豊かさとの関係は弱かったが、個人主義指標と緯度（気候）との関係は強かった。
(35) Habib, 1995, p. 102.
(36) Hsu, 1971, pp. 23–44. 彼の論文ではこの概念は jen と表記されていたが、これは古い中国語の発音表記である。
(37) Markus and Kitayama, 1991.
(38) R. Bond and Smith, 1996, Hofstede, 2001a, p. 232. R・ボンドとスミスはアメリカのデータについて時系列分析を行っており、それによれば集団に従う傾向は一九五〇年代以降減少していた。
(39) 相関係数は〇・六四***であった。パーソナリティのスコアと文化の諸次元との関係は、Hofstede and McCrae (2004) で分析されている。
(40) Matsumoto, 1989; Hofstede 2001a, p. 232.
(41) Levine and Norenzayan, 1999; Hofstede 2001a, p. 233.
(42) de Mooij, 2004; Hofstede 2001a, pp. 241–242.
(43) Humana, 1992; OECD, 1995; Hofstede 2001a, pp. 242–243.
(44) Westbrook and Legge, 1993; Westbrook et al., 1993.
(45) Hofstede, 2001a, p. 240.
(46) Earley, 1989, pp. 565–581.
(47) 第3章の注26を参照。
(48) Flash Eurobarometer 241, 2008: *Information society as seen by EU citizens*. 職場でも家でも（ほとんど）インターネットにアクセスしたことがない人々の割合を二六カ国で分析すると、個人主義指標の低さによって違いの二〇％が説明される。さらに一五％が男性らしさ指標の高さ（第5章）によって説明される。以下の項目についてのＩＣＴの利用に関する各国の差異は、主に個人主義指標の高さによって説明される。モノやサービスの購入では差異の三八％が、行政に提出する書類の記入では三六％が、銀行取引では三一％が、個人的なeメールでは三一％が、それぞれ説明される（デ＝ムーイの好意により算出）。

(49) Flash Eurobarometer 241, 2008: *Information society as seen by EU citizens.*「インターネットを使わない人の方が、自分自身や家族、友人との時間を多くとることができる」という意見に強く賛成した人の割合を二六カ国で分析すると、個人主義指標の低さによって各国の差異の二七％が説明される（デ・ムーイの好意により算出）。

(50) Alfred J. Kraemer による研究報告：“Cultural Aspects of Intercultural Training,” presented at International Congrees. of Applied Psychology Munich, August 1978.

(51) これは Pedersen and Thomsen（1997）によって実証されている。

(52) Hofstede, 2001a, p. 247.

(53) Humana, 1992; Hofstede 2001a, p. 247-248.

(54) 英語版の質問文は Harding and Phillips（1986, p. 86）による。

(55) Stoetzel, 1983, p. 78; Hofstede, 2001a, p. 275, n. 31. 自由／平等の比率と個人主義指標との順位相関係数は、〇・八四**である。自由／平等の比率と権力格差指標との順位相関係数はほぼゼロである。

(56) Maslow, 1970.

(57) 白人のオーストラリア人のＩＢＭスコアを基準とすると、アボリジニのスコアは権力格差指標が八〇、個人主義指標が八九、男性らしさが二二、不確実性の回避が一二八である。中国的価値観調査に基づく長期指向はマイナス一〇であった (Hofstede, 2001a, p. 501)。

(58) ＩＢＭ調査のサンプルとなっている国々では、個人主義指標と一人当たり国民総所得との相関係数は一九七〇年に〇・八五***、一九八〇年に〇・七九***、一九九〇年に〇・七四***、二〇〇〇年に〇・七二***であった。表４・１のすべての国について見ると、二〇〇〇年で〇・五九であった。

(59) 九一カ国について分析したところ、一九七〇年の一人当たり国民総所得は一九八〇年の数値と〇・九三***の相関、一九九〇年の数値と〇・八九***の相関、二〇〇〇年の数値と〇・八〇***の相関、二〇〇七年の購買力平価で換算した一人当り国民総所得と〇・七六***の相関があった。

(60) ＩＢＭデータバンクによって、一九六八年から一九七二年までの個人主義指標の変化を測定することができる。両方の年に調査した二〇カ国のうち、一九カ国はより裕福になっており、それらすべての国々が、より個人主義的な方向に移行していた。唯一貧しくなったのはパキスタンであり、集団主義的な方向に移行していた。

第5章　男性・女性・人間

ヘールト・ホフステードはかつて若かりし頃、技術関係のアメリカ企業の下級管理職の仕事にエンジニアとして応募したことがあった。その企業は当時、ベルギーのオランダ語圏にあるフランダースに進出していた。彼はその職に対して十分な資格があると思っていた。オランダの四年制工科大学を卒業し、成績もよく、学生団体に活発に参加していたし、やや活気がないとはいえ、名の通ったオランダ企業で三年間エンジニアとして働いた経験もあった。彼は短い手紙に自分の関心を綴り、必要な履歴を添えた。彼は面接に来るように求められた。長距離列車にゆられた後、アメリカ企業の工場長と面接のために向かい合って座ることになった。彼は、応募者らしく丁寧かつ謙虚にふるまい、彼の適性を探ろうとする類の質問が、その人物から投げかけられるのを待っていた。驚いたことに、話題に上るであろうと予想していた事柄は、ほとんどたずねられなかった。その代わり工場長は、そのポストとは関係のないような工作機械の設計の経験について、ヘールトの知らない英単語を使って、かなり詳細に知ろうとした。いったんそこで働き始めれば、一週間もしないうちに学習できるようなことばかりについて質問された。どうしようもない食い違いが三〇分程続いた後、彼は「残念ですが、われわれは一流の人物を求めておりますので」と言った。ヘールトはその場を去って通りへ出た。

▼「自己主張」対「謙虚さ」▲

何年も経ってから、ヘールトは面接者としてオランダ人とアメリカ人の応募者に会う機会があった。そのとき彼は、どうしてあのときうまくいかなかったのかが理解できた。オランダ人から見ると、アメリカ人の応募者は自分を売り込みすぎる。アメリカ人の履歴書には、自分の優秀さを証明するために学位、成績、賞、所属団体などが、最上級の言葉でもれなく記されている。面接の間、彼らは非常に自信のある態度をとり、二、三カ月で現地の言葉を修得するといった実現できそうにないことまで約束してしまう。

アメリカ人から見ると、オランダ人の応募者は自分を安く売りすぎている。オランダ人は控えめで短い履歴書を書くことが多い。そして面接者が、自分の本当のよさを引き出してくれるような質問をしてくれることを期待している。また、学生時代に取り組んでいた社会活動や課外活動にも目を向けてもらえることを期待している。オランダ人は、ほらふきだと思われないよう十分注意して、また、できるという絶対的な確信のない事柄を約束しないように努める。

アメリカ人の面接者は、アメリカ人の履歴書と面接結果をどのように解釈すればよいかを知っており、手にした情報から割り引いて判断する傾向がある。一方、オランダ人の応募者に慣れているオランダ人の面接者は、情報に上積みする傾向がある。異文化間で誤解が生まれるためのシナリオが、すでにはっきりとできあがっている。不案内なアメリカ人の面接者には、不案内なオランダ人の応募者はお人好しと映り、不案内なオランダ人の面接者には、不案内なアメリカ人の応募者はほらふきと映るのである。

オランダ社会とアメリカ社会は、第3章と第4章で説明した権力格差と個人主義の次元についてはかなりよく似ている。しかし両者は、第三の次元において相当異なっている。第三の次元にはいくつかの特徴があるが、とくに自己主張の強い態度を望ましいとするか、それとも謙虚な態度を望ましいとするか、ということが対比されている。この次元の名前を**男性らしさ－女性らしさ**としよう。

▼ジェンダーと性別役割▲

あらゆる人間社会は、通常、ほぼ同数の男性と女性から成り立っている。男性と女性は生物学的にはっきりとした差異があり、生殖におけるそれぞれの役割は絶対的なものである。男女の身体的な差異のなかでも、子どもを産み産ませることとは直接関係のない差異は、絶対的なものではなく、**統計的なもの**である。**平均すれば**、男性は女性より背が高く頑丈であるが、女性のなかには、男性より背が高く頑丈な者もいる。**平均すれば**、女性は男性より手先が器用であり、疲労から速やかに回復する新陳代謝機能においても優れている。しかし、男性にも手先の器用な者もいれば、新陳代謝の速やかな者もいる。

男女の絶対的あるいは統計的な生物学的差異は世界中で共通している。しかし、男女の社会的役割のなかで、生物学的条件によって決定されているのは、ほんの一部分にすぎない。どの社会も、生殖に直接関係しない多くの行動を女性にふさわしい行動であるとか、男性にふさわしい行動であるとみなしている。しかし、どの行動がどちらの性にふさわしい行動であるかは、社会によって異なっている。ほかの社会から比較的孤立した、文字を持たない社会を研究した人類学者は、社会的な性役割にはかなり多様な形態がありうることを強調している(1)。この章では、生物学的差異に対しては**男性**と**女性**という言葉を用い、社会的文化的に規定された役割に対しては**男性らしさ**と**女性らしさ**という言葉を用いることにしよう。男性らしいあるいは女性らしいという言葉は、**相対的な**区別であって絶対的なものではない。男性は「女性らしく」ふるまうことができるし、女性も「男性らしく」ふるまうことができる。どちらも彼らが暮らす社会の慣習から、逸脱していることを意味するにすぎない。

どの行動が「女性らしく」て、どの行動が「男性らしい」かという分類は、伝統的な社会において異なっているばかりでなく、現代社会においてもそうである。このことは、特定の専門的職業に従事している男女の割合を見るともっともよくわかる。ロシアでは、女性が医者の圧倒的多数を占めており、ベルギーでは歯医者を、西アフリカのある地域では小売店主の仕事を女性が独占している。パキスタンではタイピストの仕事は男性が独占しており、オランダにはかなりの数の男性看護師がいる。女性の管理職は日本には実質上ほとんどいないが、フィリピンやタイではかなり多い。

多様性が見られるとはいえ、伝統的な社会も現代社会もほとんどの場合、社会的な性役割（セックス・ロール）に関して共通の傾向を持っている。この章ではこれ以後、より偏見のない**性別役割（ジェンダー・ロール）**という言葉を用いることにしよう。男性は家庭の外での業績――伝統的な社会では狩りと戦闘であり、現代社会ではそれらが経済分野の活動に置き換わっている――に関心があると考えられている。要するに、男性は自己主張が強く競争好きでたくましいと考えられている。女性は、家事や育児や人間関係全般に関心を持ち、やさしい役割を果たすと考えられている。この役割のパターンが、どのようにできあがってきたかをたどることは難しいことではない。女性はまず子どもを産み、母乳で育てることが多いが、少なくともその期間は、子どものそばについていなければならなかった。男性は、女性と子どもをほかの男性や動物による攻撃から守る必要のない範囲で、自由に動き回ることができた。

男性が業績を上げれば、男性的な自己主張と競争をいっそう強めることになり、女性が人の世話をすれば、人間関係や生活環境への配慮という女性的ないつくしみをいっそう強めることになる。[2] 男性は、女性に比べて背が高く頑丈で自由に外出できるので、家庭の外での社会生活において支配的な役割を果たす傾向があるが、家庭のなかでは、両性の役割分業はさまざまな形態をとることが可能である。父親と母親が（そしておそらくほかの家族のメンバーが）演じている役割パターンは、幼い子どものメンタル・ソフトウェアに多大な影響を及ぼし、そのプログラムは一生、心に組み込まれている。したがって、国家の価値システムを構成する次元のうちの一つが、両親から与えられた性別役割モデルに関連していても驚くことはない。

性別役割の社会化は家族に始まり、仲間集団や学校でも続く。ある社会での性別役割のパターンは、テレビ番組や映画、子どもの本、新聞や女性雑誌といったメディアに常日頃から反映されている。性別役割に従った行動をとることは、精神的な健康のひとつの基準である。[3] 性別役割はいかなる社会においても本質的なものなのである。

▼国民文化の一つの次元としての男性らしさ - 女性らしさ▲

第4章では、IBMの調査票のなかにある「仕事目標」に関する一四の質問項目について述べた。この一連の質問では、「あなたの理想とする仕事にとって、重要であると考えられる条件は何でしょうか。現在行っている仕事において、それらの条件がどの程度満足されているかということではありません」とたずねている。仕事の目標に関する一四の項目に対する回答を分析した結果、それらの背後に二つの次元があることがわかった。第一の次元は、**個人主義‐集団主義**であって、「個人の時間」「自由」「やりがい」を重視することが個人主義を表し、「訓練」「作業環境」「技能の発揮」を重視することが集団主義を表していた。

第二の次元は**男性らしさ**(masculinity)‐**女性らしさ**(femininity)と名づけられた。この次元は次の項目の重要性ともっとも強く関連していた。

男性らしさの極では、

1 給与――高い給与を得る機会がある
2 承認――よい仕事をしたとき、十分に認められる
3 昇進――昇進の機会がある
4 やりがい――やりがいがあり、達成感の得られる仕事である

反対の**女性らしさ**の極では

5 上司――仕事のうえで、直属の上司とよい関係が持てる
6 協力――お互いにうまく協力しあえる人と一緒に働く
7 居住地――自分と家族にとって望ましい地域に住む
8 雇用の保障――希望するかぎりその会社に勤務することができる

やりがいは個人主義の次元(第4章)とも関連していることに注意してもらいたい。ほかの七つの仕事の目標は、男性らしさないし女性らしさの次元とだけ関連している。

「仕事の目標」にかかわる第二の次元を男性らしさ‐女性らしさと名づけた決定的な理由は、**この次元に関してのみ、ＩＢＭの男性社員と女性社員のスコアの間に一貫した差異が認められる**からである(後で示すように、女性らしさが極端に強い国々は例外である)。権力格差や個人主義や不確実性の回避では、男女間の回答に一貫した差異は見られなかった。唯一この次元に関してのみ、男性はとくに「仕事の目標」の1と3を重視し、女性は5と6を重視するという性別による差異が現れた。給与と昇進を重視することは、自己主張と競争という男性的な社会的役割に対応する。また上司との関係や仕事仲間との関係の重要性は、配慮や社会環境志向の強い女性的な役割に対応している。

個人主義‐集団主義の次元の場合と同じように、ＩＢＭの調査票の八つの質問項目だけで、男性的な文化と女性的な文化を完全に区別できるわけではない。これらの項目は、ＩＢＭの調査票から浮かび上がってきたこの次元のいくつかの側面を表しているにすぎない。ここでも、ＩＢＭ調査の国別スコアと社会のほかの特性に関するＩＢＭ以外のデータとの相関を確かめることで、この次元が意味するところを十分に把握することがで

きる。

この次元に関連する各社会のメンタル・プログラミングの差異は社会的なものであるが、それ以上にはるかに感情的なものである。社会的役割は外的要因によって課されるものであるが、そのような役割を果たしているときの感情は、内面から来るものである。このことから、社会について以下のような定義が導き出される。

感情面での性別役割が明確に区別できる社会は**男性らしい**といわれる。男性らしい社会では、男性は自己主張が強くたくましく物質的な成功をめざすものだと考えられており、女性は男性より謙虚で優しく生活の質に関心を払うものだと考えられている。

感情面での性別役割が重なり合っている社会は**女性らしい**といわれる。女性らしい社会では、男性も女性も謙虚で優しく生活の質に関心を払うものだと考えられている。

ＩＢＭ調査のデータベースに収められた国々について、男性らしさ指標のスコア（ＭＡＳ）を個人主義指標のスコアと同じような方法で算出した（第4章）。男性らしさ指標は一四の仕事目標の**因子分析**から得られた**因子得点**に基づいている。因子得点を二〇倍し、五〇を加えることによって、各国のスコアの範囲は、もっとも女性的な国でほぼ〇となり、もっとも男性的な国でほぼ一〇〇になった。その後の研究では、男性らしさ指標は四つの仕事目標の平均値から直接計算するという近似的な公式を用いている。

表5・1は各国の男性らしさのスコアを示している。権力格差や個人主義のスコアと同じように、男性らしさのスコアもそれぞれの国の**相対的な**位置を示すもので、絶対的なものではない。個人主義とは違い、男性らしさは各国の経済発展の程度とは関連していない。つまり、男性らしさが強い場合にも裕福な国と貧しい国があり、女性らしさの強い場合にも裕福な国と貧しい国があるのである。

もっとも女性らしさの強い国々（七六位から七二位）はスウェーデン、ノルウェー、ラトビア、オランダ、そしてデンマークであった。フィンランドはすぐ近くの六八位であった。**表5・1**の下位三分の一はラテン諸国のコスタリカ、チリ、ポルトガル、グアテマラ、ウルグアイ、エルサルバドル、ペルー、スペイン、フランスと、東欧諸国のスロベニア、リトアニア、エストニア、ロシア、クロアチア、ブルガリア、ルーマニア、セルビアであった。アジアでは、タイ、韓国、ベトナム、イランがこのなかに含まれた。ほかの女性らしさの強い国々は、南アメリカでかつてオランダの植民地だったスリナムと、フランドル（ベルギーのオランダ語圏）と、東アフリカの国々であった。

表5・1の上位三分の一にはアングロ諸国がすべて含まれた。それらはアイルランド、ジャマイカ、イギリス、南アフリカ、アメリカ、オーストラリア、ニュージーランドとトリニダー

ド・トバゴである。ヨーロッパからはさらにスロバキア（一位）、ハンガリー、オーストリア、スイスのドイツ語圏、イタリア、ドイツ、ポーランド、ベルギーとスイスのフランス語圏であった。アジアでは日本（二位）、中国、フィリピンが入った。ラテン・アメリカとカリブ海沿岸の比較的大きな国では、ベネズエラ、メキシコ、コロンビア、エクアドルが入った。

男性らしさ指標におけるアメリカのスコアは六二（一九位）で、オランダのスコアは一四（七三位）であるから、この章の冒頭の話に登場した二つの国はまったくかけ離れていたのである。

▼男性らしさ－女性らしさに関するほかの国際比較研究▲

男性らしさ－女性らしさは国民文化の五つの次元のなかでもっとも論争を招くものであった。これは次元の名称の問題（たとえば業績志向－協力志向など、名称のラベルは好みに合わせて自由に付けている）だけではなく、この次元に関する価値観の問題が国民文化によって大きく異なるという認識にかかわる問題である。それに加えてヘールトが一九七〇年代にこのテーマについて研究を発表して以来、この次元の妥当性を検証する研究の数や領域は増加している。それらのうちいくつかは、一九九八年に出版した『男性性と女性性——国民文化のタブー視された次元』にまとめている。[4] 興味深いことに、この次元はアメリカやイギリスのような男性らしさの強い文化では差別的な見方であるとされるが、スウェーデンやオランダのように女性らしさの強い文化ではそうではない。タブーには文化的価値観がはっきりと表れるのである。

男性らしさ－女性らしさの次元が認知されない理由の一つは、それが国の豊かさとまったく関連がないことにある。IBM次元のうちほかの三つでは、裕福な国々が一方の極に位置し（権力格差が低く、個人主義的で、不確実性の回避がある程度低い）、貧しい国々が反対の極に位置している。豊かさと関連があることは、一方の極がもう一方より優れているということを暗黙のうちに正当化する。しかし、男性らしさ－女性らしさの次元では、そうはいかない。男性らしい国々でも女性らしい国々でも、裕福な国々と貧しい国々は同じぐらいの数だけある。そのため、豊かさが人の価値観の決め手にならず、人々を不安にさせる。研究プロジェクトのうちのいくつかでは、国の豊かさの影響がコントロールされて初めて男性らしさ指標の影響が明らかになった。

第2章の**表2・1**で示したIBM調査の六つの追調査のうち、五つの調査では男性らしさ－女性らしさと似た次元が見出された。六つ目のシェーンによる研究は、六つの異なる国際企業の社員を対象としているが、この研究では、男性らしさに関する質問は対象者を不快にさせるとして尋ねられなかった。問われていないことについては、何もわからない。第2章でも言及したように、センデゴーがレビューした一九の小規模な追調査については、そのうちの一四の調査で男性らしさ指標のスコアの違いが確認されている。これ自体は統計的に有意な結果である。[5]

おける男性らしさ指標の値

（IBM 調査ならびに追調査における 14 項目の因子得点から算出）

順位	中南米	南　欧 南東欧	北　欧 北西欧 アングロ世界	中東欧 旧ソ連	イスラム世界 中　東 アフリカ	東アジア 東南アジア	スコア
37	ブラジル						49
38						シンガポール	48
39					イスラエル		47
39		マルタ					47
41						インドネシア	46
41					西アフリカ		46
43			カナダ （ケベック州）				45
43						台　湾	45
43		トルコ					45
46	パナマ						44
47			ベルギー （オランダ語圏）				43
47		フランス					43
47					イラン		43
47				セルビア			43
51	ペルー						42
51				ルーマニア			42
51		スペイン					42
54					東アフリカ		41
55				ブルガリア			40
55				クロアチア			40
55	エルサルバドル						40
55						ベトナム	40
59						韓　国	39
60	ウルグアイ						38
61	グアテマラ						37
61	スリナム						37
63				ロシア			36
64						タ　イ	34
65		ポルトガル					31
66				エストニア			30
67	チ　リ						28
68			フィンランド				26
69	コスタリカ						21
70				リトアニア			19
70				スロベニア			19
72			デンマーク				16
73			オランダ				14
74				ラトビア			9
75			ノルウェー				8
76			スウェーデン				5

表5・1　76の国と地域に

順位	中南米	南　欧 南東欧	北　欧 北西欧 アングロ世界	中東欧 旧ソ連	イスラム世界 中　東 アフリカ	東アジア 東南アジア	スコア
1				スロバキア			110
2						日　本	95
3				ハンガリー			88
4			オーストリア				79
5	ベネズエラ						73
6			スイス （ドイツ語圏）				72
7		イタリア					70
8	メキシコ						69
9			アイルランド共和国				68
9	ジャマイカ						68
11						中　国	66
11			ドイツ				66
11			イギリス				66
14	コロンビア						64
14						フィリピン	64
14				ポーランド			64
17					南アフリカ （白人）		63
17	エクアドル						63
19			アメリカ				62
20			オーストラリア				61
21			ベルギー （フランス語圏）				60
22			ニュージーランド				58
22			スイス （フランス語圏）				58
22	トリニダード・ トバゴ						58
25				チェコ共和国			57
25		ギリシア					57
25						香　港	57
28	アルゼンチン						56
28						インド	56
30						バングラデシュ	55
31					アラブ諸国		53
31					モロッコ		53
33			カナダ（全国）				52
34			ルクセンブルク				50
34						マレーシア	50
34					パキスタン		50

シュワルツによる小学校教師の価値観の研究では、男性らしさ指標と有意に相関する熟達（mastery）という国レベルの次元が作られている。[6] 熟達は、野心、有能さ、自分の目標の選択、勇気、独立、成功という価値観すべてのプラスの極を合わせたものである。これらの価値観は明らかに男性らしさの精神を裏づけている。[7]

ロバート・ハウスはGLOBE調査を立案した際に、ホフステードによる研究の追調査を行うことを意図していた。しかし、彼は男性らしさと女性らしさというタブーにふれる用語を用いるところまではいかなかった。代わりにGLOBEでは、ヘールトの男性らしさ－女性らしさの次元と概念的に関連がありうる四つの別の次元を導入した。それらは、自己主張性、男女平等主義、人間志向ならびに業績志向である。双方の調査に含まれる四八カ国において、男性らしさ指標と有意な相関があったGLOBEの次元は「ありのまま」の自己主張性のみであった。しかし、「ありのまま」と「あるべき」自己主張性を合わせると、男性らしさ指標との相関はさらに強まった。[8] GLOBEは男性らしさの次元が持つ自己主張の強さという側面をうっすらとした形だが、とらえていたのである。

男性らしさと関連がありそうな他のGLOBEの次元のうち、男女平等主義は「ありのまま」も「あるべき」も個人主義指標と相関しており、男性らしさ指標との相関はなかった。第4章では、社会における男女の平等にかかわる側面（男性はよいリーダーになれる、女性には貞操が求められるが男性には求められない）に、集団主義と関連するものがあることを見た。男女の平等は女性の教育水準とおおいに関係しており、女性の教育水準は国の豊かさと強い関連があるため、個人主義とも間接的に関連している。男性らしさの次元と男女の役割との関係は、これから見ていくように、感情的なレベルにおいて見出される場合が多い。

「ありのまま」の業績志向は不確実性の回避と負の相関があり（不確実性の回避の指標については第6章を参照）、「あるべき」業績志向は長期志向と負の相関がある（長期志向については第7章を参照）。「ありのまま」と「あるべき」人間志向については、相関が見出せなかった。GLOBEのこの次元が、はたして意味のあるものかどうかは疑わしい。[9]

▼男性らしさ 対 個人主義▲

文献では、国レベルでの男性らしさと女性らしさの区別は、個人主義と集団主義との区別と安易に混同されている。アメリカの研究者は女性的な目標を集団主義的と分類する傾向がある。一方で、韓国の女子学生は修士論文で男性的な目標を集団主義的と分類した。

図5・1は、個人主義－集団主義の次元と男性らしさ－女性らしさの次元を組み合わせている。図5・1で明らかなように、実際には、個人主義－集団主義の次元と男性らしさ－女性らしさの次元とは独立したものである。それぞれの組み合わせには、ほぼ同数の国が含まれている。これらの次元の違いは次の点に

図５・１　男性らしさ指標と個人主義指標

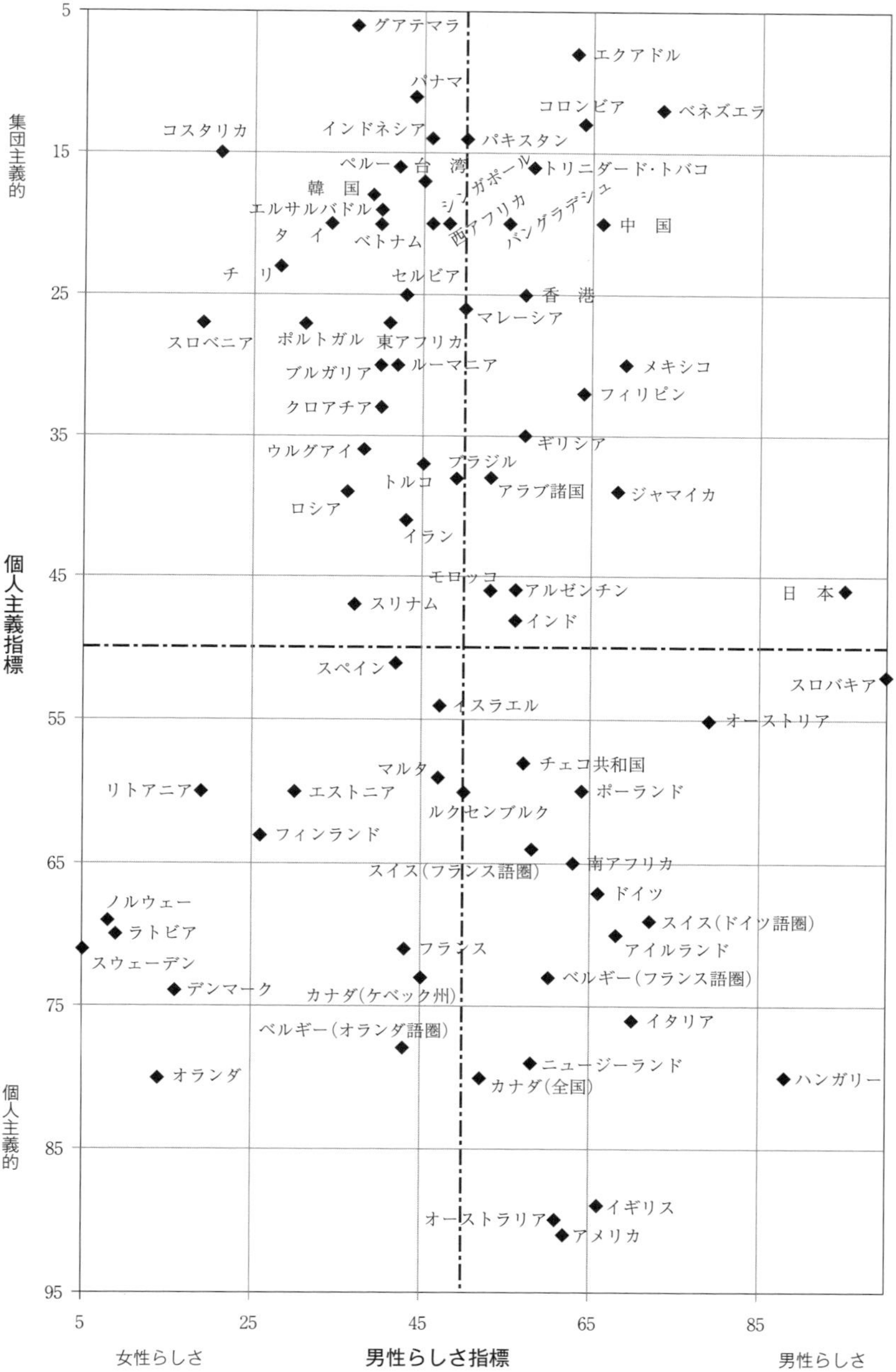

図5・2　男性らしさ指標のスコアと回答者の性別との関係

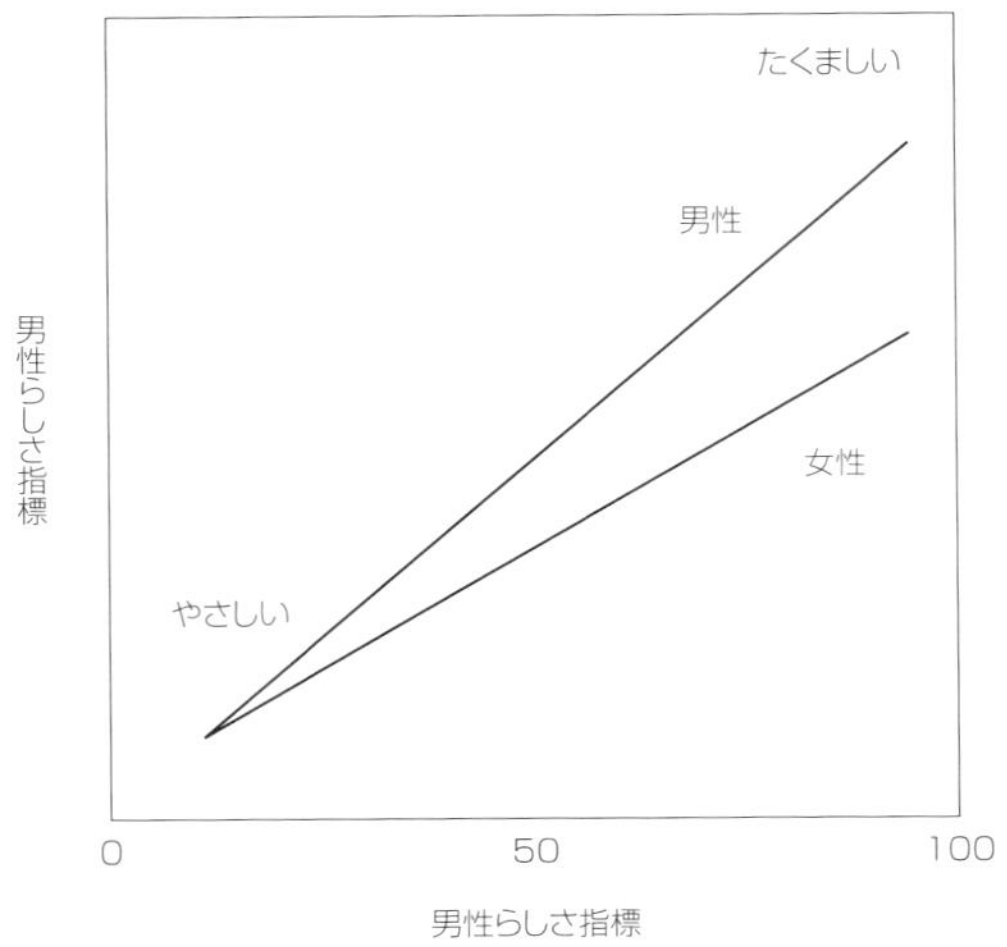

ある。個人主義‐集団主義が「私」対「われわれ」、すなわち内集団からの独立か、内集団への依存かに関する次元であるのに対して、男性らしさ‐女性らしさは自我（エゴ）を強調するか、他者との関係を強調するかに関するもので、集団との結びつきは関係ない。集団主義的な文化では、人間関係は集団との結びつきによってあらかじめ決まっている。「集団を作ろうとする傾向」は集団主義的なものであり、女性らしいものではない。困っていたユダヤ人を助けた「よきサマリア人」（ほかの民族集団の出身者）の物語は女性らしさを示すものであり、集団主義的ではない。

第4章で述べたように、イングルハートによる世界価値観調査全体の分析では、重要な次元として、幸福‐生存という次元が発見されており、この次元は、個人主義的指標の高さと男性らしさ指標の低さを組み合わせた次元と関係している。[10] このことは、幸福をもっとも強調するのは、デンマークのように個人主義的で女性らしさの強い国である一方で、生存をもっとも強調するのは、メキシコのように集団主義的で男性らしさの強い国であることを意味する。イングルハートによるこの次元については、第8章でミッショ・ミンコフの**放縦‐抑制**という新たな次元との関係から検討する。

▼男性らしさと女性らしさは一つの次元なのか、二つの次元なのか▲

個人主義と集団主義の場合と同様、男性らしさと女性らしさは二つの別の次元として扱うべきだとする主張がなされることがある。個人主義と集団主義の場合と同様、この問いに対する回答は、分析のレベルによって異なる。つまり、社会全体の文化を比較しようとしている（この本が行おうとしていることである）のか、社会内部の個人を比較しようとしているのかによって異なるのである。個人は男性らしくふるまうと同時に女性らしくふるまうこともできるが、[11] 国の文化はどちらか一方が支配的になる。ある国で男性らしい価値観を支持する人が多ければ、女性らしい価値観を支持する人は必然的に少なくなる。

▼性別ならびに年齢から見た男性らしさスコア▲

各国の男性らしさスコアは男女別にも計算された。[12] 図5・2は男女別の男性らしさスコアと国別の男性らしさスコアとの関係を簡単な形で示している。これによれば、もっとも女性らしさの強い（やさしさを特徴とする）国からもっとも男性らしさの強い（たくましさを特徴とする）国に移るにつれて、男性の価値観も女性の価値観もよりたくましさを示すが、国ごとの違いは女性よりも男性で大きい。女性らしさのもっとも強いスウェーデンとノルウェーでは、男女でスコアの違いはなく、男女とも、やさしさやいつくしみ深さという価値観を同じくらい示している。IBMデータベースでもっとも男性らしさの強い国とされる日本とオーストリアでは、男性はたくましさを非常に高く評価し、女性もかなり評価しているが、男性と女性の間でのギャップはもっとも大きい。もっとも女性らしさの強い国ともっとも男性らしさの強い国では、男性らしさ指標におけるスコアの範囲は、男性の方が女性よりも約五〇％広い。女性の価値観は男性の価値観ほどの差がなく、各国の女性らしさは女性の価値観よりも男性の価値観にハッキリと表れる。自己の価値観が争点になる場合に、女性の方が国境を超えて合意しやすいと思われる。アメリカのベストセラーには *Men are from Mars, women are from Venus*（**男性は火星から来て、女性は金星から来る**）と題する書物があるが、女性らしさの強い文化では、男性も女性も金星から来ているのである。[13]

北アイルランドのリチャード・リンは四二カ国の大学生男女を対象に、競争心とお金に関する態度についてデータを収集した。これによると、全体的な傾向として、男性の方が女性よりも競争心に関するスコアが高かった。オランダのエーヴェルト・フォン・デ・フリールトによる再分析では、男性のスコアに対する女性のスコアの割合は、男性らしさ指標と有意に相関していた。この割合はノルウェーでもっとも低く、ドイツでもっとも高かった。ノルウェーでは、競争心に関するスコアが男性よりも女性の方で高い。[14]

図5・3　男性らしさ指標のスコアと年齢との関係

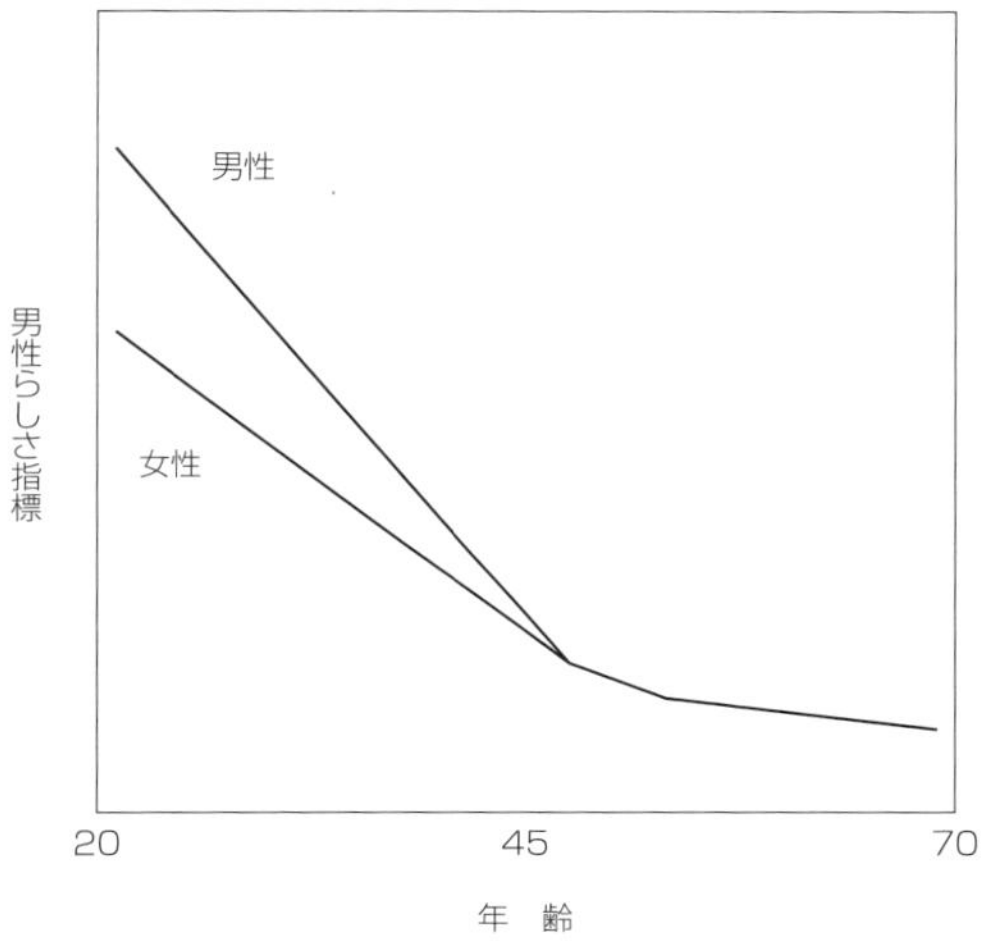

図5・3は男性らしさに対する年齢の影響を示している[15]。年齢が上がると、人々はより社会的になり、また自己中心志向が低くなる（男性らしさ指標の値が低下する）。同時に、男女間の男性らしさ指標の違いは小さくなり、四五歳ぐらいになるとほとんど同じにまで近づく。四五歳というのは一般的に女性が出産する役割を担う可能性がなくなる年齢である。この年齢になると、（男性に子どもを作る能力が残っていることを除くと）女性の価値観が男性の価値観と異なる生物学的な理由はなくなるのである。

このような年齢による変化は、若い男女では（男性らしさを示すと見られる）技術的なことへの関心がより強く、年齢の高い男女では社会的なことへの関心がより強いという観察と整合的である。価値観という点からいえば（必ずしもエネルギーや生命力の側面と合致しないが）、年齢の高い人は人事面の管理職に向き、若い人は技術面の管理職に向いている。

▼職種に見られる男性らしさと女性らしさ▲

ＩＢＭ調査によると、職種は従事している社員の抱いている価値観によって、たくましさ－やさしさの次元で順序づけることができる。ある職種が男性らしいとか、ほかの職種が女性らしいということには意味がある。男性的な職種が男性によって占められることが多く、女性的な職種が女性によって占められることが多いのは驚くに値しない。しかし、価値観の違いは職種に従事する人々のジェンダーに起因するものではない。女性らしさの強い職種に従事している男性は、男性らしさの強い職種に従事している女性に比べて女性らしい価値観を持っている。

ＩＢＭの職種について見ると、もっとも男性らしいものからもっとも女性らしいものまで、次のような順になる。

1 販売職
2 エンジニアと科学者
3 技術者と熟練工
4 すべての階層の管理職
5 半熟練工と非熟練工
6 事務職

販売職は激しい競争という環境のもとで、歩合制で働いていた。科学者、エンジニア、技術者、熟練工はたいてい自分の技術的な業績を上げることに集中している。管理職は技術的な問題と人事上の問題の両方を扱うので、自己主張の強さといつくしみの深さの両方の要素を備えた役割である。非熟練工および半熟練工は、自慢できるほどの高い業績を上げる機会を持っておらず、チームを組んで働くことが多いので協力が重視される。事務職は何かを達成するという機会がさらに少ないが、仕事を進めるうえで内部の人や外部の人と接触する機会が多い。

▼家庭における男性らしさ－女性らしさ▲

性別役割の区別のうち、生物学的に決定される部分はほんの少しであり、性別役割パターンの安定性はほとんどすべてが社会化の問題である。**社会化**とは、少年少女が社会のなかでの自らの性別に関する立場を学ぶことを意味し、それを学んでしまえば、大多数はその立場を守ることになる。男性が支配的な社会では、多くの女性は男性の支配を求める。

家庭は、ほとんどの人々が最初に社会化を経験する場である。家庭には、親子と夫婦という二対の同等ではないが補完的な役割がある。親子関係の不平等にも程度の差があるが、その差がどのような結果をもたらすかについては、第3章の権力格差の次元がかかわっている。男性らしさ－女性らしさの尺度における社会の位置は、その国で一般的に見られる夫と妻の役割分担を反映している。

図5・4は、権力格差指標と男性らしさ指標をクロスさせて、そこに各国のスコアを位置づけている。図の右半分の権力格差指標の値が高い国々では、親子関係とは不平等なものであるという社会的規範がある。親への服従を求めることによって、子どもの行動が抑制されると考えられている。図の左半分の国々では、親が模範を示すことによって子どもの行動が抑制されている。図の下半分に位置する男性らしさ指標のスコアが高い国々では、父の役割と母の役割は同じではない（父はたくましく、母はあまりたくましくない）という社会的規範がある。男性は現実的な事柄に対処し、女性は感情的な事柄に対処すると考えられている。図の上半分の国々では、男性も女性も現実的な事柄にも感情的な事柄にもかかわるものだと思われている。

したがって、図の右下の象限（不平等でたくましい）が表している規範は、支配的でたくましい父親と従順な母親という組み合わせである。もっとも、従順な母親といってもかなりたくましいのであるが、母は慰めとやさしさを与えてくれるよりどころでもある。この象限に位置するラテン・アメリカの国では男性はマッチョ（雄々しい）であるべきとされている。男性のマチスモ（男性優位）と対をなす女性の側の言葉は、**マリアニスモ（聖母マリアのようになること）**や**エンブリスモ**（メスの動物を表す**エンブラに由来**）であり、聖女のように従順で貞淑な女性像を表している。[16]

右上の象限（不平等でやさしい）が表している社会規範は、二人の親がともに支配的であり、ともに生活の質と人間関係に関心を払い、どちらも権威とやさしさを兼ね備えているというものである。

左下の象限（平等でたくましい）に位置する国では、親は支配的でなく、父親はたくましく、現実面にかかわり、母親はいくぶんやさしく、感情面にかかわるという姿を示すことが規範になっている。その結果として生まれる役割モデルでは、男の子には自己主張することが、女の子には人を喜ばせたり、人から喜ばされたりすることが期待されている。男の子は泣いてはいけないし、攻撃されれば仕返しをすべきだが、女の子は泣いてもよく、けんかをしてはならない。

最後の左上の象限（平等でやさしい）に位置する国の規範では、母親も父親も支配的であってはならない。どちらの親も、

図5・4　権力格差指標と男性らしさ指標

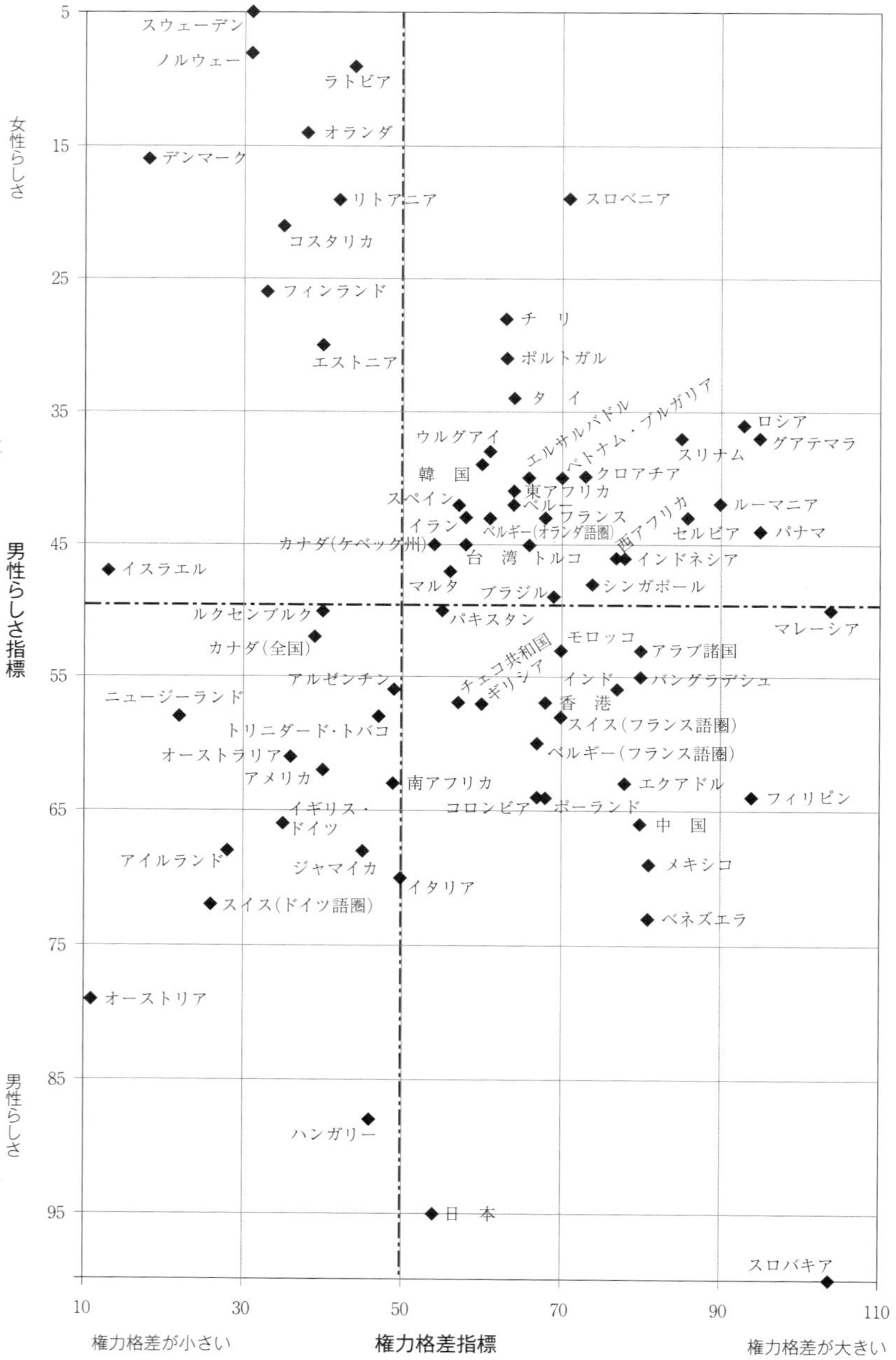

人間関係や生活の質、それに現実的な事柄にも感情的な事柄にも関心を払い、家庭における性別役割が相対的に見て平等であるという例を示さなければならない。

第4章では世界一〇カ国の一五～一七歳の少女を対象として二〇〇五年に実施された、美とボディ・イメージに関する調査について述べた。女性らしさが強い文化では、少女たちが持っている美の理想に対してもっとも影響を及ぼしている人として、両親が挙げられることが多かった。母親の影響については、権力格差（の大きさ）も重要な役割を果たしている。男性らしさが強い社会では、少女たちはメディアのイメージや有名人を挙げることが多かった[17]。

第3章では子どもがいる夫婦がフルタイムで働くか、パートタイムで働くかについてのユーロバロメーターのデータについて述べた。一方がフルタイムで働いている夫婦の場合、もう一方がフルタイムで働くか、パートタイムで働くかは、権力格差と関係している。このデータベースには、一方がフルタイムで働いていて、もう一方が働かずにずっと育児に専念しているケースも収集されている。この割合は男性らしさ指標と正の相関があった。男性らしさが強い文化では、父親が家族の所得を稼ぎ、母親が家事を仕切るという厳格な役割分担がより一般的である[18]。

アメリカの小学生に関する研究では、男の子と女の子に自分が遊んでいるゲームを選んだ理由をたずねている。男の子は競争し他人に優越できるようなゲームを選び、女の子は一緒に楽しめて、仲間はずれにされないようなゲームを選んでいた。オランダ人研究者のジャック・ヴァン・ロッスムがオランダで行った追調査では、男女の間で遊びの目標に有意な違いは何も見つからなかった。彼は自分が間違っていると考え、もう一度分析を行ったが、結果は変らずアメリカの研究結果を否定するものであった。女性らしさの強いオランダでは、男女間で子どもの社会化の違いはあまりない[19]。

図5・4に示した家族関係は、個人主義‐集団主義の次元にも左右される。個人主義的な社会には、役割モデルが不完全であったり、家族以外の者が足りない機能を果たすようなひとり親の家族が含まれている。集団主義的な社会では、拡大家族のつながりが保たれており、そこでは祖父が生きているかぎり、権威の中心におり、父親は従順さを示すモデルとして存在する。

第4章ではデイビッド・バスと共同研究者が三七カ国で実施した結婚相手の選択に関する大規模な研究について述べた。結婚相手の好みは個人主義と集団主義と強く関連していたが、さらなる分析によって、花嫁と花婿の好みの違いのうち、男性らしさ指標と関連するものがあるとわかった。男性らしさの強い文化では、パートナーに対して重視する道徳性が男女で異なっていて、男性のみがパートナーの貞節と勤勉さを重視していた。女性らしさの強い文化では、これらの道徳は花嫁でも花婿でも同程度に重要なものとみなす国もあるし、男女ともに同程度に重視しない国もある[20]。

一九九三年に、日本のワコール社の市場調査部門は、アジア

表5・2　女性らしさの強い社会と男性らしさの強い社会の基本的な違い

① 一般的な規範，家庭

女性らしさの強い社会	男性らしさの強い社会
・人間関係と生活の質が重要である。	・挑戦，収入，評価と出世が重要である。
・男女ともに謙虚でなくてはならない。	・男性は自己主張が強く，野心的でたくましくなければならない。
・男女ともやさしく，人間関係を気遣うことができる。	・女性はやさしく，人間関係を気遣うものであるとされている。
・家庭では，父親も母親も現実的な事柄と情緒的な事柄のどちらにも対処する。	・家庭では，父親は現実的な事柄に，母親は情緒的な事柄に対処する。
・女の子の美の理想は，両親に影響される。	・女の子の美の理想は，メディアや有名人に影響される。
・両親は収入を得る役割と世話をする役割を分かち合う。	・父親が収入を得，母親が世話をするのが標準的なパターンである。
・男の子も女の子も泣くことは許されているが，けんかをしてはならない。	・女の子は泣いてもいいが，男の子は泣いてはならない；男の子は攻撃されたら，やり返さなくてはならないが，女の子は争ってはいけない。
・男の子も女の子も遊ぶ理由は同じである。	・男の子は競争するために，女の子は一緒に楽しむために遊ぶ。
・花嫁と花婿の求められる基準が同じである。	・花嫁は貞節と勤勉さが求められ，花婿には求められない。
・夫はボーイフレンドのようでなくてはならない。	・夫は健康的で，裕福で理解がなくてはならない。ボーイフレンドは楽しくなくてはならない。

八カ国の首都の働く若い女性を対象に、夫やボーイフレンドとして好ましい性格についてたずねた。男性的な文化では、夫は健康的で、裕福で、理解力があるべきだとされる一方で、ボーイフレンドは個性的で、愛情が豊かで、知的かつユーモアのセンスがあるべきだとされる。より女性らしさの強い文化では、夫とボーイフレンドとの間で好ましい性格の違いはほとんどなかった。ボーイフレンドを愛の象徴として、夫を家庭生活の象徴であるとすると、男性らしさの強い国では愛と家庭生活とは別個のものとして見られている一方で、女性らしさの強い国では、これらは一緒のものと見られている。女性らしさの強い国では、夫はボーイフレンドなのである。この分析のユニークな点は、IBMデータとの比較がアジアの国々のみについて行われており、ヨーロッパ諸国を含まなくても男性らしさ－女性らしさの次元が有効であることを示したところにある。[21]

アメリカの人類学者マーガレット・ミードはかつて、アメリカではキャリアに汚点がある男性と、出世した女性は性的パートナーとして魅力がなくなることを見出した。[22]日本では、女性は職業キャリアが向上すると結婚のチャンスが少なくなる。

表5・2は男性らしさの強い社会と女性らしさの強い社会との間で違いが生じるような側面のうち、これまで述べてきたものについてまとめている。

▼性別役割と性における男性らしさ－女性らしさ▲

ワコールの調査ではさらに、アジア八カ国の首都で働く若い女性に対して、男性に当てはまる性格があるか、女性に当てはまる性格があるか、男女両方に当てはまる性格は何かについてたずねていた。回答は男性らしさの強い国と女性らしさの強い国で異なった。男性らしさの強い国では、責任感、決断力、活発さ、野心の強さが、男性のみが持つ性格と見られている一方で、思いやりやさしさが女性のみの性格と見られていた。女性らしさの強い文化では、これらはすべて両性に当てはまると見られていた(23)。

家庭における男女の役割は、男の子と女の子がどのような行動を適切であるとみなすかという価値観に影響を与えているが、社会全体における性別役割の分布パターンには直接関連していない。本章ですでに論じたように、平均すると男性は女性より背が高く頑丈で自由に外出し、実質的にはどの社会においても家庭の外の社会生活を伝統的に支配してきた。子育ての活動を他人に委ね、公的な役割に従事できる手段を持っていた女性は例外にすぎず、通常、上流階級の女性にかぎられていた。もしどこかの社会で女性が支配的な地位についたとすれば、たいてい四五歳以上になっていて、母としての地位から祖母としての地位に代わった後である。伝統的な社会では、独身女性は非常に少なかったし、現在でもそうであって、しばしば差別を受けている。

現在多くの産業社会では女性の選択の自由が拡大し、妻や母や主婦としての役割を越えた社会的役割を担う女性が増えている。しかし、これは最近の現象である。女性の選択の自由が拡大した結果、家庭の外での性別役割の分布にどのような影響が出てきているかについてはまだ十分にわかっていない。したがって男性らしさ‐女性らしさの尺度における国の位置が、家庭以外の領域における女性の活動と密接に関連しているとはかぎらない。家庭の外での女性の活動に関しては、経済活動の可能性と必要性が、価値観よりも大きな役割を果たしている。

男性らしさの強い性別役割モデルは、アメリカの人気映画について表した以下の文章に描かれている。

一四歳の少年ルーカスは、ほかの子どもと違っている。彼は華奢《きゃしゃ》で探究心が強く、ある部分では一匹狼で、アメリカンフットボールやパーティーよりは科学や交響曲に興味を持っていた。しかし、彼が街に引っ越してきた一六歳のマギーというかわいい少女に会ったとき、何かが変わった。二人は友だちになったが、ルーカスにとっては友情以上の感情があった。

ひと夏の間、彼らの考えることはいっしょだった――フットボールの選手やチアリーダーなんて軽薄だ。しかし学校が始まると、マギーは軽蔑していたはずのフットボールやチアリーダーに興味を持つようになり、ルーカスは相手にされなくなった。マギーがチアリーダーになり、フットボールチームのキャプテン、カピー・ローとデートをするようになるのを、ルーカスは脇から見守るしかなかった。

突然、ルーカスは「居場所」を求めるようになった。そしてマギーを取り戻すため、命がけでフットボールの試合を戦う……。[24]

主流派の映画は現代の神話である。それらは映画が撮られた社会で支配的な文化に従って、ヒーローのモデルを作り出す。この映画のルーカスとマギーは社会のなかで正当な役割を身につけるための通過儀礼を経験している。それは、少年はフットボールをプレーし、少女はチアリーダーとして脇でうっとりしながら、かわいらしく立っているというものである。

女性らしさはフェミニズムと混同されてはならない。**フェミニズム**はイデオロギーであり、組織化されたものであるかないかにかかわらず、社会における女性の役割を変えようとする。男性らしさ-女性らしさの次元はこのイデオロギーと関連がある。というのも、国により男性らしさの強いフェミニズムと、女性らしさの強いフェミニズムが見出されるからである。男性らしさの強いフェミニズムでは、女性は男性が持っているのと同じだけの可能性を持つべきだと要求する。図5・2でいうと、女性のラインを男性のラインの方へ上げようとする。これは社会全体が右側に移ることによっても達成できる。女性らしさの強いフェミニズムは、男性を含めた社会を変えようとするものであり、ウィメンズ・リブというだけではなく、メンズ・リブでもある。図5・2でいうと、男性のラインを女性のラインの方に下げるか、社会全体を左側に移すことで達成できる。

非常に明白なことだが、男性らしさ-女性らしさの尺度における各国の位置は、性行動に関する規範にも影響を与える。[25] 性に関する感情や行動、経験の様式は、文化的な影響を受けている。社会のなかでも個人や集団間の違いはあるが、女性も男性も各国の文化の明示的な規範にも暗黙の規範にも影響されている。

男性らしさの強い社会と女性らしさの強い社会での性規範に関する基本的な違いは、図5・2のパターンに沿っている。男性らしさの強い社会では、男女で異なる規範を維持しようとする。男性が主体で、女性が客体というものである。すでに「家庭」の項では、男性らしさの強い社会では花嫁の貞操に関して、道徳上のダブル・スタンダードがあることを述べた。花嫁は貞操が求められるが、花婿には要求されない。写真や映画のヌードに関する規範にも表われている。男性の裸を見せることに対するタブーは、女性の裸を見せることよりもはるかに強いのである。女性らしさの強い文化では、ひとつの基準が維持される傾向がある。男性でも女性でも平等に厳格か、平等にゆるい。また、ヌードと性が直接結びついているとは想像されない。

性は女性らしさの強い文化よりも、男性らしさの強い文化でタブー視される。このことはＡＩＤＳ撲滅キャンペーンの情報にはっきりと表れる。女性らしさの強い国では非常に直截的になるが、男性らしさの強い国では言っていいことと言えないことの制限がある。逆説的であるが、タブーとして禁じられたものは、より魅力を増し、テレビ番組や広告でエロチックなシンボルを暗に示すことは、女性らしさの強い国よりも、男性らしさの強い国で多い。

性行動の達成にもダブル・スタンダードがあり、男性に対しては「うまくものにした」という感覚を、女性に対しては「やられた」という感覚を強調する。女性らしさが強く、基準がひとつの国では、男女ともに相手との関係性に関心が向けられる。

一九八〇年代にヘールトはデンマークとオランダの組織文化に関する大規模な調査に参加した[26]。調査票には、解雇の理由として考えられる項目もリストされていた。デンマークで回答者に調査結果をフィードバックする会議で、ヘールトは「なぜ、既婚男性が部下と性的関係を持ったというのを解雇の理由としないのか」とたずねた。するとある女性が立ち上がり、次のように言った。「その部下が相手の男性を気に入っていれば、問題はありません。もし気に入らなければ、相手に「地獄へ落ちろ」などと言うでしょう」。この回答には二つの仮定が関係している。一つは、（多くの）デンマーク人の部下は上司に率直に話すことをためらわない（権力格差が小さい）というものであり、もう一つは、（多くの）デンマーク人の男性上司は、女性の部下に「地獄に落ちろ」と訴えられれば職を失う（女性らしさが強い）。

一九九〇年代に行われた「セクハラ」に関する四カ国の研究では、ブラジル人学生は男子でも女子でもオーストラリア、ドイツ、アメリカの学生とは異なる態度を示した。彼らはセクハラを権力濫用や性差別とはあまり考えず、比較的害のない気晴らしと考えていた[27]。ＩＢＭ調査ではブラジルはほかの三カ国と比べて男性らしさ指標が低い（ブラジルが四九、ほかはそれぞれ六一、六二、六六）。

同性愛に対する態度もその文化の男性らしさの強さに影響される。オーストラリア、フィンランド、アイルランドとスウェーデンの比較調査によると、アイルランドとオーストラリアでは若い同性愛者が自分の性的指向を受け入れてもらうには困難があるが、フィンランドはそれほどでもなく、スウェーデンではそのようなことはほとんどない。これは男性らしさ指標の順序と同じである。同性愛は男性らしさの強い規範にとっては脅威に感じられるため、拒絶される傾向がある。同時に、同性愛者の数は過剰に見積もられがちである。女性らしさの強い文化では、同性愛は普通のことと考えられることの方が多い[28]。

文化には価値観の問題が重くのしかかっており、しかも価値観は価値判断を伴う。本項で扱った問題は、価値観が強く付与されていて、道徳的か非道徳的か、上品な行いか下品な行いかという判断に関係する。本項で取り上げた比較から、道徳性というものが行為自体にあるのではなく、見る側の視点次第であることを心しておくべきである。社会関係にも性的関係にも唯一最善の方法があるわけではない。規範に合っていれば、どのような解決策も最適なのである。

表5・3は表5・2の続きであり、男性らしさの強い社会と女性らしさの強い社会について、前項と本項で扱った主要な点を要約している。

表5・3　女性らしさの強い社会と男性らしさの強い社会の基本的な違い

②ジェンダー，性

女性らしさの強い社会	男性らしさの強い社会
・女性も男性も責任感，決断力，野心，思いやり，やさしさを，等しく持つべきである。	・男性は責任感，決断力，野心を持つべきであり，女性は思いやりとやさしさを持つべきである。
・女の子は男の子を応援しない。	・女性の野心は男性の成功を通じて達成される。
・女性の解放は，男女が家庭でも仕事でも平等に分担することを意味する。	・女性の解放は，これまで男性の占めてきた地位が女性にも認められることを意味する。
・基準はひとつであり，男女とも主体的である。	・ダブル・スタンダードがあり，男性は主体的，女性は従属的である。
・裸を見せることへの規範は男女とも同じである。	・女性よりも男性のほうが裸を見せることのタブーが強い。
・性に関する議論が露骨で，暗黙の象徴的表現が少ない。	・性に関する露骨な議論はタブーであり，官能を象徴する表現は暗示的なものである。
・セックスは二人の人間が関係を結ぶ方法である。	・男性の性的達成は女性にとっては搾取を意味することもある。
・セクハラはあまり問題にならない。	・セクハラは重大な問題である。
・同性愛は普通のことである。	・同性愛は社会への脅威と考えられている。

▼教育における男性らしさ－女性らしさ▲

オランダのある経営コンサルタントが、インドネシア諸島全域に支所を持つ公共組織で働く、インドネシアの中間管理職を対象にした講座での授業を受け持った。そのコンサルタントがある説明を終えた後の討論で、ジャワ人の参加者が非常に明快なコメントを加えたので、彼はそのジャワ人のことを受講生たちの前でほめた。すると、そのジャワ人は「私を困らせないでください。私たちの間では、親は面と向かって子どもをほめないのですよ」と述べた(29)。

このエピソードは二つのことを示している。第一に、少なくともインドネシアでは、家庭での行動モデルが学校現場にそのまま持ち込まれていて、教師は父親と同一視されている。第二に、ジャワ文化では中庸の美徳が強く、オランダ人でさえ驚くほどである。インドネシアは多民族国家である。多民族国家では国民文化のスコアが誤解を招くことがあるかもしれない。インドネシア人も認めているように、とくにたくましさ－やさしさの次元に関しては、インドネシア国内でも民族によってかなりの多様性があり、ジャワ人はやさしさを極めて重視する民族である。そのオランダ人のコンサルタントによると、インドネシア人の受講生たちのなかにも、ジャワ人の感情に驚いたという者たちがいた。スマトラ島出身のバタック人は、自分では当然ほめられるだろうと感じていたときに、ジャワ人の上司がほめてくれなかった理由がやっとわかったと語った。女性らしさの強い文化では、教師はよくできる生徒を表立ってほめるよりも、できがあまりよくない生徒をほめて、生徒を励まそうとする。生徒であれ教師であれ、優れた者に対して賞を与えることは一般的ではない。実際、**卓越性**（excellence）自体が男性らしさの強い言葉なのである。(30)

ヘールトは何年もの間、オランダの大学でアメリカからやって来た学生向けにヨーロッパ研究の授業を一学期間教えていた。彼は何人かのアメリカ人学生に、人生の目標についてオランダ人学生たちにインタビューするように、という課題を与えていた。アメリカの学生たちは一様に、オランダの学生が思ったほど成績に関心を抱いていない様子に驚いた。オランダの学生は、合格すれば十分であると考えており、人より優秀であることを公然とした目標にはしていなかった。ヘルト・ヤン・ホフステードが世界各国の学生を教えたときの経験も、似たようなものである。男性らしさの強い国の学生は、試験の成績が芳しくないなら再試験を求めることがある。オランダの学生はほとんどそんなことはしない。自国や外国で教え、さまざまな国の教師と議論した経験によると、女性らしさの強い文化では**平均的な**学生であることがその文化の規範であり、男性らしさの強い文化では**一番よくできる**学生であることがその文化の規範になっている。男性らしさの強い国の親は、自分の子どもが一番よくできる生徒と対等に競うことを期待している。オランダでは「クラスで一番よくできる男の子」はどこかこっけいな存在である。(31)

この違いは、教室での生徒の行動にはっきりと現れている。男性らしさの強い文化では、生徒は教室で目立とうとして、お互いに公然と競争する（集団主義の規範によって制約されない場合に限られる——第4章参照）。

女性らしさの強い文化では、自己主張の強い行動や人より抜きん出ようとする試みはすぐに冷笑される。優秀さとは自分のうちに秘めておくべき資質であり、ややもすると、嫉妬につながる。ヘルト・ヤンは一四歳のときにクラスメートにこんなことを言われたのを覚えている。「君がスマートなのはわかった。でも、それをいつでも見せびらかすことはないのだよ」。翌年彼はスイスのローザンヌに移ったが、彼は賢いといってほめられることはあっても、非難されることはなかった。

女性らしさの強いスカンジナビアの国々では、この点について**ヤンテの法則**（Janteloven）と呼ばれるものがある。ヤンテとはデンマークのある小さな町の呼び名であり、ヤンテの法則はデンマーク生まれのノルウェー人の小説家アクセル・サンデモーセによって一九三〇年代に作られた。翻訳すると、次のようになる。

こんな思い込みはいけない
君が特別な存在だとか
君がわれわれに勝るとも劣らないとか
君がわれわれより賢いとか
君がわれわれより優れているとか
君がわれわれより多くのことを知っているとか

君がわれわれ以上であるとか
君がどんなことでもうまくできるとか
君はわれわれを笑ってはいけない
君はこんなことを考えてはいけない
みんな君のことが好きだとか
君がどんなことでも教えられるとか[32]

学校で失敗することは、男性らしさの強い文化では致命的である。日本やドイツのように男性らしさの強い国では、試験に失敗したために自殺した生徒の記事が毎年のように新聞に報道されている。内部事情に詳しい人の話によると、彼がハーバード・ビジネス・スクールに在籍していた一九七三年に、アメリカのこのエリート校で四件の自殺があったと述べている。一人は教師で、あとの三人は学生であった[33]。女性らしさの強い文化では、学校での失敗は比較的ささいなことである。自殺する若者もいるが、その原因は学業成績とはあまり関係がない。

イギリスやアメリカのような国では、競争的なスポーツがカリキュラムで重要な役割を果たしている。アメリカの有名なスポーツのコーチは、次のような格言を残している。「勝利がすべてではない。勝利しかない[34]」。これでは、スポーツにおいて友好的な出会いは育まれない。他のヨーロッパ諸国では、スポーツは課外活動であり、学校の主要な活動には入っていない。

ある想像力の調査プロジェクトでは、五カ国の一〇～一五歳の子どもに写真を見せ、カードに書かれた八つの選択肢から一つを選ぶようたずねた。写真ではある人が地面に座っていて、もう一人が彼に立ちはだかり、「やれるものならやり返してみろよ」と言っている。回答のうち攻撃的なものは「殴ったな。なら思い知らせてやるぞ」「先生に言いつけてやる」「お前なんかもう友だちじゃない」「警察に捕まるぞ！」というものであった。温和なものは「けんかすることなんかないよ」「話し合おうよ」「けんかなんかしないで、仲よくしようよ」「ごめんね。ぼくがわるかったよ」「けんかして誰かがケガをしたらどうするんだよ」というものであった[35]。攻撃的な回答を選んだ割合は、日本で三八％、イギリスで二六％、韓国で二二％、フランスで一八％、タイで一七％であった。このような違いは、各国の男性らしさ指標のスコアに完全に一致していた[36]。このことは、攻撃性に関する子どもの社会化の違いをはっきりと表している。六カ国の大学生を対象にした別の研究では、それぞれの国で子どもが他人を攻撃してもよいかどうかという質問があった。「はい」の割合はアメリカの六一％からタイの五％まで異なっており、これも男性らしさ指標と有意に相関していた[37]。

ＩＢＭ調査では、タイはアジアのなかでもっとも女性らしさの強い国である。イギリス人とタイ人のカップルが書いたタイ文化に関する本には、このような一節がある。「タイ人は他人の攻撃から自分の身を守る方法よりも、攻撃を避ける方法を身につけている。子どもがけんかをしたときは、自分の身を守るためだったとしても罰を受ける。問題から逃れる唯一の方法は、その場面から逃げることである」。[38]

この章のはじめにヘールトの就職面接の話を紹介した後、アメリカ人の応募者は自分を売り込みすぎ、オランダ人の応募者は自分を安く売りすぎていると書いた。学校や学習に関する次の二つの研究は、この観察結果を裏付けている。

第一の研究では、一一～一八歳のアメリカとオランダの子どもおよそ八〇〇人ずつが、自分の能力や抱えている課題に関する調査票に回答した。アメリカの子どもはオランダの子どもよりも能力と課題をはるかに多く挙げた。アメリカの子どもでスコアが高かったのは、「たくさん議論する」、「ほかの子どもたちよりもよくできる」、「要らないものをためている」、「考えずに行動する」というものであった。オランダの子どもで唯一スコアが高かったのは「楽に暮らす」というものであった。子どもの問題行動についての親と教師の回答は、子どもの回答と変わらなかったが、アメリカの親はオランダの親よりも子どもの能力を高く評価していた。[39]アメリカ社会では、若者は社会化によって自分自身を押し出すようになる。[40]彼らは自分の課題と能力の双方を非常に真摯にとらえている。オランダの若者は、自分自身を控えるように社会化される。この研究の前に実施されたアメリカと（男性らしさの強い）ドイツの比較研究では、このような違いは見出されなかった。

第二の研究では、七カ国の識字レベルの比較が行われた。一九九四年に、各国で抽出された二〇〇〇～四〇〇〇人からなる成人（一六～六五歳）のサンプルが、読み、書き、計算の能力を測る同一のテストを受けた。結果がもっともよかった者（五段階のレベル四と五）のなかで、アメリカ人の七九％が自分の能力を「優秀」と評価していたが、オランダ人で同じ評価をしていたのは三一％だけであった。[41]どちらのグループもテスト結果は同じぐらいよかったにもかかわらず、こうなったのである。

教師と生徒を評価する基準も、男性らしさの強い文化と女性らしさの強い文化では異なる。男性らしさの強い文化ほど、教師の才能と学問的名声、あるいは生徒の学業成績が支配的な基準になる。一方、女性らしさの強い文化ほど、教師の親しみやすさや社交性あるいは生徒の社会的な適応力が重要になる。

教師へのインタビューによれば、男性らしさの強い国では、学生が職業を選ぶときにはキャリアの可能性が認知できるかどうかに強く影響されることが示唆されている。女性らしさの強い文化では、学生のそれぞれが持っている内発的な興味が大きな役割を果たす。

女性らしさの強い国では、少なくとも国が豊かであれば、男性も女性も同じ学問分野を学ぶことの方が多い。貧しい国では、ほとんどの場合、男の子が優先的に教育機会を得る。[42]

女性と男性が異なる職業を選ぶことは、知覚能力の違いによってある程度説明される。人間の知覚を研究する心理学者は、**場独立**と**場依存**とを区別する。[43]場独立型の人は、壁に映し出された線が平行であるかどうかを、傾いた枠のなかに映し出されても、あるいは傾いた椅子に腰掛けて眺めた場合にも、判断することができる。場依存型の人は、枠や椅子の位置によって水平かどうかを判断する。つまり、場独立型の人は、内部にある参照基準を手がかりとするが、場依存型の人は、外部の環境によって影響を受ける。そのため、場独立型は、分析的な技能に優れ、場依存型の人は、社会的技能や言語に関する技能に優れている傾向がある。男性は場独立的であることが多く、女性は場依存的であることが多い。男性らしさの強い文化は場独立の傾向があり、女性らしさの強い国では、場依存の傾向がある。[44] また、女性らしさの強い国では、男性らしさの強い国よりも、男女間の知覚能力の差は小さい。

職業選択における性別分離は、教師が女性であるか男性であるかにも影響を与える。男性らしさの強い社会では、女性は主として幼い子どもを教え、男性は大学で教えている。女性らしさの強い社会では、役割がもっと重複していて、男性も幼い子どもを教えている。したがって、子どもが女性教師から教えを受ける期間は、女性らしさの強い社会に比べて男性らしさの強い社会の方が長い、という逆説的な現象が生じる。それにもかかわらず、女性教師の地位は低いことが多く、その結果、女性教師は子どもたちの行動のモデルというよりもむしろアンチ・ヒロインになってしまうであろう。

▼買い物における男性らしさ - 女性らしさ▲

オランダのマーケティング専門家であるマリーク・デ・ムーイは、ヨーロッパの豊かな一六カ国で消費者行動の研究を行った。[45] 彼女は男性らしさ - 女性らしさの次元と関連のある有意な違いをいくつか発見した。その一つは、男女間における買い物の役割の違いである。女性らしさの強い文化では、家族の食料の買い物はほとんど男性が行う。ほかに、家族用の自動車に関連する違いもある。女性らしさの強い国では、新しい車を買うときには夫がパートナーに相談する。男性らしさの強い国では、車を買うことは男性がもっぱら決定し、エンジンの排気量をもとにどの車を買うかが決められる。女性らしさの強い文化では、車の所有者がエンジンの排気量を知らないことすらある。車はしばしばセックス・シンボルとして描かれてきたが、多くの人にとってはステータス・シンボルである。男性らしさの強い文化では、女性らしさの強い文化よりも、一家に車が二台あることが多い。女性らしさの強い文化では、夫婦が家族用の車一台を共有することが多い。

地位を誇示する購買行動は、男性らしさの強い文化の方が多い。男性らしさの強い文化では、人々は高価な時計や本物の宝石を買う。彼らは国内の製品よりも外国製品に魅力を感じる。観光旅行では、ビジネスクラスを使う。

女性らしさの強い文化では、家庭用品への支出の方が多い。このような文化では、移動住宅やRV車、トレーラー・ハウスといった「家」と一緒に休暇に出る人が多い。彼らは日曜大工をしたり、自分でドレスを作ったり、喫煙者であれば、自分でタバコを巻くことが多い。コーヒーは一緒にいることの象徴である。女性らしさの強い文化では、人々は電気式のコーヒーメ

表5・4　女性らしさの強い社会と男性らしさの強い社会の基本的な違い

③ 教育，消費者行動

女性らしさの強い社会	男性らしさの強い社会
・平均的な生徒であればよい；できの悪い生徒がほめられる。	・もっとも優れた生徒でなくてはならない；優秀な生徒がほめられる。
・抜きん出ようとする者は嫉妬される。	・クラスでは競争があり，生徒は抜きん出ようとする。
・学校で失敗することは，たいしたことではない。	・学校で失敗することは，致命的である。
・競争的なスポーツは課外活動になっている。	・競争的なスポーツはカリキュラムの一部になっている。
・子どもは攻撃的にならないように社会化される。	・子どもの攻撃が受け入れられている。
・生徒は自分の成績を過小評価し，自我を出すことを控える。	・生徒は自分の成績を過大評価し，自我を押し出す。
・教師は親しみやすさを求められている。	・教師は優れた才能を求められている。
・それぞれが持っている興味に沿って職業が選ばれる。	・キャリアの可能性に沿って職業が選ばれる。
・男の子も女の子も同じ科目を勉強する。	・男の子と女の子では勉強する科目が違う。
・男女とも幼い子どもに教える。	・女性が幼い子どもに教える。
・女性も男性も食料と車を買う。	・女性は食料を買い，男性は車を買う。
・夫婦は１台の車を共有する。	・夫婦で２台の車が必要である。
・家庭用品の方がよく売れる。	・地位を顕示できる製品の方がよく売れる。
・フィクションの方がよく読まれる（ラポトーク）。	・ノンフィクションの方がよく読まれる（レポトーク）。
・インターネットはラポート作りのために用いられる。	・インターネットは事実を拾集するために用いられる。

ーカーを使い、家庭でいつでもコーヒーが飲めるようにしている。

女性らしさの強い文化では、本ならフィクションがより多く買われ、男性らしさの強い文化ではノンフィクションがより多く買われる。アメリカの作家デボラ・タンネンは、男女の会話の違いを指摘している。「レポトーク（report talk）」（情報を伝える会話）は男性の方に多く、「ラポトーク（rapport talk）」（感情をやりとりし、関係を結ぶための会話）は女性の方に多い[46]。文化のレベルでも、男性らしさが強い文化では、読者はデータや事実への関心が強く、女性らしさが強い文化では、事実の背後にある物語への興味が強いことを、デ・ムーイのデータは示している。

第4章ではインターネットの利用頻度と個人主義指標との関係を示す調査データを見たが、インターネットは基本的に個人主義的な道具であった。しかし、私用（仕事以外）でインターネットを使うことは、男性らしさのスコアと負の相関があり、個人主義との相関よりも強かった。インターネットもeメールも、「ラポール」と「レポート」の双方の目的で用いることができるが、男性らしさが強くない社会では、前者の目的で用いることが多いのである[47]。

表5・4は表5・2、表5・3の続きであり、前項と本項の主要な点を要約している。

▼職場における男性らしさ－女性らしさ▲

オランダにあるアメリカの大手企業の製造工場では、一〇年間にオランダ人のジェネラル・マネージャーが三人も替わった。アメリカ本社でこの部門を担当している副社長には、三人とも「優柔不断」に思われた。オランダでは、社員から選出された者が労働委員会を構成することが法的に義務づけられている。しかし、この副社長は委員会の存在を快く思っていなかった。三人のジェネラル・マネージャーはいずれも、労働委員会が反対しているからという理由で、社員の支持を得られない施策の導入をためらったのである。三人目のジェネラル・マネージャーがやめた後、副社長は個人的に人事に介入し、人事部長の強い警告を無視して、工場の管理部長を後継者として指名した。副社長から見ると、その工場の管理職のなかでこの人物だけが、本当の「男」のように思われたのである。この管理部長は、社員が気に入ろうが気に入るまいが、いつも思い切った行動をとる必要性を支持していた。彼の報告書には、その工場の欠点が記されていた。彼ならば、労働委員会のナンセンスな横やりを受け入れることなく、管理職の特権を維持できるはずである。

この新しいジェネラル・マネージャーが、今までで最悪であった。六カ月も経たないうちに、彼は病気で休養し、組織は大混乱に陥った。それでも工場の人々は誰も驚かなかった。管理部長が愛想はよいが、もろい性格だということは皆が知っていた。彼はアメリカ本社の上司たちに力強い言葉を向けることによって、自分の不安定さを埋め合わせていたのである。本社の副社長の目に留まった彼の自己主張の強さは、オランダではほら吹きとみなされていた。ジェネラル・マネージャーとして、彼は誰からの協力も得られず、すべて自分でやろうとして、またたくまに精神衰弱に陥ってしまったのである。こうしてこの工場は、有能な管理部長とジェネラル・マネージャーをまた一人失うことになった。工場も管理部長も、文化に起因する誤解の犠牲者であった。

歴史的に見ると、経営はアングロ・サクソン的な概念であり、男性らしさの強いイギリスやアメリカで発展したものである。英語で――そして国際語で――**経営**という単語はラテン語で「手」を表すmanusに由来する。現代イタリア語のmaneggiareは「操作」を意味する。しかし、フランス語ではこのラテン語から二つの単語が派生している。一つは経営の男性らしさの強い面を示すmanège（調教場）、もう一つは女性らしさの強い面を示すménage（家事）である。アメリカの古典的なリーダーシップに関する研究では、「仕組み作り」対「配慮」、「業績への関心」対「人への関心」という二つの次元を区別していた[48]。どちらも企業が成功するためには等しく重要なものだが、両者の最善のバランスは、男性らしさの強い文化と女性らしさの強い文化で異なる。

アメリカの名門コンサルタント会社で数年間働いていたオランダ人が、オランダの製造関係の企業の経営陣に加わった。彼は、二、三カ月してから、会議の果たす役割について現在の仕事と前の仕事を比較して意見を述べた。オランダでは、会議は問題を討議し、共通の解決策を見出す場であって、合意に基づく意思決定に役立っている(49)。彼の知っているアメリカの会議は、自分がいかに優れているかを参加者が示して、自己主張するための機会になっていた。決定は、会議以外の場で個人によって下されていた。

男性らしさ–女性らしさの次元は、労使関係の対立が生じたときの対処の仕方に影響を与える。イギリスやアイルランドのように男性らしさの強い国と並んでアメリカでも、対立は正々堂々とした勝負によって解決されるべきであると感じられている。つまり「一番優れたものが勝てばよい」。これらの国では、労使関係の場においてもそのような勝負を求める特徴がある。経営側はできるだけ労働組合への譲歩を避けようとするし、労働組合は経営者の敵対心を裏づけるような行動を示している。アメリカでは労働組合と企業はあたかも平和条約を結ぶように、お互いに詳細にわたる契約を交わしている(50)。

オランダ、スウェーデン、デンマークのように女性らしさの強い国では、対立は交渉と妥協によって解決されることが好まれる。フランスは、IBM研究によれば女性らしさのやや強い国であるが、雇用主と労働者の間や上司と部下の間で、時折ひどく相手を侮辱した言葉が飛び交う。しかしこれはうわべだけの対立であって、背後にはまさにフランス的な「中庸の感覚」がある。どちらの側も、意見が合わないという点で合意していれば、ともに働き続けることができるのである(51)。

男性らしさの強い社会では、組織は結果を強調し、公平性を基本として報酬を与える。この場合、誰もが実績に応じて報酬を受ける。女性らしさの強い社会では、組織は平等性（公平性とは対立する）を基本として報酬を与える。この場合、誰もが必要に応じて報酬を受ける。

「小さいものは美しい」というのは、女性らしさの強い価値観である。IBM調査とヨーロッパ六カ国の世論調査データでは、大組織で働きたいと望む人の割合は、男性らしさ指標と強く相関している(52)。

人生における仕事の位置づけは、男性的な社会と女性的な社会で異なる。チャールズ・F・ケッタリングは、二〇世紀初頭に成功したアメリカ人の発明家で事業家でもある。彼は次のように語ったと伝えられている。

私はよく部下に向かって、「私のために仕事をしてくれる人間なんていらない。私が求めているのは、仕事になくてはならない人間だ」と話している。私は、仕事を求めている人間ではなく、仕事が求めている人間を望んでいる。この若者がどこにいようと、仕事の方が彼をしっかりとキープして、つかんで離さないことを望んでいる。夜寝るときにも彼の脳裏から離れず、朝にはベッドのすそで、「起きて、働きにでかける時間ですよ」と仕事から話しかけられるぐらい、仕事から見込まれてほしい。それくらい仕事から見込まれたならば、その男はひとかどの人物になるに違いない(53)。

ケッタリングは「若い男」について語っており、「若い女」ではない。つまり、彼の考え方は男性らしさの理想像なのである。女性らしさの強い文化ではこのような男性像はきっと人気がないだろう。そのような若者はワーカホリックとみなされてしまう。男性らしさの強い社会では仕事のエートスが「働くために生きる」という方向に向かう。他方、女性らしさの強い文化では仕事のエートスはむしろ「生きるために働く」であろう。

ＥＵで行われたある世論調査に、このような質問があった。「もし経済状況がよくなり、生活水準が上がれば、次のどちらの手段をとるのがよいと思いますか。「給与を上げる」（労働時間は同じ）か「労働時間を減らす」（給料は同じ）」。選好は国によって大きく異なった。アイルランドでは六二％が給与をとり、オランダでは六四％が労働時間を減らす方と答えた。この違い（給与を選ぶ回答から労働時間を減らす方の回答を引いたもの）は国の豊かさよりも男性らしさ指標と有意に相関していた。貧しい国の回答者は給与を増やす必要を強調したが、価値観（男性らしさ指標）がより大きな役割を果たしたのである。[54]

男性らしさの強い社会では、男の子は自己主張が強く、野心的で、競争心が高まるように社会化される。彼らは成長すると、出世を強く望むことを期待される。男性らしさの強い社会では、女の子はキャリアを求める一部の者と、そうではない大多数との両極端に分かれる。女性らしさの強い社会では、子どもは謙虚で連帯意識を持つよう社会化されており、このような社会では、男性にも女性にも野心家とそうでない者がいるであろうし、キャリアを求める者もいれば、そうでない者もいるであろう。

経営には、女性らしさが強い側面があって、どのような文化でも女性が経営者になる可能性が開かれている。女性経営者の方が、家事としての経営（ménage）と調教としての経営（manège）を、うまく結びつけることができる場合がある。アメリカの研究者アン・ステータムは、アメリカの男女の経営者とそれぞれの秘書とをペアにして調査対象者とし、インタビューを行った。そして彼女は、女性の大多数が仕事志向と人間関係志向を相互依存的と見ているのに対して、男性はそれぞれが対極にあると見ている[55]と結論づけた。

世界的に見て、男性らしさが強い文化であるか女性らしさが強い文化であるかということと、雇用労働における男女の構成比との間には、なんの関連もない。男性らしさの次元における各国の位置は、家庭内における男女の役割とだけ密接に関連している。家庭の外では歴史的に見ても、男性が支配してきた。豊かな国に限って、かつそのような国でも最近になってようやく、諸々の拘束が弱まり、かなりの数の女性が男性と同等に労働と政治の分野に進出できるようになった。以前から下層階級の女性は労働に携わっていたが、地位が低く低賃金の労働に限られていた。彼女たちは、自己実現の欲求からではなく、家族の物質的な生存を支える必要性から労働に携わっていた。したがって、家庭の外で働く女性の割合自体と、その国の文化の女性らしさの程度との間には統計的には関連がない。豊かで女性らしさの強い国々では、上級専門技術職に従事する女性が多い。[56]

職場での仕事は技能をあまり必要としないものが多く、実質的には不完全雇用の状態が作り出されている。産業化の進んだ国では、男性らしさの強い国でも女性らしさの強い国でも、「労働の人間化」の必要性が感じられている。しかし人間化されるのかに関するモデルによって異なる。そもそも人間的とは何を意味するのかに関するモデルによって異なる。男性らしさの強い文化では、人間的な仕事とは、認められたり、昇進したり、やりがいを感じる機会をより多く提供する仕事である。これは、アメリカの心理学者フレデリック・ハーツバーグがかつて提唱した「職務充実」の原則である[57]。たとえば、単純な製造作業に携わっている労働者に、自分たちの使う機械の調節や整備点検の仕事など、これまで高度な訓練を受けた専門家に頼っていた仕事もまかせる。非熟練的労働や半熟練的労働は、この章のはじめに示したように比較的「女性らしさ」の強い職業文化を持っているが、職務充実とはこのような仕事における「男性らしさを強化する」ことを意味している。

女性らしさの強い文化では、人間的な仕事とは、お互いに助け合い交流する機会を提供することの多い仕事である。スウェーデンの乗用車とトラックのメーカーであるサーブとボルボでは、一九七〇年代に自律的な職場集団によって組み立て作業を行うという古典的な実験が行われた。この実験は、仕事の社会的な側面の強化、すなわち「女性らしさの強化」を意味している。一九七四年に、男性四人と女性二人の合計六人のデトロイトの自動車製造工が、スウェーデンのソーデルテリエにあるサーブ＝スカニアの工場に招かれた。彼らは三週間の間、その工場の集団組み立てシステムで働くことになっていた。アメリカのジャーナリストがその実験の一部始終を取材して、アメリカ人の印象について報告した。四人の男性全員と二人の女性のうちの一人は、アメリカの労働システムの方が好ましいという印象を変えなかった。「リネット・スチュアートはデトロイトのシステムを選んだ。彼女が働いているキャデラックの工場では、彼女は誰にも邪魔されずに自分の仕事に挑戦できる。しかしサーブ・スカニアでは、前後の人に気を配らなければならない」[58]。もちろん、これこそまさに、スウェーデンの企業にとって集団組み立てシステムが魅力的であった理由にほかならない。

男性らしさの強い国と女性らしさの強い国は、それぞれの文化的な特徴に応じて、産業の得意分野も異なっている。先進産業国のなかでも、男性らしさの強い文化では、効率性、高品質、迅速性が必要とされる製造業において、とくに大量生産することにかけては競争力がある。これらの国は重工業や化学工業を得意としている。女性らしさの強い文化は、相対的に、コンサルタントや輸送のようなサービス産業、消費者の注文に応じた製品の製造、収益性の高い農産物や生化学物質のような生ものの取り扱いを得意としている。それぞれの国は、自国の文化的な好みに適した活動分野において成功する傾向があるので、世界各国で分業体制が生まれている。日本は、高品質の家庭電化製品を製造してきた歴史を持っており、デンマークとオランダは歴史的にサービス業や農産物の輸出、酵素とペニシリンのよ

表５・５　女性らしさの強い社会と男性らしさの強い社会の基本的な違い

④ 職場

女性らしさの強い社会	男性らしさの強い社会
・家事としての経営：直感と合意。	・調教としての経営：決断力があり攻撃的。
・対立は妥協と交渉によって解決される。	・対立は徹底交戦によって解決する。
・報酬は平等性に基づく。	・報酬は公平性に基づく。
・小規模な組織が好まれる。	・大規模な組織が好まれる。
・生きるために働く。	・働くために生きる。
・お金よりも余暇が好まれる。	・余暇よりもお金が好まれる。
・キャリアは男女どちらにとっても選択の自由がある。	・キャリアは男性にとっては義務であり，女性にとっては選択の自由がある。
・専門職で働く女性の割合が多い。	・専門職で働く女性の割合が少ない。
・労働の人間化は人との接触と協力によってなされる。	・労働の人間化は職務内容の充実によってなされる。
・農業とサービス業に競争力がある。	・製造業と化学工業に競争力がある。

うな生化学の分野に優れている。

表５・５は表５・２、表５・３、表５・４の続きであり、男性らしさの強い社会と女性らしさの強い社会の違いに関して、この項で述べてきた基本的な論点を要約している。

▼男性らしさ－女性らしさと国家▲

各国の価値観のパターンは、一般市民の心ばかりでなく、当然のことながら政治的指導者の心にも根を下ろしている。政治的指導者も子どもの頃から、それぞれの社会の一員として成長したのである。実際、政治的指導者の地位に選出されたり、任命されたりするのは、その人物が市民にとって大切な価値を代表していると思われているからである。

政治家は、その国で支配的な価値観を政治における優先事項の形で表現している。政治における優先事項は、政府の国家予算の編成にもっともよく表れている。男性らしさ－女性らしさの次元は、

◇　弱者との連帯－強者への報酬
◇　海外援助－軍事費
◇　環境保護－経済成長

のそれぞれの領域でどちらが優先されるかに影響を及ぼしている。

男性らしさの強い文化を持つ国は業績主義の社会をめざし、

女性らしさの強い文化を持つ国は福祉社会をめざしている。めざす社会が異なると、得られる結果も変わる。産業化が進んだ国のうちデータが利用可能な一〇カ国を見ると、一九九四年と一九九五年の貧困人口は、女性らしさの強いノルウェーでの四・三％から、男性らしさの強いオーストラリアでの一七・六％の間まで異なっている。一九九二年から二〇〇二年の間では、収入が中央値の半分未満しかない人口の比率は先進一八カ国で異なっており、フィンランドの五・四％からアメリカの一七・〇％までとなっている。先進一三カ国での機能的非識字者（学校教育を終えたが、実際には読み書きができない人）の割合は、スウェーデンの七・五％からアイルランドの二二・六％まで異なっている[59]。この三つのケースいずれの割合も、男性らしさ指標と強く相関している[60]。

アメリカやイギリスのような男性らしさの強い国とスウェーデンやオランダのように女性らしさの強い国との間での政治家とジャーナリストによる批判の応酬には、互いの価値観の違いがはっきりと表れている。たとえばアメリカ人は、スウェーデンやオランダの経済問題は税率の高さに原因があるという共通認識を抱いている。一方、ヨーロッパの女性らしさの強い国では、アメリカの経済問題は金持ちに対する免税処置が多すぎるところに原因があると認識している。しかし税制は偶然の産物ではない。以前からある価値判断にのっとって政治家が作り出したものである。スウェーデンでは、社会がすべての人に最低限の生活の質を保障すべきであると考えられている。そして、そのための財源を持てる者から集めるのは当然のことである。北西ヨーロッパでは、保守的な政治家でさえ基本的にはこの意見に異議をはさまず、問題になるのはこの政策が実現可能な程度だけである。

北西ヨーロッパの福祉国家は、つい最近になってできたようなものではない。フランスの哲学者ドゥニ・ディドロは、一七七三年から一七七四年にかけてオランダを訪れたときに、オランダでは福祉への支出や誰もが受けられるよい医療ケア、そして高い水準の公教育のために税金が高いが、貧困が存在しないと書いた。「病院にいる貧しい人は十分な手当てを受けている。彼らはそれぞれ別々のベッドを割り当てられている[61]」。

業績‐福祉の対立は、貧困の原因をどう見るかにも反映されている。EU諸国で実施されたある調査には、以下のような質問があった。「貧しい暮らしをしている人々がいる理由はなぜだと思いますか。この四つのうち、あなたのお考えにもっとも近いものを選んでください。（1）貧しい人々は運が悪いから、（2）貧しい人々は怠け者で、意志の力が弱いから、（3）社会には不公平なことが多いから、（4）近代化において、貧しい人々が出てくるのは避けられないから」。EUに加盟している一二カ国のうち、貧困が不運のせいであるとする人の割合は、ドイツで一四％、オランダで三三％であった。これは男性らしさ指標と有意な負の相関があった[62]。貧困は怠けているせいだとする人の割合は、オランダの一〇％からギリシアとルクセンブルグの二五％までに分布していた。これらは男性らしさ指標と正の相関があった。男性らしさの強い社会では、貧困は貧しい人自身の落ち度のせいであると信じる人が多い。彼らは貧しい人たちがもっと働けば貧困から脱することができ、そのため金持ちが貧しい人々を支援する必要はないと考えているのである。

貧しい人々への態度は、法を破った者への態度にも反映されている。一九八一年にヨーロッパ九カ国で行われた世論調査では、向こう見ずな運転、中毒性の低い麻薬の使用、収賄行為、売春、離婚、自殺といった論議を呼ぶ行為が、正当化されるかどうかがたずねられた。回答からは許容度指標が構成され、指標は女性らしさのスコアとの間に強い相関があった。母親は父親よりも寛容である。[63]

男性らしさ－女性らしさの次元は、移民の正当な受け入れ方についての意見にも関連する。意見は概して二つに分かれる。一つは**同化**（移民はもとの文化を放棄すべきである）を擁護するものであり、もう一つは**統合**（移民はもとの文化や宗教のうち、新たな国の法律に合わない面のみを変えればよい）を擁護するものである。一九九七年にヨーロッパ一四カ国で実施された世論調査では、同化よりも統合をよしとする人の割合は男性らしさ指標との間に負の相関が強く、加えて一人当たり国民総所得との間にも弱い相関があった。[64] 男性らしさが強く、かつ貧しい国の回答者は同化を求める一方、女性らしさが強く豊かな国は統合を好む。第4章では二〇〇八年のユーロバロメーターのデータに基づいて、「異文化の尊重」が普遍主義と関連があると述べた。この調査では、ヨーロッパ二六カ国の人々に対して、「あなた個人にとってもっとも重要な価値観」について、一二の選択肢のなかから三つを選ぶよう求めており、選択肢の一つが「異文化の尊重」であった。各国においてこの選択肢を選んだ回答者の割合は、個人主義指標と男性らしさ指標の低さの両方と相関していた。[65]

豊かな国では、強者への報酬と弱者との連帯という価値観の間の選択が、国家予算に占める貧しい国への開発援助金の割合に反映されている。豊かな国の政府が貧しい国の援助のために振り向ける予算が国民総所得に占める割合は、国により大きく異なる。二〇〇五年には、アメリカは国民総所得の〇・二二％を支出したが、デンマーク、ルクセンブルク、オランダ、ノルウェー、スウェーデンは〇・七％以上を支出した。[66] 援助金の比率は、援助国の豊かさとは関係がない。援助金の比率の高さと実際に関連があるのは、女性らしさの強い価値システムを持つ国であるかどうかということである。[67]

インターネット・ジャーナルの*Foreign Policy*では、裕福な二一カ国の「開発コミットメント指数」（ＣＤＩ）が計算されている。これは援助金の流れだけではなく、貿易の流れ、移民、投資、平和維持活動および環境政策を含めた政策の正の効果と負の効果も算出に組み込んだものである。ＣＤＩは男性らしさ指標のみと有意な（負の）相関がある。ＣＤＩと男性らしさの相関は援助金の流れと男性らしさとの相関よりは低いが、それは自国の福祉政策と外国への支援とがときに対立するからであろう(68)。

貧しい国に対してほとんど援助をしない国では、軍事費の占める割合が大きいという傾向がある。しかし、防衛費に関して信頼できるデータを入手することは難しい。武器の買い手も売り手も既得権益を秘密裏に得ているからである。利用可能な数値から導き出せる唯一の結論として、援助国のうち裕福ではない国になればなるほど、軍備に予算を注ぎ込む割合が大きかった(69)。大砲はバターよりも優先されていた。

男性らしさの強い国は、国際的な紛争を戦闘によって解決する(しようとする)傾向があり、女性らしさの強い国は妥協と交渉によって解決を図る(図ろうとする)傾向がある(このような違いは労働組織のレベルでも見られた)。両者の違いがよく表れている例として、オーランド危機とフォークランド危機の処理の仕方の違いが挙げられる。

オーランド諸島は、スウェーデンとフィンランドのほぼ中間にある小さな群島であり、フィンランドの一部として帝政ロシアの領土になっていた。フィンランドが一九一七年にロシアからの独立を宣言したとき、三万人の島民の大多数が、一八〇九年以前の統治国であるスウェーデンに戻りたいと望んだ。フィンランド政府は、スウェーデンへの返還運動の指導者を逮捕した。感情的な交渉が続いたが、新しく成立した国際連盟も交渉の場に加わって、一九二一年にすべての関係者が解決案に合意した。その解決案では、オーランド諸島はフィンランドの領土のままであるが、その地域の自律性が大幅に認められた。

フォークランド諸島も、同じように二つの国によって領土権が争われた小さな群島である。イギリスはこの群島を一八三三年以来植民地としてきたし、隣接するアルゼンチンは一七六七年以来その地に対する権利を要求し、その要求に対する国連の支持をとりつけようとしてきた。フォークランド諸島はオーランド諸島の約八倍の面積であるが、居住者は一五分の一以下で約一八〇〇人の貧しい牧羊を営む人々が暮らしている。アルゼンチン軍は一九八二年四月にフォークランド諸島を占領したが、イギリスは遠征軍を送り、七二五人のアルゼンチン人と二二五人のイギリス人の犠牲者(公式発表による)と膨大な出費を代償として、アルゼンチン軍を一掃した。島の経済は、アルゼンチン本土との貿易関係に依存していたために大きな打撃を受けた。

この二つの国際紛争はたいへん似ているが、解決方法と結果は違っている。それをどのように説明したらよいであろうか。フィンランドとスウェーデンは、どちらも女性らしさの強い文化の国である。一方、アルゼンチンとイギリスはともに男性らしさの強い文化の国である。フォークランド危機では、どちらの側の言葉にも男性らしさを象徴する事柄が語られていた。不幸なことに、犠牲を払ってもほとんど何の解決にも至っていない。フォークランド諸島は、今もイギリスの補助金とイギリス軍の駐屯を必要とする係争中の領土のままである。一方、オーランド諸島は、スウェーデンからの観光客が多いフィンランドの豊かな地域になっている。

「ローマ・クラブ」と呼ばれる科学者の国際チームによって一九七二年に刊行された*Limits to Growth*（『成長の限界』）と題する報告書は、経済成長の持続と生活環境の保全が、根本的に相容れない目標であることを最初に公に認めた書物である。この報告書は、細部にわたって攻撃され、しばらくの間はこの本が提起した問題はあまり緊急を要しないと思われていた。しかし、この本の基本的な主張は反証されたことがなく、少なくともわれわれの見解では、反証できない。永遠に成長できるものなどない。この基本的事実は現代の経済学にとって最大の弱点である。各国の政府は、地域の地理的および生態学的な限界とは無関係に、その国に支配的な価値観に応じてつらい選択を行わなければならないが、男性らしさの強い文化のもとにある政府は、経済成長を優先し、その目的のためには生活環境を犠牲にする傾向がある。女性らしさの強い文化のもとにある政府は、逆に生活環境を優先する傾向がある。[70] 環境問題は国境や海を越えるものであり、外交による解決が必要である。一九九七年に行われた国連会議の結果、世界規模の取り組みとして京都議定書が締結された。しかし、二〇〇一年に選出されたジョージ・W・ブッシュ大統領が、京都議定書からの離脱を決めた。これは彼が男性らしさによって優先順位を決めた結果である。アメリカでは、二〇〇六年に副大統領アル・ゴアが、映画『不都合な真実』によって、環境問題を公共政策課題に引き戻した。また二〇〇八年にバラク・オバマ大統領は、この分野でアメリカが新しく指導的役割を果たすと表明した。しかしこの問題に対しては、アメリカ政治のなかでは苦しい闘いを強いられるであろう。

一九九〇年から一九九三年にかけて実施された世界価値観調査では、対象者の政治的立場が「左」から「右」の尺度のなかでどこに位置づけられるかをたずねている。男性らしさの強い国では、投票者はほとんど中央に集中する。女性らしさの強い国ではやや左寄りに傾くが、右側に位置づける人はほとんどいない。[71]

民主政治における男性らしさや女性らしさは、政策の優先順位の問題にはとどまらず、政治ゲームのインフォーマルなルールにも反映される。イギリスやドイツ、アメリカのような男性らしさの強い国では、政治演説は敵対的である。これは最近のことではない。一八七六年のオランダの新聞*De Standard*にはこのようなレポートがある。「アメリカの政党は敵対する相手に泥を投げつけることを少しもためらわない。彼らのやり方は、外国人から見れば、気分が悪くなるほどだ[72]」。この記述は今日でも有効である。北欧やオランダのような女性らしさの強い文化では、政府は異なる政党による連立政権であり、政党同士のやりとりは比較的穏健である。

民主主義国家では、男性らしさの強い文化を持つか、女性らしさの強い文化を持つかによって、女性が代議士に選ばれ政府の要職に就く可能性が左右される。すでに議会制民主主義が確立した二四カ国のうち、二〇〇六年に議会に占める女性議員の割合が二〇％を下回ったのは、イギリス、フランス、ギリシア、アイルランド、イスラエル、イタリア、日本、アメリカであった。一方、オーストリア、ベルギー、デンマーク、フィンランド、ドイツ、アイスランド、オランダ、ニュージーランド、ノルウェー、スペイン、スウェーデンでは、女性議員の割合が三〇%を上回っていた。二〇〇五年の時点で、フランス、ギリシア、イスラエル、イタリア、日本、ルクセンブルク、ポルトガル、スイス、アメリカでは、女性閣僚の割合が二〇%を下回っており、オーストリア、デンマーク、フィンランド、ドイツ、オランダ、ノルウェー、スペイン、スウェーデンでは、三〇%を上回っていた。[73] この結果は、主として男性らしさと女性らしさの違いによる。ただし、フランスとポルトガルで女性議員や閣僚が少なく、オーストリアとドイツで多い点については、権力格差も一因となっている。しかし、女性の進出は、労働組織よりも政治の分野の方がやさしい。選挙のプロセスは、企業の役員選出よりも社会の変化の影響を早く受ける。企業組織で有能な女性は、年配の男性役員が退職するか死ぬのを待たなければならない。あるいは女性にとって、公益性のある政治の方が私的達成としてのビジネスよりも魅力的かもしれない。

▼男性らしさ - 女性らしさと宗教▲

男性らしさ - 女性らしさの次元と関連する問題は、どの宗教にとっても中心的な問題である。男性らしさの強い文化では、たくましい神や、同胞への厳しい行為を正しいとする神々が崇拝される。女性らしさの強い文化では、やさしい神や、同胞に思いやりのあるふるまいを求める神々が崇拝される。

キリスト教では、たくましく男性らしい要素と、やさしく女性らしい要素との葛藤が常にある。キリスト教の聖書では、概して旧約聖書がたくましい価値観を反映しており（目には目を、歯には歯を）、新約聖書がやさしい価値観を反映している（もう一方の頬を向けよ）。旧約聖書の神は威厳がある。新約聖書では、イエスは弱者を助け、苦悩する存在である。カトリックは男性らしさの強い、たくましい宗派（テンプル騎士団、イエズス会）を生み出したが、女性らしさの強い、やさしい宗派（フランシスコ会）も生み出している。カトリック以外でも、男性らしさの非常に強い集団（モルモン教）や、女性らしさの非常に強い集団（クエーカーや救世軍）がある。概して、カトリックの伝統が強い国では男性らしさの強い価値観が保たれ、プロテスタントの伝統が強い国では女性らしさの強い価値観が保たれている。[74]

キリスト教世界以外でも、たくましさの強い宗教もあれば、やさしさの強い宗教もある。男性らしさの強い日本の仏教は、女性らしさの強いタイの仏教とは異なる。日本では、禅宗の若者のなかには厳しい導師のもとで瞑想を行い、自己開発のための修練に励む者がいる。タイでは一九七〇年代に若い男性の半分以上が仏教の僧侶としての修行を経験していたが、彼らの修行は奉仕と托鉢であった。[75] イスラム教では、スンナ派の方がシーア派よりも男性らしさが強い。シーア派では苦行の重要性が強調されている。ＩＢＭ調査では、シーア派が大多数を占めるイランは、スンナ派が大多数を占めるアラビア語圏の諸国よりも女性らしさが強かった。

オランダの社会学者ヨハン・ヴェルウェイは、一九九〇年代に行った博士論文の研究で、西洋キリスト教国の世俗化（宗教の喪失）の違いの説明に取り組んだ。彼は一九九〇年から一九九三年にかけて実施された世界価値観調査から、キリスト教国一六カ国での信仰心のさまざまな側面に関するデータを得た[76]。既存の理論では、世俗化の理由を社会の近代化に求めているが、これらの理論はアメリカの現状を考慮に入れていない。アメリカは近代国家であるが、世俗化していないままなのである。ヴェルウェイが驚いたことに、女性の方が男性よりも宗教心が強いという事実があるにもかかわらず、各国の世俗化の傾向をもっともよく予測する変数は、その文化における女性らしさの強さであった。男性らしさの強いキリスト教国家では、人々は自分の信仰心を高く評価し、自分の生活において神やキリスト教の儀式、宗教的な正統性やキリスト教的世界観を重視している。女性らしさの強いキリスト教国では、男性らしさの強い国よりも世俗化が速く進む。これはアメリカを含めた全体に当てはまる。

キリスト教の福音にはさまざまな価値観が含まれているが、各国がそのどれを重視するかは、男性らしさ - 女性らしさの尺度での位置によって異なってくる。新約聖書では、神との関係の重要性は、同胞に対する関係の重要性との間で、慎重にバランスがとられている。イエスが、パリサイ人から「先生、律法のなかで、どの掟が最も重要でしょうか」とたずねられたとき、「イエスは言われた。「心を尽くし、精神を尽くし、思いを尽くして、あなたの神である主を愛しなさい」。これが最も重要な第一の掟である。第二も、これと同じように重要である。「隣人を自分のように愛しなさい」。律法全体と預言者は、この二つの掟に基づいている」[77]。

男性らしさの強い国と女性らしさの強い国とでキリスト教信仰を比較すると、この二つの戒めの間でバランスをとることが難しいことがわかる。キリスト教徒が第一の戒めを強調する国があるし、キリスト教徒が第二の戒めを強調する国もあるが、文化から見ると、それには必然性がある。

キリスト教国のなかでも、たくましく男性らしさの強い国では、神の重要性がより強く支持され、ほかの価値観はそこから派生していると論じることができる。キリスト教の神は父であり、男性的なのである。ヨーロッパ価値観調査では、回答者にとっての神の大切さをたずねる質問がある。これとＩＢＭ調査の男性らしさ指標は、どちらも回答者が十戒を守っているとする程度と相関していた。さらに十戒のなかでももっとも相関が強かったのは、純粋に宗教的な戒律であった（神のほかになにものをも神としてはならない、みだりに神の名を唱えてはならない、安息日を守る）。男性らしさの強さは、性的な戒律（姦淫をしてはならない、隣人の妻をむさぼってはならない）とはあまり相関が強くない。また、道徳的な戒律（両親を敬え、人を殺してはならない、盗みをしてはならない、偽証をしてはならない、他人の物をむさぼってはならない）とはほとんど相関していない。男性らしさの強い文化でもっとも強調されるのは、「神の名にかけて」という場合の情緒的な意味と象徴的な意味である。[78]父なる存在である神の名は、男性らしさの強い文化を持つ社会の人々に強くアピールする。そこでは、女性もジェンダーに関する不平等な価値観を社会化によって受け入れている。女性らしさの強い文化では、神との関係よりも同胞との関係の重要性が強調される。

女性らしさの強い文化での世俗化は、必ずしも市民的道徳の喪失を意味していない。一九八一～八二年のヨーロッパ価値観調査と一九九〇年に実施された世界価値観調査のデータを用いて、アイルランドとオランダとスイスについて検討したが、世俗化と道徳の喪失の関係を示す証拠は何も見出せなかった。[79]宗教に回帰することで不道徳な行動が抑制されるという単純な解決策が間違っていると証明されたのである。それどころか、女性らしさは、世俗化と相関するのだが、市民的道徳とも正の相関を示したのである。一九九六年に、『リーダーズ・ダイジェスト』にある実験の結果が掲載された。その実験では、五〇ドル相当の現金と家族の写真、持ち主と思われる人の連絡先電話番号が入った二〇〇個ほどの財布を、アメリカおよびヨーロッパ一四カ国の大小の都市の公共の場で「偶然」落とすというものであった。ノルウェーのオスロとデンマークのオーデンセでは、落とした一〇個の財布のうち一〇個とも戻ってきたが、スイスのローザンヌでは二つしか戻ってこなかった。しかも、二つのうちの一つはアルバニア人が拾ったのである！ 同じように、イタリアのラヴェンナとドイツのワイマールでも、二つしか戻ってこなかった。戻ってきた財布の数は各国の女性らしさと有意に相関しており、権力格差の小ささとも関連していた。[80]

同じような実験がアメリカの心理学者ロバート・レヴァイン教授の外国人学生たちによっても実施され、同じような結果が得られている。学生たちの二三の母国の都市において、学生は反対側から歩いてくる一人の歩行者が見ている目の前でペンを「偶然」落としてみた。歩行者のうち実験者を呼び止める人や、ペンを拾って実験者に手渡した人の割合からスコアを算出した。二三カ国についてみると、実験者を助けようとした歩行者の割合は、各国の女性らしさのスコアと有意に相関していた。[81]

どんな宗教でも、男性と女性には異なる宗教的役割を与えている。キリスト教では、多くのプロテスタントの教会が、現在では指導者や聖職者への道を男女とも平等に開いている。しかしローマ・カトリック教会は、聖職者になる権利を男子のみに認める制度を強く維持している。その一方で、すべてのキリスト教会において、男性よりも女性の方が信仰心が厚い。「神は明らかに機会均等を認めた雇い主ではない。神は女性に偏見を持っている」。[82]ヨーロッパ価値観研究では、信仰心が男性より厚いという傾向は、とくに収入を伴う仕事をしていない女性に当てはまることが示されている。女性の役割が主婦から賃金労働者に変化すると、宗教に対する女性の態度も男性に近くなる。[83]

男性らしさ－女性らしさの次元は、当然、性的行動と宗教的行動のどちらにも影響を与える。宗教は人類が超自然的なものに対処する方法であり、人間の存在にとって予期できないリスクに対して、それを超えた確かなものを与えてくれる。もっとも予測できないものが、誕生、出産、そして死である。あらゆる宗教は、誕生、結婚、死という生死にかかわる出来事を強調し、祝福している。出産に関する儀式は、先史時代よりほぼすべての文明に見られるものである。それらは結婚式や妊娠を祈願する者のための聖壇という形で、今日まで存続している。ユダヤ教と多くのイスラム教の宗派では、男性割礼が宗教共同体の一員として認められるための条件になっている。ヒンドゥー教では、寺院の建築様式はリンガとヨニ（男性器と女性器）を模したものである。中国の哲学と宗教上の慣例は、男性的な要素である陽と女性的な要素である陰の補完性に強く重きを置いている。

ほとんど、あるいはすべての宗教において、愛と性に関してすべきこととしてはならないことがある。人間の性行為には、出生と慰安、あるいは生殖と娯楽という二つの面がある。宗教や宗派が違えば、性の娯楽の面に対する姿勢も異なる。宗教の一般的な傾向を見ると、男性らしさの強い文化では出生の面が強調されるが、女性らしさの強い文化では娯楽の面も強調される。男性らしさの強いローマ・カトリックでは、性行為を娯楽として見ることは拒絶されている。聖職者の禁欲主義は処女マリア崇拝という形で制度化されており、結婚は出生をもたらす秘蹟とされている。また、離婚や避妊、堕胎は禁じられている。プロテスタントは男性らしさがそれほど強くなく、ローマ・カトリックから分離したときに禁欲主義を廃止した。さらに、結婚を秘蹟としてはとらえず、離婚も認めた。正統派のイスラム教は男性が性行為を娯楽とすることは認めたが、女性がそうすることは危険であると考えている。ヒンドゥー教のいくつかの宗派は娯楽としての性行為を非常に積極的に認めている。このことは、インドの性愛の書カーマ・スートラ、カジュラホやコナーラクという官能的な寺院にも表れている。女性らしさの強い仏教国であるタイでは、売春という仕事は西洋におけるほど不名誉ではない。女性らしさの非常に強いスウェーデンでは、女性の売春は禁止されているが、罰せられるのは売春をした女性ではなく、買春を行った方である。

性に関する科学理論の領域では、オーストリアで生まれたジークムント・フロイト（一八五六～一九三九）の著作が有名である。オーストリアはIBM調査のリストのなかで男性らしさのスコアがもっとも高い（七九）。精神分析の創始者であるフロイトは、パーソナリティの発達において性衝動が根本的に重要であるという議論を行った。彼は精神病理学的な問題の多くの原因を性衝動の抑圧に求めた。フロイトは女性すべてに「ペニス羨望」（持ってないことからくる嫉妬）があるとした。しかし、男性らしさが強くない社会に、このようなことを想像する者がいるかどうかは疑問である。どんな著作家や科学者も自分が育った社会の子どもである。フロイトの著作は、彼が育った男性らしさの強いオーストリアの文脈そのものから生み出され

表5・6　女性らしさの強い社会と男性らしさの強い社会の基本的な違い

⑤ 政治，宗教

女性らしさの強い社会	男性らしさの強い社会
・福祉社会が理想であり，貧しい者を助ける。	・業績主義社会が理想であり，強い者を支持する。
・寛容な社会。	・欠点の修正を求める社会。
・移民は統合するべきである。	・移民はほかに同化するべきである。
・政府は貧しい国に援助金を供与する。	・貧しい国は自力で立ち直るべきである。
・環境を保護すべきである・小さいものは美しい。	・経済成長を続けるべきである・大きいものは美しい。
・国際紛争は交渉と妥協で解決されるべきである。	・国際紛争は力の誇示か戦闘で解決すべきである。
・有権者の多くは，自らが中道よりも左寄りと考える。	・有権者の多くは，自分が中道であると考えている。
・政治は連立政権に基づき，政治的手法は穏健である。	・政治ゲームは敵対的で，泥仕合が多い。
・選挙によって政治的地位につく女性が多い。	・選挙によって政治的地位につく女性が少ない。
・宗教はやさしさを帯びている。	・宗教はたくましさを帯びている。
・キリスト教国では世俗化が進んでおり，隣人愛が強調される。	・キリスト教国では世俗化が進んでおらず，神への信仰が強調される。
・主要な宗教では男女の役割は平等である。	・主要な宗教では男性に特権が与えられている。
・宗教は性行為を娯楽として見ることに肯定的か，中立である。	・宗教は性を慰安としてよりもむしろ出生のためのものとしている。

た。

表5・6は表5・2、表5・3、表5・4、表5・5を補完するものであり、男性らしさの強い社会と女性らしさの強い社会について、前項と本項で見てきた違いを要約したものである。

▼男性らしさ - 女性らしさの起源▲

人類の思想史を振り返ってみると、男女の平等もしくは不平等の問題は、宗教、倫理学、哲学と同じくらい古い問題である。旧約聖書の最初にある『創世紀』（紀元前五世紀に編纂された）には男女の創造について二つの矛盾する記述がなされている。一つは、創世紀第一章第二七節〜二八節のところである。

　神は御自分にかたどって人を創造された。神にかたどって創造された。男と女に創造された。神は彼らを祝福して言われた。「産めよ、増えよ、地に満ちて、地を従わせよ」。

この文章は、男女の平等な協力関係を示唆している。もう一カ所は、創世紀第二章第八節以降であり（旧約聖書の専門家によると、この部分は前とは別の資料に基づいている）、神は最初に「男」だけを創造されたというエデンの園の物語のところである。そして創世紀第二章第一八節では、

　主なる神は言われた。「人が独りでいるのは良くない。彼に合う助ける者を造ろう[84]」。

このあと、アダムのあばら骨から造られた女性の話が続く。この文章は、あきらかに男性を優先しており、女性を男性に「合う助ける者」(ふさわしいという意味)と定義している。つまりこれは、男性が社会を支配することを正当化しているのである。

古代ギリシアでは、紀元前四世紀にプラトンが、男女は原則的には平等であって、(生殖における役割を除いて)統計的な差があるにすぎないと述べた。彼は『国家』のなかで、男女両性からなるエリート集団が統治する国家を理想像として描いた。もちろん現実には、ギリシアは男性が支配していた。ローマ帝国も男性が支配していたが、少なくとも紀元一世紀のローマ人の作家C・ムソニウス・ルフスは男女平等を擁護し、とくに男女ともに哲学を学ぶことを提唱した。

ドイツの社会学者ノルベルト・エリアスは、男女間の権力関係のバランスは社会の発展によって変わると論じた。共和制ローマと帝政初期(紀元前四〇〇年～一〇〇年頃)の間、都市国家ローマが世界帝国へと発展し、元老院議員も農民兵から貴族になると、貴族女性の影響力と権利も徐々に向上した。三世紀にローマ帝国が解体されると、女性の立場は低下した。エリアスの初期の著作では、一一世紀頃のヨーロッパ、とくにフランスにおいて、身分社会が再構築され戦争が減少するにつれて、貴族女性に社会的な役割や、啓蒙的な役割が与えられるようになる過程が記されている。ヨーロッパの文明化において、フランスの貴族と宮廷は主要なモデルとなっており、しばらくおいてほかの国や階級にも取り入れられた。フランス、スペイン、ポルトガルという国々と、イギリス、ドイツ、イタリアという国々では男性らしさ-女性らしさの次元に違いがあるが、今日におけるこの違いは、モデルを取り入れる過程での違いの結果であると解釈できる。

人類学者マーガレット・ミードは、ニューギニアにおいて隣接して住んでいる部族集団であっても、性別役割分業が非常に異なっていることを発見した。彼女は、歴史や伝統に応じて、かなり多様な性別役割が存続していることを示した。われわれの研究では、男性らしさ-女性らしさの次元と強く関連し、男性らしさの強い国と女性らしさの強い国を分ける外的な要因が見つかっていない。女性らしさの強い文化は寒冷な地域にやや多いことから、寒冷な気候のもとでは、男女の平等な協力関係が生存の確率を高め、人口増加を促進するのではないかと思われる。

女性らしさの強い文化はヨーロッパの北西部(デンマーク、フィンランド、オランダ、ノルウェー、スウェーデン)に集中しているので、そこに共通する歴史的な要因に注目する必要がある。これらの国々のエリート層は、ほとんど貿易商人と船員であった。貿易や航海においては、良好な人間関係を維持し、船と商品に注意を払うことが不可欠の美徳であった。スカンジナビア諸国にバイキングの時代が訪れた頃(八〇〇～一〇〇〇年)には、男性が長い旅に出て村を離れていた間、女性が村を切り盛りしなければならなかった。しかしバイキングは、オランダには住み着いていなかった。ハンザ同盟（一二〇〇～一五〇〇年頃）は、ハンブルグ、ブレーメン、リューベックといったドイツ北部の自由都市とバルト諸国を含むヨーロッパの北西地域全体に広がった。ハンザ同盟は商業都市の自由連合であって、女性たちは、そこで重要な役割を果たしていた。

妻は夫と同じ法的地位にはなかったが、夫婦で商売に携わることが多かった。商売のやりとりにおいても、家族が社会の最小限の単位として機能していて、妻も子どもも果たすべき役割を持っていた。これは、女性がある程度解放されていたことを意味しており、女性の自立が高まり、商才も向上した。女性のなかには、実際、夫がまだ健在であるにもかかわらず、夫を「尻に敷いてしまった」女性もいた(85)。

ロッテルダムのエラスムスは、一五二四年に刊行した『対話集』のなかで、フランスとドイツの宿屋のサービスの比較を行っている。彼は両方を経験的に知っていた。彼はフランスの宿屋の女房と娘の魅力的なふるまいや、食べ物の質、そしてフランス式礼儀作法（サボア・ヴィーブル）について述べ、ドイツの厳格さや柔軟性のなさ、マナーの欠如と対比している。彼はドイツ式とフランス式とを区別するのに、実際に「男性らしい」という言葉を使ったのである。他方、彼はドイツでは客の平等が保たれていることも認めている(86)。

イギリスとオランダとの比較については、イングランドの政治家フランシス・ウォルシンガム卿が一五八五年に刊行した政治論で、イングランドと低地帯諸国は「似ているが、夫と妻と表される」と書いている。その五〇年後、「オランダでは、若者が男女ともに幾何学と算術を勉強するよう養育されている」ことが、オランダの商業的成功に結びついているという話がイギリス人たちから出てきた。さらに、オランダ人商人と妻たちがイギリス人よりも貿易に精通しているという記述もある(87)。一七世紀のオランダでは女性は公職に就けなかったが、「このような制約にもかかわらず、彼女たちは公的な場面で個人としても集団としても自己の存在を表に出そうとしていた」。また、この時期の絵画を見ると、「ときに父親が幼い子どもの世話をしている」。そして、「軍事的な栄光は……オランダでは熱狂的歓迎よりも猜疑心を引き起こしがちであった。……職業軍人は……一七世紀の（オランダ）共和国の防衛に重要な役割を果たしたが、彼らでさえも当時の愛国的な文化のなかで、名誉のためではなく率先して前線に出た(88)」。軍事的な英雄は、イギリスやアメリカのような男性らしさの強い国の歴史のなかに存在するのである。

一九世紀や二〇世紀の西洋諸国を表していた象徴的な人物像は、各国の男性らしさの強さや女性らしさの強さによって、はっきりと性別が分かれていた。ジョン・ブルはイギリスを、アンクル・サムはアメリカを表すし(89)、一方、マリアンヌはフランスを表し、ダッチ・メイデン（オランダの乙女）はオランダを表していた（ドイツでは**フラウ・アンティエ**と呼ばれる）。

ラテン・アメリカ諸国は、男性らしさ－女性らしさの尺度に占める位置がそれぞれかなり異なっている。中央アメリカの小さな国々とペルー、チリは女性らしさの強い文化であり、メキシコ、ベネズエラ、コロンビア、エクアドルは男性らしさの非常に強い文化である。これは一つの推論にすぎないが、スペインによって征服される以前に栄えていたインディオの文明のタイプに応じて、このような違いが生まれているのではないだろうか。メキシコの大部分は、たくましいアステカ文明を引き継いだのであろう。しかしメキシコ南部のユカタン半島とそれに隣接する中央アメリカ諸国は、繊細なマヤ文明の遺産を受け継いだのであろう。ペルーとチリ北部は、マヤ文化に類似したインカの遺産を継承したのであろう。

これらすべての歴史的な事例は、男性らしさ－女性らしさ次元における各国の違いが、何世紀も前に認識され、記されてきたことを示している。各国における性別役割の扱われ方は、そのような違いに深く根ざしているのである。

▼男性らしさ－女性らしさの未来▲

ＩＢＭ調査を行った一九六〇年代から七〇年代にかけて、男性らしさ指標と出生率（一家族当たりの子どもの数）との間には、豊かな国では負の相関があったが、貧しい国では正の相関があった。男性らしさの強い文化は、貧しい国では大家族を意味し、豊かな国では小さな家族を意味した[90]。伝統文化の人類学的研究からも、人口増加は女性が男性に従属する社会において非常に大きいという結論が出ている[91]。今後数十年の間に、最貧国を除いて、出生率はかなり下がるであろう。出生率は今でも国の貧しさと関係があるが[92]、男性らしさとの関係はもはや有意ではない[93]。その代わり、出生率と放縦－抑制の次元との間に相関が見出された。この点については第8章で述べる。

裕福な国々で出生率が低下していることは、それらの国々で人口が高齢化していることを意味する。**図5・3**は、男性らしさのスコアが年齢とともに低下することを示している。つまり、人口が高齢化すると、女性らしさが強くなるのである。出生率が低下すると、女性が労働力として活用されるようになると同時に、若い男性が少なくなるので、女性の労働力が必要となる。このことからも、裕福な国々の文化が女性らしさの強いものに移行すると予測することができる。

科学技術は、仕事の性格を変化させる。裕福な国では情報革命が進行中であり、古くからある仕事の多くが要らなくなり、新しい仕事が生み出されている。型通りの仕事はどんどんオートメーション化されていくであろう。仕事の性質上、オートメーション化できない活動だけが残るであろう。オートメーション化できない仕事は、まず人生や社会の目標の設定にかかわるものである。そこには、政治や組織のトップ・レベルのリーダーシップの機能を担う仕事が含まれる。第二に、創造的な仕事が残る。新製品を開発し、それらを効用・美・倫理の基準にかなうように高めていく仕事である。オートメーション化できない仕事の第三のタイプは、安全、保障、防衛、維持に関係するような、予期できない出来事に対処するさまざまな仕事である。最後は、管理、娯楽、社交、相談、物質的・精神的な援助、学習に対する動機づけなど、人間関係を本質とするさまざまな仕事である。オートメーション化できない仕事のなかには、コンピューターを手段として導入できるものもあるが、コンピューターがその仕事自体を行うことはできない。ここに挙げたようなオートメーション化できない仕事を遂行するときには、その仕事に従事している人が男性であろうと女性であろうと、男性らしさの強い価値観と並んで女性らしさの強い価値観が必要である。最後に挙げた人間関係を中心とする仕事の場合には、女性らしさの強い価値観の方が勝っている。人への配慮を必要とする職務よりも業績を上げることに関係する職務の方が、オートメーション化が進みやすい。全体の趨勢として、技術の発展は、産業社会において男性らしさの強い価値観から女性らしさの強い価値観への移行を支援する傾向がある。

世界の貧しい国々では、国自体が貧しいままならば、女性らしさの強い価値観への移行はなかなか難しい。アジア諸国を中心に、女児出産の回避や抑制が大問題になったが、そこでも男性らしさ-女性らしさの違いが重要な役割を果たしている。二〇〇〇年頃のアジアで生まれた女児の数は、通常の出生率であれば生まれたはずの女児数よりもおよそ一億人少ない。その理由は、両親が女児よりも男児を望み、胎児の性別が超音波スキャンによってわかった後に、選択的な堕胎を行うようになったからである。古典的な女児の間引きも行われている。女性／男性の人口比率は、女性らしさの強いタイやインドネシアで高く、男性らしさの強いインドや中国で低い。男性の方が女性よりも多いことから、問題となっている国々ではさらに男性らしさが強まるかもしれない。政治学者のヴァレリー・ハドソンとアンドレア・デン・ボーアは、著書 *Bare Branches*（『結婚できない男たち』）のなかで、若い男性があぶれている社会は、より暴力的で権威主義的な政治システムにつながることを示している。[94] 男性過剰と文化的な男性らしさとの間には双方向の因果関係があり、お互いに強化するのだろう。

地球環境を保護するためには、いつくしみの心が全世界で必要である。貧困が男性らしさを強化し男性らしさの強さが貧困につながるという悪循環は、地球の存続のためにはよくない。このことも、資源を世界の人口に応じて公平に配分しなければならないことの、実にもっともな理由である。

注

（1）たとえばMead, 1962 [1950].

（2）Costa et al. (2001) は、二六の文化でNEO-PI-R・ビッグ・ファイブ・パーソナリティテストの男女平均を比較した。彼らはどの文化でも一貫したジェンダーの違いを見出した。女性はN（神経症的傾向）とA（調和性）のすべての面でスコアが高く、ほかの人格次元ではいくつかの面でスコアが高かった。それらは、温和さ、社交性、積極性、そして美学への率直さである。男性は主張性、刺激の追求、アイデアへの率直さの面でスコアが高かった。

(3) Hofstede, 2001a, p. 280; Broverman et al., 1972 を参照。

(4) Hofstede et al., 1998.

(5) 符合検定を行ったところ、この結果は五%水準で有意であり（片側検定）、次元の存在を支持している。

(6) Hofstede, 2001a, p. 265. 二三カ国での相関係数は〇・五三**であった。

(7) ボンドが二三カ国で実施した中国的価値観調査で見出された「人間らしい心」の次元が男性らしさと相関していた。男性らしさのスコアが高い国の学生は、忍耐強さ、礼儀正しさ、親切心を強調していた。女性らしさの強い国々では、愛国心や正しさが強調された。このように予想されたこととは反対の関連があったことは、驚くべきことである。ヘールトはデータプロセスの過程でマイナスの符号が脱落したのではないかとずっと疑ってきた。分析が正しければ、この結果は第2章で述べた望ましいものと望んでいるものとの違いの例として解釈されなければならない。

(8) 四八カ国において、男性らしさ指標と「ありのまま」の自己主張性との相関係数は〇・三〇*であり、「ありのまま」と「あるべき」自己主張性を合算したものとの重相関係数は〇・四三***と、どちらも正の相関があった。これは特筆に値することである。というのも、「ありのまま」と「あるべき」自己主張性の相関係数はマイナス〇・三三*で、有意な負の相関があるからである。

(9) GLOBEのほかの次元と比較したところ、「ありのまま」の人間志向は、「ありのまま」の自己主張の弱さと「ありのまま」の権力格差の小ささを組み合わせた指標と強く相関していた。「ありのまま」の人間志向は、独立した次元ではなかったのである。また、「あるべき」人間志向も独立した次元ではなかった。これは不確実性の回避の低さ、制度的集団主義の小ささ、権力格差の小ささと強く相関していたのである。

(10) Hofstede, 2001a, p. 266. 個人主義指標と男性らしさ指標との重相関係数は〇・八六***。

(11) Bem, 1975, p. 636.

(12) IBMデータベースに占める女性の割合は、パキスタンの四%からフィンランドの一六・二%に分布していた。Hofstede（2001a, p. 286）では、すべての国で女性の割合が一定のものとして、男性らしさスコアを再計算した。女性の割合自体が女性らしさと相関していたことから、スコアへの影響は微々たるものであった。

(13) Gray, 1993. ここでの観察はマリーク・デ・ムーイによる。

(14) Lynn, 1991; van de Vliert, 1998, Table 7.2; Hofstede, 2001a, p. 308.

(15) Hofstede（2001a, pp. 289-291）に基づく。

(16) Stevens, 1973; Gonzalez, 1982; Hofstede, 2001a, p. 309.

(17) Etcoff et al., 2006 に基づく。男性らしさ指標と「父親」を選択した割合との相関係数はマイナス〇・七九**、「母親」

の選択率との相関係数はマイナス〇・七五**であった（n＝一〇）。ステップワイズ重回帰分析によると、男性らしさ指標は「母親」の選択率の分散の五七％を説明し、男性らしさ指標と権力格差指標では七六％を説明した。男性らしさ指標と「メディア」の選択率との相関係数は〇・八八***であり、「有名人」ではマイナス〇・六二*であった（n＝一〇）。この情報はデ・ムーイの好意によるものである。第4章と第7章も参照。

（18） Flash Eurobarometer 247, 2008. 二〇〇七年の一人当たり国民総所得が一万九〇〇〇ユーロ以上の一八カ国について、男性らしさ指標の高さによって、一人の親が働き、もう一人がフルタイムで家事をする家庭の割合の分散の二四％が説明された（デ・ムーイの好意により算出）。

（19） van Rossum, 1998; Hofstede, 2001a, p. 300.

（20） Hofstede, 2001a, p. 302.

（21） Hofstede, 1996b; 2001a, p. 302.

（22） Mead, 1962 [1950], pp. 271ff.

（23） Hofstede, 2001a, p. 309.

（24） KLMオランダ航空の大西洋航路での機内雑誌にあった記述より。*Lucas*（『ルーカスの初恋メモリー』）は、一九八六年にアメリカで制作されたティーンエイジャー向けの映画で、デイビッド・セルツァーが監督を務めた。

（25） この項の大部分はHofstede et al.（1998）の第10章Comparative Studies of Sexual Behavior（性行動の比較調査）から引用している。

（26） Hofstede et al. 1990. 第8章も参照。

（27） Pryor et al. 1997, p. 526.

（28） Hofstede, 2001a, p. 325; Ross, 1989.

（29） ヤン・A・C・ドュ・コック・ヴァン・レーヴェン博士との私信による。

（30） かつてのアメリカのベストセラー『エクセレント・カンパニー』（Peters and Waterman, 1982）のようなものである。

（31） この二種類の精神の間に違いがあるのは最近のことではない。国際ボーイ・スカウト運動の創始者ロバート・ベーデン・パウエル卿（一八五七〜一九四一）は、ローバー・スカウト（一六歳以上の少年）に対する *Rovering to Success*（『ローバリング・ツー・サクセス』）という本を記した。オランダ語への翻訳は一九二〇年にさかのぼるが、そのときの題は *Zwervend op de weg naar levensgeluk*（『幸福への道のローバリング』）であった。オランダ語の翻訳者にとって「成功」は若者にアピールする目標ではなかった。オランダ語ではうわべだけの臭いがするのである。若者のリーダーのなかで、「成功」を人生の一番の目標として擁護しようとする者はいなかったであろう。

（32） Sandemose, 1938. 英語への翻訳はデニス・ダヴァル・オハイヴの協力により、ヘールトが行った。

（33） Cohen, 1973.

（34） Lasch（1980, p. 117）ではジョージ・アレンの言葉とされている。ビンス・ロンバルディの言葉という説もある。

（35） Hastings and Hastings 1980; Hofstede, 2001a, p. 303. サン

プルはかなり大きく、各国平均は約一五〇〇人である。Hasting and Hastingでは回答者の男女の割合は示されていないが、五カ国すべてで半々と仮定している。写真のなかでけんかをしているのは明らかに男の子であった。

(36) 相関係数は〇・九七**であった。

(37) Ryback et al., 1980; Hofstede, 2001a, p. 301.

(38) Cooper and Cooper, 1982, p. 80.

(39) Verhulst et al., 1993; Hofstede, 2001a, pp. 303-304.

(40) アメリカの批評家クリストファー・ラッシュは、これを「ナルシシズム文化」と呼んだ（Lasch, 1980）。

(41) OECD, 1995; Hofstede et al., 1998, Table 5.2; Hofstede, 2001a, p. 304. 七カ国の言語集団で、自分を「優秀」と評価した人の割合は、男性らしさ指標と順位相関係数〇・七一*であった。

(42) Hofstede, 2001a, p. 304.

(43) Witkin, 1977, p. 85; Witkin and Goodenough, 1977, p. 682.

(44) 男性らしさの強い二カ国と、男性らしさのあまり強くない二カ国の比較研究では（Kühnen et al., 2001）、誤ってこの違いが個人主義－集団主義次元によるものとされている。

(45) Hofstede, 2001a, pp. 310-311; de Mooij and Hofstede, 2002; de Mooij, 2004.

(46) Tannen, 1992.

(47) Flash Eurobarometer 241, 2008: *Information society as seen by EU citizens.* 二六カ国において（過去三カ月に）一日数回程度、私用でインターネットにアクセスした人の割合を見ると、男性らしさ指標が低いほどアクセスした人の割合が高く、この指標がアクセスの違いの二〇%を説明した。また、個人主義指標が高いほどアクセスした人の割合が高く、違いの一七%を説明した。裕福な一九カ国にしぼると、男性らしさ指標のみが有意であり、違いの三六%を説明していた（デ・ムーイの好意により算出）。

(48) Fleishman et al., 1955; Blake and Mouton, 1964.

(49) フィリップ・ディリバルネは、彼が研究したオランダの製造工場における経営の基本的な特徴として、意見の一致を得たいとする態度を挙げている。d'Iribarne（1989, pp. 234ff）を参照のこと。

(50) ディリバルネ（1989, p. 144）は、このような契約はアメリカの労使関係に独特のものであると述べている。

(51) この意味での近代化については、d'Iribarne（1989, p. 31, pp. 60-61）を参照のこと。

(52) Hofstede, 2001a, pp. 290, 317.

(53) ウィリアム・F・ホワイトがWebber（1969, p. 31）に収録されている論文に引用した箇所から。

(54) Hofstede, 2001a, p. 317.

(55) Statham, 1987.

(56) Hofstede, 2001a, pp. 307-308.

(57) Herzburg, 1966.

(58) Hofstede, 2001a, pp. 315-316.

(59) *Human Development Report 2006*, Table 4.

(60) 男性らしさ指標と、機能的非識字者の割合との相関係数は、

○・九三***、貧困人口の割合とでは○・七二**、収入が中央値の半分未満しかない人の割合とでは○・六四**であった。

(61) Diderot, 1982 [1780], pp. 124-125. G・ホフステードが英語に訳出した。

(62) Eurobarometer, 1990; Hofstede, 2001a, pp. 318-319. 一一カ国（ルクセンブルグを除く）での男性らしさ指標との相関はマイナス○・六三*。

(63) European Values Study; Stoetzel, 1983, p. 37. 許容度指標と男性らしさ指標のスピアマンの順位相関係数はマイナス○・八三**。

(64) Eurobarometer report on *Racism and Xenophobia in Europe*, 1997. 男性らしさ指標との相関はマイナス○・七二**。

(65) Eurobarometer 69.1, 2008. 調査票に含まれる価値観は、民主主義、平等、人権、個人の自由、平和、宗教、人命の尊重、異文化の尊重、法の支配、連帯感、自己実現、寛容さであった。「異文化の尊重」が選ばれた各国の頻度の差異のうち、個人主義指標によって三○%が、男性らしさ指標（の低さ）によって二三%が説明される（デ・ムーイの好意により算出）。

(66) UNDP（国連開発計画）のウェブサイト。アメリカの援助支出は、二○○○年には国民総所得の○・一%であった。援助支出が増加した理由の一つは、イラクとアフガニスタンでの援助プロジェクトによる。

(67) 二○○○年の援助国二○カ国における援助金が国民総所得に占める割合の年平均と男性らしさ指標との相関係数は、マイナス○・七五***。

(68) 援助国二一カ国において、開発コミットメント指数と男性らしさ指標との相関はマイナス○・四六*。データは *Foreign Policy*（2003）による。

(69) Hofstede, 2001a, p. 271.

(70) 成長を制限する必要があるという意見を雄弁に擁護したのは Schumacher（1973）である。

(71) Hofstede, 2001a, p. 321. 二六カ国での男性らしさ指標とのスピアマンの順位相関係数は、「中央」が○・五九**、「左」がマイナス○・三六*。

(72) Lammers, 1989, p. 43.

(73) *Human Development Report 2006*, Tables 25 and 29.

(74) カトリック／プロテスタントの割合ともっとも相関が強いのが、不確実性の回避である。第6章と Hofstede（2001a, p. 200）を参照。

(75) Cooper and Cooper, 1982, p. 97.

(76) Verweij, 1998; Verweij et al., 1997; Hofstede, 2001a, p. 327.

(77) マタイによる福音書第二二章第三七〜四○節。英訳はジェームス・モファット。［日本語訳は日本聖書協会発行の『聖書 新共同訳』（一九八七）から引用］

(78) Stoetzel, 1983, pp. 98-101.

(79) Halman and Petterson, 1996.

(80) *Economist*, June 22, 1996 でのレポートによる。戻ってきた財布の数と男性らしさ指標との相関はマイナス○・六○**。

男性らしさ指標の低さは分散の三六%を説明しており、これに権力格差の低さを加えると、五七%が説明される。

(81) Levine et al., 2001, Hofstede, 2001b. 男性らしさ指標とのスピアマンの順位相関係数はマイナス〇・三六*。

(82) Walter, 1990, p. 87.

(83) Stoetzel, 1983, p. 92.

(84) The British and Foreign Bible Society 発行の欽定訳聖書(1954) から引用。[日本語訳は日本聖書協会発行の『聖書新共同訳』(一九八七) から引用]

(85) Schildhauer (1985, p. 107) の引用による。原典は、H. Samsonowicz, 'Die Bedeutung des Grosshandels für die Entwicklung der polnischen Kultur bis zum Beginn des 16. Jahrhunderts', in *Studia Histriae Economica*, 5 (1970), 92ff.

(86) Erasmus, 2001 [1524], pp. 174–181.

(87) Haley, 1988, pp. 39, 110–111.

(88) Schama, 1987, pp. 404, 541, 240.

(89) Michaud (1978, p. 75) によって編集された集合的アイデンティティに関するフランス語の読本が「フランスの女性らしさイメージ」について言及している。

(90) Hofstede, 2001a, p. 331.

(91) Levinson, 1977, p. 763.

(92) 二〇〇四年から二〇一五年にかけて、高所得国の人口は年平均〇・五%、低所得国では年平均一・七%それぞれ増加すると見込まれている。(*Human Development Report 2006*, Table 5)。

(93) 裕福な国々において、一九九五年から二〇〇〇年にかけての出生率は不確実性の回避と負の相関がある。二〇〇〇年から二〇〇五年にかけては、個人主義ともっとも強い相関がある (*Human Development Report 2002, 2006*)。

(94) Hudson and den Boer, 2004.

第6章　違うということは、危険なことである

一九六〇年代、アルント・ゾルゲは旧西ドイツ陸軍で兵役についていた。彼は週末に休みがとれると故郷に帰って過ごしていたが、その町のそばにイギリスの「陸軍ライン川駐屯部隊」の兵舎があった。ゾルゲは、イギリス軍兵舎でオリジナル・サウンド・トラックで上映されるイギリス映画をどうしても観たいと思い、哨兵のところまで行って、自分はドイツ人兵士であるが入場できるかとたずねた。哨兵は彼のことを下士官に告げ、下士官は副司令官に電話をした。それから哨兵はノートの一ページを破って、そこに「アルント・ゾルゲ氏は映画会への入場が許可されている」と書いて署名した。さらに、この許可は副司令官の承認を得ているとつけ加えた。

ゾルゲはこの特権をそのときばかりでなく何度も利用した。そのノートの一ページをドイツ陸軍の身分証明書と一緒に見せるだけで、いつも彼はなかに入ることができた。除隊した後、彼はそのイギリス人の哨兵に、今度は一市民であるが、なかに入ることができるだろうかとたずねた。哨兵はそのノートの一ページを見て、「これはあなた個人のためにあるのですよ」といって彼をなかに入れた。

その後、ゾルゲは組織社会学者になった。彼にとってこの経験は、予定外の要求に対する対処の仕方が、イギリス人と彼の慣れ親しんでいたドイツ陸軍とではどのように違うかを示す例として、記憶にとどめられている。ドイツ軍ならば、もっと時間がかかったであろうし、多くの関係当局の許可も必要だったであろう。申し込んだ本人について多くの情報が求められ、交付された書類ももっと公式のものだったであろう。そして、その書類は軍隊の一員ということで彼に交付されたのであるから、除隊した後で、それを使用することなどかなわなかったに違いない。(1)

▼不確実性の回避▲

旧西ドイツとイギリスは多くの共通点を持っている。どちらも西ヨーロッパの国家でゲルマン系の言葉を話し、東西ドイツの統合の前の人口はほぼ等しい（どちらも約六〇〇〇万人）。しかもイギリス王室はドイツ系である。しかし目の肥えた旅行者でなくとも、二つの国の間にある、はっきりとした文化の違いには容易に気づくであろう。

イギリスの社会学者ピーター・ローレンスは、ドイツについて次のように書いている。

ドイツを旅行する外国人にとって印象深いことは、時間厳守という考え方が、実現されるかどうかは別にして、いかに重要であるかという点である。列車の客室で見知らぬ人と会話をする場合、一般的なトピックは、天候ではなく、列車が時間通りに運行するかどうかである。ドイツの長距離列車では、客室の一つひとつに「列車のお供」と呼ばれる時刻表が掲示されており、そこにはすべての停車駅での到着時間と出発時間、それに途中での乗り継ぎが漏れなく記載されている。列車が駅に入り始めると、ドイツの国民的なスポーツが始まるかのようである。乗客は「列車のお供」の方に手を延ばして、列車の進行をデジタル時計でチェックするのである。たまたま列車が遅れると、拡声器でその事実が伝えられるが、その声は禁欲的とも悲劇的ともいえる調子である。遅れがひどくて最悪の場合には、「どれほど遅れるかわからない」とアナウンスされる。その場合には、追悼演説のごとき調子である(2)。

ゾルゲはイギリス軍の哨兵の寛大な対処の仕方に驚いたが、ローレンスは時間に規則正しいドイツ人旅行者を見て驚いた。この二つの例は、あいまいで予期せざることが起こった場合の寛容さという点で両国に違いがあることを示唆している。IBMの調査では、イギリスと旧西ドイツは、権力格差の次元（スコアは両国とも三五）と男性らしさの次元（両国とも六六）の二つでまったく等しいスコアを示している。個人主義の次元では、イギリスのスコアの方がかなり高い（八九＞六七）。しかし二つの国の最大の違いは、**不確実性の回避**（uncertainty avoidance）と呼ばれる第四の次元にある。

不確実性の回避という言葉は、アメリカの組織社会学、とりわけジェームズ・G・マーチの研究(3)から借用している。マーチと彼の同僚は、アメリカの組織研究からその概念を導いた。しかし不確実性に対処する方法は、どの国においても人間をとりまくあらゆる制度の本質的な要素になっている。すべての人間は、明日何が起こるかわからないという事実に立ち向かわなければならない。未来は不確実であるが、それでもわれわれは生きていかなければならないのである。

あいまいさが極端に高いと、耐えられないほどの不安に陥る。あらゆる人間社会は、この不安を和らげる方法を生み出してきた。これらの方法は、科学技術、法律、宗教といった領域に含まれている。科学技術は、もっとも素朴なものから最先端のものまで、自然によって引き起こされる不確実な出来事を回避するのに役立っている。法律と規則のおかげで、ほかの人々が不確実な行動をとることが避けられている。宗教は、超越的な力とつながりをもつ道であり、その力によって、個々の人間の未来が左右されていると考えられている。自分ではどうしようもない不確実な出来事も、宗教の力を得て受け入れることができる。来世が必ずあることや、敵に必ず勝つことについて確信を持たせるような宗教もある。

伝統的な社会を研究している人類学者は、科学技術、法律、宗教に多大な関心を払ってきた。人類学者は、人間社会が不確実性にどのように対処しているかについて、膨大な数にのぼる事例を報告してきている。この点に関しては、現代社会は伝統的な社会と本質的に違わない。実際、地球上のどの場所でも同じ情報が得られる時代になったにもかかわらず、科学技術と法律と宗教における多様性はそのままである。それらが一定の方向に向かって収斂していくような徴候は見られない。

不確実であるということは、本質的に主観的な経験であり感情である。ライオン使いは、ライオンに取り囲まれているときに心地よいと感じるかもしれないが、そのような状況にほかの人が置かれると、たいていの場合、恐怖のあまり死んでしまいそうになるだろう。混雑した高速道路を時速五五マイル（八八キロメートル）で車をとばせば、気持ちがよいという人がいるかもしれないが、その状況の危険性は、統計的に見ればおそらくライオン使いよりも高い。

不確実であるという感情は、社会のほかの人々と、ある程度共有されているかもしれない。これまでの三つの章で論じてきた価値観と同様に、不確実であるという感情も獲得され学習されるものである。そのような感情およびそれに対処する方法は、社会の文化遺産の一部であって、家族、学校、国家といった基本的な制度を通して受け継がれ強化されている。不確実であるという感情は、それぞれの社会のメンバーが共通して抱いている価値観に反映されている。その根源は非合理なものである。それぞれの社会で集合的に保持されている価値観に応じて、なんらかの集合的な行動パターンが生まれることになるが、そのような行動パターンはほかの社会のメンバーには奇異で理解しがたいものに思えるかもしれない。

▼あいまいさに対して社会はどれだけ寛容か
——不確実性の回避の指標▲

不確実性の回避（強い‐弱い）は、ＩＢＭの調査プロジェクトで、権力格差、個人主義‐集団主義、男性らしさ‐女性らしさの次元に続いて見出された四番目の次元である。このプロジェクトで調査の対象になった国もしくは地域に、それぞれ**不確実性の回避の指標**のスコアを与えることができた。

不確実性の回避に関する各国の違いは、もともと権力格差に付随した現象として発見された。仕事のストレスに関する質問について検討していたときに気づいたのが最初である。この質問は、「あなたは仕事のうえで、神経質になったり、緊張したりすることがありますか」とたずねて、（1）「いつもそのように感じる」から（5）「まったくそのように感じない」までの範囲で回答を求めている。ヘールト・ホフステードはこの質問項目に対する各国の回答に規則的なパターンが現れたことに驚かされた。たとえば、イギリスの社員であれば、管理職、エンジニア、秘書、非熟練工など職種のいかんにかかわらず、ドイツの社員に比べて神経質ではなかった。しかし、ＩＢＭデータベースにおいて、ストレスに関する質問に関して見出された各国の差異は、権力格差に関する各国の差異とは関連していなかったのである。

各国の差が回答に一貫して現れる質問をすべて慎重に吟味すると、次の三つの質問のそれぞれに対する各国での平均値が、互いに強く相関していることが明らかになった。

1　仕事のストレスに関する上記の質問（五段階尺度の平均値）。

2　「たとえ会社に非常に大きな利益をもたらすと思っても、会社の規則は破るべきではない」という意見に対する賛成の程度（五段階尺度の平均値）。**規則志向**と名づけられた質問である。

3　長期勤続を望んでいる社員の割合（％）。すなわち「今後いつまでＩＢＭに勤務したいと思いますか」という質問に対して、（1）「せいぜい二年」、（2）「二年から五年」、（3）「五年以上（ただし定年までにはやめるだろう）」、（4）「定年まで」のうちから回答を求めている。各国において（3）か（4）と答えた人の％は、一番目と二番目の質問に対する各国の平均値と相関していた。

これらの三つの質問を組み合わせてみても、最初は意味をなさないように思われるかもしれない。ストレスを感じている人がなぜ規則の遵守を求めたり、長期勤続を求めたりするのであろうか、という疑問を感じるかもしれない。しかし、それはデータの解釈の仕方が間違っているのである。このデータは、「一人」の人間がこの三つの態度のすべてを備えているとは語っていない。「一人ひとり」の回答について見ると、三つの質問に対する回答は相関していなかった。相関があったのは、三つの質問に対する**回答の国別の平均値**だったのである。その結果、仕事でストレスを感じる人が多い国では規則を遵守しようとする人も多く、長期勤続しようとする人も多いという事実が得られた。ただし、はっきり区別する必要があるのは、各国においてこれらの感情のすべてを同じ人間が抱いているわけではなかった点である。

第2章で見たように、ある国の文化、あるいはある共通の属性を持った人々の文化というものは、「平均的な市民」の特性が組み合わさったものではないし、いわんや「モーダル・パーソナリティ（パーソナリティの型）」でもない。文化の定義はいろいろあるが、文化は、共通のメンタル・プログラムを持つ市民が示しやすい一連の反応である。反応の様式は人それぞれである（神経質になる人もいるし、規則の遵守を望む人もいる）。そのような反応のすべてが同じ**個人**に見出される必要はないが、統計的には、同じ**社会**のなかでより頻繁に見出されるのである。

三つの質問に関して**社会のレベル**での関連を検討してみると、意味のある解釈が得られた。三つの質問はどれも、不確実な将来に目を向けたときに、それぞれの社会で感じられる不安の水準を表している。この不安の水準は、家庭や学校や成人した後の生活の場などにおいて、その社会の人々が共有しているメンタル・プログラムの本質的な要素である。この不安の水準が高いと、仕事で神経質になったり、緊張したりする人々の割合が相対的に多くなる（質問1）。また、もっともな理由があれば会社の規則を破ってもよいという考え方は、受け入れられないことが多い（質問2）。そのような考え方は、あいまいさを生み、誰もが好き勝手を始めれば何が起こるかわからないという不安につながるからである。最後に、勤務先を変わることは未知のものに賭けることを意味するので、不安水準の高い国ではあまり一般的ではない（質問3）。

したがって**不確実性の回避は、ある文化の成員があいまいな状況や未知の状況に対して脅威を感じる程度**と定義することができる。とりわけこの感情は、神経質になってストレスが高まることや、成文化された規則や慣習的な規則を定めて予測可能性を高めたいとする欲求に現れている。

七六の国と地域における不確実性の回避指標の値は、**表6・1**に示されている。権力格差指標の算出方法（第3章）と同じように、各国の指標の値は、質問(1)と(2)の平均値と質問(3)の%から求められた。三つのスコアのそれぞれに一定の値を掛けてから、それぞれを加えるか引くかして、最後に一定の値を足すという、簡単なやり方である。この計算式は、第一に、三つの質問のそれぞれが最終的に算出された指標に対して同じように影響するように、また第二に、指標の値の範囲が不確実性の回避がもっとも弱い国でゼロ、もっとも強い国で一〇〇のあたりになるように、工夫されていた。ただし後者の目的は十分に達成できなかった。計算式を作成した後にスコアが一〇〇を超えるような国のデータがいくつか加わったからである。

表6・1では、これまでの三つの次元とは違い、新しいタイプのグループ分けができている。不確実性の回避は同じ地域のなかでも違いが大きいことから、違いをもたらしている要因は権力格差や個人主義とは異なると考えられる。ラテン・アメリカ、ラテン系ヨーロッパならびに地中海諸国が高いスコア（ギリシアの一一二からエクアドルの六七まで）を示している。また日本（九二）と韓国（八五）のスコアも高い。オーストリア（七〇）、ドイツ（六五）、スイス（五八）などのドイツ語圏のスコアは中より少し高い。日本と韓国以外のアジア諸国（台湾の六九からシンガポールの八まで）と、アフリカ諸国、アングロ系と北欧諸国およびオランダ（フィンランドの五九からデンマークの二三まで）のスコアは、中程度から低いところに分布している。旧西ドイツのスコアは六五（四三位）で、イギリスは三五（六八位）である。この結果は、この章の冒頭で紹介したエピソードに示されたように、旧西ドイツとイギリスはほかの点では似ているが、不確実性の回避に関しては文化の差があることを裏づけている。

▼不確実性の回避と不安▲

不安は心理学や精神分析学で用いられる用語である。それは

ける不確実性の回避指標の値

（IBM データベースおよび追調査などによる 3 項目の回答に基づき算出）

順位	中南米	南 欧 南東欧	北 欧 北西欧 アングロ世界	中東欧 旧ソ連	イスラム世界 中 東 アフリカ	東アジア 東南アジア	スコア
39						台 湾	69
40					アラブ諸国		68
40					モロッコ		68
42	エクアドル						67
43			ドイツ				65
43				リトアニア			65
45						タ イ	64
46				ラトビア			63
47						バングラデシュ	60
47			カナダ （ケベック州）				60
47				エストニア			60
50			フィンランド				59
50					イラン		59
52			スイス （ドイツ語圏）				58
53	トリニダー ド・トバゴ						55
54					西アフリカ諸国		54
55			オランダ				53
56					東アフリカ諸国		52
57			オーストラリア				51
57				スロバキア			51
59			ノルウェー				50
60			ニュージーランド				49
60					南アフリカ （白人）		49
62			カナダ （全国）				48
62						インドネシア	48
64			アメリカ				46
65						フィリピン	44
66						インド	40
67						マレーシア	36
68			イギリス				35
68			アイルランド共和国				35
70						中 国	30
70						ベトナム	30
72						香 港	29
73			スウェーデン				29
74			デンマーク				23
75	ジャマイカ						13
76						シンガポール	8

表6・1　76の国と地域にお

順位	中南米	南　欧 南東欧	北　欧 北西欧 アングロ世界	中東欧 旧ソ連	イスラム世界 中　東 アフリカ	東アジア 東南アジア	スコア
1		ギリシア					112
2		ポルトガル					104
3	グアテマラ						101
4	ウルグアイ						100
5			ベルギー (オランダ語圏)				97
6		マルタ					96
7				ロシア			95
8	エルサルバドル						94
9			ベルギー (フランス語圏)				93
9				ポーランド			93
11						日　本	92
11				セルビア			92
11	スリナム						92
14				ルーマニア			90
15				スロベニア			88
16	ペルー						87
17	アルゼンチン						86
17	チリ						86
17	コスタリカ						86
17		フランス					86
17	パナマ						86
17		スペイン					86
23				ブルガリア			85
23						韓　国	85
23		トルコ					85
26				ハンガリー			82
26	メキシコ						82
28					イスラエル		81
29	コロンビア						80
29				クロアチア			80
31	ブラジル						76
31	ベネズエラ						76
33		イタリア					75
34				チェコ共和国			74
35			オーストリア				70
35			ルクセンブルグ				70
35					パキスタン		70
35		スイス (フランス語圏)					70

「何が起こるかわからないと心配で落ち着かない」[4]漠然とした状況を表している。不安と恐怖を混同してはならない。恐怖には対象がある。われわれは何かを恐れるのであるが、不安には対象がない。不安の水準は国ごとに違うという見解は、一八九七年に自殺の現象に関する研究を発表したフランスの社会学者エミール・デュルケーム（一八五八～一九一七）にまでさかのぼる。デュルケームは、国や地域別の自殺率が毎年驚くほど一定していることを示した。彼は、自殺率が常に一定の水準にあることは、自分の命を絶つというような極めて個人的な行為ですら、各国に存在する社会的な力の影響を受けている証拠であると論じた。

自殺率が高いことは、不安の高い社会が生み出す一つの結果にすぎない。一九七〇年代にアイルランドの心理学者リチャード・リンは、不安に関連する現象を一八の先進諸国で広範囲に研究した結果を発表した。リンは、政府の医療統計およびそれに関連する統計からデータを集めて、自殺による死亡率、アルコール中毒率（肝硬変による死亡率）、事故による死亡率、人口一万人当たりの収監者数といった各国の指標が互いに関連していることを示した。これらの指標はすべて、リンが不安もしくは神経症的傾向と命名した因子を構成している。カフェインの消費量（コーヒーと紅茶の含有量）、一日当たりの平均カロリー摂取量、冠状動脈系心臓病による死亡率、慢性の精神病の発生数（人口一〇〇〇人当たりの患者数）など、ほかのいくつかの指標は不安因子と負の関連を示した。リンは一九六〇年のデータをもとにして、一八カ国それぞれについて不安因子の強度を表すスコアを算出した。その結果、オーストリア、日本、フランスのスコアがもっとも高く、ニュージーランド、イギリス、アイルランド共和国のスコアがもっとも低かった。リンによる各国の不安スコアと表6・1に示されたIBM研究での不確実性の回避指標のスコアとは強く関連している[5]。二つの研究はまったく異なるデータを基にしている。だから、二つの研究結果が一致しているということは、不安の水準は国によって異なるという両者の結論の正しさを強く支持している。不安水準の高い文化もあれば、低い文化もある。

不安の高い文化ほど表出的な文化であるという傾向が見られる。不安の高い文化では、身振り手振りを交えて会話が行われ、声を荒げたり、感情をあらわにしたり、机をたたいたりすることが社会的に認められている。日本はこの点では例外かもしれない。西洋人の目には、一般に日本人は、ほかのアジアの人々と同じように感情を表に出さないように見える。しかし日本の場合、また韓国や台湾でもある程度当てはまるのであるが、仕事の後で同僚と飲みに出かけるというはけ口がある。酒を飲むと、男たちは鬱積した感情を発散させて、上司にさえもそれをぶつけることがある。しかし次の日にはいつも通りに仕事が行われる。このような酒の席は、不安感を発散させるための一つの慣行として、広く認められた場所と時間である。

不確実性の回避の弱い国では、不安水準は相対的に低い。リンの研究によれば、不安水準の低い国ほど冠状動脈系心臓疾患による死亡が多い。この事実は、不安水準の低い文化では表出性が乏しいということから説明できる。そのような文化では、攻撃性や感情を表に出してはならない。つまり感情的にふるまい、騒々しい人間は、社会的に認められていないのである。そのため、ストレスを発散させるような活動が行われることはなく、ストレスは内面化される。ストレスの内面化が繰り返されると、心臓血管の障害が起こるかもしれないのである。

リンは、不安の少ない国では、社会にある種の陰鬱さや緩慢さが漂っていて、刺激に乏しいので、慢性的な精神病患者の数が多いと説明している。コーヒーと紅茶は刺激効果を持っているので、不安の少ない国ではこのようなカフェインを含むものが大量に消費されている。アルコールは逆にストレスを開放する効果を持っている。不確実性の回避の弱い社会では、肝硬変による死亡率が低いことからわかるように、アルコールの消費量が少ない。スカンジナビア諸国では、周期的に大酒を飲むパターンが多くの人々に見られるが、この場合、アルコールはほんの短い時間だけの刺激として働いており、そのあと長い期間、人々は節制するのである。だから、スカンジナビア諸国の平均アルコール消費量は、他のヨーロッパ諸国に比べてやはり少ない[6]。

三三カ国における不確実性の回避指標のスコアと「ビッグ・ファイブ」パーソナリティ検査での各国の基準値とを比較すると、不確実性の回避の強い国では回答者の神経症的傾向のスコアが高く、調和性のスコアが低い。男性らしさの強い文化では、神経症的傾向のスコアはさらに高い[7]。神経症的傾向（精神的安定性の反対）は、不安、怒りっぽさ、憂鬱、自意識過剰、衝動性、傷つきやすさという、パーソナリティの側面について自己評価した結果から構成されている。一方、調和性は、信頼、実直さ、利他性、応諾、慎み深さ、やさしさから構成されている。

これらの相関は、不確実性の回避の強い文化で人々が忙しそうで、ソワソワとしていて、感情的で、攻撃的で、疑い深い印象を与える理由を説明している。また、不確実性の回避の弱い国の人々は、鈍重で、物静かで、気楽そうで、無気力で、抑制されていて、怠惰であるように見える理由も、これらの相関によって説明される。ただしこのような印象は、観察者の目を通して得られるのであって、その印象自体が、観察者が自らの文化でなじんできた感受性の水準の違いを示している。

▼不確実性の回避は危険の回避とは異なる▲

不確実性の回避と危険の回避とを混同してはならない。不確実性と危険との関係は、不安と恐怖との関係のようなものである。恐怖と危険は、どちらも何か特定のものに焦点が置かれている。恐怖の場合には恐れる対象があり、危険の場合には危ない出来事がある。危険は、何か特定の出来事が発生する確率として表現されることが多い。不安と不確実性は、どちらも漠然とした感情である。前に論じたように、不安は特定の対象を伴わない感情である。不確実性を確率で表すことはできない。不確実性とは、何かが起こるのだが、それが何だかわからないという状況である。不確実性が危険なこととして表現されてしまえば、それは不安の源ではなくなる。不確実性は恐怖の源になるかもしれないが、車の運転やスポーツにつきものの危うさというように、日常的なこととして受け入れられてしまうかもしれない。

不確実性を回避しようとする行動は、危険を減らすことよりもむしろ、あいまいさを減らす方向に向かう。不確実性を回避しようとする文化では、あいまいな状況が嫌われる。そのような文化では、何が起こるかを明確に予測でき解釈できる構造が、組織や制度や人間関係に求められている。皮肉なことに、そのような社会では、人々はあいまいさを減らすためにあえて危険な行動をとろうとすることが多く、のんびりと座って静観するよりも潜在的な敵と戦い始めるのである。

ＩＢＭの調査データを分析してみると、（先進国の）不確実性回避の強さとその国で許可されている高速道路の最高速度との間に関連があった。それは正の関連で、不確実性の回避が強いほど制限速度は速い。ほかの条件が同じであれば、高速で運転することは致命的な事故につながりやすいから、危険が増す。しかしその危険についてはよく知られているので、不確実性を回避しようとする文化では、高速で走っても気にならないのである。不確実性の回避傾向が強い文化では、ストレスや緊迫感が強まり、それが高速で運転したいという欲求につながっていく。実際、不確実性の回避傾向の強い国ほど制限速度が速いということは、命を惜しむよりも時間を節約する方が優先されていることを示している。(8)

不確実性の回避が弱い国では、急を要するという感覚はあまりないので、制限速度は遅くてよい、と市民から受けとめられている。危険についてよくわかっているものばかりでなく、転職に伴う危険や規則のない活動に従事する際の危険といった、どのような危険が伴うかわからないものまで受け入れられるのである。

▼追調査における不確実性の回避
——GLOBEプロジェクト▲

第2章で紹介したＧＬＯＢＥによる研究では、「ありのまま」と「あるべき」不確実性の回避の次元を測定するための項目が含まれていた。すでに述べたように、ＧＬＯＢＥの質問群はわれわれのものとは非常に異なった形になっているため、二つの調査が同じものを測定しているとはとても考えにくい。このことは、ＧＬＯＢＥの「不確実性の回避」をわれわれが分析した結果からも示されている。そして、分析の結果にはいくつもの驚くべきことがあった。

まず、双方の調査に含まれた四八カ国において、われわれの不確実性の回避指標はＧＬＯＢＥの「ありのまま」の不確実性の回避と負の相関があり、「あるべき」不確実性の回避とは弱い正の相関があった。ＧＬＯＢＥによる「ありのまま」の不確実性の回避スコアと、「あるべき」不確実性の回避スコアとの間には、極めて強い負の相関がある。(9)

不確実性の回避が強い（不確実性の回避スコアの高さは、社会におけるストレスのレベルや神経症的傾向、規則の必要性や、そのほか、本章で紹介する項目によって示される）国では、ＧＬＯＢＥの「ありのまま」の不確実性の回避は**弱かった**。ＧＬＯＢＥで用いられた質問の例を示すと、「この社会では、実験的な試みや革新的な試みを犠牲にしてでも、秩序や一貫性が強調されている」（反対）、「この社会では、社会的な要求や指示が細かく明記されており、市民は何をすることを期待されているかわかっている」（反対）というものである。基本的に、われわれの分析によって不確実性の回避が強いとされた社会では、ＧＬＯＢＥの回答者は社会に秩序や細かな指示がないと答えている[10]。

ＧＬＯＢＥによる「あるべき」不確実性の回避は、われわれの文化次元のうち、不確実性の回避指標ではなく権力格差指標と相関が強かった。第３章では、ＧＬＯＢＥによる「ありのまま」の権力格差と「あるべき」権力格差が、われわれの権力格差指標よりも不確実性の回避指標とより強く相関しているのを見た。われわれとＧＬＯＢＥとでは、権力の次元と不確実性の次元の意味が、少なくとも一部において逆転しているようである[11]。

ＧＬＯＢＥによる「あるべき」不確実性の回避と関連がある質問は、「実験的な試みや革新的な試みを犠牲にしてでも、秩序や一貫性は強調されるべきである」（賛成）、「社会的な要求や指示は細かく明記され、市民は何をすることを期待されているかわかっているべきである」（賛成）というものである。これらの意見は、われわれの研究では主として権力格差が大きい社会で多く表明されている[12]。

ＧＬＯＢＥが測定した不確実性の回避は、われわれの不確実性の回避指標の代わりにはならない。第３章ではＧＬＯＢＥの測定した権力格差が、われわれの権力格差指標の代わりにならないことを見た。ＧＬＯＢＥが**権力格差や不確実性の回避**という用語を用いるのは、概念の混乱を招くだけでしかない。

▼不確実性の回避と職種、ジェンダー、年齢▲

職種によって不確実性の回避の度合いが異なると想像するのは簡単である（銀行員とジャーナリストなど）。しかし、データが利用可能な三八の職種についてＩＢＭのデータを分析してみると、不確実性の回避指標によって職種を区別することはできなかった。その理由は、各国のスコアを計算するために用いた三つの質問（ストレス、規則志向、長期勤続の希望）が職種によって異なった意味を持つため、三つの質問は職種のレベルでは相関がなかったからである。職種における不確実性の回避を測りたいならば、ほかの質問を用いなければならない。

同じことがジェンダーの違いにも当てはまる。**同じ国で同じ職種についている**男女では、ストレスのレベルも規則志向の程度もまったく同じであった。長期勤務の希望のみは異なっていた（概して男性の方が女性よりも長く勤務することを希望している）が、このことは男性の方が不確実性の回避が強いことを表してはいない。たんに、ＩＢＭの社員全体のなかに、子どもができれば仕事をやめたいと考える若い女性が一定の割合で含まれていたことを示しているだけである。

ＩＢＭの社員全体について、国籍以外に不確実性の回避と密接な関係を示していたのは、平均年齢のみである。ＩＢＭの社員の年齢が高い国では、ストレスが高く、規則志向が強く、長期勤務の希望が強い。しかし、不確実性の回避指標と年齢との間の関係を表そうとすると、循環論に陥ってしまう。不確実性の回避が強い国では、人々は勤務先を変えようとあまり思わないだけではなく、実際に変えることもあまりないのである。それゆえ、これらの国々でのＩＢＭの社員は平均して長い期間勤務を続けているし、年齢も高いのである。(13)

▼家庭における不確実性の回避▲

あるアメリカ人の夫婦が、イタリアの小さな町で二週間のあいだ孫の世話をしていた。孫たちの両親はイタリアに一時滞在しており、そのときは旅行のために不在であった。その孫たちは母親や乳母に連れられた多くのイタリアの子どもたちに混じって、公共の広場で遊ぶのが好きだった。そのアメリカ人の子どもたちは自由に走り回り、倒れては起き上がっていた。その様子を見て、祖父母はあまり危険を感じていなかった。しかし、イタリア人はまったく違った反応を示した。彼女らは、一瞬たりとも子どもから目を離さないし、子どもが倒れるとすぐに立ち上がらせて、ほこりをはらい慰めてやる。(14)

清潔と不潔および安全と危険といった区別は、子どもが最初に学習することの一つである。何が清潔で何が安全であると考えられているのか、あるいは何が不潔で何が危険であると考えられているのかは、社会によって大きく異なっているし、一つの社会のなかでも家族によって異なっている。子どもは、きれいなものと汚いものを区別し、安全なものと危険なものを区別することを学ばなければならない。不確実性の回避が強い文化では、不潔や危険に関する分類は厳密で絶対的なものである。同じ広場にいても、イタリア人の母親や乳母（不確実性の回避指標は七五）は不潔で危険だとみなしたが、アメリカ人の祖父母（不確実性の回避指標は四六）はそのようにみなさなかったのである。

イギリスとアメリカで活躍している人類学者メアリー・ダグラスはその著書のなかで、けがれをもたらす汚いものというのは、相対的な概念であり、完全に文化的な解釈に左右されると論じている。汚いものとは、基本的に場違いなところにあるものをいう。われわれはものごとを分類する基準を持っているが、その思考の枠組みに合わないものが危険であるとかけがらわしいと考えられるのである。(15)

不潔や危険はモノに対して感じられるばかりではない。汚いや危ないという感情は、ヒトにも当てはめうる。人種差別意識は家族のなかで育まれる。子どもたちは、ある特定のカテゴリーに属する人間のことを不潔であるとか危険であると教わる。彼らは、社会、民族、宗教、政治的に見て外集団の子どもたちとは一緒に遊ばないように教わるのである。

考え方についても、汚いとか危険であるとみなされることがある。子どもたちは家庭のなかで、どの考え方がよく、どの考え方がタブーであるかを学習する。よい考え方と悪い考え方の区別が非常に鋭い文化もある。そこでは絶対的な真理を重視して、この真理と異なる考え方は、危険でありけがらわしいとみなされる。疑問をはさむ余地などないし、その真理を相対化することもできない。

不確実性の回避が強い社会では、規則や規範のシステムも強固であり、そのような社会では子どもたちは罪の意識を感じることが多くなる。実際、不確実性の回避が強い社会では、教育によって子どもの**超自我**（不確実性の回避が強いオーストリアのジークムント・フロイトがこの概念を発展させた）は強固なものに発達していく。これらの社会では、子どもたちは世界が敵意に満ちた場所だと教えられ、また未知の状況に陥らないよう守られる傾向がある。

不確実性の回避が弱い文化でも、不潔や危険に関してなんらかの分類がなされている。しかし、その分類はもっとゆるやかなものであって、未知の状況や見知らぬ人間やなじみのない考え方に対して、疑わしきは罰せずという態度で許容する。これらの文化では、規則は柔軟であり、超自我も弱い。また世界はそもそも慈悲に満ちたものだとされ、新しい状況を経験することが促されている。

不確実性の回避が強い文化の子どもにとって規則や規範のシステムに柔軟性が乏しいことは、言語にも反映されている。第4章で紹介したカシマ夫妻による言語構造に関するデータによれば、不確実性の回避が強い文化では、たとえばフランス語で「お前」を表す tu や「あなた」を表す vous のように、人によって相手の呼称が異なる場合が多い。そのような言語を学ぶ子どもたちは、厳格な文化的規則に基づいて言葉を選ぶ必要に迫られている。[16]不確実性の回避が弱い文化では、言語にそのような規則は少ない。

「違うということは危険なことである」という外国人嫌いの信条は、不確実性の回避が強い文化の心情を端的に表している。反対に、不確実性の回避が弱い文化の心情は「違うということは興味をそそる」といえよう。

不確実性の回避が強い社会での家庭生活は、不確実性の回避が弱い社会よりも本質的にストレスが大きい。感情はより激しく、両親も子どもも、肯定的な感情も否定的な感情もともに表に出す。世界価値観調査のデータからは、少なくとも豊かな国々についてみると、家庭生活の満足度は不確実性の回避指標のスコアと負の相関を示している。貧しい国を含めると、家庭生活への満足度は個人主義や女性らしさとの相関の方が強くなる。[17]

二〇〇八年のユーロバロメーターでは、対象国二六カ国すべてを見た場合、「自分の人生にとても満足している」と答えた国民の割合の違いは国の豊かさ（一人当たり国民総所得）によって説明された。裕福な一九カ国に限ってみると、人生におけ

表６・２　不確実性の回避の弱い社会と強い社会の基本的な違い

①一般的な規範，家庭

不確実性の回避が弱い	不確実性の回避が強い
・確実でないということは，人生の自然な営みであり，毎日それを受け入れている。	・人生に絶えずつきまとう不確実性は，脅威であり，取り除かれねばならない。
・ストレスは低く，不安感も低い。	・ストレスが高く，不安感が漂っている。
・怒りや感情を見せてはならない。	・怒りや感情を発散させてもよい時間や場所が決まっている。
・パーソナリティ・テストでは「調和性」のスコアが高い。	・パーソナリティ・テストでは「神経症的傾向」のスコアが高い。
・あいまいな状況であっても，危険についてよくわからなくても，平気である。	・危険についてよくわかっている場合は受け入れるが，あいまいな状況であったり，危険についてよくわからない場合は恐れる。
・汚いものやタブーについて，子どもたちはあまり厳しくいわれない。	・汚いものやタブーについて，子どもたちは厳しく教えられる。
・超自我の発達は弱い。	・超自我は強く発達している。
・相手が異なっても呼称は共通している。	・相手により呼称が異なる。
・違うということは興味をそそる。	・違うということは危険である。
・家庭生活はくつろいだものである。	・家庭生活はストレスに満ちたものである。
・（裕福な国では）家庭生活に満足している。	・（裕福な国では）子育ての費用に不安を感じている。

る満足感は、不確実性の回避指標（の低さ）、男性らしさ指標の低さと一人当たり国民総所得の高さによって説明された。「家庭生活にとても満足している」という回答の割合も、同様のパターンを示した。ＥＵ全加盟国を見た場合、このような違いは国の豊かさと関連があったのに対して、裕福な国では不確実性の回避指標の低さと関連があったのである。[18]

二〇〇八年のユーロバロメーター調査では、ＥＵ市民に日常生活で家族が直面する困難についてもたずねている。「子育ての費用」を選択した割合は、当然ながら一人当たり国民総所得と関連があった。しかし、裕福な国では、その割合は不確実性の回避指標の高さとも関連があった。[19]

表６・２はここまで述べてきた不確実性の回避の弱い社会と強い社会との基本的な違いを要約したものである。ここでの記述は明らかにこの次元の両極端について述べている。多くの国はこの極の間のどこかに位置しており、また国の内部でもかなりの違いがある。

▼不確実性の回避、健康、幸福（不幸）▲

健康への自己評価は不確実性の回避指標と負の相関を持つ傾向がある。医療統計からは客観的な健康度の違いに関する証拠は何も示されていないにもかかわらず、不確実性を許容する国の人々の方が健康に対する自己評価が高い。健康も感じ方次第である。[20]

健康管理に関する慣行は国によってかなり異なっており、このことは海外で医者にかかった旅行者の話からも証明することができる。医療に関する理論と実践は、文化的な伝統のなかにしっかりと織り込まれており、そこでは不確実性の回避が重要な役割を果たす。医療ジャーナリストのリン・ペイヤーは、イギリス、フランス、ドイツ、アメリカでの患者としての自らの体験を記している。彼女が挙げた例によると、イギリスとアメリカでは低血圧が長生きの（そして、生命保険の掛け金が安くなることの）理由と見られているのに対して、（不確実性の回避の高い）ドイツでは病気として扱われており、市場には低血圧を治す薬が何種類も売られている。[21] 医師と患者のやりとりに関するヨーロッパ一〇カ国の比較調査によると、不確実性に対して寛容な国の医師は、患者とのアイコンタクトをより多くとり、患者とのラポールを築くことにより注意を払う。[22]

　不確実性に対して寛容な国の医師は、患者の気分を和らげるような話をするだけで、処方箋を与えないことがしばしばある。一方、不確実性を回避する文化では、医師は薬をいくつも処方することが多く、患者もそのことを期待している。フランスでは農村の人口が減少しているが、地元の薬局はパブよりも長くやっていけるといわれている。これは不確実性の回避が弱いアイルランド共和国にはけっして当てはまらないであろう。

　各国の不確実性を回避するための規範は、医療関係の予算配分にも反映されている。国連開発計画（ＵＮＤＰ）は、住民一〇万人当たりの医師と看護師の数について統計をとっている。看護師の数を医者の数で割れば、医者一人当たりの看護師の数の指標になる。この指標は、医療関係予算の絶対的な規模、すなわち、国の経済力に左右されない。医師一人当たりの看護師数は不確実性の回避と有意な負の相関がある。このことは、不確実性を回避する国では医師に使われるお金の割合が大きく、不確実性を受け入れる国では看護師に使われるお金の割合が大きいことを意味する。不確実性の回避が強い文化では、医師自身によって行われる業務が多い。医師はかけがえのない専門家とみなされているのである。[23]

　不確実性の回避が強い文化では、健康に対する自己評価が低い人ほど、自分が不幸だと強く思う傾向が強い。オランダの社会学者ルート・フェーンオーフンは、幸福感（主観的な幸福〔well-being〕）に関する各国の五〇年以上にわたるデータをまとめている。すべての国についてみると、一九九〇年以前には、幸福感は主に豊かさと相関していた（裕福な国は幸福感が高い）。一九九〇年以降になると、豊かな国のみならず、すべての国について、幸福感ともっとも相関が高いのは不確実性の回避指標であった。[24] しかし、平均的な幸福感が尺度としてもっとも意味のあるものであるとは限らない。フェーンオーフンのデータベースには、各国における幸福感スコアの分布（分散）も含まれている。これらの分散度スコアは不確実性の回避指標と正の相関があった。[25] 非常に幸福な人は不確実性の回避が強い国にも弱い国にもいるのだが、非常に不幸な人はとくに不確実性の回避が高い国に見られるのである。このことは、不確実性の回避が幸福感よりも、不幸と感じることと相関を持つ傾向があることを意味する。ある国において不幸だと感じている人の割合がなぜ高いのかは、不確実性の回避によって説明できるだろう[26]。非常に幸福であるという回答の割合が国によって高くなる理由は、われわれの新たな文化次元である**放縦‐抑制**（第8章を参照）によって説明される。

ピーター・スミスは第4章で述べた大規模な国際調査における各国の「黙認」のレベルを比較することにより、不幸だと感じる程度を間接的に測定する独創的な方法を考案した。**黙認**とはどのような質問に対しても、その内容にかかわらず肯定的な回答をする傾向のことである。価値観に関する質問では、この傾向は集団主義と権力格差の大きさと相関していた。実際の状況をたずねる質問では、すべての質問に対して肯定的な回答をする傾向は、不確実性の回避の弱さと相関していた。不確実性の回避が強い国では、人々は自分の仕事や生活状況を否定的にとらえる傾向がある[27]。

▼学校における不確実性の回避▲

一九八〇年頃には教師を対象とした国際的なプログラムとして、経営問題に関する夏期講習のコースが行われていた。五〇人のクラスに二〇カ国以上の国籍の教師が出席していた。そのようなクラスは、学生（いずれも普段は教師の立場にいる）の学習習慣の違いや教える側の行動について彼らが抱いている期待の違いを観察するには絶好の機会であった。

このプログラムを教えていたときにヘールトが直面したジレンマは、教室での学習活動をどの程度まで組み立てておくかということであった。たとえばドイツ人は、目標がはっきりしていて、細かい課題が与えられ、時間割がきっちりしているような、構造化された学習の場を好んだ。ただ一つの正解を見つけ出すことができるような学習を好んだのである。ドイツ人は、正確さに評価の基準が置かれるものと期待していた。このような好みは、不確実性回避の強い国で典型的に見られるものである。一方、イギリス人の参加者は、あまりにきちんと組み立てられた授業を軽蔑した。目的があいまいで、幅広い課題が与えられ、時間割などないといった自由な学習の場を好んだのである。正解は一つだけしかない、などという示唆を彼らに与えることはタブーであった。イギリス人は、独創性に評価の基準が置かれるものと期待していた。このような反応は、不確実性回避の弱い国で典型的に見られるものである。

不確実性回避の強い国の学生は、教師が正解をすべて知っている専門家であることを期待している。難解な学術用語を駆使する教師が尊敬される。このような国の偉大な教祖的存在の学者のなかには、非常に難解な文章を書く人がおり、教祖がほんとうに何をいっているのかを知るために、凡人による解説が必要である。「ドイツの生徒は、自分に理解できるようなやさしいことは疑わしく、おそらく科学的ではないと信じるように育てられている[28]」。フランスの学術書では、一つの文が半ページにわたることも珍しくない[29]。不確実性回避の強い国の学生は一般に、教師の学問的な見解に異論を唱えない。博士論文を準備している学生が重要な問題について指導教員と意見が一致しないときには、自分の考えを変えるか、別の指導教員を見つけようとする。学問的な事柄について異論を唱えることは、個人的な裏切りであると感じられるのである。

不確実性回避の弱い国の学生は、「私にはわからない」と語る教師を受け入れる。平易な言葉で語る教師が尊敬されるし、難しい問題を一般的な用語を用いて説明している書物が尊重される。そのような文化では、学問的な事柄についての見解の相違は、研究の刺激につながると考えられている。われわれの知っている博士論文の指導教員のなかには、博士課程の学生を評価するときに、その学生が指導教員である自分の見解にどの程度理路整然と反論できるかを積極的に考慮する者がいる。

同じような状況であっても、不確実性の回避が弱い国の学生は、学業の成績を自身の能力によるものだと考え、不確実性の回避が強い国の学生は、成績を周囲の環境や運によるものだと考える。五カ国の学生を対象にした二つの異なる研究で、成績を自分の能力によるものだと考える相対的傾向が、不確実性の回避指標と負の相関を持つことが示されている[30]。

これまで、大学や成人教育における授業や学習場面の事例を紹介してきた。しかし、このような事例に見られる教師や生徒の行動や彼らの抱いている期待は、あきらかに学校教育のなかで早くから育まれてきたものである。不確実性の回避と関連がある違いとして、とくに小学校や中学校で目につくのは、親と教師についての役割期待の違いである。不確実性回避の強い文化では、親は観客として教師から招かれることはあるが、教師から相談されることはめったにない。親は素人で、教師は専門家であるという区別があるからである。一方、不確実性回避の弱い文化では、子どもの学習過程に親も積極的に関与してもらおうとする教師がいる。そのような教師は、親の意見を積極的に求めている。

▼ショッピングにおける不確実性の回避▲

オランダのマーケティングの専門家マリーク・デ・ムーイの研究についてはすでに第5章でふれた。彼女はヨーロッパの裕福な一六カ国において、IBM調査による指標と消費者行動の違いとの有意な関連をいくつも見出している[31]。それらのなかで、男性らしさ－女性らしさ指標と並んで、もっとも重要な役割を果たすのが、不確実性の回避である。

食べ物や飲み物を買う場合、不確実性の回避が強いと、純度が高く、基礎的な商品が評価される。不確実性を避ける文化では、水道水の質がよくても、人々はミネラルウォーターを飲み、新鮮な果物を食べ、純粋な砂糖を使っていた。不確実性を受け入れる文化では、純度の高さよりも便利さが評価されていた。そのような文化では、アイスクリーム、冷凍食品、お菓子、塩味の利いたスナックといった出来合いの食べ物が多く消費されていた。

不確実性を避ける文化では清潔さに対する信仰が強く、洗濯用洗剤の消費量が多かった。一方、不確実性を受け入れる文化

表6・3　不確実性の回避の弱い社会と強い社会の基本的な違い

② 健康，教育，買い物

不確実性の回避が弱い	不確実性の回避が強い
・不幸だと感じている人が少ない。	・不幸だと感じている人が多い。
・健康やお金に関する心配が少ない。	・健康やお金に関する心配が多い。
・心臓発作が多い。	・心臓発作が少ない。
・看護師が多く，医師が少ない。	・医師が多く，看護師が少ない。
・学生は自由な学習の場を好み，討論に関心がある。	・学生は構造化された学習の場を好み，正解にこだわる。
・教師が「私にはわからない」ということもある。	・教師たるものは，何についても答えられると考えられている。
・成績は自分の能力によるものだと考えられている。	・成績は周囲の環境や運によるものだと考えられている。
・教師が両親を巻き込む。	・教師は両親に情報を与える。
・買い物では便利な商品を求める。	・買い物では純度が高く清潔な商品を求める。
・中古車を買い，家の修善は自分で行う。	・新車を買い，家の修善は専門家に任せる。
・買い物をするときしばしば倫理的な配慮を求める。	・本や新聞があまり読まれない。
・携帯電話やｅメールやインターネットのような新技術がすぐに受け入れられる。	・新しい製品や技術に対してとまどいがある。
・リスクの高い投資行動をする。	・保守的な投資行動をする。
・広告ではユーモアでアピールする。	・広告では専門性でアピールする。

では、清潔さよりも見栄えが評価され、口紅、マスカラ、ボディーローションやデオドラント、ヘアコンディショナー、顔用の保湿クリーム、洗顔料やそのほかの化粧品などの美容用品の消費量が多かった。

不確実性を避ける文化では、中古車よりも新車がよく買われていた。不確実性を受け入れる文化では、人々はペンキ塗りや壁紙貼りといった家の仕事を自分たちですることが多かった。不確実性の回避が強い国では安全が優先され、そのような仕事は専門家に任されていた。

不確実性を受け入れる文化では、人々は本や新聞をよく読む。そのような人々は、買うものを決める際に、倫理的な考えに影響されると主張することが多い(32)。

不確実性を避ける文化では、消費者は新しい製品や情報にためらう傾向がある。携帯電話(33)やｅメール、インターネットといった電子的な通信手段の導入が遅かった(34)。不確実性の回避の弱い国では、インターネットを使ってインターネットの接続サービス会社を比較することが多い(35)。

印刷物やテレビでの宣伝広告を見ると、不確実性を避ける文化では専門家がよく起用される。たとえば、白衣を着た医者が商品を薦めるのがそうである。不確実性を受け入れる文化ではユーモアを効かせた宣伝広告が多い。ＥＵのほかの加盟国の業者による広告は、不確実性回避の弱い国々の方がよく読まれていた(36)。

金融に関しては、不確実性の回避が高い国ではリスクをとることが少ない。人々は株にはあまり投資せず、貴金属や宝石に投資する。彼らは代金を払うのが遅いため、不確実性を受け入れる国との貿易では問題が生じかねない[37]。

表6・3は**表6・2**の続きで、不確実性の回避が弱い社会と強い社会との基本的な違いを要約したものである。ここでも、記述は明らかにこの次元の両極端について述べている。多くの国はこの極の間のどこかに位置しており、また国の**内部**でもかなりの違いがある。

▼職場における不確実性の回避▲

二〇〇九年の夏、一〇万人以上の従業員を抱えるフランス最大の通信会社であるフランス・テレコム社で、従業員の自殺が相次いでいることが、国際的に報道された。二〇〇九年九月二八日、月曜の朝には、一八カ月のうちに二四人目となる従業員が橋の上から身を投げて自殺した。かつて独占的な国営企業だったフランス・テレコム社は、民営化以来急激なリストラを行っているが、そのために自殺が突如多発するようになったと批判されている。かつて公務員とみなされていた従業員は配置転換されたが、新たな業務は彼らの個人的な心情をほとんど考慮に入れずに経営者側の方針によって決められていた。**表6・1**では、フランスは不確実性の回避指標が高い国になっている(スコア八六で一七位)。リストラによるストレスは、自殺した人々にとって我慢できるレベルを超えていたのである。

ストレス以外に不確実性の回避指標を構成する要素は、IBMの従業員のうちで長期勤務を望んでいる人の割合である。これはIBM特有の現象ではない。不確実性の回避が強い国では、ほかの要素が同じであれば、従業員も経営者も長期勤務を求めるのである。同時に、これらの国々(少なくともヨーロッパ)では、ワーク・ライフ・バランスを実現するのに苦労している人が多い[38]。

この章のはじめに述べたように、人間の行動の不確実な要素を取り除く方法として、社会には法律や規則、規制がある。不確実性を避ける社会では、雇い主と社員の権利や義務が多くのフォーマルな法律やインフォーマルな規則によって定められている。作業工程を定める内規もたくさんあるが、作業工程の厳密さは権力格差の大きさによっても左右される。権力格差の大きいところでは、上司が任意に権限を行使するので、内規はそれほど必要とされていない。

不確実性回避の強い文化を持つ社会では、人々は心情的に規則を求めている。政府の役人や公務員それに雇い主や社員も、幼いときから構造化された環境のなかにいると心地よく感じるようなメンタル・プログラムを組み込まれてきた。構造化できることは、偶然に任せてはならないのである。

不確実性回避の強い社会では、心情的に法や規則が必要とされているので、規則を定め、規則を遵守しようとする行動がとられる。しかし、まったく形式的であったり、つじつまが合わなかったり、さらには役に立たない行動を引き起こすことにもなる。フォーマルな構造を心情的に求めている人々にとっては、たとえ効果はなくても規則があるというだけで安心できるということが、不確実性回避の弱い国の批評家には理解できない。現実に何が起こるかはたいして重要ではないのである。フランス、アメリカ、オランダの製造工場の比較研究を行ったフィリップ・ディリバルネは、フランスの工場の作業工程には、実質的な意味がなくなってからしか遵守されない工程があると述べている。この状態は、彼によると、フランスのアンシャン・レジーム（一八世紀のナポレオン以前の君主制）について指摘される「厳密な規則があっても、実行が伴わない」という状態に等しい[39]。

不確実性の回避が弱い国では話はまったく逆になり、フォーマルな規則のあることの方が不快感を高める。規則は、左側通行にするか右側通行にするかというように、絶対に必要な場合にだけ定められるべきだと考えられている。そのような社会の人々は、フォーマルな規則がなくても多くの問題は解決できると信じている。不確実性回避のかなり強い文化を持つドイツ人は、バス停や店先でイギリス人がきちんと列を作っているのを見て、公衆道徳がよく守られているという印象を持つ。イギリスには、列を作るように定めた規則はない。列を作ることは人々の習慣になっていて、社会的な規範によって絶えず強化されているのである。皮肉なことに、不確実性回避の弱い国では、規則はあまり絶対視されていないが、概してよく守られている。

イギリス人のほとんどは、感情の起伏が穏やかで辛抱強いので、列を作って順番を待つという行動がうまくいっている。この章の前の方で述べたように、不確実性の回避が弱い国では不安の程度も低い。不確実性回避の強い社会と弱い社会とでは、職場における不安の程度にも顕著な違いが認められる。不確実性回避の強い社会では、人々は一所懸命に働くことを好み、少なくともいつも忙しくしていないと気がすまない。時は金なり、人生に「待った」はない。不確実性回避の弱い社会でも、必要があれば、人々は一所懸命働く。しかし、いつも何かをせずにはいられないというような内面的な衝動に駆られる人はいない。くつろぐことが好きなのである。時間は自分を方向づける枠組みではあるが、絶えず気にするものではない。

フランスのフォンテーヌブローにあるＩＮＳＥＡＤのビジネス・スクールで教えていたアンドレ・ローラン教授は一九七〇年代に、経営学コースを受講していた先進一〇カ国の管理職を対象として、組織に関する意見についての質問紙調査を実施した。その結果によると、次の質問項目が不確実性の回避と強く相関していた。

◇　対立が永久になくなるならば、たいていの組織は繁栄する。

◇　管理職は、仕事に関する部下のたいていの質問に対して、正確な回答を手元に用意しておくことが重要である。

◇　有能な部下が仕事を適切にやりとげることを望むならば、仕事の仕方について、その部下に事細かに教えることが最善の方法である。

◇　職場の人間のそれぞれの役割が複雑になってきたときには、役割を明確にするために業務についての詳細なマニュアルを作ればよい。
◇　部下が直属の上司を二人持つような組織構造は、どんなことがあっても避けるべきである。[40]

これらの項目はすべて、不確実性回避の強い文化を持つ国の組織において、あいまいさを嫌悪し、正確さや形式化を必要とするような特徴があることを示している。不確実性回避が弱い国では、あいまいさや混沌は創造のための条件として賞賛されることがある。

不確実性を回避する文化では、仕事の現場において専門的知識への信用が厚く、組織のなかでは専門家の数が多い。不確実性を受け入れる文化では、常識やジェネラリストへの信用が厚い。そのよい例がイギリスにある。イギリスの伝統では、一流の大学で古典文学の教育を受けることが経営者になるために有効な切符であると考えられている。

フランスのジャック・ホロウィッツはイギリス、フランス、ドイツの企業の経営者の職務について研究したが、その結論によると、イギリスの経営者は、経営戦略上の問題解決に携わることが多く、日常的な運営上の問題にはあまり関与していなかった。しかし、フランスとドイツの経営者の場合は逆であった。[41] IBM調査では、フランスとドイツはどちらも不確実性の回避指標のスコアが、イギリスよりもかなり高かった（フランス八六、ドイツ六五、イギリス三五）。経営戦略上の問題は、そもそも構造化されておらず、運営上の問題に比べれば、はるかにあいまいさに対して寛容であることが要求される。ホロウィッツが調査を行った当時、フランスとドイツの経済はイギリス経済よりも好調であった。したがって、不確実性回避の弱い文化のもとでは、戦略的な計画が中心となるが、これが必ずしも経営効果を高めるとはいえない。戦略的な計画を立てることは、これらの国々では信用にかかわる。企業や国家の経済的成功には、まだまだほかにいろいろな要因が絡んでいる。

アメリカの研究者スコット・シェーンは、三三カ国で新たに登録された商標の数と不確実性の回避指標のスコアとが負の相関を持つことを見出し、不確実性の回避が強い文化ではイノベーションが遅れると結論づけた。[42] シェーンとその同僚はまた、多国籍企業四社の三〇カ国での従業員を対象に、イノベーションのプロセスにおける従業員の役割について調査を行った。その結果、不確実性の回避が強い国では、従業員は既存の法や規制に束縛されることが多かった。[43]

しかし、フランスのディリバルネによれば話は異なる。一九九〇年代のはじめ、フランスの自動車会社ルノーと、スウェーデンの自動車会社ボルボが合弁会社を設立した。IBM調査ではフランスは不確実性回避のスコアが高く、スウェーデンでは非常に低い。両国の技術者と技師の混成チームが新たなモデルのデザインに取り組んでいたが、数年後に合弁会社は解散した。フランスとスウェーデンの社会科学者は、何がよくなかったのか、また合弁会社の経験から何を学んだのかをたずねた。その結果をディリバルネは以下のように述べている。

合同チームでは、フランスはスウェーデンよりも革新的なデザインを生み出した。フランス側のメンバーは新しいアイデアを試し、そのアイデアを強く擁護することをためらわなかった。一方、スウェーデン側は常に合意を得ようとしていた。合意を求めようとすると、提示できるアイデアや、思いつくことのできるアイデアすら限られてしまう。スウェーデン人にとって、アイデアを表現するには人々の間での合意が求められる。フランス人にとって、アイデアの表現は技術的な真理を求めることにすぎない。フランス側は主に決定の質に関心があり、スウェーデン側は決定のプロセスに関心があった。チーム内の交渉は、たいていフランス側の勝ちであった。フランス側は上司の支援があり、上司は常に交渉に出席していたが、スウェーデン側の上司はチームのメンバーに任せて、交渉にはまったく出席していなかった。このような非対称な構造は危険なものであったが、わかったときにはすでに手遅れであった。相互不信は経営のトップレベルにまで達し、合弁は終わったのである。[44]

このケースから、不確実性の回避の強さが必ずしも創造力を束縛することにはつながらず、不確実性の回避が弱ければ創造力が自由に沸き出すわけではないことが示唆される。ただし、シェーンとディリバルネの結論を比較する際には、社会についての研究の結果が研究者の国民性と無縁ではないことに注意するが必要がある。

ＩＢＭ調査からは、勤務先として小企業よりも大企業を好む傾向が、男性らしさ指標とのみならず、不確実性の回避指標と有意な**正の**相関を持つことがわかっている。組織研究では、大企業は規則をあえて破る**社内起業家**（intrapreneur）に見返りを与えない限り、小企業ほど革新的にはならないとよくいわれている。社内起業家とは**起業家**（entrepreneur）をもじった言葉である。**起業家**とは独立して自ら行動を起こす者であり、オーストリアとアメリカで活躍した経済学者ヨセフ・シュンペーター（一八八三～一九五〇）によれば、社会におけるイノベーションの主な源である。

ヘールトがオランダの同僚とともに参加した研究プロジェクトでは、シュンペーターのアイデアが重要な貢献をしている。そのプロジェクトは、二一の先進国の自営業者の割合に対し影響を及ぼす経済的要因と文化的要因を探るというものであった。各国における自営業者の割合と不確実性の回避指標のスコアとを比較すると、驚くべき結果が得られた。不確実性を避ける文化では自営業のリスクを負う人が少ないと予想されるが、実際には正反対であった。自営業者の割合と不確実性の回避との間には正の相関があった。さらに研究を進めると、不確実性の回避に結びつくある一面が、この相関を説明していることが明らかになった。それは主観的な幸福感の低さであった。自営業は生活に満足していない人が多い国において選択されることが多く，未知のものに対して寛容な国では選択されないことが多い[45]。

シュンペーターが正しかったとすれば，起業家はそれ以外の人よりもイノベーションを生み出すはずである。そうであれば，不確実性の回避スコアが高い国においてイノベーションが期待できないのではなく，期待できることになる。しかし，イノベーションには複数の面がある。不確実性の回避が弱い文化が根本的なイノベーションに優れているというのはたしかにその通りかもしれないが，根本的なイノベーションを新たな製品やサービスにまで発展させる点では不利である。新たなプロセスを実行するには，かなりの正確さと規則正しさが必要となる。規則正しさという面は，不確実性回避の強い国の方によく見られる。イギリスには日本よりも多くのノーベル賞受賞者がいるが，日本はイギリスよりも多くの新製品を世界市場にもたらした。これは，革新を生む文化がアイデアを供給し，その実行に適した文化がそれをさらに発展させるという相乗効果のよい例である。

▼不確実性の回避・男性らしさ・動機づけ▲

社員の動機づけについては，経営の観点から古くから関心が寄せられてきた。そして，おそらく企業の研修担当者や経営関係の書物の執筆者にとっては，さらに関心の高い話題であろう。不確実性を回避する傾向に差があるということは，動機づけのパターンに違いがあることを示唆している。その特徴は，第5章で説明した男性らしさ・女性らしさの次元と不確実性回避の次元とを同時に考察すればはっきりする。図6・1は，不確実性の回避を縦軸に男性らしさを横軸にとった二次元上に，各国のスコアをプロットしたものである。

IBM調査の結果とデイヴィッド・マクレランド（一九一七～一九九八）の研究を比較しているうちに，不確実性回避の指標と男性らしさの指標とを組み合わせればよいのではないかという示唆を得た。ハーバード大学の心理学者マクレランドは，今や古典となった *The Achieving Society*（『達成動機』）を一九六一年に刊行した。彼はこの本で，それぞれの国で有力な動機づけのパターンを描き出そうとした。彼は，達成動機・親和動機（他者との交際）・権力動機の三つのタイプの動機を区別し，三つのタイプがそれぞれの国でどの程度強いかを測定するために，子どもたちの読解の教材として使われている物語を内容分析した。マクレランドは，小学校二年生から四年生までの児童が読んでいる物語は，児童にとって最初の読み物であり，これらの物語と現代国家との関係は，説話と伝統社会との関係に等しいと論じた。人類学者は文字を持たない社会の人々の動機を推測するために，説話を広く利用してきた。マクレランドは，同じことを近代国家に関して行おうとしたのであった。

マクレランドの研究チームは，一九二五年と一九五〇年に各国で用いられた子ども向けの読解教材を分析した。どの国でも二つの時点のそれぞれについて，二一の物語を研究の対象として，達成欲求，親和欲求，権力欲求のスコアを物語ごとに算出

図6・1　男性らしさ指標と不確実性の回避指標

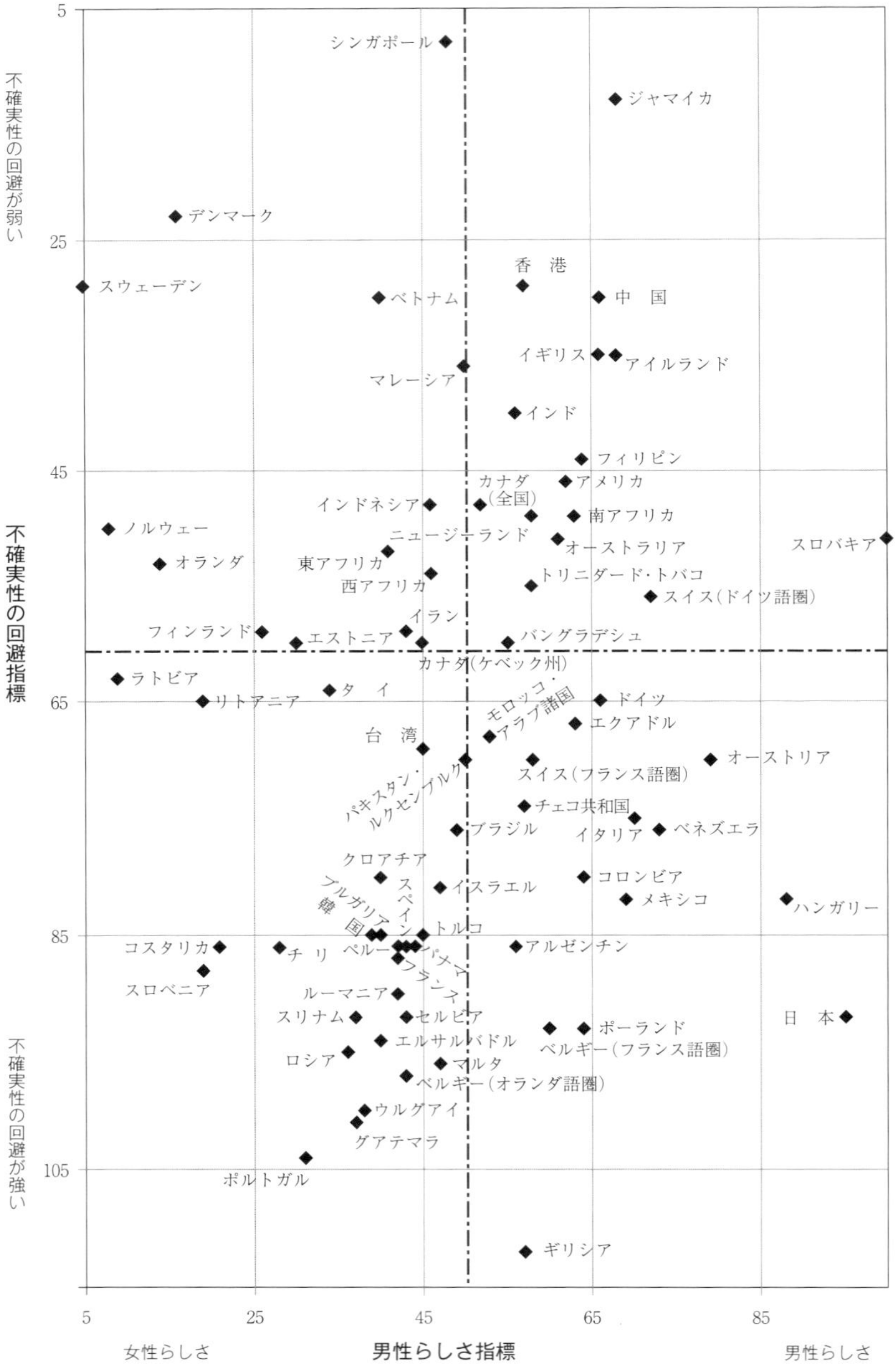

し、さらに各国のスコアを求めた。マクレランド自身の仮説は、子ども向けの物語に現れた「達成欲求」の強さが、その子どもたちが成人したときの経済発展を予測するうえで有効だということであった。この点に関しては、後の出来事が示すように、彼の議論は正しくなかった。しかし、マクレランドの得た各国のスコアをIBM調査で得られた次元のスコアと比較してみると、一九二五年の子どもの教材（伝統的な色彩の濃い内容）から測定された達成欲求の強さは、不確実性回避の弱さと密接に結びついていた。そして不確実性の回避が弱く、男性らしさが強い場合には、達成欲求との関連はさらに密接であることが明らかになった[46]。

このことは、マクレランドの研究における一九二五年の達成欲求に関する各国の順位が、図6・1の右上（達成欲求が強い）から左下（達成欲求が弱い）への対角線上に並ぶことを意味する。不確実性回避のスコアが低ければ、その国では未知のものに危険を冒してでも挑戦しようとする傾向が強く、男性らしさのスコアが高ければ、目に見える結果を出すことの重要性が高い。どちらもアメリカに伝統的に見られる、起業家の活動を構成する要素である。アメリカとほかのアングロ系諸国は、当然のことながら図6・1の右上の象限に位置している。そこでは、不確実性の回避が弱く、男性らしさが強く、達成欲求が強い。アメリカ人であるマクレランドは、アングロサクソン系アメリカ人の典型的な価値観である達成動機を、経済的な成功を導く普遍的な処方箋に祭り上げてしまった。フランス人やスウェーデン人や日本人の研究者であれば、達成動機が全世界に当てはまるなどとは考えもしないであろう。アチーヴメントという言葉を英語以外の多くの言語に翻訳することすら難しいのである[47]。

マクレランドの研究から視点を移しても、図6・1の不確実性の回避と男性らしさ－女性らしさの組み合わせを見てみると、国々がいくつかのグループに分かれており、グループによって動機づけのパターンに違いがあることがわかる。第4章で紹介したアブラハム・マズローの「人間の欲求の階層理論」が考察の出発点になる。マズローは、人間の欲求は階層をなしているとして、生理的欲求がもっとも低次の欲求であり、安全と安心欲求、所属欲求、尊重への欲求と続いて、自己実現の欲求がもっとも高次の欲求であるとした。第4章では、自己実現をもっとも高次の欲求とする個人主義的な仮定に対して異議を申し立てた。世界における不確実性の回避と男性らしさに関する文化の多様性を考えると、さらにいくつかの条件が付け加えられなければならない。

安全や安心欲求は、不確実性回避の強い国では、ほかの欲求よりも優先される傾向がある。所属欲求（人間関係の欲求）は、女性らしさの強い文化では尊重への欲求よりも優先されるであろう。しかし男性らしさの強い文化では、尊重への欲求の方が優先されるであろう。したがって、仕事のタイプといったほかの条件が等しいと仮定した場合には、図6・1の各象限において社員をもっとも強く動機づける要因は、次のようになる。右上の象限（アメリカなど）では、（自己または集団の）達成と尊

表6・4　不確実性の回避の弱い社会と強い社会の基本的な違い

③ 仕事，組織，動機づけ

不確実性の回避が弱い	不確実性の回避が強い
・雇用先を変えることが多く，勤務期間が短い。	・雇用先を変えることが少なく，勤務期間が長い；ワーク・ライフ・バランスの実現が難しい。
・絶対に必要な規則以外は必要ない。	・たとえ守られることがないとわかっていても，規則を求める気持ちがある。
・必要なときにのみ一生懸命働く。	・一生懸命働こうとする内面的な衝動がある。
・時間は自分を方向づける枠組みである。	・時は金なり。
・あいまいさと混沌への寛容さがある。	・正確さと形式化が求められる。
・ジェネラリストと常識が信用される。	・専門家や技術的解決が信用される。
・最高経営者は戦略に関心がある。	・最高経営者は日常業務に関心がある。
・新しい商標が多い。	・新しい商標が少ない。
・意思決定のプロセスに焦点がある。	・決定の内容に焦点がある。
・社内起業家は規則から自由である。	・社内起業家は既存の規則に束縛されている。
・自営業者が少ない。	・自営業者が多い。
・革新では優れているが，実行では劣っている。	・革新では劣っているが，実行では優れている。
・達成と尊重または所属によって動機づけられる。	・安全と尊重または所属によって動機づけられる。

重であり、左上の象限（スウェーデンなど）では、達成と所属であり、右下の象限（日本やドイツなど）では、安全と尊重である。左下の象限（フランスなど）では、安全と所属である。

この分類ではマズローの五つのカテゴリーを用いているが、カテゴリー間の序列については、各国において支配的な文化のパターンに応じて配列し直している。マズローのモデルに関するもう一つの問題点は、彼のモデルに欠けているほかの欲求を付け加えるべきかどうかということである。マズローのモデルは、二〇世紀中頃のアメリカの中流階級の文化的な環境を背景にしており、そこで確認されなかった欲求は、モデルに含まれていない。付け加えられる欲求としては、これまでの章での考察をもとにして、尊敬、調和、面子、義務が挙げられる。

表6・4は不確実性の回避が弱い社会と強い社会との基本的な違いのうち、仕事、組織、動機づけに関連するものを要約したものである。ここでも、現実は両者の間のどこかに位置する。

▼不確実性の回避、市民、国家▲

不確実性回避の強い国は、弱い国に比べて、より厳密な法律がより多く制定されている傾向が見られる。たとえばドイツでは、ほかのすべての法律が施行できないような出来事に備えて「非常立法」と呼ばれる法律まである。一方イギリスでは、成文憲法さえない。ドイツにおける労使関係は詳細に立法化されているのに対して、イギリスでは労使関係法を制定しようとする試みはすべて失敗に終わっている。

不確実性の回避が弱い国では、法律が機能しなければ撤回するか修正するべきだという考えが浸透している。不確実性の回避が強い国では、法律が守られなかったとしても、安全に対するニーズを満たすことができる。この点は、宗教的な戒律に近い。

法律を制定することと、適用することは別のことである。世界銀行の法律専門家は、一〇〇カ国以上の国で法律事務所と共同で、各国において二つの比較的簡単な民法上の手続きに必要な期間についての情報を収集した。それらの手続きとは、不渡りになった（銀行に拒否された）小切手の代金回収と、家賃を払わない借家人の退去であった。期間は四〇日から三年までの幅があり、IBM調査の文化指標が利用可能な六七カ国では、どちらの手続きも不確実性の回避と有意な高い相関があったが、ほかの指標や国の豊かさとの相関はなかった[48]。不確実性の回避が強い文化では法律が整備されているが、うえの二つの手続きに関しては、市民が法律を利用するには時間がかかっていた。おそらくそのため、市民が法的な手続きを利用しようとすらしないのかもしれない。

不確実性の回避が各国の法律の制定に与える影響は、個人主義や集団主義の程度にも依存する。図6・2では、不確実性の回避の次元と個人主義－集団主義の次元をクロスさせている。不確実性の回避が強く個人主義的な国では、規則ははっきりと成文化されている（低コンテキストのコミュニケーション、第4章参照）が、不確実性の回避が強く集団主義的な国では、規則はしばしば暗黙の了解であり伝統に根ざしている（高コンテキストのコミュニケーション）。後者はまさしく日本の場合であり、西洋の製品に対する日本市場の開放について、西洋諸国と日本とが交渉の席に着いたときにこれが争いのもとになる。外国製品の輸入を妨げるような正式な規則はないという日本側の議論は正しい。しかし西洋の製品を日本に輸入しようとする業者は、日本の流通システムにある暗黙の規則にぶち当たってしまう。そのような規則は彼らには理解できないのである。

国家当局と市民との関係に対する不確実性の回避の意味合いは、第3章で述べたような権力格差の場合とは異なる。権力格差が大きい国では、国家当局は絶対的な権力を行使し、役人の地位や物質的報酬も高い。しかし、不確実性の回避が強い国では不確実性の回避が弱い国に比べて、国家当局が専門的知識を占有する傾向がある。この場合、市民と国家当局の格差は、**能力**にあり、**権力**そのものにはない。

市民の力（citizen competence）という言葉は、アメリカの政治学者ゲイブリエル・アーモンドとシドニー・ヴァーバの古典的な研究で初めて用いられた。そこでは、国家当局に対して一般市民が持っている力は、彼らが研究した五つの国で大きく異なることが示された[49]。ヘールトは『経営文化の国際比較』のなかで、アーモンドとヴァーバの市民の力の尺度が、不確実性回避と強い負の相関を示すことを明らかにした。不確実性回避のスコアが低い国ほど、市民の力は大きいと認知されている。

別の研究では、国家当局による決定にどの程度の影響を与え

図6・2　不確実性の回避指標と個人主義指標

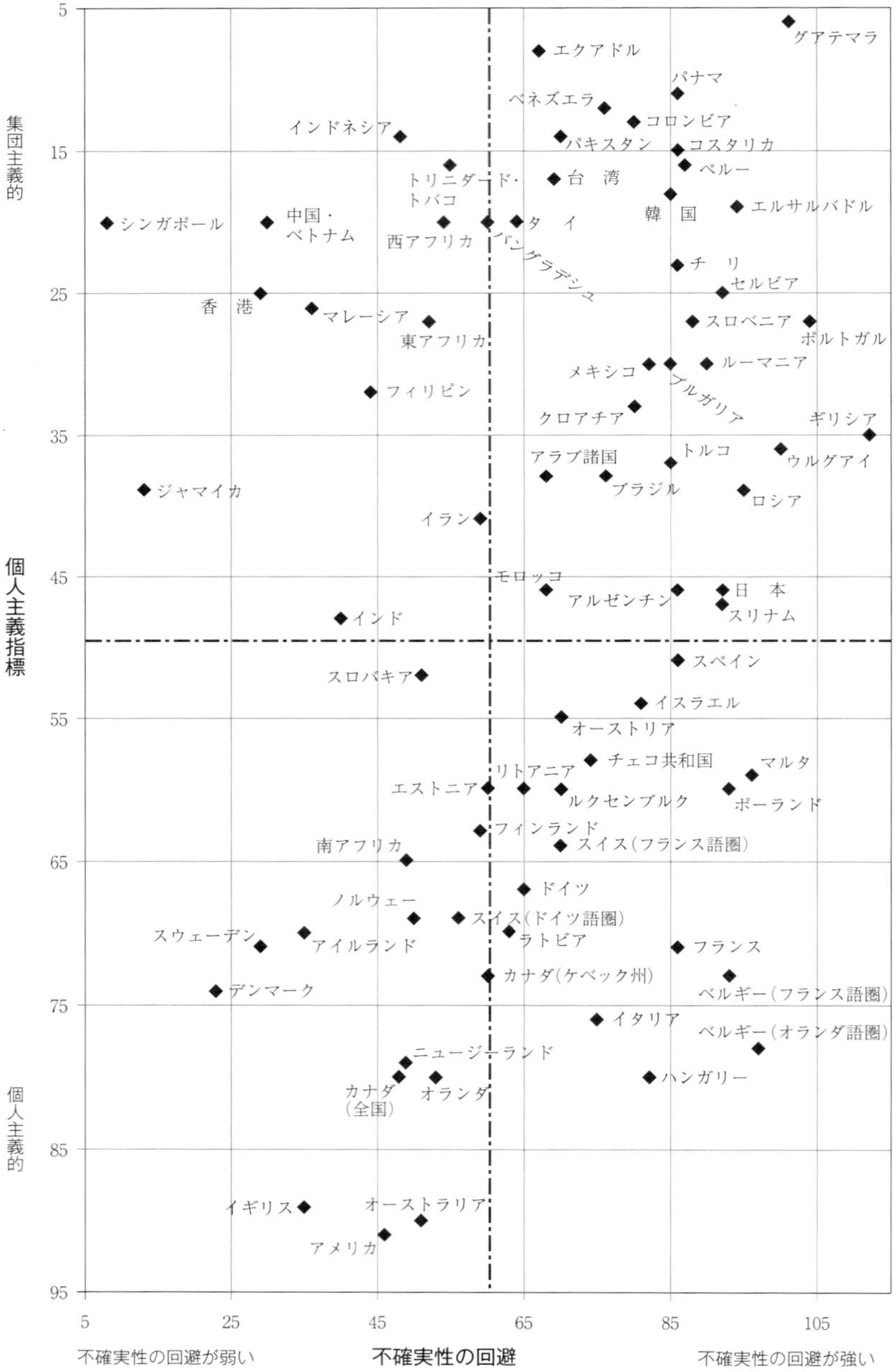

ることができるかについて、不確実性回避の強い国の市民は、不確実性回避の低い国と比較して、悲観的であった。国家当局による決定に進んで異議を申し立てようとする市民はほとんどおらず、異議申し立ての手段も、請願書やデモのような比較的ありきたりのものであった。ボイコットや座り込みのようにさらに極端な抗議行動に関しては、不確実性回避の強い国の市民の大半は、これらの抗議行動は政府によって断固として制圧されるべきであるという意見を支持していた[50]。

不確実性回避の弱い国の市民は、政治の裾野である地方レベルの意思決定に参加できると信じていた。彼らは、不確実性回避の強い国の市民に比べて、政府の決定事項に異議申し立てをすることを辞さないし、もし穏当な行動が功を奏さないならば、異例の強硬な抗議行動に訴えることに賛成した。彼らは、そのような抗議行動を政府は抑圧すべきではないと考えていた[51]。二〇〇七年のユーロバロメーターのデータによれば、ヨーロッパの裕福な一九カ国の若者について見た場合、不確実性の回避指標が低い国の方が、請願書に署名する傾向が強いことが示された。しかしながら、デモへの参加に関しては、不確実性回避指標が高い国の方が参加する傾向がみられる[52]。

不確実性回避の強い国の市民は、政府の提供する専門的知識に依存するばかりでなく、それが物事のあり方であると感じているようであった。国家当局と市民は、お互いの役割についての規範を共有していた。国家当局の発想は法律用語に基づく傾向がある。不確実性回避の強い国では弱い国に比べて、上級公務員に占める法学部出身者の割合が高い（一九七七年の新聞記事によると、ドイツではこの割合が六五％であるのに対し、イギリスでは三％である）[53]。政治家や政治プロセスについて、不確実性の回避が強い国の公務員は否定的な感情を持つ傾向があったが、不確実性の回避が弱い国では、公務員の感情は肯定的であった。

不確実性の回避が強い国では、市民はあまり政治に興味を持っておらず、自国の政治家や公務員を信頼しようとは思っていなかった。このような国では法律や規約が多いにもかかわらず、司法システムへの信頼が厚いとはいえなかった[54]。不確実性の回避が弱い国では、社会のために市民はボランティア団体やボランティア活動に参加することが多かった。

ベルギー・ブリュッセルの郊外に住むアメリカ人の家族は、近くの空港からの騒音がひどくなっていることに頭を痛めていた。彼らは国家当局に騒音を減らすための方策をとるよう署名活動を行った。しかし、署名を行ったのは近隣の外国人家族だけであった。ベルギー人（不確実性の回避の高い文化）は問題の存在を否定するか（「騒音とは何」というなど）、国家が関心を払うことなどありえないといって署名を拒否するかのどちらかであった[55]。

第5章では、アメリカの心理学者ロバート・レヴァインとさまざまな国から来た外国人学生による「落としたペン」の実験について述べた。この実験は、援助行動に関する比較文化研究プロジェクトの一環であった。そのプロジェクトには、「目の不自由な人が道を渡るのを手伝う」という実験も含まれていた。学生は交通量の多い通りの信号のあるところで、目が不自由なふりをした。ここでいう「援助」とは、信号が青になってから六〇秒以内に、その「目の不自由な」人に対して誰かが信号が青になったことを伝えること、もしくは、その人が通りを渡るのを手伝うことを意味する。二三カ国における歩行者を手伝う人の割合は、各国の不確実性の回避指標のスコアと強い正の相関があった。不確実性の回避が強い文化では、人々は信号が青になったときに目の不自由な人を傍観していることができない[56]。この場合、不確実性の回避は市民が責任を負うことに正の影響を与えている。しかし、責任を負う相手は国家ではない。

ヨーロッパの不確実性の回避の強い国では、国家当局の関係者から求められたときには、いつでも身元を証明できるように市民は身分証明書を携帯することが義務づけられている。不確実性回避の弱い国では、そのような義務はなく、市民の身分を証明する仕事は国家当局の側にある[57]。

不確実性の回避の強い国では、自らを進歩的と称する政党の内部でさえ保守主義が根強く、法と秩序が強く求められている。不確実性の回避の弱い国では、人々はリベラルな思想を持つ傾向がある。これらの国々では若者に対する肯定的な態度が浸透しているが、不確実性の回避の強い国では、若者はやっかいな存在であるとみなされることが多い[58]。その逆も成り立つ。ジョルジュ・ブラッサンス、ピエール・シャトラン、カトリーヌ・ル＝フォルスティエ、アンリ・タシャンなど、大人を否定的にとらえた歌詞をつづったフランスのシャンソン歌手は少なくない[59]。不確実性回避の強い国では弱い国に比べて、その政治体制の内部に少数の過激派が潜んでいることが多く、また危険思想を保持しているとして政治集団が非合法とされることも多い。非合法とされた集団は地下に潜行して活動を続け、テロに訴えることさえあるかもしれない。これらの国々には、テロリストを生み出しやすい土壌がある。

▼不確実性の回避と汚職▲

国家のみならず、ときとして民間組織の機能にも影響を及ぼす現象が汚職である。公式なものであれ、非公式なものであれ、袖の下というものは世界中多くの場面で存在する。汚職と呼ばれるものは、ある程度は定義の問題である。本書では、汚職とは人が自らの地位を濫用して不正に私腹を肥やすことや、私的な目的のために権力者を買収して協力を得ることをいう。しかし、合法な範囲だとしても、似たような目的で、ロビー活動に多額のカネを費やすことはどうなのだろうか。また、企業の経営者に過度の報酬や功労金を与えることはどうなのだろうか。日本や中国をはじめ、ほかの多くの文化では、モノを贈ることは重要な儀礼であり、モノを贈ることと贈賄との境界線はあいまいである。純粋主義者からすれば、チップを与えることですら賄賂の一種と思われかねない。

一九九五年以来、ドイツ・ベルリンにあるトランスペアレンシー・インターナショナルというNGOは、多くの国を対象として、インターネット上で毎年、腐敗認識指数（Corruption Perception Index: CPI）を発表している。この指標は、ビジネス界やメディア、外交機関など、一三の異なる情報源から寄せられた情報をもとに構成されている。指標は完全に「清廉」な状態を指す「一〇」から、極端に腐敗した状態を指す「一」までである。二〇〇八年の腐敗認識指数の分析からは、世界的に見て、指標が各国の豊かさ、あるいはむしろ貧しさによって大きく左右されることが示されている。必要なデータが揃っている七三カ国のうち、豊かな半数に入る国々は、清廉な半数にも含まれていた。逆もまたしかりである。貧しい方の国々のうち、平均よりも清廉なのは四カ国だけであり、豊かな国々のうち平均よりも腐敗しているのは五カ国だけであった[60]。

貧困という状況のもとでは、非公式にお金を求めることはたんに欲が深いというだけの話ではない。むしろ、生きていくためのものなのである。貧しい国々では公務員も警察官も教師も給与が低く、給与以外の「付け届け」がなければ家族を養うことができない。そのようにしてお金を得る習慣は、システム全体に及んでいる。

豊かな国々のなかでも腐敗認識指数には違いがあるが、その違いは、一人当たりの国民総所得の差によって説明することはできない。ＩＢＭ調査データのある三〇の豊かな国では、二〇〇八年の腐敗認識指数の違いのうち、半分以上は不確実性の回避指標によって説明された[61]。一九世紀のイギリスで政治家からケンブリッジ大学の教授に転じたアクトン卿は、「権力は腐敗する。そして、絶対的な権力は絶対に腐敗する」という有名な警句を残している。この警句は、おそらく現在でも通用するであろう。しかし、権力は絶対的というよりも、相対的なものである場合が多い。そのような場合、市民が権力側の人間に対して対抗できないと感じていればいるほど、権力側が不法な習慣をやりおおせてしまう。

当然のことではあるが、汚職は賄賂を贈る人間がいてはじめて可能となる。トランスペアレンシー・インターナショナルは、腐敗認識指数に続いて「贈賄指標」（Bribe Payers Index: BPI）を定期的に発表している。二二の輸出国において、二〇〇八年の贈賄指標は不確実性の回避スコアと相関していなかったが、輸出国の豊かさと負の相関があった。中国やインドといった貧しい輸出国の方が、より多くの賄賂を贈っているのである。また、輸出国の権力格差指標もかなりの役割を果たしている。権力格差指標の大きい輸出国は、権力格差指標の小さい国と比較して海外の顧客に付け届けを贈る傾向が強い[62]。

表６・５は不確実性の回避が弱い社会と強い社会との基本的な違いのうち、政治と国家に関連するものを要約している。

▼不確実性の回避、外国人嫌い、ナショナリズム▲

一九八三年にロッテルダムから一六歳の女子高校生——ここではアネッケと呼ぼう——がオランダとオーストリアの交換留学生プログラムに参加した。彼女はオーストリアの中規模の都市に住む高校教師の家にホームステイした。そこにはリードル

表６・５　不確実性の回避の弱い社会と強い社会の基本的な違い

④ 市民，国家

不確実性の回避が弱い	不確実性の回避が強い
・法律や暗黙の了解が少なく，あっても一般的なものである。	・数多くの細かい法律や暗黙の了解がある。
・守れない法律であれば，変更されるべきである。	・守れない法律であっても必要である。
・司法への訴えに対する結果が出るのが早い。	・司法への訴えに対する結果が出るのが遅い。
・国家当局と比べても，市民は力がある。	・国家当局と比べると，市民は無力である。
・市民の抗議行動が受け入れられている。	・市民の抗議行動は制圧されるべきである。
・公務員は法学部出身ではない。	・公務員は法学部出身である。
・公務員は政治のプロセスに対して肯定的な感情を持っている。	・公務員は政治のプロセスに対して否定的な感情を持っている。
・市民は政治に興味がある。	・市民は政治に興味がない。
・市民は政治家や公務員，司法システムを信頼している。	・市民は政治家や公務員，司法システムに否定的である。
・ボランティア団体や運動に参加する割合が高い。	・ボランティア団体や運動に参加する割合が低い。
・市民の身分を証明する義務は国家当局に課せられている。	・市民は常に身分証明書を持ち歩かなければならない。
・外部から見て汚職が少ない。	・外部から見て汚職が多い。
・リベラリズム。	・保守主義，法と秩序を重んじる。
・若者に対して肯定的な態度である。	・若者に対して否定的な態度である。
・過激な思想に対しても寛容である。	・過激派の存在とその抑圧がある。

博士夫妻と、アネッケと同い年の娘ヒルデと年下の二人の男の子がいた。

アネッケはヒルデと一緒に通学した。彼女のドイツ語は急速に上達した。日曜日には敬虔なローマ・カトリック教徒であるリードル夫妻とミサに参列した。アネッケはプロテスタントであったが、気にはしなかった。彼女はミサに参列して歌うのが好きだった。彼女はオーストリアにバイオリンを持ってきており、学校が終わってからヒルデのピアノに合わせて何曲も演奏した。

リードル一家でのホームステイが二カ月ほどになったある日、夕食でユダヤ人に関する話題が出てきた。リードル一家はユダヤ人に対する偏見が非常に強いように見えた。アネッケは憤慨し、リードル氏の妻にユダヤ人の知り合いがいるのかたずねた。答えはこうであった。「もちろんいないわよ！」

アネッケは頭に血が上った。「そう、これで一人知り合いができたわね」と彼女は言った。「私はユダヤ人よ。少なくとも、母の家族はユダヤ人だわ。そして、ユダヤ人の伝統では、母親がユダヤ人ならその子どもはみなユダヤ人なのよ」

夕食は沈黙のうちに終わった。翌朝リードル氏はアネッケをわきに連れて行き、彼女はリードル一家とは一緒に食事をすることができないと伝えた。食事は別々にとることになった。さらに、一緒に教会に行くこともできないと伝えた。アネッケがユダヤ人だということをリードル一家がもう少し早く知っていれば、こうはならなかったのである。アネッケは数日後、オランダに帰国した[63]。

EU諸国のなかで、オーストリアやほかの中央ヨーロッパ諸国は、IBM調査やその追調査で相対的に不確実性の回避が強い国とされている。ヨーロッパのこの地域では、反ユダヤ主義を含む民族的な偏見が何世紀も荒れ狂ってきた。一九三〇年代までは、ウィーンに大きなユダヤ人街があった。オーストリアを代表する学者の多くはユダヤ人であり、そのなかにはジークムント・フロイトもいた。一九三六年にナチス・ドイツがオーストリアに侵入した。大多数のユダヤ系オーストリア人は亡命し、その多くの亡命先はアメリカであった。亡命しなかった者は、ナチスのホロコーストによって命を落とした[64]。一九四五年以後、オーストリアにユダヤ人はほとんどいない。実際にあったこのエピソードから、偏見は対象となる相手が消えた後になっても長く残存し、抑制されないまま拡大することすらありうることが示されている。

この話でのリードル家の両親は、「違うということは、危険なことである」とプログラムされている。そして、彼らはその感情を子どもたちにも伝えたのである。リードル家の子どもたちがこの出来事をどのようにとらえたか、彼らが両親と同じように偏見を持つようになったかはわからない。危険という感情は、マイノリティに（あるいは過去のマイノリティにも）、移民、難民や他国の国民に向けられてしまう。ヨーロッパ委員会による *Racism and Xenophobia in Europe*（『ヨーロッパにおける人種差別と外国人排斥』一九九七年）という報告書では、移民を送り返すべきだとする意見は不確実性の回避と強く相関している。IBM調査では、不確実性の回避の強い国では外国人の上司が受け入れられにくいことが示されている[65]。

他国の人々に対する感情は、不確実性の回避のみならず、男性らしさの程度によっても異なる。図6・1はこの二つの指標を組み合わせた結果を表している。第二次世界大戦の枢軸国であるドイツ、イタリア、日本は、三国とも図6・1の右下の象限に位置しており、不確実性回避が強く男性らしさも強いという特徴を持っている。これらの国の開戦前の状況を見ると、自民族中心主義や外国人嫌い、攻撃性がほかの文化パターンを持つ国よりもいともたやすく高まっていった。不確実性の回避が強く男性らしさが明瞭な文化は、ファシズムと人種差別が高揚するもっとも肥沃な土壌である。第二次世界大戦後には、この同じ価値観の組み合わせが、旧枢軸国に急速な復興をもたらしたことは、逆説的である。ある文化の短所は、状況次第では長所になるかもしれない。

図6・2に描かれている不確実性の回避と個人主義との組み合わせは、それぞれの社会において集団間の紛争を解決する手法が異なることも示している。歴史的な事実として、一つの国のなかに民族や言語や宗教の異なるいくつかの集団が存在する。同質性の程度は国によって異なる。しかし、国民や政府がそのような集団間の対立にどのように対処するかは文化的な現象である。図6・2の右上の象限に位置する国々では、不確実性回避の強さ（「違うということは、危険なことである」）と集団主義

的な排外主義（所属集団への帰属意識が強い）が組み合わさっている。このような国家は，集団間の対立を否定し，マイノリティを同化させるか抑圧することによって，集団間の対立を根絶しようとする。これらの国々ではマイノリティもまた不確実性の回避が強く，集団主義的な価値観を抱いている場合が多いので，集団間で内戦が起こる確率がかなり高い。セルビア，アラブ諸国，トルコなど，集団間の激しい対立を抱えた国々が，図6・2の右上の象限に位置している。インドネシアとアフリカ諸国はこの象限に近い。

図6・2の左上の象限に位置している国々は，マレーシアやシンガポールのように，所属集団への帰属意識の強い集団を抱えているが，集団同士が互いに認め合い助け合うために妥協点を見つけている。右下の象限に位置する国々においては，マイノリティに対してかなりの反感があり，民族や宗教や言語の違いから対立関係にある集団に対して強い反感が潜んでいる場合が多い（ベルギーがそうである！）。しかし，個人主義的な国家では，普遍主義的な原則に従って，すべての人間の権利を尊重することを保証しようという姿勢がある。そのため他者に対して極端な態度をとることは，政治的な違いによる場合に限られている。最後の左下の象限に位置する国々では，アメリカのように，少なくとも理論的にはマジョリティがマイノリティを積極的に統合し，平等な権利を保証しようとする傾向が強い。二〇〇一年九月一一日の同時多発テロのような事件は，この寛容さにとって厳しい試練となっている。それはアラブ系アメリカ人や，外見がアラブ系に近いアメリカ人が経験している試練でもある。

不確実性の回避が強い国では，逸脱者やマイノリティに対する寛容さが欠けていて，このことはときとして国に大きな損失をもたらしてきた。カトリック信者であったスペイン国王は，ムーア人を追放してイベリア半島を再征服（Reconquista）した後（一四九二年），スペインとポルトガルからユダヤ人を追放した。しかし，そのことによってもっとも活発な商業活動の担い手であった市民の一部を失うことになり，その後数世紀にわたるスペイン帝国の衰退をもたらしたと考えられている。イベリア半島にいたユダヤ人のうちの一部はオランダに移住して，一七世紀におけるオランダの植民地の拡大に重要な役割を果たした。そのほかのユダヤ人はコスタリカに移ったが，コスタリカは，今日でもペルソナリスモが強く，不景気なラテン・アメリカ諸国のなかで例外的に好ましい状態の国である（第4章参照）。さらに近年の歴史では，ヒットラーが最高水準の科学者（その多くはユダヤ人）を追放したために，アメリカが原子爆弾を開発することができたのである。

▼不確実性の回避・宗教・アイデア▲

この章では前に，人類が不安を回避する方法の一つとして宗教があると述べた。信仰と儀礼によって，われわれは自分では防ぎようのない不確実な出来事を受け入れるようになる。来世について究極的な確信を与える宗教もある。

表6・1の不確実性回避のスコアによって各国をグループ分けすると、それぞれの国で支配的な宗教との関係がいくぶんはっきりする。ギリシア正教とローマ・カトリックの国は不確実性回避のスコアが高い（フィリピンとアイルランドは例外である）。イスラム教の国のスコアは中程度で、プロテスタントの国のスコアは低い。仏教とヒンズー教の国のスコアは日本を例外として、中程度から非常に低いところまでの間に分布している。

宗教によって国々を分類する場合、世界のすべての大宗教は内部で異質性が高いという問題にぶつかる。ローマ・カトリック教の内部では、ポーランド、ペルー、イタリア、オランダの違いは非常に大きい。インドネシア、イラン、サウジアラビア、バルカン諸国では、同じイスラム教でも、信者にとっての意味も国にとっての意味もまったく異なる。タイとシンガポールと日本の仏教を比べても、その情緒的な意味合いや実践がまったく異なっている。

すでに第1章で示唆したように、改宗は、そもそも文化的な価値観の完全な転換にはつながらない。権力格差、個人主義－集団主義、男性らしさ－女性らしさ、ならびに不確実性の回避の次元によって表される価値の複合体は、ある宗教から別の宗教へ移った後も存続してきたようである。このような価値の複合体は、人々がある宗教をどの程度受け入れてきたか、また受け入れられた宗教がその国でどのように発展していったかに影響してきたのかもしれない。インドネシアの（ジャワの）神秘主義は、ヒンズー教、仏教、イスラム教、キリスト教が到来し改宗があった後も存続した。キリスト教国では、宗教改革の有無によって、かつてローマ帝国の支配下にあった国とそれ以外の国にほぼ正確に分けることができる。かつてローマ帝国の支配下にあった国々（現在、ロマンス系の言語を話している国）はことごとく宗教改革を否定し、ローマ・カトリック教にとどまった。ほかの国はたいてい、プロテスタントになるか両方が混在することとなった。ポーランドとアイルランドはローマ帝国に支配されたことはない。しかしこれらの国では、ローマ・カトリック教徒であることが、非カトリック教徒の征服者に対する自己の存在の証しとなったのである。

不確実性の回避と信仰との関係を明らかにする場合、西洋の宗教と東洋の宗教とを区別することが有意義である。ユダヤ教、キリスト教、イスラム教といった西洋の宗教は、神の啓示をその基礎としており、三つの宗教とも現在中東と呼ばれている地域で生まれた。西洋の宗教と東洋の宗教を分けるポイントは、絶対的真理に対する関心のあり方である。西洋の啓示宗教は、ほかの真理なるものを排除する絶対的な真理というものがあり、人はそれを手にすることができるという仮定を共有している。西洋宗教の支配的な社会の場合には、不確実性回避の強弱の違いは、この絶対的真理を手にしているという確信をどの程度求めているかによる。不確実性回避の強い文化では、「唯一絶対の真理が存在し、われわれはそれを手にしている。ほかの者はすべて間違っている」という信念が広くゆきわたっている。この真理を手にすることが救済への唯一の道であり、人生の主たる目的である。ほかの者は間違っているという考え方を持つことが、他者を改宗させたり、遠ざけたり、殺害したりする行動につながるのかもしれない。

西洋では不確実性回避の弱い文化でも、絶対真理への信仰がある。しかし、自分たちだけがそれを手にしていると信じる必要はない。「唯一絶対の真理が存在し、われわれはそれを求めている。他者も同様に絶対の真理を求めているのであるが、彼らが違った方向を探しているのも、人生の常として受け入れよう」。これらの文化で確かなのは、神は人が信仰のために非難されることを望んではいないということである。

ローマ・カトリック教会は、何世紀にもわたって異端審理の宗教裁判を維持し、異端思想の持ち主の処刑や禁書・焚書を行ってきた。今日でもローマ・カトリック教会によって禁止されている書物がある。イランでは、マヤトラ・ローホーラ・ホメイニ師が一九八九年に逝去する直前に、サルマン・ラシュディによる *The Satanic Verses*（『悪魔の詩』）を禁書にした。そしてすべての信者に、その本の著者と出版社の人間を殺害するように呼びかけた。キリスト教国家では、歴史的に異教徒に対して不寛容であったにもかかわらず、このことについて多くの人々が大変な衝撃を受けたのはやや驚きであった。いくつかの例外はあるとしても、歴史的に見て、イスラム教はローマ・カトリック教よりも異教徒に対して寛大であった。ホメイニの行為も例外の一つである。何十万もの人々の命を奪った中世の十字軍は、イスラム教ではなく、キリスト教の不寛容によるものである。オスマン・トルコ帝国では、ユダヤ教徒やキリスト教徒のように「聖書を信じる人々」は容認され、特別税を支払うかぎり、自己の宗教を信仰することができた。一方、プロテスタント系のキリスト教徒は一般に視野が広いと考えられているが、宗教上の不寛容さから犠牲者を出してきた。たとえばミゲール・セルヴェトが一五五三年にジェネーヴで、ジャン・カルヴァンの信奉者によって火あぶりに処せられたという事実がある。また何世紀にもわたって、プロテスタント系諸国では、魔女とされた者を火あぶりにしてきた。二一世紀に入っても、原理主義的なキリスト教の牧師が、J・K・ローリングの『ハリー・ポッター』シリーズは悪魔の作品であると宣告した。

罪の告白は、不確実性回避の強い文化のパターンにふさわしい慣行である。戒律が守られなくても、告白は戒律を維持し非難を個人に向ける方法である。ローマ・カトリック教における告白の慣行は、比較的穏やかに、慎み深く行われる。スターリン時代の旧ソ連では、戦闘的な共産主義のもとで、告白が民衆の前でのショーにされた。不確実性回避の弱い文化では、規則が順守されないことがはっきりすれば、規則を変えようとする傾向がある。

東洋の宗教は、絶対的真理にあまり関心を払わない。唯一絶対の真理が存在してそれを手に入れることができるという仮定は、東洋の宗教思想にはない。この考え方には、不確実性の受容以上のものが含まれている。それについては第7章でさらに議論しよう。

国民の大半がキリスト教を信仰する国では、プロテスタント教徒の数に対するカトリック教徒の数の割合が不確実性回避のスコアと強く関連している。カトリック教徒の割合は、男性らしさとも強く関連している。カトリックが支配的な社会では、女性が指導的な地位につくことが認められないという例に見られるように、男性らしさの強い価値観が幅をきかせる傾向がある[66]（第5章参照）。カトリックと不確実性の回避との相関の意味は解釈しやすい。小規模なセクトは例外として、カトリック教会は、たいていのプロテスタント宗派では得られない確信を信者に与えている。カトリック教会は、確信を求める文化に訴える力がある。プロテスタント系の国家において支配的な文化のもとでは、人々は確信というものをあまり求めない。確信を必要とする人々は、セクトや原理主義的な集団に精神的な安らぎの場を見出している。

イスラム教の内部やユダヤ教の内部にも、不確実性の回避の程度の異なる宗派があり、宗派間ではっきりとした対立が見られる。一方の特徴は、独断的、寛容でない、熱狂的、原理主義的である（「唯一絶対の真理が存在し、われわれはそれを手にしている」）。他方は、現実的、寛容、リベラル、近代世界に適合的という特徴がある。近年三つの啓示宗教のいずれにおいても、狂信的な宗派が声高らかに、活発に活動している。歴史的に見ると、狂信主義は必ず自滅するので、過度の狂信主義もやがては衰えると予想される。

宗教に当てはまることは、世俗的な新種の宗教と化した政治的イデオロギーにも当てはまる。世界各地のマルクス主義がその例である。旧東ドイツがまだ確固とした共産主義体制であったとき、ライプチヒ大学の正面玄関前に巨大なたれ幕が掲げられており、そこには次のように書いてあった。「マルクス主義は全能である。なぜならそれは真実であるからだ[67]」。不確実性回避の強い文化における政治的イデオロギーは寛容でなく、不確実性回避の弱い文化のそれは寛容である。いわゆる人権を尊重するということは、異なる政治思想の持ち主に対して寛容な態度をとることである。人権侵害が生じる国では、不確実性を回避する傾向が文化に深く根ざしている。ただし、権力闘争（権力格差に関係する）や集団主義的なグループ間の紛争の結果として、人権侵害が生じる国もある。

哲学と科学の分野では[68]、壮大な理論は不確実性回避の弱い文化よりも強い文化のもとで構想される傾向がある。真理の探求こそ、哲学することの本質である。ヨーロッパでは、ドイツとフランスが、イギリスやスウェーデンよりも多くの偉大な哲学者（デカルト、カント、ヘーゲル、マルクス、ニーチェ、サルトルなど）を生み出してきた。不確実性回避の弱い文化では、思索からよりも観察や実験から結論を導こうとする偉大な経験主義者（ニュートン、リンネ、ダーウィンなど）が生まれている。

学術雑誌に投稿された論文原稿を審査してきた経験から気づいたことであるが、ドイツ人やフランス人が書いた原稿には、しばしばデータによる裏づけのないおおまかな結論が述べられている。イギリス人やアメリカ人が書いた原稿は、広範なデータの分析に基づいているが、大胆な結論を出すことを避けている。ドイツ人やフランス人は演繹的に推論し、イギリス人やアメリカ人は帰納的に推論する傾向がある。[69]

科学的な論争の背後にも、時折、文化的な前提が潜んでいる。ドイツの物理学者アルバート・アインシュタイン（一八七九～一九五五）と彼の同僚でデンマーク人のニールス・ボーア（一八八五～一九六二）との間で、原子の内部過程に法則があるかそれともランダムかについての有名な論争が交わされた。アインシュタインは「神がさいころを振っているなんて想像できない」と言ったとされている。ボーアなら「最近の研究によれば、アインシュタインではなく、私の説が正しいことが証明されている」と言ったであろう。デンマークは、不確実性回避のスコアが非常に低い国である（スコアは二三で七四位）。

社会における不確実性回避の水準が現実に与える影響としては、信念の異なる人々が友人関係を保てるかどうかという問題がある。不確実性回避の強い国では、研究上の意見の対立から友人関係の絆を絶ち切ってしまった科学者の話がたくさんある。精神分析学者ジークムント・フロイト（オーストリア）とカール・グスタフ・ユング（スイス）の衝突がその例である。不確実性回避の弱い国では、同僚たちは、研究のうえでは意見が非常に違っていても、必ずしも友人関係が保てないわけではない。

第二次世界大戦前と大戦中に、ユダヤ系もしくは反ナチスのドイツ人やオーストリア人の科学者の多くが自国を逃れ、たいていイギリスかアメリカに亡命した。そのなかには、アインシュタイン、フロイト、カール・ポッパー、クルト・レヴィン、テオドール・アドルノがいる。この「頭脳流出」は受け入れ国にとって大変有益であった。亡命者のなかでも若い科学者たちは、新天地でそれぞれの研究分野に重要な貢献をした。中央ヨーロッパの理論志向（不確実性回避の強さに起因する）と不確実性回避の弱さによって育まれたアングロサクソン系アメリカの経験主義のセンスとの間で相乗効果がもたらされたのである。

亡命者のなかには研究を進めていく過程でカルチャー・ショックを経験した者もいた。旧フランクフルト学派の社会学者ヘルベルト・マルクーゼはカリフォルニアで現代社会批判を説いているときに、彼が**抑圧的寛容**と呼ぶ事態に直面した。抑圧と寛容は相反する概念であるから、これはナンセンスな言葉である。しかしこの言葉には、ドイツ流に白熱した議論を巻き起こすことを予期していたのに、アメリカ流の知的寛容さでもって受け入れられたことに対する、マルクーゼのとまどいが反映されている。

マリーク・デ・ムーイは、文化的な価値観はその国で生まれる文芸小説の主題とスタイルから認識することができると指摘した。不確実性の回避が強い国における世界的文学作品の例として、彼女はチェコの作家フランツ・カフカの『城』や、ドイツの作家ゲーテの『ファウスト』を挙げている。前者では、主人公は非人間的な規則に脅かされている。後者では、主人公は真理を知るために悪魔に魂を売り渡している。不確実性の回避

表6・6　不確実性の回避の弱い社会と強い社会の基本的な違い

⑤寛容，宗教，アイデア

不確実性の回避が弱い	不確実性の回避が強い
・民族について寛容である。	・民族的偏見がある。
・外国人に対して好意的か，中立である。	・外国人嫌いである。
・難民は受け入れられるべきである。	・移民は送り返すべきである。
・防御的なナショナリズム。	・攻撃的なナショナリズム。
・グループ間の暴力的紛争のリスクが小さい。	・グループ間の暴力的紛争のリスクが大きい。
・ある宗教にとっては真実であっても，それをほかの宗教集団に押しつけてはならない。	・宗教には唯一絶対の真理が存在し，われわれはそれを手にしている。
・守れない戒律は変更すべきである。	・戒律を順守できないのはわれわれの罪であって，悔い改めるべきである。
・人権——何人もその人自身の信念のために迫害されてはならない。	・宗教，政治，イデオロギーに関しては，原理主義的で寛容でない。
・哲学や科学の分野では，相対主義的で経験主義的な傾向がある。	・哲学や科学の分野では，壮大な理論が構築される傾向がある。
・学問のうえでは敵でも，個人的な友人でありうる。	・学問のうえで敵であれば，個人的な友人でありえない。
・文学ではファンタジーの世界が舞台となる。	・文学では規則と真実が扱われる。

が弱いイギリスで書かれた作品では、現実にはまったくありえない出来事が起こる。ルイス・キャロルの『不思議の国のアリス』やJ・R・R・トールキンの『指輪物語』、そしてJ・K・ローリングの『ハリー・ポッター』がそうである[70]。

表6・6は、表6・2以降の不確実性の回避の弱い社会と強い社会の基本的な違いについての最後の表であり、前項と本項で論じたことを要約している。

▼不確実性の回避の違いの起源▲

権力格差に関する差異をもたらしたと思われる要因については、第3章で探求した。各国をグループ分けした結果によると、その差の起源は二〇〇〇年前のローマ帝国にまでさかのぼることが示唆された。東アジアでは、その起源はさらに古く古代中国王朝にあるのではないかと思われる。二つの古代国家はいずれも、大きな権力格差を遺産として残した。

不確実性の回避についても、ロマンス語圏の国々が一つのまとまりを形成している。ローマ帝国の流れを汲む国々はことごとく不確実性回避のスコアが高い。台湾、香港、シンガポールのような中国語圏では、不確実性回避のスコアが低い。タイ、インドネシア、フィリピン、マレーシアのような、中国系が少数ながらも重要な地位を占めている国も同様である。

ローマ帝国と中国王朝はどちらも強大な中央集権国家であった。その体制のもとでは、中央からの命令を人々が進んで受け入れるような文化のパターンが育まれる。しかし二つの帝国は、ある重要な点に関して違いがあった。ローマ帝国は、独自の成文化された法制度を発展させた。その法制度は、原則的には、出自にかかわらず市民の地位にある者すべてに適用された。中国王朝はこのような法の概念をまったく持たなかった。「法による統治」というローマ帝国の考え方とは対照的に、中国の行政に脈々と流れてきた主要な原理は「人による統治」である。中国の裁判官は、孔子の教えに代表されるような、広義の一般原理に準拠して、判決を下すことになっていた（第7章参照）。

二つの知的伝統を対照させてみると、ローマの遺産を継承した国々のIBM社員の方が、中国の遺産を継承した国々の社員よりも、不確実性回避のスコアが高い理由を説明することができる。これは、国民文化の違いが歴史のなかに深く刻み込まれたものであることを強烈に示すもう一つの例である。滔々《とうとう》とした歴史の流れを知ると、われわれが生きている間に、このような価値観の違いが根本的に変化するという予想を述べることに慎重にならざるをえない。

第3章では、権力格差の違いが、緯度、人口規模、国の豊かさと統計的な関連を示していた。不確実性の回避については、そのような一般的な関連は見出されなかった。不確実性の回避指標と経済成長との関係は、地域や時期によって異なる。一九二五年から一九五〇年にかけてのヨーロッパでは、両者の間には負の相関関係があった。これは、不確実性回避の強い国は第二次世界大戦で積極的に交戦した国であって、大戦によってその経済がひどい打撃を被ったためである。一九五〇年以降、それらの国々が復興に向かうにつれて、この関係は逆転した。結局、不確実性回避の強弱をもたらした要因についての統計分析でも、歴史的な要因のほかには、一般的な原因をつきとめることはできなかった(71)。

▼不確実性の回避の違いの未来▲

IBM研究に基づく不確実性の回避指標のスコアは長期にわたって利用可能な数値ではない。また、われわれが知るかぎり、時系列的に算出された同様のスコアはどの国においても存在していない。しかし、リチャード・リンの研究によって、不安度の時代的変化についての興味深い歴史的情報を得ることができる。本章のはじめの方で、IBM調査の不確実性回避のスコアとリチャード・リンによって開発された各国の不安スコアとの相関について述べた(72)。リンの研究から、一九三五年から一九七〇年にかけての一八カ国における国レベルでの不安スコアの推移を見ることができる。一九三五年に不安スコアがもっとも高かった五カ国は、第二次世界大戦の枢軸国もしくは枢軸国の側につくことになったオーストリア、フィンランド、ドイツ、イタリア、日本であった。一九三五年から一九五〇年にかけては、第二次世界大戦（一九三九～一九四五）の敗戦国もしくは戦時中に占領された国の不安水準はさらに上昇したが、占領も敗北も経験しなかった九カ国のうち六カ国では不安水準が低下した。不安スコアの全体の平均値は、第二次世界大戦終了直後の一九五〇年に最高に達したあと一九六五年まで低下したが、その後ふたたび上昇した。

リンのデータを見ると、各国の不安水準には上下動があること、そして不安水準の高さは戦争に関連していることがわかる。第一次世界大戦やそれ以前のさまざまな戦争に際しても、不安水準が同じような変動を示していたと仮定してもよいであろう。そのプロセスは次のようなものであろう。ある国の不安水準が高まると、不確実性の回避も強まり、寛容でなくなり、外国人嫌い、宗教的・政治的狂信主義など本章で取り上げた不確実性回避を示す現象が目立ってくる。狂信主義者が指導的な地位を握り、その国を戦争へと引き込んでいく。戦争はもちろん他国を巻き込むことになるが、狂信主義的ではない国でも、戦争に巻き込まれるかもしれないという脅威のために不安水準が高まるであろう。

自国の領土内が戦場になった国では、戦争の激化とともに不安はさらに高まる。戦争が終わると、まず直接戦争に関与していなかった国がストレスから開放され、何年か後には復興を始めた国でもストレスが弱まる。不安水準が低下し、寛容になってくる。しかし何年かたつとこの傾向は逆転し、新しい紛争の前兆となるような、不安のうねりが姿を見せ始める。そこには経済的なプロセスが関与している。繁栄が続くことで、個人主義が支えられ、貧しい人々のなかで不確実性の回避の強さが集団主義と結合して爆発する危険が減るのである（図6・2）。

戦争と不安水準の悪循環を断ち切るためには、国際的な協力による取り組みが必要である。六〇年ほど前は不倶戴天の敵だった国同士が、今やパートナーとして加盟しているEUはその一例である。頼みにすべき最高の機関は国連であって、世界平和への取り組みに正当性を与える機関として、国連に代わるものはない。

注

（1）私信による。

（2）Lawrence, 1980, p. 133.

（3）この用語は、Cyert and March（1963, p. 118ff）で初めて使われている。

（4）*Webster's New World Dictionar of the American Language*, College edition, 1964.

（5）スピアマンの順位相関係数は、〇・七三***。Lynn, 1971, Hofstede, 2001a, pp. 155-156, 188.

（6）Wikipedia, 2008.

（7）Costa and McCrae のNEO－PI－R人格検査による。相関係数は、不確実性の回避指標と「神経症的傾向」とで〇・五八**であった。不確実性の回避指標に男性らしさ指標を加えたときの重相関係数は〇・七四***であった。不確実性の回避指標と、「調和性」との相関係数はマイナス〇・五五**であった。出典は Hofstede and McCrae（2004）。

（8）Hofstede, 2001a, p. 199.

（9）四八カ国において、不確実性の回避指標とGLOBEによる「ありのまま」の不確実性の回避との相関係数はマイナス〇・六一***、不確実性の回避指標とGLOBEによる「あるべき」不確実性の回避との相関係数は〇・三七*であった。GLOBEによる「ありのまま」の不確実性の回避と「あるべき」不確実性の回避との相関係数はマイナス〇・七〇***であった。

(10) 四八カ国のデータについてステップワイズ重回帰分析を行ったところ、GLOBEによる「ありのまま」の不確実性の回避は、不確実性の回避指標の違いの三六%を説明していた。さらに「ありのまま」の人間志向を加えると違いの四八%が、「あるべき」自己主張性を加えると五一%が説明できるようになった。

(11) GLOBEによる「あるべき」不確実性の回避とわれわれの権力格差指標との相関係数は〇・七〇二***であり、GLOBEによる「あるべき」不確実性の回避と個人主義指標との相関係数はマイナス〇・六九八***であった。一方、GLOBEの「あるべき」不確実性の回避とわれわれの不確実性の回避指標との相関係数は〇・三七**でしかなかった。われわれの不確実性の回避指標とGLOBEの「ありのまま」の権力格差指標との相関係数は〇・五〇***であり、われわれの不確実性の回避指標とGLOBEの「あるべき」権力格差指標との相関係数はマイナス〇・三一*であった。

(12) GLOBEによる「ありのまま」の不確実性の回避に関して、四八カ国のデータのステップワイズ重回帰分析を行ったところ、分散の四八%はわれわれの権力格差指標によって説明された。さらに個人主義指標を加えると五六%が、不確実性の回避指標を加えると、五九%が説明された。

(13) 各国の不確実性の回避指標については、年齢をコントロールしたうえでチェックを行った。その結果から、平均年齢を一定と仮定すれば、各国の違いは表6・1と非常に近いままであることが示された。Hofstede (2001a, pp. 184-185) を参照。

(14) 私信による。

(15) Douglas, 1966.

(16) Kashima and Kashima, 1998. 五二カ国における不確実性の回避指標と、二人称が複数あることとの相関係数は〇・四三**である。

(17) Hofstede, 2001a, pp. 157, 191. 裕福な一九カ国では、不確実性の回避指標との順位相関係数はマイナス〇・七一***である。

(18) Standard Eurobarometer 69, 2008. _Very Satisfied with the life you lead._ 二六カ国すべてで「自分の人生に満足している」という各国民の回答の割合は、一人当たり国民総所得によって四四%が説明された。裕福な一九カ国を見ると、不確実性の回避スコアの低さによって四三%が、男性らしさスコアの低さによってさらに二四%が、一人当たり国民総所得の高さによってさらに九%が説明された。Flash Eurobarometer 247 (2008) _Very satisfied with family life._ で「家庭生活にとても満足している」という回答の割合を見ると、二五カ国の回答の六四%が一人当たり国民総所得によって説明された。裕福な一八カ国を見ると、一人当たり国民総所得によって五九％が、不確実性の回避指標によってさらに一四％が説明された（デ・ムーイの好意により計算）。

（19）Flash Eurobarometer 247, 2008. *Facing difficulty with the cost of raising chidren.* 二五カ国において、子育ての費用を選んだ割合と一人当たり国民総所得との相関係数は〇・六六***であった。裕福な一八カ国では、一人当たり国民総所得との相関係数がマイナス〇・五四*、不確実性の回避スコアとの相関係数が〇・五二*であった（デ・ムーイの好意により計算）。

（20）一九九五年から二〇〇四年にかけて実施された世界価値観調査のうち、四七カ国のデータに基づく。不確実性の回避指標と「非常に健康である」という回答の割合との相関係数は〇・六〇***であった。

（21）Payer, 1989.

（22）Meeuwesen et al. 2009. この調査は、ベルギー、エストニア、ドイツ、イギリス、オランダ、ポーランド、ルーマニア、スペイン、スウェーデン、スイスの開業医三〇七人と患者五八二〇人とのやりとりをビデオで録画するというものであった。

（23）*Human Development Report 1999*, Table 9. 医師一人当たり看護師と不確実性の回避スコアとの順位相関係数はマイナス〇・五四***であった。

（24）Veenhoven（1993）に基づく。Hofstede（2001a, p.158）を参照。二一カ国の順位相関係数はマイナス〇・六四**であった。

（25）二六カ国における幸福感の分散と、不確実性の回避指標との相関係数は〇・五〇**であった。Hofstede（2001a, p.158）では誤ってマイナスの相関について述べているが、解釈は正しい。

（26）World Values Survey, 1995-2004. 五〇カ国において、不確実性の回避指標と、「非常に不幸である」という回答の割合との相関係数は〇・四七***であり、「非常に幸福である」との相関係数はマイナス〇・三〇*であった。

（27）Smith, 2004. データはＧＬＯＢＥ研究の「ありのまま」の項目から得ている。スコアの全体水準と不確実性の回避指標との相関係数はマイナス〇・六八**であった。

（28）Stroebe, 1976, pp. 509-511.

（29）これまでの章で引用したピエール・ブルデューの著作などを参照のこと。

（30）Hofstede（2001a, p. 163）、Chandler et al.（1981）およびYan and Gaier（1994）によって実施された研究であり、多次元‐多原因帰属尺度（Multidimensional-Multiattributional Causality Scale; MMCS）と呼ばれるアメリカ的な尺度を用いている。原因は、能力と努力（内的統制の所在）、文脈（もしくは課題）、運（外的）に求められる。国の数は少ないが、業績の原因を能力に帰属させる相対的な傾向は、不確実性の回避指標と有意な負の相関を示した（Chandlerらのデータでは、マイナス〇・八七*、Yan and Gaierのデータでは、マイナス〇・九一*であった）。

（31）de Mooij, 2004,2010; Hofstede, 2001a, p. 170; de Mooij and

Hofstede, 2002.

（32） Special Eurobarometer 298,2008: *Consumer protection in the internet market* 豊かな一九カ国では、不確実性の回避が分散の四八％を説明していた（デ・ムーイの好意により計算）。

（33） Gert Jan Hofstede（2001）では、世界銀行のデータ分析から、携帯電話が市場に出回った時期と不確実性の回避との間に強い相関関係があることが見出された。この関係は、携帯電話がすべての国々で普及するに従って縮小した。

（34） Flash Eurobarometer 241, *Information society as seen by EU citizens*, 2008. ＥＵの裕福な一九カ国において、インターネットにアクセスしたことがない人の割合の分散の六一％が不確実性の回避指標で説明できた（デ・ムーイの好意により計算）。

（35） Flash Eurobarometer 243, *Consumers' view on switching service providers*, 2009. ＥＵの裕福な一九カ国の間での割合の分散について、不確実性の回避指標が四六％を、男性らしさ指標がさらに一九％を、個人主義指標がさらに一〇％を説明しており、これらすべてで分散の七五％が説明された（デ・ムーイの好意により計算）。

（36） Special Eurobarometer 298: *Consumer protection in the Internet market*, 2008. 裕福な一九カ国の割合の分散の三六％が不確実性の回避指標によって、さらに二二％が個人主義指標によって説明された（デ・ムーイの好意により計算）。

（37） de Mooij, 2004, p. 154.

（38） Flash Eurobarometer 247, 2008. 二五カ国において、「ちょうどよいワーク・ライフ・バランスを実現するのが難しいですか」という設問に、「非常に難しい」あるいは「かなり難しい」と回答した人の割合を見ると、不確実性の回避スコアが高いことが分散の四二％を説明していた。裕福な一八カ国では、五三％を説明していた。国の豊かさが同じ水準であれば、説明変数としての文化の意味はより大きくなるのである（デ・ムーイの好意により計算）。

（39） d'Iribarne, 1989, pp. 26–76.

（40） Hofstede, 2001a, pp. 190–192.

（41） Horovitz, 1980.

（42） Hofstede, 2001a, p. 167; Shane, 1993.

（43） Hofstede, 2001a, p. 166; Shane et al., 1995.

（44） d'Iribarne, 1998.

（45） Wildman et al., 1999; Hofstede, 2001a, p. 165. イギリスでは、自ら事業を始めた人は雇われて働いている人よりも生活に満足していることが、長期的な研究によって示されている。少なくともこれらの人々にとって、不満があるから自営業に転じる行為はうまくいっている（Blanchflower and Oswald, 1998）。

（46） Hofstede, 2001a, pp. 163–165, 192. 不確実性の回避指標と一九二五年におけるマクレランドの「達成欲求」との順位相関係数はマイナス〇・六四***であり、「達成欲求」に対する不確実性の回避指標と男性らしさ指標の重相関係数は〇・七三***である。一九五〇年の各国の順位はＩＢＭ調査のどの指標とも相関しておらず、一九二五年の子どもの教材に基づく各国の順位とも相関していなかった。考えられる説明としては、一九二五年の教科書に出てくる物語だけが、マクレランドが対応させようとした、人類学者の研究した説話と似た要素を持っていたのかもしれない。一九五〇年には、第二次世界大戦も終わり、国際的なコミュニケーションが劇的に高まっていた。この時期に書かれた児童書は、革新的な教育者の考え方を表したものが多く、昔ながらの伝統について書かれたものは少なかった。

(47) 一九二五年におけるマクレランドの「親和欲求」は、個人主義指標と正の相関があった（順位相関係数は〇・四八**であった）。このことは、人間関係が社会構造によってあらかじめ決められているのでなければ、親和欲求がより重要であることを示している。一九二五年の「権力欲求」と一九五〇年における三つのすべての欲求は、ＩＢＭ調査の指標とも、一人当たり国民総所得とも相関していなかった。Hofstede (2001a, p. 192) を参照。

(48) データは、Djankov et al. (2003) による。アムステルダム自由大学のエルハルト・ブランケンブルク教授の好意によってデータを手にすることができた。六七カ国を対象に、不確実性回避指標と不渡り小切手の代金回収期間との関係は、スピアマンの順位相関係数で〇・四二***、家賃不払い借家人の退去期間との関係は〇・四〇***、そして二つの手続きの平均期間については〇・四七***であった。

(49) Almond and Verba, 1963.

(50) Hofstede (1994a: 第11章) には、ヘルト・ヤンが生徒として通ったスイス・ローザンヌの中等学校で一九七二年に起きた出来事に基づくケース・スタディを紹介している。ある優秀な生徒が賞を受け、厳かな式典が行われた際に、彼は自分のスピーチのなかで、教育システムへの批判を行った。地元の有力者はひどくショックを受け、この事件は急激にエスカレートした。

(51) Hofstede, 2001a, p. 172.

(52) Eurobarometer Young Europeans 2007. *Have you done any of the following?* 一九カ国について見ると、不確実性の回避指標と「嘆願書に署名した」という回答との相関係数はマイナス〇・五四**、「デモに参加した」とは〇・四一*であった（デ・ムーイの好意により計算）。

(53) Aberbach and Putnam, 1977; Hofstede, 2001a, p. 173.

(54) 一九九〇〜一九九三年の世界価値観調査と、一九九四年のユーロバロメーター (Eurobarometer) による。Hofstede (2001a, pp. 171-174) を参照。

(55) 私信による。

(56) Levine et al. 2001; Hofstede, 2001b. 不確実性の回避指標との順位相関係数は〇・五九***であった。

(57) Hofstede (2001a, p. 172) と二〇〇一年九月二八日のオランダの新聞 *NRC Handelsblad* による。前者で述べたこととは反対に、オーストリアでは身分証明書を持ち歩く義務はない。オランダでは二〇〇五年に身分証明書を再導入する法案が提出された。これにより、相関係数は〇・七五**に下がった。

(58) Hofstede, 2001a, p. 129.

(59) ジョルジュ・ブラッサンスの *La mauvaise réputation*（『悪い噂』）、ピエール・シャトランの *La recherche infinie*（『無限の探求』）、カトリーヌ・ル＝フォルスティエの *Normal*（『標準』）、アンリ・タシャンの *Serpents à sornettes*（『蛇のソナタ』）がそうである。

(60) 富と腐敗認識指数との相関係数は〇・八五***であった。ここで裕福な国とは、一人当たり所得が二〇〇五年購買力平価で一万三三〇〇米ドルを上回る国を指す。また清廉な国とは、二〇〇八年の腐敗認識指数が五・〇以上の国を指す。貧しいが平均よりも清廉な国は、チリ、ウルグアイ、マレーシア、コスタリカであった。豊かだが平均よりも腐敗した国は、イタリア、ギリシア、リトアニア、ポーランド、アルゼンチンであった。

(61) ここでは一人当たり国民総所得が二〇〇五年購買力平価で一万八〇〇〇米ドルを上回る国について見ている。相関係数は〇・七三***であった。

(62) 輸出国同士の貧富の格差は大きいため、ここでは順位相関係数を用いる。二二カ国において、二〇〇八年の贈賄指標と二〇〇五年の購買力平価に基づく一人当たり所得とのスピアマンの順位相関係数は〇・七九***、権力格差指標との順位相関係数がマイナス〇・七二***であった。贈賄指標の分散のうち、国の豊かさは六四％を説明しており、権力格差指標と合わせると、七六％が説明される。

(63) 「アネッケ」とその両親との私信による。

(64) 例外の一人が、長年首相を勤めた社会党多数派のリーダー、ブルーノ・クライスキーである。逆説的なことだが、クライスキーはオーストリアの人口の大多数に絶大な人気があった。

(65) Hofstede, 2001a, pp. 175,196.

(66) Hofstede, 2001a, p. 200.

(67) オランダのジャーナリスト、パウル・シュナーベルが、一九八九年一二月二三日のオランダの新聞 *NRC Handelsblad* に掲載した記事。

(68) アメリカの神話学者であるジョセフ・キャンベルによれば、宗教は科学から出発している。今日の世界に存在する宗教は、数千年前にそれらが生み出された時代における科学の水準を反映している。Campbell（1988［1972］, p. 90）を参照のこと。

(69) 演繹――既知の原理から出発して、論理的な帰結を推論する。帰納――いくつかの特定の事実から推論して一般的な結論を導く。

(70) デ・ムーイの観察は、未刊行のカンファランス・ペーパー *The Reflection of Values of National Culture in Literature* September 2000. による。

(71) Hofstede, 2001a, p. 201.

(72) Lynn, 1975; Hofstede, 2001a, p. 182. リンは一九三五年、一九五〇年、一九五五年、一九六〇年、一九六五年、一九七〇年のそれぞれの時期について、不安スコアを算出している。一九四〇年と一九四五年のデータは、第二次世界大戦のために入手できなかった。

第7章　昨日、今、これから？

『紅楼夢』は一七六〇年頃に出版された中国の有名な小説である。著者の曹雪芹は北京郊外に住むある貴族の二つの家系の栄枯盛衰を描いている。両家の所有地の間には、壮麗な共同の庭園があり、そこには両家の若者――ほとんどは女性であったが――のためのいくつかの別棟が建てられていた。そのような大庭園の管理には多くの問題があったが、探春という若い女性が管理するようになると一変した。彼女は新しいビジネスの計画を告げたのである。

> いっそのこと園詰めの婆やたちぜんぶを見渡して、まじめで分別があり、畑作りの心得もあるという者をいくたりか選り出し、この者たちに割りふって万事を処理させることにしたらいかがでしょう。年貢を納めさせることもありませんから、ただ一年間になにとなにとを供出できるか、それだけ確かめておきますのね。そうなれば一つには園にこれといって決まった係ができて花や樹木の手入れに当たることになり、自然、年を逐って手入れもゆき届くようになろうというもの、いざそのときになってばたばた忙しくする必要もなくなります。二つには、粗末に扱ってむざむざせっかくの物を無駄にするようなこともあとを絶ちましょう。三つには、婆やたちもおかげをこうむり幾分なりともうるおうわけで、年じゅう園内で骨を折るにしてもはげみが出ようというものです。四つには、植木職人・庭師・掃除人夫といった者たちに払う手間代もその分だけ省けます。[1]

物語が進むにつれ、探春の私有化は成功していく。曹の書いた世界では、老婆も誰もが起業家精神を当然のものと考えている。それが彼らのソフトウェア・オブ・ザ・マインドなのである。

▼国民的価値観と孔子の教え▲

第2章ではマイケル・ボンドが中国的価値観調査（CVS）を開発した理由と方法について述べた。一九八五年に彼は国際的な人間関係を使って、二三カ国の学生を対象に調査を実施した。[2] CVSで得られた各国のデータの分析では、四つの次元が見出されており、CVSとIBM調査の双方で対象となった二〇カ国では、四つのうち三つがヘールトのＩＢＭ調査の次元と有意に相関することがわかった。ＣＶＳの四つめの次元はＩＢＭの第四の次元、不確実性の回避とは相関しなかった。不確実性の回避に相当する次元は、ＣＶＳからは見出せなかったのである。対照的に、ＣＶＳの第四の次元は、ＩＢＭデータベースのどの次元とも関連していなかった。しかし、われわれの興味を強く引きつけたのは、この次元が近年の経済成長と強い相関関係を持っていたためである。後に明らかになったことだが、この次元は将来の経済成長も予言していたのである[3]。ＩＢＭ調査の次元では、個人主義指標と、部分的ではあるが権力格差指標が国の豊かさと相関していた。しかし、富の増加を表す経済成長との相関を示す次元はなかったし、さらに、成長と相関関係のある経済以外の指標があることも知られていなかった。この発見は、われわれのモデルに第五の次元を加えるのに十分な理由となった。

　ＣＶＳの第四の次元の一方の極は、次のような価値観が組み合わさっている。

1　持続性（忍耐）
2　倹約
3　地位に応じた序列関係と序列の遵守
4　恥の感覚

もう一方の極は、

5　あいさつや好意や贈物のやりとり
6　伝統の尊重
7　「面子」の維持
8　個人的な着実さと安定性

である。

中国文化の研究者によれば、これらの価値観には孔子の教えの要素が認められる（孔子については第3章と第4章ですでに述べている）。

孔子は紀元前五〇〇年頃の中国に実在した、身分の低い出自の知識人である。当時の中国は地方の諸侯によって分割されており、孔子は何人もの諸侯に仕えようとしたが、うまくいかなかった。しかし、その機知と知恵によって名声を博し、後年は多くの弟子たちに囲まれていた。孔子の教えはその弟子たちによって記録された。したがって孔子は、古代ギリシアのソクラテスと同じような立場にあった。二人は実際に同時代の人物であり、孔子はソクラテスよりも約八〇年前に生まれた。

　孔子の教えは、宗教的内容を何ら含まない実践的倫理における教訓である。儒教は宗教ではなく、日常生活についての実用的な規則の集成であって、中国の歴史から導かれている。孔子の教えにおける重要な原理は、次のことである。

1　社会の安定は、人々の間の不平等な関係を基礎としている。

この教えについてはすでに第3章で述べているが、孔子は五つの基本的関係（五倫）を区別した。それらは、君‐臣、父‐子、兄‐弟、夫‐妻、先輩‐後輩である。これらの関係は、相互に補完的な義務に立脚している。たとえば、後輩は先輩に敬意を示し、服従しなければならないが、先輩は後輩を保護し思いやる必要がある。第三の価値観である「地位に応じた序列関係と序列の遵守」は、この原理に沿うものである。

2　**家族はあらゆる社会組織の原型である。**人とは、本来、単独の存在ではなく、家族の一員である。集団主義的な家族において罪の感覚よりも恥の感覚が重要であることについては、すでに第4章で述べた。第四の価値観である「恥の感覚」は儒教的な家族に基づく社会では不可欠である。

3　**他者に対して徳の高い行動をとるためには、自分が扱われたくないように、他者も扱わないことである。**これは西洋哲学では「黄金律」として知られているが、中国のように二重否定ではない。孔子は他者に対して基本的に人間らしい慈悲を持って接するように説いているが、それは汝の敵を愛せというキリスト教の教えほど強くはない。ヘールトは、敵に愛を与えてしまえば、友人には与えるものが何も残らないではないか、といった儒教的な意見を耳にしたことがある。

4　**自らの日々の職務において徳を高めるとは、技術や教養を身につけ、一生懸命働き、必要以上の消費を慎み、忍耐強く根気のよいことである。**誇示的な消費や短気を起こすことはタブーである。すべてにおいて中庸が重んじられる、とはソクラテスも打ち立てた規則である。第一の価値観である「持続性」と、第二の価値観である「倹約」は、この原理に密接に沿うものである。このように、CVSの第四の次元に属すると判明した八つの価値観のうち、四つは一方の極に含まれるものであり、孔子の原理と深く共鳴している。五つめから八つめまでの価値観には「あいさつや好意や贈物のやりとり」と「面子の維持」が含まれており、これらは中国において認められるものであるが、とくに儒教的とはいえない。「伝統の尊重」と「個人的な着実さと安定性」については、中国特有でもない。

CVSの第四の次元は、「儒教」そのものではない。儒教的な価値観であっても、「孝行」のように、関連していないものもある。「孝行」は、CVSでは集団主義に結びつけられている。それに、インドのような儒教的でない国も、このスコアが高い。

ここでいったん議論を止め、これら八つ（両極に四つずつ）の価値観がどのように作り出されたのかを思い出してみよう。

◇　これら八つを含めるよう決定したのは、CVSの調査票を作成した中国人研究者である。中国人の判断に基づいて、これらの価値観が適切であるとみなされた。西洋人によっ

表7・1　中国的価値観調査に基づく23カ国における長期志向指標の値（LTO-CVS）

順位	国または地域	長期志向スコア
1	中国	118
2	香港	96
3	台湾	87
4	日本	80
5	韓国	75
6	ブラジル	65
7	インド	61
8	タイ	56
9	シンガポール	48
10	オランダ	44
11	バングラデシュ	40
12	スウェーデン	33
13	ポーランド	32
14	オーストラリア	31
15	ドイツ	31
16	ニュージーランド	30
17	アメリカ	29
18	イギリス	25
19	ジンバブエ	25
20	カナダ	23
21	フィリピン	19
22	ナイジェリア	16
23	パキスタン	00

て考案されたＩＢＭ調査の次元に属するほかの価値観、なかでも不確実性の回避に関する価値観は、ＣＶＳには含まれていない。このことは、それらの価値観が中国で無意味であることを示しているわけではない。たとえば、不確実性の回避によって中国と日本の文化の大きな違いを説明することができる。

◇これら八つの価値観それぞれのスコアは、二三カ国の学生の調査結果から導き出され、国ごとに平均値を算出し、同じ方法で各国の順位がつけられた。つまり、これらの価値観が組み合わさって国際比較の一つの次元が形成されるのである。国レベルでの実証的な統計分析の結果によって、八つの価値観が一つの次元に結合される。この作業は西洋的な判断とも、中国的な判断とも関係がなかった(4)。

この次元がＩＢＭ調査で発見されなかった理由は、関連する質問がたずねられなかったためである。ＩＢＭ調査を設計したのは西洋人であり、それらの質問が関連があると考えなかった。しかし、この次元が経済成長と相関していることから、ヘールトは世界規模で文化を測定する際には、この次元が不可欠であると考えた。持続性と倹約が未来志向を反映している一方で、個人的な安定と伝統は、現在と過去に向かう静的な志向である。ヘールトは一九九一年の著書以降、この第五の次元を長期志向－短期志向（long-term orientation versus short-term orientation：LTO）と名づけて用いている(5)。

第五の次元の定義はこうである。**長期志向は将来の報酬を志向する徳、なかでも忍耐と倹約を促す。**対極にある**短期志向は、過去と現在に関する徳、なかでも伝統の尊重、「面子」の維持、社会的な義務の達成を促す。**

表7・1はＣＶＳに参加した二三カ国の、長期志向－短期志向指標のスコアをまとめたものである(6)。上位は中国や東アジア諸国で占められている。（日本、香港、台湾、韓国、シンガポールは二〇世紀後半の数十年間における急速な経済成長によって、「ファイブ・ドラゴン（五龍）」として知られるようになった）。中位を占めるのはヨーロッパ諸国である。イギリスやアングロ・サクソン系のオーストラリア、ニュージーランド、ア

メリカ、カナダは短期志向の側に位置している。アフリカのジンバブエとナイジェリアのスコアは、フィリピンとパキスタンとともに、非常に短期的な志向を示している。

新たなスコアが抱える問題の一つは、スコアが算出されているのが二三カ国でしかないという点である。ＩＢＭ調査の次元スコアは五〇カ国以上で算出されているので、その半分以下ということになる。本書の二〇〇五年版では、追調査や外挿法に基づき、さらに一六カ国の長期志向指標スコアを算出し、記載した。しかし、それも数としては少ないし、データの質には疑問がある。(7) ミッショ・ミンコフによる世界価値観調査の分析は、われわれのデータベースを一気に四倍に拡大する可能性を持っている。このため、長期志向についていくつかの点で再定義する必要が生じている。

しかし、そのような新たなスコアや、そこから得られる含意を示す前に、ＣＶＳに基づく二三カ国のスコアから得られる主な結論について検討しておこう。

▼CVS版長期志向指標と家庭生活▲

人間社会ではどこでも、文明人として認められるために、子どもは自己を抑制し、欲求の充足を先延ばしすることを身につけなければならない。ドイツの社会学者ノルベルト・エリアス（一八九七～一九九〇）は、自制心と人生に対する長期的な展望を発達させることが文明化の過程に欠かせないステップであると述べた。(8) 社会の内部では、欲求延期は社会階級が高いほど強くなる。下層階級の子どもは、中流階級の子どもよりも時間やお金をかけたことに対して、より直接的な報酬を求める。(9) ＣＶＳで対象となった国についてみると、欲求延期の程度は長期志向の違いによって異なる。

長期志向の強い国では、結婚は現実的で目的が明確な制度である。一九九〇～一九九三年の世界価値観調査では「結婚を成功させる条件」に関する質問があり、長期志向の強い国の家族では、舅姑との同居は普通なことであり、配偶者との好みや興味の違いは問題にならない点が示された。別の研究では、「結婚生活で愛情が完全に失われたら、離婚して新たな生活を始めるのが一番よい」という質問への賛成が最も多かったのは、長期志向の強い国の学生であった。その一方、実際の離婚率は長期志向の強い国の方が低かった。(10)

第5章では日本のワコール社が行った市場調査を引用した。調査はアジア八カ国の首都の働く若い女性を対象に、夫やボーイフレンドとして好ましい特質についてたずねるものであった。長期志向的な国と短期志向的な国とでもっとも異なったのは、愛情に関する回答であった。長期志向の強い文化では愛情は夫と結びつけて考えられるのに対し長期志向の弱い文化では、ボーイフレンドに結びつけられる。ワコールの調査のうち、ジェンダーのステレオタイプに関する質問では、長期志向的な国と短期志向的な国とで謙虚さについての違いがもっとも大きかった。長期志向の強い文化では、謙虚さは人間一般の美徳と考えられ、長期志向の弱い国では、謙虚さは女性的な美徳であると

表7・2　短期志向の社会と長期志向の社会の基本的な違い（CVS データに基づく）

① 一般的規範，家族

短期志向	長期志向
・消費への社会的圧力が強い。	・資源を節約して倹約を心がける。
・努力はすぐに結果に結びつかねばならない。	・結果が出るのに時間がかかっても辛抱強く努力する。
・社会的義務や地位に伴う義務を果そうとする。	・私事よりも目標の達成を優先させることをいとわない。
・「面子」にこだわる。	・恥の意識がある。
・伝統を尊重する。	・状況に配慮する。
・個人の安定性に関心がある。	・個人の順応性に関心がある。
・結婚は道徳的な取り決めである。	・結婚は現実的な取り決めである。
・姻戚との同居は問題の源である。	・姻戚との同居は普通のことである。
・若い女性は愛情をボーイフレンドと結びつけて考える。	・若い女性は愛情を夫と結びつけて考える。
・謙虚さは女性のみに求められる。	・謙虚さが男女ともに求められる。
・高齢期は不幸な時期だが，始まるのは遅い。	・高齢期は幸福な時期であり，始まるのは早い。
・就学前の子どもは他人でも世話することができる。	・母親は就学前の子どものために時間を作るべきである。
・子どもは楽しく愛に満ちた贈り物をもらう。	・子どもは教育と発達のためになる贈り物をもらう。

考えられていた。ヘールトの授業を受講していたある中国人の学生は、「謙虚さがない者は動物以下だ」と書いた。彼は謙虚さを「恥の意識を持つこと」の結果と考えていたのである[11]。この点については、本章の後半であらためて検討する。

一九カ国を対象とした別の研究では、加齢についての考え方を学生にたずねた。「老人」とされる年齢（全体の平均値では、男性が六〇歳で女性が六二歳）は、国の豊かさと正の相関があり、また（IBM調査と重複する一〇カ国では）長期志向と負の相関があった。貧しい国と長期志向の強い国では、老人とみなされる年齢はさらに低かった。同じ調査によると、長期志向の強い国の学生は自分たちが高齢になったときの生活満足度は高いだろうと期待していた[12]。

一九九〇〜一九九三年の世界価値観調査に「結婚を成功させる条件」に関する質問があったことは先に述べた。ほかにも、母親が家にいないと、小学校へあがる前の子どもによくない影響を与えるかどうか、という質問も長期志向指標と相関していた。長期志向の強い国の回答者は、子どもによくない影響を与えると考えていた。

オーストラリアのある研究では、二つの民族集団に属する母親が、自分の子どもへのプレゼントを選ぶときにどういうことを念頭に置いているかについてたずねた。白人のオーストラリア人の母親は、子どもが喜んでくれ、彼らの愛情が得られることだと回答した。中国系ベトナム人で移民第一世代の母親は、子どもの教育や経済状態をよくすることだと回答し、自分自身の利益についてはひとことも触れなかった。前者の母親は短期的利益を求め、後者は長期的利益を求めたのである。[13]

要約すると、長期志向の強い文化では、家族生活は現実的な実践であるが、本物の愛情に基づくものと考えられており、小さい子どもに関心が払われる。子どもは倹約し、欲求がすぐに満たされることを期待せず、どんな目的も粘り強く追求し、謙虚であることを身につける。自己主張は勧められないのである。[14]

長期志向の弱い文化で育った子どもは、二組の規範を経験する。一つは「必須」のものを守るということである。それらは、伝統、面子を守ること、落ち着いた人物だと思われること、愛が終わっても結婚という社会のおきてを守ること、社会儀礼としてのあいさつや好意、贈り物を交換することである。もう一つの規範は、欲求をすぐに満たすこと、支出、消費トレンドへの敏感さ（世間に遅れないこと）である。これらの二組の規範には潜在的な緊張関係があり、それによって各個人の行動は大きく異ってくる。

表7・2は、短期志向的な社会と長期志向的な社会との基本的な違いについて、CVSのデータに基づくこれまでの議論を要約したものである。

▼CVS版長期志向指標とビジネス▲

U・T・チンは一九二一年に二〇歳でシンガポールにわたり、主に故国を追われた人を相手に刺繍入りの生地の行商を始めた。一九三二年には自分の店を開いた。第二次世界大戦後には息子と甥が事業に加わり、店は拡大を続け、一流の高級デパートにまで発展した。

店の構造は家族的なもので、文化は単純なものであった。創業者は独裁的で、従順で素直な信奉者からの尊敬を集めた。チン一族は企業を牛耳り、従業員は服従し、そうすることで調和が保たれた。誰もが倹約や慣習的な上下関係の尊重、忍耐という徳を共有し、利益最大化という一つの目的に集中した。古顔は自分たちが「あまりものを考えなかった」という。それは、彼らが野心によって考えを乱されなかったことを意味していた。彼らはたんに能力を最大限傾けて仕事を行い、実績が受け入れられることを望んでいただけだった。[15]

華人の環境のもとでは、家族と仕事は別々のものではない。同族企業は普通である。長期志向の極にある価値は起業家の活動を支持するものである。**持続性**（忍耐）、すなわち目標を達成すべく粘り強く努力することは、創業まもない起業家にとって欠くことのできない資質である。**地位に応じた序列関係と序列の遵守**は、不平等な関係を強調する儒教の姿勢を反映している。調和がとれて安定した上下関係があり、役割が相互に補われているという感覚があれば、起業家の役割は果たしやすい。**倹約**は貯蓄をもたらし、自分や親族がふたたび投資するときに利用できる資本が蓄えられる。**恥の感覚**があれば、交際に気を使い、約束を果たすことが重視されるので、互いの関係を維持しやすい。これらはＣＶＳ版長期志向指標の正の極に属する価値観である。

チンの物語では、ＣＶＳ版長期志向指標の負の極に属する価値観については触れられていない。たとえば、面子の維持について述べられている部分はない。東アジアでは、面子を維持するための行為が実際に多く行われているとしても、調査結果からすると学生の回答者は、意識のうえであまりそれを重視することを望んでいなかった。また、伝統の尊重についても述べられていない。ドラゴンの経済的成功の秘訣の一つに、これらの国々が西洋の技術革新を容易に受け入れてきたことが挙げられる。

孔子の弟子の一人は、順応性について次のように述べている。

> 君子の天下に於《お》けるや適《てき》なく、莫《ばく》なし、義と之与《これとも》に比《したが》ふ。(16)

ファイブ・ドラゴンとタイのビジネス界のリーダー六〇人と、アメリカのビジネス界のリーダー六〇人とを対象に、仕事にかかわりのある一七の価値観についての順位をたずねたところ、アジアのリーダーが選んだ上位七つは、勤勉、学問への関心、誠実、新たなアイデアへの開放性、説明責任、自制心、自立であった。アメリカのリーダーが選んだのは、言論の自由、個人の自由、自立、個人の権利、勤勉、個人的な成功、独立心であった。(17) この結果から、東アジアとアメリカで、長期志向指標（勤勉、学問、開放性説明責任、自立）と個人主義指標（自由、権利、独立心）に違いがあることが確認された。世界価値観調査では、家族や仕事、友人、宗教、政治と比較した場合の個人の余暇の重要性について繰り返したずねている。余暇の重要性は、ＣＶＳ版長期志向指標と一貫して負の相関を示した。(18)

当面の利益を犠牲にして市場での強い立場を築くために投資を行うことは、アジアの長期志向の強い会社の特徴とされている。管理職（家族経営であることが多い）は会社に貢献するのであれば、時間や資源をかけても構わない。短期志向の文化では、主に「最終損益」（直近の月、四半期、年）に関心が置かれる。管理システムは最終損益に焦点を当て、管理職は最終損益によって定期的に査定を受ける。このような状態は、合理的であるという論拠で支持されるが、この合理性は文化的な選択によるものであって、合理性以前に選択された結果である。短期志向による決定のコストは、「新たなアイデアを金銭面で考えてしまい、短絡的な決定を下し、作業の過程を管理し、性急に採用しては、すぐに撤回してしまう」(19)という点に表われる。管理職は、たとえ今日の最終損益が何年も前の前任者や前々任者による結果であったとしても、その最終損益によって評価されるか、罰せられる。それにもかかわらず、文化的な信念の力によって、このような短期志向のシステムが続いていくのである。

ヘールトは仲間たちの協力を得て、一七カ国から来たＭＢＡで学ぶ社会人学生を対象に、それぞれの自国のビジネスリーダーの持つ目標について調査を行った。「一〇年後の利益」が重要であり、かつ「当年の利益」は重要ではないとする回答は、長期志向指標と有意に相関していた[20]。

東アジアにおける起業家精神は、起業家自身の価値観だけに基づくものではない。本項の最初に取り上げた逸話や、ＣＶＳのスコアが学生をサンプルとした調査から得られたことを考えれば、決定的に重要な価値は、起業家や起業家の卵によっても、社員とその家族によっても、社会のそのほかのメンバーによっても、広く社会全体で保持されているのであろう。

ゴードン・レディングは、華人の実業家とのインタビューに基づき、彼らの成功や失敗の理由を四つに分けた。それらは、タテの協力、ヨコの協力、管理と順応性である。**タテの協力**について、彼はこう書いた。

> 雰囲気は……労働者と企業の所有者・管理職が心理的に二つの陣営に分かれるというものではない。彼らは社会的にも、価値観や行動、要求、願望の面でも似通う傾向がある。……このようなタテの協力の結果の一つは、自発的な服従である。自発的な服従という傾向は、幼児期や教育を受ける時期に置かれた条件によって強化される。また、権威ある人物への尊敬は、儒教的な伝統のなかに深く染み込んだものであり、生涯を通じて維持される。……この自発的に服従するという傾向から、単調な、おそらく面白みのない作業に熱心に取り組もうとする自発性が生まれる。我慢強さと呼べるような態度である。この自発性は漠然としてはいるものの、華人の仕事に関する行動の重要な要素であり、彼らの工場や職場に浸透している……中国語を習得するには多大な努力が必要となるが、このことも儒教的な家族の秩序と同様に、一役買っている[21]。

この文章から、長期志向指標の要素である地位に応じた序列関係と序列の遵守と持続性を読み取ることができる。後者は起業家がビジネスを成立させるために続けている息の長い努力だけではなく、従業員が日々の業務を続けていくための努力という形でも役割を果たしている。

人間の価値観や満足感に関する国際世論調査で、回答者に次の二つのなかからどちらかを選ぶようたずねるものがあった。

1　平等の原則は強調されすぎている。人はそれぞれの能力に応じて、自らの経済生活や社会生活を選ぶ機会を与えられるべきである。

2　自由が大きすぎると、経済生活や社会生活の格差が大きくなってしまう。人はもっと平等に生きるべきである。

2を選んだ回答者の割合は、フランスの三〇％から日本の七一％まで異なっており、この割合はＣＶＳ版長期志向指標と有意に相関していた[22]。長期志向は、経済生活や社会生活の格差が大きいことは望ましくないとする社会を支持している。短期志向は能力に応じた格差のあるメリトクラシー社会を支持している。

ヨコの協力はネットワークに関するものである。アジアのビジネスにおける「グワンシ」（関係）という主要な概念は、今や世界に知られている。関係は個人的なつながりに関するものであり、家族の領域をビジネスの領域に広げたものである。長期志向の強い社会では、個人的な知り合い関係が成功するために不可欠である。このことは明らかに集団主義（仕事より人間関係が先立つ）の結果ではあるが、長期的な視点も必要である。関係という資本は生涯続くものであり、短期的な損益を理由にして損ねてはならないのである[23]。

ビジネスにおいて順応性が高く、ネットワークも重要であることは、長期志向の強い輸出国は、長期志向が弱い国よりも贈賄者指標（ＢＰＩ）が高いという結果をもたらす（第６章の汚職に関する項を参照のこと）。長期志向の強い国では、外国の顧客に対して、現在の顧客にも将来期待される顧客にも袖の下を使いやすいが、トランスペアレンシー・インターナショナルはこれを賄賂とみなしている[24]。

▼ＣＶＳ版長期志向指標と思考様式▲

ネパールの人類学者、ラジェンドラ・プラタン博士は、一九八七年から一九八八年にかけてオランダのシォーンレヴォードという村で一〇カ月にわたるフィールド調査を実施した。従来、西洋の人類学者が東洋の村でフィールド研究を行ってきたが、彼の試みはこのパターンを逆転させるものであった。シォーンレヴォードは典型的なオランダの村で、オランダ南部の農村地域の中央に位置している。そこには一五〇〇人の住民がおり、カルヴィン派プロテスタントの流れを汲む宗派の異なる二つの教会がある。プラタン博士は定期的に二つの教会に通い、主に集会に出ることによって地域の人々と交際するようになった。彼は教会からの帰りにしばしば家庭に招かれて、コーヒーをごちそうになった。そこでの話題はたいてい宗教であった。彼はそのたびに、自分の両親はヒンズー教の儀礼を尊重しているが、それはあまりに多くの時間を要するので自分はやめてしまったと説明した。彼を招待したオランダ人たちはいつも彼が何を信じているのかを知りたがった。これは、彼には直接答えることのできない奇妙な質問であった。「このあたりでは、誰もが信仰についてばかり語る」と彼は当惑しながら言った。「私の出身地では、重要なのは儀礼であって、僧侶と家長だけがその儀礼に参加する。他の者は見ていて供え物をする。このあたりでは、あまりにも強制的だ。ヒンズー教では、「神を信じますか」とたずねたりはしない。もちろん信じていなければならないが、大切なことは人が何をするかである[25]」。

中国的価値観調査による研究は、東洋と西洋の重要な違いを明らかにした。中国的価値観調査の調査票は東洋的な精神によって作成されたものであるが、不確実性の回避の次元を見つけることができなかった。またＩＢＭ調査とロキーチ価値観調査の調査票は、西洋的な精神によって作成されたが、長期志向－短期志向の次元を見つけることができなかった。ほかの三つの次元で扱われる基本的な人間関係は、調査設計者が西洋人であっても、東洋人であっても、認識が可能なものであった。

不確実性の回避については第6章で述べているが、これは究極的には、真理を探求しようとする社会の姿勢と関係している。不確実性を回避しようとする文化では、絶対的な真理への信仰が育まれる。一方、不確実性を許容する文化では、もっと相対的な立場がとられる。西洋的な考え方では、この二つは基本的な価値観を反映した重要な選択肢である。東洋的な考え方では、真理の探究は西洋ほど重要ではない。

長期志向－短期志向は、徳を求めようとする社会の姿勢に関係していると解釈される。この次元が孔子の教えと関連しているることは偶然ではない。本章ですでに述べたように、孔子は宗教的な含みを持たない実践的倫理の教師であった。孔子は徳を問題にしたが、真理への問いは未解決のまま残された。東洋的な考え方では、徳を求めることが基本的に重要である。西洋的な考え方では、徳は真理ほど重要ではない。

一九九〇～一九九三年にかけて実施された世界価値観調査では、回答者に次の二つの選択肢から、どちらかを選ぶよう求めた。

1　何が善で何が悪かについては、絶対的ではっきりした基準がある。そうした基準はどのような状況であれ、すべての人に常に当てはまる。

2　何が善で何が悪かについては、絶対的で明白な基準などありえない。何が善で何が悪かは、そのときの状況によってすべて決まる。

1に賛成した人の割合は、ナイジェリアで六〇％、アメリカで五〇％であった。一方、スウェーデンで一九％、日本では一五％であった。絶対的な指針は、概して貧しい国で信じられていた。経済的な豊かさの影響を除去すると、回答はCVS版長期志向と相関していた。長期志向の強い国では、善と悪の普遍的な指針はなく、状況によって決まると考える人が多かった[26]。

このような違いは、各国の収監率の違いにある程度反映されている。収監率とは、刑務所に収容されている人々の比率である。二〇〇二年の収監率はアメリカの人口一〇万人当たり六九〇から、イギリスの一四〇、ドイツの八五、スウェーデンの六五、日本の四五の間に分布していた[27]。世界的に見て、収監率は主に国の貧困の度合いと相関している（貧しい国で収監率が高い）が、これでは裕福な国々の間での大きな差を説明することはできない。われわれの考えでは、この違いはそれぞれの社会が懲罰の目的をどのように考えているかに影響されている。短期的な問題解決の方法は、社会の安全のために犯罪者を刑務所に閉じ込めてしまうことである。長期的な方法では、犯罪者を矯正し、生産的な市民になるよう更生させる。善と悪がはっきりと分かれるのであれば、悪者は閉じ込められるべきだが、善と悪があらゆる人のなかに存在するのであれば、悪事を犯した者は善人になれるようにすべきである。

ヒンズー教、仏教、神道、道教などの東洋の宗教、ユダヤ教、キリスト教、イスラム教といった西洋の宗教の間には、哲学上の深い分水嶺がある。西洋の三つの宗教は、同じ思想の系列に属しており、歴史的には同じ源から育っている。第6章で論じたように、三つの宗教はいずれも唯一の真理の存在を基本としており、真の信者はその真理に到達することができる。三つの宗教はいずれも聖典を持っている。東洋では、儒教は非宗教的な倫理であるし、ほかの主要な宗教も人間社会が奉ずるべき唯一の真理が存在するという仮定には立っていない。東洋の宗教は、人が自らを向上させるさまざまな道を提供している。しかし、そのような道は、信じることにあるのではなく、儀礼や瞑想や生活様式にあるのである。東洋の宗教のなかには、精神を高揚状態に導いて、最後には神や神々と一体化するといったものもある。プラタン博士が何を信仰していますかとたずねられて困惑した理由はここにある。この質問は、東洋では見当違いである。重要なのは、人が何をするかである。アメリカの神話学者ジョセフ・キャンベルは、東洋と西洋の宗教神話を比較している。彼はユダヤ教、キリスト教、イスラム教が物質と精神を分離して考えているのに対し、東洋の宗教や哲学者はこの二つを統合して考えてきたと結論づけた[28]。このような考え方の違いを理由とすれば、西洋の心によって考案された調査票では、真理に関係する第四の次元が生まれ、東洋の心によって考案された調査票では徳に関する第四の次元が見出されたことが説明できる。

前述した人間の価値観と満足感に関する世論調査では、長期志向の強い国の人々は、弱い国と比較して、「日常の人間関係に注意し、家族や近所、友人、知人との人間的な絆を深める」ことと、「社会の不平等や不正をただし、誰もが公正で平等な生活を送ることができるように努力する」ことへの自らの貢献に対して、満足感が高いことが示された[29]。短期志向的な文化に属する回答者は、これらの大義名分への貢献にあまり満足していなかった。善と悪の絶対的な価値基準を信じる文化では、善行を行おうとする自らの努力に対して満足感を得るのは難しい。長期志向的な文化では、徳への強い関心があるため、道徳と実践を実用的に統合することが許される。徳は善と悪の絶対的な基準に基づくものではない。徳は状況に左右されるものであり、徳のある行為を行っている場合には、不正をただすための行動がそれ以上必要だとはあまり感じなくなる。

真理に対する西洋人の関心の高さは、西洋の論理学における次のような公理によって支えられている。西洋の公理には、もしAが真理ならば、Aの反対であるBは誤りに違いない、というような対立項を排除する言説がある。東洋の論理には、そのような公理はない。たとえAが真理であっても、その反対であるBも真理かもしれない。両方が真理だと考えると、AかBかという選択よりも優れた知恵になる。このような哲学的見地に立てば、人間にとって真理と思われるものも常に部分的なものにすぎない。東アジアや東南アジア諸国の人々は、異なる宗教からそれぞれの要素を取り出して、いともたやすく採用してしまうし、同時に複数の宗教を信じることもできる。そのような哲学的背景を持った国では，儒教のように実践的で非宗教的な倫理体系が社会の基盤になりうる。西洋では，倫理的規則は宗教から引き出されており，真理が徳の源泉である。

デンマークの中国研究者ヴェルナー・ウォームによれば，中国人は合理的行動よりも常識を優先する。合理性は抽象的で分析的であり，理想主義的でもあって，論理的に両極に向かおうとする傾向を持つ。一方，常識の精神は人間的であり，身近で現実的である[30]。

西洋の心理学は，人は認知的整合性を求める，つまり情報が少しでも矛盾することを避けると仮定する。東アジアや東南アジアでは，これはあまり当てはまらない[31]。北アメリカと比較すると，中国人は人間関係において，意見の不一致は傷害や失望に比べて有害ではないと考えている。意見が異なっていても，彼らの自我は傷つかないのである[32]。

韓国の心理学者金義哲は，西洋的な心理学の実践方法が東アジアに合わないと考えている。

心理学は……合理性や自由，個人主義を理想として優越させる欧米の文化的価値観に深くとらわれている……このような信念は，会議をどのように組織し，どのように共同研究を発展させ，研究資金をどのように獲得し，どのような出版物を受理するかに影響を与えている。東アジアでは，「権利に基づく」人間関係よりも，むしろ「徳に基づく」人間関係が中心となっている。個人は相互関係の網の目のなかでつながっており，アイデアは定評のある社会的ネットワークを通じて交換される[33]。

科学技術では，西洋的な真理が分析的な思考を高め，東洋的な徳が統合的な思考を促してきた。ある中国人学生は，ヘールトに次のように語った。

中国社会と西洋社会のもっとも大きな違いは，西洋社会ではヒーローが崇拝されるのに対し，中国社会では聖人が崇拝されることです。何か一つのことに優れていれば，ヒーローになれます。聖人になるためには，すべてにおいて優れていなければならないのです。

西洋で始まった産業革命では，真理への探求によって自然の法則が発見され，これによって人類の進歩のために多大の貢献がもたらされた。高度の文明を発達させていたにもかかわらず，中国の学者はニュートンの法則を発見しなかった。しかしそれは，中国の学者がたんに法則を探さなかったからである。中国の表記法も一般化への関心がないことを示している。中国の表記法では，一つの音節に対して一つの漢字が当てられているので，すべての音節を書き表すためには，三〇〇〇種類以上の漢字が必要である。一方，西洋の言語では，音節をいくつかの文字で表しているので，わずか三〇ほどの記号で十分である。西洋の分析的な思考は要素に焦点を当て，東洋の統合的な思考は

表7・3　短期志向の社会と長期志向の社会の基本的な違い（CVSデータに基づく）

②ビジネス，思考様式

短期志向	長期志向
・仕事に関する主な価値観は，自由，権利，業績と独立心を含む。	・仕事に関する主な価値観は，学習，誠実，順応性，説明責任と自律を含む。
・余暇は重要である。	・余暇は重要ではない。
・「最終損益」に焦点が置かれる。	・市場での地位に焦点が置かれる。
・当年の利益が重要である。	・10年先の利益が重要である。
・管理職と従業員は心理的に2つの陣営に分かれている。	・所有者・管理職と従業員が同じ志を共有している。
・能力に応じて報酬を受けとる実力社会。	・社会的・経済的な格差が大きいことは望ましくない。
・個人の忠誠心はビジネス上の必要に応じて異なる。	・生涯続く人的ネットワーク，「関係」に投資する。
・真理の獲得に関心がある。	・徳のある行動をとることに関心がある。
・何が善で何が悪かについての普遍的な指針がある。	・何が善で何が悪かは状況によって決まる。
・日常の人間関係や不正をただすことへの自らの貢献には満足していない。	・日常の人間関係や不正をただすことへの自らの貢献に満足している。
・物質と精神は分かれている。	・物質と精神は統合している。
・Aが真理ならば，その反対のBは誤りである。	・Aが真理であってもその反対のBも真理かもしれない。
・抽象的な合理性が優先される。	・常識が優先される。
・認知的整合性が要求される。	・意見の不一致があっても傷つかない。
・思考が分析的である。	・思考が統合的である。

全体に焦点を当てる。ノーベル物理学賞を受賞した日本人は、「日本人の精神は、抽象的な思考には向いていない」と発言したと伝えられている[34]。

二〇世紀中葉までに、真理に対する西洋の関心は次第に財産ではなくなり、むしろ負債に変わった。科学は分析的な思考から得るところが大きいかもしれないが、経営や統治は統合のわざによるものである。西洋において分析的に導き出された技術が今や自由に利用できるようになった結果、東洋の文化は、優れた統合能力を用いながらこれらの技術を実際に使うことができるようになった。何が真実で誰が正しいかはさほど重要ではなく、何が役に立つか、そして考え方の異なる人間たちの労力を調整して、共通の目的に向かわせることができるかが重要なのである。日本的経営、それも日本人の社員に対する日本的経営は、この実用主義的な統合という点で有名である。

表7・3は、前項と本項で扱った、CVSに基づく長期志向の社会と短期志向の社会の基本的な違いをまとめたものである。

▼世界価値観調査のデータに基づく長期志向指標のスコア▲

二〇〇七年にミッショ・ミンコフは世界価値観調査（WVS）の分析結果を公表し、三つの新たな文化次元を取り上げた。第4章では、第一の**排外主義**-**普遍主義**が、IBMデータに基づく文化次元のうち集団主義と相関していると述べた。第二の次元である**放縦**-**抑制**については第8章で述べる。第三の次元は**壮大主義**-**柔軟・謙虚さ**[35]と呼ばれており、これはCVS版長期志向指標と強い負の相関がある。[36] 壮大主義によってCVS版長期志向指標のスコアの四二%が予測可能であることから、これら二つの次元が根底において共通の価値観を持っていると考えられる。[37]

ミッショの壮大主義‐柔軟・謙虚さの次元は、カナダの心理学者スティーヴ・ヘインの研究にヒントを得たものである。この研究では、自己高揚（自身に関する肯定的な情報を見つけようとする傾向）と自己安定および自己一貫性（人間は環境の変化によって揺らぐことのない価値観や信念、行動様式を持つべきであると信じる傾向）の間に関連が見出されている。[38] ヘインの研究は個人を扱うものであったが、ミッショはヘインの理論が国民文化のレベルでも当てはまるのではないかと考えた。彼の考えは、世界価値観調査のデータによって証明されたのである。

世界価値観調査によって算出されたプライド（自己高揚の感情）と宗教心（揺るぎない価値観と信念を示す傾向がある）の数値は、国レベルでもたしかに相関していた。自らの国の国民であることに非常に誇りを感じるという人や、人生の目的は親が自分を誇りに思えるように努めることであると考える人の割合が多い国では、宗教心の強い人の割合が多くなる傾向があった。プライドと宗教心はともに一つの文化次元を形成していたのである。この次元では、人間の自己とは記念碑のように誇り高く安定的で変化しにくいものであるという社会と、謙虚さや柔軟性や環境の変化への適応力を高めるような文化を持つ社会が対比されている。

中国的価値観調査では、面子の維持が自己高揚の一つの形式であり、個人的な着実さと安定性が自己一貫性と同一のものとなっている。どちらの目標も、CVS版長期志向指標の次元では短期志向の極に位置している。このことから、長期志向指標と壮大主義が負の相関関係にあることの説明がつく。壮大主義の次元でも、東アジア諸国は一方の極（柔軟・謙虚さ）で小さなまとまりを形成している。アフリカ諸国とイスラム諸国は反対側の極（壮大主義）で近接して集まっており、アメリカも同じような場所に位置している。

出発点では、データベースが異なり、また一方が中国的、他方が北米的というように理論的観点も大きく異なっているにもかかわらず、たどり着いたのは概念的にも統計学的にも同様の次元であった。壮大主義の次元では倹約や持続性について予測しておらず、CVS版長期志向指標は宗教心を扱っていないため、これらの次元が重なるのは一部分にとどまるとはいえ、この二つの相関が示されたことで、CVS版長期志向指標の双方の極が持つ意味を再現できる世界価値観調査の調査項目を探る研究が進められた。

ミッショは二〇〇八年までの世界価値観調査のデータベースのうち、下記の条件を満たす設問をもとにスコアを算出した。

◇ CVS版長期志向指標と概念的に似通っている
◇ CVS版長期志向指標と有意な相関がある

これらの条件にもっとも合致したのは、以下の設問項目であった[39]。

1　**倹約――子どもにとって望ましい性質**：設問は「ここに、家庭で子どもに身につけさせることのできる性質が列記されています。このなかで、あなたがとくに大切だと思うものを五つ挙げてください」というものである。選択肢は自主性、勤勉さ、責任感、想像力・創作力、寛容性（他人の立場・意見を尊重する）、倹約（お金やモノを大切にする）、決断力（忍耐力）、信仰心、公正さ（利己的なふるまいをしない）、従順さからなる。ここでは「倹約」を選択した割合をスコアの算出に用いた。

2　**国への誇り**：設問は「あなたは○○人であることにどのくらい誇りを感じますか」（非常に感じる、かなり感じる、あまり感じない、全く感じない）というものである。ここでは「非常に感じる」と回答した割合をマイナスにしてスコア算出に用いた[40]。この項目は自己高揚の側面を計測するためのものである。

3　**他者への奉仕**：設問は「次に挙げるもののそれぞれが、あなたの生活にとってどの程度重要かをお知らせ下さい」（非常に重要、やや重要、あまり重要ではない、全く重要ではない）というものである。ここでは家族、友人・知人、余暇時間、政治、仕事、宗教、他者への奉仕が挙げられており、他者への奉仕について「非常に重要」と回答した割合をスコア算出に用いた。

「他者への奉仕」はCVS版長期志向指標の「あいさつや好意や贈物のやりとり」に似ている。「他者への奉仕」が生活にとって非常に重要であるという回答のスコアは、自己高揚（とくに誇り）の一面と見ることができる。つまり、よい自己イメージを維持しようとする意識である。これら三つの項目は互いに相関があり、データが存在する国々において、三つのいずれもがCVS版長期志向指標と相関している[41]。これら三つの項目から、八四の国と地域について、世界価値観調査に基づく新たな長期志向指標を算出することができた[42]。さらに新たに加えられたデータを用いることで、国と地域の数は九三にまで拡大した[43]。

CVSと世界価値観調査双方が実施された国々についてみると、世界価値観調査に基づくスコアとCVS版長期志向指標とは分散の五二％を共有していた[44]。概念的には、新たな長期志向指標は、伝統や子どもが忍耐力を身につけることを重視する程度を測定する世界価値観調査のほかの項目とも相関しており、その点でも従来の長期志向指標に準じている[45]。九三の国と地域における新たな長期志向指標のスコアは**表7・4**に示されている。

ここでは新たな指標に対しても**長期志向指標**という以前からの名称を意図的に用いている。WVS版長期志向指標と呼ぶ理由は、この指標がCVS版の指標と同一ではないが、類似しているからである。新たな指標は、以前の指標を手がかりとして、異なる時期に異なる対象者に異なる調査票を用いて実施された調査に基づいて作られた。調査において概念を繰り返し測定してきた経験からいえば、分散の五〇％を共有するということは、達成可能なもっとも高い水準にあるといえる。

CVS版長期志向指標と、WVS版長期志向指標との違いは、前者が中国人研究者によって作り上げられたものであり、中国本土でスコアが最も高くなった点である。本章のはじめでは、長期志向指標の次元を中国に固有の価値観に基づくものとして解釈した。スコアは二三カ国についてのみ得られていたため、同じ調査票を用いて調査対象を拡大しようとしたが、その結果は芳しくなかった。

世界価値観調査は、ヨーロッパで生まれ、アメリカ人研究者のリーダーシップのもとで世界規模に拡大した。WVS版長期志向指標を用いると、大規模で恒久的に更新される調査データベースをもとに長期志向の本質を追調査できる。この指標は西洋的な精神に基づくものであり、以前の中国的な香りはない。しかし、この指標によってCVSに基づく指標の持つ基本的な特質を、ほかの多くの国や地域に拡大することができるのである。

WVS版長期志向指標の一部は、国に対する誇りに基づいている。そのため、この指標はミッショの壮大主義次元と強く相関している[46]。同時に、この長期志向指標はIBM調査の四つの次元とは統計的にまったく独立である[47]。CVS版長期志向指標が国の豊かさと独立であったのに対し、WVS版長期志向指標は弱いながらも国の豊かさと正の相関を示している[48]。経済成長との関係は調査が実施された時期と国によって異なっており、この点については本章の後の方で述べる。

CVS版長期志向指標と比較すると、WVS版長期志向指標では六つの国と地域の位置が大きく動いている。パキスタン、ドイツ、イギリスが上昇し、オーストラリア、ブラジル、香港が下降している。パキスタンはインドとバングラデシュと同じクラスターに含まれ、ドイツとイギリスは西欧クラスターに含まれる。オーストラリアはアメリカに近づいており、ブラジルはほかのラテン・アメリカ諸国のなかに入り、香港のスコアはシンガポールより低くなっている。残りの国々については、CVSと世界価値観調査とで順位に大きな変動はない[49]。

表7・4では、上位四カ国は東アジア諸国である。また、三カ国（マレーシア、タイ、フィリピン）を例外として、ほかの南アジアや東南アジア諸国は表の上半分に入っている。また、この部分にはポーランドとグルジアを除き、旧ソ連・東欧諸国すべてが入っている。さらに、ギリシア、フィンランド、デンマーク、ノルウェー、ポルトガル、アイスランドを除くヨーロッパ諸国も、表の上半分に位置している。

表の下半分には、カナダ、ニュージーランド、アメリカ、オーストラリアというヨーロッパ以外の四つのアングロ系諸国が含まれている。この部分には中東・アフリカ・中南米のすべての国々が入っている。

指標の値（LTO）

（93の国と地域，世界価値観調査の3つの項目から抽出した因子スコアに基づく）

順位	中南米	南　欧 南東欧	北　欧 北西欧 アングロ世界	中東欧 旧ソ連	イスラム世界 中　東 アフリカ	東アジア 東南アジア	スコア
48		ギリシア					45
49	ブラジル						44
50						マレーシア*	41
51			フィンランド				38
51				グルジア			38
51				ポーランド			38
51					イスラエル		38
55			カナダ				36
55					サウジアラビア		36
57			デンマーク				35
57			ノルウェー				35
59					タンザニア		34
59					南アフリカ		34
61			ニュージーランド				33
62						タイ*	32
63	チリ						31
64					ザンビア*		30
65		ポルトガル					28
65			アイスランド				28
67					ブルキナファソ		27
67						フィリピン	27
69	ウルグアイ						26
69					アルジェリア		26
69			アメリカ				26
72	ペルー						25
72					イラク		25
74			アイルランド				24
74	メキシコ						24
74					ウガンダ		24
77			オーストラリア				21
78	アルゼンチン						20
78					マリ*		20
78	エルサルバドル						20
81					ルワンダ*		18
82					ヨルダン		16
82	ベネズエラ						16
84					ジンバブエ		15
85					モロッコ		14
85					イラン		14
87	コロンビア						13
87	ドミニカ共和国*						13
87					ナイジェリア		13
87	トリニダード・トバゴ						13
91					エジプト		7
92					ガーナ*		4
93	プエルトリコ						0

表7・4　長期志向

順位	中南米	南　欧 南東欧	北　欧 北西欧 アングロ世界	中東欧 旧ソ連	イスラム世界 中　東 アフリカ	東アジア 東南アジア	スコア
1						韓国	100
2						台湾	93
3						日本	88
4						中国	87
5				ウクライナ			86
6			ドイツ				83
7				エストニア			82
7			ベルギー				82
7				リトアニア			82
10				ロシア			81
10				ベラルーシ			81
12			東ドイツ				78
13				スロバキア			77
14				モンテネグロ			75
15			スイス				74
16						シンガポール	72
17				モルドバ			71
18				チェコ			70
18				ボスニア・ヘルツェゴビナ			70
20				ブルガリア			69
20				ラトビア			69
22			オランダ				67
23				キルギス			66
24			ルクセンブルク				64
25			フランス				63
26						インドネシア	62
26				マケドニア			62
28				アルバニア			61
28		イタリア					61
28				アルメニア			61
28						香港*	61
28				アゼルバイジャン			61
33			オーストリア				60
34				クロアチア			58
34				ハンガリー			58
36						ベトナム	57
37			スウェーデン				53
38				セルビア			52
38				ルーマニア			52
40			イギリス				51
40						インド	51
42						パキスタン	50
43				スロベニア			49
44		スペイン					48
45						バングラデシュ	47
45		マルタ					47
47		トルコ					46

スコアは世界価値観調査の最新のデータ（1995～2004年のうち）に基づく；＊この9カ国については2005～2008年のデータを用いて追加した。

▼長期志向指標とGLOBEの次元▲

第2章ではヘールトのモデルを追調査し、改良したうえで約六〇カ国に拡大したという触れ込みのGLOBEによる研究を紹介した。第3章から第6章では、彼らの知見とわれわれの知見とを比較してきた。われわれの長期志向指標からアイデアを得て、GLOBEは**未来志向**という次元を作成した。

CVSとGLOBE双方の調査が行われた二一カ国において、従来からのCVS版長期志向指標は、GLOBEの一八の次元のうち四つと有意に相関していた。しかし、最終的に有意なものとして残ったのは「あるべき」**業績志向**との強い負の相関だけであった。これがCVS版長期志向指標の分散の五一％を説明していた[50]。「あるべき」業績志向はミッショの壮大主義とも相関があった。つまり、短期志向の文化に典型的な自己高揚の感情である「われわれは、優れた業績をあげるべき国民である」というニュアンスが示されている。長期志向は柔軟・謙虚さとも相関があるので、このような負の相関も納得がいく。

世界価値観調査とGLOBE双方の調査が行われた四九カ国において、WVS版長期志向指標は、GLOBEの一八の次元のうち六つと相関していた[51]。後の分析で有意なものとして残ったのは、「あるべき」**業績志向**との負の相関と、「あるべき」**内集団的集団主義**との負の相関であった。「あるべき」内集団的集団主義は、家族の誇りを意味する。本章の前半で見たように、長期志向の強い文化では、家族は現実的であり、自分たちの家族について誇りを持とうとする傾向は強くない。

GLOBEの「ありのまま」の**未来志向**は長期志向を表すはずであったが、どちらの長期志向指標とも相関がなかった。相関は、むしろ不確実性の回避指標と権力格差指標がともに低い場合に高まった[52]。「ありのまま」の未来志向は将来の計画に関するものである。GLOBEの回答者のなかでも、あまりあくせくしない、平等主義的な社会に属する人々は、「ありのまま」の未来志向が強いことになる。

GLOBEの「あるべき」**未来志向**は、権力格差が大きく、WVS版長期志向が**弱い**と高まる[53]。この次元は、「常に将来を見すえて計画すべきである」と「人々は現在の危機を憂うべきだ」という考えを表す。権威主義的で短期志向的な文化に属する人々は、このような「あるべき」文言に賛成する傾向がある。

このように長期志向と未来志向の間で唯一見出された相関は、負の相関である。長期志向を「未来志向」によって追調査しようとしたGLOBEの試みは、完全に失敗したのである。

▼長期志向-短期志向と家族関係、学業▲

第4章と第5章では、世界一〇カ国の一五〜一七歳の少女を対象とした美とボディ・イメージの理想に関する二〇〇五年の市場調査について述べた。この研究では、同じ一〇カ国の一八〜六四歳の女性からなる、より大規模なサンプルを対象とした電話調査も行っている。短期志向の文化では、女性たちの持つ自分自身や美に対する感情は母親から肯定的な影響を受けており、美に対する考え方は母親によって形成されたという回答が多かった[54]。母親が娘の自己高揚を促すという傾向は、短期志向の文化の一部であると認められる。

ＴＩＭＳＳ（国際数学・理科教育動向調査）は、数学と理科の成績の国際比較調査であり、現在、世界すべての大陸の五〇カ国以上において、四年おきに実施されている。本書の執筆時点での最新の調査は、二〇〇七年に実施されたものである。調査対象者は第四学年（一〇歳前後）と第八学年（一四歳前後）の生徒である。東アジア諸国（シンガポール、韓国、台湾、香港、日本）の生徒は一貫して成績が優れており、とくに数学の成績がよい。成績の低い国は、アフリカや中東、ラテン・アメリカの国々のなかに見られる。

ヘールトは一九九九年以降のＴＩＭＳＳのデータを用いて、数学の成績がＣＶＳ版長期志向と相関していることを明らかにした。理科の成績は、数学の成績とは互いに強い相関があったものの、ＣＶＳに基づく長期志向との相関は見られなかった。長期志向の強い国々の文化のなかには、数学の能力向上に貢献する要素が見られた。裕福な国の成績は貧しい国よりわずかによかったものの、数学の成績は国の豊かさよりもＣＶＳ版長期志向指標の方と強く相関していた[55]。

ミッショは数学と理科双方の成績の違いについて、壮大主義の次元とヘインの理論を用いて説明した。自己高揚を促す文化では、教育のような自己鍛練に対する子どもたちの関心が抑えられる。壮大主義的な文化では、人々は自分についての肯定的な情報を見つけようとしており、否定的な情報は受け入れられない。自己鍛練が必要だという考え方は、謙虚な文化でしか受け入れられない[56]。

以前の研究によると、アメリカでは西洋系の学生よりもアジア系の学生の方が、成功は努力の賜物であり、失敗は努力の欠如によるものだとする考え方が強い。このような研究結果は、ミッショの解釈と一致している[57]。

われわれは二〇〇七年のＴＩＭＳＳの結果と、ＣＶＳ版長期志向指標、ＷＶＳ版長期志向指標および国の豊かさとの相関関係について分析を行った。ここでも、数学の成績と理科の成績とは互いに強く相関していたにもかかわらず、ＣＶＳ版長期志向指標とは数学の成績だけが相関しており、理科の成績との相関はなかった[58]。ＷＶＳ版長期志向指標は、数学と理科双方の成績と強く相関していたが、数学との相関の方が若干強かった[59]。

これらの結果は、二〇〇七年においてもヘールトの解釈とミッショの解釈とが正しいことを示している。ＷＶＳ版長期志向のスコアが高ければ、数学の成績も理科の成績も良い。第八学年の生徒に限っていえば、このような影響は国の豊かさの影響を取り除いても残る。しかし第四学年の生徒の場合、成績のよさは完全に国の豊かさによって決まる[60]。

一方、ＣＶＳ版長期志向指標は数学の成績とのみ相関関係が残り、理科の成績との相関関係は見られない。このような相関関係についての分析の対象となった国には、東アジア諸国が比較的多い。ＷＶＳ版長期志向指標の分析の場合、東アジア諸国の割合は小さくなる。こちらの長期志向は数学と理科双方の成績と相関関係があるが、数学の方が常に相関が強い。結論として、東アジアの生徒は、二重の意味で利点を持っていると考えられる。勤勉さに加え、数学を理解する文化的才能も持っているのである。このような利点は第四学年（一〇歳）ですでに見られるが、勤勉さの影響は第八学年（一四歳）で初めて表れる。

従来、東アジアの学生は理解することよりも丸暗記に重きを置いていると仮定されてきた。しかし、CVS版長期志向の強い文化で学生の基礎的な数学の成績がよかったことから、この仮定は否定される。西洋的な考え方からすれば丸暗記と解釈されるやり方が、実は理解へつながる道なのかも知れない。教えることと学ぶことは文化的に条件づけられており、同じような行動であっても、深い意味合いは文化によって異なるのである[61]。

基礎的な数学で出される問題はゴールが明示されており、解は「オープン」ではなく「型通り」である[62]。長期志向の強い文化では、学生はそのような問題を解く能力が高い。香港大学で何年も教えたゴードン・レディング教授は、次のように書いている。

> 中国人学生は、もっぱら自らの文化や言語で教育を受けてきた場合、たいへん独特な世界に自分を「固定」するような認識的なプロセスを備えるようになっている。……中国人がある種の教科、とくに「個別的で具体的」なものがもっとも重要とされる応用科学において、優れた成績を修める傾向が顕著なことには理論的な根拠がある。また、中国人が哲学や社会学のような抽象的な領域に踏み込もうとしない傾向にも、理論的な根拠がある。
>
> 西洋で発達した現在の科学研究がなぜ中国で発達しなかったのかは誰もが疑問に思っていることである。根本的な認知構造の違いに原因を求める説明がもっとも説得力がある[63]。

具体的なものに対する才能は、実際的な問題を解決するための才能にもなりうる。長期志向の強い文化においては、何が役に立つかということが、それがなぜ役に立つかよりも重要なのである。その象徴が、中国の鄧小平元首席の格言「白猫であれ黒猫であれ、鼠を捕るのがよい猫である」である。

▼長期志向‐短期志向と経済成長▲

第二次世界大戦（一九三九～一九四五）以降、戦勝国は普遍的な人権の保障とともに、国連による新たな世界の秩序作りを要求した。一九五〇年代と一九六〇年代には、第一の課題は政治的独立であった。植民地時代は終わり、裕福な国々のかつての植民地は新たに国家となった。一九七〇年代には、優先課題は経済発展に移った。世界銀行、国際通貨基金（ＩＭＦ）、世界貿易機関（ＷＴＯ）の三つは、すでに一九四四年に設立されており、これらによって貧困を撲滅するための取り組みが行われた。

しかし、貧困は消滅しなかった。一九七〇年から二〇〇〇年にかけて、「無一文から大金持ち」になることに成功した国々もあった。「ファイブ・ドラゴン」、すなわち台湾、韓国、シンガポール、香港、日本の五カ国は、一九九七年に深刻な経済危機を経験したとはいえ、勝者だったことに疑問の余地はない。米ドル換算すると台湾の二〇〇〇年の一人当たり国民総所得は一九七〇年の三六倍であった。日本の一人当たり名目国民総所得は一八倍に増加した。一方、サハラ砂漠以南のアフリカ諸国とラテン・アメリカ諸国の一人当たり国民総所得は、統計的に有意といえるほど増えなかったか、あるいはまったく増えていなかった。

ファイブ・ドラゴンの経済的成功を経済学者たちは予想できなかった。その成功が明らかになった後でもしばらく事態を認識できなかった経済学者もいた。*American Economic Review* の一九六六年の号に掲載された、世界銀行の著名なエコノミストによるこの地域の将来予測[64]では、香港とシンガポールは重要だと考えられなかったために含まれておらず、台湾と韓国の業績は過小評価され、インドやスリランカの業績が過大評価されていた。一五年後、人口二五〇万人のシンガポールの輸出高は人口七億人のインドよりも勝っていた。

ドラゴンたちの経済的奇跡が疑いようのないものになってからも、経済学者には説明のすべがなかった。経済的な基準に従えば、たとえば、コロンビアの業績は韓国の業績よりも勝っているはずであったが、現実は逆であった[65]。アメリカの未来学者ハーマン・カーン（一九二二〜一九八三）は、新儒教主義仮説を立てた[66]。彼の仮説によれば、東アジア諸国の経済的成功の原因は、歴史をはるかにさかのぼって存在する共通の文化的起源に求められる。

カーンの仮説は中国的価値観調査（CVS）が登場するまで証明されなかった。二〇世紀終盤の三〇年間の経済成長は、CVS版長期志向指標と有意に強い相関がある。このことが、ヘールトが長期志向指標を第五の次元として採用した当初の理由である。

CVSは世界二三の国と地域を対象に、一九八五年に実施された。その調査から考案された長期志向指標は、それ以前の二〇年間（一九六五〜一九八五）の経済成長と相関があっただけではない。それ以上に、後の一〇年間（一九八五〜一九九五）の成長をより高い精度で予測していた[67]。

本書の執筆時点で、さらに一五年の月日が流れている。CVS版長期志向指標はWVS版長期志向指標に継承され、データベースは二三カ国から九三カ国に拡張されている。新たな長期志向指標は、変化する世界において、さらに多くの国々の経済成長を説明することができるのであろうか。

一九七〇年から一九九五年にかけては、CVS版長期志向指標で相関のあった国々も含め、WVS版長期志向指標は一人当たり国民総所得と相関があった[68]。一九九五年から二〇〇五年については、相関関係はなくなっていた。データのあるすべての国々において、WVS版長期志向指標と、一九九五年から二〇〇五年にかけての期間の一人当たり国民総所得の成長との相関はほとんどゼロであった[69]。

しかし、一九九五年以降のデータは、取り扱う国々も世界経済もそれ以前とは同じではない。われわれのリストには、一九七〇年には独立した経済を持つ国として存在していなかった一九の国々の名前がある。旧ユーゴスラビアは一九九一年に解体され、クロアチア、スロベニア、マケドニア、ボスニアと、ゆるやかな連合体であるセルビア・モンテネグロに分裂した。ソビエト連邦も一九九一年に消滅し、ロシア連邦とそのほか多くの共和国に置き換わった。それらのうち、エストニア、リトアニア、ラトビア、ベラルーシ、ウクライナ、モルドバ、アルメニア、グルジア、アゼルバイジャン、キルギスがリストに含まれている。チェコスロバキアは一九九三年にチェコ共和国とスロバキア共和国に分離した。移行の過程で経済の自由化を行い、市場経済を発展させる機会が生まれており、新たな国々はそれぞれ自分たちが進む道を得たのである。ソ連の崩壊により、東欧へのソ連の影響力も消え去り、共産主義的な経済体制を押し付けられていた国々は、自分たちの経済のあり方を選べるようになった。東ドイツはすでに一九九〇年の時点で西ドイツと統合しており、ポーランド、ハンガリー、ルーマニア、ブルガリアはのちにEUに加盟した。程度の差はあるが、これらの国々は一九九五年までに信頼できる一人当たり国民総所得のデータを提供し始めており、二〇〇五年には過去一〇年間の経済成長率を比較できるようになった。

東アジアの経済的奇跡について取り上げた文化理論は、なぜそれ以前にこの地域で強力な経済成長が実現できなかったのかを説明できていないために批判された。たしかに、儒教的な価値観は極めて古い。なぜそれらは二五〇〇年ものあいだ眠っていて、二〇世紀の後半になって奇跡を起こしたのか。この難問に対する答えは、ドイツの社会学者マックス・ウェーバーが八〇年前に示している。彼は、いわゆるプロテスタンティズムの倫理（基本的には、本章で議論した経済成長に関連する一連の価値観に対する別の名前である）が特定の時代においてのみ結果を生み出すことができると述べた。ここでのケースを見ると、二つの条件が満たされなければならない。

1　西洋の技術が利用可能であり、それを利用できるだけの教育資源がある。

2　財やサービスの需給において、地元地域の市場が世界市場に統合されている。

しかし第三の条件もあって、それは初期段階での貧困である。長期志向は、無一文から裕福になることのできる国とそうでない国があるのはなぜかを説明するが、裕福な国がより裕福になることを説明するわけではない。たとえば、成功を収めた東アジアのドラゴンは一九九七年に地域的な経済危機に見舞われ、経済的な上昇が突然止まってしまった。

これらの状況を考えると、WVS版長期志向と、一九九五年から二〇〇五年にかけての一人当たり国民総所得の増加との関

図7・1　世界価値観調査に基づく長期志向指標と一人当たり国民総所得の比率（2005年／1995年）：貧しい54カ国と裕福な30カ国

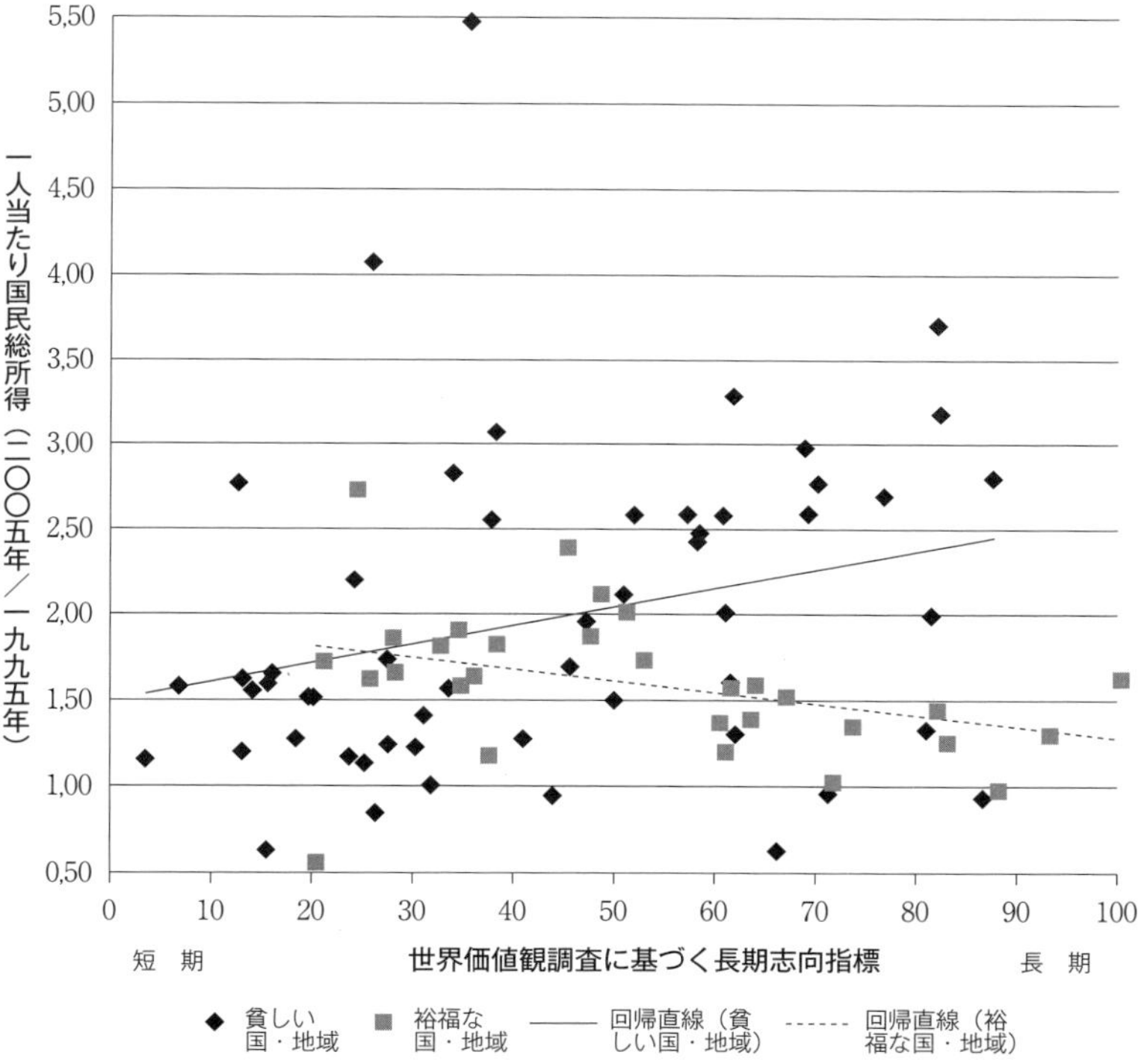

係を検討しなおす必要がある。そこで、WVS版長期志向指標と国民総所得の成長の双方のデータがある八四の国と地域を、一九九五年の一人当たり国民総所得データに基づき、五四の貧しいケースと三〇の豊かなケースに分割した(70)。**図7・1**では、二〇〇五年の一人当たり国民総所得の一九九五年の数値に対する比率を八四の国と地域について計算し、WVS版長期志向指標のスコアによってプロットしている。五四の貧しい国と地域では、有意な正の相関関係が見られる。三〇の裕福な国と地域では、関係は有意な負の相関になっている(71)。

長期志向と貧しい国々の経済成長との相関関係は、ハーマン・カーンの新儒教主義仮説が一九九五年以降においても正しいことを示している。このことは、儒教的な価値観のうちのどれが経済成長につながるのかをも示している。非常に重要なのは、倹約である。ミッショ・ミンコフとヴァセリン・ブラゴエフによる別の研究では、この結論に余暇を重視しないことが加えられている。彼らは二〇世紀アメリカの著名な開発経済学者の言葉を引用している。それによると、東アジアの経済発展は奇跡的ではない。勤勉さや倹約、より良い教育という旧来の条件によるものである[72]。もちろん、なぜ東アジアの国々がこのような道筋を歩み、ほかの国がそうしなかったのかという疑問は残る。

東アジアの発展に果たした文化の役割を証明する次元を突き止め、かつドラゴンの経済的成功を説明するのに、東アジア的な調査項目を用いたCVSが必要とされたことは注目に値する。しかしそのことはひとまず置いて、さらに話を進めよう。同様の結論が、基本的に西洋的な調査項目で収集された世界価値観調査のデータにおいても導かれることがわかっている。ドラゴンの成長の論理は、一九九五年から二〇〇五年における東ヨーロッパのいくつかの国々の経済成長にも拡張できるのである。

アメリカの政治学者ラッセル・リードは、一九九三年に長期志向と貯蓄の手段の間に関係があることを明らかにした。長期志向ともっとも強い関係が見出されたのは**限界貯蓄性向**（MPS）である。つまり、一九七〇年から一九九〇年における民間消費と民間貯蓄の変化の合計に占める一人当たり貯蓄の実質額の変化の割合が長期志向と関係していた。MPSは、最も低いアメリカの三％から、最も高いシンガポールの六四％の間に分布していた[73]。

デ・ムーイは消費者行動の分析のなかで、長期志向の強い国の人々が、不動産に投資する割合が高いことを示した。不動産は長期の関与が必要な資産である。一方、長期志向の弱い国では、投資信託への投資が多かった[74]。

二〇〇八年に新たな経済危機が世界を襲った。危機はアメリカから相互依存的なグローバル金融市場を通じて広がった。この新たな災厄の中心に位置しているのは、倹約を重んじない、消費過剰な短期志向経済のようである。

一九七〇年頃のアメリカ的価値の完全な目録に基づいていると思われるロキーチの価値観調査には、「倹約」と「忍耐」が含まれていない。アメリカでは個人レベルでも政府レベルでも、少なくとも二〇世紀後半以降は、倹約ではなく消費に高い価値が置かれているように見える。アメリカの二人の共和党大統領のもとで、経済諮問委員会の委員長を務めたハーバート・スタインは、なぜアメリカ人はもっと貯蓄をしないのかとたずねられて、次のように答えた。

> 経済学者はこの問いに答えられないでいる。われわれの貯蓄率は……いつも他の国より低い……説明にはならないが、それはアメリカ人のライフスタイルを反映しているとしかいいようがない[75]。

▼経済成長と政治▲

経済成長は前節で議論した成長への経済的な条件に加えて、政治的背景にも依存する。ドラゴンの成長は一九五五年以降にようやく始まったものであり、本当の意味でのグローバルな市場の発達はその頃になって、歴史上はじめて始まったのである。経済発展を支えるような政治状況があるという条件は、ファイブ・ドラゴンのすべての国で満たされているが、その実現の仕方はさまざまで、政府が活発な支援を行っている国もあれば、自由放任に任せている国もある。五つの国のすべてに共通することは、労働組合が弱く企業志向が強い点である。また所得配分も比較的平等であることから、革命による社会変革を支持する基盤が弱い。時折不穏な動きや暴力沙汰はあるが、儒教的な中庸の精神は政治生活にも影響を及ぼしている。

儒教の発生の地である中国本土においても、政治的背景の影響は明らかであった。華人は香港やシンガポール、台湾における経済的奇跡の中核にいた。彼らはインドネシアやマレーシア、タイやフィリピンという新興国の経済にも貢献した。華人は本国に残った同胞よりも、起業家精神をよく発揮したようである。

一九七〇年には、中国の通貨は兌換《だかん》不可能であった。そのため一九七〇年の一人当たり国民総所得は過大評価されており、一九七〇年に対する二〇〇〇年の一人当たり実質国民総所得の割合は過小評価される。また、中国の経済成長は政治的な事件によって妨げられた。大躍進（一九五八～一九五九）やプロレタリア文化大革命（一九六六～一九七六）という災難、一九八九年に起こった北京の天安門広場での学生デモの鎮圧直後の反動がそうである。一方で、一人っ子政策の実施による厳しい政治的コントロールによって、一人当たりの経済成長を希薄化する人口爆発は抑えられている。一九七五年から二〇〇七年にかけて、中国の人口は四二％増加し、九億三〇〇〇万人から一三億二〇〇〇万人になった。年平均の人口増加率は一・三％で、二〇一五年までの年平均増加率は〇・七％になると予測されている。人口抑制の効果が弱いインドでは、同じ時期に人口は八一％増加し、六億二〇〇〇万人から一一億二〇〇〇万人になった。年平均の人口増加率は一・九％であった。人口抑制がまったく行われていないナイジェリアでは、同じ時期に人口は一六九％増加し、五五〇〇万人から一億四八〇〇万人になった。年平均の人口増加率は二・九％であった[76]。

中国の統治者にとっての課題は、中国経済を世界に向かって開放した場合に生じる国内の政治的な事態に対処できるかという点にある。暴政や無政府状態、あるいは環境の致命的な破壊をもたらすことなしに、一三億の人口を抱えた国を方向転換させることは、シンガポールのような五〇〇万人の島国を近代化することに比べて、はるかに困難である。ヘールトは、まだ中国が非常に貧しかった一九八八年に、ＣＶＳから予測される結果について分析した論文において、中国がのちに長期志向指標と名づけることになる次元でトップのスコアを得たことから、以下のような可能性があると解釈した。「中国はファイブ・ドラゴンの成功に続くだろう。ある程度先のことかも知れないが、いずれ中国は六番目の、かつもっとも強力なドラゴンになる」。歴史はこの予言が正しかったことを証明している[77]。

一九八〇年代に逆の例となっていたのが、旧ソ連とその政治的な影響下にあった諸国である。ＷＶＳ版長期志向指標のスコアによれば、それらの国々は、発展のためのメンタル・ソフトウェアを持ち合わせていたものの、新たな試みが抑えられていたのである。ソビエト時代の終焉以降、東欧の多くの国々で急速な経済成長がもたらされたことが、このことを示している。

東アジアの発展は、他者から学びたいという欲求の高さによって強く導かれた。日本は一七世紀以来、ヨーロッパ（とくにオランダ）から科学技術を積極的に学んだ。西洋の流行やファッションは東アジアの政府には好まれていないが、人々には人気がある。東欧諸国は共産主義の時代があったにもかかわらず、やはり西洋をモデルとしてきた。

他者から学びたいという願望は、WVS版長期志向指標のスコアが低い国々において、必ずしも存在するわけではない。国への誇りは短期志向の構成要素であり、これがあまりに強いと、経済的な大災難につながる。国への誇りが強すぎるせいで、アメリカはイラク戦争を始めてしまい、一兆ドルものお金を費やすこととなった。また国への誇りが強いために、他国に対する関心や理解を欠いている。二〇〇八年の金融危機にも、国への誇りが過剰であるため事態をより深刻にしてしまった[78]。

第9章ではビジネスの目的とコーポレート・ガバナンスについて、主要な経済大国の間で比較する。この国際比較によって、アメリカのビジネスリーダーたちが短期的な成長を優先させたことと、継続性と責任感を欠いた拝金主義が、一九九〇年の時点ですでに露わになっていたことを示そう。

▼短期志向としての原理主義▲

本章ですでに述べたように、ユダヤ教、キリスト教、イスラム教はすべて同じ西洋的宗教であり、同じ思想系に属しており、歴史的に同じ起源を持つ。これら三つの宗教では、真理から徳が派生している。三つの宗教のどれにも、現在に焦点をおく近代派と、過去からの知恵に焦点をおく原理主義派がいる。宗教的原理主義は、長期志向－短期志向の次元のうち、極端な短期志向を表している。決定は、今日何が役に立つかではなく、古い経典のなかに書いてあることの解釈に基づいて下される。原理主義は現代の世界が抱える問題に対処することができない。

イギリスの哲学者バートランド・ラッセル（一八七二〜一九七〇）はこのように書いた。

あらゆる過激な信条は有害である。このことは、過激主義がほかの過激主義に対する憎しみや不和を生み出し、争いが起きることからも明らかである。しかし、地上に過激主義が一つしかなかったとしても、その過激主義は有害である。過激主義は自らの支配力を揺るがすような自由な探求を認めることができない。過激主義は知的な進歩に反対する。過激主義にはたいてい聖職者が関与しているが、その場合、知的な現状の維持や、確実性の見せかけ作りに腐心する職業カーストに強大な権限が与えられる。しかし、過激主義に確実性などないのである[79]。

政治的に影響力のある原理主義は、世界の平和と繁栄にとって脅威となるが、西洋の三つの宗教すべてに存在している。原理主義に対抗する近代派がもっとも弱いのはイスラム教である。

歴史のうえでは、九世紀頃から一四世紀まで、イスラム世界が軍事的にも科学的にもヨーロッパのキリスト教国よりも進んでいた時期があった。ルネッサンスと宗教改革を経て、キリスト教の国々は近代化への道のりを歩み始めたが、イスラム世界は伝統主義に引きこもってしまった。

アメリカのイスラム学者バーナード・ルイスは、一四世紀以降のイスラム教徒の学者の態度を「時が止まったように何も変化しない」ものであり、また世界のほかの地域で何が起こっているかについて無関心であったと書いた。知識は「永遠の真理の集成であり、獲得、集積、伝達、解釈、応用できるが、修正や変形はできない」ものと考えられた。革新は悪であり、異端と同様であった。ヨーロッパでは一四五〇年に印刷術が発明されたが、トルコで初めて印刷工場が設立されたのは一七二九年であり、しかも保守派のイスラム教徒によって一七四二年に閉鎖された。ルイスはこう書いている。

西洋の挑戦に対するイスラム世界と日本との対応の違いは非常に大きく、対照的に描かれてきた。彼らの状況は非常に異なっていた。……ヨーロッパに対するイスラム教徒の認識に影響し、支配してきた要因があるが、それは日本人の認識に対しては何の影響ももたらさなかった。その要因とは、宗教である。ヨーロッパは、ほかの地域と同様、イスラム教徒によって、何よりもまず宗教的な観点から認識された。つまり、西洋人やヨーロッパ人や白人ではなく、キリスト教徒として見られたのである。また、中東では極東とは異なり、キリスト教は身近なものであり、軽視されていた。欠陥があり、無用になった宗教を信じる者から、どんな価値観を学べるというのか。(80)

今日では、近代的な技術がイスラム世界にも浸透している。イスラム教には伝統的な形態と近代的な形態とがあるが、前者の方が強力で攻撃的である。後進性と貧困に直面するなかで、預言者ムハンマドの時代の法であるシャリーアを復活させることを要求する集団もある。イスラム教諸国のなかには、石油資源によって一時的に膨大な富を得た国々もある。しかし、近代世界に対する適応という点から見れば、それらの国々も貧しい状態にとどまっている国々と変わらない。石油に恵まれたということが、財産よりも負債になってきたのかもしれない。ファイブ・ドラゴンたちはいずれも、国民のメンタル・ソフトウェアをおいてはほかに、取りたてて述べるような天然資源を持たなかった。

二〇世紀後半には、多くのイスラム教徒が西洋諸国に移住した。二一世紀初頭の時点で、ヨーロッパのイスラム教徒は一三〇〇万人あまりになった。彼らの多くはヨーロッパ社会に統合され、労働者階級や中産階級になり、しかるべき地位を持つようになった。なかには統合されることなく、下層階級に取り残されたまま、新たなゲットーに暮らす者もいる。そのような人々が、原理主義的なイスラム教にもっとも誘惑される。正しい教義に従うことに誇りを持つよう説く教えは、移民先の社会で底辺にいる人々の心の隙間を埋めてくれる。

短期志向的なイスラム文化のなかには、宗教心よりも国への誇りを前面に押し出す国があって、その国からの移民は国籍を変えることをためらい、二重国籍を持つことになる。モロッコのような国では、政府が二重国籍を持つことを奨励している。政府にとっては、偉大な国に生まれた子どもたちが、自らの市民権を放棄しようなどと思うことが理解できないのである。

▼アフリカにおける短期志向▲

一九七〇年頃、ヘールトはIBMのヨーロッパ・アフリカ・中東地域の人事調査部門のマネージャーだった。彼の担当していた業務の一つが、従業員の選考試験の開発であった。ある日、彼はアフリカ地域担当マネージャーから電話を受け取った。そのマネージャーはアメリカ人で、アフリカのうち南アフリカを除くすべての英語圏の国々を管轄する立場であった。彼は当時コンピューターのプログラミングを習得する能力のある人材を選考するために使われていたIBMのプログラミング適性テストに問題があると報告してきた。彼がいうには、アフリカでは試験に合格できる人がおらず、そのためIBM自体にとっても顧客に対しても候補者を選考することができなかったのである。

この問題はプログラミング適性テストのオリジナルを考案したアメリカ人のウォルター・マクナマラ博士が定年退職した直後に起こった。マクナマラは、三カ月間でアフリカ数カ国を調査し、問題を解決してほしいという依頼を快諾した。そして調査から戻ってくると、結論として、次のような報告を行った。

◇　誰も試験に合格しなかったというのは正しくない。アフリカ人のなかには実際に合格した人もいるが、その割合はどこよりも低かった。

◇　もともとテストには二種類あって、一つが大卒者用、もう一つが高卒者用であった。アフリカのIBMには大卒者用のものしかなかった。候補者の大多数は高校を卒業してすぐにテストを受けていたので、本来は高卒者用のテストを受けるべきであった。

◇　ほとんどの候補者は強制選択式のテストを受けた経験がなく、試験方法について事前に指示を与えられるべきであった。

◇　テストではアメリカ英語が使われており、単語のなかには地元の英語にはないものがあった。

◇　テストでの時間制限は、ネイティブ・スピーカー向けのものであった。英語を第二（第三・第四）言語として用いている者にとっては、制限時間をより長くとる必要があったが、試験官はそのことに気づいていなかった。

マクナマラは改良版のテストを作成し、ザンビアで高卒者を対象に試してみた。得られた結果はアメリカの高卒者の結果とほぼ等しかった。マクナマラの優れた仕事によって、ヘールトは「英語を第二言語とする国向けのプログラミング適性テスト」と印刷された新たなテストを作成した。そして、ＩＢＭのアフリカ地域の各国マネージャーによる会議で、誇らしげにそのテストを紹介した。

ヘールトによる発表は、彼が期待したほどには歓迎されなかった。ガーナのＩＢＭマネージャーはアフリカ人で初めてマネージャーに昇格した人だったが、休憩時間にトイレでヘールトの横に並んだときに、「私の国ではアメリカ版のテストを使いたい」と低い声で語った。

この事実は、アフリカでのＩＢＭの子会社で人材を選ぶうえでの問題が技能の欠如の問題ではないことを示している。選考のプロセスにおいて、ほかの国々と同じ配慮をしたならば、能力のある候補者を十分な数だけ選ぶことができただろう。しかし、このアフリカ人のマネージャーにとっては、人材選考の問題を解決することよりも、国への誇りを満たすことの方が大事だったのである。同国人がアメリカ人と同じテストを受けられなくなるかもしれないと聞き、国への誇りが傷つけられたと感じたのである。[81]

アフリカ、とくにサハラ砂漠以南のアフリカは、開発経済学者にとって頭痛の種である。二〇〇九年には、最貧国四〇カ国のうち、三二カ国がアフリカ諸国である。[82] アフリカ諸国は年間の人口増加率三％という人口爆発に悩まされており、二五年後には人口が二倍になってしまう。ＡＩＤＳやほかの伝染病（これらは人口爆発に対する自然の側からの回答なのかもしれない）、極めて血なまぐさい戦争や大虐殺（こちらは人間の側からの回答かもしれない）、腐敗して国民に敵対的と見られている非効率な政府にも苦しんでいる。アフリカ五〇カ国の多くでは、一部の例外的に良好な国を除き、保健医療などの基本的な政府の業務が悪化したり、消滅したりしている。

極端な例がソマリアである。一九六九年から大統領を務めたシアド・バーレが一九九一年に逃亡すると、ソマリアは軍閥の抗争によってカオス状態に陥った。アメリカとエチオピアによる介入は成功しなかった。[83] 二〇〇〇年代になると、ソマリアは身代金を目当てにしたプロの海賊の存在で世界に知られるようになった。責任をとるべき政府は存在しなかった。

西洋の論理がアフリカに通じないことは明らかであった。ボンドの中国的価値観調査の例から、ヘールトはアフリカが同様の課題を行うことを提案しようと思いついた。つまり、アフリカ人が価値観に関する調査票を開発し、これをアフリカ諸国と非アフリカ諸国で実施するのである。こうすることで、西洋的な開発のための処方箋がアフリカでうまくいきそうにない理由を説明できるような、新たな次元が現れるかを見るのである。

このプロジェクトはヘールトの以前の所属先であるＩＲＩＣ[84]で、後任者のニルス・ノールダーハーヴェンとセネガル出身のバシルー・ティジャニによって実施された。アフリカに住むアフリカ人科学者と、海外のアフリカ人学生が、価値観調査の項目を提案するよう依頼された。「デルファイ」法（専門家の意見を収集し、集約する手法）を通して、最初の結果は無記名で参加者に送り返され、彼らのコメントが調査に組み入れられた。調査票は英語版とフランス語版があり、アフリカ諸国からはカメルーン、ガーナ、セネガル、南アフリカ、タンザニア、ジンバブエ、アフリカ以外からはベルギー、ドイツ、イギリス、ガイアナ、香港、マレーシア、オランダ、アメリカという各国の男女の学生を対象として調査が実施された。回答者数は一四カ国の合計一一〇〇人になった[85]。

　中国的価値観調査とは異なり、アフリカ的価値観調査からはアフリカ的発想による新たな価値観の次元は現れなかった。アフリカ的価値観調査から六つの因子が得られた。これらのうち四つがＩＢＭ次元のそれぞれ一つと有意に相関していた。一つは二つの言語の違いによって生じた瑣末なものであった[86]。残る因子は（ノールダーハーヴェンとティジャニの分析では二番目に強い）「伝統的な知恵」であり、ＣＶＳ版長期志向指標と有意に相関していた。またこの因子については、調査が実施されたアフリカ諸国（一部のヨーロッパ諸国）とアジア諸国とで反対の特徴を示していた[87]。この次元の短期志向の極を特徴づける項目は、「知恵は知識より重要である」と、「知恵は教育からではなく、経験と時間から生まれる」というものであった。これらは儒教的な価値観と激しく対立するものである。

　本項のはじめに紹介したエピソードのように、アフリカ諸国ではＣＶＳ版長期志向指標も、ＷＶＳ版長期志向指標もスコアが低かった。アフリカ的価値観調査の結果は、このことを裏づけるものであった。表7・4では、北アフリカの三カ国、中南部アフリカの一〇カ国がすべて短期志向の側に位置している。実際の結果よりも誇りを優先し、知識や教育なしに知恵に期待する態度からは、明日得られる利益のために今日、働き勉強するという考えは育ってはこない。

　アフリカ諸国では、外部の者にとっては明白なはずの因果関係が否定されることがある。南アフリカの大統領タボ・ムベキが、ＨＩＶ感染とＡＩＤＳの関係を認めようとしなかったのが、一つの例である。アフリカ以外の者からすればアフリカ人自身の問題であるはずのことでも、国内に広がった魔術信仰によって、外の人々や呪術的な力が原因とされてしまうのである。

　価値観のスコアは、すべてのアフリカ人が短期志向的な考え方の持ち主であるとするものではないし、すべての東アジア人が長期志向的な考え方の持ち主であるとするものでもない。価値観のスコアは、このような思考様式には十分に一般性があり、共通の行動のパターンや国の諸制度の構造と機能、また機能不全にも影響を与えるほどであることを意味している。このようなプロセスを通して、思考様式が経済開発に影響を与えるのである。

　ほとんどすべてのアフリカ諸国が、外国援助やＩＭＦからの借款《しゃっかん》に頼っている。かつて世界銀行で主席経済学者を務め、二〇〇一年にノーベル経済学賞を受賞したジョセフ・スティグリッツによれば、アフリカの経済問題はＩＭＦが強制した借款の条件によってさらに悪化している。ＩＭＦは世界銀行よりも短期志向的な市場原理主義に支配されている。このため、教育

表7・5　世界価値観調査データに基づく短期志向の社会と長期志向の社会の基本的な違い

短期志向	長期志向
・他者への奉仕が重要な目的である。	・子どもはお金とモノを節約することを学ぶ。
・自国に誇りを感じている。	・ほかの国々から学ぶ。
・伝統が重要である。	・子どもは忍耐を学ぶ。
・ミンコフの次元では壮大主義の極に近い。	・ミンコフの次元では柔軟・謙虚さの極に近い。
・家族に誇りを感じている。	・家族は実際的なものである。
・母親が娘の自己と美的感覚に肯定的な影響を与えている。	・美についての娘の理想は母親の理想による影響を受けていない。
・学生は成功と失敗は運に左右されると考える。	・学生は成功と失敗は努力によると考える。
・14歳の生徒の数学と理科の成績は低く，その原因は努力不足である。	・14歳の生徒の数学と理科の成績は高く，その要因は勤勉さにある。
・数学の特別な技能は備っていない。	・東アジアでは数学の成績が高い。
・理論的・抽象的な科学に優れている。	・応用的・具体的な科学に優れている。
・貧しい国々で経済成長が遅いか，停滞している。	・貧しい国々で経済が急速に成長している。
・貯蓄率が低く，投資できるお金が少ない。	・貯蓄率が高く，投資可能な資金がある。
・投資信託が好まれる。	・不動産への投資が好まれる。
・原理主義が関心を集める。	・実用主義が関心を集める。
・民間の知恵や魔術信仰が関心を集める。	・知識と教育が関心を集める。

や保健、インフラを犠牲にした財政規律が重視され、また西洋の市場がアフリカからの輸出に対して門戸を閉ざしているにもかかわらず、貿易自由化が強制され、創業間もない自国の企業が破壊された[88]。表7・4を見ると、IMFのアドバイザーを支配するアメリカ的な思考様式も、彼らに依頼するアフリカ人たちと同様、短期志向的な層に分類されている。

第四章で述べたように、オーストリアのアボリジニの研究でも、短期志向が非常に強い点が見出されている。この民族集団も経済発展に対して問題を抱えている[89]。アボリジニの場合、白人による短期志向的な政策の生み出す条件が、しばしば問題を複雑にしている。

表7・5は、世界価値観調査に基づく短期志向の社会と長期志向の社会との基本的な違いをまとめたものである。

▼長期志向と短期志向の未来▲

(景公)他日また孔子に政を問う。孔子曰く、政は節財にあり[90]。

未来は本質的に長期の問題である。われわれの孫やその孫の暮らしは、われわれが現在とる行動の長期的な結果とともにある。

二五〇〇年前に景公が孔子にたずねた問いかけは、今でもこれまでと変わらず時事問題となっている。よい政府とは何かという問題である。一九九九年から二〇〇〇年にかけて、東アジア（中国、日本、韓国）と北欧諸国（デンマーク、フィンランド、スウェーデン）の社会科学者が、自国を代表するサンプルによって、共通の問題について調査を行う共同プロジェクトを実施した。調査からは、支配者と市民の関係がどうあるべきかについて意見の違いが示されたが、その違いは各国の権力格差と不確実性の回避の差異を反映していた。政府の役割については驚くほどの一致が見られた。六カ国すべてで、大多数が「今日の経済問題に対処できる強力な政府」を支持しており、「政府の介入のない自由な市場がこれらの問題を解決する」とは信じていなかった。経済における役割の次に、政府の課題として強い合意が得られたのは、「環境汚染と戦う」ことと、「社会関係の調和を維持する」ことであった[91]。

アジア－北欧研究の報告書は、進展中の**グローバリゼーション**のプロセスについて異議を唱えている。グローバリゼーションはアジアからは「西洋化」として、北欧諸国からは「アメリカ化」として見られている。このことは、報告書の著者たちがこの種のグローバリゼーションの背後に見出した価値観と六カ国の価値観が対立していることを示している[92]。

グローバリゼーションに対して、これらのアジアと北欧の諸国から主に価値観に基づいた異議が出されているのは、われわれの解釈では、この種のグローバリゼーションが短期志向的な結果に焦点を当てているためである。**表7・4**では、この研究プロジェクトに参加した国は、すべてアメリカよりも長期志向的であった。これらの国の回答者は未来志向の政府がよいと考えていたが、アメリカやIMFが主導するグローバリゼーションは、素早い措置を重視していた。実際、経済学者スティグリッツによれば、このグローバリゼーションは、市場原理主義に基づく。それは、ほかの原理主義が人類全体の共通の未来を考えた結果ではなく、過去の状況の維持や、過去への回帰に基づいていたのと同様なのである。

長期的な結果に対して責任をもって考えようとすれば、限りある世界において、あらゆる成長に限界があるという結論から逃れられない。人口は永遠に増加を続けられないし、国家の経済も、他国を犠牲にしないかぎり、永遠に成長できるものではない。この現実に直面する覚悟のできている政治家はほとんどいない。これがもっとも明らかにあてはまるのは環境問題である。地球温暖化や水不足、放射性廃棄物による気候の変化は、歯止めのきかない成長による環境コストの例であり、よい政府が取り組むべき課題である。

宗教的、政治的、経済的原理主義は、長期的思考の強力な敵である。それらは過去に基盤を置き、未来への責任を神や市場の手に委ねることで放棄している。たとえば、世界の多くの国や地域で、平和や健康、正義への直接の脅威となっているのが人口過剰である。家族計画の適切な方法は存在するが、宗教的ないし経済的原理主義者は、驚くべきことに一致して、この方法が広く利用可能になることに抵抗している。

この二一世紀には、東アジアの経済的重要性が増大するであろう。東洋の賢者（男性も女性も）が他者に与えることのできる貴重な贈り物の一つは、地球規模での長期的な考え方への移行であろう。

注

（1）Cao, 1980 [1760], Vol. 3, p. 69. 日本語訳は伊藤漱平訳『紅楼夢』第五巻、一九九七年、二二〇頁より引用。

（2）Chinese Culture Connection, 1987.

（3）二三カ国すべてにおいて、新たな次元と一九六五年から一九八五年にかけての経済成長との相関係数は〇・六四**、一九八五年から一九九五年の経済成長との相関は〇・七〇***であった。Hofstede and Bond（1988）と Hofstede（2001a, p. 367）を参照。

（4）自らも中国文化に属する Fang（2003）は、これらの価値観を次元に結合することは、中国的な観点からすると無意味であると批判した。本文の説明は、この批判に反駁するものである。ヘールトが論じたように、生態学的な論理は個人を分析する際の論理とは異なるのである（Hofstede, 2001a, p. 17）。「人類学者が常に指摘するように、社会生活のさまざまな側面は、互いに関連がないように見えて、実際には関連しているのである（Harris, 1981, p. 8）」。

（5）マイケル・ボンドは、この次元の肯定的な極に「儒教的労働ダイナミズム」という名前を選んだ。Hofstede and Bond（1988）では、この次元は「儒教的ダイナミズム」と呼ばれた。すべての大陸で国別スコアが集められるようになると、孔子について聞いたことのない回答者が多数を占めるようになった。ヘールトはその後の著書で、由来に基づく名前よりも、この次元に含まれる価値観の本質にかかわる名前を選んだ。

（6）一九八〇年代には、中国の大学と西洋の研究者とが連絡をとるには手間がかかっていた。中国のデータが届いたのは、ほかの国々のスコアがすべて〇から一〇〇までの間に収められた後であった。中国のスコアが一一八になっているのはそのためである。

（7）一九九四年の Values Survey Module には、長期志向指標の項目のうち四項目が含まれているが、追調査において回答がＣＶＳの対象者のものと一致していたのは二項目についてだけであった。このほか、ＣＶＳに含まれていない国々のデータを外挿する際に、長期志向指標と関連のある指標として限界貯蓄性向を用いた（Read, 1993）。

（8）Elias, 1969, pp. 336–341.

（9）Schneider and Lysgaard（1953）によるアメリカの高校生の調査では、親の職業階層が高いほど、欲求の充足を後回しにする生徒の割合が高かった。

（10）Levine et al., 1995; Hofstede, 2001a, p. 360.

（11）Hofstede, 2001a, pp. 360–361.

（12）Best and Williams, 1996; Hofstede, 2001a, p. 361

（13）Hofstede, 2001a, p. 359; Hill and Romm, 1996. 彼らの研究ではイスラエルからの移民の母親も対象となっている。彼女たちの回答は、本文で述べたオーストラリアの二つの集団の間に位置している。

(14) Bond and Wang, 1983, p. 60.

(15) Chew- Lim Fee Yee, 1997, p. 98.

(16) Watts (1979, p. 83) に記された『礼記』(孔子の弟子が紀元前一〇〇年頃にまとめた書物) より。〔訳者注：該当箇所は『論語』の「里仁第四」の一句。読み下し文は、宇野哲人『論語新訳』(講談社学術文庫) 一〇一頁。奥西峻介大阪大学名誉教授よりご教示を頂いた。〕

(17) Wirthlin Worldwide, 1996.

(18) Hofstede, 2001a, p. 356. 一一カ国での相関係数はマイナス〇・五一*であった。余暇時間が重要だと回答したのは、ナイジェリアでは回答者の六八%にのぼったが、中国では一四%であった。

(19) Mamman and Saffu, 1998.

(20) 第9章を参照。Hofstede et al., 2002, p. 800. 一二カ国における重相関係数は〇・六二*であった。

(21) Redding, 1990, p. 209.

(22) Hastings and Hastings, 1981. 一一カ国における相関係数は〇・六九**であった。

(23) Yeung and Tung, 1996.

(24) 二〇〇二年のデータが利用可能な一九カ国において、贈賄者指標と長期志向指標との相関係数は〇・六七**であった(長期志向指標が高い国で、贈賄の件数が多い)。

(25) 一九八八年四月一六日のオランダの新聞 *NRC Handelsblad* に掲載されたヘルマン・ヴァルシェによる記事 "Twee koffie, twee koekjes (二杯のコーヒー、二枚のクッキー)" をヘールトが英訳して引用した。

(26) Hofstede, 2001a, p. 363.

(27) 二〇〇三年一月六日の *NRC Handelsblad* に掲載された、ロブ・ショーフによる記事から得たデータ。ロンドンのキングス・カレッジにある International Center for Prison Studies からの情報に基づいている。

(28) Campbell, 1988 [1972]. pp. 71–75.

(29) Hastings and Hastings, 1981; Hofstede, 2001a, p. 361.

(30) Worm, 1997, p. 52. 中国人作家林語堂が一九三六年に著した『吾國與吾民(わが祖国、わが人々)』からの引用。

(31) Carr et al., 1996.

(32) Gao et al., 1996, p. 293.

(33) Kim, 1995, p. 663.

(34) 湯川秀樹の発言、Moore (1967, p. 290) より。

(35) Minkov (2007) では、この単語は "flexumility" と綴られている。第2章のときと同様に、われわれは "h" の文字を加え、形容詞 "flexhumble" としても用いられるようにした。

(36) CVSデータが存在する二三カ国のうち、二二カ国での相関係数はマイナス〇・六五**であった。タイについては世界価値観調査のデータが利用できなかったため除いている。

(37) 二〇〇八年版の新たな Value Survey Module (VSM08) には、壮大主義と長期志向の項目の両方を組み込んだ。これらの項目はひとつの次元に集約されると予測された。

（38） Heine, 2003; Minkov, 2007, pp. 164 ff.

（39） 「他人への奉仕」は二〇〇五年より前の世界価値観調査にのみ含まれている。一貫性を保つため、ミッショは二〇〇五年から二〇〇八年のデータについては、三つの項目すべてを除外している。一九九五年から二〇〇四年の時期については、それぞれの項目について最新のデータを用いている。

（40） ミッショはイングルハートの手法を借用しており、われわれもそれに従っている。その方法とは、国ごとの平均値を用いるのではなく、各項目の尺度のうち、特定の選択肢を選んだ人々の割合を用いるというものである。この方法に従い、われわれは最も肯定的な選択肢を用いることにした。すなわち、「非常に重要」「非常に誇りを感じる」「非常に私に似ている」といった選択肢である。この方法をとった理由は、各国の代表性のあるサンプルを用いた場合、この方法による計測結果がほかの多くの外部変数に関して最も強い予測力を持つと思われたからである。

（41） これらの項目とCVSに基づく長期志向指標との相関係数は、節約心が〇・五三*（p＝〇・〇一三、n＝21）、国への誇りがマイナス〇・六四**（p＝〇・〇〇二、n＝21）、他人への奉仕がマイナス〇・七〇**（p＝〇・〇〇八、n＝13）であった。

（42） 因子分析を行ったところ、これら三つの項目は単一の因子を形成していた。固有値は二・一〇であり、分散の七〇％が説明された。因子負荷量は、他人への奉仕が〇・九四、国への誇りが〇・八六、子どもの節約心がマイナス〇・七〇であった。他人への奉仕は欠損値が少なからずあったことから、国への誇りと子どもの節約心による線形回帰式を用いて欠けている因子得点を予測した。ステップワイズ線形回帰分析ではどちらの項目も有意な予測を行うことができ、累積決定係数は〇・九七と非常に高かった。因子分析から得られた予測値を加えたあと、スコアの符号を反転させたうえで、〇から一〇〇までの値に変換した。

（43） 注39で述べたように、ミッショは二〇〇五年から二〇〇八年のデータを除外した。九カ国では一九九四年から二〇〇四年のうち、一回かそれ以上の調査データが欠けている一方で、二〇〇五年から二〇〇八年のデータが存在しているため、後者のデータを用いることにした。それらの国々については、表7・4で*印を付している。

（44） 双方の調査が実施された二一カ国では、相関係数は〇・七二***であった（香港とタイでは一九九五年から二〇〇四年のデータが欠けており、二〇〇五年から二〇〇八年のデータで置き換えたため、ここでは除外している）。

（45） 伝統の重視は、二〇〇五年から二〇〇八年の世界価値観調査ではv八九として計測されている。同じセクションに含まれるほかの設問と同じように、この項目はシャロム・シュワルツの著作に基づいている。v八九を含む設問の文は、「人によって大切なことは異なります。次のような人がいるとすれば、それぞれのあり方について、あなたはどの程度当てはまりますか。（一つずつ〇印）」（非常によく当てはまる、当てはまる、まあ当てはまる、少し当てはまる、当てはまらない、まったく当てはまらない）というものであり、ｖ八九は「伝統や、宗教や家族によって受け継がれてきた慣習に従うことが大切な人」となっている。新たな長期志向指標と「非常によく当てはまる」という回答を選んだ割合との相関係数はマイナス〇・五六***（n＝三七）であった。また、世界価値観調査では、忍耐力は長期志向指標における「節約心」と同様、子どもにとって大切な特性として計測されている。この項目のコードは二〇〇五年以前にはA〇三九として計測されており、それ以降はｖ一八となっている。WVS版長期志向指標とA〇三九との相関係数は〇・四九***（n＝八三）であり、ｖ18との相関係数は〇・四九**（n＝四一）であった。

(46)　Minkov (2007) が壮大主義次元の計算に用いた五七カ国において、壮大主義指標とWVS版長期志向指標との相関係数はマイナス〇・八五***であった。

(47)　双方のデータが存在する六三カ国において、WVS版長期志向指標とIBM次元との相関係数は、権力格差指標が〇・〇五、個人主義指標が〇・〇八、男性らしさ指標が〇・〇三、不確実性の回避指標がマイナス〇・〇四であり、いずれも統計的に有意ではなかった。

(48)　双方のデータが存在する八八カ国において、WVS版長期志向指標と二〇〇五年の購買力平価に基づく国の豊かさとの相関係数は〇・二八**（p＝〇・〇〇九）であった。

(49)　スピアマンの順位相関係数は〇・八五***（n＝一七）である。

(50)　CVSに基づく長期志向指標と「あるべき」業績志向との相関係数はマイナス〇・七三***であった。ステップワイズ式回帰分析で有意な関係が残ったのはこの次元だけであった。

(51)　WVS版長期志向指標と「あるべき」業績志向との相関係数はマイナス〇・四六**、「あるべき」内集団的集団主義との相関係数はマイナス〇・四九***であった。ステップワイズ式回帰分析の結果は混乱したものであった。調整済み決定係数を見ると、負の「あるべき」内集団的集団主義を投入した場合は二二%、正の「ありのまま」の制度的集団主義を加えると三五%、負の「ありのまま」の人間志向を加えると四七%、正の「ありのまま」の権力格差を加えると五一%になったのである。

(52)　「ありのまま」の未来志向と不確実性の回避指標との相関係数はマイナス〇・六〇***であり、権力格差指標との相関係数はマイナス〇・三八**であった。ステップワイズ式回帰分析によると、不確実性の回避指標によって分散の三四%が説明されており、これと権力格差指標（の低さ）を加えると四〇%が説明されることになった（調整済み決定係数に基づく）。

(53)　「あるべき」未来志向と権力格差指標との相関係数は〇・四七**であり、世界価値観調査に基づく長期志向指標との相関係数はマイナス〇・三三*であった。ステップワイズ回帰分析によると、権力格差指標は分散の一七%を説明しており、これにCVSに基づく長期志向指標（の低さ）を加えると二三%が説明されることになった（調整済み決定係数に基づく）。五三カ国において、「ありのまま」の未来志向と「あるべき」未来志向との相関係数はマイナス〇・四七***であった。

(54) Etcoff et al. 2006 に基づく。WVS版長期志向指標と、「私の母親は、私自身と美に対する考え方にプラスの影響を与えた」という回答との相関係数はマイナス〇・八〇**、「私の母親の美に対する考え方が、私の美に対する考え方を形成した」との相関係数はマイナス〇・五七*であった（n＝一〇）。情報はマリーク・デ・ムーイの好意による。

(55) Hofstede, 2001a, p. 365.

(56) Minkov, 2007, 2008.

(57) Yan and Gaier, 1994; Stevenson and Lee, 1996, p. 136.

(58) CVSに基づく長期志向指標と第四学年の数学の成績との相関係数は〇・八二**（n＝一一、p＝〇・〇〇二）、理科の成績とは〇・五七（n＝一一、p＝〇・〇六五）であり、第八学年の数学の成績とは〇・六五*（n＝一〇、p＝〇・〇四三）、理科の成績とは〇・四二（n＝一〇、p＝〇・二三〇）であった。二〇〇五年の購買力平価に基づく一人当たり国民総所得で変数を制御すると、二つの教科の結果の違いはさらに対照的になった。一方で、数学の成績と理科の成績との相関は、どちらの学年でも〇・九三***であった！

(59) WVS版長期志向指標と第四学年の数学の成績との相関係数は〇・七〇***（n＝三〇）、理科の成績とは〇・六六***（n＝三〇）、第八学年の数学の成績とは〇・七三***（n＝三六）、理科の成績とは〇・六八***（n＝三六）であった。

(60) 二〇〇五年の購買力平価に基づく一人当たり国民総所得で変数を制御すると、WVS版長期志向指標と第四学年の数学と理科の成績との相関関係は、有意ではなくなる。第八学年の生徒の成績との相関関係は有意なままで、ここでも数学の成績への影響の方が強い。

(61) Hofstede, 1986; Biggs, 1996.

(62) Gert Jan Hofstede, 1995.

(63) Redding, 1980, pp. 196-197.

(64) Chenery and Strout, 1966.

(65) コロンビアにおける一人当たり国民総所得を米ドルに換算すると、一九七〇年には三四〇ドルであったが、二〇〇〇年には二〇八〇ドルになった。韓国では、その数字は、一九七〇年には二五〇ドルであったのが、二〇〇〇年には八九一〇ドルになった（World Bank 1972; World Development Report, 2002）。

(66) Kahn, 1979.

(67) 本章の注3を参照。CVSが実施された二三カ国において、長期志向の次元と一人当たり国民総所得の成長との相関係数は、一九六五年から一九八五年にかけて〇・六四**、一九八五年から一九九五年にかけては〇・七〇***であった。

(68) データが存在する七〇の国において、WVS版長期志向指標と一九七〇年から一九九五年にかけての一人当たり国民総所得の成長との相関係数は〇・五二***であった。極端なスコアの影響を抑えるために、順位相関係数を用いたところ、相関係数は〇・三四**になった。一九七〇年のソビエトのデータは一九九五年のロシア、一九七〇年のユーゴスラビアのデータは一九九五年のセルビア・モンテネグロ、一九七九年のチェコスロバキアは一九九五年のチェコと組み合わせた。

(69) 八四の国において、WVS版長期志向指標と一九九五年から二〇〇五年にかけての一人当たり国民総所得の成長との相関係数は〇・一〇、順位相関係数は〇・一二であった。

(70) 一九九五年の一人当たり国民総所得による順位を見ると、ここで検討する八四の国は中ほどで五四の貧しい国々と三〇の豊かな国々とに自然と分かれる。前者は一人当たり国民総所得が一二〇ドルのタンザニアから五一七〇ドルのウルグアイまでが、後者は八〇三〇ドルのアルゼンチンから四一二一〇ドルのルクセンブルクまでが含まれる。

(71) 豊かな国々はアルゼンチン、オーストラリア、オーストリア、ベルギー、カナダ、デンマーク、フィンランド、フランス、ドイツ、イギリス、ギリシア、香港、アイスランド、アイルランド、イスラエル、イタリア、日本、韓国、ルクセンブルク、オランダ、ニュージーランド、ノルウェー、ポルトガル、シンガポール、スロベニア、スペイン、スウェーデン、スイス、台湾、アメリカである。図7・1では、これら三〇の国々と五四の貧しい国々とで別々に回帰直線が引かれており、相関関係が逆転していることが示されている。国民総所得の極端な値による影響を抑えるためにスピアマンの順位相関係数pを用いると、相関係数の違いはより明確になる。豊かな国々での順位相関係数はマイナス〇・四六*（p＝〇・〇一一）であり、貧しい国々での順位相関係数は〇・三二*（p＝〇・〇一八）である。

(72) Minkov and Blagoev, 2009. 本項は彼らの論文を手がかりにして作成された。

(73) Read, 1993. 中国的価値観調査が実施された二三カ国では、長期志向指標と限界貯蓄性向の相関係数は〇・五八**であった。

(74) de Mooij, 2004. 一五カ国における順位相関係数は、不動産が〇・四三（p値は〇・〇五四でほとんど有意）、投資信託はマイナス〇・六六**であった。

(75) 一九八九年二月九日のオランダの新聞 *NRC Handelsblad* に掲載されたベン・クナーペンによる記事。オランダ語訳をヘールトが英語に翻訳し直したもの。

(76) World Development Report 1977 and 2009.

(77) Hofstede and Bond, 1988, p. 19.

(78) McDonald and Robinson, 2009.

(79) Russell, 1976 [1952], p. 101.

(80) Lewis, 1982, pp. 297, 229, 224, 168, 302.

(81) Hofstede (1994b) を用いている。

(82) http://aneki.com/countries

(83) van der Veen, 2002, pp. 171-175.

(84) 「異文化間協力に関する研究所」は一九八〇年から二〇〇四年まで活動しており、最終的にはティルブルグに移っていた。

(85) Noorderhaven and Tidjani, 2001.

(86) ノールダーハーヴェンとティジャニは八つの要因について

述べているが，彼らは第一のもっとも強い要因を三つの下位要因に分割していた。第三から第六の要因についてのわれわれの解釈は，彼ら二人のものとはやや異なる。しかし，いずれの解釈も同じデータに基づいている。

(87) Hofstede, 2001a, pp. 369-370. CVSに基づく長期志向指標が利用可能な一〇カ国における相関係数はマイナス〇・九五***であった。

(88) Stiglitz, 2002.

(89) レイ・シモンセンによる研究。Hofstede, 2001a, p. 501.

(90) Kelen, 1983 [1971], p. 44.

(91) Helgesen and Kim, 2002, pp. 28-29.

(92) Helgesen and Kim, 2002, pp. 8-9.

第8章　明るい？　暗い？

伝統的なキリスト教世界では、クリスマスになれば、人々は楽しく幸せに過ごす。かつてイギリスの有名な雑誌『エコノミスト』は、クリスマスの特別版で以下のような話を伝えたことがあった(1)。

週に一回、日曜になると、香港はまったく違う都市になる。何千人ものフィリピン人女性が、ビジネス街の中心にある皇后像広場に集まる。彼女たちはそこでピクニックを楽しみ、踊り、歌い、噂話に花を咲かせ、笑い合い、そして抱き合う。おしゃべりを楽しみ、ほほえみあう。これ以上幸せそうな表情を見せられる人はいないだろう。この様子は、週の残り六日間とはとても対照的である。週日に街を支配しているのは、気短かで知られ、ときに無作法にもなる中国人や、常にストレスを抱えた現地駐在の外国人なのである。今日、フィリピン人女性は香港中の一五万四〇〇〇世帯もの家庭で、広東語で「阿媽《アマ》」と呼ばれる家政婦として働いている。彼女たちは家族と離れる寂しさばかりでなく、中国人や駐在員たちによる文字通りの奴隷扱いにも苦しめられている。ここで謎が生じる。香港でもっとも不幸な境遇にある人々が、もっとも幸せそうに見えるのである……

幸福は、学術的には「主観的幸福感」（SWB: subjective well-being）と呼ぶことが好まれるが、大切な目標として普遍的なものである。古典的仏教哲学のような学問では、幸福の追求はとがめられ、時間の浪費と非難されて、悟りを開いた者ならかかわりを持つべきではない、とされる。しかし、そのようなエリート主義的な教義は、大衆にとって容易に受け入れられるものではない。世界中で宗教の違いに関係なく、多くの人々が今すぐにでも幸福感で満ち足りた状態に至りたいと思っている。古典的な仏教の師による教えとは異なり、たとえ幸福がはかないものであったとしても、人々はそれを先送りすることはない。

残念なことに、幸福の追求は普遍的なものであっても、国によってはそれがうまくできるところもできないところもある。うまくいかない人々にとって、さらに厄介なことに、主観的幸福感の国ごとの違いに関する研究からは、各国の順位が非常に固定化していることが示されている。たしかに変動はあるが、幸福感の大規模な調査に基づく国別順位が初めて発表されてから現在までの数十年間で、大きな移動は観察されていない。興味深いことに、二〇カ国にルーツを持つアメリカ人のアメリカ人全体のなかでの主観的幸福感の順位と、それらの国々の主観的幸福感の順位が非常に似ているとする研究がある。このことは、同じ環境下に暮らす人でも、民族が違えば幸福の度合いは異なり、そのような違いはある程度の期間続くということを意味している。(2)

▼主観的幸福感の本質▲

主観的幸福感についての学術的な文献は膨大な数にのぼる。通常、主な側面として次の二つが区別されている。一つは人生に関する認知的評価であり、もう一つは感情の記述である。(3)生活満足度と感情は、必ずしも同一ではないし、同じ現象でもない。気分が高揚していなくても、生活がうまくいっていると考える人はいるだろうし、逆もまた真なりである。

世界価値観調査は、人々が自分の生活にどのくらい満足しているか、またどのくらい幸せだと感じているかをたずねることで、この二つの側面をとらえようとしている。たいてい、一方の質問でスコアが高い国は、もう一方でもスコアが高い。しかし、両者の相関はあまり強くはない。国ごとの生活満足度の違いは国の豊かさの違いで説明することができる。これはもっともなことである。しかし、相対的に見て、世界価値観調査では、生活満足度は幸福に関する項目とはあまり関連がない。非常に幸せだと感じている人が多い国は、たいていの場合、貧しいか、とくに豊かではない国である。それらの国々は西アフリカ（ナイジェリア、ガーナ）や、ラテン・アメリカ北部（メキシコ、エルサルバドル、コロンビア、ベネズエラ）に位置している。これをどう理解すればいいのだろうか。

このような研究結果を信用しないことは、珍しくない反応である。一般の人々だけではなく、学者のなかにも幸福を測定するということに疑念を持つ人がいる。そのような人々にとっては、幸福は定義が難しく、あいまいで、測定しようとしても対象が変わりやすいように映る。しかし、そのような見解は社会科学の主流からすれば少数派である。アメリカの心理学者エド・ディーナーやオランダの社会学者ルート・フェーンオーフンといったこの問題の第一人者は、幸福の測定が有意義であることは疑いないとしている。(4)ミッショもまた、自分がたいへん幸福であると答える人が多い国では、心臓血管疾患による死亡率が低いことを示している。(5)幸福感と心臓血管疾患による死亡率との相関は、人々が受ける保健医療の質を示す国の豊かさの違いを考慮に入れても、強い相関を示している。人々が報告する自らの幸福度は、現実味を欠いた空虚な言葉などではない。

観察された幸福感の国ごとの違いを説明する際に、理論に事欠くことはない。(6)しかし、それらの多くは比較的少数の国のサンプル調査に基づいているため、一般的な説明としては信頼度が低い。幸福感を規定する要因が数多くあり、有力な要因も国によって異なることを否定する者はいない。しかし、だからといって一般的な傾向が見出せないという意味にはならない。

▼主観的幸福感と世界価値観調査▲

第4章と第5章では、ロナルド・イングルハートによる世界価値観調査全体の分析から、**幸福－生存**の次元を紹介した。この次元は、個人主義指標と男性らしさ指標の組み合わせと関連があり、個人主義が強く、男らしさが弱いとスコアが高まる。幸福感を規定する文化的要因を探し出すことはイングルハートの関心にはなかったが、彼の次元のうち、生存の側には不幸を表す尺度が含まれていた(7)。この次元の定義に用いられたほかの項目は、生活の質よりも経済的・物理的生存を優先することや、政治的受動性、同性愛の忌避、人を信頼することに対する注意深さなどが含まれている。さらに、この次元は男性の方が政治的指導者に適しているという信条や、女性が充実した生活を送るには子どもを持たなければならないという信条、科学技術の強調、外国人など外集団のメンバーの拒絶、人生はあまり思い通りにならないという認識などと強い相関がある。

イングルハートの幸福－生存の次元は統計的には正しい。また、この次元を定義する項目は気が遠くなるほど多様であるが、それらはなんらかの形で国ごとの貧富の差に根ざしたものと考えられ、それゆえ概念的には擁護しうる。この次元は豊かな国と貧しい国の違いや、各国で経済発展が達成されたあとに起こりうる文化的・社会的変化を説明する万能の次元としても機能する。しかし、この望遠鏡で見るような幸福感では、細部にある多くの重要な側面が説明されないまま残ってしまう。たとえば、なぜ貧しい国々のなかに、多くの国民がとても幸福であると感じている国々があるのかという重要な質問については、この次元は何も答えてくれない(8)。

▼放縦－抑制という社会的次元▲

イングルハートによる世界価値観調査の分析に興味をひかれ、ミッショ・ミンコフは自分でも分析を行ってみた。彼は、イングルハートの幸福－生存の次元が概念的にも統計的にも二つに分割できることを発見した。人々の属する集団同士の関係や、個人－集団の関係にかかわる項目（男性の方が政治的指導者に適しているとか、女性が充実した生活を送るには子どもを持たなければならないなどに合意）は、ミッショが**普遍主義－排外主義**と呼ぶ次元を構成している。第4章では、この次元が個人主義－集団主義の変形であると述べた。主に幸福感と関連のある項目は、これとは異なるグループや次元を形成している(9)。九〇以上の国々において、世界価値観調査の項目のうち二つが幸福感をもっとも正確に予測している。

ミッショはそれら二つが新たな次元の核であると考えた。世界価値観調査では、それら二つの項目と幸福感の項目は以下のように作成されている。

1　**幸福感**――「全体的にいって、現在、あなたは幸せだと思いますか、それともそうは思いませんか」（回答は「非常に幸せ」「やや幸せ」「あまり幸せではない」「全く幸せではない」）という質問への回答のうち、「非常に幸せ」を選んだ割合。

2　**人生のコントロール**――「人生は自分の思い通りに動かすことができるという人もいれば、どんなにやってみても自分の人生は変えられないという人もいます。あなたは、ご自分の人生をどの程度自由に動かすことができると思いますか。一から一〇までの数字で当てはまるものをお答え下さい」（回答は一「人生は全く自由にならない」から一〇「人生は全く自由になる」）という質問について、世界価値観調査が報告した国別の平均値[10]。

3　**余暇の重要性**――「次にあげるそれぞれが、あなたの生活にとってどの程度重要かをお知らせ下さい」（回答は「非常に重要」「やや重要」「あまり重要でない」「全く重要でない」、項目は「家族」「友人・知人」「余暇時間」「政治」「仕事」「宗教」「他者への奉仕」）という設問のうち、「余暇時間」について「非常に重要」を選んだ割合[11]。

したがって、国レベルでの幸福感に対して相関があり、予測力の強い項目は、第一に、人生のコントロールについての認識である。それは、程度の差はあっても、社会的制約によって個人の選択の自由が邪魔されることはなく、人生は思い通りに動かせるという考え方である。第二に、個人的な価値観としての余暇時間の重要性である。幸福感、人生のコントロール、余暇時間の重要性は互いに相関しており、それらの関連はこれまでの調査を通じて安定している。したがって、それらは単一の強力な次元として定義される。

これら三つの主要な項目のほかに、この次元は友人の重要性と正の相関があり、子どもに身につけさせる性質として倹約を重要とする回答とは負の相関がある。

以上から、この次元の一方の極は、人は自分が満足できるように行動し、お金を使い、友人といっしょに、あるいは一人でくつろぎ、楽しめるような活動にふけってもよいという考え方によって特徴づけられる。このような考え方は、比較的高い幸福感につながる。もう一方の極には、人の行動はさまざまな社会的な規範や禁忌によって制限され、くつろいで楽しむことや浪費、あるいはほかの同様の道楽は、どちらかといえば悪いことであるという考え方が見出される。このような特性から、ミッショはこの次元を**放縦‐抑制**（indulgence versus restraint: IVR）と名づけた[12]。

この次元の国別スコアは**表8・1**に示されている[13]。

放縦‐抑制の次元の定義はこうである。**放縦の極は、人生を味わい楽しむことにかかわる人間の基本的かつ自然な欲求を比較的自由に満たそうとする傾向を示す。対極にある抑制は、厳しい社会規範によって欲求の充足を抑え、制限すべきだという信念を示している。**放縦‐抑制という文化次元は、非常に具体的な現象を測定する、明確に定義された調査項目に基づいている。放縦の極における欲求の充足は、人生を味わい楽しむことに関係

指標の値：93カ国

順位	中南米	南　欧 南東欧	北　欧 北西欧 アングロ世界	中東欧 旧ソ連	イスラム世界 中　東 アフリカ	東アジア 東南アジア	スコア
47					ヨルダン		43
47					マ　リ		43
49					ザンビア		42
49						フィリピン	42
49						日　本	42
52			ドイツ				40
52					イラン		40
54				キルギス			39
55					タンザニア		38
55						インドネシア	38
57					ルワンダ		37
58						ベトナム	35
58				マケドニア			35
60			東ドイツ				34
61		ポルトガル					33
61				クロアチア			33
63					アルジェリア		32
63				グルジア			32
65				ハンガリー			31
66		イタリア					30
67						韓　国	29
67				チェコ共和国			29
67				ポーランド			29
70				スロバキア			28
70				セルビア			28
70					ジンバブエ		28
73						インド	26
74					モロッコ		25
75						中　国	24
76				アゼルバイジャン			22
77				ロシア			20
77				モンテネグロ			20
77				ルーマニア			20
77						バングラデシュ	20
81				モルドバ			19
82					ブルキナファソ		18
83						香　港	17
83					イラク		17
85				エストニア			16
85				ブルガリア			16
85				リトアニア			16
88				ベラルーシ			15
88				アルバニア			15
90				ウクライナ			14
91				ラトビア			13
92					エジプト		4
93					パキスタン		0

表8・1　放縦－抑制

順位	中南米	南　欧 南東欧	北　欧 北西欧 アングロ世界	中東欧 旧ソ連	イスラム世界 中　東 アフリカ	東アジア 東南アジア	スコア
1	ベネズエラ						100
2	メキシコ						97
3	プエルトリコ						90
4	エルサルバドル						89
5					ナイジェリア		84
6	コロンビア						83
7	トリニダード・トバゴ						80
8			スウェーデン				78
9			ニュージーランド				75
10					ガーナ		72
11			オーストラリア				71
12		キプロス					70
12			デンマーク				70
14			イギリス				69
15			カナダ				68
15			オランダ				68
15			アメリカ				68
18			アイスランド				67
19			スイス				66
19		マルタ					66
21		アンドラ					65
21			アイルランド				65
23					南アフリカ		63
23			オーストリア				63
25	アルゼンチン						62
26	ブラジル						59
27			フィンランド				57
27						マレーシア	57
27			ベルギー				57
30			ルクセンブルク				56
31			ノルウェー				55
32	ドミニカ共和国						54
33	ウルグアイ						53
34					ウガンダ		52
34					サウジアラビア		52
36		ギリシア					50
37						台　湾	49
37		トルコ					49
39		フランス					48
39				スロベニア			48
41	ペルー						46
41					エチオピア		46
41						シンガポール	46
44						タ　イ	45
45				ボスニア・ヘルツェゴビナ			44
45		スペイン					44

しており、人間の欲求一般に関してではない点に注意しておこう。

放縦－抑制の次元は、これまでに学術的な文献で登場してこなかった新たな次元であり、さらなる研究を行う価値がある。この次元は、アメリカの人類学で用いられる「ルースな社会」と「タイトな社会」の区別に似た部分がある。ルースな社会では、社会規範として幅広い行動の選択肢が用意されており、逸脱行動はあっさりと許容される。タイトな社会では、集団組織や形式性、不変性、耐久性や連帯などに強く重きを置く考えが維持される[14]。ヘールトの以前の著書では、放縦と抑制の区別は概念的に**不確実性の回避**に結びつけられてきたが、この区別を測定する客観的な方法は見つかっていなかった[15]。

放縦－抑制の次元を用いることで、貧しいはずのフィリピン人が豊かな香港市民より幸せであるという逆説の説明がつく。**表8・1**ではフィリピンは香港よりも放縦スコアが高い。しかし、フィリピンもラテン・アメリカや西アフリカ諸国よりははるかにスコアが低い。

本書で述べてきたIBM次元と放縦－抑制指標との相関は次のようになっている。まず、放縦－抑制指標は**権力格差指標**(PDI)と弱い負の相関がある。これは上下関係が明確な社会ほど放縦の程度が低いことを示しているが、その傾向は弱い。権力格差以外の次元や、中国的価値観調査(CVS)の長期志向指標との相関はない[16]。

放縦－抑制指標と、WVS版長期志向指標との相関は、図8・1に示している。図8・1は、どちらの調査にも含まれる九〇カ国を対象に、二つの指標の関係を見ている。全体的に見て、有意な負の相関があるが[17]、これは予測されたことである。放縦度の高い社会では、倹約が子どもにとって望ましい特性であるという考え方は支持されないからである。しかし、WVS版長期志向指標と放縦－抑制指標とは、分散が二〇%しか重ならない。ここまでに述べてきた次元の間では、たとえば権力格差指標と個人主義指標は三五%が重なっており、これよりはるかに重なりは少ない。

この図を四分割すると、地域的なパターンがはっきりと表れる。放縦かつ長期志向の国や地域は少なく、EUの九カ国とスイス、台湾、シンガポールのみが含まれる。もっとも多いのは放縦かつ短期志向のパターンで、ラテン・アメリカ一二カ国、アフリカ四カ国、アングロ諸国四カ国、北欧五カ国、南欧四カ国と東南アジア二カ国である。その次に多いのが抑制かつ長期志向のパターンで、東アジア・南アジアの九カ国、東欧一九カ国とそのほかの数カ国である。抑制かつ短期志向の国は比較的少なく、イスラム諸国五カ国、サハラ砂漠以南のアフリカ六カ国とそのほか数カ国である。

統計的に見ると、放縦次元のスコアと国の豊かさの間には有意であるが弱い正の相関がある[18]。国の豊かさは放縦次元の国別スコアの差異の約一〇%を説明する。もっともなことではあるが、抑制の極に近いところには、貧しい国や地域がやや多い。

図８・１　放縦－抑制指標と長期志向指標（世界価値観調査）

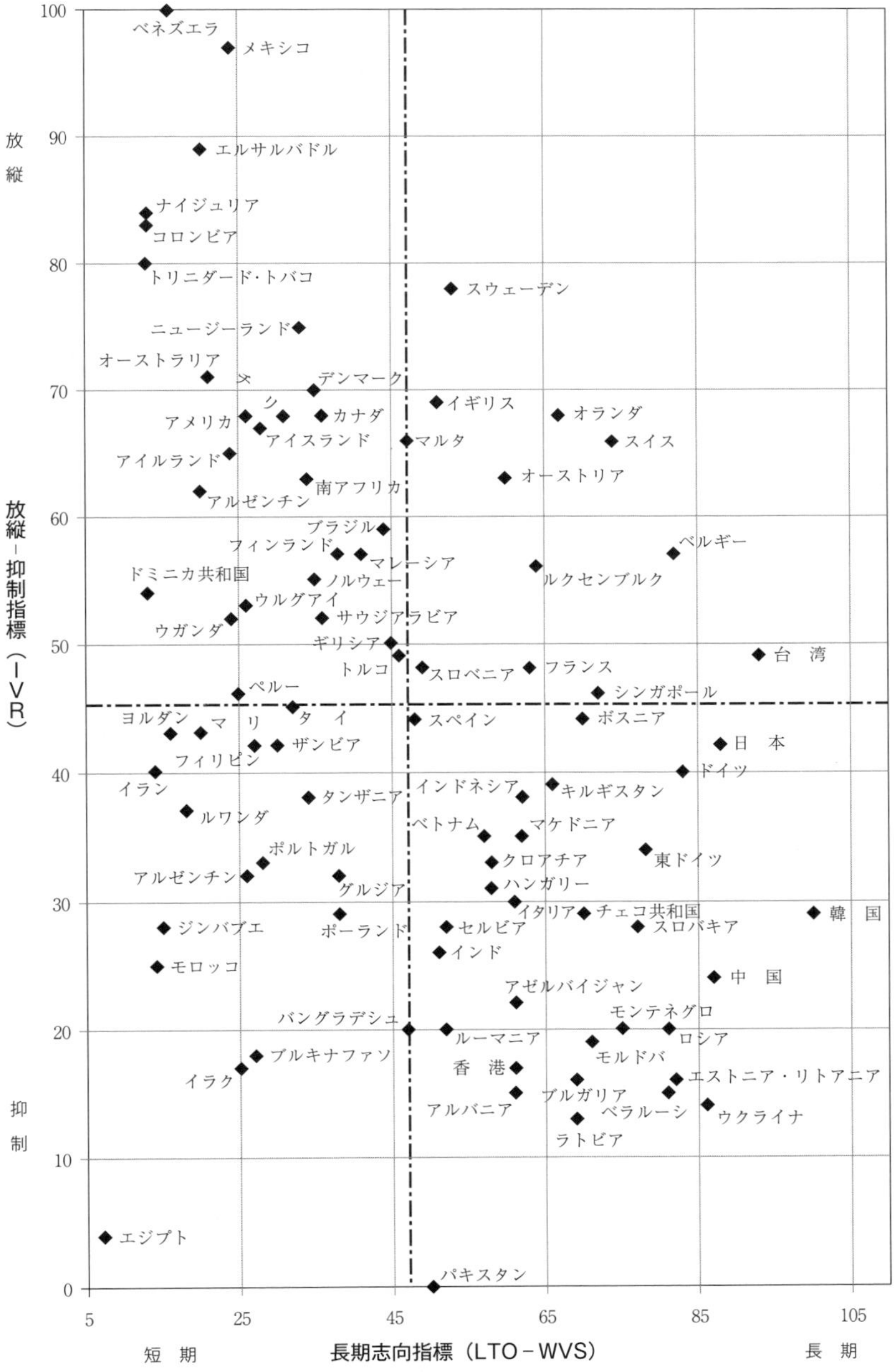

▼ほかの国際比較研究における放縦‐抑制と主観的幸福感▲

ベルギーのペーター・クッペンスが率いる研究者グループは、**情動体験の想起頻度**（肯定的・否定的それぞれの感情をどのくらい思い出せるか）と彼らが呼ぶものについての研究を行った[19]。研究の彼らの研究は四八カ国の九三〇〇人を対象に行われた。研究の結果、国レベルで二つの次元が見出され、それらは成分1（肯定的感情）と成分2（否定的感情）と名づけられた。成分1のスコアが高い社会では、参加者は肯定的な情動を想起する傾向があり、成分2のスコアが高い社会では、否定的な情動を想起する傾向があった。二つの成分間の関連はなかった。

成分1は肯定的な情動の頻度を測定しており、放縦‐抑制指標と強い相関がある[20]。放縦度の高い社会では、人々は肯定的な情動を思い出す傾向がある。

アメリカの研究者ウルリック・シーマック、大石繁宏、エド・ディーナーの三人が、同様の大規模調査を行っており、彼らは四〇カ国六七八〇人の大学生を対象として、前の月に快情動と不快情動をどのくらい感じたかをたずねた。快情動の頻度の平均は放縦‐抑制指標と正の相関があった[21]。放縦度の高い社会では、学生は快情動を感じる頻度が高いと回答していた。

放縦‐抑制指標はCVS版長期志向指標とは相関がないが、マイケル・ボンドの中国的価値観調査には**道徳的規律**と呼ばれる別の次元がある。第3章ではこの次元が権力格差指標と相関しているのを見た。この次元の両極は「道徳的抑制」対「厳格な規律の欠如」と呼ばれていた[22]。この次元で正の極、すなわち「道徳的抑制」の極を定義づけていたのは、「中庸」「自らを公平無私で純粋に保つ」「欲望をほとんど持たない」という項目であった。これらと抑制とを結びつけるのは簡単なことであり、放縦とは負の相関があると予想できる。実際に、そのような相関があり[23]、放縦‐抑制指標のスコアが高い社会では、道徳的規律のスコアが低い。そのような社会では、中庸を重んじ、欲望を抑えるような人々は少ないだろう。

また、ボンドは別の同僚たちとともに、**社会的公理**と呼ばれる一般的な信念に関する調査を、四一の国や地域の七六七二人の学生を対象に実施した[24]。彼らは二つの文化次元を見出しており、うち一つは**社会的シニシズム**と呼ばれた。この次元は、「社会問題に気を取られていると自分に災いがふりかかる」「心の優しい人はたいてい損をする」「お年寄りはたいてい頑固で偏見を持っている」「快適な暮らしが確保できたら、人は働かなくなる」という意見に対する賛成を含んでおり、また、力のある者は傲慢で、力のない者を搾取するという考えにも反映されている。利用可能なデータによると、社会的シニシズムは東欧と東アジア（韓国、台湾）、パキスタンとタイで最も強く、ノルウェー、アメリカ、カナダではもっとも弱い[25]。社会的シニシズムは放縦‐抑制指標と有意な負の相関がある。このことは、放縦ではなく抑制の強い社会において、人々が皮肉な見通しを持ちやすいことを示している。社会的に抑制が強いと人は幸せを感じることが少なく、さまざまな形の悲観主義も助長される。皮肉なものの見方は、悲観主義の一つでしかない。ほかの形態については、本章で後述する。

さらに、パーソナリティ特性に関する「ビッグ・ファイブ」モデルについて、本書では第2章を中心に各所で述べてきたが、放縦はこのモデルが含む五つの次元のうち二つと相関関係がある。[26] **外向性**とは正の相関があり、**神経症的傾向**とは負の相関がある。外向性は肯定的の感情と関係があり、神経症的傾向は否定的な感情が生じる傾向を示していることから、ここで見出された相関関係は、放縦 - 抑制指標の性質と一致している。放縦度の高い大らかな社会には外向的な人々が多く含まれる傾向があり、神経症を患う人は少ない。

▼放縦 - 抑制と主観的健康感、楽観主義、出生率▲

放縦のスコアが高い社会では、世界価値観調査で自身の健康状態が「非常によい」と回答した人の割合が高い。放縦と健康状態との相関関係は、とくに裕福な国で強い。[27]

ピュー・リサーチ・センターはアメリカに拠点を置く世論調査の会社であり、五〇数カ国においてほとんどの場合は、代表性の高いサンプルを用いた調査データを収集している。この会社が行った国際比較調査において、将来に対してどの程度楽観的かを回答者にたずねる質問があった。強い楽観的傾向を示した回答の割合は、放縦指標のスコアと有意に相関していた。[28] 放縦度の高い社会では楽観的な人々が多く、逆もまた真なりである。

幸福感、主観的健康感、将来に対する楽観主義の三つは、生まれてくる子どもの数にも関係している。

第5章では国の豊かさや女性らしさと子どもの数との関係について取り上げた。教育レベルも影響を及ぼしており、教育レベルの低い人ほど子どもが多い。裕福な二八の国(一九九九年の一人当たり国民総所得が一万ドルを上回る国)では、放縦 - 抑制指標が出生率を予測する主な要因になっており、教育レベルや国の豊かさよりも説明力が高い。[29] とくに経済発展を遂げた国で標準レベルの教育を受けた人の場合、幸福感と健康感の高くない人は子どもを持つことにあまり期待をしていない。

すでに述べたように、国の豊かさをコントロールした場合、放縦指標のスコアが高いと心臓血管疾患による死亡率が低くなる。[30] このことは、放縦によって示される高い主観的幸福感が、実際にはさほど主観的ではないことを証明している。抑制の強い社会は、現実に健康問題を抱えているが、それらは、想像上の産物ではない。心臓血管疾患は複数の原因によって個人レベルで発生する複雑な現象であるが、その原因の一つには不幸であるという感情が含まれるようである。

出生率の低い国の中央政府は、たいていの場合出生率を上げようと腐心しているが、目標を達成するために用いることのできる手段は少ない。教育レベルを下げることは選択肢にはなりそうにないので除外すると、唯一の手法は自国での幸福感のレベルを上げ、主観的健康感と楽観主義を高めることである。しかし、残念ながら、ある国において幸せを感じている人々の割合を引き上げる方法はわかっていない。経済発展は有効かもし

表8・2　放縦度の高い社会と抑制の強い社会との基本的な違い

① 一般的規範，個人の感情，健康

放　縦	抑　制
・非常に幸せな人々の割合が高い。	・非常に幸せな人々の割合が低い。
・人生はコントロールすることができると感じている。	・無力感を感じている：自分に起こることは自分ではどうにもできない。
・余暇は重要である。	・余暇はあまり重要ではない。
・友達を持つことは重要である。	・友達を持つことはあまり重要ではない。
・倹約はあまり重要ではない。	・倹約は重要である。
・ゆるい社会。	・きつい社会。
・肯定的な情動を思い出しやすい。	・肯定的な情動を思い出しにくい。
・道徳的規範が少ない。	・道徳的規範が多い。
・肯定的態度。	・皮肉な態度。
・外向的パーソナリティの人が多い。	・神経症的パーソナリティの人が多い。
・健康であると感じている人の割合が高い。	・健康であると感じている人の割合が低い。
・楽観主義的。	・悲観主義的。
・教育レベルの高い人が多い国では、出生率が高い。	・教育レベルの高い人が多い国では、出生率が低い。
・心臓血管疾患による死亡率が低い。	・心臓血管疾患による死亡率が高い。

れないが、時間がかかる。一九九八年から二〇〇八年にかけて、旧ソ連のうちヨーロッパ側の国々や、ブルガリアとルーマニアでは一人当たり国民総所得が倍増した。それでも、この期間のはじめに際立って低かった幸福感は、一〇年たっても変わらないままであった。そして、これらの国々すべてに深刻な打撃を与える人口の危機は続いている。

表8・2は、これまで述べてきた放縦度の高い社会と抑制の強い社会との基本的な違いをまとめたものである。

▼放縦‐抑制と友人の重要性、消費者動向▲

第4章では、「親密な友人」を持つことが、個人主義的な社会において選択される価値観であることを見た。しかし、友人関係一般についての重要性はどうだろうか。放縦が人生を楽しもうとする性向を表すのであれば、友人関係は楽しみや娯楽をもたらすものであるから、放縦度の高い社会においてとくに重要とされるであろう。

この仮説は世界価値観調査によって検証することができる。調査項目のなかに、人生における友人関係の重要性をたずねる質問が含まれている。友人関係が「非常に重要」と答えた回答者の割合は、放縦‐抑制指標と正の相関があった。このことは、放縦な文化が外向的な特徴を強く持つという知見に沿うものである。外向性は、個人レベルでの社交性と楽しみ志向を示すものである。

ピュー・リサーチ・センターは、二〇〇二年から二〇〇三年にかけての調査で、外国の映画や音楽が好ましいかどうかについてたずねた。「非常に好ましい」という選択肢を選んだ回答者の割合は、放縦指標のスコアと正の相関があった。放縦度の高い社会では、音楽や映画などの娯楽をある程度輸入することについて全く問題なしとする人の割合が高い。このような人々の割合はナイジェリアで六八％ともっとも高く、パキスタンで一一％ともっとも低い。この数値は世界価値観調査による宗教心や愛国心の測定値と相関がないため、外国の音楽や映画の受容度の違いを宗教心や愛国心から説明することはできない。

オランダ人のマーケティングの専門家マリーク・デ・ムーイは、放縦－抑制指標と最近のユーロバロメーターやほかの消費者関連データとの相関を調べた。EU加盟国のうちユーロバロメーターの対象となった二七カ国で、放縦－抑制指標によって西欧の国々（放縦度が高い）と多くの東欧の国々（抑制が強い）とが分けられた。デ・ムーイは、いくつかの有意な相関関係も見出しており、放縦度が高い社会では、家族生活への満足感が高く、配偶者との間で家事分担が不平等になることが問題視されることが多い[31]。そのような社会では、多くの人々が少なくとも週一回以上スポーツを行っていて[32]、家族や友人、同僚とeメールをやりとりする頻度や、インターネットやeメールを通じて外国人と交流を持つ頻度が高い[33]。また、魚の消費量が少なく、ソフトドリンクやビールの消費量が多い[34]。

世界保健機関は、世界の多くの国における男女の肥満に関するデータを提供しているが、多くの人々が栄養不良に苦しんでいる可能性のある国々について、肥満率を比較することは意味がない。そこで、データが利用可能な二六の裕福な国を対象に、購買力平価で一人当たり国民総所得をコントロールしたうえで分析を行うと、放縦指標のスコアは肥満率と正の相関があった[35]。この関連にはさまざまな要因が影響しているが、食物の手に入りやすさが問題ではない場合、放縦度の高い社会ではいわゆるジャンクフードの消費に歯止めがかからなくなり、結果として肥満につながっているように思われる。

放縦－抑制指標とGLOBEプロジェクトの文化次元との相関も調べたが、双方のデータが存在する四九の国において、放縦－抑制指標はGLOBEの一八の文化次元のうち五つと有意な相関を示した。もっとも相関が強かったのは「あるべき」**男女平等主義**であった（「ありのまま」の男女平等主義とは相関がなかった[36]）。厳しく規定された性別役割分業は、抑制の強い社会の持つ特徴である。次に、放縦は「ありのまま」の**内集団的集団主義**と負の相関があり、「あるべき」内集団的集団主義と正の相関があった[37]。抑制の強い社会では内集団的集団主義が見られるが、人々はそれについてよく思っていない。ほかに相関があったのは、「あるべき」**業績志向**（正の相関）と、「あるべき」**自己主張性**（負の相関）である[38]。放縦度の高い社会では実績が求められるが、自己主張の強い行動は求められない。

▼放縦－抑制指標と性的関係▲

アメリカの心理学者デヴィッド・シュミットは、セクシュアリティ表現国際プロジェクト（International Sexuality Description Project）を設立し、このプロジェクトのもとでいくつもの興味深い国際研究を行った。その研究の一つは、シュミットが**ソシオセクシュアリティ**（sociosexuality）と呼ぶものに焦点を当てていた。彼によれば、ソシオセクシュアリティは男女が性的関係を結ぶ際の単一の戦略的次元であり、以下のように定義される。[39]

この次元で相対的にスコアが低い者は、限定されたソシオセクシュアリティ志向を持つといわれる。そのような人々は、一夫一妻制や、長期にわたる交際、長期的な関係を求めた非常に情緒的な投資を行う傾向がある。ソシオセクシュアリティのスコアが高い者は、性的関係に対して限定的ではない。彼らは性的混乱の傾向があり、性関係を早く結び、恋愛関係の親密さをあまり経験していない。

シュミットとそのチームによる研究結果は、自己報告による女性のソシオセクシュアリティが個人主義‐普遍主義の次元と強い正の相関があり、集団主義‐排外主義の次元と強い負の相関があることを示している。このことから、西洋諸国の女性は性的に解放されているといえるだろうが、それと同時に、集団主義的な国々の女性はセクシュアリティについて控えめに話しているとも解釈できる。この解釈は前の解釈とは矛盾していない。興味深いことに、自己報告された**男性**のソシオセクシュアリティは個人主義とも排外主義とも有意な相関がない。おそらく、世界のどこでも男性は性について語るのをあまり避けようとはせず、現実のものであれ想像上のものであれ、自分の武勇伝を自慢したがる傾向がある。

以上のことから、ソシオセクシュアリティに関する国ごとの違いについて、自己報告に基づいて結論を出すことには慎重になるべきである。しかし、性があまりタブー視されない裕福な国々では、無記名の調査を行えば、回答者は性についてある程度正直に語るものと期待できる。したがって、自記式調査の結果はより信頼できると思われる。タブーに関しては、個人主義（すなわち、回答者が率直に物事を語る度合い）と男性らしさの違いが、自己報告によるソシオセクシュアリティの違いに寄与している。にもかかわらず、裕福な二一の国では、男女どちらについて見ても、ソシオセクシュアリティの違いが放縦と正の相関をしている。[40] このことは、放縦‐抑制次元に新たな側面があることを示唆している。放縦度の高い社会、とりわけ裕福な社会では、人々のソシオセクシュアリティへの回答は高くなる。そのような社会での回答は実際の行動を反映している可能性が高いが、この点についてはさらなる研究を行う価値がある。

ヨーロッパの回答者のみを対象としたものであるが、世界価値観調査の項目のなかには、不特定の相手とのセックスについてどう思うかについてたずねた質問がある。選択肢のうち「10（まったく認められる）」を選んだ人の割合を国別に見ると、放縦指標と正の相関があった。[41] この質問は規範についてたずねるものとして作成されたので、回答者は必ずしも自分自身のことについて答えるのではなく、むしろほかの人々に対して求める行動について答えている。したがって、回答はより信頼できる。放縦度の高い社会では、不特定の相手とのセックスに対する規範がゆるく、人々はそのことに異論を持っていない。

▼職場における放縦－抑制▲

ロシアの経営学教授で異文化関係論の専門家セルゲイ・ミャソエドフは、アメリカの駐在員と現地の従業員や顧客との間で起こる文化的摩擦を示した興味深い話をすることで、東欧のビジネス・スクールでは知られている。彼が注目したのは、アメリカでは接客係が顧客に対してほほえみかけるよう求められている点であった。これは、アメリカのように概して放縦度が高く幸福感の高い文化では普通のことである。しかし、マクドナルドのような企業が、アメリカでの慣行をとても抑制の強い社会で模倣しようとすると、予期しない結果が生じる恐れがある。

ロシアに来たときに、マクドナルドは非常に強力な企業文化を持ち込んだ。彼らはロシアの販売員を訓練することにした。彼らは店員に対し、三二歯をすべて見せるマクドナルドのスマイルを身に着けさせた。しかし、しばらくすると、マクドナルドの専門家は、ロシアの顧客が満面の笑みを見るとショックを受けることに気づいた。顧客たちは「なんで私を見てニヤついているの」と、店員を驚いた表情で見つめるのだった。マクドナルドは独自の調査を行い、ロシアでは知らない相手に満面の笑みを浮かべてもうまくいかないことに気がついた。ロシア人は知らない人に出くわした際に、ほほえみかけることはないのだ。ロシア人相手にそんなことをするような人がいれば、たいていは「この人はどうしたのだろう」と思われてしまう。[42]

このような文化の違いは、政治指導者の公的イメージに関する規範にもあらわれている。アメリカでは、ポーカーフェイスを保つことは、選挙の候補者や高位の役職に就く政治家にとっては死刑宣告も同然である。アメリカの有名人は、個人としては自分の政治的キャリアが心配であったとしても、人前では喜びや楽観主義を表に出すと期待されている。しかし、ロシアではいかめしい顔が真剣さの印であり、そのような表情がウラジーミル・プーチンの高い人気を支えてきたと思われる。ヘールトは、写真を撮るときに笑みを浮かべる（はい、チーズ！）という規範も、放縦によって説明されると考えている。彼の東欧の友人には、そのような習慣がない。[43]

▼放縦－抑制指標と国家▲

一九九五年から二〇〇四年にかけての世界価値観調査の項目には、国家にとってもっとも重要な目標を、「国家秩序の維持」「重要な政府決定に関してもっと国民に発言権を与える」「物価の抑制」「言論の自由の擁護」という四つのなかから選ぶという質問があった[44]。もっとも重要な目標として「国家秩序の維持」を選んだ回答者の割合は、放縦指標のスコアと負の相関があった[45]。つまり、この回答は抑制と正の相関があることになる。抑制の強い社会では、人々は秩序の維持（それをどう理解しているかはさておき）がほかの目標に優先する、重要な国家の目標と見る傾向がある。

世界価値観調査の項目のなかで放縦との相関がさらに強いのが、「言論の自由の擁護」を国家にとって最も重要な目標とする割合である[46]。これは、西側の政治家やジャーナリストにとっては重要な発見である。というのも、彼らにとって、言論の自由を国家の目標として優先させる国がアメリカやオランダを除けば少ないことを理解するのは、難しい。言論の自由は、放縦度の高い西側社会ではほかに優越する目標であろうが、抑制の強い社会では軽んじられているのかもしれない。とくに、ほかに重要なものを選ばなければならない場合はそうであろう。国家にとって第一の目標として言論の自由を選んだ回答者の割合は、オランダでは三六・六％だが、ロシアでは一・五％ともっとも低い。人権は、裕福な西側諸国の市民が非常に重要であるとみなしているが、ロシアや東欧諸国では優先順位が低い。このことが、なぜロシア人の多くが専制主義者に支配されることに異を唱えないかを説明する。権力格差が大きく、抑制の強い社会では、権威主義的な支配が非常に受け入れられやすいのである。また、海外で生活した経験があり、西側の生活になじんだロシアの市民の多くは、自ら目にした自由な社会にまるで感銘を受けないのだが、それも説明がつく。彼らはクレムリンの強引な戦術について述べるときに、強大な政府を持つことはよいことであると主張する。さもなければ、混乱がもたらされるだけであり、それは国家がもっとも避けなければならないものだという。

二〇〇八年のユーロバロメーターのデータからも、同じ結論が導き出される。ヨーロッパの二六カ国において、将来目標とすべき課題として「言論の自由」を選んだ回答者の割合は、放縦と強い相関がある。同じことが、幸福に対する考え方との関係において「民主主義」が最も重要であると選択した人の割合についてもいえる[47]。

これまでの章では、ある国で表現の自由と民主的な政府が実現するかどうかは、権力格差、個人主義、不確実性の回避について、各国の人々が持つ価値観と関係があることを見てきた。それらの価値観に加えて放縦‐抑制指標との相関は、政治的な理想に関する各国の人々の感情に影響する別の要因があることを示している。

放縦‐抑制指標を用いれば、自記式質問紙調査で国の統治のあり方への態度を予測できるだけではない。実際、この指標はデータが利用可能な四一の国において、人口一〇万人当たりの警察官の数と負の相関を示している[48]。抑制の強い社会では、自らにより制約を課する傾向があり、そのため人口一人当たりの警察官の数が多い。

表8・3は、本章で述べた放縦度の高い社会と抑制の強い社

表8・3　放縦度の高い社会と抑制の強い社会との基本的な違い

②私的生活，消費者行動，性，政治

放　縦	抑　制
・外国の音楽や映画の受容度が高い	・外国の音楽や映画の受容度が低い
・家庭生活への満足度が高い	・家庭生活への満足度が低い
・家事はパートナー同士で分担すべきである	・家事分担が不平等でも問題はない
・スポーツを積極的に行っている	・スポーツはほとんどしない
・eメールやインターネットで私的なコミュニケーションをとっている	・eメールやインターネットで私的なコミュニケーションをあまりとらない
・外国人とeメールやインターネットでコミュニケーションをとっている	・外国人とのeメールやインターネットによるコミュニケーションが少ない
・魚の消費が少ない	・魚の消費が多い
・ソフトドリンクやビールの消費が多い	・ソフトドリンクやビールの消費が少ない
・裕福な国で肥満の人が多い	・裕福な国で肥満の人が少ない
・性別役割に関する規定が少ない	・性別役割に関する規定が多い
・裕福な国では性的規範がゆるい	・裕福な国では性的規範が厳しい
・ほほえみかけることが規範となっている	・ほほえみかけると疑惑の目で見られる
・言論の自由が比較的重視されている	・言論の自由は一番の関心事ではない
・国の秩序の維持に高い優先順位がつけられていない	・国の秩序の維持に高い優先順位がつけられている
・人口10万人当たりの警察官の数が少ない	・人口10万人当たりの警察官の数が多い

会との主要な違いの後半部分をまとめたものである。

▼放縦 - 抑制指標の違いの起源▲

今日の放縦 - 抑制の違いがどのような歴史的過程によって生み出されたのかについて確かな説明をすることは、ほかの文化次元と同じように難しい。可能な説明の一つとして、ミッショが人類学の雑誌である *Cross-Cultural Research* やほかの文献において述べているものがある。[49] 彼が論じるところでは、ユーラシアでは集約的な農耕社会が現在に至るまで何千年も続いてきたのに対して、放縦度の高い社会ではそのような歴史がなかった。

伝統的に、集約的な農耕はサハラ砂漠以南のアフリカで行われたことがなかった。アメリカの一部ではそのような形態の農耕が存在していたが、アメリカではアフリカと同様に荷役用の動物がいなかったために、集約的な農耕の発展は大きく妨げられた。スカンジナビアや英語圏の国々では、伝統的な集約農耕からの文化的遺産ははるか昔に克服された。ユーラシア型の高度に集約的な農耕は、重労働、食料の豊富な時期と飢餓との繰り返し、抑圧的な国家と搾取、疫病の伝染、領土をめぐる際限のない争いなど、無数の災害をもたらした。ユーラシアの集約的農耕社会が仏教のような哲学や中東の三大宗教であるユダヤ教、キリスト教、イスラム教を生み出したことは無理もない。仏教によれば、人生は苦しいものであり、幸福の追求は時間の浪費である。また、ユダヤ教、キリスト教、イスラム教では、真の喜びは来世でのみ得られるとされている。

狩猟採集社会や植物栽培社会は、集約的農耕社会ほど災厄に見舞われていなかった。おそらくこのことが、それらの社会では、自由や幸福が強く感じられる理由の一部を説明するであろう。アメリカの主観的幸福感の専門家エド・ディーナーとウィリアム・トゥブは、イヌイットとマサイの人々の研究から、彼らがアメリカでもっとも裕福な人々と同じぐらいの幸福を感じていることを示した[50]。さらに、集約的農耕には抑制の強い規律、将来への計画と貯蓄や、余暇への無関心、厳しい社会管理が求められるが、これらは狩猟採集社会や植物栽培社会では不要であるのみならず、集約的農耕社会と同じ程度実行することは不可能でもある。

高度に発達し、サービス業に経済の基盤を置く現代社会は、集約的な農耕が出現するより昔の放縦度の高い大らかな文化に回帰しているように思われる。

注

（1） *The Economist*, December 22, 2001.

（2） Rice and Steele, 2004.

（3） Diener and Diener, 1995. この二つの側面はしばしば「認知的」「快楽的」と呼ばれる。

（4） Veenhoven, 1993.

（5） Minkov, 2009.

（6） Minkov (2009) にはかなり網羅的なリストが示されている。

（7） Inglehart and Baker, 2000. より正確には、イングルハートは「非常に不幸せ」と答えた回答者の割合を用いている。イングルハートはその後の論文では「幸福」(well-being) の代わりに「自己表現」(self-expression) という用語を用いるようになった。

（8） 極端な回答スタイル――選択肢（「非常に幸せ」「やや幸せ」「あまり幸せではない」「全く幸せでない」などのように）を提示された場合に、質問の内容にかかわらず、極端に肯定的な立場を選ぼうとする傾向――は、この場合、機能しているようには見えない。Minkov (2009) によれば、世界価値観調査の幸福に関する項目における極端な回答は、多くの外部変数と最も強い相関を持つことが詳細に示されている。したがって、極端な回答はまったく意味がないどころか、もっとも強い意味を持つのである。

（9） Minkov, 2009. 因子分析の結果は常に含まれる変数に依存している。どの項目を分析に含めるかを選ぶ正しい方法は一つではないため、このプロセスにある程度主観性が入り込むのは避けられない。

（10） 統計的には、平均値はスケールのうち六以上を選んだ割合に等しい。

（11） 一九九五年から二〇〇四年にかけての世界価値観調査では、幸福感はA〇〇八、人生のコントロールはA一七三、余暇の重要性はA〇〇三にコードされている。二〇〇五年から二〇

○八年にかけての調査では、幸福感はv一○、人生のコントロールはv四六、余暇の重要性はv六にコードされている。

(12) Minkov, 2007.

(13) 放縦－抑制のスコアは、一九九五年から二○○四年にかけてと、二○○五年から二○○八年にかけての各国のスコアを平均化して求めた。調査が一回だけ行われた国では、その一回のスコアを用いた。そして、三つの項目の国別平均スコアについて因子分析を行った。その結果、「非常に幸せ」が○・八七、人生のコントロールの平均が○・八四、余暇が「重要である」○・八四という因子負荷量を持つ単一の因子が検出された。最終的に、因子スコアは○から一○○までの値をとるスコアに変換された。

(14) Pelto, 1968; Earley, 1997, p. 53; Triandis, 2002.

(15) Hofstede, 2001a, pp. 176 and 207.

(16) 双方のスコアが存在する六二カ国において、放縦－抑制指標と権力格差指標との相関係数はマイナス○・三○*であった。ホフステードのほかの三つの次元との相関は、個人主義指標が○・一六、男性らしさ指標が○・○七、不確実性の回避指標がマイナス○・○六であったが、いずれも有意ではなかった。CVSが実施された二三の国において、放縦－抑制指標とCVS版長期志向指標との相関係数はマイナス○・三○であった（p=○・一七）。

(17) 放縦－抑制指標とWVS版長期志向指標との相関係数は、双方のスコアが存在する九一カ国においても、外挿値を用いた国を除いた八二カ国においても、いずれもマイナス○・四五***であった。

(18) 八七カ国において、放縦－抑制指標と二○○五年の一人当たり国民総所得との相関係数は○・三二**（p=○・○○二）であった。

(19) Kuppens et al., 2006.

(20) 四五カ国における相関係数は○・六五***であった。

(21) Schimmack et al. (2002, Table 1, p. 709) のデータより計算。このデータと放縦－抑制指標がある三六カ国において、相関係数は○・四九*であった。

(22) Chinese Culture Connection, 1987, p. 151.

(23) 第3章の注11を参照。道徳的規律と放縦－抑制指標との相関係数はマイナス○・五四***であり、権力格差指標や個人主義指標との相関係数よりも大きい。その理由は、放縦指標との相関を分析する際に含まれる国数が権力格差や個人主義との相関の分析よりも多いためである。

(24) Bond et al., 2004.

(25) 双方の調査に含まれる三九カ国において、相関係数はマイナス○・四九**であった。

(26) 三四カ国において、放縦－抑制指標と外向性（McCrae, 2002）との相関係数は○・四二*、神経症的傾向との相関係数はマイナス○・四六**であった。

(27) 七九カ国において、放縦－抑制指標と、自身の健康状態を「非常によい」とした回答の割合（一九九五～二○○四年）との相関係数は○・六七***であった。裕福な二一の国では、相関係数は○・七八***であった。

(28) Pew Research Center (2007, q4) のデータによる。双方の調査に含まれる三九カ国における相関係数は〇・五四***であった。

(29) 裕福な二八カ国において、放縦－抑制指標と二〇〇五年から二〇一〇年までの合計特殊出生率（国連統計部の二〇〇九年版データによる）との零次相関は〇・六三***であった。ステップワイズ式重回帰分析では、放縦－抑制指標は出生率の分散の四二％を説明している。教育（UNDP, 2006 による国連開発計画教育指数）は分散の二一％を説明し、国の豊かさの違いは説明力がなかった。

(30) 放縦－抑制スコアと、二〇〇二年における一〇万人当たりの心臓血管疾患による死亡率を年齢によって標準化した数値（World Health Organization, 2008 のデータによる）との相関係数は、マイナス〇・六〇***（n＝八八）であった。一九九九年の一人当たり国民総所得でコントロールすると、相関係数はマイナス〇・四一で、有意なままであった。

(31) Flash Eurobarometer 247 2008, *Family life*. キプロスとルクセンブルクを除くEU加盟二五カ国において、家庭生活に非常に満足しているという回答と、放縦－抑制指標との相関係数は〇・九一***であった。家族が日常生活で直面する問題として家事分担の不平等を挙げた回答者の割合と、放縦－抑制指標との相関係数は〇・四五*であった。

(32) Flash Eurobarometer 241, 2008 *information society as seen by EU citizens*. EU加盟二五カ国において、毎日または少なくとも週一回スポーツを行う人々の割合と放縦－抑制指標との相関係数は〇・八二***であった。

(33) Eurobarometer 278, 2007 *European cultural values*. EU加盟二五カ国において、家族、友人、同僚とeメールのやりとりをしている人の割合と放縦－抑制指標との相関係数は〇・五三**であった。外国人にeメールを送り、インターネットを通じて交流がある人の割合と、放縦－抑制指標との相関係数は、〇・六九***であった。

(34) Euromonitor 1997, *Consumption of various food and drink products in 1996*, ヨーロッパの一四カ国と世界各地の二四カ国において放縦－抑制指標は魚の消費量と負の相関があり（相関係数マイナス〇・四八***）、炭酸飲料の消費量と正の相関があった（相関係数〇・六二***）。ステップワイズ式回帰分析では、ビールの消費量については権力格差指標の低さに次いで、各種ソフトドリンクについては一人当たり国民総所得と男性らしさ指標に次いで説明力があった。

(35) 裕福な二六カ国における放縦－抑制指標と、肥満率、すなわちWorld Health Organization (2005) の男女別データに基づき計算した各国の平均値との零次相関係数は〇・三九*であった。一九九九年購買力平価による一人当たり国民総所得でコントロールすると、相関係数は〇・四八*に上がった。

(36) 四九カ国において、放縦－抑制指標と「あるべき」男女平等主義との相関係数は〇・四九***であった。

(37) 放縦－抑制指標と「ありのまま」の内集団的集団主義との相関係数はマイナス〇・四六**、「あるべき」内集団的集団主義との相関係数は〇・四二**であった。

(38) 放縦 - 抑制指標と「あるべき」業績志向との相関係数は〇・三五*、「あるべき」自己主張性との相関係数はマイナス〇・二九*であった。

(39) Schmitt, 2005, p. 247.

(40) Schmitt（2005）によるソシオセクシュアリティのスコアから計算。相関係数は、男性の平均スコアについては〇・四五*、女性については〇・五四**である。

(41) この項目のコードはF一三二。この項目と放縦 - 抑制指標との相関係数は〇・五二**であった。

(42) Myasoedov, 2003.

(43) 写真を撮るときには笑うものだという規範は、プロではなく一般の人々が写真を撮るようになってからのものである。それ以前は、露光時間が長すぎるために笑っても自然には見えなかった。

(44) この項目のコードはE〇〇三である。

(45) 八三カ国における相関係数はマイナス〇・四六***であった。

(46) 八三カ国における相関係数は〇・六二***であった。言論の自由に関する項目は、権力格差指標と個人主義指標とも相関していた。しかし、ステップワイズ式線形回帰分析では、言論の自由が国家の第一の目標であるとする見方の有意な予測因子は、権力格差指標と個人主義指標のみであった。

(47) Standard Eurobarometer 69, 2008, *European Values*. EU加盟二五カ国およびトルコのデータによると、放縦 - 抑制指標と、将来に向けて追求すべき目標のうち「言論の自由」を選んだ割合との相関係数は〇・七五***であり、幸福に対する考え方に関わるもっとも重要なものとして「民主主義」を選んだ割合との相関係数は〇・五九***であった。デ・ムーイが算出してくれた。

(48) UN Office on Drug and Crime（2004）のデータによる。放縦 - 抑制指標と人口一〇万人当たりの警察官の数との相関係数はマイナス〇・四二***であった。本書にあるほかの次元のうち、放縦 - 抑制指標以上に強い相関を示すものはなかった。

(49) Minkov, 2007, 2009.

(50) Diener and Tov, 2007.

第Ⅲ部　組織文化

第9章 ピラミッド・機械・市場・家族――国境を越える組織

西ヨーロッパのある国で、中規模の繊維染色会社が存続をかけて奮闘していた。この会社では、主にアジアから輸入した布地を取引先の希望に沿って多彩に染色している。取引先は、地元の市場に向けて流行の衣服を生産している企業である。この染色会社を経営している社長のもとには、デザインとセールス部門、製造部門、財務と人事部門のそれぞれを担当する三人の部長がいた。従業員の総数は約二五〇人である。

この会社の職場の雰囲気は、セールス部門と製造部門の二人の部長の対立によって、しばしばかき乱されていた。製造部長は、どこの国でも見られるように、生産工程を円滑化し、工程の変更を最小限にとどめようとした。彼は、取引先からの注文を大きく一括りにまとめることを好んだ。色彩やデザインを変更すれば、機械をそのたびに洗浄しなければならず、生産時間を費やすばかりか貴重な染料も浪費してしまう。暗い色から明るい色への変更は最悪であって、暗い色の染料が残っていたりすると、布地について仕上がり品の質を台無しにしてしまう。だから製造工程の計画を練る者は、洗浄した機械を明るい色から稼働させ、徐々に暗い色に移っていこうとする。そして、できるかぎり機械を洗う必要のないようにしようとする。

デザインとセールス担当の部長は、競争の激しい市場に置かれている取引先を満足させようとしていた。流行服の会社は、短期的に計画を変更することで悪名が高い。その供給側である染色会社は、しばしば急ぎの注文を受け取ることになる。注文数が少なくあまり儲けがなさそうでも、セールス担当の部長は注文を断りたくない。取引先が競争相手のところにでも行ったりすれば、あとで大量の注文を失うことになるかもしれないからである。しかし、急ぎの注文をとることは、通常、製造部長が設定したスケジュールを大幅に狂わせてしまい、きれいに洗浄された機械を短期間稼働させて暗い色の染色をすることになる。そうなれば、製造に携わる社員たちは機械の洗浄をまたも始めなければならない。

急ぎの注文を受け取るべきかどうかについて、二人の部長はしばしば口論していた。この対立は、二人の間にとどまらなかった。製造部門の社員とセールス部門の社員は、それぞれ相手の能力について公然と疑問を表した。カフェテリアでは製造部門とセールス部門の社員は旧知の仲であったが、同じテーブルを囲もうとはしなかった。

▼暗黙の組織モデル▲

この話は、どのような組織でも定期的に起こる極めて日常的な問題である。組織の問題のほとんどがそうであるように、この話にも組織構造と人間関係の両面が絡んでいる。問題にかかわった人々は、それぞれのメンタル・ソフトウェアに従って反応している。組織がどうあるべきかについての考え方は、このメンタル・ソフトウェアの構成要素の一つである。

第3章から第6章までに示した国民文化の次元のなかでは、とくに権力格差と不確実性の回避が組織についての考え方に必ず影響している。組織を作る際には、次の二つの問題に必ず答えなければならない。(1) 誰が何を決定する権力を持つのか。(2) 希望する目標を達成するために従わねばならない規則や手続きは何か。第一の問題についての回答は、権力格差に関する文化的規範に影響され、第二の問題については、不確実性の回避に関する文化的規範に影響される。残りの二つの個人主義と男性らしさという次元は、組織自体というよりも組織のなかの人間についての考え方を左右する。

権力格差と不確実性の回避の両者の関係を、図9・1に示す。前述した分析が正しければ、この図における位置によって、その国の組織上の問題がどのように解決されているかについて何らかの示唆が与えられるだろう。

組織の問題を解決する方法は、人々が心のなかで暗黙の前提としている組織モデルに影響されている。経験的事実によれば、権力格差と不確実性の回避の二次元における国の位置と、その国民が暗黙の前提としている組織モデルとの間には関係がある。一九七〇年代に、フランスのフォンテーヌブローにあるINSEADビジネス・スクールのアメリカ人教授、オーエン・ジェームズ・スティーヴンスは、本章の冒頭で紹介したエピソードと非常によく似た事例を組織行動論の授業の試験に出題していた。この事例もまた、ある会社の内部で起こった二つの部門の管理職の対立を扱っている。その試験を受けたINSEADのMBAの学生のなかには、フランス、ドイツ、イギリスの三国の出身者がもっとも多かった。図9・1によると、これらの三カ国はそれぞれ右下、左下、左上の象限に位置している。

スティーヴンスは以前から、学生の国民性がこの事例の扱い方に何か関係していると気づいていた。学生はこの試験で、(1) その事例における問題点を診断し、(2) 解決法を考えて記述するように求められた。教授は約二〇〇名の生徒の回答をファイルし、回答者の出身国別に分類した。そして、フランス人の回答、ドイツ人の回答、イギリス人の回答を別々に検討してみた。

興味深い結果が得られた。大多数のフランス人は、この事例は二人の部長の上にいる社長の不注意によるものであると診断した。フランス人は、両者が対立について共通の上司に報告し、今後そのようなジレンマが起こらないように上司が何らかの命令を下すという解決策を良しとしていた。スティーヴンスは、

図9・1　権力格差の次元と不確実性の回避の次元

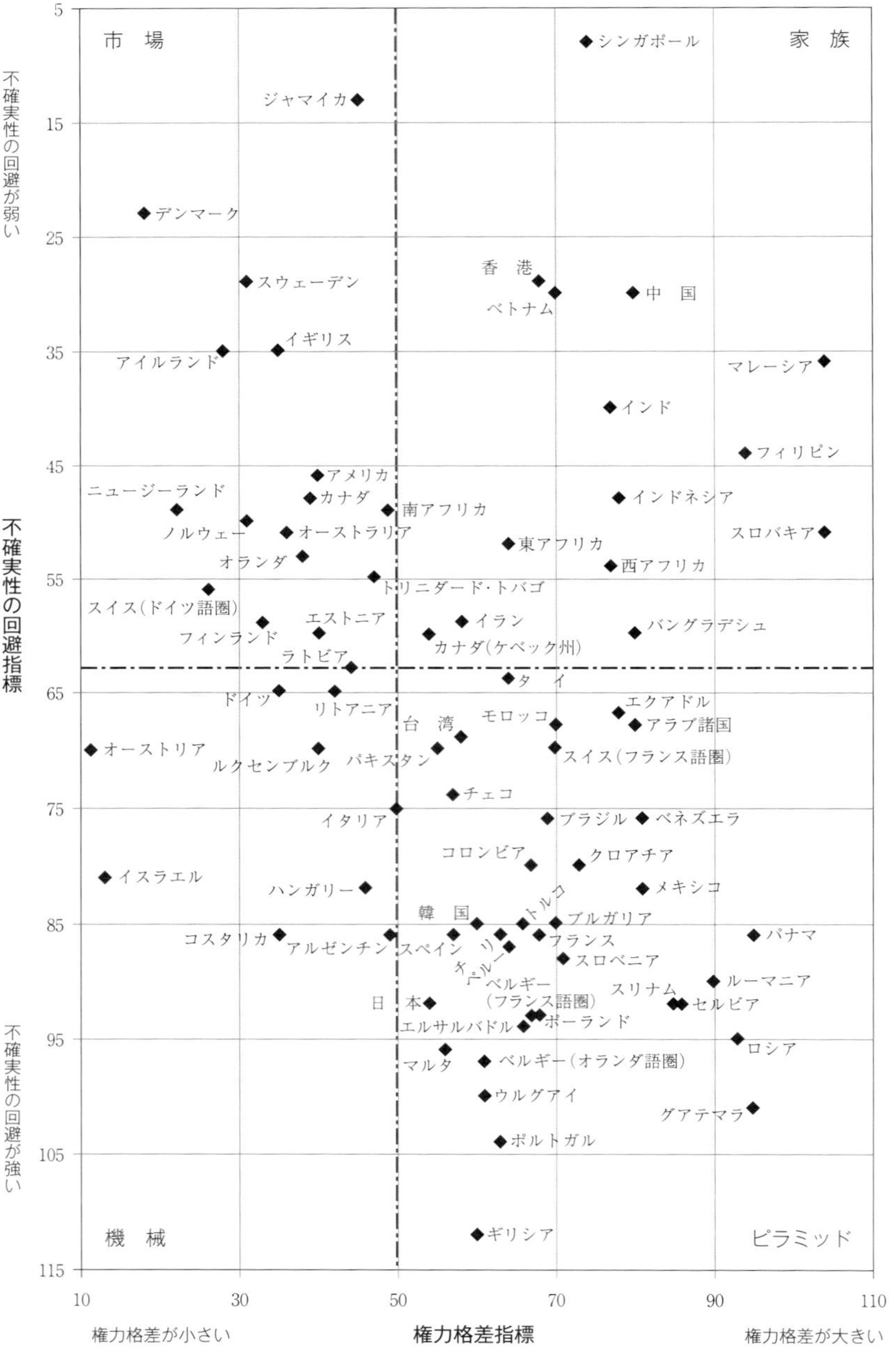

フランス人の暗黙の組織モデルは「ピラミッド型の組織（pyramid of people）」であると解釈している。すなわち、ピラミッドの頂点に社長がいて、その下にそれぞれの部や課が階層を作っているといったモデルである。

ドイツ人の大多数は、その事例を構造の欠落と診断した。二人の対立する部長の責任を持つべき範囲について、はっきりと定められていなかった。ドイツ人の好む解決策は、コンサルタントに問い合わせたり、対策委員会を任命したり、共通の上司に相談したりするなど、手続きを設定することであった。ドイツ人にとっては「油をよく差した機械（well-oiled machine）」が組織として理想であるとスティーヴンスは感じている。このモデルでは、日常的な問題はすべて規則によって解決されるべきであって、上司が介入することは極端な場合に限られる。

イギリス人の大多数は、その事例を人間関係の問題であると診断した。二人の部長は交渉が下手であり、この点に関する能力を高めるには、彼らを経営学のコースにできれば二人一緒に送り込むべきである。イギリス人の心のなかにある暗黙の組織モデルは「村の市場（village market）」であるとスティーヴンスは考えた。このモデルでは、階層的な構造や規則ではなく状況に応じてどうすべきかが決定される。

スティーヴンスの経験は、IBMの研究プロジェクトにおいて、権力格差と不確実性の回避という国民文化の次元が発見されたことと一致していた。これら二つの次元は、アストン研究としてよく知られた学術研究によって、IBM調査の数年前に発見された次元と似ている。一九六一年から一九七三年まで、イギリス、バーミンガムのアストン大学は「産業経営研究会」を主催した。そこには、デレック・S・ピュー、デーヴィッド・ヒクソン、ジョン・チャイルドといった研究者が参加していた。(1) アストン研究は、さまざまな組織における重要な構造的側面を量的に測定し評価しようとする大規模な研究であった。研究はまずイギリスで行われ、その後ほかの多くの国々で繰返し追試された。アストン研究の主たる結論によれば、組織構造の差異を説明する次元は権限の集中度と活動の構造化の程度である。前者が権力格差と、後者が不確実性の回避と関連していることは容易に想像できる。

アストン研究に携わった研究者は、組織構造の「ハード」な側面、すなわち客観的に評価可能な特徴を測定しようとした。権力格差と不確実性の回避という指標は、各国の人々のソフトな主観的な特徴を測定している。ハードとソフトの間に関連があるということは、人々の主観的かつ文化的なニーズに見合うように組織が構造化されていることを示しているのであろう。スティーヴンスが暗黙の組織モデルを見出したということは、その証拠である。「ピラミッド型の組織」をモデルとするINSEADのMBAのフランス人学生は、権力格差が大きくまた不確実性の回避も強い国の出身であって、権限を集中させかつ組織活動を構造化するような方策を提唱した。「油をよく差した機械」をモデルとするドイツ人学生は、不確実性の回避が強いが権力格差は小さい国の出身であって、権限を集中させることなく組織活動を構造化することを求めた。「村の市場」をモデルにし、権力格差が小さく不確実性の回避も弱い国民文化を持ったイギリス人学生は、権限の集中化も組織活動の構造化も求めなかった。彼らはみな同じ事例を検討していたにもかかわらず、このような違いが生じたのである。国際的なビジネスの経験がある人は、何度もこのようなことを確認してきた。ほかの条件が同じならば、フランスの組織は権限をより**集中させようとする**。ドイツの組織は**構造化を進めようとする**。そしてイギリスの組織は問題が起これば**状況に応じて解決策を練った方がよい**と考えている。

スティーヴンスによる三つの暗黙のモデルでは、図9・1のなかの象限が一つ説明されないまま残っている。右上の象限には、ヨーロッパの国はなく、アジアとアフリカの国々だけで、隅にカナダのフランス語圏がある。INSEADにはアジアやアフリカから来た学生は当時非常に少なかったので、この集団についてのデータは不十分であった。スティーヴンスのモデルについて、インドやインドネシア出身の同僚たちと議論したら、彼らの国にも同じように暗黙の組織モデルがあり、それは「(拡大)家族(extended family)」であるという示唆を得た。「家族」モデルでは、オーナーと経営者は同一人物であり、絶対的な権力を持つ父親(祖父)とみなされている。このモデルは、権力格差が大きく不確実性の回避は弱いという状態に対応する。この場合、前述したような対立は上司に全面的に任せることで解決されるだろう。すなわち、組織活動は構造化されずに権限が集中する状態である。インド出身の二人のアメリカ人、アナント・ネガンジーとベンジャミン・プラサードは、アメリカの有名大学の博士号を持ったインド人の重役の言葉を引用していた。

> 私や私の配属部署にとって一番大切なことは、私が会社のために何を行い何を成し遂げるかではない。主人の恩恵が私に向けられるかどうかが一番大事なことである。……そのためには、主人の言動のすべてに「はい」といっておればよい。……彼に背くことは、仕事を失うことである。……私は思想の自由をボストンに置き忘れてきた。[2]

さらに最近になって、オランダの心理学者ヤン・ピーテル・ヴァン・アウデンホーフェンは、経営学専攻の一〇カ国の学生七〇〇人以上から、自国の組織について自由に記述してもらった結果を収集した。[3] 学生たちは、自分がよく知っている会社について、いくつかの形容詞を使って説明するよう求められた。七〇〇通りの記述について内容分析が行われ、対立する形容詞同士のペアが作られた。ペアの一つは、官僚主義的‐非官僚主義的であり、「官僚主義的」の頻度が各国の権力格差および不確実性の回避と相関していた。ペアにはほかに、チームワーク‐個人業務というものがあり、「個人業務」の頻度は個人主義と相関していた。三つめのペアは職場の雰囲気が友好的‐敵対的というもので、「敵対的な職場の雰囲気」が男性らしさと相関していた。[4] つまり、これらの学生による組織についての説明は、それぞれの国民文化を反映していたのである。

デンマークのポール・エリック・モーリゼンとアメリカのジェームズ・スヴァラが組織した政治学者のネットワークは、一四の西洋民主主義国の四〇〇〇以上の自治体を調査した。この調査のなかで、彼らは各自治体の首長に調査への回答を依頼し、その結果から国民文化のスコアを収集した。彼らの研究はＩＢＭ研究の大規模な追試の一つである（表2・1を参照）。彼らは選挙で選ばれた首長と任命される職員との役割分担をもとに、地方政府を組織する方法を四つに分類した。

1 **強い市長型** 選挙で選ばれた市長が市議会の多数派をコントロールし、すべての行政機能を担当する。職員のトップは市長の意思に従って職務を行う。このタイプはフランス、イタリア、ポルトガル、スペインや、アメリカの大都市で見られた。

2 **市議会‐管理職型** 行政機能はすべて選挙で選ばれた市議会が任命した職員のトップの手にある。市議会は政策の立案に責任を負うが、実施には責任を負わない。このタイプはオーストラリア、フィンランド、アイルランド共和国、ノルウェーやアメリカの小都市で見られた。

3 **委員会‐リーダー型** 行政機能は選挙で選ばれた政治家が構成する常任委員会と政治的リーダー（市長である場合もあれば、そうでない場合もある）、そして職員のトップが共有する。このタイプはデンマーク、スウェーデン、イギリスで見られた。

4 **集団型** 行政機能はすべて選挙で選ばれた政治家による実行委員会の手にある。実行委員会は任命された市長が統括し、職員のトップは市長に直属する。このタイプはベルギーとオランダで見られた。[5]

この研究を行った研究者たちは、職員のトップに対して文化的価値観の調査を行い、その回答から国民文化の次元を測定した。そして、これら四つのタイプと国民文化の次元のうち権力格差と不確実性の回避とを関連づけた。これらの尺度とＩＢＭ研究でのスコアとは一致しなかったが、有意な相関があった。この結果に基づいて調査が行われた一四カ国を見ると、強い市長型は不確実性の回避が比較的強い国に見出された。市議会‐管理職型は不確実性の回避が比較的弱く、権力格差が中くらいの国に見出された。委員会‐リーダー型は不確実性の回避が比較的弱く、権力格差が小さい国に見出された。[6]

▼経営学者も人間▲

文化に拘束されているのは組織ばかりではない。組織についての理論も同様に文化に拘束されている。理論を著した大学教授たちも、何らかの文化のもとに生まれ、家族のなかで成長し、学校へ通い、給料をもらって働いてきたのである。彼らの経験が思索や著述のもとになる素材となっている。学者ももちろん人間であって、ほかの人々と同じように文化的なバイアスを持っている。

図9・1の四つの象限は、それぞれピラミッド、機械、市場、家族といった組織のモデルに対応している。このような四つの異なる観点から組織の特徴について述べた古典的な著述家をそれぞれ一人ずつ取り上げてみよう。四人はほぼ同時代の人間であり、いずれも一九世紀中頃の生まれである。

アンリ・ファヨール（一八四一～一九二五）はフランスのエンジニアで、採掘会社の代表取締役社長として経営者のキャリアを積み重ねた。彼は退職後の一九一六年に*Administration industrielle et générale*（『産業ならびに一般の管理』）と題する組織論の先駆的なテキストにその経験をまとめあげた。権限の行使という問題について、ファヨールは次のように述べている。

> われわれは管理職について、その役職に伴う規約上の権限と、その人の知性、知識、経験、道徳観、リーダーシップ、過去の実績などに裏打ちされた個人的な権威とを区別する。優れた管理職であるためには、個人的な権威は規約上の権限を補うために欠くことのできないものである。[7]

ファヨールの考えでは、権限は個人と規則（法）の両方に認められる。この組織のモデルは、ピラミッド型の組織であり、個人の権力と形式的な規則が調整の原則となっている。

マックス・ウェーバー（一八六四～一九二〇）は大学で法学を学び、官吏として数年間働いた経験をもつドイツの学者である。彼は経済学の教授となり、ドイツ社会学の創始者となった。ウェーバーは、一七世紀のピューリタンの教典から「権威への信仰は罪とされる。それは非人格的なものである場合にのみ許される」というくだりを引用している。[8] ウェーバーは自ら組織の形態をデザインして、**官僚制**（ビューロクラシー）について記述している。ビューロクラシーという言葉はそもそも古代ギリシア語では終わりを意味するジョークであったが、それが現代のフランス語に派生したのである。今日では官僚制という言葉は明らかに否定的なニュアンスを持っているが、ウェーバーから見ると大規模な組織にとって理想的な形態を表していた。官僚制における権限について、彼は次のように述べている。

> （わりあてられた）義務を遂行する際に必要な命令を下す権限は、確固とした方法で行使されねばならない。その権限は強制的な手段についての規則によって、厳しく制限されている……（さもなければ）官僚によって意のままにされるかもしれない。[9]

ウェーバーの考えでは、実際の権限は規則に置かれている。「官僚」の権力は規則によって厳しく制限されているのである。このような考え方は組織を規則に従って作動する「油をよく差した機械」にたとえる組織モデルに対応している。

フレデリック・ウィンズロー・テイラー（一八五六～一九一

五）は、アメリカ人のエンジニアで、ファヨールとは正反対にその経歴は工場労働者から始まった。彼は夜間学校で学業資格を取得し、鉄鋼会社の主任技師を経て経営コンサルタントにった。彼は経営コンサルタントという職業についた最初の一人である。テイラーは権限の問題にはそれほど関心がなく、効率の問題に焦点を絞っていた。彼は現場の監督者の仕事を八つの職務に分けて、それぞれ別の人間がその職務にあたることを提案した。そうすると、一人の作業員は異なる職務能力を備えた八人の上司を持つことになる。テイラーのこの案は完全に実施されたことはない。ただし、その要素は現代の「マトリックス組織」に認められる。マトリックス組織では、従業員一人につき二人（あるいは三人の場合もある）の上司がおり、通常、それぞれが生産性と技術上の専門性の職務に携わっている。

テイラーが一九〇三年に著した *Shop Management*（『工場管理論』）のフランス語訳は一九一三年に出版された。ファヨールはそれを読み、自分の本のなかで六ページにわたってテイラーの考えについて述べている。ファヨールはその考えにおおむね感銘を受けているが、テイラーが八人の上役制の案において「命令系統の一本化の原則を否定」したことにショックを受けている。ファヨールは「命令系統の一本化の原則をひどく侵しているにもかかわらず、各部門の作業がうまくいくとは信じられない。しかし、テイラーは大規模な組織の管理職として成功をおさめている。この矛盾をどう説明したらよいのか」と述べている。[10] ファヨールの反語には、同じフランス人であるブレーズ・パスカルが二五〇年前に答えを出している。「ピレネー山脈のこちらでは真実であるが、あちらでは虚偽である」。

ファヨールと同じフランス人であるアンドレ・ローランは、一九八一年の論文で、フランス人の管理職は一人の従業員が二人の上司のもとに置かれるという提案に強く反対するが、スウェーデンやアメリカの管理職は、この点にほとんど疑念を表さないという調査結果を示している。[11] マトリックス組織は、アメリカとは違いフランスでは普及したことがない。おもしろいことにローランは、フランスでマトリックス組織が受け入れられるためには、実際の上司は一人で、あとは専門的なスタッフが一人かそれ以上加わっているというように、階層構造の用語でマトリックス組織を説明する必要があるのではないかと提案している。ファヨールが一九一六年にテイラー・システムについて論じたときにも、まったく同じ提案がなされている。実際、ファヨールは、テイラー・システムがテイラーの会社でうまくいっているのは、そのためなのであろうと記述しているのである。

テイラーは、組織における権限の行使についてふれているだけであるが、彼と並んでアメリカにおける組織論のパイオニアである、メアリー・パーカー・フォレット（一八六八〜一九三三）は正面からこの問題に取り組んで、次のように述べている。

どうすれば、過度に命令を下す専制的な状況と、まったく命令を与えない自由放任の状況という二つの極端な状況を避けることができるだろうか……私の解決策は、命令を与えるという行為を非人格化すること、関係者全員で協力して状況を検討し、状況を支配している法則を発見し、それに従うことである……一人の人間がほかの人間に命令を下すということであってはならない。そうではなく、両者がともに状況の発する命令を受け入れることに同意しなければならない。(12)

テイラーやフォレットの考えでは、権限は人にも規則にも帰属するものではない。そうではなく、フォレットのいうように、権限はむしろ状況に帰属する。これは組織を市場にたとえるモデルに対応している。市場モデルでは、市場の条件によって今後の方針が左右される。

中国人の孫文（一八六六～一九二五）は、権力格差と不確実性の回避の図の第四象限に位置する学者であった。彼はハワイと香港で西洋的な教育を受け、革命家となった人物である。中国の産業化は西洋よりもはるかに遅れていたので、ファヨール、ウェーバー、テイラーと同時代を生きた産業組織についての理論家は中国にはいない。孫文は政治家であったが、組織にも関心を示し、腐敗した清朝政府を近代的な中国の国家に変革することを望んでいた。短期間でしかも名目的ではあったが、彼はついに中華民国の最初の大統領になった。孫文の描いた中国政府の組織形態は、西洋的なものと中国の伝統的なものとの統合である。彼は西洋からモンテスキューが唱えた三権分立制を導入し、行政、立法、司法を独立させたが、これらの三機関を大統領の権限のもとに置いた点が西洋とは違っていた。さらに中国の伝統である考試院（官吏の登用を決定する）と監査院（政府を監察する機関）の二つを加えて、五機関による組織構成をとった。(13)

孫文によるこのような二つの制度の混合は特筆に値する。孫文の考え方は国民党によって受け継がれ、現在の台湾の統治構造の骨格となっている。この組織構造では大統領の権限が強い（権力格差が大きい）。立法権と司法権は、西洋では法治国家を支える柱となっているが、ここでは統治者の権限によって制限されており、国民の政府であることの裏づけとなる考試権ならびに監察権と同列に置かれている（不確実性の回避が弱い）。これは家族モデルに対応している。そこでは統治者は国父とみなされており、構造はさまざまであっても基礎は人間関係に置かれている。

一見矛盾しているようであるが、国民党を追放したもう一つの中国である中華人民共和国において一九六六年から一九七六年にかけて起こった文化大革命は、人心の近代化を抑圧すると思われた規則の権限を排除する一方で、統治者（この場合、毛沢東首席）の権限を維持しようとした実験的試みであったと解釈できる。文化大革命は今や公然と大きな過ちであったと認められている。近代化とみなされたものは、実際のところ、長い歴史を持つ無意識のうちの恐怖心の再来だったのかもしれない。

本項ではこれまでのところ、組織モデルと組織理論を築いた父たち（母も一人含まれていたが）の理論との関連を見てきた。

モデルの違いは、近年の理論のなかにも認められる。

アメリカでは、一九七〇年代と一九八〇年代に組織を「取引のコスト」の観点から検討することが流行した。経済学者のオリヴァー・ウィリアムソンは、人間の社会生活は個々人の間の経済的取引から成り立っているとして、「階層的構造」と「市場」を対置させた[14]。経済的取引がすべて自由市場で行われた場合と、階層的構造のもとで行われた場合とで、経済的取引にかかるコスト（情報を収集したり、信用できる相手を見つけるなど）を比較して、そのコストが自由市場よりも階層的構造において低いならば、人々は階層的構造を持つ組織を作るであろうというのである。文化論の観点から見ると、この理論では「市場」が出発点もしくは基準モデルになっており、市場が失敗したときに組織が生まれると説明している点が興味深い。そのような理論を生み出す文化では、内部構造がピラミッドのように構造化された組織よりも、内部構造が市場に類似した組織の方が好まれる傾向が強い。「市場」の哲学においては、個人間の競争によって組織の統制を図ることが理想である。

日系アメリカ人でウィリアムソンの同僚であるウィリアム・オオウチは、市場に代わる二つのモデルとして「官僚制」と「クラン（氏族）」を挙げている。これらは、この章で「機械」モデルと「家族」モデルと呼んでいるものに近い[15]。ウィリアムソンとオオウチの考えを合わせると、四つの組織モデルがすべて記述されたことになる。しかし、市場が理論の出発点として、特別な位置に置かれている。これは、この論者たちの国籍を反映しているのであろう。

ドイツ人やフランス人による組織論では、市場の役割はあまり重視されていない。ドイツ人の著作では、形式的な制度、たとえていえば機械の稼働方法に焦点が当てられる傾向がある[16]。誰もがよりどころとすることのできる公式の規則によって組織の統制を図ることが、理想的な方針であるとされている。フランス人の著作では、権力の行使に焦点が当てられていることが多く、ピラミッドに押し潰されないための防御について強調されている場合もある[17]。フランスの組織では、権限の階層化によって統制を図ることが原則である。規則の体系はあるが、ドイツの場合とは違って、上役の個人的な権限が規則よりも勝っているのである。

毛沢東と文化大革命の時代の中国において、組織を統制していた原則は、市場でも規則でも階層的構造でもなく、上からの教え込みであった。この原則は、教えられたことを正確に理解しているかどうかを試す科挙の制度が、何世紀にもわたって続けられた中国の伝統に調和するものである。

人々の心のなかにある組織モデルにはその国の内部でも違いがある。どのような国でも、銀行はピラミッドのように、郵便局は機械のように、広告代理店は市場のように、オーケストラは（独裁的に率いられた）家族のように機能する。このような違いが予想される一方で、国境をまたげば組織モデルの予想もしない違いにぶつかるであろう。この点については第11章で詳しく検討しよう。

▼文化と組織構造――ミンツバーグ理論の精緻化▲

ヘンリー・ミンツバーグはカナダ人であり、少なくとも英語圏では、組織構造に関する今日の第一人者である。彼は少数の概念を使って、その時々における最先端の研究成果を極めて実践的でわかりやすくまとめあげることに秀でている。

ミンツバーグによると、組織に関する長所はすべて五点にまとめられる[18]。組織は一般に多くても五つの部分に分かれていて、それぞれに特徴がある。

1　作業部門（作業に携わる人々）
2　指令塔（経営者）
3　中間管理職（組織の中間層）
4　テクノストラクチャー（スタッフとしてアイデアを提供する役割を果たす人々）
5　サポート・スタッフ（スタッフとしてサービスを提供する役割を果たす人々）

組織は一般に、活動を調整する五つのメカニズムのなかから一つかそれ以上を利用している。

1　相互調整（インフォーマルなコミュニケーションによる）
2　直接の監督（上司による）
3　仕事のプロセスの標準化（仕事の内容を明確にする）
4　アウトプットの標準化（求める結果を明確にする）
5　技能の標準化（職務遂行のために必要な訓練を明確にする）

ほとんどの組織の形態は、次の五つのうちのいずれかである。

1　単純構造――この場合、重点は指令塔にあり、調整メカニズムは直接の監督による。
2　機械的官僚制――重点はテクノストラクチャーにあり、調整メカニズムは仕事のプロセスの標準化による。
3　専門的官僚制――重点は作業部門にあり、調整メカニズムは技能の標準化による。
4　事業部制――重点は中間管理職にあり、調整メカニズムはアウトプットの標準化による。
5　任意制――重点はサポート・スタッフ（作業部門を含む場合がある）にあり、調整メカニズムは相互調整による。

ミンツバーグはどの調整メカニズムを選択するかについて価値観が影響していることを認めている。たとえば、組織内部での行動を形式化すること（仕事のプロセスの標準化の一部）について、彼は次のように述べている。

組織は行動の形式化を図るが、それは行動のバラツキを減らし、最終的には行動を予測して統制することができるようにするためであり……諸活動を調整するためでもあり……生産を効率的に行うために機械のような一貫性を確保するためでもあり……顧客に対して公平さを保つためでもある。……組織はまた別の理由から、行動を形式化することもあるが、その妥当性が疑わしい場合もある。たとえば、行動の形式化は秩序を求めたいという恣意的な欲求を反映しているかもしれない。高度に形式化された構造というものは、何といってもきちんとしている。それは物事が整理されているのを好む人間の心をなごませるのである。(19)

ミンツバーグが「妥当性が疑わしい」場合についてふれたことには、明らかに、彼自身の価値観が表れている。彼は価値観と国民性との結びつきを認識するには至っていないのである。IBM調査の結果は、集権化と形式化についての価値観（それぞれ権力格差と不確実性の回避に反映されている）が人々の心のなかにある暗黙の組織モデルにどれほど影響を及ぼしているか、またそのようなモデルは国によってどの程度異なるかを示している。つまり、組織形態についてのミンツバーグの諸類型とIBM調査に基づく国民文化のプロフィールとを結びつけることができるだろう。組織形態と国民文化が結びつくということは、ほかの条件が同じであれば、ある国の人々は自分たちの暗黙の組織モデルにうまく合うという理由から、あるタイプの組織形態を好むことを意味している。また、国籍以外の点ではよく似た組織がいくつかの国にあったとしても、文化的嗜好が違うために、ミンツバーグの類型に当てはめるとそれぞれの国に特有の組織形態をとるようになることを意味している。

図9・2に示すように、ミンツバーグの五つの組織形態は、権力格差と不確実性の回避の図における四つの象限と簡単に結びつけることができる。

ミンツバーグは、機械という言葉をスティーヴンスやわれわれとは違う意味で用いている。ミンツバーグが「機械的官僚制」と呼ぶ形態では、高度の教育を受けた専門家であるテクノストラクチャーの役割が強調されているが、「作業部門」に属する高度の訓練を受けた労働者の役割は強調されていない。そのため、ミンツバーグの機械的官僚制は、スティーヴンスの類型では「機械」モデルではなく、「ピラミッド」モデルに対応する。混乱を避けるために、図9・2ではミンツバーグの機械的官僚制を「完全な官僚制」と呼び変えている。「完全な官僚制」とは、アストン研究において、これと大変よく似た組織形態に対して用いられた言葉である（この章の前の部分を参照）。

任意制は「村の市場」と呼んだ暗黙の組織モデルに対応し、専門的官僚制は「油をよく差した機械」モデルに、完全な（機械的）官僚制は「ピラミッド」モデルに、単純構造は「家族」モデルに対応している。ただし、事業部制は二つの文化の次元のいずれにおいても中間に位置し、四つのモデルの要素を含んでいる。図9・2の中央付近に位置する典型的な国はアメリカであり、アメリカでは事業部制が発展し大変普及している。

図9・2は、組織に関する専門的な文献やエピソードによっ

図9・2　ミンツバーグによる5つの組織形態の選好

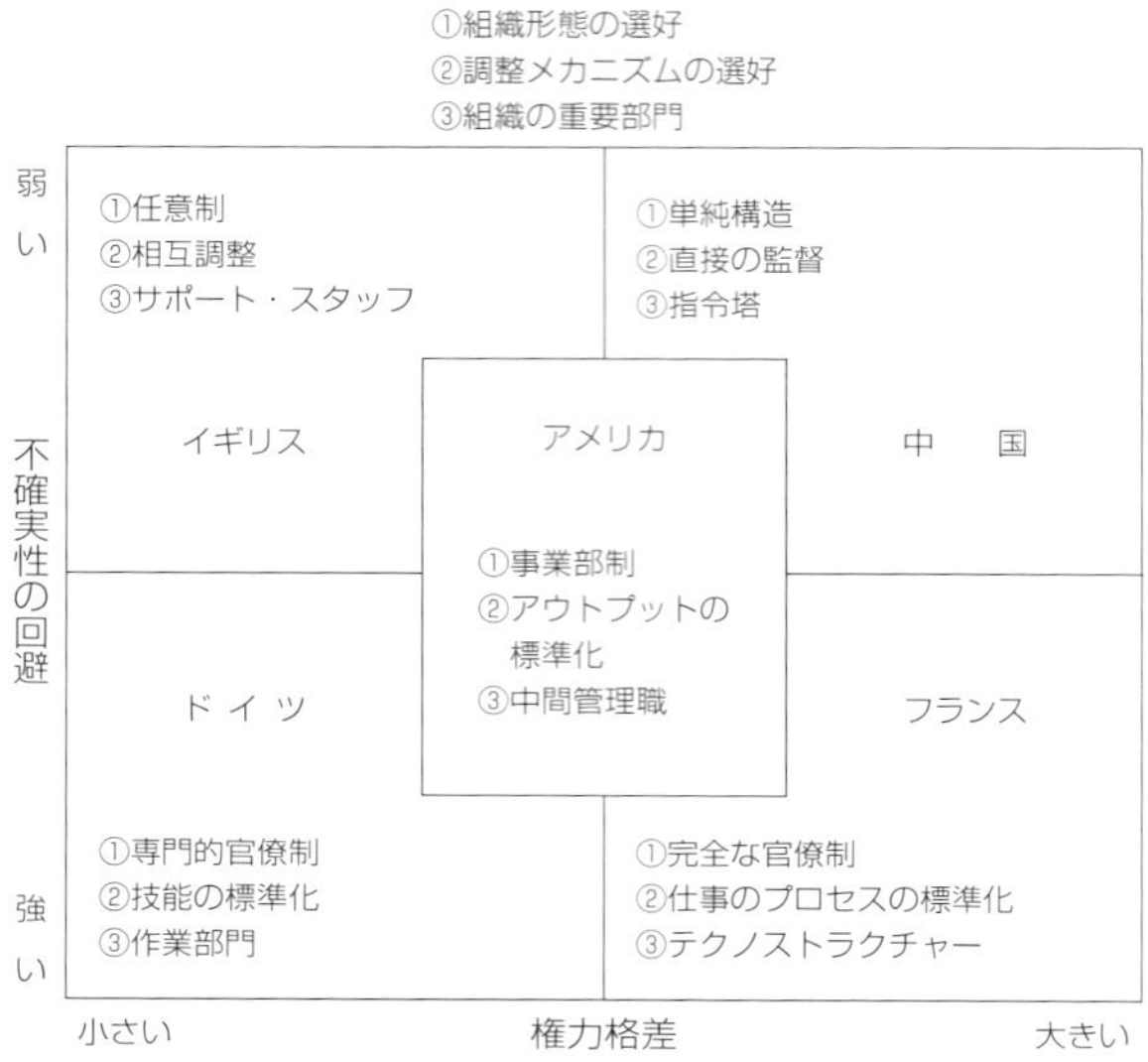

て知られているさまざまな国民性についても説明している。それらはとくに「どの調整メカニズムが好まれるか」にはっきりと現れている。**相互調整**は市場モデルと相性がよく、状況に応じた交渉を強調するアングロ系諸国の特徴に合う。**技能の標準化**はドイツやスイスのように労働者の専門的資格が伝統的に強調され、また徒弟制度を通して高い地位が得られる国々の特徴を説明している。**仕事のプロセスの標準化**は、官僚制についてのフランスの概念に合致する。[20] **直接の監督**は中国の組織と一致する。また中国本土以外においても、所有者やその親戚の個人的な介入によって調整がなされることに重きが置かれていることとも符合する。アウトプットの標準化はまさしくアメリカで好まれている哲学であり、アウトプットを評価することが難しい場合でも試みられる。

▼計画、コントロール、会計▲

組織の計画とコントロールのプロセスは文化に強く影響される。計画とコントロールは並行して行われる。計画は不確実性を縮減するものであり、コントロールは権力の形態の一つである。そのため、計画とコントロールは各国の特徴となっている、不確実性の回避や権力格差のあり方によって大きく異なっている。計画とコントロールは合理的な道具だと考えられているが、実際には儀礼的な部分もある。効率的な計画やコントロールがどのくらい効率的なのかを知ることは極めて難しい。儀礼的な要素があるために、客観的な評価は不可能になるので、計画やコントロールは常に信奉する者もいれば、信奉しない者もいることになる。

そのため、ほかの文化において、どの計画やコントロールが効率的であるかを判断するのは難しい。経営者による戦略的計画とコントロールの例を見てみよう。第6章ではフランスのジャック・ホロウィッツが一九八〇年に出版したフランス、ドイツ、イギリスの経営者の研究について述べた。アメリカ人の立案者による計画やコントロール・システムの基準では、イギリスの経営者はドイツとフランスの経営者よりも戦略計画に秀でていた。ドイツとフランスの経営者は、詳細かつ短期間のフィードバックが可能な業務に集中していた。しかし、当時のフランスとドイツの経済は、少なくともイギリスやアメリカの経済と同じぐらいの実績を上げていた。カナダ人であるミンツバーグは戦略計画の影響に強い懐疑を示している[21]。儀礼はそれを信じるものにとって有効なのである。

国民文化としての権力格差と不確実性の回避がどのように組織の計画とコントロールに影響を与えるかについては、以下のような道筋がある[22]。

◇ 権力格差指標が高いと、政治的な思考が戦略的な思考より支持される。

◇ 権力格差指標が高いと、指導者個人による計画やコントロールが、非人格的なシステムより支持される。ヒエラルキーのなかで高い地位になればなるほど、計画やコントロールは形式的ではなくなる。

◇ 権力格差指標が低いと、部下への信頼感が高くなる。権力格差指標が高い文化では、そのような信頼感はない。

◇ 不確実性の回避指標が高いと、戦略的な計画活動が実施されにくくなる。このような活動は、その時点での確実性に疑問を投げかけるためである。

◇ 不確実性の回避指標が高いと、より詳細な計画や、短い期間でのフィードバックが求められる。

◇ 不確実性の回避指標が高いと、計画が専門家に任せられるようになる。

◇ 不確実性の回避指標が高いと、どの情報が適切かについての視点が限定される。

会社が国際化しても、計画やコントロールのシステムは本国の国民文化に強く影響され続ける。ヨーロッパの研究者アン＝ウィル・ハーシンクとアルント・ゾルゲは、多国籍企業が子会社の実績をコントロールする方法に関する情報を収集したところ、決定的な影響を及ぼしているのは子会社ではなく多国籍企業の本国であった。そのため、システムによる非人格的なコントロールと、本国から派遣された社員による現地の社員個人に対するコントロールの用い方に違いが生じている[23]。

国民文化の影響は、組織における会計士の役割にも表れている。管理職や経営学者ばかりでなく、会計士もまた人間として文化に拘束されている。会計士はそのうえ、それぞれの社会の文化において特有の役割を果たしている[24]。

第1章では、文化はシンボル、ヒーロー、儀礼、価値観といった形態をとって現れることを示した。会計はビジネスの言語だといわれている。つまり、会計とは、ビジネスの世界でのみ理解される**シンボル**を操作する行動である、というのである。貨幣もまた、シンボルの一つである。貨幣は内在的な価値も意味も持たないが、慣習的に意味が与えられている。貨幣の外在的な意味は人によって違っており、たとえば、会計士の文化と銀行員の文化では、貨幣の意味は異なる。貨幣の意味には国民性の違いが反映されている。第5章では、貨幣の重要性は男性らしさの程度と関連していることを示した。アメリカやドイツのように男性らしさの強い社会では、スウェーデンやオランダのような女性らしさの強い社会と比較して、会計システムにおいて純粋に財務的な目標の達成が強調されている。アメリカのように短期志向型の社会では、会計システムにおいて短期間で成果が得られることが、長期志向型の社会と比較して明らかに重視されている。

会計士自身が、組織のなかで**ヒーロー**になることはあまりない。しかし会計士は、善玉と悪玉を決定するので、組織の内部で誰がヒーローか、誰をヒーローにするかを確認する際に重要な役割を果たしている。この目的のための主要な装置は、「アカウンタビリティ」である。それは結果について誰かが個人的に責任をとらなければならないことを意味している。男性らしさの強い社会では、女性らしさの強い社会よりも、測定できる結果が重視される。そのため、男性らしさの強い社会の会計システムでは、責任を担うべき管理者がヒーローか悪者かをはっきりとさせるような形で結果を示す傾向が強い。

文化的な観点からすると、組織の会計システムは、不確実性を縮減するための**儀礼**である。それは、混迷する世界のなかで、確実さや単純さや真理を求める文化的欲求を充足させる役割を果たしている、と考えればもっとも理解しやすい。ただし真理といっても、それが客観的な根拠に基づいているかどうかは問題にならない。イギリスの教授で以前に会計士をしていたトレヴァー・ギャンブリングは、会計報告の大半は、そもそも論理的な根拠がないのに採用された決定を事後的に正当化するものである、と書いている。ギャンブリングによれば、会計報告の主たる機能は、不確実なことに直面した場合に志気を維持することである。会計士は「モデルやデータが真理として通用することを示すことによって、著しく志気が失われている現代産業社会の存続を可能にしている[25]」。

以上のことは、適切な会計方法とは何かについて、各国間でコンセンサスがない理由を説明している。アメリカでは、適切な会計方法は『GAAPガイド』(*Generally Accepted Accounting Principles*)という会計士のバイブルともいうべき本にまとめられている。ある母集団のなかで「一般的に受け入れられる」ということは、まさしく儀礼を儀礼たるものにしている。ほかの正当な理由は必要ないのである。いったん儀礼について同意したならば、多くの問題は、儀礼をもっとも効果的に行うにはどうすればよいかといった技術的な問題になる。素朴に観察すると、会計業務は宗教的な慣行（これもまた不確実性を避けるのに役立つ）と共通するところが多い。イギリスのジャーナリストであるグレアム・クレヴァリーは、会計士のことをビジネスの「司祭」と呼んだ[26]。イスラム教においてコーランが利益の計算を禁じているように、宗教の戒律と会計の規則との間には明白な結びつきが見られる場合がある。

ヘールトは一九六〇年代に記した博士論文で、予算編成が行動に与える影響を扱った。その結果は思いもかけず、予算編成が儀礼的な性格を持つことを裏づけていた。予算編成のプロセスは会計システムのなかでも、具体的な行動をもっとも志向する部分の一つであることから、この結果は特筆すべきである。その当時、ヘールトはオランダの織物工場で生産部門管理職として働いていた。そして予算編成システムが導入されたときに矛盾した行動が数多く生じたことにショックを受けた。実際に観察された行動は、その制度が意図したこととは反対の行動であった。

その研究の主な結論は、*The Game of Budget Control*（「予算統制のゲーム」[27]）という博士論文のタイトルに集約されている。この研究はオランダの五つの企業におけるフィールド調査に基づいていた。儀礼や文化についてはふれていないが、予算統制が結果にプラスの影響を与えるためには、それがゲームのように遂行されるべきであるということを見出した。あらゆる人間社会のなかで、ゲームは非常に特別な儀礼の形式であって、ゲームはそれ自体を目的として遂行される活動なのである。基本的にこの研究は、予算制度が結果に影響を与えるための第一条件は、儀礼を適切に利用することであるという点を示している。予算制度の技術的な側面は、専門的な文献がもっとも注意を払う部分であるにもかかわらず、結果にさほど影響していなかった。ゲームの行われる方法を通して、行為者は制度の意味を心のなかに刻みつける。そしてそのことが、結果に対して影響力を発揮していたのである。後から考えると、これは文化的な解釈であった。

会計システムが不確実性を回避する儀礼であるならば、不確実性回避の次元におけるスコアは、その社会での会計業務に強く影響するだろうという予想が成り立つ。不確実性の回避が強い国ほど、さまざまなケースに対処するための方法について、より精密な規則を決めておこうとするだろう。一方、不確実性の回避が強くない国ほど、組織の裁量に任されたり、あるいは会計士の裁量にすら任されたりすることが多いであろう。

会計におけるシンボルやヒーローや儀礼の背後には、**価値観**がある。技術的な必要性に規定される度合いが少ない活動ほど、価値観に支配される傾向が強く、文化の影響を受ける。会計は、技術面からの要請が弱い分野であって、過去の慣行が自然法則よりも重視されている。そのため、会計システムとその運用の方法が国民文化によって異なっているのも無理からぬことである。

権力格差の大きい国では、会計システムはしばしば最高権力者の決定を正当化するために利用される。そうなると、会計システムは権力者が現実に望むイメージを提示する道具とみなされてしまい、この目的のために数字までも歪められるだろう。二〇〇二年にアメリカで起きた会計スキャンダル（エンロン社の事件がもっとも悪名高い例である）は、第3章の終わりで示したように、アメリカ社会において権力格差が高まっていることを示唆している。

権力格差は、組織のなかで地位の低い人が会計基準の制定に参加を求められる程度にも影響を与える。タイの三つの国営企業は、アメリカで立案された参加型の原価計算システムを導入しようとした際、強い抵抗に遭遇した。権力の再配分はタイの価値観に反したからであった(28)。

ドイツやフランスのような不確実性の回避の強い国では、会計システムは、先に議論したようにより詳細になる。さらにその大部分は、理論的な根拠に基づき、一貫した普遍的な経済原理から導かれたものであるという装いを持つようになるであろう。不確実性の回避の弱い国では、会計システムは実用的でその場その場に対応し、教訓を重んじるようになるだろう。その例として、アメリカにおいて一般的に受け入れられている『GAAPガイド』が挙げられる。ドイツと日本においては、財政的な目的のために使用される会社資産の評定方法と同じものが、株主への年次報告でも利用されることになっている。一方、オランダやイギリスやアメリカの会計システムでは、財政当局への報告は株主への報告とまったく異なっている。

会計報告は、集団主義的な文化よりも個人主義的な文化において深刻に受けとめられ、不可欠なものであると考えられている。集団主義的な文化では、エドワード・ホールが指摘したようにコミュニケーションにおいて文脈への依存度が高い（「高コンテキスト」）ので、組織の状態と人々の業績について知るためのかなり細かい手がかりがほかにもたくさんある。したがって、会計士が報告する明示的な情報に頼る必要があまりない。そのような社会では、会計士の職業的な地位は低くなりがちである。つまり会計士の仕事は、意思決定に対する実質的な影響力を持たない儀礼なのである。

多国籍企業が海外に進出する際には、内外の支社の統合のために、共通の会計規則を定めなければならない。調査結果が示すように、ＩＢＭのように調整の行き届いた企業においても、社員の価値観は国によって非常に異なっている。したがって、多国籍企業の会計規則の解釈に関して、支社と本社の意図がかみ合わないこともしばしば起こるであろう。

職種による価値観の違いは、会計士とそのほかの組織のメンバーとがコミュニケーションを図るときに重要な影響を及ぼす。会計学を専攻するアメリカ人学生はほかの学生よりも、潔白であることと責任感があることに高い価値を置き、創意工夫に富むことには低い価値しか置いていないことが知られている。このことは、会計学を専攻する学生が、不確実性を回避する価値観を自ら選択していることを示唆している(29)。オランダでの研究や国際比較研究において、ヘールトは、作業部門の人間は情報の内容を重視するのに対して、会計士は情報の形式を重視するという事実を見出した[30]。

会計士はまた、組織の資産の価値を決定する人間でもある。資産を評価する方法の背後には、非合理的な価値体系が存在する。たとえば、機械は資産とみなされるが、人間はみなされないというように。ハードウェアはソフトウェアほど不確実なものではないのである。

▼コーポレート・ガバナンスとビジネス目標▲

「コーポレート・ガバナンス」、すなわち会社の所有とコントロールのパターンは、伝統的に各国で大きく異なっている。一九九七年に出版されたヨーロッパ一二カ国の研究[31]によると、イギリスでは上位一〇〇企業のうち六一の企業において株主が分散している（株の二〇％以上を保有している株主がいない）のに対し、オーストリアとイタリアではこのような所有形式をとる企業がまったくなかった。所有の分散の割合は個人主義指標と有意に相関していた[32]。

資本主義は歴史的に個人主義と結びついている。市場を見えざる手だと考えるスコットランド人アダム・スミス（一七二三～一七九〇）のアイデアは、イギリスで受け継がれている。個人主義的な価値観のパターンでは、個人と組織との関係は、所有者にとっても従業員にとっても計算可能なものであり、自己の利益に対する賢明な判断に基づいたものである。それに対して集団主義的な社会では、個人と組織の関係は伝統的に道徳による（第4章を参照）。物を売り買いするように、人を雇い解雇することは、非道徳的か見苦しいことと考えられている。従業員を解雇することが法律によって禁じられることもある。そのような法律がなかったとしても、会社の売却や余剰人員の解雇は、公的イメージを低下させ、国家当局との友好関係を失うという高いコストを支払うことになる。

権力格差の違いもコーポレート・ガバナンスに影響を与える。前述のヨーロッパ一二カ国では、上位一〇〇企業のうち大口の所有者（株の二〇～五〇％を所有するのが一個人、家族ないし会社）の割合が権力格差と有意に相関していた[33]。権力格差の大きいフランスでは「重商主義」の原則に従い、銀行、大企業の振興や対外貿易は、伝統的に国家による強い指導と支配を受けてきた。また、ほかの大規模な企業は家族所有のままであった。

デンマーク、フィンランド、ノルウェーとスウェーデンという北欧諸国とオーストリアでは、上位一〇〇企業のうち一〇程度の企業が協同組合の所有であった。イギリスとイタリアでは、このような形はまったくなかった。協同組合によって所有される企業の割合は、男性らしさと負の相関があった[34]。女性らしさの強い社会では協力を求めるニーズがあるので、協同組合が受け入れられている。

ロシアの経済学者ラディスラヴ・セミョーノフは、（二〇〇〇年に）西洋一七カ国のコーポレート・ガバナンスのシステムを比較し、他の文献で推奨されたどの経済変数よりも、文化スコアがコーポレート・ガバナンスの違いをよく説明していることを示した[35]。権力格差と不確実性の回避と男性らしさを組み合わせることで、彼は市場や銀行、そのほかのコントロールの形態に基づいて各国を分類した。所有の集中、政治家・取締役・従業員・投資家の考え方、経済政策の形成と実行、労使関係などが分類された。この分析とは別に、彼は世界四四カ国の企業の所有形態について研究を行ったが、そのときは不確実性の回避のみについて有意な関係を見出した。彼の研究は、ある国での問題解決策をほかの国で用いる場合には、文化を考慮することが重要であることを示した。これは一九九〇年代の東欧諸国でも試みられたことであった。

コーポレート・ガバナンスは企業の財務目標にも関連している。このような目標が文化の影響を受けないという仮定は認識が甘い。オランダの研究者ユルーン・ワイマールがオランダとドイツ、アメリカの企業重役を相手に行ったインタビューでは、オランダの重役は利益を上げること以外に資産について、ドイツの重役は銀行からの独立について、アメリカの重役は株主の価値観についてそれぞれ語った[36]。これは各国間の制度の違い（たとえばドイツでは銀行の役割が大きい）だけではなく、支配的なイデオロギー（アメリカでは株主が文化的なヒーローである）を反映している。

企業の最高幹部の個人的な目標は財務的なものだけではない。しかし、それらが本当は何なのかを調べるための方法は、なかなか難しい。彼ら自身にたずねたとしても、自分に都合がよく政治的に正しい答えしか得られないであろう。ヘールトはMBAで社会人学生として学ぶ下級管理職や専門家に対して、自国で成功したビジネスリーダーが掲げている目標について順位をつけさせることで、このジレンマを解決した。働いた経験を持つMBAの学生は、判断を依頼できる者のなかでおそらくもっとも情報を持っているであろう。ヘールトと三人の共同研究者は同僚の国際的な人間関係に助けられて、一五カ国（のちに一七カ国に拡張）の二一の大学でMBAを学ぶ（社会人学生、あるいは働いた経験を持つ学生）、一八〇〇人の学生を対象に、一五の潜在的な目標のリストによる調査を行った[37]。表9・1はこれらの目標と、一七カ国における優先事項の平均順位を示している。

上位五つの目標は、成長、継続性、短期の利益などの企業の当面の利益と、個人の富と権力などによって示されるリーダー自身に関係している。中位五つの目標は、利害関係者との関係ならびに将来性にかかわる、世評、創造性、長期の利益、合法性、従業員の利害などである。下位五つの目標は、個人的または社会的倫理、ゲーム精神、国家や家族といった、精神的で特殊な利益に関係している。

しかし国ごとに見てみると、この平均の順位とは大きく異なっている。表9・1にある順位をベースラインとし、それぞれの国ごとに平均の順位からどの目標がプラスないしマイナスの方向にもっとも逸脱しているかを示し、各国のプロフィールを作成した。

表9・2はアメリカ、インド、ブラジル、中国とドイツとい

表９・１　15 の潜在的なビジネス目標の優先順位：17 カ国の社会人 MBA 学生による各国のビジネスリーダーに対する評価

上位５つ：	中位５つ：	下位５つ：
1. 事業の成長		
2. 事業の継続性		
3. 当年の利益		
4. 個人の富		
5. 権　力		
	6. 名誉，面子，名声	
	7. 何か新しいものの創造	
	8. 10 年後の利益	
	9. 法の遵守	
	10. 従業員に対する責任	
		11. 倫理的規範の尊重
		12. 社会に対する一般的な責任
		13. ゲームとギャンブルの精神
		14. 愛国心，国家威信
		15. 家族の利益（親族のための仕事など）

った五つの経済大国についての分析結果を示す。アメリカのスコアは、アメリカの異なる地域にある五つの大学における、ＭＢＡの学生の回答から導かれた結果であって、五つの大学での目標の順位づけは、ほぼ同じであった。アメリカ人学生のあいだで一致した順位は、表９・１にある一七カ国での平均順位によく似ているが、他の一六カ国のうち、この順位に近い国はなかった。成長、個人の富、当年の利益、そして権力といった上位五つの目標の内の四つは、どの国のビジネスリーダーにとってよりもアメリカのビジネスリーダーにとって重要なものであった。過去半世紀において、アメリカのビジネスはグローバルなビジネスのモデルへと成長し、またＭＢＡ（Master of Business Administration）の課程はアメリカで考案された。

アメリカでの順位と全体の平均順位において最も注目に値する相違が二つあり、一つは、事業の継続性であり、もう一つは、倫理的規範の尊重である。事業の継続性については、アメリカのＭＢＡの学生はほかの国の学生に比べ重視しなかった。一方、倫理的規範の尊重は、ほかの国では下位五つの内に順位づけされたのに対し、アメリカではかなり重視された。これまでの章で示したように、倫理観は国によって異なる。一七カ国を通じて、倫理的規範の尊重は法の遵守や名誉、面子、名声と相関する傾向が見られた。

表９・２に示しているように、アメリカの次に国際平均にもっとも近かった国は、インドとブラジルである。インドでは事業の継続性が一番上位に位置づけられた。また、国際平均との

注目すべき相違は、愛国心と一〇年後の利益であった。愛国心の順位は、国際的には下位であるのに対し、インドではその平均よりもかなり重視されていた。国際的には当年の利益が上位五つのなかに入っているのだが、インドでは一〇年後の利益が当年の利益にとって代わっている。

ブラジルのパターンでは、ゲームとギャンブルの精神と、家族の利益が国際平均に比べてかなり重視されている。一方、何か新しいものの創造、一〇年後の利益、そして従業員に対する責任は、社会に対する一般的な責任や愛国心と同様に重要でないという評価であった。ビジネス目標の調査結果についてわれわれが最初に書いた論文では、ブラジルのビジネスリーダーを家族的企業人と評した。ほかの多くの国々とは異なり、彼らはほかの利害関係者や長期志向、また社会と国への関心をあまり払うことなく、自身の内集団を中心に判断していた。

表9・2に示した残り二カ国、中国とドイツは国際平均からもっともかけ離れていた。それでも中国のパターンは、インドと多くの点において類似していた。中国とインドの両国において、愛国心が平均よりもかなり重視されており、また権力も両国で重視されていた。当年の利益と法の遵守は、両国において平均よりも重視されていなかった。中国とインドの間で注目すべき相違は、中国では倫理的規範の尊重がアメリカ以上に重視されたのに対し、インドでの順位は最下位であった。中国

表9・2　5カ国において認識されたビジネス目標の優先順位：17カ国の平均との比較

国際平均の上位5つはゴチック体で，下位5つは*斜体*で表されている。

	より重視された目標	より重視されなかった目標
アメリカ		
	事業の成長	10年後の利益
	倫理的規範の尊重	従業員に対する責任
	個人の富	*家族の利益*
	当年の利益	何か新しいものの創造
	権　力	**事業の継続性**
インド		
	事業の継続性	*家族の利益*
	愛国心，国家威信	法の遵守
	権　力	*ゲームとギャンブルの精神*
	事業の成長	**当年の利益**
	10年後の利益	*倫理的規範の尊重*
ブラジル		
	ゲームとギャンブルの精神	*愛国心，国家威信*
	権　力	何か新しいものの創造
	当年の利益	*社会に対する一般的な責任*
	事業の継続性	10年後の利益
	家族の利益	従業員に対する責任
中　国		
	倫理的規範の尊重	*家族の利益*
	愛国心，国家威信	*ゲームとギャンブルの精神*
	権　力	**当年の利益**
	名誉，面子，名声	**個人の富**
	社会に対する一般的な責任	法の遵守
ドイツ		
	社会に対する一般的な責任	**権　力**
	従業員に対する責任	*愛国心，国家威信*
	何か新しいものの創造	**個人の富**
	10年後の利益	**事業の成長**
	倫理的規範の尊重	**当年の利益**

ではまた、面子（中国人にとっての名誉と名声）と同様に、社会に対する一般的な責任が平均よりもかなり重視された。中国人にとっての面子は、個人の富よりもはるかに重視された。中国では個人の富はあまり重要ではなかった。

ドイツのパターンは、**表9・1**にある国際平均とほぼ反対である。ドイツにおいて、国際的に上位五つに順位づけられた目標の内、四つがそれよりも低く順位づけられ、社会に対する一般的な責任は、中国よりも上位であった。インド（と中国）におけるように、一〇年後の利益は当年の利益よりも重視された。

一五の目標は、互いに完全に独立しているわけではもちろんなかった。統計的にそれらは五つのクラスターに分類されており、それぞれは次のように対立する価値観と見ることができる[38]。(1)「継続性と権力」対「名誉と法律と倫理」、(2)「富と家族」対「従業員に対する責任」、(3)「ゲームと創造性」対「愛国心」、(4)「短期の利益」対「長期の利益」、(5)「成長」対「社会に対する責任」。

クラスター4は、一〇年後の利益よりも当年の利益を相対的に重視する価値観を表しており、予想通りその国の**長期志向**スコアを反映していた[39]。

クラスター5では成長と、社会に対する一般的な責任が対置されている。**表9・1**によれば、平均の順位のなかで、成長が群を抜いて重視されている。実際のところ、社会に対する一般的な責任と成長とのバランスの程度が、全体の平均からその国がどの程度逸脱するかを決定していた[40]。クラスター5の数値を見ると、アメリカ、オーストラリア、香港では成長がかなり重視され、オランダ、ドイツ、イギリスでは事業の社会に対する一般的な責任がもっとも重視されている。

二〇〇〇年頃には、グローバリゼーションや国際的な企業買収により**表9・2**のような違いは消し去られ、すべてのビジネスリーダーがアメリカ型になるという見込みを多くの人たちが持っていた。二〇〇八年の経済危機や、事業目標の国ごとのパターンが何世紀もの歴史に基づいた国民文化を反映したものであるという事実から判断すると、その見込みは誤りであると思われる。異なった国のリーダーたちの間や、外国に駐在するリーダーとその国の従業員との間での目標の違いによって衝突が生じることは、予測可能である。

二〇〇八年の景気後退は、アメリカにおける経済危機から始まった。無責任な施策が実施され、アメリカの銀行は窮地に陥り、現代のグローバル経済の相互依存関係のために、その被害は世界中に広がった。

われわれが一九九八年頃に実施した国ごとの比較では、アメリカのビジネスリーダーは他の国のビジネスリーダーよりも、事業のスケールの大きさ、貪欲さ、短期志向や権力志向などに魅了された人々であった。一方、長期的視野、従業員に対する責任、革新性、事業の継続性についての配慮については、ほかの国のビジネスリーダーに比べて、あまり関心がないようであった。

本書のさまざまな章で述べた、強い個人主義、男性らしさ、そして短期志向などのアメリカの国民文化の側面が、このパターンをより強力なものにした。一九八〇年代までは、一九二九年の危機の後に導入された法的な抑制と均衡が、事業実践の過度な拡大を防止した。しかし、その後の大統領が抑制を解除し、事業税を減税し、以前は禁止されていた方法による事業の拡大と富の蓄積のための競争を可能にした。このことによって、アメリカの国家予算は巨額の債務超過に陥り、ビジネスリーダーたちは自身の給与を天文学的な額につり上げた。そして多くのあからさまなスキャンダルが発覚し、他国へも広がっていった。

　結果論になるが、二〇〇八年の経済危機は、われわれの一九九八年のビジネス目標の調査結果から予測ができた。危機が起きた後、中央政府が介入し、多大のコストを払って、社会全体や賃金労働者や顧客の利益と株主への利益とのバランスを調整して、損失を補償しようとした。現在の金融再編において、EU、中国、インド、ブラジルのような世界のほかの地域のトップリーダーたちが、ますます重要な役割を演じている。誰であろうが資金を持つものが目標を設定するので、グローバルビジネスの目標はそれらの人々の価値観に基づく方向へとシフトしていくであろう。

　このシナリオは、経済学者たちが金科玉条としてきた経済成長という謳《うた》い文句から距離をとることを前提とする。ビジネスリーダーの抱く目標において、成長への固執は、社会に対する一般的な責任の感覚と対立する。永遠に成長するものなどなく、経営はバランスの妙である。

　各国のビジネス目標が異なることから、「エージェンシー理論」が輸出される可能性は限られてくる。**エージェンシー**とは、主体がエージェント（代理人）に与える一定の裁量を含む代表権のことを指し、とくに一九八〇年代以降、この用語は所有者から経営者に与えられる代表権に適用されてきた。エージェンシー理論は、社会秩序や契約関係や動機づけに関する暗黙の仮定に基づいている。このような仮定は各国の国境の内側に限定されたものである。

▼動機づけの理論と実践▲

動機づけとは、個人の内部で作用すると想定された力であって、いくつかの行動の選択肢のなかで、ある一つの行動を選択するように誘導する。心の集合的なプログラミングとしての文化は、動機づけにおいて明確な役割を果たす。文化はわれわれの行動に影響を与えるが、われわれが自身の行動を説明するのにも文化が用いられる。このため、熱心に仕事に打ち込む人がいたとして、その人がアメリカ人なら報酬を得るため、フランス人なら名誉のため、中国人なら恩に報いるため、デンマーク人なら同僚と助け合うためだと説明するのである。

　動機づけについての仮定が異なれば、動機づけの理論も異なる。動機づけ理論の父はオーストリアのジークムント・フロイトであるが、皮肉なことに経営に関して彼の著作が引用されることはほとんどない[41]。経営の文脈で古典的な動機づけの理論家はアメリカ人である。第4章と第6章ではエイブラハム・マズローによる欲求階層説について、第6章ではデーヴィド・マクレランドの達成動機理論についてそれぞれ見た。仕事の動機づけに関する第三の有名な理論としては、フレデリック・ハーツバーグの動機づけ・衛生理論があり、この理論も理論が生まれたアメリカという国を反映している。

一九五九年、ハーツバーグと二人の共同研究者は、今や古典になった研究を発表し[42]、職場には、積極的な動機づけとなりうる要素（純粋な動機づけ要因）と消極的な動機づけとなりうる要素（衛生要因）とが、存在していると主張した。動機づけ要因とは、仕事そのもの、達成、承認、責任、および昇進である。これらはしばしば職務の**内在的**要素と呼ばれていた。会社の経営方針、監督、給与、労働条件といった衛生要因は、職務への動機づけが失われないためには欠かせないものであるが、それ自体が動機づけとはなりえない。これらは職務の**外在的**要素である。ハーツバーグは、この区別は人間の動機づけに普遍的な特徴であると考えた。彼は人を行動へと導くのは**職務の内容**であって、職務の環境ではないという考えを提示した。

ハーツバーグの結論は、本章で前に引用した、同じくアメリカ人のメアリー・パーカー・フォレットの言葉と似ている。彼女は、「状況の発する命令を受け入れ」なければならないと主張した。文化的には、どちらも権力格差が小さく、不確実性の回避が弱い環境に適合する理論である。どちらも、有力な上司に頼ったり規則を求めることは、職務の実行にとって有効ではなく、必要でもないと考えている。この理論は、図9・1の左上に位置する文化に適合している。

ハーツバーグの理論では、規則は「会社の経営方針」の一部であって、衛生要因であるとされているが、それとは反対に図9・1の左下に位置する国々では、規則は「衛生要因」にとどまらない。これらの国では、超自我（第6章を参照。平たくいえば義務感）の働きによって、規則は純粋な動機づけ要因になりうる。

同じように図9・1の右側の二つの象限に位置する国々では、「監督」は衛生要因であるとみなされるべきではない。権力格差の大きい国々では、有力な人間に依存することは基本的な欲求であり、純粋な動機づけ要因になりうる。ラテン諸国の大半が位置している右下の象限では、動機づけの要因は正式に任命された上司としての**ボス**の存在である。フォンテーヌブローのINSEADビジネス・スクール（本章のはじめの方に紹介したスティーヴンスの分析が行われたところ）では、リーダーなしでのグループ討論をフランス人だけで行うと、討論の進行を犠牲にしてでもリーダーシップを誰が握るかについて争って、時間を浪費してしまうことが知られていた。このようなことは、ドイツ人やイギリス人の学生のグループやフランス人を含む各国の学生が集まったグループでは起こらなかった。

アジア、アフリカ諸国が位置している右上の象限では、人々を動機づける存在はむしろ**主人**であろう。主人は、その権限の基礎が形式的な地位よりもむしろ伝統やカリスマ性にあるという点で「ボス」とは異なる。

要するに、ハーツバーグの理論は、これまでの章で取り上げた動機づけに関するアメリカのほかの理論と同じように、理論を生み出した文化的な環境でのみ有効なものである。その理論は文化的に拘束されたものであり、ハーツバーグが成長し研究を行ったアメリカ社会の一部を反映したものである。

動機づけに関するアメリカのもう一つの古典的理論としては、ダグラス・マグレガーによる「X理論」と「Y理論」との区別がある。マグレガーの著作は、彼のアイデアが形成された一九五〇年代に特有の人間主義的な伝道という色彩を帯びている。X理論の主旨は、平均的な人間は生まれつき仕事を嫌い、できることなら避けようとするため、人間を組織の目標に貢献させるためには、強制や罰を与えてコントロールしなければならないというものである。Y理論の主旨は、人間は遊んだり休んだりすることと同じように、生来仕事のために身体的な努力や精神的な努力を払おうとする。だから、適切な条件のもとでは、人間は責任を受け入れるのみならず、責任を進んで求め、組織の目標を達成するために努力する。マグレガーは明らかにY理論を擁護していた[43]。

一九八〇年代にヘールトはインドネシアのジャカルタで行われた人的資源の開発に関するセミナーで講演するよう依頼された。講演では、インドネシアの管理職がX理論ではなくY理論を用いるよう訓練するうえでの問題について話すように提案を受けた。このことから、ヘールトはX理論とY理論の両方に共通する基本的かつ暗黙の文化的前提とは何かということを考えるようになった。その結論は以下の通りであった。

1 仕事は人間にとってよいものである。もし仕事が神の意思ならば、人は働くべきである。
2 人間の能力は最大限利用されなければならない。人が自分の能力を最大限利用するのは神の意思である。
3 人々とは離れて存在する「組織目標」というものがある。
4 組織のなかで、人間は独立した個人として行動している。

これらの仮定は、マグレガーが育ったアメリカのような、個人主義的で男性らしさの強い社会の価値観を反映している。これらのなかで、インドネシアやほかの東南アジア諸国に当てはまるものは一つもない。むしろ、東南アジアの仮定はこうなるであろう。

1 仕事は必要によるものであり、それ自体が目的ではない。
2 人間は環境と調和しながら平和に生きることのできる正しい居場所を見つけなければならない。
3 神なくして絶対的な目標は存在しない。この世では権威ある地位を占めた者が神を象徴しており、彼らの目標に従わなければならない。
4 人間は家族や集団の一員として行動する。そうでない者は社会から拒絶される。

文化的に決定される仮定にはこのような違いがあるため、マグレガーによるX理論とY理論の区別は東南アジアには不適切である。互いに排他的な選択肢は、調和という規範を乱してしまうため、東南アジアの文化に沿った区分には不適切であろう。理想的なモデルは、対極にありながらも互いに補完的で調和のとれたものになるであろう。これをT理論とTプラス理論と呼ぶことにしよう。Tとは「伝統（tradition）」のことである。

T理論は以下のようになるであろう。

1　世界には不平等な秩序があり、そのなかでどの人にも正しい位置がある。地位の高低は、神の意思によるこの秩序によって維持されている。

2　子どもは生まれながらの地位に伴う義務を果たすことを学ばなければならない。子どもはよい教師に学び、よい庇護者のもとで働き、よいパートナーと結婚することで、自らの地位を向上させる。

3　伝統は知恵の源泉である。そのため、平均的な人間は生まれつき変化を嫌い、できることなら避けようとする。

T理論と矛盾しない、Tプラス理論は次のように主張するであろう。

1　伝統は知恵の源泉であるが、人生における変化の経験は、労働や遊びや休息と同じぐらい自然なものである。

2　変化を求めることは、変化を主導する指導者の素養や、変化によって生まれる報酬、変化しないことの否定的な結果のゆえに生じる。

3　人々を新たな状況に導く能力は、その国の指導者に広く行き渡っており、一部の指導者に限られたものではない。

4　平均的な家庭の学習能力は、近代化を遂げるうえで十分以上のものである。

このように、東南アジアにおいて適切な人的資源開発は、T理論とTプラス理論のような理論に基づくものであり、X理論–Y理論のような区分を持つ輸入物では不適切である。

動機づけのパターンが国ごとに異なることは、労働の対価の違いにも反映されている。賃金やほかの労働条件は同じ国の労働市場にいるほかの労働者と比較して定められる。二四カ国の比較研究からは、対価を与える際の慣行と文化指標に以下のような相関関係が見出された(44)。

◇　権力格差の小さい国の雇用主は、管理職や専門職、技術スタッフに職場での育児サービスを提供し、管理職以外にストック・オプション（自社株購入権）を与えていた。

◇　個人主義的な国の雇用主は、個人の業績に応じて給与を支払うことが多く、管理職にストック・オプションを与えていた。

◇　男性らしさの強い国の雇用主は、管理職以外に歩合制で給料を支払うことが多かった。女性らしさの強い国の雇用主は、事務職員や肉体労働者に選択的給付金や職場での育児サービス、育児休業を与えていた。

◇不確実性の回避が強い国の雇用主は、実績よりも年功や技能に対して給与を支払うことが多かった。

▼リーダーシップ、意思決定、エンパワーメント▲

世界の文献のなかでリーダーシップに関するもっとも古い理論家は、ニッコロ・マキアヴェリ（一四六九～一五二七）である。[45] 彼はかつて政治家であり、彼の『君主論』は権力を操り、権力を維持するもっとも効果的な技術について述べていた。その技術のなかには策謀や賄賂、殺人も含まれていたため、彼はその後何世紀もの間、悪評を受けることとなった。実際のところ、彼は自らが見たことを描写しただけであり、現在なら彼は社会学者と呼ばれたであろう。マキアヴェリは当時のイタリアで著作活動を行っており、彼が描いたのは明らかに権力格差が大きく、男性らしさの強い状況である。ＩＢＭ研究では、イタリアの権力格差は中間よりやや高いが、一六世紀においてこれとは異なる傾向であったと考える理由は見当たらない。ＩＢＭ研究によれば、イタリアは現在でも男性らしさが強い。

第3章で議論したように、各国のリーダーシップと従う者の行動とは分かちがたい。組織のなかの垂直な人間関係は、上司と部下との共通の価値観に基づいている。リーダーシップに関する信条は、各国の支配的な文化を反映している。よいリーダーが備えている資質について人々にたずねることは、人々に自らの文化を説明してもらう方法の一つである。リーダーは行動のモデルであり、この意味では文化的ヒーローである（図1・2を参照）。

個人主義的な国の著作では、リーダーシップはコンテキストとは無関係に身につけることのできる固有の特性として扱われる傾向がある。オーストラリアやイギリス、アメリカのような個人主義的で男性らしさの強い国では、経営学の文献において、男性らしいリーダーを美化して描くことがよくある。そのような文献では、読者がこうありたいと思う人物像を描いている。しかし、現実はリーダーや部下、そしてかなりの部分は状況によって左右される。

女性らしさの強い文化では、謙虚なリーダーが信用される。アメリカの著名なコンサルティング会社は、かつてオランダで有数の企業における意思決定を分析するよう依頼された。彼らは報告書で、その企業の意思決定がとりわけ「直感的」かつ「合意に基づくもの」であると批判した。[46] フィリップ・ディリバルネによるアメリカとオランダとフランスの組織についての綿密な比較研究によれば（第3章を参照）、オランダの工場では合意の原則こそがまさに成功に欠かせない要素である。オランダの「ポルダー（干拓地）」合意モデルは、オランダ経済の要であると考えられてきたのである。このような状況に対して、（普遍的だと信じられている）外国のリーダーシップのモデルを輸入すれば、文化資本を破壊してしまう。

アメリカの研究者エレン・ジャコフスキーとジョン・スローカムは、五カ国で最高経営責任者（CEO）が経営関係の記事においてどのように描写されているかを分析した。フランスのCEOは、独裁的な指導力を発揮する（権力格差スコアが高い）と評された。ドイツ人の場合、管理職と労働者の訓練と責任を重視する（権力格差スコアが低く、不確実性回避スコアが高い）とされた。日本人は、忍耐強く、組織がおのずから動くに任せることで、長期的な市場でのシェア獲得をめざす（長期志向スコアが高い）。スウェーデン人は、起業のリスクをとると同時に、社員の会社生活の質にも配慮する（権力格差スコアが低く、男性らしさスコアが低い）。サンプルに含まれた唯一の台湾のCEOは、勤勉と家族を重視した（長期志向スコアが高く、個人主義スコアが低い）(47)。

スウェーデンのイングリッド・トルゲルト・アンデションは、ヨーロッパ八カ国における一四〇〇以上の管理職の求人を比較した。彼女は広告が個人的能力と協力して作業を行うというような社会的能力の双方について述べているかどうかを調べた。スウェーデン、デンマーク、ノルウェーでは、八〇％以上の広告が双方の能力について述べていたが、イタリアとスペインでは五〇％程度にとどまっていた。この差異は、不確実性の回避の弱さによってだいたい説明される。協力して作業できる資質は、不確実性の回避が弱い国で有用と考えられるメンタル・ソフトウェアの基準である。残りの差異の大半は女性らしさが説明してくれる。協力は、男性らしさの強い文化よりも、女性らしさの強い文化で重要な価値がある(48)。

タイプの異なるリーダーのもとで働く部下の満足感と生産性に関する研究でも、国民文化の影響が示されている。フランスのIBMの技術職員は、説得力があり温情主義的な上司だと思う場合にもっとも満足感が高かった。これに対して、イギリス人とドイツ人は、部下に意見を求める民主的な上司を好んでいた。ペルーの労働者は緻密な管理を行う上司を好んだが、アメリカの同じような労働者は異なっていた。インドの店員は、兄のように接してくれる現場の主任のもとで働いたときに、もっとも満足感と業績が高かった。ある状況で適切なリーダーシップを表すものであっても、異なるメンタル・プログラミングを受けた部下の集団相手では必ずしも適切ではない(49)。

リーダーシップを示す行動も、リーダーシップの理論も、部下の集団としての期待を考慮に入れていなければ機能不全に陥る。ハリー・トリアンディスは、アメリカでのリーダーシップのスタイルがギリシアで、そしてギリシアのリーダーシップのスタイルがアメリカで、それぞれどのようにして機能不全に陥ったかを説明した(50)。外国の理論が別の国で教えられた際にたいてい起きることは、伝道はされても実践はされないということである。賢明な管理職は、外国のアイデアを自国の部下の価値観に合うよう黙って作り替える。日本ではこのようなことがよく起きている(51)。凡庸な管理職は、合わない手法を一度は試すものの、うまくいかないとなるや、かつての決まりきった手順に戻るであろう。

組織の下位レベルの成員がトップへの不満を言うことができる**苦情処理経路**の存在と機能は、明らかに文化的な影響を強く受けている。権力格差が大きい環境のもとでは、苦情処理経路を設置するのは難しい。一方では、部下が報復（当然予想される）を恐れるであろうし、他方では、苦情の内容が非現実的であったり、誇張されたりして、近づきにくい上司への個人的な報復に使われかねないからである。不確実性の回避も一定の役割を演じている。不満を口にするのを認めることは、予測不能なことを受け入れることを意味するからである。

一九九〇年代になると、**エンパワーメント**という用語が流行するようになった。エンパワーメントという言葉によって、上司と部下が意思決定に関する権力や影響力を共有するための、公式かつ非公式なあらゆる手段が表わされる。以前は、そのようなプロセスを表す際に、participative management（**参加型マネジメント**）、joint consulution（**労使協議**）、Mitbestimmung（**共同決定**）、industrial democracy（**産業民主主義**）、worker representation（**経営参加**）、worker self-management（**労働者自主管理**）、shop floor consulution（**現場会議**）、co-determination（**共同決定**）という用語が使われていた。これらが有効かどうかは、組織のメンバーが持つ価値観のシステムに左右される。部下の価値観のシステムは、少なくとも管理職のものと同じぐらいの力を持つ。まず関係のある文化の次元は、権力の格差である。権力格差が高い文化よりも低い文化の方が、影響力を分配しやすい[52]。イデオロギーは逆であろう。ＩＢＭ研究では、「管理職の行う決定に社員はもっと参加すべきである」という考え方は、権力格差が低い国よりも高い国で強く支持された。イデオロギーは現実を埋め合わせる。

前述したマグレガーのＹ理論やレンシス・リッカートのシステム4、ロバート・ブレークとジェーン・ムートンのマネジリアル・グリッドなど、二〇世紀半ばの古典的なアメリカのリーダーシップ・モデルは、権力格差は小さいが、非常に小さいとまではいかない文化を反映していた（ＩＢＭ研究では、アメリカの権力格差スコアはやや低めであった[53]）。彼らすべてが提唱していたのは、上司による決定に部下が参加するが、**イニシアチブは上司がとる**という意味の「参加型マネジメント」であった。スウェーデンやノルウェー、ドイツ、イスラエルのように、さらに権力格差が小さい国では、部下がイニシアチブをとることもできると仮定した管理モデルが開発された。アメリカではこのようなモデルは管理職の特権を侵害するとみなされる傾向があるが、権力格差がもっとも小さい国々ではこのような特権は考慮に入れられない。スカンジナビアの人がアメリカ人の講師に対して行った発言が引用されている。「あなたは、われわれが参加に賛成するのとまったく同じ理由——「参加がどこまでを意味するのかわからない」——で、参加に反対しているのです。われわれはどこまでなのかわからないのがよいと思っています[54]」。一方、参加型マネジメントに関するアメリカの理論は、権力格差の大きい国にも応用できそうにない。ハリー・トリアンディスは、アメリカから赴任してきた上司から、どれくらいの時間で仕事を仕上げるべきかについて意見を求められて、当惑してしまったギリシア人の部下の話を報告した。「彼はボスなんだ。どうして、俺に命令しないんだ」[55]。国民文化や組織文化、リーダーシップに関するGLOBE研究プロジェクト（第2章を参照）への批判の一つは、調査票がアメリカでのリーダーシップの概念に基づいて作成されたというものである[56]。

非公式なエンパワーメントと公式なエンパワーメントの選択は、各国の不確実性の回避のレベルに影響される。このため、権力格差指標と不確実性の回避指標の両方を考慮しなければならないのである。図9・1の四つの象限は、四つの異なる権力の分割形態を表している。左上の象限（アングロ諸国、スカンジナビア、オランダ：権力格差スコアも不確実性の回避スコアも低い）では、現場での非公式で自発的な参加が重視される。左下の象限（ドイツ語圏：権力格差スコアが低く、不確実性の回避スコアが高い）では、公式で法的に定められたシステム（共同決定〈Mitbestimmung〉）が重視される。右側（権力格差スコアが高い）では、権力の分配は基本的に矛盾を生み、エリートはもちろんのこと、弱者やその代表である労働組合からの強い抵抗にあうこともあろう。権力の分配を行う場合には、強力なリーダーによる推進が求められる。権力格差スコアが高く、不確実性の回避スコアが低い（右上の象限）国では、見識の高い経営者のような父親型のリーダーによる推進が、権力格差スコアも不確実性の回避スコアも高い（右下の象限）国では法的な手段を用いる政治的なリーダーシップによる推進が求められる。どちらの場合も、参加は強制されているので、そもそも矛盾がある。それが機能するための一つの方法は、参加を生活の一側面に限定し、ほかの面では厳しいコントロールを維持することである。これは中国型の解決策である。中国では、労働組織における参加型の構造と、イデオロギー問題における厳しく管理されたヒエラルキーが結合している[57]。このような解決策が長い歴史を持っていることは、第7章の冒頭で紹介した『紅楼夢』に出てきた庭園の参加型マネジメントからも明らかである。

▼業績評価と目標による管理▲

どのような文化のもとでも、組織は人々の業績に左右される。部下の業績を評価することは、下級管理職から上級管理職に至る管理職養成プログラムのほとんどで、テーマとなっている。公式の業績評価プログラムとしては、上司による定期的な文書での評価もあれば、上司による口頭での評価もある。このようなプログラムを国境の外に輸出する場合には、やはり現地への適応が求められる。集団主義的な国では、組織を機能させるうえで職場での調和が重要であり、公式な業績よりもはるかに決定的なものとなっている。調和を損ねるプログラムは、結果として業績をも損ねることになる[58]。個人批判は間接的に行うか、年上の親類のような信頼できる仲介者を通じて行う必要があるかもしれない。ヘールトが記憶しているパキスタンのあるケースでは、多国籍企業の人事部門が本社の満足を得るべく、国際的に定められた評価システムに基づくあらゆる書類手続きを実行したが、現地の管理職は、予定されていた評価のための面接を注意深く回避した。

アメリカでは、経営の教祖ピーター・ドラッカー（一九〇九～二〇〇五）が業績評価を**目標による管理**に発展させた[59]。二〇世紀においてもっとも人気がある管理技術は、おそらく目標による管理であろう。目標による管理は、フィードバックによる自動制御の哲学に基づいており、組織全体に成果志向が拡大すると考えられている。目標による管理は、成果が主観的な解釈の問題となる場合よりも、客観的に測定可能な場合において、かなりの成功を収めてきた。目標による管理は、アメリカの価値観上の立場を反映しており、以下の点が前提となっている。

◇ 部下は上司と有意義な対話を行うことができるほど独立した存在である（権力格差スコアが高すぎない）。

◇ 上司と部下双方がある程度のあいまいさを受け入れることができる（不確実性の回避スコアが低い）。

◇ 上司と部下双方にとって、高い業績が重要な目標である（男性らしさスコアが高い）。

ドイツを例にとってみよう。ドイツは権力格差が平均より小さい国であるため、目標による管理のなかで対話の要素には問題がない。しかし、ドイツは不確実性の回避がかなり強く、結果としてあいまいさの受け入れられる範囲は小さい。ドイツにおける目標による管理は、強く公式化された「共同の目標設定による管理（management by joint goal setting）」に変形されなければならない[60]。

フランスでは、目標による管理の概念が一九六〇年代はじめに導入された。西側世界を震撼させた一九六八年の学生運動の後しばらくの間、極端な人気を集めるようになった。この新たな技術が、長年の懸案だった組織の民主化を果たしてくれるだろうという期待が高まった。フランス語の**目標による管理**（direction par objectifs）は、**目標による参加型管理**（direction participative par objectifs）になった。しかし、数年後にあるフランス人の管理職はこのように書いた。「目標による参加型管理の歴史は終わった。あるいは、そもそも始まっていないのかもしれない。フランス人がイデオロギーと現実を混同し続けるかぎり、目標による参加型管理が始まることはないであろう」。その雑誌の編集者は、こう付け加えている。

> フランスでは、ブルーカラーもホワイトカラーも、下級管理職も上級管理職も、そして顧客もすべて、同じ文化システムに属しており、それぞれのレベルの間で依存的な関係が維持されている。このシステムを嫌うのは逸脱者だけである。ヒエラルキー構造は不安から保護するための構造であるが、目標による管理は不安を生み出すのである[61]。

▼管理職のトレーニングと組織の発達▲

本書において、とくに本章に記述してきたことすべてから明らかなように、あらゆる文化で利用可能な、管理職を成功させるための唯一の公式は存在しない。文化が異なれば成功の定義も異なるだけではなく、初期の学校教育や職業訓練のシステムも異なるのである。

このことから、文化の障壁を越えて管理職を養成することは不可能な課題のように見える。しかし幸運なことに、管理職養成プログラムはその主題に基づいてのみ評価されるものではない。ほかに重要な機能を持っているのである。プログラムでは文化や下位文化の異なる人々が一緒になるので、参加者の視野が広がる。多くの組織では国際的な管理職養成プログラムが通過儀礼となっており、プログラムに加わることは、参加者が今後管理職階級に属するだろうというシグナルを本人にも周囲の人々にも伝える。プログラムは会社独自のものであれ、一般的なものであれ、管理職下位文化への社会化経験を提供する。さらに、プログラムは日常業務から離れて、反省と新たな方向づけを行う機会となる。

管理職養成のパッケージは、二〇世紀半ば以降アメリカで発展してきた。それらのなかには、「感受性訓練」や「交流分析」のような対人的なプロセスに関する集中的な議論を用いたものがある。文化的には、これらは権力格差が小さく、不確実性の回避が弱く個人主義が中間から強い間で、男性らしさが中間から弱い間にあることを想定している。ただし男性らしさに関しては、アメリカの文化はいささか想定に反する傾向がある。

このようなプログラムがさまざまな国の参加者に対して用いられた際には、トレーナーですらほとんど理解できないような機能不全が起きた。たとえば、日本人に関しては、個人的にフィードバックを与えたり受けたりすることは文字通り不可能であった。試みてみたとしても、儀礼化された行動に終わるだけであった。フィードバックの受け手は、自分が送り手を何らかの形で侮辱してしまったに違いないと感じてしまった。プログラムに参加した日本人は、対人的なプロセスに関する課題以外の作業に集中した。ドイツ人の場合も、プロセスに関する課題について語ることに価値を認めなかった。彼らにとっては仕事からの無駄な逸脱のように思えたのである[62]。

管理職養成と並んで流行したのが**組織開発**である。組織開発は、管理職とほかの人々が現実にある共通の問題を学び同時に解決しようとするものである。組織開発においても、集中的な対人的プロセスの分析が含まれることがある。

ラテン諸国の文化では組織開発プログラムは文化的に適切ではなかった。トレーナーたち（彼ら自身もラテン諸国の人々であった）が挙げた理由は、広範にわたった。

◇ラテン諸国の人々（権力格差が大きい）は、このようなプログラムに必要な平等の精神を持っていない。
◇ラテン諸国の人々は自己開発を信用しない。
◇ラテン諸国の人々は、上司とみなす人からのものでないかぎり、対人的なフィードバックは対抗意識を強めてしまう傾向がある。

◇組織開発のプロセスは不安定さを生む。ラテン諸国の人々はそれに耐えられない。
◇ラテン諸国の言語や議論のスタイルは、現実の問題解決よりも抽象的な議論に向いている。
◇ラテン諸国の組織は開発によってではなく、危機や革命によって変わるものである[63]。

▼結論——組織の合理性は国民性で決まる▲

一九八〇年にヘールトはアメリカの雑誌 *Organizational Dynamics*（『組織のダイナミックス』）に、"Motivation, Leadership, and Organzation: Do American Theories Apply Abroad?"（「動機づけ、リーダーシップ、組織——アメリカの理論は外国に適用できるか」）というタイトルの論文を寄稿した。この論文は波乱の歴史をたどった。論文の投稿をすすめ受理した編集長が早逝してしまい、この論文は当初却下された。その後、後継者はいやいやながらもこの論文を掲載した。彼はアメリカとオーストラリアの同僚に穏健な注釈を求め、それらをヘールトの返答とともに次の巻に掲載した[64]。この論文は予想以上に反響が大きかった。増刷の注文が相次いだが、とくにカナダから多く求められた。

理論の妥当性が国民性によって制限されるという考え方は、ヨーロッパでは明らかなことである。巨大で国境のないアメリカに比べれば、ヨーロッパは国境が極めて多いからである。ヨーロッパでは、一六世紀のミシェル・ド＝モンテーニュ（一五三三～九二）の懐疑主義の時代から、人間の行動を統治する法律の文化的相対性が認められてきた。本章ですでに述べたブレーズ・パスカル（一六二三～六二）からの引用「ピレネー山脈のこちらでは真実であるが、あちらでは虚偽である」（ピレネー山脈はフランスとスペインの国境になっている）は、実際にはモンテーニュからヒントを得たものであった[65]。モンテーニュやパスカル以来、国民性と思考様式との結びつきは、認識されることはあったが、忘れられることも多かった。

これまでの章では、国民文化が六つの面で異なることを示してきた。これらすべてが、組織や経営管理のプロセスに対して意味を持っている。理論やモデル、慣行は基本的に文化特有のものである。それらは国境を越えて適用可能かもしれないが、本当に可能かどうかは常に検証が必要である。経営管理に関するアイデアが普遍的であるという素朴な仮定は、一般向けの文献のみに見られるものではない。明らかに世界各国の読者を想定している学術雑誌でも、文化的に限定されているはずの知見を、普遍的に有効であると暗黙のうちに仮定してしまうことがよくある。それらの雑誌の論文は、データが集められた国すら述べていない（たいていの場合、著者の所属からデータを集めたのがアメリカだということがわかる）。科学上のエチケットとして、国際的な読者層に向けて書かれた論文では、必ずデータを集めた国と時期を書くことを提案したい。

国境という制約に無自覚であれば、経営や組織に関するアイデアや理論を、それらが形成された価値観のコンテキストを考えずに輸出することにつながる。流行に敏感な出版社やだまされやすい読者によって、そのような輸出が助長される。残念なことだが、有名な格言を言い換えざるをえない。「悪い理論ほど非実用的なものはない」[66]。

第二次世界大戦前後の数十年にわたるアメリカの経済的成功によって、アメリカ以外の世界の人々のなかには、経営管理に関するアメリカのアイデアは優れており、手本にしなければならないと信じる者が出てきた。彼らは、これらのアイデアを応用したと本や論文で述べているが、本当にそのまま応用したとしたら、これらのアイデアがどのような社会で発達し、応用されたかを問うことを忘れていた。アメリカの経営の研究者マーク・ピーターソンとジェリー・ハントはこう書いた。「アメリカの規範的な理論は、アメリカですら当てはまるか疑問のあるものが多い[67]」。アメリカの民族心理学者エドワード・スチュワートによると、「……北米の意思決定者は、自分自身の仕事や生活のうえで、合理的な意思決定という一般原則に従っているわけではない。しかし過去の出来事を意思決定モデルに従って再構成している。……そのため、アメリカにおける合理的な意思決定は神話である[68]」。アメリカの経営史家ロバート・ロックは、アメリカの産業化は、非常に独特な歴史的文脈の結果、成功をおさめたものであり、用いられた経営管理の原則の質よりも、外部環境によるところが大きいと説明している[69]。

アメリカの理論が優れているという信念は、経営管理に関する多くの「国際的な」雑誌が、アメリカ人が編集してアメリカで発行されているという事実によって強化されている。そのため、アメリカ人以外の書いた論文が受理されにくいことが知られている[70]。イギリスのデーヴィッド・ヒクソン教授とデレック・ピュー教授は *Great Writers on Organizations*（『現代組織学説の偉人たち』）という論文集に七一人の論文を収めたが、そのうち四八人がアメリカ人であったのに対し、イギリス人は一五人、カナダ人が二人となっており、アングロ系以外は六人しかいなかった[71]。

アメリカの経営学教授でコンサルタントでもあるマイケル・ポーターは、二〇世紀後半における国際競争で成功した国の理由を分析した。彼は各国の競争優位を決定する要因の「ダイアモンド」を作り、それらの要因として、四点を示した。（1）要素条件（熟練労働者やインフラなどの必要な生産要素の利用可能性を意味する）、（2）需要条件、（3）関連産業や支援産業、（4）企業戦略、企業構造、ライバル関係。ポーターはなぜある国のダイアモンドがほかの国よりよいかを問うまではしなかった。彼は自民族中心主義的な競争市場の法則が普遍的に応用可能なものであると思い込んでいた[72]。

ある国が特定のスポーツで優れているのと同じように、各国はそれぞれ特定の研究分野とのかかわりが深い。社会心理学を含めて心理学は、個人主義的で男性らしさの強いアメリカが支配的な研究分野である。社会学はヨーロッパが支配的である[73]。しかし、ヨーロッパの社会学者でも、国民性が自らの思考に影響していると考える者は少ない。偉大なフランスの社会学者ピエール・ブルデューは、フランス人であるという観点から彼の思考を説明する批評家に対して激しい拒否感を示した[74]。しかし、われわれの目から見れば、ブルデューの理論がフランスに由来すると認めることは、彼の理論の有効性を損なうことではない。むしろ、そう認めることで彼の理論はより理解しやすくなる。これはアメリカのモデルがアメリカに由来すると認めることで、より有用になることと同じである。

組織理論では、理論家の国民性によって、組織の過去や現状、到達すべき未来像に関する暗黙の仮定が置かれる。これらの国民的「パラダイム」は、すべて「はじめに……」という言葉から始まる。神が人間を創造し、人間が組織を作ったのである。しかし、人間は何を考えながら組織を作ったのか。ヘールトが見出したパラダイムのリストはこうである。

はじめに……

アメリカ	市　場
フランス	権　力
ドイツ	秩　序
ポーランド・ロシア	効率性
オランダ	合　意
北欧諸国	平　等
イギリス	システム
中　国	家　族
日　本	日　本

二〇〇九年にノーベル賞を受賞したアメリカの経済学者、オリヴァー・ウィリアムソンは、一九九四年にパリでフランスの二人の社会科学者と公開討論を行った。一人は経済学者オリヴィエ・ファヴローで、もう一人は社会学者エマニュエル・ラズガであった。ウィリアムソンは、「効率性アプローチ」は組織研究のみならず、権力や権威という現象の研究にも用いられると主張した。「権力というのは見掛けほどのものではありません」。彼はこう語った。ファブローとラズガは、ウィリアムソンの「取引コスト」が組織の一般理論の基礎となる概念としては表面的であること、効率性はインセンティブとしては弱いこと、そしてウィリアムソンの権力の概念が限定的であることを批判した。討論は今後予想される経済学と社会学の収斂について扱うものであると告知されていたが、実際には国民性パラダイムの乖離を扱うことになり、アメリカ（市場）とフランス（権力）が対立した。ウィリアムソンが引用したのはすべてアメリカの資料であり、ファブローとラズガが引用したすべての資料はフランスのものであった。しかし、相手が異なるコンテキストに基づいて話していることはおろか、理論を書いたり批判したりする背景となる国民性のコンテキストがあるということにさえ、どちらの側も気づいていなかった[75]。

経営管理や組織の問題に普遍的な解決策がないからといって、各国がお互いに学ぶことができないという意味ではない。それどころか、国境の向こうを見ることは、経営管理や組織、そして政治に関する新しいアイデアを得るもっとも有効な方法である。しかし、そのようなアイデアを輸出する際には、慎重に判断を下す必要がある。国民性は合理性を制約する。

注

（1） Pugh and Hickson, 1976.
（2） Negandhi and Prasad, 1971, p. 128.
（3） van Oudenhoven, 2001. 対象国はベルギー、カナダ、デンマーク、フランス、ドイツ、ギリシア、オランダ、スペイン、イギリス、アメリカであった。
（4） Hofstede, 2001a, p. 378. 相関係数は、官僚主義と権力格差指標が〇・六六*、官僚主義と不確実性の回避が〇・六三*であった。個人作業と個人主義指標は〇・四七、敵対的な職場の雰囲気と男性らしさ指標が〇・四九であり、10％水準で有意であった。
（5） 二〇〇五年にオランダ議会は、市長を任命制から公選制に切り替える制度変更への支持について投票を行ったが、この提案は第一院（上院）で立ち往生してしまった。
（6） Mouritzen and Svara, 2002, pp. 55-56 and 75.
（7） Fayol, 1970［1916］, p. 21. ヘールトが英訳したもの。
（8） Weber, 1976［1930］, p. 224.
（9） Weber, 1970［1948］, p. 196. *Wirtschaft und Gesellschaft* (1921, Part III, Chap. 6, p. 650）の英訳。
（10） Fayol, 1970［1916］, p. 85.
（11） Laurent, 1981, pp. 101-114.
（12） Metcalf and Urwick（1940, pp. 58-59）に記載された一九二五年の学会発表論文より。
（13） 儒教的価値観は、孫文の三権分立の拡張においても明瞭であった。考試院と監査院は、官吏の徳を保証する必要があった。
（14） Williamson, 1975.
（15） Ouchi, 1980, pp. 129-141.
（16） Kieser and Kubicek, 1983.
（17） Crozier and Friedberg, 1977; Pagès et al., 1979.
（18） Mintzberg, 1983. ミンツバーグはのちに Mintzberg (1989）で、調整メカニズムとして「規範の標準化」を持つ「伝導的な形態」をもう一つのタイプとして追加している。われわれは、これは一つの独立したタイプではなくほかのいくつかのタイプにも共通する一つの側面ではないかと考えている。それは本書の第10章で論じるような組織文化の「強さ」に関係する要因である。
（19） Mintzberg, 1983, pp. 34-35.
（20） フランスの組織社会学者、ミシェル・クロジェの古典的著作 *The Bureaucratic Phenomenon*（Crozier, 1964）に描かれた。
（21） Mintzberg, 1993.
（22） Hofstede, 2001a, p. 382.
（23） Harzing and Sorge（2003）は、九カ国の八つの業種で創業した一〇〇以上の多国籍企業について、二二カ国にある三

○○近くの海外子会社を対象に調査を行った。彼らの論文は本国の文化がどのようにしてコントロールのプロセスに影響を与えるかについて述べていないが、本国における不確実性の回避の程度がシステムの非人格的なコントロールに影響を与え、本国における権力格差が本国から派遣された社員たちによる人格的なコントロールに影響を与えるという仮説は、明らかに成り立つであろう。

（24）　この研究で検討した仮説は、Gray（1988, pp. 1-15）が公式化したものである。

（25）　Gambling, 1977, pp. 141-151.

（26）　Cleverly, 1971.

（27）　Hofstede, 1967.

（28）　Morakul and Wu, 2001.

（29）　Baker, 1976, pp. 886-893.

（30）　Hofstede, 1978.

（31）　Pedersen and Thomson, 1997. 対象国はオーストリア、ベルギー、デンマーク、フィンランド、フランス、ドイツ、イタリア、オランダ、ノルウェー、スペイン、スウェーデン、イギリスであった。

（32）　相関関数は○・六五*であった。

（33）　相関関数は○・五二*であった。Hofstede（2001a, p. 384）を参照のこと。

（34）　オーストリアのスコアを含めても、相関係数はマイナス○・七七**であった。

（35）　Semenov, 2000. この研究では Pedersen and Thomson（1997）の研究における対象国に加え、オーストラリア、カナダ、アイルランド、ニュージーランド、アメリカも対象とした。

（36）　Weimer, 1995, p. 336; Hofstede, 2001a, p. 385.

（37）　Hofstede, van Deusen, Mueller, Charles and the Business Goals Network, 2002. 中国のデータは、中国での就業経験があり、オーストラリアとアメリカで学んでいた学生から提供された。デンマークのデータ（オーフス、$n=62$）は二〇〇二年に追加された。（Hofstede, 2007b）を参照。

（38）　一五の目標と一七の国のマトリックスの因子分析の結果、ほぼ同じ程度の強さを持つ五つの因子により、分散の七八％が説明された。

（39）　この項目とCVSに基づく長期志向指標との相関係数は、マイナス○・五九*（$n=13$）であった。

（40）　クラスター5における各国の因子スコアは、平均順位に対する類似性の順列と、○・七三***の相関関係にあった。

（41）　例外はオランダ人学者のマンフレッド・ケッツ・ド・フリースである。彼はフロイトの用語を用いて管理職の行動を分析した（たとえば、Kets de Vries, 2001）。

（42）　Herzberg et al., 1959.

（43）　McGregor（1960），以下の記述は Hofstede（1988）と Hofstede（2001a, p. 387）に基づく。

（44）　Schuler and Rogovsky, 1998; Hofstede, 2001a, pp. 387-388.

（45）　『君主論』、Machiavelli, 1955［1517］.

（46）　Hofstede, 2001a, p. 388.

(47) Jackofsky and Slocum, 1988; Hofstede, 2001a, p. 388.

(48) Tollgerdt-Andersson, 1996. 対象国はデンマーク、フランス、ドイツ、イタリア、ノルウェー、スペイン、スウェーデン、イギリスであった。比率と不確実性の回避指標との相関係数はマイナス〇・八六**、男性らしさ指標を加えたときの重相関係数はマイナス〇・九五***であった。

(49) Hofstede, 2001a, pp. 388–389.

(50) Triandis, 1973, p. 165.

(51) Hofstede, 2001a, p. 389.

(52) Klidas, 2001.

(53) McGregor, 1960; Blake and Mouton, 1964; Likert, 1967.

(54) Jenkins, 1973, p. 258. 講師はフレデリック・ハーツバーグであった。

(55) Triandis, 1973, pp. 55–68.

(56) Hoppe and Bhagat, 2007.

(57) Laaksonen, 1977.

(58) Hofstede, 2001a, p. 391.

(59) Drucker, 1955, Chapter 11.

(60) *Führung durch Zielvereinbarung*, Ferguson, 1973, p. 15.

(61) Franck, 1973. ヘールトが英訳したもの。

(62) Hofstede, 2001a, p. 390.

(63) Magalhaes（1984）と、アン＝マリー・ブーヴィ、ジョルジオ・インゼリッリとの議論にヒントを得た。

(64) Hofstede, 1980b. コメントはGoodstein（1981）およびHunt（1981）、コメントへの返答はHofstede（1981a）。おもしろいことに、最終版では編集者の求めに応じて多数の修正を行ったにもかかわらず、管理上の手違いで修正されていない初稿が出版されたのである。

(65) パスカル『パンセ』第六〇断章、第二九四断章。モンテーニュの『随想録』第二巻第一二章には、「山のこちら側では真理で、向こう側では虚偽であるような真理とは何であろうか」とある（ヘールトが英訳したもの。〔訳者注：日本語訳は原二郎訳『エセー』第三巻、二七四頁、一九九一年より引用〕）。

(66) クルト・レヴィンの名言「よい理論ほど現実的なものはない」による。

(67) Peterson and Hunt, 1997, p. 214.

(68) Stewart, 1985, p. 209.

(69) Locke, 1996.

(70) アメリカ優位というのはヨーロッパで一般に思われていることである。経営学の主要な雑誌七誌に掲載された一〇〇〇本以上の論文の著者約二〇〇〇人の所在地の分析によって、実際に証明されていることでもある（Baruch, 2001）。

(71) Pugh and Hickson, 1993; Hickson and Pugh, 2001, p. 8.

(72) Porter, 1990. ポーターの自文化中心主義に対する批判は、van den Bosch and van Prooijen（1992）を参照。また、この批判に対する応答は、Porter（1992）, Davies and Ellis（2000）, Barney（2002, p. 54）を参照。

(73) Social Science Citation Index で文献がもっとも引用されている心理学者はすべてアメリカ人である。Social Science

Citation Index では主にアメリカの雑誌での引用に基づいているが、もっとも引用されている社会学者はほとんどすべてヨーロッパ人である。

(74) Bourdieu and Wacquant, 1992, pp. 45, 115.

(75) Hofstede, 1996a: 2001a, p. 381. 二〇〇〇年に刊行された論文では、ウィリアムソンは自身の立場を新制度派経済学であるとしている。この立場は文化の影響を認めているが、国民性が理論を拘束するとまでは認めていない。

第10章 象とコウノトリ——組織文化

ヘーヴンズ・ゲートは、六〇年の歴史を持つオランダの化学工業会社の生産部門である。社員のほとんどは長年勤務しており、数多くの昔話がある。積み卸しを手作業でやっていた頃にはいかに仕事がきつかったか、熱さがいかにひどかったか、仕事がいかに危険に満ちたものであったか、といったことが社員たちの口から語られる。かつてヘーヴンズ・ゲートは豊かな会社であるという評判であった。この会社では数十年間にわたって製品への需要が供給を上回っていたのである。製品は売られていたというよりも、分配されていたという状態であった。製品を回してもらうためには、客は行儀よく、丁寧にふるまわなければならなかった。ヘーヴンズ・ゲートにとって、売上げを伸ばすことは非常に簡単なことであった。

ヘーヴンズ・ゲートの経営スタイルは一昔前までは温情主義的であった。年配の総支配人は毎朝、日課として工場を歩き回って、誰彼となく握手をした。これこそが、「ヘーヴンズ・ゲート・グリップ」と名づけられて今日まで続いている伝統の源であって、社員は朝、出社したら同僚たちと握手をするのである。こんな儀礼的なことはフランスでは当たり前のことであろうが、オランダでは珍しい。資金が豊かで温情主義的なヘーヴンズ・ゲートは、困っている社員や地域の住民にとって、恩恵を施してくれる存在であると長い間考えられてきた。このようなイメージは、現在でも完全に崩れ去ったわけではない。社員たちは今でもヘーヴンズ・ゲートは、給与がよく恩典に恵まれており、雇用も安定している望ましい企業だと感じている。そこで仕事に就けば、生涯にわたる保障が得られると今でも考えられている。ヘーヴンズ・ゲートは、社員がわが子にもまたここで働かせたいと願うような会社である。対外的には、ヘーヴンズ・ゲートは、常に地域のスポーツや人道主義的な団体を後援している。「ヘーヴンズ・ゲートに頼んでみてむだに終わるようなことはない」といわれている。

職場の雰囲気はなごやかで、社員には自由がふんだんに与えられている。工場の様子は会員制クラブとか村や家族にたとえられてきた。創立二五周年記念祭と五〇周年記念祭は多くの人々の注目を集めた。工場の行うクリスマス・パーティは有名である。このような祝典は長い歴史を持った儀式であり、今でも人々の心のなかで大きな意味を持っている。「ヘーヴンズ・

ゲートの流儀」とも呼ばれているヘーヴンズ・ゲートの文化においては、人間関係に関する暗黙のルールに従って行動することがたいへん重要となっている。働くために生きているのではなく、生きるために働くのである。何を行うかということよりも、どのように行うかということの方が大切なのである。ヘーヴンズ・ゲートの社員たるものは、社内の職位階層のそれぞれのレベルではりめぐらされている、インフォーマルなネットワークのなかにうまく入り込んでいなくてはならない。「うまく入り込む」とは、同僚との葛藤や直接対決を避けて、同僚のミスをカバーし、忠実で、友好的で、謙虚で、気持ちよく協力し合うことである。よい意味でも悪い意味でも、目立ってはならない。

ヘーヴンズ・ゲートの社員も不平を洩らすが、ほかの社員のことについて決して面と向かって不平をいわない。また、不平は内々で述べられるだけであって、上司であるとか、外部の者には語られないので、自分の巣に泥をかけてしまうことはない。調和を保ち、グループの連帯感を傷つけまいとする姿勢は、ヘーヴンズ・ゲートの周りの地域の文化ともうまく適合している。新参者でもその文化に合わせようとすれば、早々に受け入れられる。仕事の質よりも社会的な適応力の方が評価されるのである。どんなに優秀な社員であっても、調和を乱す者は拒否される。一度かき乱された関係は癒えるまでに何年もかかってしまうかもしれない。「仕事のうえで問題が発生した場合に、友好関係を台無しにしてしまうような解決しか望めないときには、われわれにとっては費用がたくさんかかっても問題を先送りする方がよい」。会社の規則は絶対に守らなくてはならないようなものではない。ある社員がインタビューのなかで語ったように、規則は流動的に適用すべきであるというのが、ヘーヴンズ・ゲートにおいてもっとも重要なルールである。紳士的にふるまうことが、会社の規則違反につながることもあるかもしれない。その場合、危険を冒しているのは、規則違反を犯した社員ではなく、それを問題にする社員の方なのである。

ヘーヴンズ・ゲートにおいてリーダーシップを効果的に発揮するには、そこでの行動パターンとの調和が必要である。管理職は部下から近づきやすい存在で、公平で、聞き上手でなくてはならない。現在の総支配人はそのようなリーダーである。彼は、威張ったところがなく、会社のどの職位階層の人間とも気安く交流し、「われらの仲間」であると受け入れられている。ヘーヴンズ・ゲートにおいて出世するかどうかは主として、その人物の人間関係のスキルの如何《いかん》によって決まる。あまり派手にふるまってもよくない。飛び抜けて優秀である必要はないが、人づきあいがよくなくてはならない。インフォーマルなネットワークのなかで、自ら買って出るのではなく、請われて行動するというように持っていく方法を身につけていなければならない。会社のテニス・クラブに所属していなくてはいけない。要するに、「ナイス・パースンであるための厳格なルール」と呼ばれるものを遵守しなくてはならないのである。

しかし、このロマンチックな構図も最近は外部からの影響で乱されてきている。まず、市場の状況が変化しており、ヘーヴンズ・ゲートはほかのヨーロッパの企業と慣れない競争を繰り広げなければならない事態に追い込まれている。コストをカットしなければならなかったし、人員も減らさなければならなかった。人員の削減は、ヘーヴンズ・ゲートの伝統に従って、集団解雇ではなく、退職の時期を早めることで解決した。それでも、長年勤めてきてやむなく定年前に退職することになった社員たちは、会社がもはや自分たちを必要としていないことにショックを受けた。

第二の問題は、ヘーヴンズ・ゲートにとってより深刻である。それはヘーヴンズ・ゲートが汚染を引き起こしているとして環境保護者たちからの攻撃にさらされていることである。こうした見方は政界における支持も次第に広げている。ヘーヴンズ・ゲートが操業するために必要な許可が取り消される可能性もないわけではない。ヘーヴンズ・ゲートの経営陣は当局に対して積極的なロビー活動を繰り広げ、新聞や雑誌上でキャンペーンを張り、市民が会社を見学する機会を提供して、この問題に対処しようとしている。しかし、その成果のほどははっきりしていない。ヘーヴンズ・ゲートの社内では、このような脅威は取るにたらないこととみなされている。社員にとってはヘーヴンズ・ゲートがなくなってしまうことなど想像すらできない。「わが社の経営陣はいつだって解決策を見出してきた。今回だって解決されるさ」。今のところ、製品の質を高め、品種を増やすことによって競争力を高める努力が払われている。このためには、また外部から新たな人間が雇われることになるだろう。しかし、これらの新しい波は、ヘーヴンズ・ゲートの伝統的な文化と真っ向からぶつかるものである。(1)

▼組織文化の大流行▲

前項の短い事例研究では、一つの組織の文化が描き出されている。ヘーヴンズ・ゲートで働いている人々には、ヘーヴンズ・ゲートの社員に特有の行動様式があり人間関係の持ち方がある。それは、同じ地域にあるほかの組織で働いている人々とは違っている。本書の第9章までは主として、国民性と結びついた文化について論じている。組織にも文化があるという議論が英語の文献に初めて現れたのは、一九六〇年代のことである。**組織文化**は**組織風土**の同義語になった。これまた同義語であるところの企業文化（corporate culture）は一九七〇年代に現れた言葉であるが、テレンス・ディールとアラン・ケネディが一九八二年にアメリカで、これをタイトル名にした本を出版したことをきっかけとして一世を風靡した。この年にはテレンスらと同様にマッキンゼーとハーバード・ビジネス・スクールの両方に関係しているトーマス・ピーターズとロバート・ウォーターマンも *In Search of Excellence*（『エクセレント・カンパニー』）と題した本を出版し、これが大当たりして、企業文化という言葉がごく一般的に使われるようになった。(2) 以後このトピックについての膨大な著述がさまざまな言語で発表されるようになってきている。

ピーターズとウォーターマンは次のように述べている。

> 超優良企業では、例外なく、その企業の文化が支配的で一貫しているという特徴が見られる。そしてその文化が強いものであればあるほど、またそれが市場の方を向いていればいるほど、その企業では、経営方針のマニュアル、組織図、詳細な手順や規則といったものが必要でなくなる。こうした企業では、ラインの末端にいる人々でさえ、たいていの状況に対して、どう対処すべきかを知っている。指標となる数少ない価値基準が極めて明確なものだからである[3]。

企業や組織の文化について語ることは、管理職やコンサルタントや研究者の間では一種の流行になった。もっとも、研究者の関心は管理職やコンサルタントとはやや異っていた。流行は去るのが運命であり、この話題も下火になった。しかし何か痕跡は残るものである。組織文化もしくは企業文化は、今や組織構造、組織戦略、組織のコントロールといったトピックと並ぶくらいファッショナブルなトピックとなったのである。組織文化についてのスタンダードな定義はないが、これについて書いている大部分の人は次のように定義することに賛成するであろう。

◇**全体論的**——全体はそれを構成している部分の寄せ集め以上のものである。

◇**歴史的に決定される**——組織の歴史を反映している。

◇**人類学者が研究している事柄と関連がある**——儀礼であるとかシンボルであるとか。

◇**社会的に構成されている**——ともに組織を構成している人間の集団によって作られ保たれている。

◇**ソフトなものである**——ピーターズとウォーターマンは著書のなかで「ソフトはハードにほかならない」と断言しているけれども。

◇**変革が難しい**——ただし、どれほど難しいかについては著者によって見解の相違がある。

第1章では、文化の一般的な定義として、集合的に人間の心に組み込まれたプログラムであり、集団によってあるいは人々のカテゴリーによってそのプログラムは異なっていると述べた。したがって、組織文化は、「ある組織に属する人間の心に集合的にプログラムとして組み込まれるものであり、組織によってそのプログラムは異なっている」と定義することができる。しかし、組織文化はメンバーの心のなかのみならず、「利害関係者」、つまり顧客や納入業者、労働組織、隣人、監督官庁や報道機関など、企業にかかわるすべての人の心のなかに保たれるものである。

ピーターズとウォーターマンからの引用に述べられているような意味の強い文化を持つ組織は、肯定的に受けとめられることもあれば、否定的に受けとめられることもある。強い文化は組織の観点から見ていついかなるときも望ましいとする見方があるが、これにはしばしば疑問が発せられてきた。強い文化は致命的な硬直性の原因にもなりうるのである[4]。強い組織文化に対してどのような態度をとるかは、国民性によって影響される部分がある。ピーターズとウォーターマンが超優良企業の一つとして挙げたＩＢＭ社の文化は、一九七九年にフランスＩＢＭ社を研究したフランスの代表的社会心理学者マックス・パジェスによって恐怖の念をもって描かれている。パジェスは、フランスＩＢＭ社を「新しい教会」と呼んだ[5]。フランス社会はアメリカ社会と比べて、一般市民が上下関係や規則に依存する程度が大きいという特徴を持っている（第3・6・9章参照）。研究者といえどもフランスに生まれたならばその社会の影響を受けるのは当然のことであり、フランスの研究者はアメリカの研究者以上に、組織の合理的な要素である知的な規則を重んじる傾向がある。そればかりでなく、第4章によれば、フランスの文化は個人主義的であり、合理的なシステムに対して個人を防御する必要がある[6]。

オランダの社会学者ヨセフ・ソーターズは、ピーターズとウォーターマンが描く「超優良企業」が、公民権や女性の解放、改宗や文明からの離脱を説く社会運動に似ていると指摘した。アメリカ国内でもピーターズとウォーターマンの本に対して、「超優良であるよりは死んだ方がましだ」というスローガン付きのはがきが売られたほどである。これよりは冷静な議論になるが、ソーターズと同じオランダ人のコルネリス・ラマースは、「超優良企業」は組織社会学の系譜のなかで「有機的組織」という理念型の末裔でしかないと指摘した。「有機的組織」はそもそもドイツの社会学者ヨーゼフ・ピーパーが一九三一年にすでに述べていたものであり、ヨーロッパとアメリカの社会学の文献で何度も扱われた[7]。

デンマークやスウェーデンといった北欧諸国では、また違った反応が見られた。ノルウェーやフィンランドでもそのような違った反応がある程度は見られた。これらの社会では、権力関係や規則にしばられることがアメリカ社会よりもさらに少ない。「組織文化」という考え方は非合理的で逆説的なものを強調する趣きがあったので、これらの女性らしさが強く不確実性に寛容な国の人々からは賛同を得た。組織文化が非合理的で逆説的な性質を持っていても、組織に対する本質的に肯定的な態度と相反することはなかったのである[8]。

スウェーデンの社会学者マッツ・アルヴェッソンは、組織文化に関して過去二〇年間に発表された文献をレビューし、さまざまな著者が用いたメタファー（暗喩）を八つに分類している。

- インフォーマルな契約をコントロールするメカニズム
- 優先順位の指針を与えるコンパス
- 組織への帰属意識をもたらす社会的接着剤
- 人々がわが身を委ねる聖牛
- 感情や感情表現の調整弁
- 対立、あいまいさ、断片の寄せ集め

・盲点になってしまう自明視されたアイデア
・人々が新たな可能性を批判的に探る機会を奪うアイデアと意味の閉鎖的なシステム[9]

図10・1　文化のさまざまなレベルでの価値観と慣行のバランス

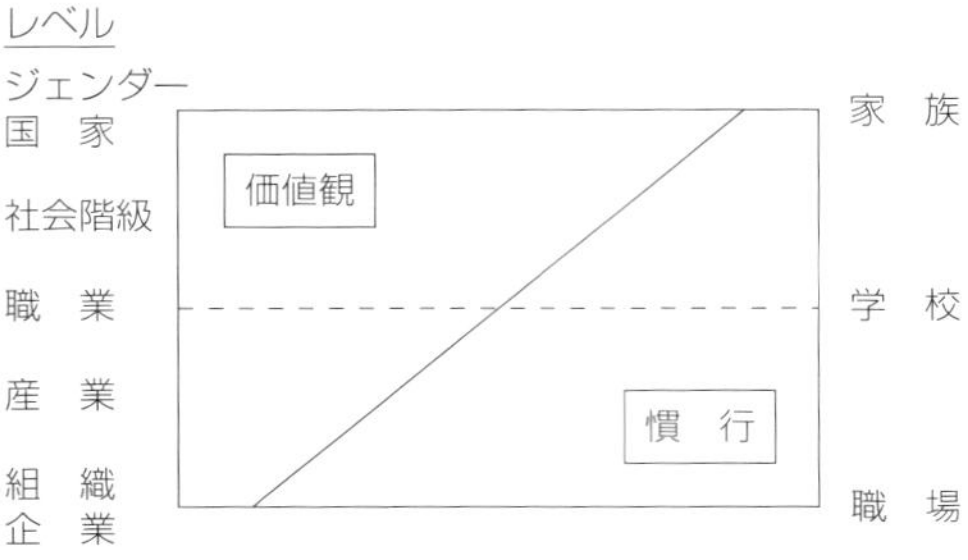

組織文化について書いている人のなかにも、文化とは組織が**備えている**ものであると考えている人もいれば、文化とは組織**そのもの**であると考えている人もいる。これはおそらく組織文化に関する著作の間で見られる、もっとも基本的な違いであろう。前者の考え方は分析的アプローチにつながり、組織文化の変革への関心とも結びつくので、もっぱら管理職や経営コンサルタントによって支持されている。後者の考え方では総合的なアプローチが好まれ、組織文化を理解することに関心が向けられる。そのため、もっぱら研究者が支持する考え方である[10]。

▼組織文化と国民文化の違い――IRICプロジェクト▲

文化という言葉を国民と組織の両方に使用すると、二種類の文化が同じ現象であると受け取られるかもしれない。これは正しくない。国民は組織ではなく、それぞれの文化は互いに異なる性質を持つものである。

国民文化と組織文化の違いは、価値観と慣行の組み合わせが異なることに基づいており、図1・3をもとに作成した図10・1は、そのことを描いている。**国民文化**は、われわれが一〇歳になるまでに、家族や生育環境、学校で身につけるメンタル・ソフトウェアの一部であり、基本的な価値観のほとんどを含んでいる。**組織文化**は職場の組織に入ってから身につけるが、そのとき人々はたいてい成人しており、若い者もいればそう若くない者もいる。またそのときには、すでに自分の価値観が形成されている。組織文化は主に組織での慣行から成り立っており、国民文化よりも表面的である[11]。

図10・1では、文化のほかのレベルも位置づけられている。ジェンダーのレベルは、国民性よりも基本的なものである。社会階級のレベルは、ある程度上昇する可能性も下降する可能性もある。職業のレベルは選択された学校教育の種類と結びついている。そして産業のレベルは職業と組織の間の中間になる。産業や業種では、特定の職種が採用され、独自の組織的慣行が維持されている。論理的に当然の場合もあるし、伝統的な理由による場合もある。

国籍以外の点では共通点の多い人々を比較したＩＢＭ研究によると、第1章で述べたように、善悪についての漠然とした、つかみどころのない感覚で表されるような価値観には、国別の違いがかなりあることが見出された。ＩＢＭの社員として同じ職務についているにもかかわらず、勤務する国が違うと、このような価値観の相違が存在するのである。

現代の世界において国々の文化が似通ってきていると主張する人たちは、通常、同じ服装をしているとか、同じ製品を買っているとか、同じ流行語を使っているとか（シンボル）、同じテレビ番組や映画を見ているとか（ヒーロー）、同じスポーツやレジャー活動を行っているとか（儀礼）、慣行のレベルで見られる証拠を取り上げている。こういった、どちらかというと文化の表層的な現れ方に目を奪われていると、ときとして誤りを犯してしまう。文化の根底にあって、慣行の意味を決定している価値観の存在を見落としてしまうからである。価値観について行った研究は、現在でもなお国々の違いを鮮やかに示している。ＩＢＭにおける研究や、さまざまな追調査（表２・１）だけではなく、それぞれの国の代表性の高いサンプルに基づく世界価値観調査でも、そのような違いが示されている(12)。

本章のほとんどの部分は、異文化間協力に関する研究所（Institute for Research on Intercultural Cooperation: IRIC）の後援を受けて、一九八五年から一九八七年にかけて実施した研究プロジェクトの結果に基づいている。この研究プロジェクトには、クロス・ナショナルなＩＢＭ研究の経験がおおいに利用されている。一見矛盾しているようだが、ＩＢＭでの国際比較研究は、ＩＢＭの企業文化については何ら直接的な情報をもたらしていない。研究の対象となった部門はすべて同じ企業のものであり、外部に比較の対象がなかったからである。ＩＲＩＣの研究は組織の比較調査であり、国際比較調査を補完するものである。多くの国に支社を持つ一つの企業を研究する代わりに、今回はデンマークとオランダの二カ国に所在する多くの異なる企業を研究した。

ＩＲＩＣの研究からは、組織レベルでの価値観と慣行とが果たす役割が、国家のレベルにおける役割とまったく逆であることが発見された。勤務している組織が違うだけでほかの点では共通点の多い人々を比較したところ、慣行においては大きな違いを見せたが、価値観の相違ははるかに小さいものであった。

ＩＲＩＣの研究が行われた当時、企業文化に関して人気のある文献はピーターズとウォーターマンの議論に従い、企業文化の中核に相当するのは共通の価値観であると主張していた。ＩＲＩＣのプロジェクトからは、組織文化の中核と考えられるべきは、**日常の慣行についての共通の認識**であることが示された。従業員の価値観は、組織への所属よりも、ジェンダー、年齢、教育（もちろん国籍も）によって異なっていた。

ＩＲＩＣの結果とピーターズとウォーターマン、そして彼らの追随者による主張との差異は、アメリカの経営に関する文献が企業のヒーロー（創業者や有力なリーダーたち）の価値観を描く傾向があるのに対し、ＩＲＩＣが文化の担い手と思われる一般の社員を対象にしているという点から説明できる。ＩＲＩＣはリーダーのメッセージがどの程度までメンバーに行きわたっているかを調べた。創業者や有力なリーダーたちの価値観が組織文化を形作っていることは疑う余地もないが、こうした文化は組織で普及している慣行を通して一般のメンバーに影響を与える。創業者やリーダーの価値観がメンバーの慣行となるのである。

慣行が共有されていることが、多国籍企業がともかく機能する理由になっている。多国籍企業はさまざまな国民性を持つ人材を雇うため、共通の価値観があることを期待できない。多国籍企業は、全世界にわたる慣行によって業務を調整し統制するのだが、その慣行は企業の発祥した国（アメリカであれ、日本やドイツやオランダであれ）で始まり、さまざまな国籍の従業員によって学習されるのである。(13)

メンバーの価値観が、その組織のメンバーであるか否かよりも、そのほかの基準に左右されるのであれば、会社は国籍、年齢、学歴、性別を定めて人を雇うので、価値観は社員を採用する過程において企業に入り込んでいることになる。シンボル、ヒーロー、儀礼などの慣行は、入社してからの社会化によって学習される。

二人のオランダの研究者、ヨセフ・ソーターズとハイン・シユローダーは、オランダで営業している自国と外国の会計士事務所の従業員を比較研究した。彼らは両者の価値観の違いを発見したが、それらは新入社員自身が自分にあった会社を選択したことによるものであって、新入社員が入社してから会社の価値観を身につけたのではなかった。(14)人事部は、採用予定者をあらかじめ選考するのだが、（よかれ悪しかれ）組織の価値観を維持するために重要な役割を果たしているのである。人事部長（とほかの部署の同僚たち）は、自分たちの果たしている、このような役割を必ずしも認識しているわけではない。

▼ＩＲＩＣプロジェクトによる組織文化の質的・量的研究▲

ＩＲＩＣプロジェクトはもともとオランダ一カ国の組織のみを比較する計画であった。しかし、プロジェクトに協力し、かつ費用を共同負担してくれる十分な数の参加者をオランダで見つけることは難しかった。デンマークのコンサルタントから寛大な援助があり、デンマークの組織部門をいくつか加えることができた。ＩＲＩＣのプロジェクトは最終的に、デンマークの五つの組織とオランダの五つの組織の合計一〇の異なる組織の二〇の部門について研究を行った。国民文化についてのＩＢＭ研究で示した諸次元において、二つの国のスコアはかなり近く、ともに北欧およびオランダのクラスターに属している。デンマークとオランダの範囲内で、ＩＲＩＣはさまざまな業種の会社を研究対象に含むように努力した。組織文化が大きく異なる事例を取り上げることによって、組織文化が違うということはどういうことで、似ているということはどういうことであるかについての理解を深めることができる。組織全体を研究対象とした場合もあれば、組織の一部分を対象とした場合もある。いずれの場合も、そこでは文化的に同質な経営が行われていると仮定した（この仮定については、のちに研究の結果によってテストすることができた）。

これらの二〇の部門が携わっている活動は、表10・1の通りである。一つの部門の規模は、社員の数で見ると六〇人から二五〇〇人にわたっている。二〇の部門という数は、事例研究として、それぞれについて詳しく質的に研究することが可能な規模であり、また同時に、すべての事例について量的に比較可能なデータを集めて統計分析をすることができる規模でもあった。

表10・1　IRICのプロジェクトで研究対象とした会社の活動

民間の製造会社（電子機器，化学製品，消費財）	
全部門または製造部門	6
本社または市場調査部門	3
研究開発部門	2
民間サービス会社（銀行，運輸，貿易）部門	5
公共サービス（電気通信，警察）部門	4
研究対象とした合計部門数	20

研究の第一段階である質的研究では、一つの部門について九人の情報提供者と二～三時間にわたる一対一の詳細なインタビューを実施した（インタビューの総数は一八〇人）。これらのインタビューは、部門の文化の全体像（ゲシユタルト）についての質的な感触を得ることと、次に行う調査で用いる調査票に含めるべき問題を収集することを目的としていた。各部門で研究者との連絡に携わってくれた人物との話し合いを通して、情報提供者として、文化について何か興味深い役に立つような情報を提供してくれそうな人を選んだ。どの事例でも必ず、部門のトップの管理者と彼（彼女であった場合は皆無）の秘書には情報提供者になってもらった。また、部門のどの階層でも、古参社員、新入社員、女子社員、男子社員など、さまざまな職務についている社員を情報提供者として選んだ。ときには、守衛やドアマンがこのうえない情報を提供してくれることがあった。社員の代表（労組の職場代表社員に相当する）には必ず話を聞いた。

インタビューは一八人（デンマーク人とオランダ人）のチームで行った。インタビュアのほとんどは社会科学の訓練を受けていたが、研究対象となる部門の活動について知識のない者を選ぶようにしていた。インタビュアが男性であるか女性であるかによって観察の結果が違ってくる可能性があるので、どの部門についてもインタビューは男女二人のインタビュアが分担して行った。インタビュアは全員インタビューに先立って同じ訓練を受け、多岐にわたる質問項目が挙げられている自由回答方式のチェックリストを使ってインタビューを行った。

インタビューに使ったチェックリストには次のような質問項目が含まれていた。

組織のシンボルについて——組織の内部の者だけが理解できる特別な言葉としてどのようなものがあるか。

組織のヒーローについて——ここでもっとも早く出世しやすいのはどのようなタイプの人であるか。この組織にとってとくに重要な人物は誰だと思うか。

組織の儀礼について——あなたはどの定例会議に出席しているのか。そのような会議では人々はどのようにふるまっているのか。この組織ではお祝いごととして、どのようなイベントがあるか。

組織の価値観について――ここでしばしば起こってほしいと思われていることはどのようなことか。最大の失敗といえばどのようなことが考えられるか。夜も眠れないほど悩まされる仕事上の問題としてはどのようなことが考えられるか。

インタビュアは気になるところがあれば、自由にさらに探りを入れたり、ほかの情報を求めることができた。インタビューは録音された。インタビュアは一つひとつのインタビューについて、あらかじめ決められた順序に従って、できるだけ回答者自身の言葉を引用しながら報告書を書いた。

プロジェクトの第二段階である量的研究では、第一段階とは反対に、各部門から厳密にランダムに選んだサンプルに対して、あらかじめ選択肢の決まっている設問からなる質問紙調査を実施した。個々の部門のサンプルは、約二五名の管理職（部門によってはその部門の管理職全員）、二五名の大学卒の非管理職（専門職）、二五名の高卒までの学歴の非管理職から構成されていた。この調査票には、ＩＢＭの国際比較研究で使った項目とその後加えた数多くの項目が含まれていた。しかし、第一段階でのインタビューをもとにして作られた項目が大部分を占めていた。部門によって本質的な違いがあるのではないかとインタビュアが感じた問題についてはすべて質問項目を設けるようにした。とりわけ、日々の慣行をどのように見ているかについての項目をたくさん設けた。これらは、これまでの国際比較研究では見過ごされてきた問題である。

インタビューと調査のどちらの結果についても部門の管理職たちと討議した。管理職の同意が得られた場合には、ほかの社員たちにもその結果を知らせた。

▼インタビュー調査の結果――スカンジナビア航空の事例▲

研究対象とした二〇の部門のすべてについて事例研究が行われた。インタビュアたちは、インタビューを終えてから豊かな観察力によって各部門の文化を記述した。インタビュアたちの解釈については、調査の結果に照らしてチェックすることができた。本章の冒頭に述べたヘーヴンズ・ゲートの事例は、この調査研究から紹介したものである。ここではもう一つ、スカンジナビア航空（Scandinavian Airlines System: SAS）のコペンハーゲンの旅客ターミナルの事例を紹介しよう。

ＳＡＳは、一九八〇年代のはじめに見事な方向転換を成し遂げた。新社長ヤン・カールソンのリーダーシップのもとで、会社は製造と技術志向から、市場とサービス志向へと転換した。それまでは、最新鋭の機器を使って飛行時間を最大にすることが、業務計画とセールスの基盤になっていた。操縦士と技術者と訓練に携わる管理職が会社のヒーローだった。しかし、業績の悪化により組織の再編成を余儀なくされた。

カールソンは、競争の厳しい航空運輸市場では、成功するかどうかは、現在の顧客と潜在的な顧客が抱いているニーズをいかに上手に満たせるかにかかっていると確信していた。そういったニーズは毎日客と直接接触している社員がもっともよく知っているはずである。これらの人々はそれまで意見をたずねられることなどなかった。彼らは、規則に従うように訓練され、規律正しい統一のとれた兵士たちのようであった。今や彼らは「第一線の社員」と考えられており、彼らに命令を下して動かすよりも、むしろ彼らを支援するように組織は再編成された。上司はアドバイザーの役を果たすようになり、第一線の社員は客の問題にその場で対処できるように、かなりの自由裁量権を与えられた。彼らは事態を収拾したのちに自分たちの決定を上司に報告すればよいことになった。このことによって、たとえリスクが伴っても社員の判断を信じるという姿勢が示されることになった⑮。

コペンハーゲン空港のＳＡＳの旅客ターミナル部門が、ＩＲＩＣの研究に参加していた。インタビューは方向転換を遂げてから三年後に行われた。社員も管理職も統一がとれており、規律正しく、フォーマルな態度を崩さず、几帳面な応対をしていた。彼らは、統制のとれた構造のなかで働くことを好むタイプの人々のようであった。彼らは、仕事のプレッシャーが非常に強い時間帯と比較的暇な時間帯を交互に勤務している。彼らは自分たちの新しい役割をおおいに歓迎していた。会社の歴史について話すときには、方向転換が行われた時期から語り始める傾向が見られた。それ以前のことについてふれたのは数人の管理職だけであった。

インタビューに答えた人々は、会社のことを非常に誇らしげに語った。彼らのアイデンティティのかなりの部分は会社にあるように思われた。職場の外でも、ほかのＳＡＳの社員と頻繁につきあっていた。カールソンは会社のヒーローとして、しばしば会話のなかに登場した。規律が厳しいにもかかわらず、同僚同士の関係はなごやかで、おおいに助け合っていた。私生活で危機に直面している社員は、同僚や会社から援助を受けていた。どのレベルの管理職もその存在がはっきりしており、近づきやすかった。ただし、管理職は非管理職の社員と比べて、新しい役割を受け入れるのに明らかに苦労していた。新入社員は、正式の入門訓練プログラムのなかで、問題のある顧客に遭遇するという想定の状況を経験してから、職場に配置される。このプログラムは、新入社員を審査するという役割も果たしており、その職業に必要な価値観や技術を身につけているかどうかが試される。この訓練をうまく終えた者は職場に早く慣れることができた。社員は顧客に対して問題を解決しようという態度で臨む。客の問題を解決できる独創的な方法を見つけたときには、社員はかなり興奮していた。望ましい結果を得るために規則を多少曲げることもある。昇進への道は誰にも開かれており、同僚のなかでもっとも有能で頼りになる者が昇進していると感じていた。

この部門は方向転換を成功に導く過程で重要な役割を果たしていたので、一種の「ホーソン効果⑯」による影響を受けていたのかもしれない。インタビューを行った時期にはおそらく、方向転換が成功したという喜びが頂点に達していた。社内でこの様子を見てきた人々は、方向転換によって人々の価値観が変わったということはないが、上司に従うという方針から客にサービスをするという方針へと移行したのだとコメントしていた。

▼質問紙調査の結果――組織文化の六つの次元▲

ＩＢＭ研究は、国民文化に四つの次元（権力格差、個人主義-集団主義、男性らしさ-女性らしさ、不確実性の回避）があることを導き出した。これらは価値観の次元である。なぜならＩＢＭの世界各国の支社においては、主として社員の文化的な価値観に違いがあったからである。しかし、ＩＲＩＣの組織比較研究で対象とした二〇の部門では、社員の文化的な価値観についてあまり違いはなかったものの、慣行については大きな違いが認められた。

調査票に設けた質問項目のほとんどは、**職場における慣行をどのように見ているか**を測定するものであった。それらの項目は、「わたしの職場では、……」という形式をとっていた。たとえば、

わたしの職場では、

会議の時間は厳守されている	1 2 3 4 5	会議の時間はおおまかである
質より量が重んじられる	1 2 3 4 5	量より質が重んじられる

このようにどの項目も二つの対立する意見から構成されている。どちらの意見を先にし、どちらの意見を後にするかは、望ましさによる判断が入り込まないようにランダムに決めた。

「わたしの職場では、……」で始まる六一の質問項目はすべて、自由回答方式のインタビューで集めた情報に基づいて設定した。そして、ＩＢＭ研究で用いた統計分析とほとんど同じ分析方法にかけた。その結果、六つのまったく新しい次元が見出された。これらは価値観に関する次元ではなく、慣行に関する次元である。六一の質問項目と二〇の部門をクロスさせた行列に対して因子分析を行った。部門ごとに、項目の一つひとつについて回答者の平均点を算出した。管理職と専門職と一般職とが、それぞれ回答者の三分の一ずつを占めていた。この分析によって、二〇の組織部門のそれぞれにおいて行われている（社員から見た）慣行の特徴を反映する六つの明確な因子が抽出された。これらの六つの次元は互いに独立していた。つまり六つの次元のあらゆる組み合わせが可能だったのである。

実証的に見出された次元に呼び名をつけることは、データから理論へと踏み出す主観的な作業である。名称は何度も変えられた。各部門で働いている人たちとの長時間にわたる議論の後に、現在の名称が決定した。できるかぎり、一つの次元の両極が「良い」意味と「悪い」意味を持たないように名称を選ばね

ばならなかった。ある部門のある次元におけるスコアが良いと解釈されるか、悪いと解釈されるかは、部門を管理している責任者たちの意向によって完全に決まる。最後に決定した名称は次の通りである。

1　過程を重視するか、結果を重視するか
2　社員を重視するか、仕事を重視するか
3　所属主義であるか、専門的であるか
4　開放的なシステムであるか、閉鎖的なシステムであるか
5　コントロールがゆるいか、きついか
6　規範的であるか、現実主義的であるか

組織比較の六つの次元の順序（番号）は、それらの次元が因子分析の結果によって出現してきた順番を意味しているのであって、理論的な意味はない。したがって、第一の次元が第六の次元よりも重要であるというわけではない。番号が小さいということは、調査票のなかに、たとえば、第二の次元よりも第一の次元に関連のある質問項目の方が多く含まれていたことを示しているにすぎない。ただし、このことには、調査票を作成した研究者の関心が反映されているといえよう。

六つの次元のそれぞれにおける各部門の指標の値を算出するために、個々の次元について「わたしの職場では、……」で始まる三つの中心的な質問項目を選んだ。この方法は、ＩＢＭ研究で、国際比較の各次元における各国の指標の値を計算するために用いた方法とほぼ同じような方法である。選ばれた三つの質問項目についての部門のスコアは互いに相関が非常に高かった[17]。一つの次元の意味は三つの項目の内容を考え合わせることによって理解できた。調査の結果について部門の管理職と社員にフィードバックした際にも、研究者の場合と同じように、三つの項目の内容からその次元の意味を理解してもらうことができた。

第一の次元は、手段への関心**（過程志向）**と目標への関心**（結果志向）**を両極としている。この次元の三つの中心項目の内容からすると、過程志向の強い文化では、社員はリスクを避けて、ほどほどに仕事をし、毎日がほとんど同じように流れていると考えていた。結果志向の強い文化では、社員は慣れない状況に置かれても不安を感じることなく、仕事に全力投球し、毎日が新しい挑戦であると考えていた。二〇の部門のうち、過程志向が最大の場合をゼロ、結果志向が最大の場合を一〇〇とする尺度を設定すると、前述した化学工場のヘーヴンズ・ゲートのスコアは二（非常に過程志向が強く、結果にはほとんど関心がない）であり、ＳＡＳの旅客ターミナルのスコアは一〇〇であった。つまり、ＳＡＳの旅客ターミナルは二〇の部門のなかで結果志向がもっとも強かったのである。この次元に関しては、結果志向の極の方が「良い」、反対の極の方が「悪い」といわざるをえない。しかし、ただひたすら過程に注意を向けることが非常に重要な業務もある。われわれの調査で過程志向がもっとも強い部門（スコアがゼロ）は製薬会社の製造部門であった。

薬の製造は、リスクを避けて決まった作業を繰り返す職場の一例である。このような職場の場合には、結果志向の文化は求められないであろう。このような事情を抱えた組織部門はほかにもたくさんある。したがって、結果を志向することが常に「良い」ことであって、その反対が常に「悪い」ことであるとは必ずしもいえない。

ピーターズとウォーターマンが『エクセレント・カンパニー』で展開している一つの主張は、「強い」文化は「弱い」文化よりも効率的であるということであった。この仮説を実証する場合の問題点は、企業文化に関する既存の文献には、文化の強さを実証的（操作的）に測定する尺度が見当たらないということである。この問題は重要だと思われたので、ＩＲＩＣプロジェクトでは、文化の強さを測定する方法を開発した。「強い」文化とは同質性の高い文化であると解釈した。つまり、重要な質問項目について、質問の内容とは関係なく、回答者全員がほぼ同じように回答している場合である。一方、弱い文化とは異質性の高い文化である。これは、同じ部門のなかでも人によって回答が大きく異なる場合である。研究対象とした二〇の部門についての調査データによると、文化の強さ（同質性）は結果志向と有意な相関を示していた[18]。したがって、結果志向を効率的であると読み替えるかぎりにおいて、強い文化の効率性に関するピーターズとウォーターマンの仮説は、われわれのデータにおいて実証されたのである。

第二の次元は、人間への関心（社員志向）と仕事を完成させることへの関心（仕事志向）を両極としている。この次元の中心になっている項目を見ると、社員志向の強い文化では、社員は自分の個人的な問題を考慮してもらっていると感じており、組織は社員の福祉について責任を持っており、重要な決定は集団または委員会によって下される傾向があった。仕事志向の強い部門では、社員は仕事を完成させなければならないという強いプレッシャーを感じており、組織は社員やその家族の福祉よりも社員が行う仕事にだけ関心があると受け止められており、重要な決定は個人によって下される傾向があると報告されていた。ゼロから一〇〇までの尺度のうえで、ヘーヴンズ・ゲートのスコアは一〇〇であり、ＳＡＳ旅客ターミナルのスコアは九五であった。どちらも極めて社員志向が強かった。この次元のスコアは、部門または会社の創業者（たち）の理念を反映しているが、過去の出来事によって生じた傷をも反映している。最近、経済的な苦境に陥った部門、とくに大量の一時解雇をせざるをえなかった部門は、たとえ昔はそうではなかったと情報提供者が語ったとしても仕事志向の強いスコアを示す傾向がある。社員志向の強いことが望ましいかどうかは、この研究に参加した部門のリーダーの間でも意見が分かれていた。フィードバックを行った際の討論では、その部門がもっと社員に関心を払うことを望んでいるトップの管理職もいれば、その反対を希望するトップ管理職もいた。

社員志向－仕事志向の次元は、ロバート・ブレークとジェーン・ムートンの *Manegerial Grid*（『期待される管理者像』[19]）の二つの軸に該当する。マネジリアル・グリッドは、アメリカの古典的なリーダーシップのモデルとしてよく知られており、ブレークとムートンは、このモデルをもとにして、詳細にわたるリーダーシップ訓練の体系を開発した。この訓練では、社員志向と仕事志向は二つの独立した次元として扱われている。二つの次元の両方で高いスコアを示す人もいれば、片方だけ高い人も、どちらも低い人もいる。これは、二つの志向を一つの次元の両極に置くわれわれの考え方とは相容れないように思われるかもしれない。しかし、ブレークとムートンのモデルは個人を対象としており、IRICの研究は組織の部門を比較しているのである。IRICの研究によれば、個人の場合は、仕事志向と社員志向のどちらも同時に持つことができるが、組織文化はどちらか一方に片寄る傾向がある。

第三の次元は、社員が自らの存在理由を会社組織に求めている部門（**所属主義的**）と社員がそれぞれの職種に自らの存在理由を見出している部門（**専門的**）を両極としている。この次元の中心的な質問項目を見ると、所属主義的な文化のメンバーは、組織の規範が職場ばかりでなく家庭における行動をも支配していると感じていた。社員を採用する際には、会社は仕事の能力だけでなく、家族や社会的背景も考慮しているであろうと感じていた。そして、所属主義的な文化のメンバーは、先のことに対する見通しをあまり持っていなかった（おそらく、そんなことは組織が考えてくれるだろうと思っていたようである）。一方、専門的な文化のメンバーは、私生活は自分自身の問題であると考えており、組織は仕事の能力だけに基づいて採用を決めていると感じていた。また専門的な文化のメンバーは、遠い将来のことについても実際に考えていた。準拠枠を内部に求めるか、外部に求めるかという違いは、アメリカの社会学者ロバート・マートンによって**ローカル－コスモポリタン**と名づけられて区別されてきた[20]。所属主義的な文化は、日本の企業と関連づけられることが多い。われわれの調査では、予想通り、この次元における部門のスコアはその部門のメンバーの教育水準と関連していた。所属主義的な部門の社員は教育水準が低い傾向があった。SASの旅客ターミナルの社員のスコアは極めて所属主義的（二四）であり、ヘーヴンズ・ゲートの社員のスコアは中程度であった（四八）。

第四の次元は、**開放的なシステム**と**閉鎖的なシステム**を両極としている。この次元の中心的な項目を見ると、開放的なシステムのメンバーは、組織もその社員も、新入社員や外部の人間に対して開放的であると考えていた。誰でも組織にうまく適合することができるであろうし、新入社員も二、三日もすれば雰囲気になじめるであろう。閉鎖的なシステムでは、組織とその社員は組織の内部においてさえも、閉鎖的で秘密主義的であると感じられていた。組織に適合できるのは非常に限られた人間だけで、新入社員が雰囲気になじむまでには一年以上かかった（もっとも閉鎖的な部門で重役を勤めているあるメンバーは、入社して二二年たってもまだよそ者気分がぬぐえないと告白した）。この次元におけるスコアは、ヘーヴンズ・ゲートはやはり中程度

（五一）であり、ＳＡＳは極めて開放的（九）であった。この次元はコミュニケーションの雰囲気を表しているといえる。「慣行」に関する六つの次元のうち、国民性と関連があるのはこの次元だけである。オランダの組織よりもデンマークの組織の方が、コミュニケーションが開放的に行われているように思われた。ただし、デンマークの組織のなかでも、非常に閉鎖的なスコアを示した組織が一つあった。

第五の次元は、組織における内部の構造化の程度に関連している。中心的な項目によると、**コントロールのゆるい**部門の社員は、コストのことなど誰も気にかけていない、会議の時間はだいたい決まっているだけであると感じており、会社と仕事についてのジョークが頻繁に飛び交っていた。**コントロールのきつい**部門の社員は、彼らの職場ではコストに敏感で、会議の時間は厳しく守られていると感じており、会社や仕事についてのジョークは滅多に出てこなかった。少なくとも統計的なデータから判断するかぎり、コントロールのきつさは、服装や身のこなし方についての厳格な不文律の有無と関連するようである。コントロールのゆるい場合をゼロ、きつい場合を一〇〇とすると、統率のとれた人材を抱えるＳＡＳのスコアは極めて高く（九六）、ヘーヴンズ・ゲートのスコアはここでも中程度であった（五二）。ただし、中程度といってもほかの製造部門と比べると、製造部門としては極めてコントロールがゆるいといえる。

最後の第六の次元は、いわゆるお客さま志向に関する次元である。**現実主義的な**部門では市場重視の行動をとっていた。一方、**規範的な**部門では、規則は神聖にして犯すべからざるものであるとみなされており、外部の世界に対してそのような規則を実行することが課題であると考えられていた。この次元の中心的な項目によると、規範的な部門では、主として組織の手続きに正確に従うことが強調されており、結果よりも手続きが大切なのであった。そこでは、ビジネスの倫理と誠実さに関する水準が高いと社員は感じていた。現実主義的な部門では、主として顧客のニーズを満たすことが強調され、正しい手続きに従うよりも結果が大切だとされた。ビジネスの倫理については、独断的な態度よりも現実主義的な態度が支配的であった。ＳＡＳの旅客ターミナルはもっとも現実主義のスコアが高く（一〇〇）、カールソンのメッセージが社内に行きわたっていることを示している。ヘーヴンズ・ゲートのスコアは六八で、これも現実主義の側にある。ヘーヴンズ・ゲートの事例研究のところで述べたように、過去においてヘーヴンズ・ゲートは顧客に対して極めて規範的な態度をとっていたかもしれないが、競争の厳しい新たな状況に適応してきているように思われた。

▼競争力としての文化▲

六つの次元における二〇の部門のスコアのプロフィールをよく見てみると、第一、三、五、六の次元（過程‐結果、所属主義的‐専門的、ゆるいコントロール‐きついコントロール、規範的‐現実主義的）は、組織の業務内容と市場のタイプに関連があることがわかる。これらの四つの次元は、図10・1における産業（あるいはビジネス）の文化を反映している。第一の次元に関しては、製造部門と大規模な事務部門は過程志向が強く、研究開発とサービス部門は結果志向が強かった。第三の次元に関しては、伝統的な技術部門は所属主義的であり、ハイテク部門は専門的であった。第五の次元に関しては、正確さが求められ、危険な製品もしくはサービスを提供している部門（薬の製造や為替の取引）はコントロールがきつく、革新的で予測のつかない活動を行っている部門はコントロールがゆるかった。驚いたことに、われわれが研究対象とした二つの都市の警察はどちらもコントロールがゆるい方であった（一六と四二）。たしかに、警察官の仕事は極めて予測が難しく、どのように仕事をやり遂げるかについてはかなりの自由裁量権が与えられている。第六の次元に関しては、サービス部門と競争の激しい市場で事業を行っている部門は現実主義的な傾向を示し、法律の施行に携わっている部門や独占状態の市場で事業を行っている部門は規範的な傾向を示していた。

このように各次元におけるスコアは、業務内容と市場の状況によって影響されている。しかし、製造部門においても、工場の現場であるにもかかわらず結果志向が予想外に強いとか、ヘーヴンズ・ゲートのように業務に関連するコントロールがゆるいなど、興味深く例外的な結果もＩＲＩＣの研究では見出されている。これらは、同じ業界のほかの部門の文化のなかでは異質であるために、組織の競争力に有利に働く場合もあれば、不利に働く場合もある。

以上に述べた以外の二つの次元、第二の次元と第四の次元（社員－仕事と開放的－閉鎖的）は、業務内容や市場による影響は少ないが、創業者（たち）の理念や最近起こった経営危機などの歴史的な要因に左右されているようである。開放的なシステムと閉鎖的なシステムを対置する第四の次元に関しては、国民文化的な背景が重要な役割を果たしていることについてはすでに述べた通りである。

図10・1によれば、組織文化は主として慣行の形をとっているが、価値観として現れている部分もある。ＩＲＩＣの組織比較の調査には、ＩＢＭの国際比較研究で用いた価値観に関する質問項目も含まれている。組織の間では、三つの価値観に関してやや違いが見られた。組織間の価値観の違いを表す第一の軸は、国際比較において不確実性の回避の次元として現れた軸に似ていた。ただし、この軸は各国の不確実性回避のスコアを算出するのに用いた調査項目とは別の項目から導かれた。不確実性の回避に関する組織間の違いは、第四の次元（開放的－閉鎖的）と相関しており、不確実性の回避が弱いことは明らかにコミュニケーションが開放的な雰囲気であることと結びついていた。一つの例外を除いて、オランダの組織よりもデンマークの組織の方がはるかに開放的であったという事実が、両者の関係を裏づけてくれた。デンマークとオランダは、国民文化のスコアがほとんど同じような値であるにもかかわらず、不確実性の回避スコアにおいては違いが大きい。デンマークの方がはるかに低いのである。

組織間の価値観の違いを表す第二の軸は、権力格差の軸とやや似ていた。この軸は第一の次元（過程志向‐結果志向）と相関しており、権力格差が大きいほど過程志向が強く、権力格差が小さいほど結果志向が強くなっていた。

ＩＲＩＣの研究では、組織間の価値観の違いを表す軸と個人主義や男性らしさとの関連は見出されなかった。これは、研究対象を営利企業と公共機関だけに限定したせいかもしれない。たとえば健康や福祉関連の企業をも研究対象にしていれば、他者を助けることに関連した価値観が、女性らしさ‐男性らしさの次元となって現れたであろう。

国際比較研究において個人主義の次元と男性らしさの次元を構成した質問項目が、組織比較の研究では異なった形で現れる。それは、**仕事の中心性**（強いか弱い）とでも名づけることができる軸を形成している。仕事の中心性とは、自分の生活全体のパターンのなかで、仕事がどれくらいの重要性を持っているかということである。これは第三の次元である所属主義的‐専門的と相関している。いうまでもなく仕事の中心性は組織文化が専門的であるほど強い。所属主義的な文化では、社員は仕事のうえでの問題を家庭に持ち帰ることはない。

したがって、組織文化の六つの次元のうち、第一、第三、第四の次元はある程度価値観と関連している。これ以外の第二、第五、第六の三つの次元は価値観とまったく関連がない。これらの次元は、人々が自分たちの根本的な価値観を変えることなしに、組織のなかで身につけてきた慣行を表していたのであろう。

▼組織文化と組織のほかの特徴▲

ＩＢＭ研究では、国民文化の起源と影響について、各国のスコアとあらゆる種類の外部データとの相関を用いて明らかにした。国民一人当たりの国民総所得のような経済指標、表現の自由の指標のような政治の尺度、そして人口の増加率のような人口学的なデータなどとの相関関係を検討した。またＩＢＭ研究の対象となった国々で行われた別の調査研究（ＩＢＭ研究とは異なる質問を用いて、異なる対象者に行った研究）結果との比較も行っている。ＩＲＩＣの組織比較の研究においても同じように、そこで見出された次元を外部のデータと突き合わせて「妥当性」を検討した。もちろん今回比較したデータは、対象とした組織について、別の方法で別の情報源から得た情報である。

ＩＲＩＣの研究では、インタビューと質問紙調査のほかに部門全体について数量化できるデータを収集した。たとえば、社員の総数、予算の編成、収支決算、主要な管理職の年齢などの情報である（これらを部門の**構造に関するデータ**と呼ぶ）。部門の構造についてのデータはすべてヘールト自身が収集した。調査データの収集と並行して、調査データの解釈に役立つ部門の構造に関するデータを手探りで見つけようとした。これはほかの研究者と共同で行うにはあまりにも複雑な作業であった。部門の構造に関するデータについてはトップの管理職、人事課長、経理課長から情報を得た。彼らにまず調査票に記入してもらってから、一対一のインタビューを行った。

数量化することができた多数の特徴のうち、約四〇がデータとして役に立った。これらの四〇の特徴について、二〇の部門のスコアを求め、慣行に関する六つの次元のスコアとの相関を検討した。[21] 慣行に関する六つの次元との間に見出された関係のなかで、非常に重要なものは以下の通りである。

慣行に関する第一の次元は過程志向－結果志向であった。この次元のスコアは、運営費（日々の業務に必要な経費）に占める人件費と原料費の割合と強く相関していた。運営費においている人件費と原料費と資本のうちのどのコストが大きな割合を占めているかによって、業務形態は労働集約型、原料集約型、資本集約型の三つに大別できる。労働集約型の部門では（社員の数が同じであると仮定すると）結果志向が強く、原料集約型の部門では（ここでも社員の数が同じであると仮定すると）過程志向が強い。労働集約型の組織では、当然のことながら、社員の努力が組織の生産性を上げるために重要な役割を果たしている。そのため、結果志向の文化が育まれるのであろう。原料集約型と資本集約型の組織の収益は技術過程に左右される傾向があるので、過程志向の強い文化が熟成されるようである。したがって、研究開発部門やサービス部門においては結果志向が強く、自動化の進んだ製造部門や事務部門で過程志向の傾向が強いのは、驚くほどのことではない。

結果志向と二番目に相関が高かったのは、欠勤率の低さである。「社員は最大の努力を払っている」という項目が、結果志向の次元の中心的な項目の一つであることを考えれば、しごく当然のことである。次に、結果志向は組織構造の三つの特徴と有意な相関を示した。フラットな組織（部門の長に多くの権限が与えられている）ほど結果志向が強かった。これは、ピーターズとウォーターマンが（革新的な超優良企業の特徴として）挙げた原理の一つである「単純な組織・小さな本社」に当たる。組織における権限の集中化、専門化、形式化を測定するために、第9章でふれた組織構造についてのアストン研究[22]をもとにして、それを単純化した三つの尺度を構成した。専門化と形式化はどちらも結果志向とマイナスの相関を示した。専門化が進んでいるほど、また形式化が進んでいるほど、過程志向が強かった。権限の集中化はこの次元とは相関していなかった。結果志向はさらに、トップの経営陣の教育水準の低さと相関していた。彼らは、平社員から昇進した人々であった。最後に、結果志向の部門では、労働組合への加入率が低い傾向があった。

第二の次元（社員志向－仕事志向）ともっとも相関が強かったのは、部門がその上部組織によってどのようにコントロールされているかであった。部門の長が、自分の業績は収益やほかの財務上の業績に関する尺度によって、上司から評価されていると感じているところでは、仕事志向の文化が強かった。部門の長が、自分の業績は予算に鑑みて評価されていると感じている部門では、逆に、社員志向の文化が強かった。外的基準（市場における利益率）に基づいて事業を行っている組織の文化は、内的基準（予算）に基づく組織に比べて、恩情主義的傾向が弱くなっている。部門の長が、議論を呼び起こすような記事を社内報に掲載してもよいと発言していたところでは、社員自身が社員志向の強い文化であると感じており、部門の長の言葉が正しいことを裏づけていた。

社員志向は、ほかにも平均勤続年数（会社に勤務した年数）、社員の平均年齢（年配の社員が多いほど仕事志向のスコアが高かった）、トップの経営陣の教育水準（経営陣の教育水準が低いほど仕事志向の文化が強い）、資本投下総額（驚いたことに社員一人当たりの資本投下とは相関がない）と相関していた。投下額の大きい大規模な組織は仕事志向よりも社員志向が強い傾向があった。

第三の次元（所属主義的－専門的）に関しては、伝統的な技術を用いている部門は所属主義が強く、ハイテク部門は専門的な傾向が強かった。この次元ともっとも強い相関を示したのは、規模に関するさまざまな尺度であった。当然のことながら、規模の大きい組織ほど専門的な文化が育っていた。また、これも当然のことながら、専門的な文化のもとでは労働組合の組織率が低かった。専門的な文化が強い部門の管理職は教育水準が高く、平均年齢も高かった。このような組織の構造は専門化が進んでいた。興味深いことに、専門的な文化は部門の長のスケジュールにおける時間配分と関係があった。専門的な文化が強い部門の長は、会議や一対一で話し合うことにかなり多くの時間を割いていると語っていた。最後に、われわれが調査したかぎりでは、公共機関よりも民間部門の方が、専門的な文化のスコアが高い傾向があった。

第四の次元（開放的システム－閉鎖的システム）は外部データのなかの一つの指標と意味のある強い相関を示した。コミュニケーションの雰囲気の開放度が女性社員の割合と強く関連していたのである。[23] コミュニケーションの開放性は、女性の管理職の割合やトップの経営陣のなかの少なくとも一人は女性であるかどうかという指標とも相関していたが、これらは研究対象が二つの国にまたがっていたことから生じたものである。調査を実施した当時、ヨーロッパの先進諸国のなかで、デンマークは女性の労働参加がもっとも高い国の一つであり、オランダはもっとも低い国に属していた。また、すでに述べたように、デンマークの部門は一つの例外を除いてオランダの部門よりも開放的であった。しかしだからといって、働く女性の割合と開放的なコミュニケーションの雰囲気との間に因果関係がないというわけではない。デンマークの方が働く女性の割合が多いということは、まさしく、なぜデンマークの部門はオランダの部門よりもはるかに開放的であるのかを説明しているのである。

開放的－閉鎖的の次元は次のような指標とも関連していた。形式化が進んでいる部門ほど閉鎖的な文化が強く（二つの指標の妥当性をともに証明している）、社内報に論争を巻き起こすような記事を掲載してもよいとする部門は（当然のことながら）開放的な文化が強かった。また、平均勤続年数が長い部門でも開放的な文化が強かった。

第五の次元（コントロールがゆるい－きつい）は、部門の長が自己報告したスケジュールの時間配分ともっとも強く関連していた。部門の長が、社内の報告書やメモを読んだり書いたりすることにかなり多くの時間を割いていると感じているところでは、コントロールがきついことが示された。これはしごく当然のことである。また、原料集約型の部門においてもコントロールのきつい文化が支配的である。原料集約型の部門の業績は一般に、原料から製品を生産する過程で生じるわずかな利益に左右されるので、これもまた当然のことであろう。

コントロールのきつい文化は、女性管理職の割合とも関連があったし、関連の程度は弱いが、女性社員の割合とも関連があった。このことはおそらく、われわれが調査した組織では、女性社員は繰り返しの多い単純で事務的な業務に従事していることが多かったためであろう。男女の社員やトップの管理職の教育水準が低い部門ほど、コントロールがきつかった。この結果を見ると、高い教育水準を要求しない職種では従業員の権力格差が大きかったという第3章での結果が思い起こされるであろう。社員数が最近増えた部門では、コントロールはゆるいと感じられており、社員数が減らされた部門では、コントロールはきついと感じられていた。社員の一時解雇は明らかに、予算の削減と結びついていた。最後に、コントロールがきつくないと感じている部門では社員の欠勤率が低かった。欠勤はどうやら、コントロールのきついシステムのプレッシャーから逃れる方法の一つなのである。

第六の次元（規範的－現実主義的）は、外部データのなかの一つの指標とだけ有意な相関を示していた。調査した組織のうち民間の部門は現実主義的で、公共の部門（警察など）は規範的であった。

文化との相関を検討した外部データのなかには、組織の業績についての指標が欠けていた。これは文化が業績と関係がないことを意味しているのではない。調査対象とした組織の部門がさまざまであったために、多様な組織の業績を比較しうる尺度を見出すことができなかったからにすぎない。

この項では、組織の客観的な条件が特定の文化的な特徴と結びついていることについて述べた。両者の間にこのような関係があるということは、組織文化を変革するためには、たとえば、組織構造のある特定の側面やトップの管理職の優先順位を変えなければならないことを示唆している。このことについては本章の最後の項で述べることとする。

▼組織の下位文化▲

IRICによる追跡調査研究では、組織の下位文化が調べられた[24]。一九八八年にデンマークの保険会社からの依頼を受け、その会社の三四〇〇名の社員全員を対象に調査を行い、すべての部門の文化についての研究を行った。研究ではデンマークとオランダを対象とした以前の研究と同じく、自由回答方式のインタビューに続いて調査票による調査を行うという方法がとられた。

回答者全体は一三一の「有機的」作業集団に分かれる。これらは組織の最小の構成要素であり、そのなかのメンバーは常に顔を合わせる関係である。管理職は自らが管理する集団には含まれず、地位のレベルが同じ同僚とひとまとめにされた。

調査の回答に基づき、一三一の集団は明らかに異なる三つの下位文化に分類された。三つとは、専門、事務、顧客対応である。専門にはすべての管理職と、通常高い教育水準が要求される業務を行う社員が含まれた。事務には事務部門のすべての社員が含まれ、そのほとんどは女性であった。顧客対応には、顧客を直接担当する二つの社員集団が含まれており、営業員とクレーム担当係であった。

デンマークとオランダの研究による六つの次元を用いることで、三つの下位文化の間にさまざまな文化的ギャップがあることが示された。専門的な集団はもっとも仕事志向が強く、専門的で、開放的であり、コントロールがきつく、現実主義的であった。事務集団はもっとも所属主義的かつ規範的であった。顧客対応は結果志向と社員志向がもっとも強く、閉鎖的で、コントロールがゆるかった。顧客対応の下位文化は、専門的な文化と対抗関係になっていた。

調査が行われる少し前、この会社内では販売員と女性社員による抗議行動が二件発生していた。販売員の抗議行動は、職場環境と補償金に関係した争いであり、販売員によるストライキがまさに阻止されたばかりであった。この問題は、専門下位文化と顧客対応下位文化のギャップが大きいことによると理解できる。この会社の文化の見取り図に生じた亀裂はたいへん危険なものであった。顧客対応に携わる人々はビジネスを生み出しており、その人たちなしに保険会社が生き残ることはできない。しかし、この会社で主な決定を下す管理職と専門職はまったく異なる下位文化に属していた。多額のお金やビジネスの潮流、市場の支配力が日常の関心事という、人目を引く、華々しい環境のなかにおり、現場の仕事をして毎日の収入をもたらす多数の人々とはかけ離れていたのである。

女性の抗議行動は、女性のキャリアが閉ざされていることに対してであり、社員に占める女性の割合が五〇％を越えたときに発生した。この問題も専門下位文化と事務下位文化のギャップに着目するとよく理解できる。専門下位文化に属する管理職は、女性が事務下位文化に属しており、お決まりの仕事をする上昇志向がない社員であると思っていた。しかし、以前ならまだしも、このようなイメージはもはや正確ではない。一七〇〇人の女性従業員のうち、七〇〇人は高等教育を受けていた。彼女たちの多くは専門的な役割を担っており、事務的役割に携わる者も、キャリアへの関心を男性の同僚と同じぐらい示していた。インタビュー調査からは、多くの女性が仕事とプライベートの生活や家庭生活との葛藤を経験していると、管理職が信じ込んでいることが明らかになった。しかし、調査結果では、そのような葛藤に苦しんでいると回答した女性が二一％だったのに対し、男性では三〇％であった。この結果について女性側が説明したところによれば、女性は家庭の問題を解決しなければ仕事には就けないのに対し、男性は家庭の問題の解決を意識していないということであった。
この保険会社の文化を理解するためには、下位文化の亀裂は重要である。不幸なことに、管理職は専門下位文化にとらわれており、文化の亀裂のおそれがある点を認識していなかった。この調査結果に対してほとんど無反応であった。すぐ後にこの会社は赤字に転落し、数年後に所有者も経営陣も入れ替わった。

▼組織文化に対する個人の認識▲

同じ組織部門に属する人が、組織の慣行に関する質問に対して、まったく同じように回答するかというと必ずしもそうではない。IRICの研究は組織文化の間の違いが関心事であり、個人の違いについては見ていない。個人の違いに関心を持つ香港中文大学のマイケル・ボンドは、この個人の違いという観点からIRICデータベースを再分析しないかと提案した。当時ボンドの助手だった陸仲良が必要なコンピューター作業を行った。それによって明らかになったのは、個人のスコアが組織部門の平均スコア周辺にばらついている構造、つまり、**組織文化の違いが除去されたあとの**個人のスコアにどのような違いがあるのか、ということであった。このIRICプロジェクトの拡張版は、ホフステード・ボンド・陸の共著論文にまとめられている[25]。

個人の認識に関するこの研究では、まず価値観と慣行に関する質問が別々に分析された。当然ながら、同じ部門内の個人の間では、慣行よりも価値観の違いの方が大きかった。価値観は私的なものであり、慣行は共有するものだからである。しかし、個人にとって、価値観と慣行に対する認識とは、互いに関連していることが明らかとなったため、続く分析ではこの二つを組み合わせることができた。価値観と慣行を組み合わせることで、六つの次元が生み出された。

1　**疎外感**　これは、慣行に対するあらゆる認識が否定的な心理状態。疎外感を抱く回答者は惨めな状態にあった。組織があまり専門的ではないと考え、管理職を縁遠い存在だと感じ、信頼できる同僚も少なく、組織の秩序があまりないと考え、組織に敵意を抱き、組織と社員はあまりまとまっていないと認識していた。疎外感は、若く、教育水準が低く、非管理職の従業員ほど強かった。

2　**ワーカホリック**（仕事中毒）　これは、仕事への強いコミットメント（たとえば、余暇よりも仕事の方が大事だと考えるなど）に対して研究者たちが名づけた用語。協力的な組織を求める要求（たとえば、きちんと定められた現場で働きたい）と対立する。ワーカホリックは、若く、教育水準が高く、男性で、管理職についている従業員ほど強かった。

3　**野心**　すなわち、達成への個人的要求（たとえば、組織の成功に貢献したいという欲求や、昇進の機会の欲求など）。

4　**マチスモ**　すなわち、男性らしさという個人特性（たとえば、親は子どもがクラスで一番になるよう激励すべき、あるいは男性のキャリアに必要ならば、家族が犠牲を払うべき

という考え方など）

5　**秩序正しさ**　従業員が秩序正しい心を持てば、組織も秩序正しくなると考える。

6　**権威主義**（たとえば、管理職の権威を疑問視することは望ましくないという考え方など）。権威主義は、教育水準が低く、女性の従業員ほど強かった。

組織文化の認識における個人差にはパターンがあり、ほとんどがパーソナリティに基づく差である。実際、上記六次元のうち五つは、第2章で述べたビッグ・ファイブというパーソナリティの次元（経験に対する開放性、誠実性、外向性、調和性、情緒不安定性）と類似している。個人が組織文化を認識する際の次元は、次のような形でビッグ・ファイブの次元と関連している。[26]

1　疎外感は、神経症的傾向と関連する。

2　ワーカホリックは、外向性（「活動的」や「精力的」が含まれる）と関連する。

3　野心は、経験に対する開放性と関連する。

4　マチスモは、調和性と負の関連を示す。

5　秩序正しさは、誠実性と関連する。

パーソナリティ因子のなかで権威主義との関連を示す因子がなかった点が驚きだった。第2章では、ヘールトとビッグ・ファイブを作成したロバート・R・マクレーが三三カ国の比較可能なサンプルを用いてパーソナリティ得点の平均を求め、IBMの文化次元と有意に相関していることを示したが、長期志向との相関は得られなかった。[27] これは、どちらの分類も西洋人の思考に基づいて考案されたためではないかとヘールトは考えた。ビック・ファイブのモデルは、長期志向‐短期志向の次元に関連するパーソナリティの次元を見落としているのではないだろうか。

ビッグ・ファイブのパーソナリティ尺度は、西洋で開発されたがゆえに、アジアでは不十分なものになっている可能性を示唆する研究上の証拠がある。[28] 中国とフィリピンでの調査研究の結果では、六番目のパーソナリティの次元として**対人関係志向性**すなわち**社交性**が見出された。われわれの組織文化研究は、ヨーロッパを舞台としているため、権威主義と関連するパーソナリティ因子が欠けてしまっていたのである。

社交性と権威主義は、どちらも同じ六番目のパーソナリティ次元のうちの二つの側面であって、他者への依存を扱ったものである、と解釈することも可能かもしれない。この次元は、国際比較では、長期志向と相関することも十分ありうるだろう。ビッグ・ファイブをビッグ・シックスへと拡張できれば、その文化横断的な普遍性が高まるかもしれない。[29]

▼社会科学の庭園、花束、花▲

分析レベルの選択については第1、2章でも議論したが、この章でもとりわけ重要であった。国や組織の部門、個人間で同じ種類のデータを比較する際に、われわれは三つの異なる水準の次元を用いてきた。それぞれの水準は、人類学、社会学、心理学という三つの社会科学の分野に対応している。

ＩＢＭデータの国際比較研究では、当初心理学的なデータを用い、それらを国レベルで集計した。国レベルのデータは、社会を記述する概念に拡張され、個人主義‐集団主義のような、そもそも人類学や政治学に属する概念になった。ＩＲＩＣの組織文化研究のためのデータベースは、組織の部門レベルで分析され、マートンのローカル‐コスモポリタンに似た組織社会学的な基本的な区分を生み出した。同じデータベースでは、組織の部門の平均と個人のスコアとの差異が分析され、個人を対象とする心理学のパーソナリティ研究の結果が支持された。

社会と組織と個人は、それぞれ社会科学における庭園であり、花束であり、花である。われわれの研究が示したのは、この三つは関連し合っており、それぞれが同じ社会の現実の一部だということである。社会環境を理解するためには、一つのレベルの境界内に閉じこもってはならない。われわれは三つのレベルすべてを見ることができるようにしなければならないのである。(30)

▼職業文化▲

図10・1では国家と組織の中間に職業文化が置かれていた。その理由は、ある職業分野に入るためには、価値観と慣行の両方を身につける必要があるためである。価値観や慣行を身につけるための社会化が行われる場は、学校であり、職業訓練であり、大学である。また、その時期は子ども時代から就職するまでの間である。

これまで職業文化の次元を特定できるような大規模な職業横断的研究は行われていない。五つの国民文化（価値観）の次元も、六つの組織文化（慣行）の次元も、そのまま職業レベルに応用することはできない。五つの国民文化のうち、ＩＢＭ研究において職業別の差異に応用できたのは、権力の格差と男性らしさ‐女性らしさだけである。第4章によれば、ＩＢＭの職種は「個人主義」か「集団主義」ではなく、その職業に従事する人々の動機づけが「内在的」か「外在的」か、つまり仕事自体なのか勤務条件ならびに物質的報酬なのか、といった点から記述できた。

既存文献をレビューし、推測も交えて予測をしてみよう。体系的な職業横断的研究を行うことで、職業文化に関する以下の次元が発見されるであろう。(31)

1 人を扱う‐モノを扱う（例：看護師‐技師）
2 スペシャリスト‐ジェネラリスト、あるいは別の観点から見た場合、プロ‐アマチュア（例：心理学者‐政治家）
3 規律訓練‐自由独立（例：警官‐店主）(32)
4 構造化‐非構造化（例：システム・アナリスト‐ファッション・デザイナー）
5 理論的‐実践的（例：教授‐営業部長）

6　規範的－現実主義的（例：裁判官－広告代理業者）

これらの次元は国民文化の次元よりも慣行との結びつきが強く、また組織文化の次元よりも価値観との結びつきが強いものとなるであろう。これらの次元は職業内部での区別にも用いられよう。たとえば、医療関係の専門家は人を扱うかモノを扱うかの次元のどこかに位置づけられるが、小児科医は人を扱う側にかなり寄ったところに位置し（彼らは子どもだけではなく、子どもの家族にも対応している）、外科医や病理学者は身体の細部に焦点を当てるので、モノを扱う側にかなり寄ったところに位置することになる。

▼IRIC調査プロジェクトからの結論——次元と全体像▲

ＩＲＩＣの研究プロジェクトでは、組織文化を社員が共通に認識している慣行——シンボル、ヒーロー、儀礼——として定義して、六つの次元のモデルを用いて検討してきた。研究データは、北西ヨーロッパの二つの国の二〇の組織部門から得たものである。したがって、このモデルをほかの国のほかの組織に当てはめる場合には慎重でなくてはならない。健康や福祉関連の企業、政府、軍隊などの重要な組織は研究対象に含まれていなかった[33]。ほかの国で調査を行った場合、慣行に関するどんな新しい次元がさらに見つかるかについては何ともいえない。しかし、慣行に関するいくつかの次元から組織文化を明確に記述できるという事実は、おそらく普遍的であると考えている。そして、一般にそのような次元は、本章で述べた六つの次元と類似しており、部分的に重なり合うと推測される[34]。

六つの次元のモデルは地理的にも産業のうえでも限られている。そのため、そこで用いた調査票を追調査で全面的に用いることは不適切である。結果の解釈には比較の問題が伴う。次元スコアの算出に用いた公式は、ＩＲＩＣ調査を行った二〇の部門を持つ組織を比較するために用いたものであり、環境や時代が異なれば意味をなさない。新たな研究を行う場合には、比較する部門を独自に選び、新たな比較の基準を開発しなければならない。研究の際には組織の全体像（ゲシュタルト）について感触が得られるよう、組織横断的なインタビュー調査から始めなければならない。それから、対象とする組織の慣行における決定的な差異をカバーするような、独自の調査票を作ることになる[35]。

ＩＲＩＣの研究によって見出された次元は、組織文化を表現しているが、文化の処方箋ではない。六つの次元のどの次元のどこをとっても本質的に良い悪いとは無関係である。ピーターズとウォーターマンの『エクセレント・カンパニー』では、超優良企業であるための八つの条件が従うべき規範として示されていた。彼らの本は、超優良企業となるために最良の方法はただ一つであると述べていた。ＩＲＩＣの研究結果はこれを否定する。何が良くて何が悪いかは個々の組織がめざしている方向によって異なる。ある目的にとっては有利に働く文化的特性も、別の目的にとっては不利に作用してしまうこともある。文化の次元に関する尺度上のある位置に対して、多少とも望ましいものとしてラベルをつけることは、戦略上の選択にかかわることであり、戦略は組織によって異なるはずである。とりわけ、顧客志向（第六の次元において現実主義的になること）を強調すること、サービス業や顧客の注文に応じて製品を製造する組織にとっては非常に意味のあることだが、価格競争の激しい市場に向けて標準的な製品を製造している企業にとっては、不必要なことなのかもしれないし、有害なことでさえあるかもしれない。

本章では先に、組織は文化**そのもの**なのか、あるいは組織が文化を**持っている**のかという論争についてふれた。われわれはＩＲＩＣの研究プロジェクトに基づいて、慣行は組織が**持っている**特質であると提案する。慣行は組織文化において重要な役割を果たしているのであるから、組織文化は**ある程度**管理することができると考えられる。成人した人々の集団としての価値観を意図する方向へ変えようとすることは、不可能ではないとしても極めて難しい。しかし、集団における慣行は、構造やシステムといった組織上の特徴に左右されており、これらを変えることによって多少とも予測しうる方向への変化を導くことができる。一方、すでに議論したように、組織文化は、ある意味では統合された全体、またはゲシュタルトでもある。そして、ゲシュタルトは組織**そのもの**であると考えることができる。組織は動物にたとえられることがある。ヘーヴンズ・ゲート社は象（動きがゆっくりで、巨大で、自信が強い）に、ＳＡＳの乗客ターミナルはコウノトリ（信頼がおけ、思いやりがあり、人を運ぶ）にたとえることができる。企業を動物にたとえることは、ゲシュタルトの変化の可能性に限界があることを暗示している。象を調教して競走馬にすることはできないし、ましてコウノトリになどできないのである。

慣行が変化するということは、こうした統合体にも影響を受ける余地が残っていることを示している。動物も、その本質を変えないままで、学習可能なことがある。組織文化は一つの統合体であるので、構造やシステムの変革を持ち込むには、関係者にとってそのことが持つ意味を理解させることができるような、人々をまとめ鼓舞するリーダーシップが必要である。そのようなリーダーシップが得られれば、ＳＡＳの事例で紹介したように新しいまとまりのある文化のパターンが生まれるであろう。

▼組織文化を管理する▲

一九八〇年代にヘールトはさまざまな組織の経営陣に対して、組織文化研究プロジェクトに参加するよう売り込みをかけていた。当時ヘールトは「組織文化は組織の心理的な資産を表しており、それが今後五年間の物質的な資産を予測する」と主張していた。今になって考えると、決定的な要素は組織文化自体ではなくて、管理職（経営陣）が組織文化をどうするかということである。戦略、構造、統制、[36]文化の四つの面でバランスがとられなければならない（図10・2）。

組織の業績は目標を基準に測られなければならない。経営陣

図10・2　戦略，構造，統制，文化の関係

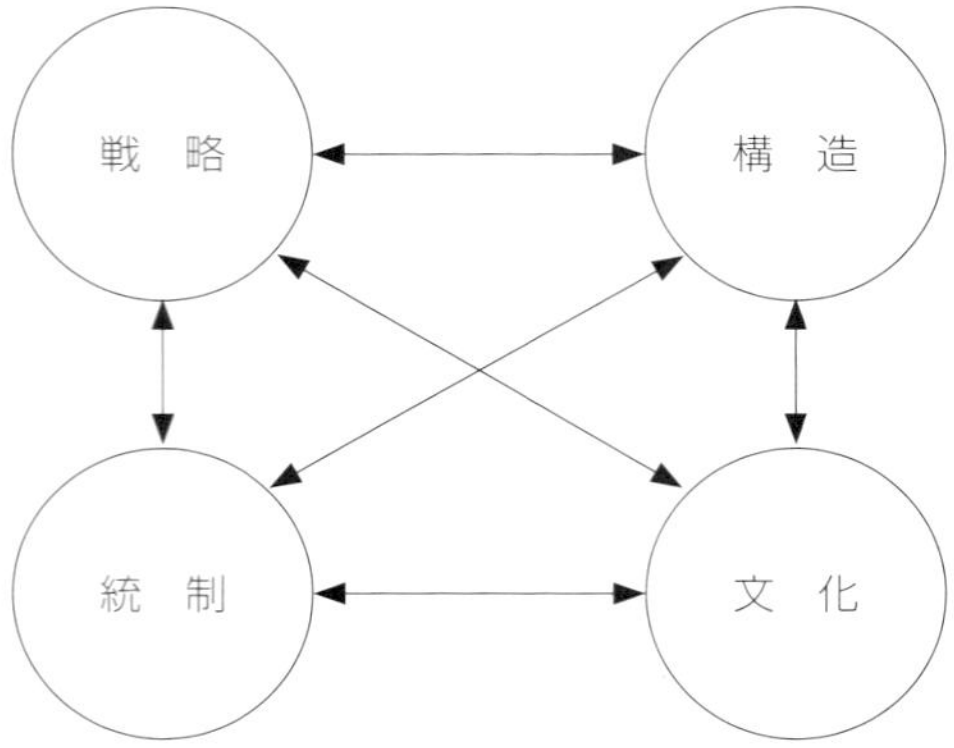

の役割は目標を戦略（出てくる戦略が自由放任以外に何もなかったとしても）に変換することである。**戦略**は既存の**構造**や**統制**システムを通じて実施され、その結果は**組織文化**によって修正される。戦略、構造、統制、文化の四つの要素は互いに影響を与え合う。

IRIC研究は、組織文化の量的研究が個別の手法として単独で使われるのではなく、より広いアプローチのなかに統合されるのであれば、実行可能かつ有用な研究となることを示している。ハードウェアと最終収益の数値がモノをいう世界では、組織文化の違いはスコア化されると目に見えるようになる。可視化することで、管理職の優先順位のリストに取り入れられるのである。

組織の管理職や社員や経営コンサルタントらにとって、こうした研究が実際にどのように役立つかを以下に挙げていこう。

◇ 自分が所属している組織の下位文化について確認する。

IRICのプロジェクトを保険会社の調査に拡大した結果は、この応用の意義を明らかにした。図10・3に示すように、組織は、トップの管理職、中間管理職および第一線監督者、専門職員、事務職員、現場の社員といった階層ごとに、文化を異にする場合がある。機能領域の違い（たとえばセールスか製造か研究か）、製品・市場の違い、事業を行っている国の違い、あるいは合併を経験した組織の場合には合併した相手の違いなどによっても、一つの組織の内部で文化が多様化しうる。研究のなかで遭遇した事例には、合併から二〇年も経っているのに、合併以前の文化の足跡を、わずかに異なるモラル・サークル（第1章を参照のこと）という形でいまだにたどることができる事例があった。

ここに挙げた潜在的な境界線のすべてが同じようにはっきりとしているわけではないが、複雑な組織文化の見取り図を知ることは、管理職や社員にとって重要なことである。ただ、現状ではほとんどの者が知らないようである。

◇ 将来推進しようとしている戦略と組織文化が適合しているかどうかを検証する。文化の制約から、組織にとってどの戦略が実現可能でどの戦略が不可能であるかが決まってくる。たとえば、規範的な文化を強く持つ組織では、客へのサービスを競うような戦略はあまり成功する見込みがない。

◇合併や乗っ取りの場合には、相手との文化的な葛藤が生じそうな分野がどこかを確認しておく。この情報は、合併するべきか否かを決める資料にもなりうるし、すでに合併が決まっている場合には、摩擦による損失を最小限に食い止め、文化的に貴重な資産を維持するように、合併後の統合を円滑に進める計画の資料にもなる。

◇何年かごとに調査を繰り返すことによって、組織文化の発展を測定する。このことによって、導入しようとした文化の変革が本当に実現されたのかどうか、また前回の調査の後に生じた外部環境の変化が組織文化にどのような影響を与えたかについて知ることができる。

図10・3　組織文化の分化

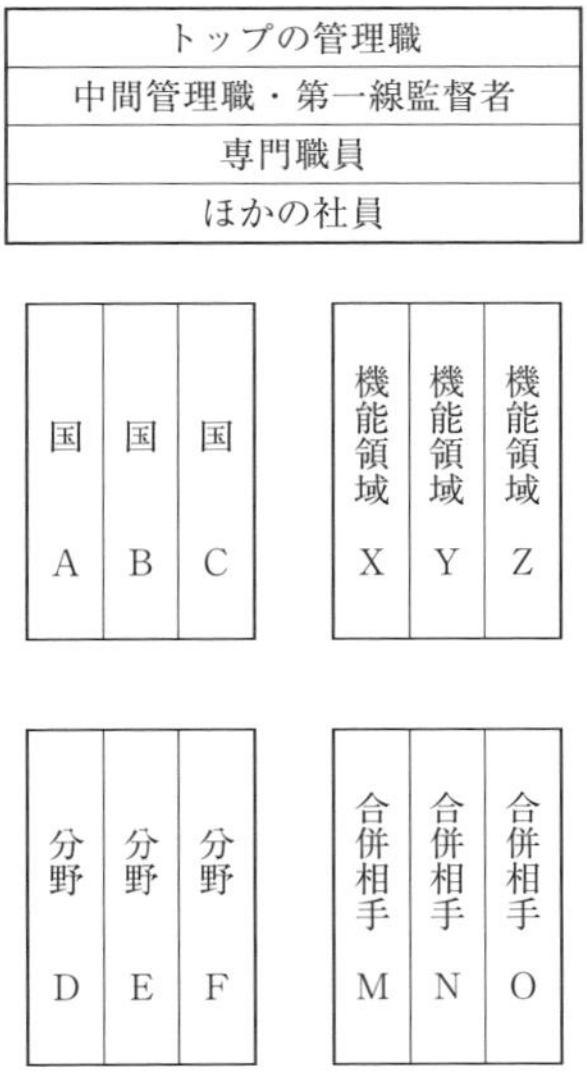

では実際に、自分が所属している組織の文化について何ができるのだろうか。まず、組織のなかでどのような地位についているのか、あるいは組織とどのような関係にあるのかによって、できることは違う。ドイツのエーベルハルト・ウィッテによる古典的な研究が結論づけているように、組織に効果的な変革をもたらすには、**権力者**（Machtpromotor）と**専門家**（Fachpromotor）の両者が協力して事に当たらなければならない[37]。ウィッテのモデルは、ドイツのデータに基づいて開発されたもので、権力格差が小さく（権力者に近づきやすい）、不確実性の回避傾向がかなり強い（専門家を信頼する）ドイツのような国にしか当てはまらないのかもしれない。しかし、どのような国の文化においても、権力者と専門家という役割の区別は有効であろう。文化の変革にとってはどちらも不可欠である。権力者の支持を得ることは、必要条件である。権力者がたんなる行政官でなく、カリスマ性のある人物であればなおのこと望ましい。一方、正しい診断を下し、的確な治療法を選ぶことができる専門家の存在も不可欠である。ウィッテの研究によると、ドイツでは**権力者**と**専門家**は少なくとも二人の別々の人物でなくてはならない。二つの役割を同一人物が担おうとすると、どちらかの役割がおろそかになるというのである。

専門家は、組織文化と組織の下位文化の現状について適切な診断を下さなければならない。自分が所属する組織の現時点における文化の見取り図を手にしており、それをどのように変えるべきであるかについてもわかっている、といった思い込みは危険である。実際に業務が行われている第一線や中間管理職から見た場合と、トップの管理職が見た場合とでは、組織の様相が非常に異なる場合がある。ＩＲＩＣの研究プロジェクトでは、インタビューや調査の結果を部門の管理職にフィードバックする場合、社員がわれわれの質問にどのように答えたかを示す前に必ず、それぞれの文化の次元において自分たちの組織がどのような位置にあるかを推測してもらった。管理職のなかには、洞察力が飛び抜けて鋭く、ぴたりと言い当てた者もいたが、たいていは外れていた。希望的観測や根拠のない恐れがしばしば回答に影響を与えていた。したがって適切な診断が非常に重要なのである。

診断によって適切な情報が得られたならば、次の段階では**権力者**が組織の**戦略**の一環として文化に関してさまざまな配慮をしなくてはならない。現在の文化の見取り図にはどんな長所と短所があるか。長所をうまく使い、短所を埋めることができるだろうか。組織は現在の文化のままで、これからもやっていくことができるのだろうか。経営陣が文化を変えたいと希望しても、そんなことは可能なのだろうか。文化を変えることによって生じる利益はコストを上回るのであろうか（コストは予測を上回るのが常である）。文化を変えるのに必要な資源や人材を用意できるだろうか。そして文化を変えるべきであると決断したならば、それを実行するにはどのような手順を踏んでいかなければならないのか。**権力者**は、この過程において自分が極めて重要な役割を長期間にわたって担わなければならないことを認識しているのか。文化の変革を完成させるために十分な時間（予定よりも常に長くなる）をかけることを上司や経営者や銀行から認められるのであろうか。必要な変化を導入する際に、組織内部で十分な支持をとりつけることができるであろうか。支持してくれるのは誰か。抵抗するのは誰か。抵抗する人を納得させることはできるか、あるいは邪魔できない位置に置くことができるか。

文化は「ソフト」な特性であるが、文化を変革するためには「ハード」な手段が必要である。**構造を変える**とは、課の廃止、新しい課の創設、活動内容の統合または分割、個人あるいは職場ぐるみの転勤などを意味する。一般論としては、個人単位で異動する場合には、異動した人は異動先の新しい環境の文化に適応するが、職場ぐるみで異動する場合には、以前の職場の文化を異動先に持ち込むことになる。職場ではお互いにやりとりする方法などが職場の文化の一環としてできあがってくる。これらは極めて安定したもので、変えることは難しい。これらを変えるということは、すべての対人関係を再構築しなければならないことを意味する。しかし、新しい課題や新しい環境のもとでそのような再構築を行わざるをえない事態になれば、古い文化が持つ望ましくない側面をすっきりとさせる、またとないチャンスである。

過程を変えるとは、手続きを新しくすることである。コントロールの仕組みを除去するか、新たなコントロールの仕組みを導入するか、自動化するか、人の手に戻すか、コミュニケーションの流れを短くするか、新たな経路を設けるかなどが挙げられる。

たとえば、現在は化学製品をばらで大量生産しているが、もっと収益のよい特定の化学製品の専門メーカーに脱皮したいと希望している会社を例にとろう。専門メーカーになるには、生産量に関する細かな数字をなくして、その代わりに配達時間や顧客満足度をチェックするようにしなければならない。

過程を管理する場合、アウトプットに基づいて管理することも、インプットを通して管理することもできる。アウトプットに基づいて管理ができるのであれば、その方が効率的である。公共部門では、アウトプットを明確に定義できる場合であっても、伝統的な予算システムに従っているために、多くの活動をインプットによってのみコントロールしている。

人事を変えることは、雇用や昇進の方針を刷新することである。人事部が門番の役割を果たしていることを忘れてはならない。人事部長は無意識のうちに組織におけるヒーローのモデルを固定化してしまっているが、新しい文化のもとではそのイメージを変えなければならないこともある。今までのヒーローに変わって、ヒロインは可能か。イヤリングをしている男は昇進できないのか。文化を変えようという場合には、管理職は真っ先に訓練プログラムから始めようとするが、訓練プログラムは、構造、過程、そして人事のうえでの変化が生じることによって再訓練の必要性が高まったときに、行わなければ意味がない（SASの事例に見られたように）。ハード面における変化によって後押しされていなければ、訓練プログラムは往々にしてリップサービスのレベルにとどまり、経費の無駄遣いになってしまう。一般的にいって、**あの社員**たちを訓練した方がよいのではという忠告に対しては、常に懐疑的であるべきだ。訓練というのは、訓練を受ける者が訓練を受けたいと望んでいる場合にのみ、効力を発揮する。

文化を変えようとするときには、新しいシンボルを用いるとおおいに注目されることが多い。企業名、ロゴ、制服、スローガン、壁にかける肖像画などが新しくなると、目につきやすい。こういったものはすべて**コーポレート・アイデンティティ**と呼ばれる今はやりの分野である。しかしシンボルは文化のもっとも表面的なレベルにすぎない。ヒーロー、儀礼、重要なリーダーたちの価値観といった、もっと深層レベルでの根本的な変化によって支えられていなければ、新しいシンボルは空騒ぎにすぎず、その効果はすぐに消えてしまう。

同じことは、**企業の価値観**の策定についてもいえる。それは、一九九〇年代から世界的に流行し、多くの国際的な企業がよいことと信じてしまったようである。この場合の**価値観**という言葉は、第1章での定義とはまったくの別物である。企業の価値観とは、企業の行動にとって望ましい原理原則を文章化したものであるが、本来はイデオロギーに属するものであって、人々の感情や好みに基づき実証的に導かれたものではない。誤解を恐れずにいえば、表明された企業の価値観の大半は、実現できそうにない願望にしかすぎず、少数のトップ経営陣の好みに対応しているだけである。企業文化は、トップの管理職の言葉だけでは変わらない。トップの管理職の人柄や行動こそが企業文化を変えるのである。二〇〇一年に破綻した悪名高い米国企業

表10・2　組織文化の管理とは

◇トップに立つ者の仕事であり，誰かが代わってできるものではない
◇権力と専門性の両方が要求される
◇組織文化の見取り図から出発しなければならない
◇経営戦略上の選択が要求される：
・現在の文化は経営戦略と適合しているか
・適合していないとすれば，経営戦略を文化に合わせることができるか
・もしそれができないとすれば，文化をどのように変える必要があるか
・その変革は実現可能であるか――それを行う人材がいるか
・経営陣の関心と経費から見てコストはどのくらいになるか
・文化を変えることによって生じる利益はコストを上回るのであろうか
・文化を変えるのに必要な時間は正味どのくらいか
・実現に不安があれば，戦略を変える方がよい
・下位文化によっては別のアプローチが必要かもしれない
◇組織のなかに文化の変革を実行する担当者のネットワークを作る
・すべての職位階層で中心となる人物を決める
・中心となる人物が変革にかかれば，ほかの者もついてくる
・抵抗者を納得させることができるか
◇構造上必要な変化を計画する
・部門の新設や閉鎖
・部門や仕事の統合と分割
・集団や個人の異動
・仕事と能力が見合っているか
◇過程に関して必要な変化を計画する
・コントロールを廃止するか新設する
・自動化するかあるいは人の手に戻すか
・コミュニケーションの経路を増やすか直接的なコミュニケーションを増やすか
・インプットによるコントロールをアウトプットによるコントロールに変えるか
◇人事の方針を改める
・雇用の基準を考え直す
・昇進の基準を考え直す
・現在の人事で新しく課せられている任務を達成できるか
・適当な時期に人事異動を実施する
・訓練プログラムの実施は慎重に
・訓練プログラムは訓練を受ける者自身が必要性を感じていなければ意味がない
◇組織文化の発展の診断を続ける
・継続的な関心，断固とした態度
・文化の診断を定期的に行う

エンロンは，**プロフェッショナリズム**と**誠実さ**を企業の価値観の一部としていた。企業の価値観は，実際の行動で確証されていかなければ，また，逸脱者への制裁によって維持されていかなければ，それが書かれている紙切れほどの価値もない。偽りの価値観を語るくらいなら，黙して語らない方がましである[38]。

組織の文化を変えるには，**権力者**が断固とした態度をとり，関心を持ち続けることが必要である。変革のプロセスが文化を診断することから出発したのであれば，導入しようとした変化が現れてきてもよいくらいの十分な時間が経過してから，ふたたび組織文化を診断す

ればたいへん役に立つ。このような診断の過程を設ければ、実際に生じた変化と意図した変化を比較して、さらに修正を加えることができる。組織文化が**いくぶんなりとも**操作できるものであるとすれば、これこそが組織文化を操作する方法である。**表10・2**には、読者が実践に利用できるように、文化を操作するための主な手続きをチェックリストとしてまとめている。

注

（1）この事例はHofstede, Neuijen, Ohayv and Sanders（1990）から引用している。本章のほかの部分についても、この論文から多くを引用している。
（2）Deal and Kennedy, 1982; Peters and Waterman, 1982.
（3）Peters and Waterman, 1982, pp. 75-76.
（4）たとえば以下のような批判がある。Wilkins and Ouchi, 1983, p. 477; Schein, 1985, p. 315; Weick, 1985, p. 385; Saffold, 1988.
（5）Pagès et al. 1979.
（6）このことは、Crozier（1964）やCrozier and Friedberg（1977）のようなフランスの組織社会学の著述にも見出される。
（7）Soeters, 1986; Lammers, 1988.
（8）たとえば、Westerlund and Sjöstrand（1975）、March and Olsen（1976）、Broms and Gahmberg（1983）、Brunsson（1985）。
（9）Alvesson, 2002, pp. 38-39.
（10）Smircich, 1983.
（11）われわれが慣行と呼んでいるものは、**しきたり**、**風習**、**習慣**、**習俗**、**伝統**、**慣例**と呼ばれることもある。これらはイギリスの先駆的な人類学者である、エドワード・タイラーによって文化の一部分であると認められた。「文化とは、人間が社会の一員として習得する、知識、信仰、芸術、道徳、法律、習俗、そのほかの能力と習慣とを含む複合体である」（Tylor, 1924［1871］）。
（12）Inglehart et al.（1998）、Halman（2001）、www.world-valuessurvey.org.
（13）Harzing and Sorge, 2003.
（14）Soeters and Schreuder, 1986.
（15）Carlzon, 1987.
（16）**ホーソン効果**とは、実験の被験者として選ばれた社員が、選ばれた者であるという事実による動機づけが大きいので、選抜そのものが実験を成功に導いてしまうという現象である。エルトン・メイヨー教授が一九二〇年代から三〇年代にかけて、企業における一連の古典的な実験を実施したアメリカのウェスタン・エレクトリック社のホーソン工場にちなんで名づけられた。
（17）二〇部門の平均スコアを対象とした因子分析において、三項目×六次元＝一八項目だけで全部門の平均スコアの分散の八六％を説明していた。
（18）文化の強さは、統計的な操作によって定義した。それは、慣行に関する一八の中心項目（各次元につき三項目ずつ）のそれぞれについて、部門内の社員のスコアの標準偏差を算出し、その平均をとったものである。標準偏差が小さいほど、強い文化を意味する。標準偏差の平均は〇・八七から一・〇八に分布しており、この値と結果志向に関する部門のスコアとのスピアマンの順位相関は、マイナス〇・七一***であった。

（19） Blake and Mouton, 1964.

（20） Merton, 1968 [1949].

（21） 四〇の特性と六次元をかけ合わせた行列の場合、一％の偶然によって生じる相関の数は二個か三個、五％水準では一二個である。実際には、一％水準で一五の相関が有意であり、五％水準では二八の相関が有意であった。したがって、ここで見出された関係のうち、偶然によって生じたものはほんのわずかにしかすぎないことになる。

（22） Pugh and Hickson, 1976.

（23） 相関係数は、〇・七八***である。

（24） Hofstede, 2001a, pp. 405–408.

（25） Hofstede, et al., 1993; Hofstede, 2001a, pp. 411–413.

（26） McCrae and John, 1992.

（27） Hofstede and McCrae, 2004. 三三の国において文化の五つの次元は、どれも少なくとも一つのパーソナリティ因子と有意に相関していた。しかし、これら五つの次元でパーソナリティ・スコアを重回帰分析すると、もともとのＩＢＭ研究の四つの次元だけが残った。これら四つの次元をコントロールすると、パーソナリティと長期志向次元との相関は消えてしまった。

（28） Hofstede, 2001a, p. 210.

（29） Hofstede, 2007a.

（30） Hofstede, 2001a, pp. 413–414; Hofstede, 1995, p. 216.

（31） Hofstede, 2001a, pp. 414–415.

（32） Soeters（2000, pp. 465–466）は、警官や軍隊、消防士という制服を着用する職業に共通の文化を発見した。いずれの文化も社会から比較的孤立したものであった。

（33） Sanders and van der Veen（1998）は、一二カ国の病院の集中治療室におけるＩＲＩＣの調査票を利用した調査の結果を報告している。各部門の文化は四つの次元、すなわち、ＩＲＩＣ研究のうち第一、二、四に加え、安全性への要求の高低という次元で異なっていた。部門内のインタビューに合わせて調査票を改訂すれば、これらの次元に加え、新たな次元が生み出されていたかもしれない。

（34） スイスの経営コンサルタントであるクーノー・ピュンピンは七次元のモデルについて述べており、その七次元のうち五次元（結果志向、社員志向、会社志向、コスト志向、顧客志向）はＩＲＩＣのモデルと似ている。彼の論文は、これらの次元がどのようにして見出されたかについて説明していない（Pümpin, 1984; Pümpin et al., 1985）。インドでは、プラディップ・カンドワラ教授が七五の組織の管理職に、われわれが用いた「わたしの職場では、……」型の質問項目と似た五点尺度の質問項目を使って調査研究を行った。そこで見出された第一因子は、われわれの過程志向‐結果志向と非常によく似ていた（Khandwalla, 1985）。

（35） Hofstede, et al.（1990）では、ＩＲＩＣ研究において指数を計算するために用いられた質問の内容を一覧にまとめている。

（36） これはマッキンゼー社のコンサルタントたちによる「７Ｓ」フレームワークよりも単純である。７Ｓとは、構造（Structure）、戦略（Strategy）、システム（Systems）、共通の価値観（Shared Values）、能力（Skills）、スタイル（Style）、スタッフ（Staff）からなる（Peters and Waterman, 1982, p. 10）。

（37） Witte, 1973. 英語による要約は Witte（1977）。

（38） van Nimwegen（2002）による博士論文は、ある国際的な銀行における企業の価値観が、一九カ国の支社でどのように異なり、どのような意味を持つかを分析した。それは、第２章で引用されたＩＢＭ研究の追調査の一つである。

第Ⅳ部　共生への道

第11章　異文化との出会い

われらが着く二、三日前に、イギリスの使節《イルチ》はテヘランに到着していた。その歓迎ぶりは、不信仰者の犬が祝福された予言者様御自《おんみずか》らの代理人（王）から受けるものとしては、最高のものだった。……王子や貴族たちには、使節に贈物をせよとの命が下った。

町の住人には、使節の一行は王の賓客だから、かれらの気に障ることは言ってはならない、もしこれに違反すれば、王様の怒りをかうであろうとのお布令《ふれ》が出された。

これだけ気をつかってもらったのだから、異教徒どもはその待遇に満足したと誰しも思いそうなものである。ところが事実は逆で、作法について議論をする段になると、際限もなく次から次へと問題がもちあがった。

使節ときたら、まったく手に負えない代物《しろもの》だった。第一に、着座のことが問題となった。王に拝謁を賜る日に、床にはどうしても座らぬという。それどころか、椅子《いす》に座ると主張するのだ。しかも、椅子は玉座から一定の距離の所に置き、それより遠くではいけないという。第二に、履物《はきもの》が問題となった。舗床《いしだたみ》の上を素足《はだし》ではなく、靴《くつ》をはいたまま歩くと言い張った。しかも、われらのように、赤い靴下をはくことさえ拒否したのだ。第三は、帽子。使節は、帽子をとって王にお辞儀するつもりだと公表した。被りものを取るのはとんでもない不作法だ、とこちらが言うのに。

それから、服装についても激論が起きた。まず、使節と随員に適当な服をおくるから、見苦しいほどに露出しているかれらの身体《からだ》をそれで覆《おお》って、王の目にふれても無礼にならぬように、とほのめかした。ところが、使節は嘲笑《あざわら》い、これをしりぞけた。自分たちの君主の前で着るのと、まったく同じ服を着るというのだ。（ジェームズ・モーリア『ハジババの冒険』岡崎正孝ほか訳、第二巻、三一八〜三二〇頁）

ジェームズ・J・モーリア（一七八〇〜一八四九）はヨーロッパ人であって、『ハジババの冒険』はフィクションである。しかしモーリアは、自分の題材についてよく知っていた。彼は、オスマン・トルコ帝国のコンスタンティノープル（現在のイスタンブール）でイギリス領事の息子として生まれ育った。のちに、彼はイギリス外交官として通算七年間をペルシア、現在のイランで過ごした。『ハジババ』がペルシア語に翻訳されたとき、ペルシアの読者たちはそれが外国人によって書かれたものであることをどうしても信じようとしなかった。『ハジババの冒険』を一九二三年に編集し直した編者の言葉を借りると「モーリアは旅行者として理想的な資質を備えていた。異国の地や人々になみなみならぬ関心を示し、ユーモアを発揮しながら人々と打ち解ける能力に恵まれていたので、自分とはまったく異なる人々の心の動きを理解することができたのである」[1]。モーリアがトルコ語とペルシア語を読み、話していたことは疑う余地もない。日常的な活動のすべての面で、彼は多文化に通じていた。

▼異文化の衝突――意図的なものと意図せざるもの▲

人類の歴史は、異なる文化集団の間で繰り広げられた戦争の集積である。アメリカの比較神話学者であるジョセフ・キャンベル（一九〇四～一九八七）によると、文字を持たない人々の古代の神話においても、例外なく戦争が肯定され称賛されているそうである。ユダヤ教とキリスト教の聖典であり、さらにはイスラム教の聖典コーランの原典でもある旧約聖書には次のような文章が随所に記されている。

あなたの神、主が嗣業《しぎょう》として与えられる諸国の民に属する町々で息のある者は、一人も生かしておいてはならない。ヘト人、アモリ人、カナン人、ペリジ人、ヒビ人、エブス人は、あなたの神、主が命じられたように必ず滅ぼし尽くさねばならない。（「申命記」第二〇章、第一六節～一八節）

これは、民族の殺戮を宗教的に正当化した呼びかけである[2]。とすれば、同じ旧約聖書のなかに出てくる十戒の五つめの戒律である「なんじ殺すことなかれ」というのは、明らかに自分が属しているモラル・サークルでのみ適用されるということになる。他の種族を殺して自分の種族の領土を拡大する行為は、神によって許されている行為であるばかりでなく、神から命じられた行為なのである。旧約聖書に登場する地域や地球上の多くの地域において、他民族の殺戮や追放を伴う領土紛争は今日まで繰り返されている。現在、イスラエルの地の領土権についてイスラエル人と争っているパレスチナ人のことをアラビア語ではペリシテ人と呼ぶが、彼らの祖先は旧約聖書の時代にもこの名で呼ばれていた。

宣戦布告の理由として挙げられるのは、領土の拡大だけではない。人類は自らの集団を挙げて他の集団に攻撃を仕掛ける理由として、ほかにも数多くの口実を考え出してきた。外敵からの脅威は、集団内部の凝集性を維持するうえで非常に有効である。本書の第6章では、「違うということは危険なことである」という立場が多くの文化において基本的な信条となっていることを示した。人種差別主義者は、ある民族は他の民族よりも先天的に優れているとみなし、優れた民族の優越性を維持するためには暴力を用いることも正当であると主張する。アパルトヘイトのような全体主義的イデオロギーは、どの民族が優れ、どの民族が劣っているかを決めつけて、その定義を押しつけた。彼らの都合により定義の内容が変えられることもあった。文化に対する悲観論者は、人間社会は敵を作らないことには成り立たないのであろうかと思い患っている。

ヨーロッパは旧ユーゴスラビアの一部を除き、新たな発展の段階に入ったように見える。かつて戦火を交えた記憶も新しい国同士が、自発的に国家を超えた連合に加入した。一方、アフリカは大規模な戦争と大虐殺の舞台となっており、なかには旧宗主国の世界大戦になぞらえる人もいる(3)。国家を超えたアフリカ連合が機能するのは遠い先の話のようである。

文化の変化のプロセスに目を向けると戦争と平和の問題が大いにかかわってくるが、この章ではこの問題については詳しく論じない。戦争というのは、人間の集団と集団の間での「意図的な衝突」の範疇に入るもので、本書のテーマとしては大きすぎる。この章の目的は、異文化が接触するときにしばしば起こる**意図せざる衝突**について論じることである。それは、誰も望んでいないし、当事者全員が被害を被るにもかかわらず起きてしまうという性質のものであり、また時として戦争勃発の原因にもなる。もっとも、異文化とのコミュニケーションの技術を磨くことで、すべての戦争が回避できると考えるのは単純すぎるであろう。

近年の交通機関と通信技術の発達のおかげで、現代世界における異文化間の交流は驚異的なテンポで増加してきた。モーリアが描いたような、イギリス使節とペルシア国王の廷臣との間でかつて生じたとまどいは、今日においては、一般の観光客と地元の住民との間で、学校の教師と移住して来た生徒の親との間で、あるいは国際的に投機的事業を起こそうとしているビジネスマンたちの間に起こっている。モーリアが描いたことと原因はほぼ同じであるが、より微妙な誤解が、いまだに現代の外交官や政治リーダー同士の交渉において重要な役割を果たしている。異文化間でスムーズにコミュニケーションを行う技術があれば、世界全体にとってきわめて重大な問題の解決がかかった交渉を成功に導くことができる。このような意図せざる文化間の衝突を回避することが、この章のテーマである。

▼カルチャー・ショックと文化変容▲

異文化と異文化とが出会う場合、誰にでもほぼ共通する心理的作用や社会的作用が生じやすい。異文化接触のもっともシンプルなケースは、ある人が他の文化圏に足を踏み入れる場合である。

外来者として、人はふつう何らかの**カルチャー・ショック**を経験する。これまでの章で何度も見てきたように、メンタル・ソフトウェアにはその人の基本的な価値観が内包されている。人は人生の初期の段階にそれぞれの価値観を習得し、それらはあらためて意識することがないほど自然に身についている。価値観という土台の上には、儀礼やヒーローやシンボルなどといった、本人たちも意識しているし、外からもはっきりとわかる

図11・1　文化変容のカーブ

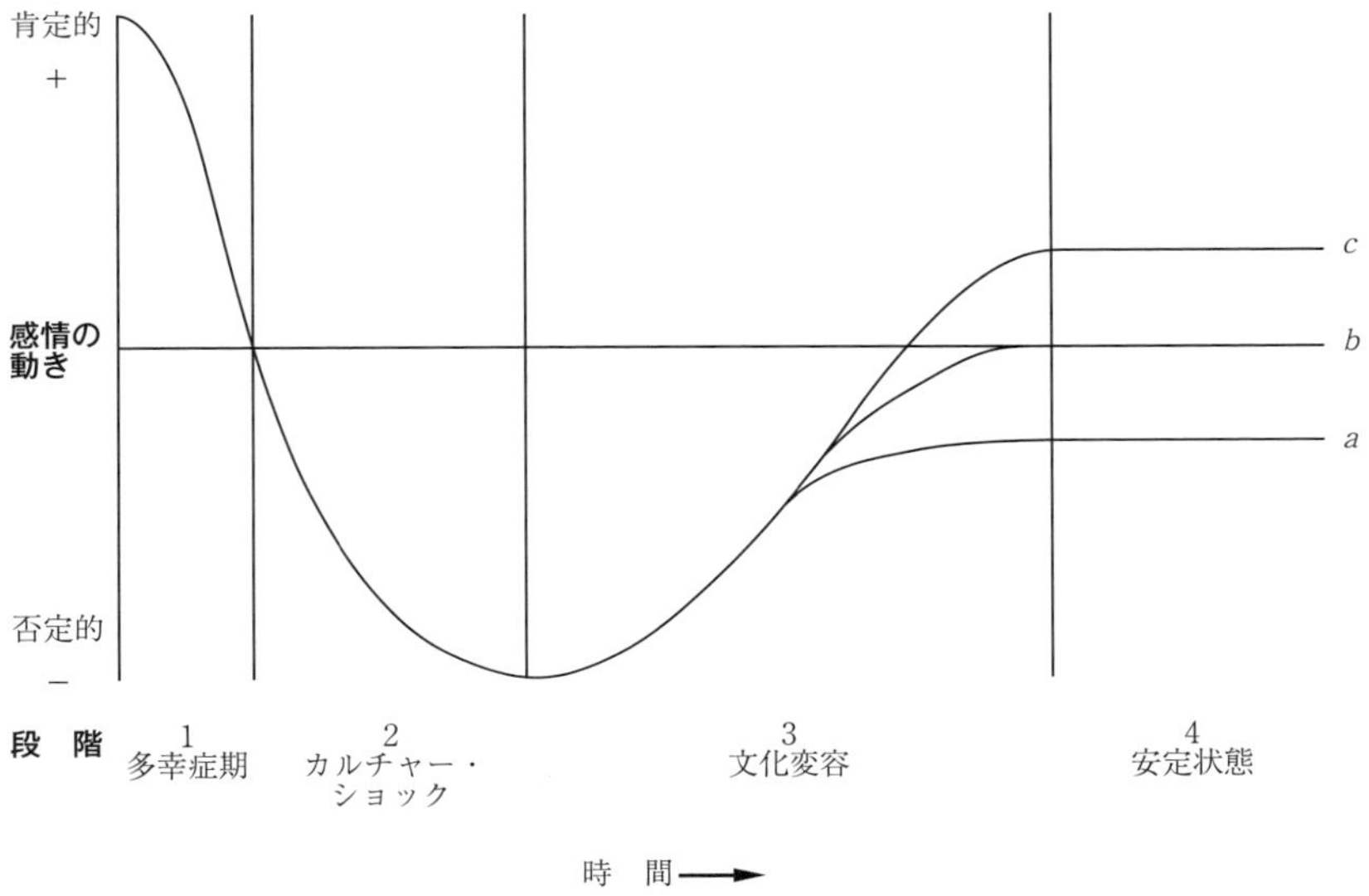

表層部分がある（図1・2）。その文化になじみのない外来者でも、言葉やあいさつの仕方あるいは贈り物をわたすタイミングといったような、シンボルや儀礼を学習するように努力することはできる。しかし、その根底にある価値観を感じることはもちろん、読み取ることも難しい。ある意味、なじみのない文化を訪れた者は、幼児の精神状態に戻って、ごく簡単なことからもう一度学習し直さなくてはならない。この過程は苦痛を伴うもので、われとわが身をどうすることもできないという無力感を覚え、自分が今いる境遇を呪いたくなることがしばしばである。身体機能に支障をきたす場合も多い。海外へ派遣された人や海外からの移住者が医療を必要とするのは、なによりも新しい土地に移住した直後である(4)。

なじみのない文化的環境に足を踏み入れることになった人々は、程度の差はあれ図11・1に示すような「文化変容のカーブ」をたどることが多い。この図では、感情の動き（肯定的または否定的）を縦軸に、時間を横軸にとっている。第一段階は、**多幸症期**（むやみと幸福感に満たされている時期）で長くは続かない。新婚旅行の期間のようなもので、新しい土地を旅行し見聞し興奮している時期である。第二段階は、前の段落で述べたように、新しい環境で実際に生活を始めて**カルチャー・ショック**を体験する時期である。外来者が新しい状況のもとで徐々に活動し始め、その土地の価値観のいくつかを取り入れて、自信をつけるようになり、新しい社会的ネットワークに組み込まれるようになると、**文化変容**という第三段階に移ったといえる。

そして最終的には、精神の安定した状態である第四段階に到達する。その段階では、環境が変わる前に比べて否定的な感情を抱き続けている人々もいる（4 *a*）。たとえば、いつまでたっても、自分はよそ者であるとか、差別されていると感じている人々の場合である。もといた文化的環境と同じくらい現在の文化的環境に適応している人の場合には、以前と同じレベルである（4 *b*）。もとの文化的環境以上に現在の文化的環境に適応している人々もいる（4 *c*）。現地に溶け込んだ——ローマ人よりもローマ人らしくなった——ケースである。

図11・1における時間軸の目盛は一定というわけではなく、それは新たな文化的環境に置かれている期間の長さによって変わるようである。滞在が三カ月以内の場合に、もうすぐ自国に帰れるのだという期待を胸に、多幸症期、カルチャー・ショック、文化変容の段階を次々と体験したという報告もある。一方、滞在が数年間にわたった人々の場合には、カルチャー・ショックの段階が一年以上も続き、文化変容の段階になかなか移れなかったという報告もある。

カルチャー・ショックとそれに伴う身体的症候が非常に重いため、任期を終える前に帰国させざるをえないことがある。海外に社員を派遣している企業の大半はこのようなことを経験している。海外に赴任している社員が自殺するケースもある。海外赴任の社員自身が深刻なカルチャー・ショックに陥って、帰国を早めるケースよりも、同行した配偶者が深刻なカルチャー・ショックに陥って、帰国を早めざるをえないケースの方が多いようである。海外で仕事をしている社員も結局のところは、本国との文化的つながりを職場において常に保っているからである。フランスのニースは、観光客にとっては天国ともいえるところだが、そこに赴任したあるアメリカ人社員の奥さんが、アパートに閉じこもって、決して外出しようとしなかった、という有名な話がある。

経営に関する文献のなかには、海外に派遣された社員が任期途中で帰国する率が高いことを引用する記事が目につく。オランダ系オーストラリア人の研究者アン＝ウィル・ハージンクは三〇以上の記事について調べたうえで、次のような文章を見つけた。「かなりの期間にわたって行われた実証研究によれば、海外に派遣された社員の不適応は先進国で二五～四〇％、途上国で七〇％にのぼり、深刻で持続的な問題である」。ハージンクはこの数値の出典を調べようとしたが、ごくわずかな証拠しか見つけることができなかった。複数の国と複数の国籍を対象にした信頼できる唯一の調査は、カナダのロザリー・トゥング教授によるものである。この研究では、異文化間トレーニングがほとんど実施されていなかった一九七〇年代後半、ヨーロッパと日本企業が任期途中で社員を呼び戻した率は一〇％未満であった。アメリカの会社では平均値は一〇％代前半あたりであり、例外的に高い会社でも二〇～四〇％であった。人事部門の管理職がこの問題の解決に取り組んでいると仮定すれば、この状況はおそらくその後数年で改善している。海外に派遣された社員の不適応率が劇的に高いというメッセージは、異文化交流に関するコンサルタントが海外赴任者用トレーニングを売り、自分の仕事の重要性を自他ともに認めさせるのにはいい話であるが、しかしそれは神話にすぎない。(5) トレーニングの売り手にとって、もっとよいセールス文句は、次のようになるだろう。たしかに任期途中の帰国率は低いかもしれないが、それは、必ずしも海外赴任者の問題を適切に示していない。能力がなく、感覚も鈍い赴任者の滞在が長引くことによって引き起こされる問題の方がはるかに深刻である。

難民として逃れてきた人や移住してきた人のなかにも、身体的あるいは精神的に重い病に陥ったり、自殺を企てたり、ホームシックにとりつかれて故郷へ帰ってしまう人がいる。このようなことは、とくに故郷を離れた最初の年に集中して起きる。

海外に派遣された社員や移住した人々が、文化変容の過程をうまく乗り越えた後、本国に戻ると、昔の文化的環境にふたたび適応する過程で「逆カルチャー・ショック」を体験する。一度海外に移住した後に本国に戻ってきた人々のなかには、もはやここには適応できないと感じて、今度は永住を決意して移住する人々がいる。海外赴任を繰り返す社員たちによると、新しい地に赴任すると、カルチャー・ショックの過程がまた一から始まるそうである。明らかに、カルチャー・ショックは個々の環境に特有なものであり、環境が変われば ショックの内容も異なるのである。

▼自民族中心主義と異国崇拝▲

異国の訪問者を迎える環境の側にも、ある一定の反応様式が共通して見られる。異文化から訪問者を受け入れる立場にある人々も多くの場合、一連の心理的反応を体験する。第一段階は、異文化から訪れた人に対して**好奇心**を抱く段階であり、訪れた人自身が経験する多幸症期と似たところがある。その訪問者がこの地にとどまり、何らかの行動をとり始めようとすると、訪問者をとりまく環境は、第二段階つまり**自民族中心主義**の傾向が強い段階に移る。周りの人々は自分たちの文化の物差しで訪問者を評価しようとするのであるが、その評価は訪問者にとって不利になりがちである。モーリアの『ハジババ』に登場するイギリス使節のように不作法なふるまいをしてしまうと、粗野で単純で愚か者だとみなされることがあるかもしれない。自己中心主義的な人が自分をとりまくほんのわずかな世界を宇宙の中心であると思い込んでいるように、自民族中心主義に立つ人々は自分たちの民族の世界が宇宙の中心であると思っている。異文化から滅多に人が訪れないところでは、おそらく住民は自民族中心主義的な態度を崩そうとしないであろう。しかし、異文化からひっきりなしに人が訪れるところでは、住民は次第に第三段階の**多元主義**に移行する。この段階では、異文化にはその文化独自の評価基準があり、それは自分たちの評価基準とは異なっていることを理解し、異文化からの訪問者を彼らの物差しに照らして理解しようとすることができるようになってくる。二つの文化または多くの文化に通じ始めた状態である。(6)

第6章で見たように、不確実性を回避しようとする傾向が強い文化はその傾向が弱い文化に比べて、多元主義を嫌う。しかし、一つの文化圏のなかでもいろいろな人がいるもので、自民族中心主義が強い土地でも、多元主義的な人物に出会うことがあるし、多元主義的な土地で自民族中心主義者に出会うこともある。文化にはそれぞれ独自の評価基準があるという考えを推し進めすぎて、外国文化はすべて自分たちのものに比べてすばらしいという**異国崇拝**に陥る人もいる。この考えを喜んで肯定する外国人もなかにはいる。海外に派遣されている社員の場合には、本国の文化を理想化する傾向がある。いうまでもなく、自民族中心主義も異国崇拝も異文化間の国際協力を促す健全な基盤にはなりがたい。

▼二つの集団の出会い
——自集団と他集団に対するステレオタイプ▲

異文化から一人の訪問者が訪れる場合よりも、異文化から集団で大挙して訪れる場合の方が、訪問側と迎える側の双方の集団の人々の心のうちに、強い集団的な感情が喚起される。一般に流布している通念とは逆に、集団単位での異文化の接触は必ずしも相互理解を育むものではない。どちらの集団も自分たちのアイデンティティを強める結果になることが多い。異文化の集団のメンバーは、それぞれが特徴を持った個人としてではなく、ステレオタイプ化されたイメージでとらえられる。たとえば、中国人はみな同じに見えるとか、スコットランド人は誰でもけちだとか。異文化集団のメンバーに対してはヘテロ・ステレオタイプ（他集団に対するステレオタイプ）を抱くのに対して、自分が属する集団に対してはオート・ステレオタイプ（自集団に対するステレオタイプ）を形成する。ヘテロ・ステレオタイプやオート・ステレオタイプの影響で実際の出来事に対する知覚まで歪んでしまうことがある。自分の集団の誰かがほかの集団のメンバーを攻撃したのを目撃したとしても、「私はこの目ではっきりと、仲間が敵にやられるのを見た」と思い込んでしまうことさえあるのである。

第4章で見たように地球上の大多数の人々は、集団主義の色彩の濃い社会に住んでいて、忠誠を誓う代わりに保護を与えてくれるような結束の堅い内集団のもとで一生を過ごしている。そのような社会に住む人々にとっては、自分たちと異なる文化的背景を持つ外集団は、自分たちと同じ文化に属する外集団よりも遠い存在である。集団主義的社会においては、文化の境界線を越えて統合を図ることは、個人主義的社会でそれを実施する以上に難しいことである。これこそが、植民地時代を経て独立した多くの国々が直面している深刻な問題である。たとえばアフリカ諸国では、植民地時代から引き継いだ国境は、民族や文化の境界を何ら考慮しないで引かれているのである。

異なる文化的背景を持つ集団のメンバーがお互いに信頼関係を打ち立てるためには、これらの集団の人々が平等な立場で出会い、交流できる環境が必要である。スポーツ・クラブ、大学、企業、軍隊などはこのような場を提供しているといえる。民族によっては、船乗りや貿易商などある特定の才能に秀でた人物を輩出する文化がある。そのような技術は自文化の外の社会と交流を図り、信頼関係を打ち立てていくための基盤になりうる要素である。

▼言語とユーモア▲

異文化が出会う場面では、たいていの場合双方の母国語も異なる。長い間、この問題は、マライ語やスワヒリ語のような通商用の言語を用いることで解決されてきており、英語からの派生語の使用もますます多くなってきている。**通商用の言語**は外国人同士が互いの言語を簡略あるいは混合して伝達に用いるもので、現代世界における通商言語は、ビジネス用混成英語（ピジン・イングリッシュ）の形をとっているといってよいだろう。言語の違いは文化についての誤解を生む一因となる。ＩＢＭで実施されている国際的な訓練プログラム（英語で実施されている）において、トレーナーたちはかつて訓練に参加した社員について、キャリアの将来性をランクづけしていた。これらの社員たちの実際のキャリアについて八年間の追跡調査を行ったところ、トレーナーたちは一貫して、英語を母国語とする参加者たちを過大評価し、フランス語やイタリア語を母国語とする参加者を過小評価し、ドイツ語を母国語とする参加者には平均的な評価を与える傾向が見出された[7]。

通商言語あるいは混成言語でのコミュニケーションは、これらの言語の語彙が限られているために、交流が限られてしまう。異文化への理解をさらに深めようとするならば、その文化圏で用いられている言語を習得することが不可欠である。他の言語で話をすることは、その言語を用いる人々の思考の枠組みを学ぶことである。二つの文化に通じるためには、二つの言語に通じる必要があるであろう[8]。たまねぎ型モデルによれば（図1・2）、言語を構成している言葉は、文化の表層部に位置するシンボルにすぎない。しかし、言葉は文化を伝達する役割も担っている。しかも、言葉は融通のきかない伝達手段である。われわれの思考は、言語がその範疇にどれだけ豊かな言葉を含んでいるか、によって左右される[9]。アルジェブラ（代数）、マネジメント、コンピュータ、アパルトヘイト、マチスモ、ペレストロイカ、芸者、サウナ、ヴェルトアンシャウウング（世界観）、ヴェルトシュメルツ（厭世観）、カラオケ、マフィア、サヴォワルヴィーヴル（しつけのよいこと）など、何かしらユニークなことを表している多くの言葉が、他の言語から借用されている。

母国語以外の言語を話す能力にどれほど長けているかは、国民によって非常に差がある。スイスやベルギー、スカンジナビア諸国、シンガポールやオランダなど、小国ではあるが豊かな国々の人々は、外国人と接触することが多く、教育システムもよいことから、多言語に通じている傾向が高い。これらの国々にはたいていどこにでも、数カ国語を話す人々が必ずおり、また外国語が一つでも話せる人は別の外国語を学習するのもたやすいので、これらの国々の組織は、異文化との接触において、戦略的に有利な立場にある。

皮肉なことに、世界の通商言語である英語が母国語であることは、異文化との真のコミュニケーションを確立するために有用な資質ではなく、不利な資質である。英語圏で生まれ育った人のなかにはこのことに気づいていない人もいる。有名な話であるが、アメリカのカンザス州に住む農民は「イエス・キリストに英語が通じるのなら、私も英語一つで十分だ」と語った、といわれている。[10] ヘールトはかつて、ウェールズとの国境近くで働いているイングランド人から、国境を越えたところにすばらしい家が建っていて住むチャンスがあったのだが断ったという話を聞いた。なぜなら、その地域に住むと、彼の幼い息子が学校でウェールズ語を二つめの国語として学ばなければならないからだというのである。われわれからみると、彼は息子に国際人として通用するための教育を受けさせる、かけがえのないチャンスを逃してしまったと思う。

言語と文化は常に密接に結びついているわけではない。言語が同じであっても、文化を共有していない場合もある。また言語が違っていても文化的価値を共有している場合もある。ベルギーでは、ドイツ語を話すごく一部の地域を除いて、オランダ語とフランス語の二つが主要な公用語である。ＩＢＭでの研究によると、オランダ語を話すベルギー人も、フランス語を話すベルギー人も、文化差にかかわる四つの次元のそれぞれにおけるスコアが非常に類似していて、しかも両者のスコアはフランス人のスコアにかなり近く、オランダ人のスコアとは異なっていた。この結果はベルギー人がたどってきた歴史を反映している。ベルギーの中流階級ならびに上流階級の人々は、祖先の言語とは関係なく、フランス語を話し、フランスの文化を採り入れた。一方、フランドル地方の下層階級の人々は、祖先の言語とは関係なく、オランダ語を話したが、彼らが中流階級に上昇すると中流階級の文化に従うようになったのである。ＩＢＭの研究では、スイスのドイツ語圏とフランス語圏についてもベルギーの場合と同じような比較をすることができる。ただし結果は、ベルギーの場合とたいへん異なっている。スイスのドイツ語圏でのスコアはドイツ人のスコアと類似し、フランス語圏でのスコアはフランス人のスコアと類似していたのである。スイスの歴史はベルギーとはたいへん異なっていた。スイスではどの社会階級に属するかによってではなく、どこの州（自治権を持つ地域）に住んでいるかによって使用言語が決まっているからである。だからこそ、言語の問題について、ベルギーでは政治に絡んで激論が交わされるが、スイスでは政治的な問題にはならないのである。[11]

言語に精通していないと、文化を彩る数々の微妙な部分にふれることができないで、いつまでたっても部外者の立場にとどまらざるをえない。そのような文化のとらえにくい一面としてユーモアが挙げられる。何が笑いを誘うかは個々の文化によっておおいに異なる。ヨーロッパ人の多くは、ドイツ人はユーモアのセンスを持ち合わせていないと考えているが、ユーモアのセンスがないのではなく、他のヨーロッパ人とはユーモアのセンスが異なっているだけの話である。旅慣れた旅行者は、異文化を訪れるときにはそこに住む人々のユーモアの感覚に十分慣れるまでは、ジョークや皮肉を口にすることは慎むべきであると心得ている。

ラデン・マス・ハジウィボォウはインドネシアの会社重役である。本書の第4章には、ジャワ島での親族間の訪問の様子について彼が綴ったレポートを引用している。彼はまたインドネシア人のユーモアのセンスとオランダ人のユーモアのセンスの違いについても洞察力に富んだ分析を試みている。彼が行ったケース・スタディの一つを挙げてみよう。

ある朝、いつものように定例のインフォーマルな職場会議が行われようとしていた。出席者はミーティング・テーブルの回りに腰を下ろし始めたが、椅子が一つ足りないことに気がついた。マルクスというインドネシア人のマネジャーが会議室に隣接しているオフィスに使っていない椅子があるのを見つけた。

そのオフィスの主は、フランスというオランダ人のマネジャーであったが、そのときは席を外していた。椅子を一つ借りるくらいフランスは気にかけないだろうし、いずれにしろ備品はどれも会社のものだから拝借しても構わないであろう。そう考えてマルクスがフランスのオフィスの椅子を一つ、会議室に通じるドアから持ち出そうとしたとき、フランスが反対側のドアから入ってきた。

フランスは上機嫌で、彼の机のうえにあった数枚の書類を取り上げると、またすぐに部屋を出ていこうとした。マルクスに向かって親しげに、にこっと笑いかけて出て行きながら、あとから思いついたように肩越しに「盗みの真最中かね、マルクス君？」と声をかけて、返事も待たずに出て行った。

昼食が終わってフランスがオフィスに戻ってみると、マルクスが待ち受けていた。マルクスはネクタイを締めていて、いつもと様子が違うことにフランスは気がついた。「親愛なるマルクス、いったいどうしたんだね？」とフランスはたずねた。

マルクスは沈んだ様子でフランスをじっと見て、椅子に座ったまま威儀を正して、はっきりと厳粛に「フランス、私は断じて泥棒ではありません」と言い切った。

フランスはめんくらって、いったい何の話をしているのかとたずねた。誤解がとけるまで話し合いは四五分間続いた。(12)

オランダの文化では、面子や威信を保つことはたいした問題ではなく、「親しみを込めてののしる」ことは、友人同士でよくやる冗談の一つである。「このならず者」とか「このまぬけ」という呼びかけは、イントネーションさえ間違っていなければ、親愛の情を示している。一方、面子が何よりも大切にされるインドネシアでは、無礼な言葉はその額面通りに受け取られるのである。フランスはそれを心得るべきであった。

▼コミュニケーション技術の影響▲

マスコミでは、テレビやEメール、インターネットや携帯電話、SNS（ソーシャル・ネットワーク・サービス）用ソフトウェアといったコミュニケーションの技術によって、人々はグローバル・ビレッジの住民となり、文化の違いは問題にならなくなるとしばしばいわれている。しかし、そのように技術が文化を支配するというのは幻想にすぎない。機械のソフトウェアはグローバル化するかもしれないが、その機械を使う側の心のソフトウェアはグローバル化しないのである。

電子コミュニケーションによって利用者がアクセス可能な情報量は膨大な量に増加したが、この情報を吸収する能力は向上していないし、価値観のシステムも変化していない。ユーザーとしては、われわれは自分の価値観に従って情報を取捨選択している。われわれは自分の親世代がそうしてきたように、新聞を読み、テレビを見て、都合のいい意見が出てくるのを期待している。また無限に提供される電子情報に直面しても、それまで抱いてきた考え方を強化してくれるものだけを選んでいる。インターネットの経験からわかることは、インターネットを使ってすることといえば、それなしでもなんとかやっていたことばかりである。違いがあるとすれば、インターネットのおかげでより大量により速くできるということである。

コミュニケーション技術のおかげで、われわれは国家間や国家内の違いに敏感になってきている。恵まれない国民が、世界各地の人々の暮らしぶりを放映したテレビ番組を見ることで、自分たちも世界の豊かさの分け前にあずかりたいと思うようになることもあるだろう。また、恵まれた国民が、世界各地の苦しみや争いについて知り、国境を閉ざそうとすることもあるだろう。権威主義的な政治体制の国々では、海外の情報源を積極的に遮断していることが多い。自由な情報の代表格とされるグーグルですら、国によっては一部のサイトにアクセスできないようにすることで、その国のタブーにふれないようにしている。

要約すると、コミュニケーション技術が進んだからといって、異文化間理解の必要性がなくなるわけではない。とりわけインターネットのおかげで、社会の主流から外れて敵愾心《てきがいしん》を燃やしがちな過激派集団が、自分たちのモラル・サークルをたやすく作り出す。一方コミュニケーション技術は、賢明に使えば、異文化間の学習のツールになりうる。

▼観光旅行を通した異文化の出会い▲

異文化の出会いのなかでも、観光旅行はもっとも表面的な出会いの形であるといえよう。モロッコやバリ島やカンクーンを団体で二週間で回る観光客は、旅先の文化について何もわからないままに旅を終えてしまうことが少なくないだろう。観光客を相手に仕事をしている人たちは、相手の文化について何がしか知るようになるだろうが、旅先での様子から得た情報をもとにしているので、本国での暮らしについてかなり歪んだイメージを描きかねない。異文化集団についてもっとも目につきやすいのは、言葉やファッションや音楽などのシンボルの部分だからである（図1・2）。

観光産業が地元に与える経済的効果はプラスともマイナスともとれる。多くの場合、伝統産業による収入源は損なわれ、観光収入は政府や海外資本に握られてしまい、地元の住民は潤うよりむしろ被害を被ることも少なくない。深刻な環境破壊を招くことさえある。観光ブームはさまざまな観点から見て、良いことづくめであるとはいいがたい。

このように難点が多い観光旅行であるが、それでも異文化交流をもっと深めていくための出発点となる。個々の文化集団が孤立したまま存在する状況を打破し、世のなかには自分たちとは違った暮らしを営んでいる人もいることに気づくきっかけを与えてくれる。心のなかに蒔かれた種が後になって根づくかもしれない。観光客のなかには、一度訪れた国をもう一度訪問しようとその国の言葉や歴史の学習を始める人もいる。観光地の人々も、商売の発展につながると見込んで観光客たちの話す言葉を覚え始める。これまで縁もゆかりもなかった人々の間に、思いもよらない形で友好関係が芽生えてゆく。異文化との出会いについては、観光旅行がそれを促進する可能性は、おそらくその弊害よりも高い。

▼教室における異文化の出会い▲

北京のある外国語学校で教壇に立っているアメリカ人の女性教師が「私の可愛い教え子たちよ、私はあなた方が本当に愛しく思えます」と女生徒たちに語りかけたところ、彼女たちは震え上がってしまった、とその場に居合わせた中国人が話していた。アメリカの大学で教えているイタリア人の教授は、学生が彼の授業を評価するシステムがあることについてひどく嘆いていた。彼は、学生が教授の質を判断する立場に立つなど思いもよらなかったのである。アフリカの大学で講義をしているインド人の講師は、学期が始まってから六週間目に初めて現れた一人の学生をクラスに加えなければならなかった。その生徒は学部長と同じ村の出身だったからである。教室での異文化の出会いも幾多のとまどいを引き起こしている[13]。

教室での異文化の出会いのほとんどは二つのケースに大別される。外国からやって来た移住者や難民の生徒と地元の教師が出会う場合と、専門家として雇われた外国人教師や宣教師として派遣された外国人教師が、地元の生徒と出会う場合である。教師と生徒のそれぞれが身につけてきた文化における価値パターンの違いが原因となって、両者の間に問題を引き起こしてしまう。本書の第3章から第7章にかけて、権力格差や個人主義、男性らしさ、不確実性の回避、ならびに長期志向－短期志向などのそれぞれの指標についての価値観の違いが、教育現場でどのような結果をもたらしているかについて述べた。そのような価値観の違いは多くの場合、教師と生徒との関係、生徒同士の関係、さらに教師と親との関係にしばしば影響を与えている。

教育は言語抜きには行えないものであるから、異文化交流において言語の果たす役割についてこれまでに述べたことは、すべて教育現場にも当てはまる。生徒が得意とする言語を用いて教育する方が、教師が得意とする言語で生徒に教育するよりも、文化にうまく適応できるようになるチャンスは大きい。なぜなら教育現場では、教師はどの生徒よりも大きな権限を発揮できるからである。

学習過程は授業で用いる言語によって左右される。フランスのＩＮＳＥＡＤ国際ビジネス・スクールで管理職を対象としたコースを教えた際、ヘールトは、一つのグループにはフランス語で、もう一つのグループには英語で授業を行った。どちらのグループにも、数カ国の管理職が参加していた。事例研究についてフランス語で討議を行うと、非常に白熱した知的な議論が展開されたが、現実的な結論はほとんど出てこなかった。同じ事例を英語で議論すると、開始後まもなく参加者の誰かが「だから、どうすればいい」と問いかけ、議論は実践的な方向に向かった。二つのグループは同じテキストを使っていた。テキストにはもともとフランス語で書かれた論文やもともと英語で書かれた論文のほかに、フランス語から英訳された論文や英語からフランス語訳された論文も収録されていた。フランス語で授業しているグループはもともとフランス語で書かれた論文を好み、英語で授業しているグループはもともと英語で書かれた論文を好んだ。そしてフランス語のグループは英語からフランス語に訳された論文のことを、英語のグループはフランス語から英語に訳された論文のことを、それぞれ同じように「必要以上に冗長で、メッセージは貧弱で、一、二ページもあれば十分表現できるシロモノだ」とこきおろした。つまり、フランス語のクラスにおける英語からフランス語に翻訳された論文に対するコメントは、フランス語から英語に翻訳された論文に対する英語クラスのコメントと一致していた。ある言語ではメッセージと受けとめられるものが、別の言語に翻訳される過程で失われてしまうことがあるようだ。言葉は特定の文化の枠組みに適合しているので、言葉だけでは情報が十分に伝わらないのである。文化的に適切な翻訳の技術はもっと評価されてしかるべきである。

文化的背景を異にする生徒と教師が出会うとき、言葉の違いのほかに認知能力の違いという問題にぶつかる。あるイギリス人のトレーニング・マネジャーは「わが社のアフリカ人エンジニアたちは、エンジニアらしい考え方をしない。彼らは、設備を一つのシステムとしてとらえずに、個々の問題箇所だけをいじくろうとする」とこぼしていた。彼自身が自民族中心主義の考え方にとらわれていることには気づいていないようである。

発達心理学者による基礎的な研究によると、われわれが何を学習するかは、われわれが成長する過程で環境から何を要求されるかによって決定されているということである。自分にとって重要なことや繰り返す機会が多いことについては、次第に上達するものである。ヘールトは電卓が導入される前に学校教育を受けた世代に属するので、かなりのことも暗算で行えるが、孫たちは電卓を使いたがる。記憶の発達をはじめ、さまざまな学習能力は、それぞれの社会の全体像に深くかかわっている。中国では、その文字の性質上、一定程度の読み書きができるためには、最低でも三〇〇〇もの複雑な漢字を要することから、子どもたちのパターン認識の能力が発達している(14)。しかし同時に、機械的に反復学習することを余儀なくされている側面もある。

海外から赴任した教師が本国から不適切な教材を持ってきたために、異文化摩擦が起こることがある。現在ブリュッセルで学んでいるコンゴ人の友人は、ルブンバシの小学校に通っていた当時、ベルギー人の尼僧である教師から歴史の時間に「われわれの祖先ゴール人（Nos ancêtres, les Gaulois）」と暗唱させられたことをよく覚えていた。あるイギリス人の教授は、客員講師として中国で組織行動論のコースを担当したとき、本国での講義をそっくりそのまま繰り返した。貧しい国々から留学してくる学生が裕福な国々の大学で学ぶことの多くは、彼らの祖国の状況にはほとんど当てはまらない。将来、インドの企業で管理者になる若者にとって、アメリカの株式市場の動きを表す数理モデルを学ぶことはどんな意味があるのだろうか。工業国家で身を立てるのに役立つノウハウであっても、まだ貧しい国の発展を助けるノウハウとは必ずしも一致しない。

最後に、教師と生徒が生まれ育った社会によって制度が異なることが、教育現場において異文化間摩擦を引き起こす要因になりうることを指摘しておこう。教育のプロセスや教育関係者のそれぞれがどのような役割を果たすべきかについての期待が制度によって異なるからである。生徒や教師はどのような家庭の出身であるのか。その社会の教育システムはエリート主義であるのか。それとも反エリート主義であるのか。客員教授としてラテン・アメリカの国に滞在しているアメリカ人の教授は、その国の経済発展に貢献していると考えているかもしれないが、実は、かの国の特権階級の存続に力を貸しているにすぎなかったりする。学校教育と雇用との関係はどのようになっているのか。スイスやドイツでは、工場や商店で職業訓練を受けることは大学教育とは別の価値ある進路であると考えられていて、どちらの道を選ぼうとも、高い地位につくチャンスは閉ざされていない。しかし、他のほとんどの国では事情は異なる。国家や宗教団体の影響力はどの程度だろうか。カリキュラムについては、フランスやロシアなどでは政府が細目にわたって規定するが、他の国々では教師に任されている。私立学校と公立学校が並存している国々でも、アメリカのように私立学校にはもっぱらエリートが通っている国もあれば、オランダやスイスのように私立学校には公立学校に受からなかった生徒が通っている国もある。学校教育の費用は誰が負担しているのか。教師の給与水準はよいのか。彼らの社会的地位はどうか。中国では教師は伝統的にたいへん尊敬される存在であったが、給与がかなり低い。イギリスでは教師の地位は伝統的に低く、ドイツと日本では高い。

▼マイノリティ、移民、難民▲

各国でどのような人々がマイノリティとされているかは定義による。マイノリティの定義は、人口の分布や人間集団の経済状況、集団同士の関係の緊密さという具体的な事実に左右される。また、その定義は文化的価値観（とくに不確実性の回避と集団主義は、特定の集団にアウトサイダーというレッテルを貼る傾向を強める特徴がある）や文化的な慣行（言語、心情としてのアイデンティティ、歴史の解釈）と属性としてのアイデンティティにも左右される。これらの要因はマジョリティのイデオロギーや、時にはマイノリティのイデオロギーにも影響を与える。また相互の偏見や差別の程度にも影響が及ぶ。マイノリティの問題は常に、また主として、マジョリティの問題でもある。

世界のマイノリティは実に多様な集団を含み、地位もさまざまで、下層階級から起業家、学界のエリートまでを含む。

◇移民によって押しやられた先住民（ネイティブ・アメリカン、オーストラリアのアボリジニなど）

◇経済・政治・民族的移民および難民の子孫（アメリカやオーストラリアの現在のマジョリティ）

◇強制移民労働者の子孫（アメリカのアフリカ系、北西ヨーロッパのトルコ系や地中海諸国出身者）

◇旧植民地出身の人々（イギリスのインド系・パキスタン系、フランスの北アフリカ系）

◇国際的な移動型民族（ヨーロッパのほとんどやそれ以外の国々におけるシンティやロマ〔ジプシー〕）

多くの国々では現在も移民が続いているため、マイノリティの実態は非常に不安定である。二〇世紀後半に祖国を離れてまったく異なる環境に移住した人々の数は、人類の歴史のなかでもっとも多い。どのケースでも、移民は個人か家族全体でメンタル・プログラムが大きく異なる文化的環境に、しばしば何の備えもないままに舞い降りることになる。彼らは新たな言語を身につけなければならないが、より大きな問題は、新たな文化のなかでうまくやっていかなければならないことである。オランダに移住したモロッコ系移民であるハッサン・ベル・ガーズィは、次のように書いている。

想像してみよう。ある日起きて見渡すと、信じられない光景が広がっていた……家の内も外もすべてが上下さかさまだ。……元通りに戻そうとするが、ああ――永遠にさかさまのままなのだ。ゆっくり考えて、もう一度見渡すと、あるアイデアが思い浮かんだ。「私もほかのものみたいに、上下さかさまになればいいんだ。そうすれば何とかなる」。しかし、うまくいかない……そして世間では、なんで私がふつうに立っているのか理解されない。(15)

マジョリティとマイノリティの関係についての政治的イデオロギーには大きな違いがある。人種差別主義者や極右は、国境を閉ざし、今いる難民を追放することや、あるいはそれ以上のことを求めている。文明国の政府の政策は、次の二つの極の間のどこかに位置する。一方の極は同化であり、ここではマイノリティはほかの人々と同じようになるために、自らの独自性をできるかぎり早く捨てなければならない。もう一方の極は統合であり、ここではマイノリティが受け入れ国の完全なメンバーとして受け入れられ、同時に彼らのルーツや集団的アイデンティティとのつながりを維持することが促される。逆説的なことに、統合をめざす政策は同化を強いる政策よりも、マイノリティのよりよい、またより早い適応につながっている。

移民と難民はしばしば一時的な滞在者としてやって来て、結局はその国の定住者になる。ほとんどすべてのケースで、移民や難民は伝統的で集団主義的な国から個人主義的な国に移っている。彼らが適応するためには、移住先の国で同郷の人々のコミュニティから支援を受けることが重要である。とくに移民や難民が独身である場合はそうであるが、家族で移住してきた場合でもそうである。というのも、移住先では家族も故国で慣れ親しんできたよりも、はるかに人間関係が狭くなっている。移民のコミュニティを維持することは、前述した統合の哲学にも合致する。しかし残念なことに、受け入れ国の政治家たちは個人主義の価値観から、同じ国からの移民が集まって居住することを嫌い、ばらばらに居住させることが多い。その方が新しい文化に早く適応できると考えているのだが、この仮定は誤っている。

移民や難民はたいてい権力格差の面でも違いを経験する。一般に、受け入れ国は移民の出身地よりも平等主義的である。この差異を経験することは、移民にとって良い面もあれば悪い面もある。たとえば年長者は尊敬されなくなるが、当初は政府当局に対して不信感を抱いていても、政府当局や教師はより近づきやすい存在となる。移民と受け入れ国の国民との間で、男性らしさ－女性らしさ、不確実性の回避、放縦度の高さにおいて差異があれば、適応の方向はどちらかに向かうのだが、その方向は、当該の文化の組み合わせによって異なるだろう。

移民一世は、通常、次のようなジレンマを経験する。職場でも、商店でも、役所でも、またたいてい学校においても、移民一世は地元の人と交流を深めて、地元の慣行をいくらか身につけ、その価値観を肌で実感する。一方家庭では、祖国での慣行や価値観、対人関係のパターンを維持しようとする。移民は二つの世界の周辺にいて、どちらの人間にもなりきれず、日々二つの世界の間を行き来している。

周辺人であるというこの状況は、世代やジェンダーによって違った影響をもたらす。成人してから移民した人々は、自国の価値観に代わって移民した国の価値観を受け入れることは難しい。せいぜい、少々の適応ができる程度である。父親は、家庭では父親としての伝統的な権威を維持しようとする。職場では彼の地位は低いことが多い。それは移民が、その国の人々がやりたがらない仕事に就くからである。家族がこのことを知ると、父親は親族に対する面目を失ってしまう。もし父親が失業すると、彼の立場はますます悪くなる。父親は移住先の言葉をうまく話せないことが多く、そのために自己嫌悪に陥ってしまう。祖国でも読み書きができなかった父親も少なくない。書類に記入したり役所に用事があったりするときは、自分の子どもたちやソーシャル・ワーカーに助けを求めねばならない。そのために雇い主や警官や役人や近所の人から差別を受けることも少なくない。

母親のなかには、父親が仕事に出かけてしまうと家に閉じこもり、あたかも囚人のような暮らしをしている者もいる。そのような場合、母親は現在住んでいる社会とまったく接触しないで、言葉を学ばず、夫と子どもたちに全面的に依存し続けている。移住先で仕事に就く母親もいる。彼女が一家の稼ぎ手になると、父親の自尊心はことさら傷つく。彼女が職場でほかの男たちと出会うと、そのことに気を回して、自分を裏切っているのではないかと疑う夫も出てくる。時には結婚が崩壊することもある。もはや後戻りはできない。前に書いたように、帰国しても故郷にも適応できず、再び移民となる場合が多い。

移民の二世は、移住先の国で生まれたか、幼いうちに移住した子どもたちである。彼らにとって、家庭で身につけるメンタル・プログラムは、地元の学校やコミュニティで身につけるメンタル・プログラムと相反する。彼らの価値観は親の文化を反映したところもあれば、移住先の文化を反映したところもあり、個人や集団、移住先の国によって大きな差がある。(16) 息子たちは周辺人としての苦しみをもっとも味わう。彼らのなかには奇跡的に成功を収める者もいる。そうした者は、よりよい教育機会のおかげで、技能職や専門職に就いたりもする。しかし、他方で、親の権威のもとから逃げ出し、学校からもドロップアウトし、街の不良グループに入り、集団でいることに安心感を見出す者もいる。彼らは受け入れ国社会の新たな下層階級となりかねない。娘たちはうまく適応する場合が多いが、親にとってはさらなる心配の種となる。彼女たちは学校で祖国の伝統的な社会では思いもよらなかったような男女平等の価値観のもとに置かれることになる。時には親が同国人との見合い結婚を急がせて、早く身を固めさせようとする。(17)

しかし前向きに受けとめると、これらの問題の多くは過渡的なものである。移民三世ともなると、移住先の人々にほぼ吸収され、その地の価値観を身につけ、外国風の姓、あるいは固有の宗教や家族の伝統ぐらいでしか見分けがつかなくなる。この三世代にわたる適応の過程は、過去何世代にもわたって繰り返されてきた。その結果、現代の社会においては、外国からの移民の末裔が、人口全体でますます大きな割合を占めるようになっている。

移民集団が首尾よく統合されるか、それとも適応に失敗して永久にマイノリティにとどまってしまうかどうかは、移民たち自身だけでなくマジョリティ次第でもある。受け入れ国の社会においてマイノリティや移民、難民と頻繁にかかわりあうことになる関係者たちは、彼らの統合を助けるのに多大な役割を果たす。そのような関係者には、警察官やソーシャル・ワーカー、医者、看護師、職業安定所の職員、役所の窓口の職員や教師などが含まれる。権力格差が大きく集団主義的な国から来た移民は、文化的な理由から、政府当局を信頼することができず、その程度は移民先の人々が政府当局に対して持つ信頼よりも低い。

反面、教師という地位は、移民の生徒の親から尊敬されるため、教師にとっては好都合となる。教師は親（とくに父親）に学校に来てもらい、話し合いを持たねばならないだろう。その際、移民の親が感じる社会的格差は、ほとんどの教師が普段感じているものよりも大きいのである。残念ながら、どの社会においても、地元の一部の人々（政治家、警察官、ジャーナリスト、教師や近隣住民）は、自民族中心主義や人種差別主義の哲学にとらわれており、「違うということは、危険なことだ」という不確実性回避の傾向を露骨に表明することで、移民たちの適応をめぐる諸問題を悪化させてしまっている。

移民や難民と頻繁に接触する機関で働く精神医学の専門家は、特別な技術や経験を身につける必要がある。集団主義的な社会と個人主義的な社会では、健康や障害についての対処の仕方に大きな違いがある。移民にとって文化変容に伴うストレスが高いレベルにまで蓄積されると精神が不安定になる危険があるが、受け入れ国の患者のために開発された精神医学的な処置は、文化的な理由から移民には効かないかもしれない。オーストラリアのように移民の人口が多い国では、**多文化間精神医学**（そして多文化間臨床心理学）が独自の領域として認められている。精神医学者や心理学者のなかには、戦争や拷問の後遺症に苦しむ政治的難民への治療の専門家もいる。

人種差別主義や自民族中心主義の非難を受けるのは受け入れ国の市民だけではない。移民の方でも、他の移民や受け入れ国に対して人種差別的になったり自民族中心的になったりすることがある。彼らの場合には、現地の人に比べて、慣れない不利な環境で暮らしているのだから、そのようになっても仕方がないという言い訳も可能である。祖国では宗教と縁遠かった人が、他の国へ移住すると原理主義的な宗教に身を委ねる場合も少なくない。原理主義は主流から外れた周辺人の間に広まる場合が多く、こうした移民は新たな周辺層となっている。

▼異文化間の交渉▲

交渉は、政治でもビジネスでも、国家間でも国家間でなくても、次のような普遍的な性質を持つ。

◇　複数の当事者が（一部）対立する利害関係にある。
◇　合意を得ることで利得が期待できるため、いずれの当事者も合意を求めている。
◇　最初は結果がどうなるかわからない。
◇　当事者同士にコミュニケーションの手段がある。
◇　どちらの側にも指揮統制・意思決定の構造があり、交渉者それぞれが上役や支持者とつながっている。

交渉の技法についての本は何冊も出版されており、トレーニング・コースで人気のテーマである。交渉のコンピュータ・シミュレーションすら存在する。しかし、理論やコンピューターモデルは交渉者が西洋的な社会、とりわけアメリカの価値観や目標を持っていると仮定している。国際交渉では、プレーヤー

が異なれば価値観や目標も異なる。(18)

国民文化は、以下のように交渉プロセスに影響を与える。

◇ 権力格差は、統制と意思決定の構造がどの程度中央に集中しているか、また交渉者の地位がどの程度重要かに影響を与える。

◇ 集団主義は（対立する）交渉者同士の関係がどの程度継続して維持されるべきかに影響を与える。集団主義的な文化では、担当者が交代すれば、時間をかけてまた新たな関係を築かなければならない。調停人（仲介者）は交渉の進展を可能とする人間関係を持続させるために重要な役割を果たしている。

◇ 男性らしさは自尊心をくすぐる行動がどの程度必要か、交渉者とその上役や強者になびく傾向が生じるかどうか、に影響を与える。また、男性らしさは力の誇示によって争いを解決しようとする傾向にも影響を与える。女性らしさの強い文化では、争いは妥協で解決されることが多く、意見の一致を求めようとする傾向が強い。

◇ 不確実性の回避はあいまいさへの寛容や不寛容、見慣れない行動をとる交渉相手への信頼や不信、さらに交渉における段取りや儀礼の必要性に影響を与える。

◇ 長期志向は犠牲を払ってでも希望する結果に到達しようとする忍耐強さに影響を与える。

◇ 放縦度の高さは交渉の雰囲気や手続きの厳密さに影響を与える。

異文化間の交渉を有効に行うためには、交渉者自身の持つ文化的に規定された価値観と比較して、ほかの国の交渉相手がどのような文化的価値観を持っているのかを見抜く必要がある。相手に送るメッセージが送り手の意図通りに理解されることを保証してくれる言語やコミュニケーション能力も必要である。最後に、交渉には会合や設備（仲介者や通訳を含む）を計画し手配し、外部とのコミュニケーションを担当する組織面での能力も必要である。

どの国の外交官でも経験を積んだ人物は、たいてい臨機応変に対処する職業態度を身につけている。そして、彼らに決定する権限が与えられている問題については、相手の外交官とうまく交渉することができる。しかしながら問題は、外交官には本当に重要な事項についての決定権が与えられておらず、権力は持つが外交上の機転を持ち合わせていない政治家の指示によって交渉しなければならない点にある。政治家は国内受けするような声明を発表することが多く、外交官たちは海外の交渉の相手にその内容の説明を求められる。外交官にどの程度の裁量が与えられているかは、それ自体文化的な要素であって、社会や政治のシステムによって異なっている。コミュニケーション技術の発達により、現代では外交官に与えられる裁量は狭まるばかりである。モーリアの描いたイギリス使節は、大きな裁量権を与えられていた。なにしろ本国とやりとりするには、少なくとも三カ月はかかった時代だったのである。

それでも、難航している問題について決定権を持つ人物自らが、国家間の交渉の場に出席し、異文化間の交流がうまくいけば、意図せざる衝突が避けられる可能性が高まるだろう。だからこそ、実際に決定権を握る各国の首脳が直接交渉するサミットがあれほど重視されるのである。しかし、彼らの多くは、自国の国民文化と一致する強い主張を掲げることによって、その地位にまで上りつめてきたのであるから、残念ながら、ほかの首脳が自分とは異なるメンタル・プログラムに基づいて行動することをなかなか理解できない。国のリーダーから一目置かれ、外交的センスのある信頼できる外務大臣や大使がいることは、その国にとって大きな財産である。

国連のさまざまな機関や欧州委員会、北大西洋条約機構（NATO）のような常設の国際機関では、それぞれ独自の組織文化が発達しており、それが組織内部での国家間交渉に影響を与えている。外交官の職業的な文化の場合と比較すると、これらの組織文化は共通の価値観よりも、慣行や共通のシンボル、儀礼という表面的なレベルにとどまることがはるかに多い。例外は国際赤十字社やアムネスティ・インターナショナル、グリーンピースなど「伝導的」活動を行う国際非政府組織（NGO）である。

このように、国家間の交渉を行う者は、国家、職業、組織の三つのレベルで文化の影響を受ける。

ビジネスでの交渉は、当事者が交渉の分野のアマチュアであることが多い点で、政治的な交渉と異なっている。専門家は交渉のための準備ができるが、相手が権力格差の大きい文化に属している場合、正式な合意の際にはしかるべき権限と地位にある人物が交渉に出席しなければならない。国際的な交渉はビジネス教育でも注目を集めるテーマとなってきており、うまくいけば、将来の世代の実業家たちはよく準備したうえで交渉に臨めるであろう。ここからは、多国籍企業において企業の外交官が必要とされる点について議論しよう。

▼多国籍のビジネス組織▲

異文化との出会いが人類の歴史と同じぐらい古いものだとすると、多国籍企業は国家組織の歴史と同じぐらい古い。経営学教授カール・ムーアと歴史学者デイヴィット・ルイスは、紀元前一九〇〇年から一〇〇年にかけて、アッシリア人、フェニキア人、ギリシア人、ローマ人が経営していた地中海の多国籍企業の四つの事例について記述した。特定の型の資本主義が、ほかのものよりも必然的にかつ永遠に優れているという主張は、歴史的に見て正当とはいえない[19]。

多国籍のビジネス組織が機能するかどうかは、異文化間コミュニケーションと異文化間協力にかかっている。第9章と第10章で見たように、共有されている価値観は国民文化と関係しており、共有されている慣行は組織（企業）文化と関係している。多国籍企業は外国で異質な価値観のパターンに遭遇するが、彼らの共有する慣行（シンボル、ヒーロー、儀礼）が組織を一つにまとめあげるのである。

多国籍のビジネス組織の基本的な価値観は、創業者や後の重要なリーダーの国民性やパーソナリティによって決定される。多国籍企業において、本国の文化が支配的な場合は、基本的な価値観がはっきりしているので、共通の準拠枠を持たない国際組織と比較すると経営がやりやすい。多国籍のビジネス組織では本国の文化における価値観や信念が自明視され、本社での準拠枠として働いている。海外支社と本社との橋渡しの役割を果たす人物は、両方の文化に通じている必要がある。なぜなら、彼らは一方で本国の文化に属する上司や同僚と、他方で進出先の文化に属する支社の部下と、両方との信頼関係が必要だからである。次の二つの役割はとくに重要である。

◇ **各国の各事業部門担当の管理職**：本社に報告を行う。

◇ **企業の外交担当者**：どこの国籍であってもよいのだが、その企業の文化を身につけており、職種はさまざまでも多様な外国文化のなかで暮らし、仕事を経験してきた人物である。このような人物は多国籍企業の組織がうまく機能するためには不可欠の存在であり、本社の国際部門、地域部門、国内部門などの本部で組織間の連絡にあたり、海外で新規事業を開始する場合には、臨時の管理職として赴任する。[20]

他の管理職や外国の支社の社員が二つの文化に通じている必要はない。外国の支社は、たとえ公式には本社の国の文化的なアイデアや政策を採用していても、その内部では進出先の文化の価値観のシステムや信条に従って活動している。

この章ですでに述べたように、二つの文化に通じるためには二つの言語に通じる必要がある。アメリカの多国籍企業の組織とアメリカ以外の多国籍企業の組織とでは、調整の戦略に違いがある。アメリカの多国籍企業では、二つの文化に通じるという難題を外国人に押しつける。複数の言語に通じているのは後者である（多国籍企業のほとんどのアメリカ人経営幹部は一つの言語しかできない）。このため、アメリカの多国籍企業ではアメリカ人経営幹部が比較的短期間しか海外で勤務しないことになる。一つの国に二～五年滞在するのが典型的である。彼らはたいていアメリカ人の集中する隔離された地区で暮らしている。調整の主要な手段は世界的に統一された政策である。それらは高度に公式化されているため、さまざまな国で定期的な異動を繰り返すスタッフでも維持することができる。アメリカ以外の多国籍企業の多くでは、二つの文化に通じるという難題は自国の従業員に課される。彼らはほとんどの場合三つ以上の言語に通じている（イギリス人は例外であろうが、たいていの場合アメリカ人よりは外国語に通じている）。通常の外国滞在期間は長く、五～一五年、あるいはもっと長い場合もある。そのためアメリカ以外の多国籍企業の経営幹部は進出先で「現地化する」ことがある。彼らは地元の人々に溶け込み、子どもを地元の学校に通わせ、外国人が多く暮らす地区にはあまり住んでいない。調整のための手段は公式の手続きよりも、海外に滞在する自国出身の従業員が担っている(21)。

子どもの時期を過ぎると二つの文化に通じることは難しくなる。多国籍企業の組織が適切に機能するためには、**仕事の面で二つの文化に通じる**だけでは済まないので、失敗の数も多くなる。好み、趣味、宗教的感情、私的な人間関係など、生活に関するほかの面に関しては、海外に赴任した多国籍企業の経営幹部は一つの文化だけで通すことはできるし、彼らはたいていそうしている。

第9章では、人々の心のなかにある暗黙の組織モデルが、主に権力格差と不確実性の回避の組み合わせによって異なることを述べた。権力格差の違いは、不確実性の回避の違いよりも対処しやすい。とくに、権力格差の小さい国に本社がある組織では、たいていは権力格差の大きい国にうまく適応している。権力格差の大きい国の支社において、現地の管理職は、本社にいる上司が参加を重んじていたとしても、権威主義的なスタイルを用いることができる。

第3章の冒頭では、フランスの元帥ベルナドットがスウェーデン王になってから経験したカルチャー・ショックについて語った。フランスの化粧品会社によって営業部長としてコペンハーゲンに派遣されたあるフランス人は、コペンハーゲンのオフィスに出勤した初日のことをヘールトに語った。彼は秘書を呼び、パリでいつもしていたように指示を与えた。彼は秘書が「はい、わかりました」と答えると期待していたが、そのデンマーク人女性は彼を見つめると、ほほ笑んでこう言ったのである。「これをお命じになる理由は何ですの」。

大規模な多国籍企業は、権力格差の大きい文化を持つ国から生まれることはほとんどない。次のような理由が考えられる。権力格差の大きい国に本社がある場合、各国の支社に対してそれらの国で通常求められるよりも高いレベルの信頼を求める。また、権力格差の大きい国の管理職たちは、海外の支社のそれぞれにおいて権限を集中することをよしとしない。

多国籍企業が業務を遂行するためには、本国にとっても進出先にとっても、不確実性を回避しようとする傾向の違いが深刻な問題となる。国によって規則の持つ意味が異なると、組織をまとめることが難しくなる。アメリカやイギリス、さらにはスウェーデンのように不確実性の回避の弱い国では、管理職も非管理職も厳格な規則を持つシステムには必ずや窮屈さを感じる。とくに規則の多くがまったく守られていないということがわかればなおさらである。大多数のラテン諸国のように不確実性の回避の強い文化では、規則の大半が非現実的で守れそうもなかったとしても、逆に規則が体系化されていないと落ち着かない。不確実性を回避する傾向が極めて強い国と、逆に極めて弱い国では、いずれの場合にも人々の感情の背後には、攻撃性のコントロールと未知のものに直面した際の基本的な安全の確保に関係する、深い心理的欲求がある（第6章参照）。

慣れない文化的環境に進出しようとする組織は、自分たちの事業や事業計画に対し、**一般の人々や政府当局から**、予想もし

表11・1　さまざまな文化的側面が持つ国際競争上の優位性

権力格差小：責任の所在の明確さ	**権力格差大**：規律
不確実性の回避弱：基礎的な革新	**不確実性の回避強**：正確さ
集団主義：従業員のコミットメント	**個人主義**：経営の機動性
女性らしさ：	**男性らしさ**：
個人対応型サービス	大量生産
オーダーメイド製品	効率性
農業	重工業
食品	科学
生化学	バルク化学
短期志向：適応の早さ	**長期志向**：新規市場の開拓

なかった**反発**を受けてしまうことが多い。社会の集団主義的な価値観による影響力をこれほどはっきりと表しているケースはない。これらの価値観は、部分的には法律のなかで（実際の条文とはかなり異なる運用の現実において も）、また労働組合の構造や綱領や権力関係における位置のなかで制度化されており、消費者団体や環境保護団体などの利害関係者組織の存在という形で制度化されている場合もある。新参者にとっては、そのような価値観は部分的にしか目に見えない。しかし、そのような価値観はマスコミ関係の反応や政府の決定、あるいは招かれざる利益団体の組織的な行動という形になると、あまりにはっきり目に見える。第3章から第7章で明らかになった価値観の違いからは、進出先の環境によって以下のような反応があると推測される。

◇　権力格差が小さく不確実性回避の弱い文化では、市民活動団体が形成されやすい。

◇　権力格差が小さく不確実性回避の弱い文化では、企業は一般の人々への情報提供に配慮しなければならない。

◇　男性らしさの弱い国では、経済的・社会的弱者に対して配慮する傾向があり、彼らのための法律が整備されている。

◇　裕福で男性らしさの弱い国は、裕福で男性らしさの強い国と比べて、経済的に豊かではない国や、災害に見舞われた国に対して、人々は強く同情し、政府や民間も多くの援助を行う。

◇　権力格差が小さく男性らしさの弱い国では、環境保全と生活の質の維持に対する人々の思いが強く、関連する法律も整備されている。

世界のビジネス界では関税や技術的な優位性は徐々に消えつつあり、必然的に競争は経済的要因のほかに文化的な優劣をめぐるものに移っている。国民文化の六つの次元のなかで五つの次元において、その国の位置が潜在的な競争の優劣と関係している。これらを要約したのが**表11・1**である。

表11・1は、すべてにおいて優れた国がないことを示してい

る。文化的な強みは同時に文化的な弱みでもある。第10章では組織文化に関して同じような結論に達した。このことは、企業戦略の立案のなかで、文化への配慮が重要な要素であり、国や地域や組織部門のなかに、競争に有利な文化的特性を持つ活動を配置することの有力な根拠である。

▼多国籍企業における調整の問題
——文化に応じて組織の構造を決める▲

たいていの多国籍企業は、世界各地で幅広いビジネスに取り組み、製造部門や販売部門を手広く配置している。このような活動を成功させるために、多国籍企業は国民文化と経営文化の両方について橋渡しをしなければならない。

どのような組織構造も、組織のさまざまな活動を調整するために作られている。企業の活動は事業部門ごとに行われている。すなわち一つの事業部門は、一つの国の特定のタイプの事業だけにかかわっているのである。企業の構造は、個々の事業部門が次の三点に関してどのような選択を行うかによって決定される。その選択は、明示されている場合もあるし明示されていない場合もある。

◇　部門のインプットとアウトプットのなかで、他の部門によって調整されねばならないのはどれか。
◇　調整をどこで行うべきか。
◇　調整のきつさとゆるさはどの程度にすべきか。

さまざまな事業に従事している多国籍企業は、事業の種類ごとに調整を行うべきか、地理的なブロックごとに調整を行うべきかという選択に直面する。企業活動の成功にとって決定的な働きをするのが、事業についてのノウハウであるか、文化についてのノウハウであるかという重要な問題が解決されなければならない。この問題に対する古典的な解決策は**マトリックス構造**にすることである。マトリックス構造のもとでは、どの事業部門の管理職も二人のボスから指示を受ける。一人は、その特定のタイプの事業に関してすべての国の調整を行っているボスであり、もう一人は、その国の事業全般を調整しているボスである。マトリックス構造は経費がかかり、管理職の階層が二重になることも多く、その導入によって問題を解決するよりもむしろ余計な問題を生み出すことの方が多い。たった一つの構造原理を企業全体に当てはめることなど所詮無理なことである。主として事業部門別に構造化すべき場合もあれば、地理的なブロックを中心として構造化すべき場合もある。結果として、企業全体としてはパッチワーク構造になり、すっきりとしたものとはいえないが、このような構造なら、市場の要求と事業部門が直面する文化の要求に対処することができる。企業は、多様な環境のなかで活動しているのであるから、それに応じて企業の内部構造も多様になってきて当然である。企業の構造は多様化すべきであると提案したが、場所に応じてばかりではなく、時に応じても構造を変えてゆくべきである。最適な構造というものは時間の経過に従って変わるので、定期的な組織の組み替えが効果的である。

▼拡大する多国籍企業――国際合併と新規事業▲

国境を越えた企業の合併、買収、合弁事業、業務提携はますます増えているが[22]、それらは今でもよく異文化間の衝突を引き起こす原因である。複数の国にまたがる新規事業は大失敗に終わることが多い。レイランド－イノチェンティ、VFW－フォッカーと後のDASA－フォッカー、ホーフオーフェンス－ヘーシュと後のホーフオーフェンス－ブリティッシュ・スチール、シトロエン－フィアット、ルノー－ボルボ、ダイムラー－クライスラー、アリタリア－KLMは、悪名高い例のほんの一部にすぎない。国際的な新規事業についての経営判断が、財務的な見地から下されるかぎり、このような例のリストは今後も増えていくことだろう。国際的事業は大規模なマネーゲームやパワーゲームの一部であり、（現実か想像上のものかはさておき）競争相手の脅威から身を守る手段とみなされている。意思決定の際には、新たに形成される混成組織の内部で生じる運営上の問題について、想像されることはほとんどない。国内でも複数企業による新規事業が成功するかどうかは疑わしいが、国境を越えた事業となると、ますます成功する見込みが低くなる。文化的条件が好都合に見えても、新しい協力体制のもとでは、文化の統合を意識して進める必要がある。文化の統合はひとりでに進むものではない。文化の統合には、事業を計画した財務の専門家には予測できない多大な時間とエネルギーと資金が必要である。

海外への企業進出は五つの方法に区分されるが、以下の順で文化的リスクが高まる。①新しい支社の開設、②外国企業との戦略的提携、③外国企業との合弁事業、④外国企業の買収、⑤外国企業との合併。

新しい支社の開設とは、外国においてゼロから出発して、支社を創設することである。たいていの場合、本社から社員一人または少人数のチームが派遣され、現地の人を雇って次第に現地での拠点を築き上げていくのである。新しい支社の開設は、その性格からして事業の進展はゆっくりであるが、現地との文化的リスクは少ない。支社の創設者は、企業文化に適応しやすい現地の従業員を慎重に選ぶことができる。支社での文化的雰囲気は、現地社会の持つ国民文化的要素（主として価値観：第9章参照）と当該の企業の持つ組織文化的要素（主として慣行：第10章参照）が入り混じっている。新しい支社の開設は成功する確率が高い。IBM社をはじめ老舗の多国籍企業の多くや国際公認会計士事務所は、一九八〇年代までには、ほとんど例外なく新しい支社の開設から出発して成長してきた。

外国企業との戦略的提携は、既存の相手との協力のなかでももっとも慎重な方法である。新規の事業は起こさないで、特定の製品について、あるいは特定の市場において、お互いの利益のために協力することに合意するのである。リスクを負うのは、現在行っているプロジェクトに限られるから、お互いの存在が脅威にならず、お互いを知るようになる安全なやり方である。これをきっかけとして合弁事業や合併に発展することもある。しかし、このような場合には、お互いに相手の文化について知り、文化的な落とし穴について十分認識しておくべきである。

外国企業との合弁事業は、複数の企業が資源を出し合って、新しい事業を始めることである。外国企業との合弁事業は新しい支社の開設から出発することもあるし、現地の企業が社員を合弁事業にそのまま配置することもある。後者の場合には、社員だけでなく、企業の文化も同時に持ち込まれることになる。資源の分担や経営の分担について明確に契約が交わされているならば、合弁事業は文化的リスクが低い。合弁事業に参加している企業のなかの一社が事業の経営全体を任されている場合の方が、経営を分担する場合に比べて事業の成功率は高い。国際的な合弁事業では、事業に参加している企業のそれぞれの持つ要素が相乗効果となって、新しい創造的な文化的特性が生まれることがある。外国企業との合弁事業は、未知の国や市場で事業を行おうとするときにリスクが少なくて済む方法である。合弁事業を一定の期間だけ行って、一方が他方を買い取る場合も往々にしてある。

外国企業の買収は、海外の企業が現地の企業を購入するやり方である。買収される側の企業は、独自の歴史と独自の組織文化を持つが、それに加えて、買収される側には、その国の国民文化が表れており、買収側の国民文化とは異なる。外国企業を買収することは、企業を拡大しようというときに手っ取り早い方法である。しかしその方法がもたらす文化的なリスクは非常に大きい。企業の部門間の関係はしばしば家族生活にたとえられる。ここでそれを試みてみると、新しい支社の開設は、わが子を育てるようなものであるのに対して、外国企業の買収は、思春期の子どもを養子に迎えて育てるようなものである。買収した現地企業を企業グループの一員としてスムーズに統合する一つの方法は、ある距離をおいて現地企業とやりとりをすることである。すなわち、統合しようとするのでなく、投資先の一つとして対処することである。しかしこれでは、海外の企業を買収する際の本来の目的に沿わないことが多い。買収した企業を何としても統合しなければならない場合には、現地の企業の経営陣を退かせて本社の男性社員と女性社員を送り込むという力づくの方法で、異文化のぶつかりあいを解決しようとすることが多い。本社の指令によって辞めさせられる前に、現地の経営陣が自ら企業を去る場合もある。外国企業を買収するというやり方は、人的資本を損なうばかりではなく、最終的には資本金まで失ってしまう。国内において他企業を買収する場合にも、同じような問題にぶつかるが、海外企業を買収する場合には、文化的なリスクがはるかに大きい。海外の企業（国内の企業を買収する場合にも当てはまるが）を買収する場合には、買収する企業自身の文化と買収の対象として挙がっている企業の文化とを事前に分析しておくことが強く望まれる。文化の適合性を分析しておけば、実際に買収することになった場合にも、文化的要素を考慮に入れた経営プランを進める基礎として利用することができる。

外国企業との合併は、外国企業を買収する際の問題すべてに加えて、権力を共有しなければならないという複雑な問題も生じる。合併の場合、文化的な問題が一方の勝手な決定によって解決できる可能性はない。したがって外国企業との合併はきわめてリスクが高い[23]。合併の決断を下す前に、二つの企業の経営文化と国民文化を分析する必要性は、外国企業の買収の場合以上に高い。実際に合併することになった場合にも、こうした分析は買収の場合と同様に、文化的統合を進める計画の基礎として利用できる。文化的統合を進めるためには、最高経営責任者のような力をもった**権力者**（第10章参照）の積極的かつ永続的な支持が必要である。

外国企業間の合併が成功した有名な例には、ロイヤル・ダッチ・シェル（一九〇七年）とユニリーバ（一九三〇年）という二つがあり、どちらもオランダとイギリスの企業の合併である。この二つの例にはいくつかの共通点があり、小国側が株式の大部分を保持している。二つの企業のそれぞれの本社がそのまま残されたので、どちらか一方の国が企業全体を動かしているという印象を与えなかった[24]。二つの企業が統合する時期に、カリスマ性を持った強力なリーダーが指導力を発揮した。外部に脅威が存在したので、企業の存続のために結束力が高まった。さらに政府の介入がなかったという点も好都合であった。

外国企業との戦略的提携と合弁事業とを組み合わせた国際プロジェクトのなかでも非常に目を引くものの一つは、フランスのトゥールーズにあるエアバス・コンソーシアムの合弁事業である。エアバスは航空機の製造では世界最大の規模を誇る二社のうちの一つになった。航空機の部品は、この事業に参加しているイギリス、ドイツそしてスペインの企業で製造されてトゥールーズに空輸され、そこで機体が組み立てられている。

▼国際マーケティング、広告、消費者行動▲

文化はさまざまな商品のデザインや品質、またさまざまなサービスの提供のされ方に表れている。エアバス（ヨーロッパ、主にはフランスとドイツ）とボーイング（アメリカ）とで旅客機のコックピットのデザインが異なるのが、その一つの例である。エアバスはパイロットによる干渉を最小限に抑え、飛行機が自動的に飛ぶように設計されている。一方、ボーイングのデザインは、パイロットの自由な判断やパイロットと飛行機との相互作用を想定している[25]。エアバスのコックピットは不確実性を回避しようとする文化が生み出したデザインである。一方、ボーイングのコックピットはパイロットが飛行機を操縦しているという実感を持ちたいという欲求に配慮し、それを尊重している。

一九八三年にハーバード大学のセオドア・レヴィット教授はThe Globalization of Market（『市場のグローバリゼーション』）という論文を発表した。彼はその論文のなかで、技術発展と近代化が進めば、世界全体で消費者の要求や欲望が収斂していくと予言した。これが実現すれば、地球規模の企業が普遍的なマーケティングや広告プログラムを用い、世界基準となるブランドを開発できるようになるはずであった。しかし、一九九〇年代になると、このような収斂の予言に対する疑問の声や、文化の違いが持続すると説明するマーケティングの文献が増えていった[26]。そこでは、ヘールトによる文化指標が引用された。第4章から第8章では、主にマリーク・デ・ムーイ教授による研究に基づき、文化の各次元における数値と消費者行動のデータとの間に多くの有意な相関があることを示した。デ・ムーイは各国の消費者行動に関して時系列分析を行った。その結果、レヴィットの予言に反して、一九八〇年代から一九九〇年代における豊かな国での購買や消費のパターンは、収束と拡散の両方を示していた。豊かになれば消費者の選択する商品やサービスの幅が広がると思われるが、消費者の選択は心理的な影響や社会的な影響を反映していた。デ・ムーイはこのように書いている。

消費の決定は機能的ないし社会的要求に左右される。衣服は機能的な要求を満たし、ファッションは社会的な要求を満たす。パーソナルケア用品のなかには機能的な要求を満たすものもあれば、社会的な要求を満たすものもある。家屋(house)は機能的な要求を満たすが、家庭(home)は社会的な要求を満たす。人々の住む家屋の種類、家庭での人間関係、家庭とのつきあい方には、文化が影響を与える。車は機能的必要性を満たすものであろうが、多くの人にとって車種は社会的な必要性を満たすものである。社会的必要性は文化に束縛されたものである[27]。

デ・ムーイはヨーロッパ一五カ国における自家用車市場の発展についても分析を行っている。それによると、住民一〇〇〇人に対する車の数と所得との関係は徐々に弱まっている。車の数と国の豊かさとの間には一九六九年には強い関連があったが、一九九四年には関連はまったくなくなっている。これは収斂を示すサインに見えるかもしれない。しかし、一九六九年にも一九九四年にも、中古車よりも新車を好む人の割合は、国の豊かさではなく不確実性の回避のみに左右されている。不確実性を許容する文化では中古車が多く購入されており、各国の間で差異がなくなる傾向は見られない。一つの家族で二台の車を所有している割合は、一九七〇年には国の豊かさと関連していたが、一九九七年には男性らしさとの関連しかなかった。男性らしさの強い文化では、夫婦はそれぞれ自分の車を持ちたがっていたが、経済的豊かさが同じ程度で女性らしさの強い文化では、夫婦は一台の車を共有していた。車の所有台数に関しては各国の間で差異が大きくなっている[28]。

文化的指標のなかでは、不確実性の回避と男性らしさは、収斂に対する抵抗がきわめて強い。どちらも国の豊かさとは無関係であり、不確実性の回避は国の豊かさの影響をほとんど受けず、男性らしさについてはまったく影響を受けていない。不確実性の回避は純粋さや専門的知識に対する要求の差異を表す。男性らしさ‐女性らしさは、「地位の要素として成功がどの程度必要とされるか、またその結果として、地位を誇示するための商品が各国でどの程度アピールするかの違いを説明する。男性らしさ‐女性らしさは、買い物や家族の意思決定における男女の役割も説明する」[29]。このような相違はグローバル市場を志向する商業関係者に見落とされることが多い。彼らは文化の次元で自分たちが選択したものが普遍的だと考えてしまうのである。

一九九〇年代には、**広告論**に関する文献において、文化による差別化の必要性がしだいに強調されるようになってきた。デ・ムーイは一一カ国の三四〇〇以上のテレビコマーシャルに基づき、文化的なテーマに関係した各国固有の広告のスタイルを見出した。たとえば、集団主義的な文化では、独身者の映像は少ない（誰もがなりたくないような人の映像を出せば、商品が悪く思われる！）。母と娘の議論は、権力格差指標の大きい文化でも小さい文化でもコマーシャルのテーマに取り上げられるが、権力格差の大きい文化では母が娘を諭し、小さい文化では娘が母を諭す[30]。

同じグローバルなブランドでも、国が違えばアピールする文化的なテーマも異なる。広告、とくにテレビ広告は、将来の買い手の内的動機に向けられている。テレビコマーシャルはかつての世代で繰り返し語られた神話やおとぎ話の現代版として見ることができる。なぜなら、それらは人々の心のソフトウェアと調和しているからである。そして、レヴィット教授の予言にもかかわらず、人々の心はグローバル化していないし、これからもそうであろう[31]。

移民の共同体は、とりわけ食品産業において、独自の市場を世界各地に形成してきた。食品は、伝統や集団のアイデンティティとの象徴的なつながりが強い。移民たち、とりわけ集団主義的で不確実性の回避が強い文化の出身者ほど、そのようなつながりを維持しようとする。

マーケティングのためのメッセージは現地の営業担当によって（時には文字通り）翻訳される。現地の営業担当は中間的な役割を果たしており、マーケティング手法がグローバル化した企業であっても、彼らの手でさらに文化的な差異が拡大される[32]。たとえば、販売員がどの程度直接的な表現を使うことができるかは、文化によって左右される。管理の手法や営業部門の報酬は、（販売員と顧客の）文化的価値観と、その産業の特徴に基づいた方法で行われるべきである。販売員のビジネス倫理に関する観念は、文化によって大きく異なる。これらは、文化的指標に関係する価値観を具体化したものもある。

商品の市場に比べると、サービス市場はグローバル化が進んでいない。サービスはその本質として、顧客それぞれに対応するものである。サービスの分野の国際的な企業は、マーケティングに関する裁量の相当部分を現地の経営者に任せている。

初めての国を旅行していて誰もが不安になるのが、個人的なサービスの担当者に対してどのようにかかわるかということである。たとえば、いつ、どのように、どのぐらいチップを渡すかがそうである。チップの習慣は、国によって異なっており、顧客と担当者との相互関係を表している。チップを渡すことは、両者の不平等な関係を強調するものであるが（権力格差）、両者は独立した関係にあることと矛盾してしまう（集団主義）。[33]

グローバル化する見込みが比較的良好なのは**インダストリアル・マーケティング**の分野である。インダストリアル・マーケティングとは、各国の買い手と売り手が出会う企業間取引の場のことである。技術の標準化が決定的に重要であり、そのような基準の制定に参加することが、インダストリアル・マーケティングの主な役割であり、これまで見てきたのと同じように、交渉の過程が非常に重要である。

▼国際政治と国際組織▲

アメリカ国務省の外交官であったグレン・フィッシャーは、退職後、国際関係における文化の役割について、*Mindset*（『マインド・セット』）という洞察力の鋭い本を書いた。「Cultural lens（文化のレンズ）」という章の冒頭で、彼はこのように書いている。

国際関係の分野で働くには特別な努力が求められる。その任務に就いた者は、まったく新しいパターンの思考態度に対応しなければならない。それぞれのパターンが特定の集団や特定の国家にあてはまるとわかり、予想できるようになれば、「外」務という仕事に特有の謎は消えるだろう。[34]

思考態度の違いは、国家が誕生してからこのかた、国家の歴史において一定の役割を演じてきた。オランダの社会学者コルネリス・ラマース（一九二八～二〇〇九）は、このことを一八世紀初めのスペイン領ネーデルラント（現在のベルギー）でのケース・スタディを用いて示している。スペインの圧制から離脱してから後の一〇年ほどの間（一七〇六～一七一六）、ベルギーは一部をフランスに、一部をイングランドに、さらにまた一部をオランダの軍隊によって占領された。ラマースは利用可能な資料をもとに、三つの占領国が立てたそれぞれの政権を比較した。フランスは、時代遅れの制度をフランス風の中央集権制による合理的な国家機構に改革しようとした。イングランドとオランダは古い秩序に手をつけなかったが、オランダは効率性の名のもとに、地域の自治体に近代化の必要を訴えた。イギリスは国内問題を敬遠し、できるかぎり巻き込まれないようにしていた。[35]権力格差が大きく、不確実性の回避が強いフランスの手法は、イングランドやオランダと正反対であることがわかる。またオランダが合意による統治を行おうとしたところに、イングランドとは異なるオランダの女性らしさが認められる。

第3章から第8章では、文化的価値観の次元が政治**プロセス**や政治**問題**と関連していることを見てきた。政治プロセスとは、政治ゲームが演じられる方法のことである。政治問題は各国の政治家が高い優先順位をつけ、国際舞台で擁護しようとする問題である。第3章から第8章では、価値観と政治の関係を考えるときには、その背後にある各国の豊かさや貧しさに常に注目しておかなければならないことを示してきた。価値観の影響力は、各国の経済的繁栄の水準によって和らげられるのである。

権力格差と不確実性の回避の違いは、主に政治プロセスに影響を与える。権力格差が大きいことは、政治が中央集権的で、市民と国家当局との協力が欠如し、政治的暴力が用いられる場合が多いことを意味する。不確実性の回避が強いことは、規則や法律が多く、経済への政府の介入が多く、国家当局に対する市民の力が弱いことを意味する。不確実性の回避が強いと、国の貧しさの影響を取り除いた後でも、汚職が多く認められることが示唆されている。

個人主義‐集団主義と男性らしさ‐女性らしさは主として、各国がどのような問題を擁護しようとするかに影響を与える。個人主義は人権や政治的民主主義、市場資本主義への関心が強いことを示唆し、集団主義は集団の利益への関心が強いことを示唆する。男性らしさが強いことは、経済成長と競争に焦点が当てられ、技術への信頼の高さを示唆する。女性らしさが強いことは、国内や海外の貧しい人々への支援（国内の場合は福祉、海外の場合は開発協力）や、地球環境の保護に焦点が当てられることを示唆する。男性らしさ‐女性らしさは政治プロセスにも関連しており、男性らしさの強い文化では、政治言説は敵対的なものになるが、女性らしさの強い文化では、合意志向になる。

長期志向と短期志向の違いは、政治的な現実主義と原理主義の違いに関連している。短期志向は、原則（たとえ効果のないものでも）や既得権が重視されることを示唆する。

放縦‐抑制は、言論の自由への欲求と、秩序への欲求との間の葛藤を示す。

価値観と経済的繁栄とが各国の政治に対して影響力を持っているということは、西洋の政治原理の多くが西洋以外の国々に適用できず、グローバルな指針としてもあまり役に立たないことを意味している。

◇　地球規模の差し迫った問題の解決は、世界がすべて民主主義的であることを前提とはしていない。世界には西洋流に従わない国もある。世界の多くの国では、権威主義的な政府が優勢であり続けるだろう。中国とインドの台頭によって、企業における階層的関係にも、全世界の国際協力関係における階層的関係にも影響があるだろう。選挙は政治問題の解決策として普遍的な方法ではない。貧しく集団主義的で、権力格差が大きく不確実性の回避が強い文化では、選挙によって解決される問題よりも、新たに生まれる問題の方が多い。たとえばアルジェリアでは、一九九〇年に行われた初めての総選挙で、政治的な自由を認めないことを掲げた原理主義者が勝利した。その後、軍事政権が選挙の無効を宣言すると、テロの波が押し寄せ八年間も続き、何万人もの犠牲者が出た。もう一つの例はロシアで、共産主義政権とソビエト連邦が一九九一年に消滅すると、権力の空白が生じた。民主的に下された決定を実行するために必要な制度はなく、地元の「マフィア」（結束力の固い権力者の集団）が泥棒政権を打ち立てた。権威主義的政権が再び定着したのである。

◇　自由市場を前提とする資本主義は、普遍的なものではありえない。それは個人主義的な精神を前提としているが、世界の多くのところではそのような精神はない。第4章では個人主義と国の豊かさとの統計的な関係について見たが、因果関係の矢印は豊かさから個人主義に向かっていた。各国は豊かになった後、個人主義的になったのであって、個人主義的になることによって豊かになったわけではない。自由市場による資本主義は、すでに豊かになっている国に適合的であり、貧しい国を豊かにするものではない。一九六〇年代の半ばから一九九〇年代の半ばにかけて急速に成長した東アジアの「ドラゴン」は、さまざまな経済体制をとっており、政府の強力な介入が行われることもしばしばであった。

◇　経済発展は生態学的なコストを伴うが、経済学者はそれを無視しがちである。西洋の民主主義諸国の生活水準は環境汚染と資源の枯渇をもたらしており、この生活水準を世界全体にまで広げることは不可能である。すべての人のための発展を求める者は誰もが、生態系に対処する新たな方法を見出さなければならない。豊かな国の生活の質を維持しながら、生態学的なコストを大幅に減らす方法が必要である。この点で、経済成長の概念はすでに時代遅れかもしれない。経済と生態系の質と持続力の新たな基準が見出されなければならない。

◇　人権の概念は普遍的ではない。一九四八年に採択された世界人権宣言は西洋の個人主義的な価値観に基づいており、世界人口の多くを占める集団主義的な国のリーダーにも国民にも支持されていない。現在の世界人権宣言は、不完全ながらも大規模な人権侵害に反対するために用いられる規範になっている。したがって、国際社会は、世界人権宣言の現在の利点は残したまま、集団の権利やマイノリティの権利を取り入れた宣言に改訂すべきである。そのように修正された宣言を基礎とすることで、政治的または宗教的な原理主義による犠牲者を保護することができる。彼らの保護は国家の主権よりも優先されなければならない。

国境をまたいで活動する公共機関や非政府組織は、組織が機能するために異文化コミュニケーションや異文化間協力に頼っている。国際組織はたいてい、本国の国民文化を持ち込んでいないと想定されている。主な意思決定者は、通常さまざまな国からの出身者でなければならないからである。その例が、国連とその下部機関である国連教育科学文化機関（ＵＮＥＳＣＯ）や国連工業開発機関（ＵＮＩＤＯ）、ＥＵ、国際労働機関（ＩＬＯ）や世界教会協議会である。他の組織では、それぞれの歴史があるので、本国の文化が暗黙のうちに存在する。ローマ・カトリック教会（イタリア）やモルモン教会（アメリカ）のような宗教組織、赤十字（スイス）やアムネスティ・インターナシヨナル（イギリス）のような人道組織がそうである。

国連やEUのような連合体は、当然ながら支配的な国民文化を持つべきではない。支配的な文化がないことは、このような組織の政治面ではあまり問題にならない。そこでは人々は自分の国の代表として行動し、互いの相違は交渉によって解決することになっている。しかし、日々の業務のなかでは、人々は国ではなく組織を代表することになるので、かなり問題になる。組織は、メンバーがある種の文化を共有して、つまり、誰もが一定の事柄を当然視するようになって、はじめて機能する。国連やEUの日常業務では、当然のこととされている事柄が少ない。職員の採用や任命、昇進の手続きは、仕事の適性以外の事情を配慮しなければならない。主要な人物は仕事に慣れる前に異動させられる。目標が明確ではない場合がしばしばで、明確な場合でも、手段と目的の関係がはっきりしない。そのような組織では、慣行の共有というレベルで強い組織文化を発達させることでしか、非効率と無駄を回避することはできない（第10章参照）。実績評価システムをはっきりとわかるようにすることは決定的に重要である。このような組織における国民性の違いは、組織の業務の**プロセス**と**内容**、つまり官僚制がどのように機能するかと、どのプロジェクトを実施するかの決定に影響を及ぼす。国内の政治の場合と同じように、プロセスは主に、権力格差と不確実性の回避と関係しており、内容は個人主義と男性らしさに関係している。

共同軍事介入や平和維持活動などの一時的な国際活動は、重大な文化的コンフリクトを引き起こす可能性を伴う。コンフリクトは外国の兵士と現地の人々との間だけではなく、外国軍内の異なる国の兵士同士でも起こる可能性がある。このような国際活動が成功するためには、文化に関する専門的な管理能力が必要である(36)。

▼経済開発、非開発、開発協力▲

一九世紀と二〇世紀の前半はヨーロッパの時代であった。ヨーロッパ人と海外に住むその子孫は、「人類の主《あるじ》」(37)としてヨーロッパ以外のほとんどを植民地化しており、富は外地からヨーロッパ内に流れ込んでいた。第二次世界大戦を境にして、大陸間の関係ならびに裕福な国と貧しい国の関係が完全に変化した。第二次世界大戦から三〇年の間に、かつての植民地のほとんどは独立した。貧困からの解放が基本的人権として認められ、一九五〇年頃に、裕福な国が貧しい国に融資する開発援助計画が徐々に始まった。一九五〇年から二〇〇〇年の間に、一兆ドルを超える裕福な国の公的資金が、貧しい国の開発に使われた。

本書の第5章では、国民総所得の何%を開発協力に回しているかは、裕福な国の間でも千差万別であり（二〇〇五年にアメリカは国民総所得の〇・二二%であったのに対して、デンマーク、ルクセンブルク、オランダ、ノルウェー、スウェーデンの各国は〇・七%以上であった）、その比率は裕福な国々では、各国の女性らしさの尺度のスコアと強く関連していることを見てきた。開発援助金をどの程度支出するかは、援助される側の実質的な要求よりも支援する側の心理的要求によって決まっているのである。

開発援助の半世紀を振り返ってみると、多くの人の見るところでは、支出の大部分が散々な結果に終わっている。東アジアの国々をはじめ、いくつかの国は、貧しい国から裕福な国になったが、これはその国の人々の価値観や努力によるものであり、受け取った援助の額によるものではない。援助によるお金の流れがあるにもかかわらず、裕福な国と貧しい国との所得の差は縮まっていない。貧しい国では増加した人口が資源の増加分を飲み込んでしまうため、開発のために悪戦苦闘が続く。（裕福な国でも貧しい国でも）人口抑制を妨げる文化的・宗教的伝統は、地域や世界の平和を脅かすだけではなく、開発の最大の敵となっている。

人々の開発なくして国家を開発することはできない。開発とは心の問題であって、モノの問題ではない。外国の資金や専門知識は、現地の知識と統合できる場合にのみ、効果を発揮できる。開発に関する文献に書かれた成功譚では、地元の人々が外国の専門知識から自由になることが常に強調されている。たとえば、世界銀行は一九九二年にアフリカの「最良の実践」に関する研究プログラムを立ち上げた。このプログラムによるいくつかの研究では、法の支配の強化といった基本的な近代化を進める一方で、人々のコミットメントや献身、一体感に深く根ざした固有の制度を築くことが、すばやい成果につながることが示されている[38]。

開発協力の基本的な哲学では、このような現地との統合の必要性がほとんど認識されていない。何十年もの間、経済モデルによって政策が決定されてきたが、国を発展させることは、主として経済的・技術的問題であり、資金や技術の移転の問題であると考えられてきた。資金援助の決定は、援助側のテクノクラートはもちろん、被援助側のテクノクラートからも助言を得て、政治家が行ってきた。双方の文化的なメンタル・プログラムの存在は、せいぜい口先だけの話題にのぼる程度であり、開発計画に用いられるメンタル・プログラムは援助側のものだけでしかなかった。たとえば、開発に関する文献では、真の腐敗の実態についてはほとんど述べられることはない[39]。人類学者は、開発の結果に文化が決定的な影響を及ぼすことを数十年にわたって示してきたにもかかわらず、文化と技術の変化の相互関係についての研究には、ほとんど資金が投じられていない。

開発協力を通じた異文化の出会いは、制度レベルでの出会いと個人レベルでの出会いという二つの側面を持っている。制度のレベルに目をやると、被援助国も援助国もその多くが国際協力を成功に導くような組織の枠組みを欠いている。たいていの場合、被援助国側の制度が整備されていないことが非難される。しかし、援助国側でも事態はそう変わらない。開発機関の多くは外務省関係の機関から派生したものであって、その主な目的といえば、海外での自国の権益を増大させることである。外交官は、企業家のように開発の相談役としての活動をうまくやり遂げる技能や組織文化を身につけていない。開発援助金は政治的な意味でひもつきであることが多い。だから、援助国の市民や政治家の利益とはいわないまでも、その価値観に沿うように使われなければならない。その際、被援助国の市民や政治家が、同じ価値観を共有しているかどうかは問題にされない。世界銀行のような国際機関が資金援助するプロジェクトは、理論上はそのような制約を受けないが、その機関の目的を満たさねばならず、その目的は被援助国の目的と相容れないことが少なくない(40)。

　被援助国が抱える制度上の問題は、植民地時代と独立の過程で伝統的な制度の枠組みが破壊された国々において、もっとも深刻である。サハラ砂漠以南のアフリカ諸国ではとりわけ重大な問題である。地域内の戦争において平和的な開発の成果が破壊されなかったところもあるが、そこでも社会内の諸勢力によって開発の目標の達成が難しくなっている。制度としての伝統がもはや存在しない国では、個々人の利害がまったく抑制されることなく幅をきかせる。政治家のなかには、伝統的な規範にわずらわされることなく、自らや家族の富の形成に邁進する者もいる。制度は何もないところからは生まれない。制度は生活の仕組みであり、人々の価値観や歴史に根ざしているところで成長する。東アジアの国々で経済成長を遂げているところでは、何世紀も前からある制度的な枠組みが現代にも適応されている。

　組織の機能に関しては、援助国と被援助国の技術者がそれぞれ暗黙のうちに抱いているモデルが異なることから、開発協力が困難になっている（第9章参照）。

　ドイツの技術系企業がアフリカの国に灌漑《かんがい》システムを設置する話を例にとろう。技術上の大きな難題を乗り越えて、エンジニアは効率的で操作しやすいシステムを作り上げた。彼らは今後の使用と修理に必要なすべての書類を英語とスワヒリ語に翻訳したうえでその地を離れた。四カ月後、システムは故障し、その後修理されることはなかった。現地の権力構造では、灌漑《かんがい》システムは家族の財産として受け取られていなかった。つまり、現地の「持ち主」がいなかったのである(41)。

　カナダ国際開発局が出資して行われた古典的な研究では、海外に派遣した援助国の人員の有効性を規定する要因が検討されている。その研究では六つの受け入れ国に派遣された二五〇人のカナダ人専門家と、受け入れ国の九〇人の担当者が調査対象となった。その結果、海外での有効性は三つの要素からなることがわかった。

①　異文化交流の経験があり異文化交流のトレーニングを受けていること。この要素は、現地の文化に触れ人々と交流し、技術を伝えることと結びついている。

②　有効な専門的技術を備えていること。この要素は、職務における日々の課題や任務や責任を遂行できることと関連している。

③　個人ならびに家族の適応力と満足感。この要素は、個人としておよび家族全体として、海外で生活するときに基本的な満足感を得ることができる能力と結びついている。

海外に赴任していた人々は総じて、これらの三つの要素のうち二番目と三番目の要素については秀でていたが、最初の要素を欠いていた。現地の担当者たちは、海外から赴任した人が成功を収めるためには、異文化と交流し、そのトレーニングを受けながら仕事の技術を伝えることがもっとも重要な要因であると強調していた。[42]

デンマーク、フィンランド、ノルウェー、スウェーデンという北欧の開発協力機関は、東アフリカにおける北欧諸国による技術援助に携わった職員の有効性に焦点を当てた研究を行った。この研究は、援助国によって決められた優先順位を批判している。北欧から派遣された九〇〇人の専門家のなかで、三分の二が実務家（プロジェクト自体を実行する）であり、現地の職員やコンサルタントを訓練して現地での施設作りを進めるためのトレーナーは五分の一にすぎなかった。研究者によれば、両者の比率は逆でなければならなかった。そうすれば必要な海外赴任者の数は減り、彼らに求められる技能の特徴も違っていただろう。[43]

つまり、十分な制度的支援があれば、開発協力の場面での異文化の出会いは、技術的ノウハウと文化的ノウハウがお互いに交換されるときに実り多いものとなる。技術的ノウハウは援助国から被援助国へ流れ、この技術的ノウハウを実施する文脈に関する文化的ノウハウは被援助国から援助国へと流れる。技術の専門家は文化の専門家と出会い、それぞれ専門性があるから、お互いを尊重し合うようになる。

▼異文化とのコミュニケーションを学ぶ▲

異文化とコミュニケーションする能力を獲得するには、自覚、知識、技術という三つの段階を経なければならない。第一段階は**自覚**である。「私は自分の成長過程のなかで、ある特定のメンタル・ソフトウェアを培ってきたが、別の環境で成長した人は自分とは異なるメンタル・ソフトウェアを持っているであろうし、それで当然である」と認めることができるようになった段階である。グループ・トレーニングについて研究するために一九五〇年代にアメリカに渡ったフランスの社会心理学者マックス・パジェスは、そのような自覚が欠如している状況を次のように記している。

……受け入れられたのは私マックスであって、私の文化ではないことが明らかになった。私はフランス人というエキゾチックな特性を持った、言うなれば、変わったシャツを着た、別のアメリカ人として扱われていた。私が暮らしていた知的世界や、私が書いたり読んだりした本、あるいはフランスやヨーロッパとアメリカで行われていることの違いには、概して何の好奇心も持たれなかった。[44]

ジェームズ・モーリアには強い文化的な自覚があった。本章の冒頭で彼に関する引用を紹介したが、そこではモーリアは次のように描かれていた。「……ユーモアを発揮しながら人々と打ち解ける能力に恵まれていたので、自分とはまったく異なる人々の心の動きを理解することができた」。

次の段階は異文化についての**知識**を得ることである。文化交流を行う場合には、その文化について知る必要がある。その文化のシンボル、ヒーロー、そして儀礼を知る必要がある。その文化の根底にある価値観を共有することは決してできないが、彼らの価値観とわれわれの価値観がどう違うのかを知識のレベルで理解することはできる。

異文化との違いを自覚し、知識を得て、それを実践する段階になると、**技術**が問題になってくる。異文化のシンボルが何であるかを認識し、実際に応用してみる。彼らのヒーローが誰であるかを理解し、彼らの儀礼に加わってみて、これまでとは違った環境のなかでうまくやっていけるという満足感を体験してみる。最初は異文化での生活において遭遇する問題のなかでも簡単なものに取り組み、それを乗り切れば、次第に複雑な問題に取り組んでいけるようになる。

異文化とコミュニケーションする能力は学習によって高めることができる。学習効果の高い人がいる一方、あまり効果のない人もいる。極端に自己中心主義の人、不確実なことに対して耐えることができない人、情緒不安の症歴を持つ人、名うての人種差別主義者および政治的に極右または極左の人は、異文化とコミュニケーションする能力を高めるためのトレーニングを受けてもあまり効果はないであろう。なぜならトレーニングでは、自分の抱いている信条をある程度、客観視できることが前提となっているからである。いずれにしろ、このような人たちはおそらく海外赴任には向いていないであろう。家族連れで海外赴任する場合には、一緒に行く配偶者や子どもたちも情緒的に安定していることを確かめておくことが望ましい。

異文化とのコミュニケーションのトレーニング・コースには二通りある。以前から普及しているコースでは、異文化についての知識を習得することに重きを置いている。**海外赴任者へのオリエンテーション**と呼ばれることもある。このコースでは、海外赴任する社員に、これから行く国の地理や歴史、習慣、衛生状態、すべきこととしてはならないこと、何を持っていくべきかなどについての情報を与える。親切なコースでは、赴任者の配偶者たちや時には子どもたちも呼んで情報を与える。一言でいえば、いかに生活するかについての情報である。このコースでは、赴任者の母国の文化についてあまり深く見つめ直すことはない。このコースで与えられる情報は非常に役に立つが、意欲的な社員であれば書物やビデオやインターネットからこの種の情報を自分で得ることができる。実際、このタイプのトレーニングを提供している機関ではほとんどの場合、急いで準備をしなければならない人が利用できるように適切な本やビデオの資料やウェブサイトを用意している。

特別な任務を課せられている場合に、より周到に準備しようとすれば、もちろん現地の言葉を学んでおくことである。言葉を学ぶための集中コースは山ほどあるが、これまで学んだことのない言葉で商談できるぐらいのレベルに達するには、よほどの才能に恵まれていないかぎり、毎日フルタイムで学習したとしても数カ月かかる。赴任先の国で現地の言葉のトレーニングを受講する場合には、四六時中その言葉にふれていることになるから、赴任前にトレーニングを受けるよりは少し短い期間ですむ。赴任の数カ月も前から会社の負担で語学訓練の受講を許す企業はほとんどない。もしそのようなチャンスが与えられたならば、一緒に行く配偶者も語学の訓練に参加することが大切である。平均的に見て女性の方が男性よりも言語の学習に優れている。女性はまた言語以外の文化的な手がかりをつかみとる点においても優れている。

異文化とのコミュニケーションの能力を向上させるもう一つのコースは、文化差について自覚を高め、文化差についての一般的な知識を習得することに重きを置いている。文化差についてのアウエアネス・トレーニング（自覚を高める訓練）では、自分自身のメンタル・ソフトウエアを理解し、またそれが他の文化圏の人のメンタル・ソフトウェアとどのように異なっているかを理解することに焦点を絞っている。この訓練のなかで習得する知識や技術は赴任先の国がどこであっても通用するので、赴任先によって訓練の内容が変わることはない。これは、異文化においてどのように生活するかという問題よりも、むしろどのようにして仕事を遂行するかという問題に対処するコースである。赴任する社員だけでなく、その配偶者も出席するとよい。配偶者が状況を理解していれば、カルチャー・ショックを受ける時期においてもたいへん心強いからである。[45] 一方、派遣される社員の本社における上司ならびに派遣される社員と連絡をとることになる本社のスタッフは、必ずこのコースを受講すべきである。これまでの経験によると、海外に派遣される社員たちの抱える最大の問題点は、彼らと連絡をとる本社の社員から理解や支持が得られないことである。本社で連絡に当たっている部門は、現地に赴任している社員と同じくらい現地の文化について敏感でなくてはならない。このタイプのコースが成功するための条件は、トップの経営陣が関与することや訓練を受ける者が時間を十分にかけること、そして、その会社の社員の一定数以上が同じ種類のプログラムに参加することである。

異文化間交流のための能力向上をめざすコースをデザインする上で、プロセスと内容は同じくらい重要である。学習プロセス自体は文化的な制約があり、このことに気づいていないトレーナーは、教えようとしていること以外のことを伝えることになってしまう。香港での豊富な経験に基づいて、マイケル・ボンドは、アジアの学習者に西洋のやり方を用いることについて警告を発している。[46] 異文化間のトレーナーやコンサルタントという新たに現れた専門職では、西洋、とくにアメリカの慣行によって職業文化が形成されている。

アメリカのカウンセリングの専門家ポール・ペデルセンのアイデアとヘールトの五次元モデルのアイデアを使って、ヘルト・ヤンは文化の多様性を探索するグループ・トレーニングの方法を開発した。この方法はさまざまな参加者に対して使うことができ、またさまざまな実践の場面にも応用することができる。本書で説明した文化の次元の両極から、「純粋な」文化の類型が導かれるが、これらを一〇の合成文化と呼ぶこととする。参加者は、一〇の合成文化のそれぞれを区別することが求められる（ただし、出版当時まだ導入されていなかった放縦と抑制は除かれている）。そして、それぞれの文化における問題解決のシミュレーションが用意されて、参加者はそれぞれの文化における役割を演じる。彼らはこの経験から学び、「安全な」環境のなかで異文化コミュニケーションの能力を発達させる。[47]

自学自習も可能である。このための古典的な道具が**カルチャー・アシミレーター**（文化同化の手引き）である。カルチャー・アシミレーターは、プログラム化された学習教材で、異文化と出会った登場人物が何らかの行動をとろうとしている場面を描いた、いくつかの短い事例が集められている。個々の事例では、登場人物が次にとる行動についての説明が四つ挙げられている。そのなかの一つは、その文化をよく知る人々が適切だと判断する説明である。ほかの三つの選択肢は、その文化をよく知らない者が選択しそうな説明である。受講者は一つを選んで、解答と解説に目を通す。解説では、なぜそこに示す解答が（その文化の人たちから見て）正しく、他の三つの解答が間違っている（その文化をよく知らない者が選びそうな説明である）かが説明されている。初期のカルチャー・アシミレーターは、本国の文化と受け入れ国の文化を一つひとつ組み合わせるという形式をとっていた。そのため制作費が高くつき、一部の人にしか普及しなかったが、学習してから長期間経過した後で調べてみると、その効果は明らかであった。後に制作されたジェネラル・カルチャー・アシミレーターには、それまでに製作されたカルチャー・アシミレーターのいくつかの版に共通していた主要なテーマが織り込まれている。[48]

文化差を感受することは微妙な問題であり、常に偏見がつきまとっている。一九七六年にベトナム難民の子どもたちがアメリカの小さな町々の公立学校へ通い始めたとき、アメリカの連邦教育局は「ベトナム人を教えるにあたって」という教師への指導の手引きを発行した。そのなかには次のようなくだりがある。

> ベトナムの学校では、授業中に発言する生徒は軽くぶたれるなどして、発言を抑えられる。生徒たちは身じろぎもせずに座って、教師から話しかけられたときだけ答えるように条件づけられている。このような背景があるので……授業で自由に発言することはベトナムの子どもたちにとっては難しい。したがってベトナムの子どもたちが恥ずかしがって発言しないのをやる気がないのだと誤った解釈をしないように。[49]

西ヨーロッパや北アメリカの読者は、この指示は一見して問題ないと思うであろう。しかし、この引用のなかに現れているアメリカの文化についての手がかりを探していくと、偏見の源となるような要素が含まれていることがわかる。実際、アメリカの連邦教育局は、授業に参加したいというような、アメリカの子どもたちが示すさまざまな意欲は、ベトナムの子どもたちにもあるはずだと考えている。そして、ベトナムの子どもたちが従順なのは、教師を尊敬しているからであるなどとは考えないで、体罰によって抑えつけられていたからであると説明している。ヘールト[50]がスウェーデンで教えていた大学院のセミナーの出席者の一人は、アメリカ人の生徒がベトナムの学校に通うという逆の状況を設定して、その際には次のような指示が出されるだろうかといって、セミナーに参加していた出席者たちの目を開かせた。

きびしく言われないので、生徒は教師を尊敬しなくなる。生徒は無秩序にふるまい、始終ぺちゃくちゃ話をしているように条件づけられている。このような背景があるので、アメリカ人の生徒は、授業中適切な態度や教師を敬う態度をとることが難しい。したがって、無礼なふるまいをしても尊敬の念を欠いているからだと誤って解釈してはならない。

▼異文化理解のための教育──親へのアドバイス▲

実際どこの国の人間にでも、世界中の慣習の中から最も良いものを選べといえば、熟慮の末誰もが自国の慣習を選ぶに相違ない。このようにどこの国の人間でも、自国の慣習を格段にすぐれたものと考えているのである。（ヘロドトス『歴史』、紀元前四二〇年（松平千秋訳[51]））

イギリス人は、宇宙のなかでもっとも国民性がはっきりしない人々である。もっとも、国民性がはっきりしないということそのものが特徴であるかもしれないが。（デーヴィッド・ヒューム『随筆』二一、一七四二年[52]）

ドイツ人はドイツに暮らし、ローマ人はローマに暮らし、トルコ人はトルコに暮らす。しかし、イギリス人はわが家で暮らす。（『J・H・ゴーリングによる子守歌』、一九〇九年[53]）

上述の引用に従えば、この本のメッセージは、誰もがヘロドトスの想定した人間像あるいはヒュームやゴーリングのいうイギリス人のようだということである。誰もが文化という家の窓を通して世界を眺め、ほかの国の人間はちょっと変わったところがある（国民性）が、わが家こそ正常であるかのようにふるまうことを好む。残念ながら、文化に関しては正常といえる場所はない。これは、ガリレオ・ガリレイが一七世紀に地球は宇宙の中心ではないと主張したメッセージと同じくらい不快なものであろう。

多文化世界で生き残る基本的な技術は、本書で論じてきたように、まず、自分自身の文化的価値観を理解することである。そして次に、協力しなければならない相手の文化的価値観を理解することである。親は、未来の世界の市民たちが多文化への理解を進めるに当たって、もっとも大きな影響力を発揮できる立場にいる。価値観は主に、子どもの人生の最初の一〇年の間に獲得される。価値観は、教え込まれるよりも、親や年上の子どもたちのふるまいを観察し模倣することによって獲得される。子どもは、親が自分たちの文化のなかでいかに生きているかを見て、文化的アイデンティティを身につけていくのである。親が文化の異なる人々や集団について語り、ふるまう様子によって、異文化理解に関して子どもが開放的な考えを持つか、閉鎖的な考えを持つかが決まるのである。

両親の国籍が違うとか、子ども時代に海外で暮らしたとか、外国の学校に通ったなど、二つの文化的な環境で成長することは、子どもにとっては財産になりうる。そのような二つの文化的環境が、実際に、財産となるか、それとも負債となるかは、二つの文化的環境に対処する親自身の能力にかかっている。外国人の友だちがいること、外国の言葉を話しているのを耳にすること、親と旅行して見知らぬものへの子どもの興味がかき立てられることは、明らかに財産である。少なくとも一つの外国語を学習することは、多文化を理解する教育に欠かせない要素である。これはもちろん、その外国語の教授法が効果的であることを前提としている。学校の語学のクラスの多くは時間の無駄だからである。どっぷりと外国語につかり、外国語を使わなければ現実の問題に対処できないような状況が求められるべきである。二つの言語または多くの言語を実際に身につけるようになることは、マイノリティ集団あるいは小国に生まれた子どもの持つ利点の一つである。大国に生まれた子どもはこの点では恵まれていない。もちろん、たとえばインドのように、その国自体が多言語国家であれば話は別である。

▼多文化理解を広める――メディアへのアドバイス▲

メディア関係の人々――ジャーナリスト、レポーター、ラジオやテレビの制作者――は、多文化理解（あるいは誤解）を進めるに当たって、独特の重要な役割を果たしている。多文化世界で生き残るための戦いは大部分がメディアにおいて行われている。メディア関係の人々も人間である。だから彼らも彼ら自身の文化的価値観を持っている。異文化に関する彼らの立場はあいまいである。一方において、彼らは一般市民に迎合する。一般市民が読んだり聞いたりしたいと望んでいることをどの程度満たすことができるかに彼らの成功はかかっている。他方、彼らは人々の注意を方向づける立場にもある。現実のイメージを作れば、それが多くの人々にとっては現実そのものになる。一般市民はテレビ番組、ラジオ番組、新聞に現れる異文化についての意見を批判的に吟味できるよう、自らを洗練しなければならない。

同じ社会の中でも別の地域あるいは、まったく別の社会では、自分とは異なるが必ずしも悪いとはいえない価値基準に従って考え、感じ、行動している人々がいるという意識を、メディア関係者が自覚して、その制作に反映させていることもあるし、反映させていないこともある。このような文化の差異について、一般市民にわかりやすい情報を提供すれば、大きな誤解を避けることはできる。たしかに、白黒のはっきりした単純なメッセージだけを好むレポーターや、誰が善人で誰が悪者かをはっきりさせることに執念を燃やすレポーターがいる。野心の大きい人々にとって、メディアは文化的価値観や慣習の違いについての理解を広めるための未開発の大いなる潜在力を秘めた領域である。たとえば、テレビの映像を通して、異なる社会における日常行動の似た側面を比較することができれば、その影響力はきわめて大きいであろうが、そのような試みはまだめったに行われていない(54)。

オランダのように小さい国では、テレビも新聞も大きな国々で作成された情報を買い取って配信する。その場合の問題点は、情報の作成された文化的な文脈が異なることについて配慮されていないことである。一例として、社会の諸傾向に関する調査研究について報告している新聞記事が挙げられる。利用される資料はアメリカからのものがもっとも多く、それを任されている編集者は明らかに、アメリカでの結論はオランダにも当てはまると暗黙のうちに考えている。多くの社会現象に関与している男性らしさ－女性らしさの次元において、二つの社会のスコアが大きく異なること（第5章参照）を認識していれば、オランダの読者はアメリカのデータを読むときには少なくとも注意深くなければならない。日本やドイツの統計をオランダに当てはめて紹介してみようというオランダ人ジャーナリストがほとんどいないことは驚くべきである。

▼異文化間協力を必要とする地球規模の挑戦▲

人類は今日、自らが作り出した数々の災害の脅威にさらされている。それらはわれわれの祖先が定期的に見舞われていた自然災害ではなく、むしろ文化による災害である。

地球の規模は限られているのに、人類はあまりにも規模が拡大し、賢くなってしまった。このことが文化による災害に共通する原因である。人類は技術的にはすでに賢く、また日々さらに賢くなっているのだが、自分自身については素朴な見方のままである。われわれのメンタル・ソフトウェアは、過去数世紀の間に作られた環境に適応していない。生き残るためには、社会的存在としての人類についてより深く理解し、技術的な賢さをコントロールして破壊的な使い方をしないようにするほかに道はない。この目標を果たすには、文化的価値観が異なるために、残念ながら人々が合意できないでいる問題について、協調して行動することが求められる。このような状況においては、異文化間で協力することが、人類の生存にとって最優先されるべき条件になってきた。

本書では、価値判断を求められる数多くの国際問題を指摘してきた。経済問題としては、国際的な経済協調と競争ならびに国家間や国内における富の分配と貧困の問題がある。科学技術が引き起こす問題もある。過去においては、新しい科学技術が生み出されると、それは必ず実用化することができた。もはやそのようなことはない。人類が作ることができるもののうち、人類が作るべきものは何であるか、また作るとしてもどのような予防措置を講じておくべきか、という決定がなされなければならない。そのような決定については世界的な同意が得られるべきで、国家、集団、個人のなかにその決定や警告を尊重しない者がいる場合には、強制的に尊重させることが必要である。たとえば、核エネルギーの平和的利用と軍事的利用、化学反応と化学製品の利用、コンピューターの利用、遺伝子操作の応用などについての決定が挙げられる。最後の例に関しては、生まれてくる子どもの男女の産み分けに影響する。文化によっては、女の子よりも男の子を生むことが非常に強く望まれている（第5章参照）。倫理的な見地と人口学的な見地からして、この科学技術の普及が許されるべきであろうか。もしそうであれば、どこでどのような条件のもとで許可されるのか、そしてもし許されないのであれば、やめさせる手立てはあるのか。

世界の人口増加と経済発展と科学技術の発展が組み合わさって、世界の生態系にどのような影響を与えるかについては、ごく一部しかわかっていない。無秩序な森林伐採は世界各地で森林を破壊しつつある。温室効果は、二酸化炭素やその他のガスの排出が増加したことによってもたらされるが、それによる長期的な気候の変化がすでに顕著になっている。気候の変化は何十年も遅れて現れるので、われわれが今、排出を停止したとしても、温室効果は長期にわたって増大する。これらの問題に対処するには、国々の利害や文化的価値観が互いに相容れないような領域において、世界的な規模で研究が行われ、政治的決断が下されなくてはならない。政治家は、次の世代が受ける利益のために、今、犠牲を払うのだという決断を下さなければならない。しかし、彼らは、来年再選されることや明日の権力闘争に生き残ることだけに気を取られてしまっている。さらに、犠牲を払わなければならないのは、主に恩恵を受ける地域以外のところかもしれない。温室効果を抑制するためには、熱帯の国々が雨林を保全すればよい。しかし、熱帯の国々には貧しい国が多く、政府は木材を売ることで収入を得ることを望んでいる。彼らは現在残っている雨林をそのまま保全できるだけの補償を受けることができるだろうか。

ここに挙げた傾向は、人類全体への脅威である。これらは未来における共通の敵である。共通の敵に向かうということは、非常に価値観や利害の異なるリーダーや集団を協力させる方法として、もっとも効果的であった。これらの脅威は非常に切迫したものであるため、おそらくわれわれは否応なく、いまだかつてなかった地球的規模の異文化間協力を達成することになるであろう。

政治家がそのメンタル・ソフトウェアの一部として、異文化間協力の技術を身につけているかどうかということに、多くのことが影響される。アメリカの元外交官、グレン・フィッシャーは、彼の著書 *Mindsets*（『マインド・セット』）のなかで、経済と文化と政治の関係について次のように述べている。

国際経済のプロセスに対して、学際的なアプローチが行われることはほとんどない。伝統的な経済分析を型通りに応用する場合にもっとも重要なことは、「不合理な」行動は容認されないということである。しかし、国際比較や文化比較の観点からすると、何が合理的で何が不合理であるかということが真の問題なのである。「合理的」という言葉も「不合理」という言葉もどちらも非常に相対的な用語であり、文化に強く拘束されている。ある人にとって不合理なことは、別の人にとっては秩序立った予測可能な行動であるかもしれない。……感傷と経済的な利害の追求は相容れないとしばしば指摘されるが、経済システムは実際のところ倫理的なシステムである。法律や規制によるか慣習によるかは違っても、経済活動には是認されるものとされないものがある。そして何が是認されるかは文化によって異なるのである。(55)

何が「合理的」で何が「倫理的」であるかは、文化的な価値観に基づく立場によって決まる。政治では、価値観に関する立場にさらに目の前にある利害が絡んでくる。国際政治では、国によって異なった倫理基準を当てはめる傾向が強い。

国際的な麻薬貿易の事例は、政治倫理に関して謙虚な態度をとるべきであるということを教えてくれる。西洋諸国はこの数十年間、麻薬の輸入を阻止しようとする戦いに挑んでいる。それほど昔のことではないが、一八三九年から一八四二年にかけて、ある西側の国（イギリス）は清と「アヘン戦争」を戦った。清の皇帝は、西洋政府が現在とっている姿勢、つまり麻薬を国から追放しようという姿勢をとった。しかし、イギリス人は、彼らがインドから輸入したアヘンを中国の市場に持ち込み、多数の中国人を麻薬中毒にするという積極的な売り込みによって、大きな経済的利益を上げていた。イギリスは戦いに勝ち、平和条約によって、インドから輸入したアヘンを引き続き中国に輸出する権利を得たのみならず、中国沿岸の永続的な拠点として香港島を獲得したのである。したがって、香港が一九九七年に中国に返還されたことは、皮肉なことに、中国人が麻薬に対する戦いに遅まきながら勝利したことを意味する。(56)

価値観という点から見ると、麻薬の貿易にくらべて武器の貿易の方が、倫理的にましであるとする立場を弁護することは難しい。両者の違いは、麻薬の貿易では貧しい国が売り手の側であり、武器の貿易では裕福な国が売り手の側である場合が多いことである。裕福な国々にとっては、第三世界の発展を助けるために費やしてきた費用よりも、第三世界に武器を売ることで得てきた利益の方が大きい。もちろん、この場合には買い手も売り手もともに批判されるべきであろうが、裕福な国の方がこの悪循環を断ち切るために有利な立場にいる。

武器の貿易を減らせば、内戦、テロ、および殺人が減るだろう。それは、世界中で人権が尊重される機会を増やすことになるであろう。武器はしばしば人権を押し潰すために使われているからである。すべての国が西洋型の民主主義的国家になることをこの時点で期待することは現実的でない。しかし独裁者によって指導されている国においても、人権の尊重が進むように努力することは、より実行可能な目標である。

本章で議論したように、一九四八年に採択された世界人権宣言は、西洋の普遍主義的・個人主義的価値観に基づいたものであり、他の地域の政治的リーダーや国民には共有されていないことは明白である。他方、この宣言は事実であり、侵害する行為がどの国で行われようとも、個々人も国際的な組織も人権侵害の事実を確実に伝え続けるであろう。たとえばアムネスティ・インターナショナルを黙らせることができるほど強力な政府はどこにもない。非常に冷酷な政府を除けば、どの政府も国際的に尊敬されるべき国であるための体面を保とうと努力している。世界全体が一つの場面になってきたことから、一般市民は苦難についてこれまで以上に知らされるようになった。それはまた苦難に対して行動を起こす機会を増やすことでもある。

私たちがグローバル・ビレッジ[57]の住民だとすれば、グローバル・ビレッジは、劇場と市場だけから成り立っている。私たちには、家屋も聖なる領域も、人々が出会い語り合う場所も必要である。二〇〇三年の秋、ヘルト・ヤンは四つの大陸から来た四人の学生とともにロンドンのパブにいた。インドとガーナ出身の男は、自分たちの国が互いに助け合うべきか、どうしたらそれが可能かを議論していた。インド人は、自分が一日一ポンド節約して祖国の子どもたちの教育のために使うことができれば、変化をもたらすだろうという主張を相手に認めさせようとした。しかしガーナ人は、お金をあげることは状況を悪化させるだけであり、さし当たりできることは自分自身が教育を受けることだけだと語った。彼らはかなり熱くなっていき、意見は一致しなかった。しかし彼らは互いの意見にしっかりと耳を傾け、友人として別れた。グローバル・ビレッジでは、このような出会いの場が多くあることが必要とされる。

注

（1）Morier, 1923［1824］. 本文の引用は pp. 434-435 から。編者の言葉の引用は p. vi から。

（2）この段落はキャンベルの著書からヒントを得ている（Campbell, 1988［1972］, pp. 174-206）。

（3）van der Veen, 2002.

（4）カルチャー・ショックに関する研究は Ward et al.（2001）にまとめられている。

（5）Harzing, 1995, 2001; Tung, 1982, pp. 57-71.

（6）アメリカのハワード・V・パールマター教授は、多国籍企業は**自民族中心主義**、**多元主義**、**地球中心主義**という三つの段階を経験すると主張している。多国籍企業が進出した現地の人々について見ると、各国に特徴的な基準をすべて捨て去って地球中心主義に移行することは現実には起こりにくいと思われる。

（7）Hofstede, 1994a, Ch. 15.

（8）Peterson and Pike, 2002.

（9）われわれの思考は使用している言語によって拘束されているという現象は、これを命題化したエドワード・サピアとベンジャミン・リー・ウォーフの名前をとって文化人類学ではサピア＝ウォーフの仮説として知られている。
(10) アメリカの批評家で風刺作家でもあるヘンリー・ルイス・メンケン（一八八〇～一九五六）の言葉による。
(11) Hofstede, 2001a, pp. 63-65.
(12) R・M・ハジウィボォウが一九八三年九月に行った講演から。彼の助言を受けてヘールト・ホフステードがオランダ語から英語に翻訳した。
(13) この項ではHofstede (1986) からの抜粋を用いている。
(14) 台湾、香港、マカオでは、伝統的な字体が用いられており、字画が二三にまでなる字体もある。中国本土とシンガポールでは、簡体字が用いられているが、中国人以外には、それでも非常に複雑である。
(15) Bel Ghazi, 1982, p. 82. オランダ語からの翻訳はヘールト・ホフステードによる。
(16) 関連する研究についてはHofstede (2001a, pp. 430-431 and notes) を参照。
(17) イスラム教の文化圏では同族結婚の習慣に従って、いとこ同士の結婚が認められていることが多い。娘を祖国に帰して親族と結婚させることも難しくはない。
(18) 例についてはSebenius (2002) を参照。
(19) Moore and Lewis, 1999, p. 278.
(20) Saner and Yiu, 2000.
(21) このことから、海外派遣の志願者の選定基準も異なっている。Caligiuri (2000)、Franke and Nicholson, (2002) を参照。
(22) World Investment Report, 2000.
(23) Schenk, 2001; Apfelthaler et al., 2002.
(24) 二〇〇七年、シェルは本社機能をオランダのハーグへ集約したものの、イギリスの法に従って運営されている。
(25) Sherman et al., 1997.
(26) たとえば、Lord and Ranft (2000)、Lynch and Beck (2001)。これらの研究はHofstede (2001a, p. 488 and notes) にまとめられている。
(27) de Mooij, 1998, pp. 58-59.
(28) de Mooij, 2004, p. 256.
(29) de Mooij, 1998, p. 57.
(30) de Mooij, 2010, Ch. 9.
(31) 文化的な差別化がこれまで維持され、また拡大しているもう一つの分野が、包装のデザインである。同じ商品でも売り先の文化が異なれば、包装の方法も異なる (van den Berg-Weitzel and van de Laar, 2000)。
(32) 本項の残りの部分は、Hofstede (2001a, pp. 450-451 and notes) で報告した研究の要約である。
(33) Lynn (2000) はチップについての研究を報告している。ミッショは二〇〇六年にLynnから国別データを入手した。チップのやりとりは、権力格差スコアと r＝〇・四九**、個人主義スコアとは r＝－〇・四一*（n＝二七）の相関であった。
(34) Fisher, 1988, p. 41. フィッシャーはヘールトの著作を知らなかったが、文化について非常に似たアプローチをとっていた。たとえば、彼は人間の心をコンピューターにたとえていた。

(35) Lammers, 2003.

(36) Groterath, 2000; Soeters and Recht, 2001.

(37) 「人類の主」という言葉は、イギリスの帝国主義時代に関するキーナン（Kiernan, 1969）の本のタイトルである。

(38) Dia, 1996.

(39) たとえば、マイケル・ポーターの一九九〇年の本 *The Competitive Advantage of Nations*（『国の競争優位』）では、腐敗に関する記述がない。

(40) 世界銀行がアメリカの利益に奉仕していると考える人は多い（Stiglitz, 2002）。

(41) アフリカの開発にかかわった人々による著作では、個人的達成よりも社会的達成への要求を満たすことが強調されている（Afro-Centric Alliance, 2001）。d'Iribarne（2002）も参照。

(42) Hawes and Kealey, 1979.

(43) Forss et al., 1988. この研究は、ＩＲＩＣ（異文化間協力に関する研究所）がオランダで行ったパイロット研究を引き継いだものである。ＩＲＩＣでは、海外派遣を成功に導く要因を調べるために、開発機関と多国籍企業の両方をひとまとめの対象として調査を企画した。Andersson and Hofstede（1984）を参照のこと。公共機関と民間企業の協力という提案は受け入れられなかったが、のちに北欧開発機関は公共機関だけを対象として研究を実施した。

(44) Pagès, 1971, p. 281.

(45) カナダのナンシー・アドラー教授は重役の配偶者の果たす役割に注目して、配偶者たちとのインタビューを組み込んだビデオ・シリーズを制作した。このほかに Adler（1991）も参照するとよい。

(46) Bond, 1992.

(47) G. J. Hofstede et al., 2002.

(48) Cushner and Brislin（1996）を参照。それらが扱っているのは主にアメリカの文化と第三世界の文化との違いである。たいていの事例は個人主義‐集団主義の次元における文化差と権力格差の次元における文化差とを扱ったものである。

(49) この事例は、アルフレッド・クレーマーが一九七八年にドイツのミュンヘンで開かれた学会で発表した未公刊論文から引用したものである。

(50) その参加者は、オーケ・フィリップスであった。

(51) Herodotus, 1997 [420B.C.], book 3 ("Thalia"), entry 38, p. 243.

(52) Hume, 1882 [1742], p. 252.

(53) Renier（1931）による "The Ballad of Lale Laloo and Other Rhymes" からの引用。

(54) この古典的な例が National Film Board of Canada が一九五九年に制作した、マーガレット・ミードのフィルム *Four Families*（四つの家族）である。このフィルムでは、インド、フランス、日本、カナダにおける幼児と親との関係が描かれている。最近の例では、日本、中国、ハワイで四歳児の教室での行動を描いた Tobin et al.（1989）による本に基づいて制作されたビデオがある。

(55) Fisher, 1988, pp. 144, 153.

(56) 一八三九〜一八四二年の戦争は第一次アヘン戦争にすぎない。一八六〇年の第二次アヘン戦争後、イギリスは中国大陸の香港島の対岸にある九竜を獲得し、一八九八年には九竜に隣接した租界を賃借した。この賃借権は九九年間の契約で一九九七年に切れた。その瞬間に植民地すべてが中国に戻ったのである。

(57) グローバル・ビレッジという言葉はカナダのメディア哲学者マーシャル・マクルーハンが生み出したものである。de Mooij (2004, p. 1) を参照。

第12章　文化の進化

道徳の標準が高いということは、一人一人の個人とその子供は、同族の他人をしのぐような利益には、ほとんどあるいはまったくあずかりはしないのだけれども、才能に恵まれた人間の数が増加し、道徳の標準が向上することは、確かにその部族に、他の部族以上の莫大な利益を与えるものであることを忘れてはならない。愛国心、信義、服従、勇気、同情の精神を高度に持つことによって、常に互いに助け合い、そして公共の利益のために自分を犠牲にすることのできる人が大勢いる部族は、他のほとんどの部族に勝つであろう。そして、それが自然淘汰なのだろう。（チャールズ・ダーウィン「人間の由来」今西錦司編、世界の名著『ダーウィン』中央公論社、一八七四＝一九六七）

最近インドネシアのフローレス島で発見された**ホモ・フローレシエンシス**の化石は、「ホビット」という愛称で呼ばれ、大きな反響を呼んだ。ホビットの祖先は系統では**ホモ・エレクトス**になるのだが、百万年前に絶滅したと信じられていた。しかし、この化石は約一万八〇〇〇年前のもので、今日でもフローレス島の住民は「森の人々」についての伝説を語っている。われわれにとって先史時代は、はるか遠い昔ではない。多くの人は知りたくないかもしれないが、われわれは類人猿や古代のヒト族（ホミニン）[1]の遺伝子や行動を受け継いでいる。いかにして人類は、何世紀もの時間を経て、今日のような存在、すなわち、太古からの哺乳類の特性と新たに獲得したシンボルを操作する特性とを併せ持つ存在へと進化したのだろうか。

歴史に断絶があったと想定する必要はない。神秘の時間の扉が開かれて、われわれが今の姿に変化したのではない。われわれの内集団‐外集団の論理を見ると、どうしても神の光によって、人類が類人猿から分かたれたと考えたくなるのだが、そうではない。共進化の過程が徐々に進み、われわれの本質と文化をともに変化させてきたのである。霊長類学者が集めた事実によれば、チンパンジーも、道具を使い狩りをし始めると、集団によって文化が異なるようになった。同じことが人類の祖先についてもあてはまる。われわれの心の文化的な側面は、種としてのわれわれの歴史を通して形成されてきた。ここ何百万年にわたって（そう、何百万年の単位である）、おきまりの遺伝子進化のかたわらで文化の進化が重要性を高め、加速度的に進んできた。文化を受容する能力は、いまや生物としての人間にとって不可欠の要素となっている。ここ数万年のうちでも人間の文化は、自然界において種が諸集団に分かれているのと同じように多様化してきた。ただその速度は自然界よりもはるかに速い。文化は人々が文明を築く手段となってきた。今やわれわれは、巨大な匿名の集団のなかでも安心して日常生活を営むことができている。この先われわれはどうなるだろう。最後の関心事として、この第12章では、文化の進化の現在と未来について目を向けてみよう。人類がどのように文化を獲得してきたかを理解することは、未来をどのように形成すべきかについて問題を提起することにつながる。

本章は手短にいうと、一般に哲学的とみなされる問題を扱う。すなわち、われわれは何者か、どこから来たのか、どこへ行くのか、といった問題を扱うのだが、生物学的な進化を含めた視点から議論を行う。文化の進化は、生物学的な進化から切り離すことができないと考えるからである。これはコンシリエンスと呼ばれるアプローチで、通常は一緒には考えられることのない複数の観点を統合しようとするものである。(2) ここでの視点は、生物学、哲学、歴史学、社会科学、さらには実践面を融合しようとしている。本書の大半の部分は、経験的な証拠を基礎にしているのだが、この壮大な視点は、残念ながらまだ確証を得ているわけではない。証拠は、時間や専門分野を超えてあちこちに散らばっている。興味のある読者諸氏のために、本章でふれるいくつかの話題については注で参考文献を示す。

▼タイムマシンに乗って歴史を旅する▲

タイムマシンに乗って、しばらく人類の進化を眺めてみよう。タイムマシンは五〇〇万年前からスタートする。現在に近づくにつれて、タイムマシンの速度は落ちるが、変化の速度が増すので、タイムマシンからの眺めはめまぐるしく変わり続けてる。過去百万年の間に、環境に適合した部族や社会が生き残ることが、環境に適合した個人が生き残ることに比べて、重要なことがわかってきた。これは、本章の冒頭に掲げた引用のなかで、チャールズ・ダーウィンが表明していることである。ダーウィンは一九世紀のイギリス人で、自然選択(淘汰)を手がかりとした進化論の先駆者である。人間は、一人ひとりが互いに友好的になり、ほかの集団に対しても友好的になってきている。アメリカの進化論者のデイヴィッド・スローン・ウィルソンは、次のように述べている。

> 集団間の選択が集団内の選択よりも優勢になれば、大規模な進化論的移行が生じ、その集団は、精巧な専門分化ときわめて複雑な相互依存関係を併う、新たな高水準の有機体に変化する。(3)

このような移行が、いまや人間に起こりつつある。それは、われわれを巻き込む形で、進化を途方もなく加速させている。

チンパンジーやボノボ、オランウータンは、与えられればシンボルを操作できるようになる。彼らは驚くほど賢いが、そんな彼らでも大規模な匿名の社会のなかで組織を作ることはできない。類人猿の一種にすぎなかった頃からこのかた、人類にとって進化のうえでの最大の飛躍は、社会に関係する。

タイムマシンに乗っている間には、モラル・サークルの歴史に関心が向かうであろう。ごく最近まで生存にとっての大敵は自然であった。巧みに行動を調整し、しばしば移住もして、寒さや暑さ、害獣をしのがなければならなかった。食糧難は、生存のためのもう一つの脅威であって、食べ物や飲み物を見つけて対処しなければならなかったが、それをするのにも知性と協力が要求された。交配の範囲が狭すぎることは、遺伝的近親交配や抵抗力の喪失につながりかねないため、危険であった。こうした脅威こそが、人間の生殖単位の拡大を強く促進してきたのは間違いない。孤立して生きる者たちは死滅していく傾向があったからである。かなり最近になって、地球が人間によって埋め尽くされるようになると、この危険は異なる形態をとるようになった。すなわち、伝染病、資源の枯渇、経済的・軍事的戦争が、いまや人間自身が引き起こす、自らにとっての主要な脅威となったのである。結論として、人間集団に対する主要な挑戦に対しては、互いにうまく助け合う技能こそが、生き残るために高い価値をもつこととなった。このことにより、モラル・サークルを作り維持するメカニズムとしての文化が進化することになった。

▼五〇〇万年前から一〇〇万年前まで——寂しく暮らす祖先たち▲

数百万年もの間、われわれの祖先は、狩猟者か採集者、もしくはその両方として、数十人の集団のなかで暮らしていた。約五〇〇万年前、われわれの祖先の系統は、チンパンジー、ボノボ、ゴリラの系統から分岐し、先祖のホミニンは、森からサバンナへと移り住み始めた。このような移動に伴い、二足歩行は好都合であった。二本脚で立てれば、背丈のある草むらのなかにいても、獲物や害獣の姿がずっとよく見えるからである。いったん二足歩行をすると、手を使って物を持つことができるようになり、進化のうえで有利な一歩を踏み出すことができた。二六〇万年ほど前に氷河期に入ったときも、そこから後戻りすることはなかった。氷河期の初期は、比較的安定した温暖で湿潤な気候であったため、ヒトは徐々に体毛を失い、発汗能力を獲得するようになったが、それらも進化のうえで有利となった。体毛がなくなった証拠は、寄生虫の研究から得られている。人間に寄生するシラミのうち、アタマジラミとコロモジラミは互いに近い関係にあるのだが、ケジラミは三三〇万年ほど前にゴリラに寄生するシラミから枝分かれしたと考えられている。おそらく、この頃われわれの祖先はゴリラを殺すようになり、その際にゴリラのシラミが移ったのだろう。アタマジラミは頭髪に寄生し、ケジラミは陰毛に寄生することから、その時点で、人類の頭髪と陰毛とは分離していたに違いない(4)。

この時期、ホミニンの総人口は、おおむね数万人程度のささやかな数にとどまっていた。すべてアフリカで暮らしており、獲物と害獣の双方を含む動物たちに囲まれていた。一八〇万年前の**ホモ・エレクトス**より古い祖先が、狩りをしていたかどうかについては現在も、論争が続いているが、現代のチンパンジーが、集団で狩りを行うことができるという事実から察すると、太古のホミニンも狩りができたのかもしれない。狩りができたかどうかはともかく、アフリカの動物たちはみな、死滅してしまったか、狩猟者とともに進化して、捕まえにくくなったか、のどちらかであった。類人猿や近年の狩猟採集民から類推すると、われわれの祖先のホミニンは、縄張りを持つ群れのなかで暮らしていたようであり、その規模は数十人を超えることはなかった。一カ所から得られる食物では、それ以上の人口を維持するのは無理であった。これらの集団は、現代のゴリラやチンパンジー、ボノボと同様に、ほぼ確実に若い女性を交換していた[5]。実際、現代の人間社会でも、「嫁にやる」というように、たいていは夫ではなく妻が義理の家族のもとに移り住み、新しい名前をつけている。

また、これら祖先の群れの間には、縄張りの境界線を挟んで小競り合いが絶えなかったであろう。そのような衝突は、男性集団によって繰り返され、体力や病気に対する抵抗力、息の合った集団的行動力があいまって、勝利をもたらすことになった。大きい集団が小さい集団を吸収する場合、大人の男と幼児を殺し、女性だけ手元に残すことがあった。勝ち残った集団のなかに、新たに志の高い指導者が現れ、もとの集団から仲間とともに独立すると、その集団は分裂することになる[6]。

こうした集団の分裂と融合によって、何百万年もの間に遺伝子的進化と文化的進化とが結びつくようになった。類人猿のなかでの進化が通常どのような道筋をたどったかというと、まず全体が下位集団に分かれ、徐々に新しい種属が形成され、何百万年も経って新しい種となった。この過程は**種分化**（specia-tion）と呼ばれている。これとは対照的に、人類の祖先の間で行われた集団の分裂と融合、さらに女性の交換は、集団間における遺伝子の類似性を高めるが、その一方で文化の多様性を高めることになった。これは、動物界では一般的であった遺伝子の多様化と種分化とは、反対の特徴である。化石から得られた証拠は断片的であり、今もなお発掘が続いているので、ここでのネーミングは議論の余地があり、変更される可能性もある。これまで得られた証拠によれば、数百万年前、今日のアフリカの地に、いくつかの孤立したホミニンの集団が存在していた。彼らは遺伝物質を多様化させ、たいへん異なった形態へと進化していった。たとえば、最近公表された「アルディ」（**アルディピテクス・ラミドゥス**）は、四四〇万年前に現在のエチオピアで暮らしていた。あるいは有名な「ルーシー」（**アウストラロピテクス・アファレンシス**）は、一〇〇万年後に同じ地域で暮らしていた。それ以来数多くの系統が死滅している。道具を使用した痕跡は、ごく原始的なものを除いて、見つかっていない。

一八〇万年ほど前から、脳の容積は急速に増え始めた。この発達は、コミュニケーション技術と、進化心理学者のいう「心の理論」が、ともに精緻化していったことと関連していただろう。心の理論とは、他者の抱く信念や欲望や意図についての理解の水準のことである。現代の人間は、心のなかで五次の水準の深さを持つ発話を理解することができる。たとえば、「彼の苦悩を彼女が喜ぶのを彼が望むとあなたは思っていると私は信じています」がこれにあたる。心の理論は、社会が複雑化するほど、モラル・サークルを維持していくうえで極めて重要となり、人類の歴史を通じて徐々に発達してきた。

この時期については、依然として推測の域を出ない部分が多い。たとえば、ホミニンがアフリカを離れた時期や頻度などもはっきりしていない。**ホモ・エレクトス**の先祖は、一八〇万年前にアフリカを去り、それから数十万年をかけて**ホモ・ハイデルベルゲンシス**となり、後にヨーロッパでは**ホモ・ネアンデルターレンシス**へと進化したが、アジアでは**ホモ・エレクトス**と呼ばれ続けた。この時期の大半を通じ、サハラ砂漠は人の住めるようなところではなかったし、また、海にさえぎられていたこともあって、人間が他の大陸へ移動して生活することはできなかった。われわれの直接の祖先がアフリカを去ったのは、比較的最近の出来事である。次の項で再び彼らと対面することになるだろう。

五〇〇万年前に世界に生息していた類人猿のすべての種および下位種のうち、栄えたのは人類だけで、その他はほとんど生き残ることができなかった。しかしながら、文化は人間に特有だとはいえない。類人猿は、文化を用いて世界を征服できなかったが、ボノボ、チンパンジー、ゴリラ、オランウータン、テナガザルといった大型類人猿は、その集団のなかで多様な文化を発展させていった。オランダ系アメリカ人の霊長類学者フランス・ドゥ・ヴァールによれば、類人猿のさまざまな種には、それぞれモラル・サークルを維持するための一連の行動がある[7]。内集団との連帯は、常に外集団への暴力と切り離せない関係にある。もちろん、種によってどちらに比重が傾くかは大きく異なる。チンパンジーのオスは、集団を組んで近くにいる他の集団を襲撃する。一方、ボノボのオスの場合、ほかの集団と出会ったとしても、いたって平和で、ややぎこちなくなるのがせいぜいである。実をいえば、動物園における経験では、チンパンジーとボノボは互いに完全に交配可能である。ほかの近い関係の種と同様、両者の遺伝子上の違いはわずかであるため、異種交配が可能である。それでも両者はまったく別個の文化を発展させてきた。それはおそらく、ボノボの小さい定住集団が、主流のチンパンジー文化と別れてからのことであろう。もしかすると、コンゴ川を渡ってからのことかもしれないが、その場合、一〇〇万年も経っていない[8]。

したがって、遺伝子の多様化とともに、多種多様な人間の文化が古代を通じて存在していた可能性がある。初期のホミニンの化石を調査した結果、頭蓋骨の堅さと、体格の男女差には、大きな違いがあった。人類の太古の祖先たちは、さまざまな環境に合わせて身体を変化させ、うまく適応していくことができたのである。

▼一〇〇万年前から四万年前――氷と火▲

氷河期は約一〇〇万年前に激化した。最後の氷河期が始まったのは、約一〇万年前のことである。現在も氷河期が続いていて、温暖な合間の時期にいるのかもしれない。時間の目盛りをより小さく一〇〇年単位としても、気候は大きく変動していたし、その変動は今でも続いている。アフリカ大陸における氷の状況がどの程度だったかは定かではないが、そこでも明らかに気候は変動していた。移住を繰り返していたわれわれの祖先は、少なくとも一〇〇万年の間、単純な道具を使用していた。またおそらく火を扱えるようになっていただろうが、確証はない。化石から火を使っていたという証拠を得るのは、石器を見つけ出すことよりもはるかに難しい。火が扱えるようになると、害獣の恐れの大きくないところで、人とのつきあいや話し合いに時間を割くことができるようになったに違いない。また、食物を調理することによって、より多くの栄養素を吸収できるようになり、おかげでより大きな集団が生き残ることができるようになった。人々は、火の周りに集いながら、集団の和を強める方法として笑い歌い踊ることを始め、徐々にその腕前を上げていったのかもしれない。気候が不規則に変動し、寒冬が一世紀おきに到来するなかでは、火を扱えるようになることは、おおいに役立つ。火に加え、寒い時期に最初の衣服として獣皮が使われ始めただろう。コロモジラミとアタマジラミは遺伝子的に近い関係にあるのだが、ケジラミとは無関係である。人間は毛の細かい獣皮を裏返しに着ていたが、コロモジラミはその表面で繁殖したのだろう。そのときすでに人間には固い体毛はなかったことになる。(9)

実際、見つかっている化石によると、氷河期を生き延びた動物たちは、人間に限らず、みな脳が大きく発達していた。(10)死滅してしまわないように、賢くなる必要があったようだ。発掘された化石を解剖学的に見ると、この頃になって初めて、人間の頭蓋骨が今日のようになっている。当時の人々は、死者を葬る習慣があったものの、何かを作り出すほどの目立った技術はまだなかった。化石から復元されたなかで最先端の技術は、簡単な手斧や削器といったものであった。それにもかかわらず彼らは、時には氷河期という逆境にありながらも、さまざまな生息地で何とか生き延びることができた。だから、彼らは相当賢く、力を合わせることに長けていたに違いない。

この頃われわれの祖先たちは数十人規模の小さな第一次集団で生活していたが、数百人規模、多いときは数千人規模のより大きな第二次集団を形成して、定期的に集まっていた。この点については、証拠は乏しいものの、古人類学者たちの間で見解が一致している。(11)第二次集団は文化的単位でありまた生殖単位でもあった。第一次集団は小規模だったので、一年を通じて食物には事欠かなかったが、それに対し第二次集団は、遺伝子上の多様性を維持し、男女の出生率の変動を緩和できるような規模だった。第二次集団はまた、他の文化集団と戦争しただろうし、自発的な移住、レイプ、女子どもの略奪、ほかの集団からの若いはぐれ者の受け入れなどがあって、遺伝物資が交換された可能性もある。遺伝子とともに、発明品もこのように伝播していったのかもしれない。しかしまだ、遺伝子の伝播はゆっくりとしたものであった。また、好ましい遺伝子の突然変異はめったになかっただろう。突然変異は総人口に比例して生じるのだが、当時の総人口は数十万という単位であった。

現代の人類は、世界のどこであれ、アフリカから移住した人々の子孫である。このアフリカからの移住は、七万年ほど前に始まり、四万年ほど前に大規模に行われた。それ以降、**ホモ・サピエンス**以外の全種が絶滅した。今日では、人間の遺伝的多様性はアフリカ大陸において最大となっている。このことは、アフリカ以外の地で人類の源となった太古の人間集団が小規模であったことを証明している。

▼四万年前から一万年前——創造の光、絶滅▲

われわれの祖先たちが、見事な芸術と技術を持っていたことの証拠を残し始めるのは、約八万年前のアフリカ南部、そして約三万二〇〇〇年前のヨーロッパにおいてであった。後半の時期は、さまざまな動物たちの芸術的な洞窟壁画が発見されたフランスの地方名にちなんで、**オーリニャック**時代と呼ばれている。近年発表された「ホーレ・フェルスのビーナス」のような、肉感的な女性の姿を象った最古の彫像も、この時期までさかのぼる。人間はこの時期に、危険な動物の狩猟も始めている。人間同士が実際に戦っていたかどうかについては、いまだ定かではない。いずれにせよ、**ホモ・ネアンデルターレンシス**や、**ホモ・エレクトス**の子孫は、前者は現在のスペイン、後者はインドネシアのフローレス島において、ここ三万年のうちにともに絶滅してしまった。

遺伝学者のグレゴリー・コクランとヘンリー・ハーペンディング[12]によれば、ネアンデルタール人と現代人（現生人類）の遺伝子が混ざった可能性は十分あると考えられる。両者の系統は五〇万年前に分かれており、その分化は遺伝的な差異を生むほどであったが、交配不可能なほどには分かれていなかった。現代人が、ネアンデルタール人の祖先の後を追うようにアフリカを出たとき、両者は出会った。ネアンデルタール人は大型の獲物を狩ることに長けており、協力する技能も持っていた可能性があるため、両者の出会いは現代人にも利益があった。現代人がネアンデルタール人を打ち負かしたのだが、おそらく技術に優れ、言語能力で上回り、遠隔地の他者との交易にも秀でており、病気に対する耐性があったからかもしれない。交易と病気は関連している可能性がある。現代人は、ネアンデルタール人が手を出していなかった長距離交易にすでに従事していた[13]。交易の結果、まず病気への感染が起き、ついで病気への抵抗力が広まっていった。

アフリカ以外に生息する大型動物の多くが、人類により絶滅させられた。いまや人類は数を増大させ、全大陸に移住するようになり、足を踏み入れていないところは、いくつかの孤島を残すのみとなった。移住の波は他の種の絶滅と関連していた。ユーラシアでは、人類の化石が現れた頃、マンモスが絶滅した。マンモスの絶滅が狩猟によるのか、それとも、たとえば遺伝子の多様性の欠如や気候変動といった別の要因によるのかは、いまだ議論の的である。他の種については、構図は明快である。南北アメリカにおいては、移住した人類はすぐに、動きの緩慢な大型のナマケモノのような、現地の大型哺乳動物を絶滅させた。**ホモ・サピエンス**は、地球をわがものにし始めたのである。

この時期、地球上の人口は目覚ましい増大を見せた。人口の増加に比例して、好ましい突然変異が生じる確率も高まり、その結果、遺伝子進化はさらに速度を増していった。遺伝子進化によって、社会的発達と知的発達が可能になったのはいうまでもないが、社会的能力の発達も知的能力の発達も高度な水準まで到達し、さらに文化の進化が急速に進むようになった。文化の革新には、目を見張るものがあった。芸術、技術、狩猟技術は加速度的に変化し始めた。進化のメカニズムのなかで、文化の重要性がますます際立つようになってきた。当時の人々はまだ小規模で平等な集団のなかで相互に交流しながら暮らしており、世界全体の人口もささやかであったので、近寄りがたく畏怖の念を起こさせるような指導者も現れていなかった。豊富な自然資源や良質の高タンパク食物に恵まれており、次々と新しい発見があったことから、われわれの祖先たちにとって、かなり満足のいく時期だったであろう。当時の女性像に刻まれた豊かな乳房と性器を見ると、母なる大地を称えようとした心が伝わってくる。それらの像は、人間の身体に対するおおらかな姿勢を表している。

これら狩猟採集民の集団はどのような文化を持っていたのだろうか。いやむしろ、文化がみな似通っていたとは想像できないので、文化にどの程度の幅があったのかを問う方がよいだろう。文化的な価値観には化石として残ったものなどないから、推測せざるをえない。ある狩猟採集民の集団——仮に三〇人としておこう——が移動中で、みな自分で歩かねばならず、助け合って物を運ばなければならなかったとしよう。そのような集団は民主主義的であったに違いない。軍隊や秘密警察に囲まれた独裁者を持つほどの大集団ではなかった。財産はほとんど存在しなかった。世界にある物は共有物であり、その集団が意のままにできる物はほとんどなかった。食物を供給するために、みなの働きが求められた。人間の消化器系は、食物をいろいろと偏りなくとることを必要としていた。人々は、たいていの場合、採集によって栄養素をとることができたのであろう。果物、葉、種、根、虫、卵を採集するためには、さまざまな場所の位置関係を記憶しなければならない。網で魚をとるように、危険でない獲物を追いかけることは採集に似ているが、集団での協力が必要であろう。獲物を崖から追い落としたり、火を使って待ち伏せたりといった、賢明な狩猟技術のおかげで、身の危険は激減した。大型で獰猛な動物を身の危険を冒してまで狩りをすることは、栄養の摂取のためというより、仲間同士の絆を深める儀礼、もしくは自衛として有効であった。大型の獲物をしとめるには、協力できるように注意深い計画が必要であり、相互に助け合い、予想外の事態に臨機応変に対応しなければならなかった。

生活のうえで出会う、さまざまな障害に対応するために、性役割は柔軟であった。集団のなかで男性の数が足りないときには、女性が狩りの手助けをすることもあり、狩りに女性が加わることが定着した。狩りは重労働を要するが、常に成功するとはかぎらなかった。だから、うまくいったときは、みなが仲良くなり、爽快な気分になれたのだろう。狩りがうまくいけば、大量の食物が得られるが、肉の調理や皮の保存処理など、集団全体として、さらに重労働が求められた。食物を蓄えることは不可能であったので、当然、分け合うことになったであろう。他の集団と戦うとか危険を冒してまで狩りをするといった、命にかかわる活動は男性の専売特許であった。集団の将来を危険にさらすことになるため、女性には、命にかかわる活動はとてもさせられなかった。考えてもみてほしい。女性全員が、戦いのなかで勇敢に死んでしまったとするなら、その部族は絶滅の運命に追いやられるだろう。

物資が豊かな状況のもとでは、他の人間集団との対立が起こりえたため、集団間の戦闘が重要性を増すのだが、物資が不足し困窮した状況では、内部のまとまりと寛容性がなくてはならない。内部分裂などしていては、集団の抵抗力が弱まってしまう。攻撃性の強い集団は、平和的な集団を駆逐し、より貧しい居住地へと追いやっていたかもしれない。しかし、現代の狩猟採集民の生活様式を見るとわかるように、生活様式はかなり多様である。これは経路依存性の一例である。すなわち、進化は、その集団がそれまでどのような歴史をたどってきたかによって制約される。その結果、進化の一歩を踏み出すと後戻りがきかなくなる。したがって、集団間での攻撃の伝統が、集団内の暴力へと転化するならば、その部族はすぐさま崩壊への道をたどったであろう。

常に臨機応変な対応が求められた。天候、獲物の動き、略奪者の出現など、日常生活は不確実な出来事にあふれていた。天候の変化は絶えず生じたのだが、人々は住まいを移動することもあったし、その地で変化に適応しようとしたこともあった。状況に応じて、屋外や洞窟で暮らし、自分たちで小屋を作ることもあった。この時期になると、さまざまな道具や武器が発見されるのだが、それぞれの形は多様であり、創造的な精神が高まっていたことを物語っている。人々は船を工夫して作り、食事の種類も豊富になったであろう。言葉・歌・物語・儀礼なども、いろいろと豊富に生み出されていった。集団間の交易の痕跡も残っており、交易によって遺伝子の接触があったに違いない。このようにして、集団内の遺伝子の多様性は高まったが、自分たちの芸術や儀礼が発達すれば、自分の集団と他の集団との差別化が進むので、種としての遺伝子の多様性は小さいままであった。

このような理由から、狩猟採集社会は、実力本位で平等であり、場当たり的で柔軟で、のびのびしていたのではないかと考えられる。本書で描いた文化の次元を用いると、権力格差が小さく、かなり個人主義的で、不確実性を許容し、放縦度が高かった。

男性らしさ－女性らしさや、長期志向－短期志向といった文化のほかの次元についてはどうだろう。これは資料からの推測にすぎないが、現代の狩猟採集民との比較が有用だろう。多才なイギリス人一家のマイケル、ヘンリー、キャサリン・デイヴィスは、先史時代の人類の社会的進化を明解に描写することに人生の大半を捧げた。彼らは、さまざまな人類学者の仕事を土台として用いつつ、ごく最近まで狩猟採集民として暮らしていた中央アフリカのムブティ族の証拠を示した[14]。デイヴィス一家による描写は、これまでの議論において示唆された内容と合致している。たとえば、男女の役割は、ある程度交代することができて、未分化であったと思われる。規律は、厳しい罰を与えるのではなく、その行為を嘲笑うことによって保たれていた。異なる第一次集団の出身者の結婚は許されており、気質が合わなければ、他の集団へ移動できた。夫であれ妻であれ、配偶者以外との性交渉も大した問題ではなかった。このように、寛容な社会であったが、自分を自慢する自由は認められていなかった。もっとも有能な成員は、おのれの能力を隠し、嫉妬されないようにすることが期待されたのである。結論として、ムブティ族のなかでは、モラル・サークルは、集団の全成員の責任によって維持された。それが、お互いに邪魔せずにやっていく術だった。つまりデイヴィス一家によるムブティ族の記述は、本書でいうところの女性らしい、柔軟かつ謙虚な（長期志向）文化を示している。

デイヴィス一家は、ムブティ族が彼らのいう「充足型」狩猟採集社会の例で、厳しい気候と食料不足には直面していなかったことを示した。オーストラリアの乾燥地帯に住むアボリジニのような「欠乏型」狩猟採集社会では、様子は異なっており、より複雑であった。食料が不足すれば、人口密度が低下し、遺伝的適合性への脅威となる。したがって集団の分裂、もしくは、夫婦単位の集団からの移住は、人口規模をさらに低下させるので、集団にとって脅威となった。そのため、個人と個人が対立する余地はほとんどない。アボリジニたちの住む地域では、伝統的な社会の特徴として、厳格な土地の権利、狩りをする権利、結婚に関する取り決めがあった。長老支配が行われ、誰と誰が結婚するかも長老の一存で決まった。思春期を迎えると女性は結婚したが、男性はふつう三〇歳前後になるまで結婚しなかった。男性は、その年齢まで一人前の男になるためのさまざまな儀礼からなる生活に何年も費やした。儀礼の多くは苦痛を伴ったが、それは連帯感を育んだ。高い地位に就くには個人の能力がものをいった。儀礼ならびに共同体の精神生活を支える活動一般は、アボリジニの神話で「夢の時代（ドリームタイム）」と呼ばれる。一種の宗教的体験といえるかもしれない。充実した、実りの多い夢の時代を過ごすと、環境の過酷さもしばし忘れることができ、人々を結びつける儀礼を通じて第二次集団の絆が深まるのであった。男性たちにとっては夢の時代にうまくやることは極めて重要であった。夢の時代の秘伝は、将来を見込まれた若者だけに年長者から授けられた。

婚外交渉は珍しくなく、共同体の儀式のなかに含まれるものもあった。決められた結婚相手がどうしても嫌で、別に熱愛する相手がいるときは駆け落ちとなった。女性は思春期になるとほかの集団に移り住んで年上の男性と暮らさねばならなかったので、人生の早い時期から力を奪われていた。しかし年上の男性は先立つことが多かったので、未亡人になると、今度はより若い男性と再婚できたし、若い男性たちがめとった年下の妻たちを指図して地位を高めることができた。それでも彼女たちは、男に従属する存在であって、時には暴力によって服従させられた。概してアボリジニの社会は、平等主義的で個人主義的な点においてムブティ族の社会と似ているものの、自由に社会的な役割を果たす余地は限られていて、罰は苛烈である。アボリジニ社会のモラル・サークルは常に脅かされており、このことが価値観のシステムに反映され、誤った行動は厳しく罰せられる。文化の次元という観点からすると、アボリジニの社会は、男性らしさが強く、不確実性を回避し、壮大主義的（短期志向）で、抑制の強い価値システムを示している[15]。

以上はたった二例にすぎず、狩猟採集社会にはもっと多数の型の文化があるだろう。中央アフリカやオーストラリアのだけでなく、世界のほかの地域にまで目をやれば多様であろう。気候の変動により豊かさの水準が変化すると、それに伴って、おそらく文化も変化したであろう。しかし文化に束縛された慣行は、自己を維持しようとする特性を持つことから、その変化はゆっくりとしていたであろう。状況が過酷になるほど、強烈な夢の時間が作り出されたのだろう。そして強烈な夢の時間には、過酷な儀礼が伴う。いったん儀礼として確立すれば、たとえ背後の状況が変わったとしても、儀礼を生み出した夢の時間は永続化するのである。こうしたダイナミズムを通じて、人類は時代とともに精神的な感情や儀礼を育んでいったのだろう。

▼一万二〇〇〇年前から七五〇〇年前まで——村落と農業▲

最後の氷河期が最寒期を迎えたのは二万年前であった。氷河期が（少なくとも一時的にせよ）弱まるまでには八〇〇〇年を要し、一万二〇〇〇年前までには温暖な**完新世**が始まった。この時代は動植物が豊富で、人類は一カ所により長くとどまることができるようになった。初めのうちは、それまでの何百万年前と変わることなく、小さな群れの狩猟採集民として暮らしていた。しかし彼らには、創造的な知性と組織の力において、先人たちにはない強みがあった。完新世の人類は、それまでにはなかったことをするようになった。モラル・サークルについての意識はより柔軟になり、動植物を含むようになった。すなわち、植物を栽培し、動物を家畜として飼い始めた。数千年をかけて、彼らはさまざまな動植物を栽培化し家畜化していったが、そうするなかで、遺伝子選択の過程が劇的にスタートしたのである。

歴史家のスティーヴン・ミズンは、ナトゥーフ人たちの日常生活を描いている。彼らは一万二三〇〇年前から一万八〇〇〇年前までレヴァント地方に居住し、この間に植物栽培をするようになった[16]。ミズンの仮説によると、この時期の初めにナトゥーフ人たちは、野生の穀草を鎌で刈り取っていた。このような刈り取り方をすると、穂についているよく実った穀粒を選び取ることができたにちがいない。偶然であったか、もしくは意図的であったのか、村の近くで芽生えた穀粒もあっただろう。ほどなくして、人間によって選ばれた、穂のしっかりとした、いくつかの穀物が村のそばで育った。さらに、考古学の発見によると、こうした村々には、それぞれ独自のスタイルの装身具があった。これらの村民たちは、ちょうど現代の社会や下位集団で行われるのと同じように、装飾品を用いて集団の象徴的アイデンティティを高めようとしていた。

農業は、地球上の各地で同時期に開始された。生物学者のジャレド・ダイアモンドは、さまざまな大陸において食物生産が開始されたところは、少なくとも六カ所以上、最大では一一カ所にも上るかもしれないという[17]。動物の家畜化もさまざまな場所で行われ、地中海ではヒツジとヤギ、ヨーロッパではウシ、中央アジアではウマが家畜化された。家畜化できる種の幅は大陸によってまちまちであったが、少なくともその一因は、いつ頃人類と接触したかによるものであった。アフリカでは、哺乳動物は何百万年もの間、人類と共に進化を遂げ、おとなしい性質の動物が選ばれた。当時人類はまだ哺乳動物たちを家畜化するほどの知恵はなかったが、殺すことはできたに違いないからである。ユーラシアにおいては、オオカミ、ウシ、ウマ、ヒツジを家畜として飼うことができた。人類がアフリカからユーラシアに移住した頃には、それらの動物を絶滅させずに（たんにできなかっただけかもしれないが）家畜化するほどには知恵がついていた。ユーラシア大陸の規模に比べると、移住してきた人間の数はさほど多くはなかったため、おとなしい放牧用の種でも絶滅を免れて生き残ることができたのだろう。

農業と技術は、ともに交易を可能にし、促進した。ウマやラクダのような家畜が加わり、遠出をすることができた。この時期になると、人類の人口は何百万にも達し、世界各地から移住してきた人々が出会う機会もこれまでよりはるかに増した。いくつかの大陸は依然孤立したままであったが、人々の交流が進んだ結果、遺伝子情報もよく混交された形式が維持されたのである。遺伝子でもすばやく広まったのは、食物への耐性や病気への抵抗力において利点があったものか、異性をめぐる競争のなかで積極的に選ばれたものであった。遺伝子の混合の一例として、青い目の広がりが挙げられる。世界中のすべての青い目の起源は、一つの遺伝子の突然変異によるものであった。それが起こったのは、一万年から六〇〇〇年ほど前の、現在のリトアニアのあたりであったと考えられている[18]。現代では、青い目の遺伝子はサハラ砂漠からアフガニスタンにまで拡散している。青い目の人々は、多くの文化においてパートナーとして好ましかったに違いない。それがなぜなのか推測をめぐらすことができるだろう。青い目にしても、そのほかの淡色の虹彩にしても、交際するうえで有利に働く可能性がある。青い目の場合、瞳の大きさがはっきりわかり、瞳の大きさは感情の状態と結びついている。実験によると、人は相手の顔を見つめるときに相手の瞳の大きさに合わせて、自分の瞳の大きさを調節している[19]。このような反応は、互いの共感を呼びさますのに役立つ可能性がある。もちろん、青い目をした人と恋に落ちる場合に、意識してそうしているわけではないのだが、恋に落ちることを手助けすることはあるだろう。

農業は生活の様相を一変させた。人類は物を所有し始めた。財産は生きたウシや植物の収穫物は貯蔵できる食物となった。財産は人から人へと受け継がれ、新たに二つの問題が生じた。遺産相続と大規模な窃盗である。社会組織は対応を迫られた。宗教的な禁止命令に支えられて、道徳システムが進化した。相続可能な財産の出現により、富と地位の格差は、狩猟採集民の場合と比べて大きく開いていった。

この仮説は、アメリカの人類学者モニーク・ボルジャーホフ・モルダーの研究チームが、歴史上に存在した、また現代に存在する二一の小規模な社会を対象として行った最近の研究により確認された[20]。その結論によると、狩猟採集する人々の社会と植物栽培する人々の社会は、現代のもっとも平等な社会と同じくらいに平等であったのに対して、農耕や牧畜を行う社会は強い階層性を持ち、現代のもっとも不平等な工業社会をもしのぐほどであった。窃盗に対しては守衛が必要となった。守衛は、盗賊を追い払う仕事の見返りとして、余った生産物を得て暮らしていた。社会集団が村より大きくないときには、誰もが互いに顔見知りだったことから、集団内における盗みの規模も、それを阻止するための暴力の必要も、たかが知れていただろう。近隣の村々や放浪集団による突然の襲撃の方がはるかに大きな脅威であったため、そちらの方に不安を感じて当然であった。

もっとも肥沃な地域においては、定住農耕民として暮らすことができるようになった。いったん動物を家畜化する技を身につけると、人々は、家畜の群れとともに動き回ることで痩せた土地も開拓できるようになった。牧畜民にかかる重圧は、定住農耕民にかかるものとは異なっていた。家畜の群れは盗まれやすい。ウシは盗人について一緒にそのなわばりへと動いてしまいかねない。盗人はそのウシを後々の消費のために生かしておくのである。大規模な窃盗を避けるため、牧畜民は自分たちの仲間内では完全に信頼し合い（そこには違反者に対する重罰も含まれる）、同時に、狩猟民に比べれば、よそ者に対して相当用心しなければならなかったはずである。集団間の差異が大きいのだが、その説明として、ここでもまた経路依存性が重要となる。ある集団内での信頼や不信は、多かれ少なかれ自己成就的予言なのである。盗みとそれに対する報復の悪循環は、いったん始まると、断ち切るのが難しい。子どもたちはごく幼いうちから、誰が信用できて誰が盗みかねないかという基本的なパターンを身につける。だから不確実性回避の強い文化が牧畜民の間で生まれがちなのである。複数の部族間で、窃盗が繰り返されると、内集団における不祥事に対して強い禁止令が出されるようになり、武装して警戒する文化が生まれる。家畜は守らなければならないが、農耕に比べれば、汗水たらす骨折り仕事ではない。守衛をすることは、尊大で壮大主義的な文化と関連しているだろう。今日のアフリカにおいても牧畜をする地域では、依然として部族間で互いのウシの強奪が行われ、暴力的対立も後を絶たない。アフリカのような、内集団への強い忠誠心と外集団への強い猜疑心を持つ世界においては、希少な資源に対する反応であると理解できる。[21]

農業もまた遺伝的な影響をもたらした。家畜を飼い始めた当初は、飼っていたウシだけを食べていた。やがてウシを殺さずにその活力を体内に取り入れて、自らを養う方法を見つけ出した。これははるかにうまいやり方であった。というのも、ウシは草を食べて、乳に変えてくれるからである。牛乳を飲み始めたのは八五〇〇年ほど前からである。この習慣により、さらに多くのエネルギーを動物から獲得できるようになった。当初、牛乳を受けつけた成人はきわめて少数であった。これは、ほぼすべての哺乳動物の間で乳糖不耐性が進化していたからである。おそらく、年長の子どもが新生児と母乳を奪いあわないようにするためであっただろう。しかし、今日では乳糖耐性をもった遺伝的変異が一般化してきており、行動上の進化と遺伝上の進化が手に手をとって進んできたことの好例となっている。ごく少数の対立遺伝子（対立遺伝子とはある遺伝子の変異）におけるわずかな遺伝的差異が大きな影響力を持つ。遺伝子の突然変異によりわれわれの体内ではラクターゼ（乳糖分解酵素）を作ることができるようになったが、この形質が選ばれて残るようになったのは八五〇〇年ほど前のことで、その頃われわれの祖先がウシを飼い始めたのは前述の通りである。あきらかに、牛乳の飲める個人はより多くの子孫を得て、そのためその形質が広まった。今日では、北ヨーロッパ人のほぼ一〇〇％が乳糖耐性を持っており、牛乳を飲む長い歴史を裏づけている。

植物を栽培するようになると、これまでとは異なる淘汰の圧力が加わった。農耕民たちの心配の種は尽きなかった。物事がうまく運ばない可能性は多々あった。どこに住んでいるかは誰もが知っており、農地は襲撃されやすく、貯蔵物は盗まれやすかった。人間の敵がいなかったとしても、農耕民は懸命に働かなければならなかった。植物は世話をするのに手間がかかり、雑草が伸び放題になりかねず、動物に食べられてしまうこともあった。また、雷雨でだめになることも、水不足で枯れてしまうこともあった。農作物は、疫病を運ぶ動物や病原体の間で付随的な進化を生み出した。ナイル川沿いの人口密集地帯は、汚染と病気が集中して瞬く間に進行してしまうような、格好の条件を備えていた。農作物は、聖書にいう十の災いのすべてから被害を受けたのであろう。エジプト帝国を悩ませた十の災いとは、血の災い（水質汚染）、カエルの災い、ブヨの災い、アブの災い、家畜の疫病の災い、雹《ひょう》の災い、はれ物の災い、イナゴの災い、暗闇の災い、赤ん坊の死の災いであった。さらに多くの疫病も起きていたに違いない。動物に由来する病気、小型・

大型のネズミ、カビ、ウイルス、細菌による病気などは、おそらくは聖書に登場するいくつかの災いを引き起こしたのであろう。植物から摂取できる食物のうち栄養に富んだものは少なかったため、農業に従事することによって、一般的な人間の健康水準や平均年齢は低下した。人口の増加や新しい食物に対して少なくとも人類が遺伝的に対応できるようになるまでは、農業に従事することは益よりもむしろ害を多くもたらした。

文化の観点から見ると、不確実性の回避は、農耕生活に伴う危険に対して、うまい適応の様式になっているように思われる。しかも農耕民は、単調で季節に縛られた仕事のなかで協力していかなければならなかったし、狩猟採集民や牧畜民よりもずっと多人数で暮らしていた。このような状況では一定の従順さが求められる。それが、集団主義の強さや権力格差の大きさと結びついたのであろう。文化はまた生産システムとともに進化することもあった。東南アジアの労働集約的な水田は長期志向的（柔軟・謙虚な）文化に合致している。そこでは、勤勉で自分を表に出さずに農作物の世話に励むことが、システムを維持する要件である。襲撃が繰り返されるような土地柄であれば、農業は女性、戦闘は男性という役割分業を明確にし、それに対応したより男性らしい価値システムが作られたであろう。

概していうと、文化の観点から見て、さまざまな形態の農業が出現したおかげで、狩猟や採集の時代と比較して、個々の人間集団に応じて価値観の幅が広がったように思われる。農業社会では、所有が始まり、相続に関する序列関係が生まれた。牧畜は乾燥地域で行われ、窃盗への強い誘惑を伴うものであったため、モラル・サークルを守る必要が著しく高まったのであろう。個人主義は弱く、男性らしさは強く、不確実性回避と短期志向（壮大主義）がとりわけ強い文化が育まれることとなった。

▼七五〇〇年前から現在まで——大文明▲

七五〇〇年ほど前までには、農業とその余剰生産物によって人口は激増し、村は徐々にではあるが確実に町になり、それから都市へと成長し、都市は国家からさらに帝国へと発展していった。三五〇〇年ほど前には、大河流域の肥沃な土地に最古の都市群が登場した。とくに、チグリス川とユーフラテス川に挟まれた三日月地帯（現代のイラクに位置するメソポタミア）、インダス川、ナイル川においてである[22]。最古の帝国で今日も残るのは中国だけである。中華帝国は、常に統一されていたわけではなかったが、連綿と続く約四〇〇〇年の歴史を誇る。他の帝国は分裂してしまった。東地中海や南西アジアでは、帝国が興り、栄え、衰え、そして他の帝国が後を継いでいった。ざっと挙げるだけでも、シュメール、バビロニア、アッシリア、エジプト、ペルシア、ギリシア、ローマ、オスマンといった帝国がある。南アジア亜大陸やインドネシア列島にも帝国があった。マウリア、グプタ、後にインドのムガール、ジャワのマジャパヒトなどが含まれる。中央・南アメリカには、アステカ、マヤ、インカといった帝国が遺跡を残している。アフリカには、ベニン、エチオピア、マリが古代国家の例である。

歴史家のジョン・ロバート・マクニールとその父ウィリアム・H・マクニールは、都市レベルの文明が、いかにして二つの主要な社会的革新を生み出したかを描いている。[23]シュメールの都市は、当初は主に宗教的儀式や信仰によって結びついていた。男女の七大神（太陽、月、大地、空、真水、塩水、嵐を象徴する）は宇宙の秩序を司っていた。後のインド・ヨーロッパ文明の多くが、これらに触発されて自分たちの神々を作り出した。シュメール人たちの富に引き寄せられて、ステップ地帯から騎馬強盗団が襲来するようになった。そこで、軍隊が生み出されたのだが、軍隊は騎馬強盗団と戦うばかりでなく、宗教勢力とも対立し始めた。何世紀もの間、人口規模が増すにつれ、軍事力による保護はコミュニティが生き延びるうえでますます重要となり、中央集権化が進んだ。そうした変化を反映して、神々も数が減り男性化していった。古代文明の物語には、世俗勢力と宗教勢力の権力争いが満ちあふれている。

それでも生存のためには、通常、交易の方が戦争よりも利益をもたらした。多国籍企業は紀元前二〇〇〇年から存在しており、アッシリア人、フェニキア人、ギリシア人、ローマ人はそれぞれにグローバル化したビジネスに携わっていた。[24]交易は、富を移転する主たる仕組みとして徐々に戦争にとって代わった。もっとも、富を求めての戦争はいまだに起こっている。

植物と動物の群れのおかげで、社会の大規模化とともに、収穫物を一カ所に集積することができるようになった。このような発展があったために、皮肉にも窃盗は、村落の頃よりもはるかにうまみのある行いになった。農業技術の向上とともに、人口規模が増大し、それがさらに専門化の可能性を開いた。軍事力は貯蔵された食物を守るために維持された。しかし、軍隊はいったん設置されると、権力を握ろうとする誘惑に駆られた者の手に落ちてしまうことがある。たとえば、武装した派閥が勢力を伸ばすのは、皇帝が没した後の跡目争いや税の取り立てのために争うときであった。暴力がエスカレートしていくのは目に見えていた。それは、人々が奴隷同然のように従順するか、もしくは、調停や形式的な法の正義や権力の分割を受け入れるまで続いた。いったん国家が出現すると、行動の進化もシンボルの進化も、依然として経路依存的ではあったものの、ますます複雑になっていった。

人々は大規模な匿名性の高い社会でいかに生きるべきかをまだ模索していた。そのような社会が生まれ始めたのは、わずか四〇〇世代ほど前でしかない。われわれの祖先は、この間に社会に関する革新的な仕組みを進化させてきた。それらを説明するために、アメリカの社会学者タルコット・パーソンズ（一九〇二〜七九）の著作を手がかりにしてみよう。パーソンズが画期的だったのは、社会的革新も進化すると考えた点にあった。彼によれば、社会的革新はいったん始まると、失われることはない。パーソンズは比喩として、たとえば視覚のような生物における進化上の革新を取り上げている。視覚は絶大な利点をもたらすため、選択（と淘汰）の過程で保存され、いったん身につくといっそう磨きがかけられる。進化が集団のレベルで起きるのは、このような場合に限られる。大規模な社会は、社会の進化を可能にすると同時に、それを必要としている。

文明の成長を念頭におきつつ、パーソンズはこうした画期的かつ不可逆的な革新をいくつも取り上げている。これらは「社会における進化的普遍体」と名づけられている。一九六四年の論文で、彼は次のようなリストを挙げている。すなわち、社会階層、文化的正当化、官僚制組織、貨幣と市場、一般化された普遍的規範、民主的結社である[25]。以下の議論では、これらの進化的普遍体のそれぞれを項目の見出しにとりあげる。この順序は必ずしも歴史的ではない。これらの革新は漸進的かつ相互依存的に発生し、その要素は農業開始以前の社会にも存在していた。しかし農業とそれに伴う人口増が、それらの発達を大きく促した。

社会階層

Stratum とは「層」を表すラテン語である。階層化とは、社会内に異なる階級（ふつう二つの階層から始まる）を作り出す過程を指す。村が成長するにつれて内部では調整の必要性が高まり、単純な社会階層が形成される。そのような社会階層は、他の類人猿においても見られ、肉体的な力と人柄のよさの両方を備えた人物が上に立つ。都市はその指導者たちに対して、彼らの果たす役割に応じて、生まれながらの権限を与えなければならなかった。さもないと、社会組織は崩壊しかねず、また、他の都市や盗賊団がその都市を破壊してしまうかもしれなかった。このようにして、生得的な権限を持つ指導者の存在は、人口の大多数に徐々に受け入れられていった。

都市国家は戦争によって囚人を獲得し、そのような囚人たちを活用した。国家が発生した当初から、奴隷制度は、社会階層が二階級に分かれていることを明確に示す仕組みであった。支配階級は、人々をウシや作物と同じように扱ったともいえるだろう。実のところ、少数の支配者が多数の大衆を家畜化していたという考えは、生物学的証拠によって支持される。人間の平均的な脳のサイズは、農業を開始してから小さくなっているのだが、同じことが家畜化された動物にも起きている[26]。つまり、大規模な農耕社会で生活するようになり、われわれの祖先は、地球のエネルギーのより多くの部分を取り出して自らの欲求を満たすことができるようになり、さらに文化的変化が格段に進んだのである。指導者は雲の上の存在で、巨大な権力を持っており、生活の場も異なっていた人々は指導者に対して畏怖の念をいだいた。この感情は、人類の進化のうえでまったく新しいものであった。大きな権力格差は、農耕により可能となった大規模な匿名性の高い社会における、生活に対する一つの適応の仕方であった。このことは、寒冷地よりも、都市と国家が繁栄した温暖な気候の地により当てはまった。寒冷地では、気候条件のせいで農耕があまりうまくいかず、何世紀もの間、人口があまり増加しなかった。その結果、自然の力に対して協力して戦うことが、主たる関心事であった。したがって、寒冷地の社会は平等主義的なままであった。

文化的正当化

行為を文化的に正当化することは、社会が拡大しているとき目新しい現象ではないが、多数の匿名の人々に対処しなければならないために、新しい形態が求められた。ある集団を文化的に正当化することは、その集団の規模が数百人にとどまるかぎり、決して難しくはない。集団のメンバーをほかの人々と区別するために、人類は何千年もの間、個体識別に頼ってきた。国家規模にまで拡大した社会では、市民が互いに個人的に見知っていることはありえないため、集団的アイデンティティを正当化する新たな仕組みが求められた。国家が存続する前提条件として、血縁関係を超えた強力なシンボルに対するアイデンティティが必要であった。インダス、ナイル、チグリス・ユーフラテスといった大河に沿った古代国家ではいずれも、指導者たちは神々と直接結びつくという形で支配の正当性の体系化を図った。そこではまた、男性中心的かつ一神教的な宗教が発達する傾向があった。単一の神は、敵に囲まれた多くの人々にとって、自国の存在に継続性を与えてくれる心強い味方であった。専制君主の死後、次の支配者が同一の神に忠誠を誓い、宗教の支配者が政治の支配者の継承に積極的に動くならば、権力の空白に伴う内戦の危機は避けられる。それゆえ世事に通じた国家や帝国の指導者は、たとえ世俗的な国家においても、常に宗教からの支持を得ようとしてきた。

国家レベルのアイデンティティは、国家内に忠誠心の分裂がある場合には、たとえ宗教がかかわっていなくても、問題になるだろう。これは、第7章でも議論したことだが、部族的な結びつきが優勢なアフリカ各地に当てはまることである。破綻国家の極端な例として、ソマリアがある。そこでは、牧畜社会にありがちなことだが、氏族集団への忠誠心のみが残っている。

文化的正当化という現象は、生活のあらゆる場面で生じる。一七世紀にオランダのフリシンゲンの港に最初の奴隷船が寄港したとき、地域住民は奴隷たちの非人間的な環境を見て衝撃を受け、その奴隷たちを解放してやろうとした。しかし、ほどなくして、牧師たちがオランダ人を説得して、奴隷制度こそがこれら劣等な人種にとって最善の利益となるのだと信じ込ませた。その後、最終的に奴隷制度が廃止されるまで、何世代もかかることになった[27]。戦争に赴く人々はみな、神のご加護があると信じていた。われわれは、アプリオリに正しい推測とされる行為をするよりも、むしろ自分たちのする行為を正当化する。長い間、このダイナミズムに気づく者はほとんどいなかった。信仰が自分の属する集団の存続に役立つということに気づいたからといって、その集団が生き残るうえでとくに有利に働くわけではなかった。

官僚制組織

ギリシアの哲学者プラトン（紀元前四二七〜三四七）の考え方については第3章と第5章で述べたが、プラトンの国家の組織原理はその著作『国家（*Politeia*）』に記されている[28]。この

Politeia という語が、*Politics*（政治）や *Polity*（政体、政治の単位）、そして、*Politburo*（共産主義世界における政府の最上位団体である政治局）の語源となった。最後の Politburo は、**官僚制**（bureaucracy）へとつながっているのだが、官僚制については、第9章で述べたように、マックス・ウェーバーが非人格的組織の理念としており、小さい権力格差と強い不確実性回避を特徴とする文化から生まれたものである。

官僚制は、実際に体験した者には評判が必ずしもよろしくない。官僚制は、ゆっくり動く巨大な機械で、感情はなく、個人の関心事はまったく考慮されないものとして人々の目に映る。しかし、これこそが官僚制の強みなのである。パーソンズによれば、市民が選挙権を持つようになると、人格に依存する統治システムでは、巨大な政体を満足いく形で統制することができない。選挙権を得た市民たちは、公正な扱いを求めるようになるだろう。官僚制は、組織として奉仕する権益と雇われている人々との関係を切り離す。職員はすべての顧客を平等に扱うものとされている。もちろん現実を見ると、大半の社会では一部の顧客が他の顧客よりもさらに平等に扱われている。ベネズエラのウーゴ・チャベスは、国営テレビ放送の時間帯を独占して、何時間も自分の番組「こんにちは大統領（*Aló Presidente*）」を流している。その番組内で彼は絶賛されているのだが、同じようなやり方は、イギリスの元首相ゴードン・ブラウンにとっては夢のまた夢であろう。一部の社会ではほかの社会に比べて、市民がより広範な公的権利を望むことは明らかである。権力格差という文化の次元は、その差異をとてもよく説明する。それでも、官僚組織は依然として国家を公正に組織化する強力な装置であって、とくに公共財の供給の点で、そのようにいえるだろう。

貨幣と市場

お互いに品物を交換することは、交易の主要な仕組みとしては、大きな国家内でも国家間でも非現実的になっている。貝殻を通貨として用いることは、おそらく都市国家の出現よりも先んじており、都市国家ではどこでも貨幣が利用されていた。貨幣は簡単に移動可能で、腐ったりしない。また貨幣は、さまざまな商品やサービスの効用を評価する基準ともなっている。貨幣によって食物や奴隷や兵役も買い取ることができる。もっとも、貨幣は会話ができないし、交渉もできない。そのため、古代世界では定期的に市が立ち、日用品を売り買いする場が出現した。

貨幣は進化のうえで大きな一歩となった。貨幣のおかげで社会は適応力がより向上したのである。貨幣はいつまでも手元においておいて、いざもっとも欲しいものを購入するときに使うことができた。商人も農民も国家も、この貨幣の柔軟性から利益を得た。しかし貨幣は記憶を持たない。交易と簿記の必要性が高まったことから、シュメール人たちによって最初の文字が発明された(29)。パーソンズは言及していないが、文字は明らかに進化的普遍体の一つに値する。

一般化された普遍的規範

官僚制、貨幣と市場、文字はいずれも普遍主義への方向を指している。官僚制の場合、すべての国民が比較可能であり、貨幣と市場では、すべての物が、また文字になると、すべての時間と地域が比較可能となる。われわれはすでに第4章で普遍主義と排外主義の区別をした。それはミッショが世界価値観調査に基づいて見出した国民文化の次元の一つであり、個人主義－集団主義の次元と強く相関していた。普遍主義的な規範がないと、官僚制はその顧客に外集団が含まれている場合、機能の質が低下する。また普遍主義的な規範がないと、貨幣は他集団の貨幣と交換できないかもしれず、その有用性が半減するだろう。すべての人間が同等で同一のモラル・サークルの一部をなしているという考え方は、比較的最近のものである[30]。世界人権宣言（第4章も参照）は、普遍主義のマニフェストである。それでも世界のあちこちには、自国の方が他国よりも優秀であるとか、より人間的であると感じている社会がまだ存在する。このような状況は、過去何世紀もの間、諸集団が生き残っていくうえで、排外主義の価値が重要であったことを強く示している。自分の集団がほかより優れていると考えられない人々は、全人類が平等であると信じるよりも、別の「よりましな」集団に所属先を変えたくなるのだろう。普遍主義は依然として争点となっており、社会全体における文化の多様性を説明するもっとも有力な変数であるという論者もいる。

民主的結社

パーソンズは、民主的結社という言葉によって、選挙により選ばれた指導者と完全な選挙権を有する構成員からなる体制を考えていた。パーソンズは、一九六〇年代のアメリカ合衆国でこれを書いており、当時の多くの人々は、このアメリカモデルが世界を席巻すると考えた。他のアメリカの思想家も、パーソンズの思想に共鳴していた。たとえば、フランシス・フクヤマはベルリンの壁が崩壊した一九八九年に「歴史の終わり」を唱えた。フクヤマは、さまざまな政治体制があるなかで、自由民主主義だけが唯一の受け入れ可能な統治形態だといおうとした。もちろん、パーソンズとフクヤマは、文化的に色づけられた社会の像を示している。第11章で長々と論じたように、西洋の政治的原理には限界がある。一九世紀より前の数百年もの間、中国の国家はずっと豊かであって、今日再び豊かになろうとしているが、パーソンズが民主的結社と呼んだもののモデルにはなりえない。中国人は、アングロ・サクソンに比べて、権威の存在を受け入れようとするし、忠実さや従順さが必要であると考える。民主的結社が進化的普遍体たりうるかはまだわからない。たとえ将来的にそうなるとしても、世界中の民主主義のあり方は、今日と同様に、市民の持つ多様な文化に適応したものになるだろう。

▼文化的な多様性と変化の源▲

タイムマシンの旅を続けていると、人類にとって進化の王道があって、多様性は乏しいように見えるかもしれない。しかし、そうではない。現代人は、さまざまな革新についての歴史的経験において大きく異なっている。大帝国の領土に隣接している地域、もしくは内部では、より小さな単位が、独立の小「王国」もしくは部族として生き残った。今日でも、ニューギニアでは人口の大半が小さな比較的孤立した部族において暮らしているが、それぞれの部族は独自の言語を持っていて、より大きな社会へと統合されることはほとんどない。同様に、オーストラリアのアボリジニは常に狩猟採集民として生きてきた。旧世界における古代の牧畜文化は、氏族間の戦闘の伝統を育んだ。長年にわたり農耕の伝統を持つ社会は、階層的かつ集団主義的になりがちである。北西ヨーロッパ社会と、そこから分離独立したアングロ系社会は、個人主義的かつ平等主義的である。そこでは、過去に、集団主義や大きな権力格差が存在したような痕跡はない。その構図は複雑であり、経路依存性が大きく影響しており、単純な因果関係を示すことはできない。

人々はそれぞれが、さまざまな生活手段に対応してきており、その様式は多様である。気候、植物相、動物相、地理的環境要因も同様にさまざまである。しかも、淘汰の圧力が場所により異なるとなると、進化は多様な方向に拡散してしまう。集団レベルにおける淘汰のメカニズムは、集団内の価値観や慣行の一部を安定的に維持する一方、集団間の象徴的な境界を保持する傾向がある。その結果、価値観ならびに慣行の観点からは、現代世界には驚くほど多様な文化がある。大半の文化は、大きな変化を遂げていても、起源は太古にある。文化の変化は、自然の側からも人間の側からも大きな力が加わる場合に生じてきたし、これからもそれが続くであろう。文化の多様性が生じる第一の原因は、新しい自然環境への適応の結果である。人類が徐々にではあるが、世界中に居住するようになると、生存のための必要から、さまざまな文化的解決策が生み出された。気候変動（砂漠化など）、人口過剰、政治的な統治の失敗（一九世紀におけるイギリスのアイルランド支配など）によって生じた飢饉のために、人々は異なる環境へ集団で移民せざるをえなかった。地震や洪水のような自然災害は、時に社会全体を一掃して、他の社会に新しい機会を作り出した。

ここ数世紀にわたり、人類は生物学者のいうニッチ構築をますます巧みに行うようになってきた。火、衣服、家屋などあらゆる技術を用いて、われわれは生物圏のほぼすべてをわが物にしてきた。しかしながら、オランダの社会心理学者エーヴェルト・フォン・デ・フリールトが示したように、気候は依然として主要な要因となっている[31]。フォン・デ・フリールトは、人類の文明が発達したここ一万年における気候の影響に注目していた。彼は日々の平均気温が理想的な摂氏二二度（華氏七二度）からどの程度ずれるかによって、気候条件の厳しさを表そうとした。彼は国レベルのデータについてメタ分析を行ったが、そこには冬の寒い気候も夏の暑い気候も含まれていた。厳しい気候条件のもとでは、前向きに対処するための資源を有する豊かな社会と、耐え忍ぶだけしかできない貧しい社会とに二極化する。豊かな社会の文化は自己表現を許容する。それに対して、貧しい社会の文化は、生存の必要から制約を受けざるをえない。一年を通してしのぎやすい気候の国では、文化がこのように豊かさに左右されることはない。そこでは、人々はたとえ貧しくともはっきりと自己表現を行うことができる。ただしなぜ豊かになる社会がある一方で、貧しいままの社会があるのかという、因果関係の問題は残る。

ここ一万年ほどの間に世界の人口は急増した。現代社会は互いに政治体制を競い合う国々がひしめきあっている。それゆえ近年になって、進化の圧力の方向が急激に変わってきた。かつては自然の力が、文化を方向づけるためにもっとも重要であったのが、いまや他の人間たちの力が重要性を増してきている。軍事的に征服されると、多くが殺戮され、移住させられ、混住を強いられ、新しい王や規則によって支配され、文化が劇的に変化した。人々を新しい宗教へ改宗させようとする熱心な布教活動によって、シンボルが進化すると、これもまた文化の変化をもたらした。しかし、それぞれの国の宗教史を跡づけてみると、人々がどの宗教のどの宗派を奉じているかは、文化の違いの**原因**というよりも、既存の文化的価値パターンの**結果**であるように思える。世界の主だった宗教はみな、歴史上のどこかの時点で深刻な分裂を経験している。キリスト教においては、ローマカトリック教会、東方正教会、さまざまなプロテスタント諸派の間で分裂があったし、イスラム教ではスンニ派とシーア派の分裂、ユダヤ教では進歩派と原理主義者の諸団体の分裂があった。また仏教でも小乗と大乗が分裂している。信者の集団のなかに以前から存在していた文化的差異が、こうした分裂においてはっきりと姿を現した。たとえば、一六世紀におけるローマカトリック教会内の宗教改革運動は、当初ヨーロッパ全土に波及した。しかし、一〇〇〇年以上昔にローマ帝国領であった国々では、反宗教改革によってローマ教会の権威を回復した。最終的には、宗教改革が成功したのは、ローマ帝国の伝統を持たない国においてだけであった。今日北ヨーロッパの大半がプロテスタントで、南ヨーロッパの大半はローマカトリックであるが、文化的な差異を生み出した源は、こうした宗教的な分裂ではなく、ローマ帝国の遺産なのである。どの宗教を信仰しているかということ自体は、しばしば想定されているほど、文化との関係が強いわけではない[32]。それでも、いったんある宗教が定着すると、その宗教が受け入れられた土台にある文化のパターンが、その教義の中心的要素となり、強化される。

科学的な発見や発明は、内部のものでも外部から持ちこまれたものでも、前述のように、基底にある価値観よりは、むしろ慣行の方に影響を及ぼす傾向がある。それらはまた世界規模で影響を及ぼす。ある共通の原因によって文化がともに変化すると、文化の差異は往々にしてそのまま残る。このため、共通の文化的起源を何世紀もさかのぼって跡づけることができるのである。

▼歴史の終わり？　そんなことはない！▲

タイムマシンの旅から明らかになったことは、人類がまだ原始的な社会動物であった太古の日々と、文明のなかで生活してきたこの何世紀かの間には、神秘的な断絶などないということであった。しかも、進化は止まってしまったと信じる理由もない。むしろ、人類の進化は加速しつつあるとさえいってもよいかもしれない。だからこのあたりで進化論の思考になじんでおこう。進化の観点から人類の歴史を理解すれば、将来を改善するためにいま何をすべきかについて、よりよい情報に基づいた推察が可能になるだろう。文化の進化は随所にある。歴史は、終わるどころか加速している。われわれが目の当たりにしたのは、ここ数百世代にわたる社会規模の急激な拡大である。この過程はまだ終わってはいない。今から約七〇〇世代前の紀元前一万五〇〇〇年頃には、六〇万にも上る数の政治形態がこの地上に存在し、それぞれには何十人規模か何百人規模の人々が含まれていた。今日ではそれが二〇〇となり、それぞれは一〇〇万人単位の人口を持つ。われわれは急速に自然を征服しつつあるが、その結果として、人的環境の相対的重要性が高まっている。機会はもちろん脅威も、ほかの人々からもたらされることがますます増えてきた。それに対応するために、われわれはモラル・サークルを合併し大規模に拡張するようになってきた。

このプロセスは、おそらくここ数百世代の歴史のなかで、もっとも目立った進化の傾向である。同時に、何百万年もの間、われわれの祖先が鍛え上げた小集団内の生活への適応の様式もいまだに保たれている。それでも、膨大な数になった人々が豊かな社会生活を築き上げたために、われわれをとりまく環境は目まぐるしい変化のなかにあって、そこでさらに新しいものが生まれてきている。

逆説めいた話になるが、社会が安定的に機能するという条件があってこそ、慣行と技術の急速な変化が可能である。ある集団がその環境に適応するためには、集合的行為が求められる。また集合的行為が可能になるためには、その社会が暗黙の価値観のレベルで文化的に同質であることが必要とされる。文化的同質性があれば、価値観の急速な変化は生じない。というのも、価値観はその大部分が幼少期に獲得され、その後の人生でも維持されるからである。価値システムが変化するためには、何世代もの時間が必要である。そのため、共通の文化的価値観を持つ集団が、集団として環境にうまく反応できる。ただし、たとえ環境の変化が生じて、価値観の変化が生存のために有利だとしても、共有する価値システムを変化させる速度は鈍いであろう。もっとも、価値システムの変化が遅いといっても、文化のない状況に比べれば、その速度は大変速い。文化のない状況とは、変化のメカニズムが遺伝子の変化だけによる状況のことを指す。

人々は歴史の只中にいる。そこでは、凝集性の高い集団が互いに競争し、協力しながら活動しており、諸活動は複雑に織り合わさり、ゲームのようである。ある社会のエリート集団が、モラル・サークルを拡張して、生きとし生けるものすべてをその一員とし、世界中の人類やほかの生き物が、平和に生きていけるすばらしい新世界を作り出そうと望んでもよいだろう。それは目標とすべき立派な理想であるが、今のところ現実味に乏しく、地上の楽園という聖書の空想と同程度の絵空事である。とはいえ、このようにモラル・サークルを拡げていこうという特性があったからこそ、今日のわれわれがあるのであり、それはこの先もさらに続くであろう。われ在り、ゆえに、われ進化す。

▼進化の本質▲

これまでの説明で明らかにしてきたように人間と人間社会が経験しつつある急速な変化が実際に進化の途上にあるならば、進化について確かな理解を持つことが、人間の抱える諸問題に対処するうえで、重要である。残念ながら、進化という言葉には不当な悪評がつきまとっている。進化という考えが、よく理解されないまま政治的なイデオロギーのなかで使われてきた[33]ため、また、宗教の教義のなかには反歴史的で絶対主義的な傾向をもつ思考があるため、進化をめぐって、かなりの恐れや禁忌がある。実際のところ、進化は単純明快な、議論の余地のない現象であり、どのようなイデオロギーとも宗教とも抵触しないはずである。必要なのは、親世代から子世代への**継承**の過程において、**余剰**の子孫を生み出すことが繰り返されることである。その際に**変異**が生じ、各世代においてうまく適応できない変種は淘汰される。より形式的な言い方をすると、進化が起きるためには、次のような条件が求められる。

◇ 複製可能なもの、いわゆる**複製子**：遺伝子、生命体、噂、儀礼、イデオロギー、政府形態、文化など。
◇ 優れてはいるものの完全ではない複製メカニズム。このため、次世代はその前の世代と似ているが、まったく同一ではない。
◇ 生き残るために十分な数以上に複製が生産される。
◇ 何らかの選択圧に基づいて一部の複製が残ること。

以下は、進化に関する単純だが重要な五つの論点である。

1 **進化は不可避である**。時間が一方向にしか進まない宇宙においては、永続しないものや繁殖しないものは、死滅する。そこから導かれる意味は、今あるもので永続しないものは、いずれも進化してきたということである。これは生き物すべてに当てはまる。ウイルス、DNA分子、細胞、肉体、集団などに当てはまるのである。これらの生き物のどのような例も、進化によるものか、永続化するものかのいずれかであった世代にまたがる進化は、人間にもペットにも疫病にも起きているのは明らかであるから、人間の文化にも起きていると結論づけてよいだろう。留意すべきことは、周期の長さによっては、遺伝子の進化は極めてゆっくりしているということである。新種とまではいかなくとも、ウイルスの新しい染色分体は年々進化している。しかし、哺乳動物の新たな種が生まれるには何百万年もかかる。

2 **進化は先取りをしない**。選択は、進化を操る仕組みであるが、現状に対してだけ作用する。実のところ、選択という言葉は誤解を招きやすい。もっとも優れた変異体が目標に向かう方向に何らかの形で選び出されていると受け取られてしまう。もちろんそのようなことは起こりうる。ウシを飼って牛乳を摂取する人々の間で、乳糖耐性を備えた変異体が選択された例が挙げられる。しかし、逆もまたありえて、不適格な変異体が、単に繁殖がうまくできなかったために、除去されることもある。加えて、遺伝的浮動（**ドリフト**）も起こる。遺伝的浮動とは、変異体が無作為に死滅するプロセスを指し、個体数が少ないほど強く働く。個体数が少ない場合によくあることだが、好ましい遺伝的変異であっても死滅してしまうことがある。そうした遺伝子を運搬する者がたまたま生まれなかったり、子孫を残さず死んでしまったりするからである。要約すると、適応度という尺度のうえでは、その最上部でも、その最下部でも、そして無作為にも、選択は起きる。十分に個体数が多い場合には、自然選択を通じ、生殖能力に無害な変異体は保存される。これが意味しているのは、個体数の多い集団では数多くの変異体が発生していて、それらは明白な効果は持たないものの、いつか新しい環境への適応に対して潜在的な力を持つということである。

3 **進化は経路依存的である**。進化によって何事も可能なように見えるかもしれない。しかしこの考え方は誤っている。進化は、常に環境、とりわけ自分自身の歴史によって制約を受けており、後戻りすることもない。人類の進化は、このことをはっきりと示している。人間は脊椎下部、腰、膝の痛みにしばしば悩まされる。それは、われわれの祖先が、背の高い草のなかでの移動に適応するためか、直立歩行をするようになって以来、これらの関節にひどい負荷がかかるようになったからである。人類はひとたび直立するようになると、森に住んでいる場合でも、両手が自由になるという副次的効果があるために二足歩行を続けてきた[34]。

4 **進化に用いられる複製子はさまざま**。ダーウィンは遺伝子についての知識は皆無であったが、進化について大変深い洞察を残した。一世紀の後に遺伝子の運び手としてDNA分子が発見されると、彼の正しさが証明された。遺伝子は、この地球上でもっとも成功した進化のための複製子ではあるが、決して唯一無二のものではない。遺伝子によらない進化が、遺伝子による進化に比べて、進化の面で劣っているということなどない。人類の文明の進化と遺伝子とのつながりは、ごく緩やかなものでしかない。知識は、教えることによって技術を伝達し、再生産される場合が多い。そして前述の通り、文化的価値観も新しい世代へと伝達される。それゆえ社会は、知識と文化の伝達単位として、人々の間で強力な複製子となっている。進化はさまざまな複製子を用いつつ同時進行するという発想は、**多層選択**と呼ばれている。たとえば、個人レベルでは遺伝子を用い、社会レベルでは知識と価値観を用いるような場合である。ダーウィンが『種の起源』を書いたとき、遺伝子について手探り状態にあったように、現在、われわれは社会レベルの進化についておおよそ似たような状態にある。社会が文化的に進化するという議論が信頼に足るものであることは、観測から明らかなのだが、それがどのように生じるかについてはわかっていない。言い換えると、複製子の正確な性質、いわゆる進化の**至近メカニズム**（proximate mechanism）についてはしっかりとした考え方がまだ確立されていない。文化がいかにして自分を複製するのか、またどのように選択されるのかについての議論はまだ決着していない[35]。さらには、個人の境界は明白であるのに対して、集団の境界を知るのは容易ではない。人間は、境界のあいまいないくつもの集団に加わることはいつでも可能である。次の世紀に入れば、文化の進化のダイナミズムについての知識は飛躍的に伸びることだろう。都合のよいことに、**進化のメカニズム**は常に本質的に同一であり、複製子をどのような配合で混ぜ合わせてもそれは変わらない。一時変異を伴う再生産と選択が生じるとき、進化は起きるのである。

進化は進化する。五百万年以上にもわたる地球の歴史のなかで、進化は複雑さを増し続けてきた。進化は遺伝子だけを含むものではない。遺伝子が存在する以前のタンパク質の液のなかでも進化は起きた。進化は、遺伝子以外にも働き続けてきた。タンパク質の混合物に始まって、DNA分子、核のない単純細胞、共生微生物（細胞小器官）を含む複雑型細胞、細胞群体、生命体、社会集団[36]へと、新たな革新との出会いは続いていった。いまやわれわれ人類は、進化した脳を使って未来を先読みし、未来に影響を及ぼそうとしている。選択圧は現状に対してかかるものではあるが、この現状には未来の予測が含まれるようになっている。人類はいくつかの小道具、すなわち、文化的価値観や慣行といったものには磨きをかけてきたのだが、現在の進化の舞台装置については、まだ理解が進んでいない。とりわけ、進化の複製子たる社会については、われわれはその重要性を過小評価しがちである。

▼進化――遺伝子を超えて▲

人間社会においては概して、シンボルの進化が遺伝子の進化に取って代わり、それが地球上の生物学的変化の原動力になった。そして、生態学的歴史におけるいわば人類の時代とでもいうべきものが、約四万年前に始まった。（McNeill and McNeill, *The Human Web*, 2003）

あなたは恋に落ちたことがあるだろうか。もしあるとして、愛しい人の抗免疫システムを気にしたことはあるだろうか。多分ないだろう。それでも研究結果によれば、恋に落ちた恋人同士の抗免疫システムは相互補完的な傾向にある[37]。進化の観点に立てば、この傾向は驚くには当たらない。伝染病が人類にとって、命取りになる最悪の敵であったために、混合免疫システムを持った人々の方が、より多くの病気に対して抵抗力を持つことになり、選択の過程において有利となったのである[38]。しかし、そのことに意識的に気づいた者は誰もいなかった。われわれにとっては、将来のパートナーが、見た目も感じも香りも好ましいということでしかない。それらの性質にはどれ一つとしてはっきり気づかないまま、ひたすら相手のことが愛しい場合もある。このように、誰と恋に落ちるかを決める至近メカニズムの一つは、健康な子孫を残すという進化の目的に役立っているのである。またこの点については、遺伝子との関係から、生存の可能性を高める配偶者選択の至近メカニズムが、近い将来にさらに多く発見されるだろう。さらにいえば、配偶者選択のための文化的メカニズムは、すでにわれわれにはなじみがある。近親相姦の禁忌は、厳格さに差はあっても、すべての社会に存在するし、細かい規則が配偶者選択に影響することが多い。そのような規則は、信仰している宗教は何かといったシンボルの情報に基づいており、社会によってさまざまである。ただし、集団主義的で、男性らしさが強く、不確実性を回避し、短期志向で、抑制の強い文化ほど、それらの規則が厳格な傾向が認められる。

こうした配偶者選択の例を見ると、マクニール父子による主張はいささか誇張し過ぎている。たしかにシンボルの進化はますます重要性を増し、その活動は途方もない速度で進んでいる。しかし、人類はまだ昔ながらの遺伝子進化を捨て去ってはいない。彼らの主張には、文化の進化が技術とシンボルの進化を実現する点も欠けている。このように文化の進化に注意が払われてこなかったのは、文化的価値観は化石として残らないのだが、慣行はそれがしばしば残っているからであろう。

したがって、人類はさまざまなレベルで、さまざまな複製子を用いながら、進化を続けてきたのである。進化するさまざまなレベルそれ自体が、協力したり、時には競合したりしていることが、進化の様相をさらに複雑にしている。これらのレベルとは何であろうか。以下に概要を述べてみよう[39]。

遺伝子選択

遺伝子はグレゴール・メンデルによって一九世紀後半に発見された。二重螺旋状のＤＮＡ分子は、一九五三年にジェームズ・ワトソンとフランシス・クリックによって発見された。遺伝的な進化は次のような仕組みに基づいている。人体の各細胞はすべての遺伝情報（**ゲノム**）を持ち運んでいる。すべての遺伝子は、二対になった相同の二三本の染色体に保存されている。一方のゲノムの対は母親由来で、もう一方の対は父親由来である。人間の卵子と精子は染色体の**減数分裂**（meiosis）によって形成されるため、卵子も精子も二対の二三本の染色体のうちの片方だけを含むことになる。減数分裂の最中には、相同染色体の間で失敗や組み換えが起こりうるため、卵子も精子も親や相手とまったく同一になることはない。そして受精のときにも、卵子や精子のゲノムの対の一方が（ここでも何らかの失敗がありえるのだが）組み換えられ、新たなゲノムが形成される。こうした失敗は**突然変異**と呼ばれている。人間は誰でも多数の突然変異を抱えている。それらは中立もしくは有害のどちらかとなる傾向があるが、そのうちのただ一つの突然変異が利点をもたらすのである。それゆえ、好ましい突然変異の生じる頻度は総個体数に直接比例する。

人間のゲノムにおける好ましい突然変異は、過去一万年に生じ、いまだに広がりつつあり、代謝、伝染病の防衛、生殖、中枢神経系といった領域において起きている[40]。人間の遺伝子の進化は、依然として農業と激増した人口規模に適応しようとしている。

利己的な遺伝子という言葉は、リチャード・ドーキンスによって、一九七六年の本の書名として登場し、多くの人々の想像力を虜にした。その基本的な発想は、われわれの身体は遺伝子の運び手にすぎない点である。確率の法則によると、どのような突然変異であっても、それが後々の世代において遺伝子の数を増加させるものであれば、進化のうえで有利になる。この考え方を裏づける証拠は数多いが、話はそれだけではない。

後成的（Epigenetic）選択

人体の細胞は遺伝的には同一である。それでも細胞はどうやら、さまざまな組織に分化する術を心得ている。明らかに遺伝メカニズムに加えて（ギリシア語でepi-は、「上」とか「後」を意味する）、さらに複雑な進化の仕組みが存在している。近年、遺伝的にまったく同一の個人や細胞の間で変異が生じうることを示す証拠が、蓄積されている。遺伝子のスイッチを入れたり切ったりできる方法が存在する。ＤＮＡではなくタンパク質が、後成的変異の至近メカニズムとなる。数年以内にこの分野で新たな発見があって、「性質Ｘのための遺伝子」といった考え方に新たなニュアンスがつけ加わるだろう。遺伝子のグループは、後成的なメカニズムにより微調整されながら、周囲の環境に適応するために複雑に活動する原動力となる。青い目の発生に示唆されるように、一つの遺伝子が一つの形質を担うことはめったにない。

性選択

なぜ十代の男女は一生懸命に、ニキビをなくし、化粧したり、運動したり、恋文を書いたりするのだろうか。なぜクジャクは、見た目は見事でも実用性の乏しい尾羽を持っているのだろうか。なぜウグイスは、外敵に自分の居場所がわかってしまうのに歌うのだろうか。なぜオスのシカは、深手を負う危険を顧みず他のオスと闘うのだろうか。これらすべての事例について、答えは一つである。よりよい相手をより多く見つけて生殖する機会を得るためにほかならない。しかし、性選択は非対称である。

オスとメスのいる生態系で、メスが産むことのできる子孫の数は限られているが、オスが産ませることができる子孫の数は事実上無制限であるような場合には、生殖に必要なオスの数はメスに比べて少数になる。したがって、メスは選り好みすることができる一方、多くの種でオスはメスを求めて競争することになる。このような状況下では、オスの体格がより大きくなるのがふつうである。人間の男女の体格の違いは、長い歴史のうちに少しずつ変化してきたが、現在はその違いはだいたい一〇%といったところである。平均的な人間集団では、女系の先祖は、男系の先祖に比べ、二倍もいる。その理由は、たいていの女性が子どもを作るのに対し、男性は子孫を残せないことが多いからである。その一方で、何百という子孫を残すものもおり[41]、モンゴル帝国皇帝チンギス・ハーンになると、何千もの子孫を残した。

性選択は個体間で遺伝子を選択する手段であるが、人間の場合には集団の境界のシンボルと密接にかかわっている。集団主義的な社会においては、配偶者選択は、当事者同士だけでなく双方の家族にとっても、極めて重要な出来事である（第4章）。王室同士の婚姻は、帝国同士の和解や同盟のためにしばしば利用された。ロミオとジュリエットは、それぞれ家が対立していたため、二人が恋仲となったことで、両家の抗争はさらに深刻になった。多くの宗教では信者以外との結婚に罰を与えている。外集団に属する者との性交渉を理由に殺される者がいまだに後を絶たない。性的規則のこととなると、モラル・サークルの働きは俄然目立ってくる。性選択は、次に取り上げる行動選択の特別な場合である。

行動選択

ヘルト・ヤンが子どもの頃には、周囲の誰もがたばこを吸っていた。喫煙はしゃれていて、社交上のたしなみだった。上品な人が、食後にたばこを吸ったものである。今日、世界のなかで個人主義的な国では、喫煙は特定の下位集団に限られていて、喫煙者は一般に自らの健康を危険にさらす負け犬であるとみなされている。配偶者や友人、あるいは参加するクラブを探している者にとっては、喫煙はデリケートな問題となっている。このようなことはあらゆる種類の行動に当てはまる。集団内に、他の人よりも好かれ、真似される人が出てくると、その人たちの行動は広まっていく。集団間では、やりとりのうまい集団が出てくることがあり、そうした集団が他を圧倒する。もちろん生物として用いうる手段を超えた行動は不可能だが、このような形の選択は遺伝子とは直接関係していない。

行動選択は、環境を媒介にして進む場合もある。人々の集団が、ある土地の植物を焼き払ってしまい、大きな放牧用動物の生育地を作り出そうとすることがある。その集団か、もしくは別の集団が、そこで狩りをするかもしれない。集団によっては、島に渡って、そこで必要に迫られて魚釣りをするようになる。こうした集団は、環境を汚し、せっかくの食料源や水源を自らだめにしてしまうかもしれない。彼らは植物から栄養素やエネルギーを抽出する新たな方法をあみ出し、それによって自らの生息地の収容力を増大させる可能性もある。人間の行動の幅は果てしないが、無限ではない。

シンボルの選択

第二次世界大戦中、ヨーロッパの国にいて、遠目からでもユダヤ人に見え、なおかつ非ユダヤ人身分証を携帯していないということは、それだけで有罪宣告を受けたのも同然だった。最近の戦争やテロ行為においても、戦闘員がシンボルを理由として殺し合いをしてしまうことがよく生じている。信じる宗教の違いは、おそらくもっとも重大な理由であるが、民族特有の外観も大きな理由になっている。ひいきのサッカーチームが異なることすら、時に致命的になる。これらは、シンボルの選択に関する極端な例である。選択は、人が何をするかという行動に基づくのではなく、シンボルに示されたアイデンティティによって付与される属性に基づいている。こうした選択が進化の原動力となることは間違いない。

シンボルを理由にして迫害されている集団は、生物学者であり歴史家でもあるピーター・トゥルチンが論じるように、概して非常に強い反応を示す[42]。トゥルチンは、歴史データの広範な分析に基づき、歴史上存在した帝国の例を数多く引用して、帝国の興亡の歴史においては、入れ子になった三つの循環パターンが見出されることを示した。そのなかの最大のパターンは、数世紀という時間の単位で循環し、帝国の中心部の人々の間で、**集団で一致協力する能力**が衰退する一方、帝国の周辺部では抑圧されていた集団がその能力を高めるということである。トゥルチンは、説明の際に、一四世紀チュニジアの偉大な思想家イブン・ハルドゥーンから**アサビーヤ**（アラビア語で「社会的連帯」を指す）という言葉を借用している。イブン・ハルドゥーンは、都市の住民と遊牧民の間の対立について議論し、**アサビーヤ**と呼ばれる集団行動の能力が決定的な要因であると分析した。そしてアサビーヤは一つの変数であって、それは人々が集団内の競争に煩わされることなく、超個体のように一体となって行動することがどの程度できるかを直接的に表わすものである。進化の観点からすると、アサビーヤの高い人々は、自分たちの価値観と慣行、そしておらくは遺伝子も同様に、もっともうまく複製することができるのであろう。

すべてのレベルは相互作用する

遺伝子選択と後成的選択は、各個体の複製子のレベルで働くのに対して、行動選択とシンボル選択は集団のレベルで働く力である。性選択は、集団レベルでのシンボルに関する手がかりによって修正されるため、両方のレベルで働くといえる。したがって、個人間の競争と集団間の競争は排他的ではなく、むしろ同時に起こるものなのである。集団内における個人間の競争は、その集団の存続にとって、有益な場合もあれば有害な場合もあり、どちらになるかは状況次第である。進化の歴史を見ると、新しい複製子が次々と追加されてきたが、その一方で、古い複製子も依然として機能を続けていることがわかる。たとえば、性選択においては、遺伝子が進化することで集団のなかに魅力的な特徴が広がった。しかし、性選択自体は、誰が生殖の相手としてふさわしく、誰がふさわしくないかが、社会的な規則という形である程度決まっており、行動やシンボルの進化によって制約も受けてきた。この意味では、至近メカニズムがより複雑に混合し合っている状況においては、われわれは進化の申し子であるとともに、進化の生みの親でもある。また、あらゆる進化は、複製子が何であれ、遺伝的浮動という形で偶然の影響を受ける点も忘れてはならない。もし、ある複製子レベルの個体例がわずかしかなかったとしたら、遺伝的浮動の影響はより顕著になるであろう。今日、社会がほんの数百へとまとまりつつあり、宗教や言語のなかにも失われつつあるものがあるため、浮動を助長しているように思える。他方、社会内では、さまざまな下位集団の間における多様性は高まってきており、新たな多様性を生み出す可能性がある。

▼利己主義を超えた進化——個人よりも集団▲

これまで論じてきたように、行動選択とシンボル選択は集団間で生じる。文化は、本書が主張するように、集団レベルの働きである。進化論の用語を用いると、文化は集団レベルにおける行動選択やシンボル選択の至近メカニズムである。文化の土台となっている心理的メカニズムは、さらに近いメカニズムである。とくに反社会的な人間を除けば、誰でも集団のよきメンバーになろうと努めている。「よい（good）」は文化相対的な概念であって、何がよいとされるかは、その集団の文化的規則や状況、個人の性格によって異なってくる。それでも、誰もが善良で立派なコミュニティの構成員でありたいと願う性向を持っている。自尊心、畏怖の念、恥、罪の意識といった性向と結びついた人間の感情は、激しく発露する。こうした感情があるので、人は自分の集団のために生涯を捧げたり、命を危険にさらしたりする。他方で、ある集団内で支配や連携を求めて競う性向もまた、羨望と嫉妬といった感情と並んで、激しいものがある。個人間の競争は、集団間の競争と同様に活発である。

集団と個人という二つの複製子は互いに競争関係にあるが、集団の方が優っている。第1章では、お互いが初対面の三〇人が、船が座礁して資源の豊かな無人島に漂着した例を取り上げた。遭難したこれら三〇人の乗客が生き延びることができるとすれば、それは全員が互いに好意的であったときだけであろう。三〇人は、反社会的な人間であってはならないし、互いに同一のモラル・サークルの一員だと考え、個人レベルの競争も避けなければならない。さもなければ（例として話を単純化すると）、彼らは資源をめぐって争い、戦い、やがては殺し合うようになるだろう。さて、よく似た島々が他にも存在し、それぞれの島には、人々がランダムに混じり合って座礁したとしてみよう。このとき何が起きるだろうか。答えは簡単である。全員で共通のモラル・サークルを作ることができた島の人々のみが生き残る。戦いが始まった島では、人口が激減し、生き残る確率は低下するだろう。この例はささいなことと思われるかもしれないが、意味することは深い。集団間の自然選択は、平和的で、寛容で、モラル・サークルを作るタイプの人々に対して有利に働く。内輪もめを許してしまうと、集団は決して栄えることができない。

地球上には、人間のようにシンボルを操る知性を持つ生物はほかにいないが、社会的なスキルについては、人間と同じものを持つ生物もいる。動物行動の研究者によれば、社会性を備えた動物として、ごく少数の例を挙げるだけでも、アリ、ハチ、メクラネズミ、イルカ、コクマルガラス、オオカミなどがいるが、これらはみな、精巧なコミュニケーションのパターンを持ち、複雑なメッセージを巧妙な方法で理解している。この特性は実際、種の社会性にとっての必須条件となっている。たとえばハチは、脳の容積は最小であるが、蜜を集めるためにどこへ行けばよいのかを、互いに非常に正確に伝えることができる。アリのなかには、自分たちの体を使ってコロニーを作るものがいるし、人間がウシを飼うようにシラミを飼うアリもいて、シラミを幼虫から育てたりもする。地質時代を通して、集団となった生物は、うまく進化を遂げてきた。今日、世界に生息する昆虫の量（バイオマス）のうち半分は、**真社会性**（eusociality）を発達させたわずかな昆虫綱（アリ、ハチ、シロアリ、キバチ）から派生したと推定されている。真社会性（eu はギリシア語の「よい」）とは、おそらく数千以上の個体からなる集団が、大変よくまとまっていて、個々の個体が単独ではとてもできないことができる超個体として生活している状況を指す。

実際のところ、地球上の生命体の進化において変わらないことは、集団が成功を繰り返してきたという事実である。

人体も、その他の多細胞生物の組織も、**真核細胞**から構成されている。これらの細胞には小さな細胞内組織（ミトコンドリアのような細胞小器官）が含まれており、それぞれがＤＮＡを持つ。こうした真核細胞は、何十億年もの昔に、より単純な**原核細胞**の集団として出発した。これらの原核細胞は互いを殺すことなくのみ込んでいき、やがて一つの単位として繁殖するようになった。原核細胞が真核細胞としてグループに分かれたことは、競争から協力への転換を意味し、この革新はかなりの成功を収めたのだった。何百万年も後になり、多細胞生物が生まれたことが、次の偉大なる飛躍となった。今日、生物のなかでも多くの種が真社会性のある集団を発達させており、新たなレベルでの選択が行われている。バイオマス（生物の量）の観点からは、そのうちでは人間がもっとも成功している部類に入るが、おそらく、真社会性を持つアリは例外であり、一九九〇年の推定では、人間を上回る量になっていた[43]。

あらゆるレベルで集団による成功を検討してみると、ほとんど脳を持たない社会性昆虫ですら集団を作ることで成功していることからもわかるように、大きな脳は、複雑でよく意思疎通のとれた社会を形成するために必要ではない。進化論の観点からすると、脳はごく最近の発明物である。しかし、コミュニケーションに優れていることは、集団が成功するために常に必要である。昆虫は、コミュニケーションのための至近メカニズムとして、視覚情報と化学物質を頼りにしている。進化の過程では、より高次の社会性への飛躍を遂げるために、至近メカニズムがいくつも見出されてきた。これらのメカニズムのなかで共通する要素、すなわち、真に進化を決定づける要素は、進化という意味における「善」と「悪」の存在である。善であるとは、自分の集団に対して、ドイツの哲学者イマヌエル・カント（一七二四〜一八〇四）のいう定言命法「汝がしてもらいたいように、他人にもせよ」に従い奉仕することである。他方、悪であるとは、集団を犠牲にして自己利益に奉仕することである。たとえば、がん細胞は、ほかの細胞よりも早く自己増殖するため、自分自身にとっては善である。しかし、がん細胞は、本来の役目を踏み外すことで、自らの属する器官を殺してしまう。したがって、集団（この場合は器官）にとっては悪である。これは、若者において、がんが不利になるよう強い選択が働くということを意味する。若者ががんを患うと、その若者は子孫を残せない。それゆえ、がんにかかりやすい体質は、他の個体に現われることはない。同じように推論すると、盗人は自分自身にとっては善であるが、物を盗まれる側の社会にとっては悪である。ゆえに、ある特定の複製子のレベルで進化的に善であっても、その一段上のレベルでは悪ということがありうる。

　いったん社会性が次のレベルに到達すると、集団間の競争があるかぎりは、大災害でも起こらないかぎり、後戻りすることはない。人間が孤立した生活様式に戻る可能性はまったくない。逆に、他者を共通のモラル・サークルに含めようとする性向は、これまで徐々に進化してきており、そのため人類は、かつてないほどの人数で、かつてないほどの協力をするようになっているようである。

▼生命の流れにおける個人と制度▲

　集団がそれほど重要であるとしたら、人間の行動を研究するための適切な分析レベルはどのレベルだろうか。個人であろうか、集団であろうか。もし後者であるとしたら、どのレベルで形成された集団であろうか。これは、海、河、小川のうちどれがもっとも重要かという問いに似ている。どれもが重要であり、互いに補い合っている。図12・1には、個人と社会という二つの基本的なレベルが示されており、後者の社会レベルは、深層にある文化的価値観を担う単位である。この図が明らかにしているのは、個人（図中の上）のレベルにおける分析と、社会（図中の下）のレベルにおける分析が、いかに互いに補い合っているかということである。両レベルの分析が、日常生活の領域で起きていることの理解に寄与するのである。制度の側からさまざまな役割が求められるのだが、個人の側からそれに応じる者がその時々で現れて、儀礼が繰り返されながら、社会生活が淀みなく流れる。役割を担う個人が多様な適応能力を備えた、多様な個人のいる十分に大きな集団から、選ばれるとすれば、どのような役割も時がたてば、異なる個人によって担われることになる。この過程があるため、ある社会の社会生活には実質

図12・1　個人と社会のレベルにおけるホメオスタシスの相互関係システム

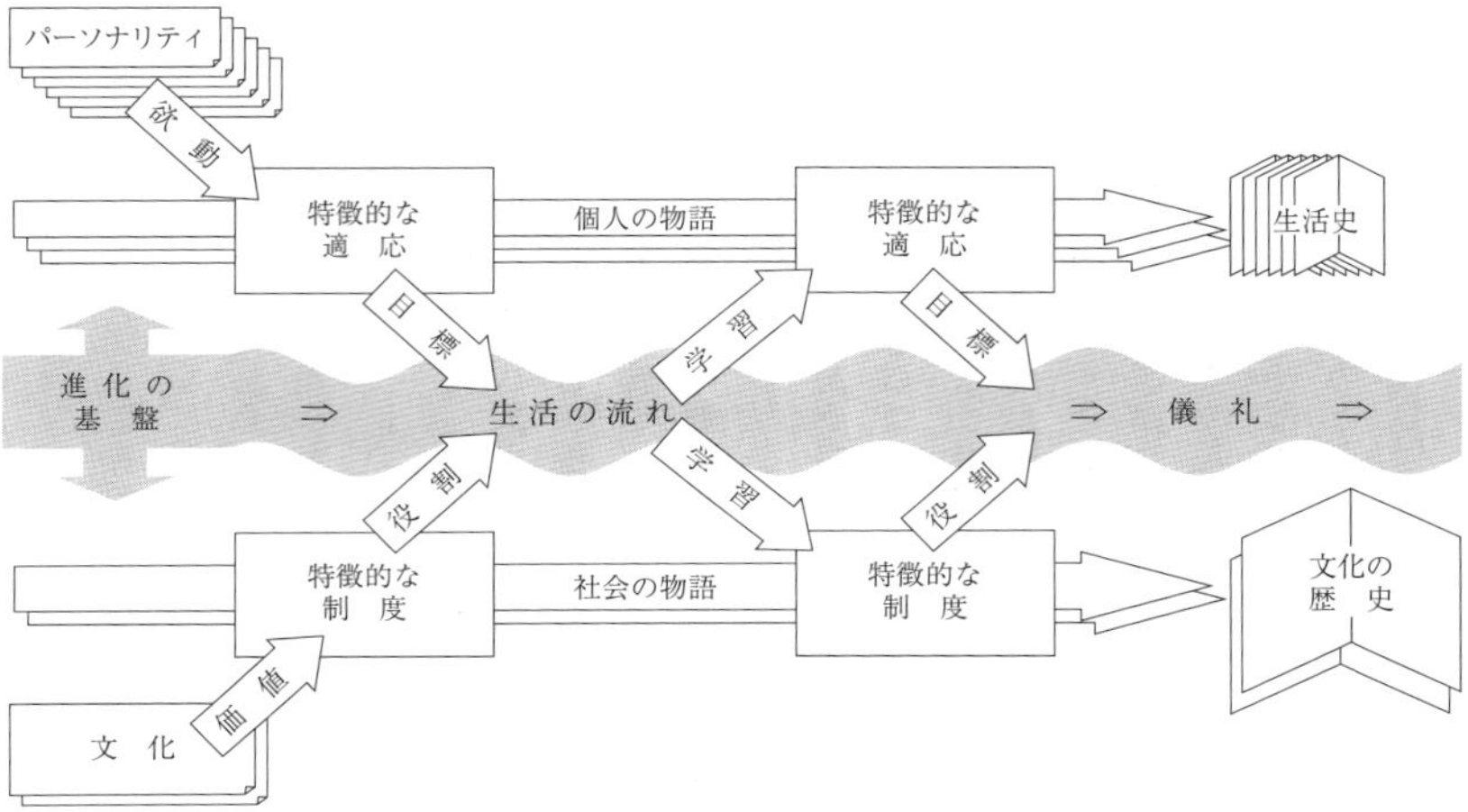

注）時間の流れは左から右。上段は，McCrae and Costa（2003）から着想を得た。それは，個人がどのように一生を送るかを表している。下段は，集計されたレベルであるが，社会がどのように個人と似た一生の記録を持つかというものである。

的な継続性が保たれる。儀礼は、世代を重ねるうちに新しいシンボルの意味を次々と負わされ、その名前を変えたり、新たな技術によって執り行われたりすることがあるのだが、その本質において持続する傾向がある。

この図によって注目したい点は、個人が個々のユニークなパーソナリティを備えて社会生活の儀礼に参加し、個人はそこで自分が担うべき役割を見つけるという事実である。もちろん役割は、社会に存在する制度の性質により異なる。そのほかのレベルの集団形成は、この図では無視されている。実際には、社会のレベルはそれ自体が複雑で、すべての下位集団がそれぞれの特徴を示している。個人主義的な社会においては、個人が集団のもとで働く場合でも、さまざまな集団が互いのつながりを欠いたままである。これに対して、集団主義的な社会においては、選択の自由の幅は狭いが全体としてのまとまりは強い。時を経るにつれ、個人も制度もともに学習し、双方で選択が働く。しかし、どちらのレベルにおいても、**ホメオスタシス**（「恒常性維持」）的な力が働く。人は新しい行動を取り入れるようになるのだが、よほどの大事故や大病で途絶えないかぎり、人生を通じてパーソナリティは一定である。同じことは社会についてもあてはまる。社会が新たな慣行を身につけることはありうるが、社会の基本的な価値観はなかなか変えられない。

本書では、さまざまなレベルを飛び交うように話を進めてきた。社会生活の営みは個人と制度との相互作用を通じて起きているので、そうしなければならなかった。

▼現在も進化している▲

では、人間の営みを進化の枠組みのなかで見ることは、政治家や指導者や研究者、さらに市民にとって何か利点はあるのだろうか。もちろん多くの利点がある。今日の争点をいくつか簡単に振り返ることで、そのことを確認しよう。

ビジネス

会社は複製子である。よい会社はモラル・サークルとしても機能する。ただし、それは本書でも示した通り、必ずしも価値観のレベルにおいてではない。会社は、創業、売買収、倒産を繰り返す。数年間の単位で新規事業が開始されている。こうして生まれた企業は必ずしも既存のものより優れているわけではないが、突然変異によって、現行の進化を求める圧力によりよく適応できる企業が含まれている。選択のメカニズムは多くの要因に基づいており、そうした要因に含まれる能力は、有力な筋と親しい、法律の枠を踏み越えない、最新の情報技術を使いこなしている、企業イメージが悪くない、費用を抑えている、品質がよい、技術革新が盛んである、などである。時間の単位は月や年である。ビジネスの進化の全容は、国家と国際機関によるガバナンスのもとにあるのだが、少なくとも、これらの組織は好ましい選択圧を用いることで、優れた慣行は促進され、社会にとって有害と思われる慣行は抑制される。

子会社を次々と芽生えさせたり摘み取ったりすること（第11章参照）は、組織の進化の一領域である。この過程は、突然変異を導くために有効な手段となる。新しい会社は、新しい指導者、もしくは新しいやり方を試そうとする指導者により創業され、そこから新たな形の会社が開始される。創業まもない多国籍企業は、無人島に座礁した三〇人の例と似ているところがある。彼らが最初にやるべき仕事は、日常生活のための就業規則、すなわち、組織文化を作り出すことである。

組織理論と経営学は、ビジネスの進化（まだこの名称は一般的ではない）を研究する。われわれの社会的な本能がどのような部族的な起源を持っているのか、文化の進化のダイナミズムがどのような特徴を持つのかを理解することは、組織の成功と失敗をよりよく理解することにつながるだろう[44]。管理とは本来、組織やその利害関係者や雇用者に加わる進化を求める圧力を方向づけることにほかならない。この点からいえば、マーケティングとは、消費者行動によって自社製品に加わる選択圧を自社製品に好ましい方向に、いかに変えていくかという研究である。

政　府

政治形態はモラル・サークルのレベルでの複製子である。今日われわれにとってもっとも自明なモラル・サークルは、国家である。政治家は、モラル・サークルの規則について、絶えず交渉し、変更するのが仕事である。独裁、一党制、神権政治、軍事政権、多元的民主主義、大衆迎合型民主主義などの諸要素を持つ数多くの政府の形態が共存している。政府は互いの考え方を取り入れ、協力しようとする。市場と貿易の流れ、ならびにさまざまな問題とその解決策が、いまや明らかにグローバルになっている以上、なんとかして共通の基盤を見つけようとするのが、今日の世界的趨勢である。その時間の単位は一年、一〇年、一世紀である。われわれは、生来、集団の離合集散を繰り返してきたという特徴があり、それが理性的な決定よりも勝ってきたために、どのような結果になるかはまだはっきりしない。ある決定的な瞬間において、ある人物の存在や新しいアイデアが、世界を変えることもありえるが、たいていの場合、われわれは現在の流れに身を任せている。ひとたび人々の集合的な感情のうねりが堰を切ると、それに逆らおうとしても無理である。

科学技術

進化の途上で出会う障害が与える影響は、科学技術に関しても当てはまる。科学技術は、発明され改良される複製子である。いつ新しい進化の道筋が開始され、どのくらい後にそれがある程度固まるかについては、かなりの柔軟性がある。道路輸送網を取り上げてみよう。ローマ人たちは、歴史上初めて、自分たちの帝国内に道路網を建設した。彼らが設定した標準は、三頭横並びではなくせいぜい二頭立てにした馬車であった。ヨーロッパとその植民地の道路の型は、ローマの二頭立て馬車から継承されている。鉄道のレールや自動車のタイヤの幅については、実用上の理由から、この長さが採用された。最初の自動車は馬車にそっくりだったのである。自動車の形はそこから徐々に発展してきた。今日のような水滴の形をした空気力学を応用した車体は、高速で運転する時の空気抵抗を減らして燃費効率を高めたいという近年の圧力の産物である。

言　語

進化はまた純粋にシンボルに関係する場合があり、それは言語に当てはまる。シンボルとしての言語は、歌やより単純な発声から、およそ一〇〇万年から四万年ほど前の間に、次第に生まれてきたのであろう。言語による変化は、劇的であったし、近年では言語自体もシンボルとして驚異的な速さで進化している。物語は、言語を土台に進化した、あらゆる人類の文化のうちで中心的な要素となっている。物語はまた人類の進化のなかで生み出された主要な発明の一つでもある[45]。人間は、生まれついての語り手であるばかりでなく、新しい言語を作り出すことに不思議なほど長けている。紀元前一万年あたりから、世界における政治形態の数や人類全体の言語数は、規模やネットワークが拡大した結果、大きく減った。しかし同時に、新しい発見物に対する新語、暗号、コンピューター言語、集団単位の隠語や詩が考案されている。辞書があっても、言語は月単位から一〇年単位で進化している。複製子として見ると言語は、単語、語句、物語、熟語があり、複雑である。しかしそれらすべては、言語の進化のうえで意味ある単位とみなすことができる。

これらはほんの一例にすぎない。われわれ筆者も社会科学者として、進化思想の観点から自身の職業について少々述べておきたい。必ずしも自覚されているわけではないが、人間行動に関するいかなる研究も、つまり社会科学や人文学のどの学問分野も、行動の進化もしくはシンボルの進化の一面に研究の関心が向けられている。こうした学問分野の研究対象は、個人から小集団、その社会、国際問題までさまざまである。さらに問題を複雑にしているのは、こうした学問分野の多くにおいて、その時間の単位はせいぜい年単位であり、ときに時間とは無関係ということすらある。結果として、概して人間の進化の歴史とはつながりを欠いてしまっている。このように専門に特化してしまうと、学問分野が乱立する状況が生まれ、学問分野の間で誤解や無視が生じ、現実の社会生活において予測する力も限られてしまう。こうした状況に至ったのは、研究対象が非常に複雑で、絶えず変化を続けていることから、無理もないところもある。その結果は、社会から隔絶された「象牙の諸島」[46]であった。島々の間にある隙間は迷妄なイデオロギーで埋められたが、それを奉ずる特定の集団の利益に奉仕する傾向があった。迷妄なイデオロギーによる思考体系は、科学では対処できない全体論的な見方を可能にしてくれるため、もてはやされている。人間性全体をできる限り認識できる、より歴史的で統合的なアプローチをすれば、社会科学や人文学にとって有益となるであろう。

　これは、今後数十年のうちに、意味のある新機軸を打ち出すことが可能な方向である。社会科学それ自体が進化する必要がある。現状のような「パブリッシュ・オア・ペリッシュ（発表かさもなくば破滅か）」というインセンティブの与え方は、専門化がさらに進み、統合が進まないので、有効ではない。社会科学をより大きな進化の枠組みのなかに位置づけるような統合的な業績が生まれるように、新しいインセンティブが求められる。

　進化論による洞察は、上記の例からもわかる通り、かなり見通しがよい。読者には自分で進化圧と進化の趨勢を見つけ出すことをお勧めする。これまで進化論の見方から、ビジネス、政治、科学技術、言語についての考え方を簡単に紹介した。音楽、サッカー、学校のカリキュラム、映画についてはどうだろうか。また、モバイル技術とインターネットはどうだろうか。これは現在論争となっている新たな発展であり、詳しく検討する価値がある。

インターネットとエージェンシー

　インターネットとモバイル通信ネットワークは、単一の世界規模の文化を生むだろうか。ケビン・ケリーが一九九四年に予測したように、人類はいわゆるハイブの精神を取り入れるのであろうか。「われハイブする。ゆえにわれあり」というデカルト流のスローガンは、ヘルト・ヤンの勧める大学が二〇〇九年にコミュニケーション科学分野の学生を集めるときに用いたものである。それはつまり「汝ハイブせず。ゆえに汝あらず」ということになるのだろうか。

　モバイル通信が、彗星のように登場し、はっきりとした変化がもたらされた。一九九七年三月二三日、オランダのアヤックスのサポーター、カルロ・ピコルニはサッカーにおける殉教者となった。サッカークラブのアヤックスとフェイエノールトのフーリガン化したサポーター集団は、携帯電話を利用することで、警察に邪魔されることなくお互いを探し当て、ベーフェルウェイクという町の近郊の草地で乱闘を始めた。故意にではなかったが、カルロは棒やナイフやハンマーによって殺された。サッカーの試合の前後に、ライバル同士の若者集団が、けんかをしたり、面白半分で破壊行為をしたりするのは、オランダだけの現象ではない。携帯電話で連絡をとり合いつつ行動を調整するのは、企業人、子ども、犯罪者、警察の間でもはや当たり前の光景である。

一九九七年以降、人の交流のためのコンピューター化されたシステムは、シンボルの進化における魅力的な領域となっている。多くの国で、子どもたちはSNSにログインしっぱなしである。このようにすることで、学校にいないときでも、体を動かしているときでも、寝ているときでも、子どもたちは友だちとほとんどいつでもつながっていることができる。そんなときでも、彼らは携帯電話のスイッチを入れているのだろう。進化論の見方からは、SNSが普及していく速度には目を見張らされる。フェイスブック、ハイブス、リンクトイン、プラソ、ツイッター、エクシングなどのSNSは、インフルエンザをしのぐ速度で普及しているが、われわれはまだこれらを始めたばかりなのである。

二〇〇九年のオランダで、子宮頸がんを発生させるウイルスを撲滅するため、一〇代の少女にワクチンを投与しようとするプログラムが実施されたが、このプログラムは何度も頓挫した。ワクチン接種は危険であるとのうわさがSNSを通じて広まったためである。行政からの情報は無視され、対象者の約一五％がうわさを信じ、接種を受けようとしなかった。ワクチン接種の拒否はオランダの伝統である。ただ、従来それが安定した宗教色の強いコミュニティに限られていて、インターネット上のうつろいやすいうわさによるものではなかったという点が異なっていた。

ここまで行ってきた説明は、新しく見えるかもしれないが、それは表面上にすぎない。そこには、男性の集団はけんかし合い、女性の集団はうわさし合うといった、古代からの人間行動が関係している。しかし、新しいコミュニケーション技術を使った点が、大きな変化であり、進化といえる。これら二つの例において、また、SNSの急速な普及というその他の無数の例において、複製子にあたるものは何だろうか。エージェンシーとしての集団を考えてみよう。集団間の対立はフーリガンの例では助長された。集団のまとまりはワクチン接種拒否の例では強化された。これら二つの力を増大させてくれる新しい道具は、それを使う集団にとって、選択によって有利となるため、どんなものでも急速に普及していく。悲劇的な事件があったことを除けば、この程度の進化に背を向ける必要はない。

どのレベルの選択（遺伝的選択、後成的選択、性選択、行動選択、シンボル選択）が、このような例によって影響を受けているのだろうか。すべてのレベルといってよいだろう。新しいコミュニケーションツールを使うことに、遺伝的もしくは後成的に適していない人々は、社会的なコストを負うことになり、パートナーを見つけることが難しくなる。そうしたツールを使いこなせない人々、また、言語能力が十分でない人々も、不利になるだろう。しかし、より大きな選択の効果は、集団のレベルにおいて生じるだろう。新たな技術を適切な目的のために使う集団は、よりよい成果を出すだろう。すなわち、凝集性の点で優れているだろう。そのような集団が内部でうまくいくかどうかは、状況次第である。したがって、SNSは集団レベルで選択を促す新たなツールである。SNS、つまり関係を構築し評判を維持するために役立つソフトウェア、そして、モラル・サークルの維持に役立つそのほかの機器は、急速に進歩すると予測される。教育が重視される文化においては、新たな技術は教育に用いられ、人づきあいが重視される文化においては、人づきあいに用いられる[47]。要するに、コミュニケーションの技術におけるこのような進歩により、集団の境界が消し去られるのではなく、既存の集団が既存の文化を土台にして、より効果的に組織化できるようになる。

文化の収斂と拡散

文化的価値観の発達に関する研究がたびたび明らかにしてきたように、時代とともに文化が国際的に収斂していくという証拠はほとんどない。例外は、裕福になった国々において個人主義が強まってきた点だけである。何百年も前から各国における価値観は多様であり、密接な交流が続いてきた今日でもそれは変わらない。少なくとも今後数百年間、おそらく一〇〇〇年間は、各国は文化的に多様であり続けるであろう。

文化の多様性は国家間だけでなく、国家内においても高まっているように見受けられる。民族集団は自己のアイデンティティについて認識を新たにし、この事実について政治的な承認を求めている。もちろん、こうした民族的な差異は何世代にわたって存在していた。変化しているのは、集団間の接触の強さである。それにより集団のメンバーは自己のアイデンティティを確認している。また、世界各地における人々の暮らしぶりについて（国際メディアによる）情報が広まったことが、マイノリティ集団に影響を及ぼしている。マイノリティ集団は、自分たちの境遇を自分たちよりよい状態にいると思われる他の人々の生活と比べるようになっている。世界のニュース関係のメディアはまた、災害や紛争についての情報をかつてないほど広範に報じるようになった。「民族浄化」や暴動、暴力的抑圧は、新たに生み出されたものではないが、過去には直接関与した人々以外にはほとんど知られていなかった。いまやそれらは世界中のテレビ画面に現われる。このように情報が広範に流布すると、とりわけ不確実性回避の強い文化において不安が高まる。われわれの道徳観念は、自らの集団よりもむしろほかの集団の悲運を目にすることによって、呼びさまされる。文化が同じになることを求めているのではない。協力が求められているのである。人類にとって急を要するのは、シンボルの違いに寛容になり、さまざまなモラル・サークルを越えて協力できるようになることである。長い目で見ると、進化論の考え方はこの点について希望を与えてくれる。技術は、協力のコストを低減させ、紛争のコストを増加させてきており、それゆえ、選択圧は、モラル・サークルの平和的共存に向かう。しかし、前途はたやすくはない。紛争の潜在的なコストは大きく、われわれ全員に責任ある行動が求められている。

▼文化の未来▲

ワープロソフトで「cultural evolution」と入力すると、culture と evolution という組み合わせは、めったに使われないため、二番目の単語に下線が引かれて、代わりに「cultural revolution」にするよう勧められる。この例は皮肉ではあるが、緊急に何が求められているのかについて気づかせてくれる。われわれの作り出すインセンティブが、われわれの経験する文化の進化にどのような影響を与えるのかについて、よりよい理解が求められているのである。文化は人間の物質的進化を加速させたが、人間ははたして文化の進化をコントロールできるのだろうか。

文化は生態学的環境に適応する。われわれの生態学的環境は、物理的な意味でも社会的な意味でも急速に変化しており、それは人間が自らの手で招いたことでもある。本書が描いた文化の六次元は、一種のスナップショットである。過去何千年の人類の歴史において、とりわけ農業と大規模社会が生み出されてから、世界の至るところで社会の差異が現れた。スナップショットは、社会の差異がどのような問題について現れたかを見せてくれる。仮に研究者が時間を二万年さかのぼり、狩猟採集民だけが住む世界における文化を調べることができたとすると、文化の別の次元が発見されるだろう。たとえば、どの社会も人間の集まりは平等主義的で、権力格差のような次元をはっきりとは見出すことはできないだろう。

議論がこの段階まで進んだので、進化に関して以前に提示した五つの「単純であるが決定的な論点」を振り返り、それらが文化の未来にどのような意味を持つのか考えてみるのもよいだろう。

進化は不可避である

強固な壮大主義的価値観に立脚した世界観を持つ人々は、自然や人間や道徳的規則は不変であるとの信念が根底にあるような、宗教的もしくはイデオロギー的な見方をすることが多い。このような態度は、実際の現実との激しい衝突を引き起こし、こうした衝突が事実に反した信念をさらに強化するような悪循環へとつながる。われわれ人類は、凝り固まった考え方から自由になり、われわれの周りのどこでも進化が起きているということ、そして、その事実を直視しなければならないということを受け入れなければならない。

進化は先取りしない

進化はその日その日の積み重ねである。しかし、人間社会では勝手が違う。われわれ人類は先が読める存在である。その結果、道義的かつ実際的な理由から、われわれは歴史に学び、後に続く世代のために持続可能な世界を用意しておく義務に向き合うことになった。この義務はまた、人類が自分たち自身の進化をできる限り理解する必要があるということも含意している。とくに、個人レベルの選択ばかりに焦点を当て、集団レベルの選択を軽視することは、自己利益を必要以上に美化することになり、社会にとって危険をはらむ可能性を高める。

進化は経路依存的である

いかなる遺伝子や生物や文化であっても、絶滅すれば永遠に失われる。絶滅のおそれは、必ずしも保護を必要とする理由にはならない。進化が不可避である以上、地球を巨大な博物館にすることは無理である。それでも、種、文化、言語、工芸品の保存という倫理的な問題が提起されている。遺伝子の多様性を維持したいというような自己の利益の追求であっても、保存の動機となりうる。

進化は多くの複製子を使う

遺伝子、社会的下位集団、社会といったものは、進化を続ける現代の主要な複製子である。確率の法則に従えば、人間の数が増えるほど、遺伝的進化の速度も増す。文化の進化の過程で、政治形態の大規模な統合が進み、多様性が大幅に失われそうになったが、それを補うように、社会の内部が複雑になり、文化の進化はますます多様になっている。

進化は進化する

今までのところ、文化の進化についてのわれわれの理解は、最近つけ加わった知識に限定されている。われわれの手にある知識は、主に生物学者によるもので、最近になって社会科学と人文学に広がり始めた。ましてや、その知識が広く公共に及んでいるとはいえない。さまざまな学問分野の社会科学者が、ようやく文化の進化に関する知見を論文にし始めている。そこでは、個人もしくはより小さな単位の行動をモデル化し、より大きな社会システムの行動を研究するという技法が用いられている[48]。今は、人類の進化の研究に高波が押し寄せている。この機を逃さずうまく波に乗ろうとするなら、なすべきことがまだ山のようにある。

われら人類はこうした課題に応えることができるだろうか。目下のところ、集団として生きる動物としての特徴から、人類はその知力を自分自身もしくは自分の集団の利益になるように傾けてきた。われわれは、自分の集団をよく見せてくれるものなら、何でも信じようとする傾向がある。たとえば、自分たちが何者であるかについて公平な態度をとるより、神から特別の寵愛を受けていると信じたがる。哲学と宗教は依然として、物質的かつ生物学的な世界から疎遠なままである。こうした現状が、今の世界に対して冷静な評価をし、共同で責任を負おうとする動きの前に立ちはだかっている。

われわれの社会は、進化の歴史のなかでも最近の出来事に大きく影響されている。われわれの誰もが、狩猟や採集や牧畜や農業の特性を備えた活動に携わっているのである。狩猟と共通するような活動として、たとえば、コンサルタント、営業担当、プロのクリエーターの仕事がある。彼らは、契約や創作がうまくいくと、すぐに次の仕事に移る。成功のスリルと、次の獲物を狩りたいという欲望とを味わう。牧畜によく似た活動もある。たとえば、投資家、政治家、研究者は、それぞれ会社数、票数、論文数の積み上げに余念がない。そして、窃盗や詐欺を心配しなければならない。ショッピングやブラウジング（ウェブでの情報収集）といった日常的な活動の多くは、採集に似ている。工場労働者や教師や公務員は、農民になぞらえることができる。農民は、繰り返しの多い生活のなかでコツコツと仕事に励むかたわら、生活に潤いを与えようと社会的儀式を執り行う。このような考え方は、社会組織にも適用できる。たとえば、巨大な多国籍企業においては、組織のトップは狩猟や牧畜に近いライフスタイルをしているが、従業員は農民的な生活を送っている。このような説明は、もちろん典型例でしかなく、当てはまらない事例が多いことはいうまでもない。しかし、それは、過去の社会組織がいかに現在にも影響を与えるかを示すために役立つ。

今日、人間集団が生きている世界は分裂状態にある。多少ともグローバルといえる市場は存在するが、第11章で論じたように、われわれは一つのグローバルな村に住んでいない。新しい発明は集団間で共有し合うが、忠誠心の向かう対象はばらばらである。今日、技術革新がいったん地球のどこかで起これば、それを取り入れて、人類全体として進歩できるほど、われわれの相互のつながりは密である。このように、近年コミュニケーションが容易になり、人間の環境は、鯨類（イルカやクジラ）の生息する海洋に似てきた。巨大な鯨類のなかには、かなりの距離があっても、音を使って互いに意思疎通するものがいることがわかってきた。そうした鯨類にとって、海洋はグローバルな村も同然である。いわば、同じ風呂に入っている状態である。このような事実は、進化のなかで重要だったであろうか。鯨類はおどろくほど温和で、社会的にも知性が高い。彼らは二〇〇〇万年以上も前に海へ戻っていった陸生哺乳類の末裔なのである。彼らがもともと持っていた脳の容量と社会構造は、環境的要因や、海中における長距離のコミュニケーション能力とも相まって、平和に共存するう力を増大させる進化圧につながった可能性は高い。たとえば、マッコウクジラは狩りをする動物のうちで世界最大であり、いかなる動物よりも大きな脳を持っている。マッコウクジラはあらゆる動物のうちで最大のクリック音をたてる。そして、それには必要性がある。たとえば、数キロの深さで追っている巨大なイカの位置を自分の発する音で探知するためである。マッコウクジラは少なくとも四つの階層になった入れ子状の社会組織を持ち、そこには一〇〇〇キロにわたって数千頭もの個体が含まれていることが知られている[49]。彼らの社会組織はさらに広範囲に及んでいる可能性もあるが、それがどの程度なのかを推定するのは当然ながら難しい。

　われわれ人類にとっては、少なくともその大半にとっては、世界は狭くなってきている。クジラにとって海洋は狭くなってきているであろうが、それ以上に狭くなっている。ニュースや技術革新は、秒単位ではないにしても、日単位で世界を駆け巡る。われわれは地球の裏側で起きた惨事の犠牲者を憐れみ、援助の手を差し伸べようとする。しかし、集団への忠誠心はいまだゆらぎはしない。文化は集団の協力を可能にするよう進化してきた。集団の境界に手をつけないことが、集団間の協力の必要条件となる。文化の進化の原動力は、分裂‐統合のダイナミズムである。このようなダイナミズムを道徳の言葉でとらえようすると、「われわれ」は善だが「やつら」は悪だ、となる。しかし、一方では貿易や軍隊がグローバルにつながりながら、他方で各国民が偏狭な忠誠心にとらわれているという分裂は、取り急ぎ、なくしていかなければならない。ここ数千年の間の進化の道のりのなかで、われわれはモラル・サークルを拡大する方向にせき立てられてきた。しかし、まだ完了していない。モラル・サークルを世界中のすべての人々に拡大していくという方向をとる以外に、われわれが選択できる道はないのである。そしてそのためには、近隣から「地球村のコミュニティ」に至るまで、社会性のすべてのレベルにおいて、選択圧を上手に管理する必要がある。さらに、いかなる集団も、道徳的な権利と義務を奪われてはならない。

　本章のメッセージは前向きである。**あなたは**人類の進化にとって絶対に必要な存在であり、未来はわれわれが作り出すべきものである。あなたはそのために、たとえわずかであっても貢献できる。これとは対照的に、本書のほかの章のメッセージは厳しい現実を突きつけた。モラル・サークルの拡大は可能ではあるが、文化は変化に抵抗する。世界市民すべてが同じようになるという期待は、非現実的である。そうなることは望ましくもないし、そうなる必要もない。人々は多様であり続ける。他者が自分と同じようになることを求めないで、人々は共存の道を歩まなければならない。それ以外に未来はない。

注

（1）**ホミニン**（ヒト族）は、かつてHominidsと呼ばれたものに体系学が与えた新たな名称である。ヒト族に含まれるのは、アルディピテクス属、アウストラロピテクス属、パラントロプス属、ヒト属などである。

（2）*Consilience: The Unity of Knowledge*（『知の挑戦』）は、生物学者エドワード・O・ウィルソン（Wilson, 1998）により著された想像力豊かな本の題名である。彼がこの本のなかで訴えたのは、研究においては学問分野の境界を超えて眺めるようにしようということであった。

（3）Wilson et al. 2008.

（4） Weiss（2009）は、人間を宿主とする寄生虫についての近年の研究を、大変読みやすく説明し解釈したものである。

（5） 今日でも人はよそ者の顔を本能的に怖がるが、そのよそ者が女性である場合には、そうした恐怖にうまく打ち克つことができるようになる。Navarrete et al.（2009）を参照。著者は、アメリカ合衆国の黒人と白人の市民を対象に研究を行ない、不安と未知のものに対する恐れについて神経生理学的根拠を見出そうとした。

（6） このような行動は、現代のマウンテン・ゴリラでも記録されている。BBCのドキュメンタリー番組 *The Gorilla King* によると次のようなことがあった。ある大きな群れにタイタスという年老いた最優位のオスがいた。その群れではタイタスの子どもの一人がその座をうかがっていた。タイタスは自分の群れを寒く荒涼とした山頂に連れていき、そこに逗留した。二日後、年若い息子は群れの約半数を連れてただ立ち去った。年老いた指導者も、残った群れを連れて別方向へ立ち去っていった。

（7） de Waal, 1982, 1997.

（8） *Chimpanzee Politics*（de Waal, 1982）において、フランス・ドゥ・ヴァールは一九八〇年代初めのアーネム動物園におけるチンパンジー個体群を描いている。ママという名の一匹のメスが群れの長で、三匹の大人のオスが連れてこられた後もその座にとどまった。ママが数週間群れから引き離されてからやっとオスたちは指導者の座を引き継ぐことができ、ママが最終的に戻った後も指導者の座を手放さなかった。ボノボの定住の歴史を見ると、ボノボ社会がメスの支配を特徴とするようになった道筋がわかるかもしれない。

（9） Weiss , 2009.

（10） Richerson and Boyd, 2005.

（11） Davies et al., 1992.

（12） Cochran and Harpending, 2009.

（13） Cochran and Harpending, 2009.

（14） Davies et al., 1992.

（15） この示唆は、ダーウィン（オーストラリア）のヴィクトリア大学レイ・シモンセン博士によって収集されたデータによってある程度裏づけられ、ヘールトに口頭で伝えられた（第5章参照）。アボリジニについては、シモンセンによると、PDI八〇、IDV九〇、MAS二二、UAI一二八、LTOマイナス一〇であった。

（16） Mithen, 2003.

（17） Diamond, 1997.

（18） Cochran and Harpending 2009, p. 150. この著者たちによって、目の色とその進化における利点について、近々さらなる発見があるだろう。

（19） Harrison et al., 2006.

（20） Borgerhoff Mulder et al., 2009.

（21） Kuznar and Sedlmeyer, 2005. この論文にはたくさんの人類学の文献の引用がある。

（22） ペルーのリオスーペ沿いに古代都市群が近年発見されたが、それは偶然によるものであった。それらの都市群は約五〇〇

○年前のもので、インカよりもはるか以前のものである。カラル市はなかでもとくに有名である。たとえば次を参照せよ。
http://en.wikipedia.org/wiki/norte_chico_civilization

(23) McNeill and McNeill, 2003.

(24) Moore and Lewis, 1999.

(25) Parsons, 1964.

(26) Cochran and Harpending, 2009.

(27) イギリスの歴史家サイモン・シャマが著書のなかでこのことについてふれている。それは、オランダの黄金時代についての一九八七年の著作 *The Embarrassment of Riches*（Schama, 1987）である。

(28) 原義は The State だが、The Republic と訳されている。Plato（1974［375 B.C.］）を参照。

(29) McNeill and McNeill, 2003.

(30) 歴史家の Felipe Fernández-Armesto（2004）による。

(31) van de Vliert, 2009. フォン・デ・フリールトの分析はWVSデータに基づいている。

(32) この点で、われわれは Huntington（1998）の「文明の衝突（*Clash of Civilizations*）」と意見を異にする。

(33) ナチスのイデオロギーは、民族的もしくは擬似民族的なシンボルによって定義された集団間にかろうじて存在したモラル・サークルを、踏み潰してしまったのだった。このイデオロギーは、人種的忠誠心という旧来の感情に訴えかけた。しかし、それは道徳性の歴史が近年進んでいる方向、つまり、モラル・サークルの統合と拡張という方向とは正反対を向いたものである。

(34) 入力変数のわずかな変化によってシステムの挙動が突如変化し、諸条件がもとに復してもシステムの挙動がもとに戻らない現象は、生物学では**ヒステリシス**（hysteresis）と呼ばれている。

(35) リチャード・ドーキンス（Dawkins, 1976）は、シンボルにおける遺伝子に相当するものとして**ミーム**（meme）という概念を提唱した。この概念は人々の想像力を刺激したが、社会進化の複雑性に取り組むうえでは十分とはいえないようである。

(36) 本章で地球上のありとあらゆる生命体の進化を扱うのは無理である。デイヴィッド・スローン・ウィルソンの *Evolution for Everyone*（Wilson, 2007）はこの分野のよい入門書であるが、ほかにも文献は豊富にある。

(37) Garver-Apgar et al. 2006. この論文ではそれと関連した知見も報告されている。すなわち、配偶者のものと似た免疫系遺伝子を持つ女性は、ほかの男性に性的に魅かれやすい傾向があるという。

(38) 人類における病気と免疫系の共進化についての概観としては、Nesse and Williams（1995）を参照せよ。

(39) Jablonka and Lamb（2005）から着想を得た。

(40) Cochran and Harpending, 2009. この著者たちがこの論点の説明に際して用いた例は、ここ数世紀のアシュケナージ系ユダヤ人による学問的に卓越した業績は、遺伝子的に説明がつくというものであった。

（41） Baumeister, 2007.

（42） Turchin, 2006.

（43） Holldobler and Wilson, 1990.

（44） Richerson et al., 2006.

（45） 物語の進化についてはBoyd（2009）を参照。

（46） 前にも引用したデイヴィット・スローン・ウィルソンが *Evolution for Everyone*（Wilson, 2007）のなかで作り出した造語で、科学が世間から隔絶し細分化している様子を表そうとしている。

（47） G. J. Hofstede, 2001. 世界銀行のデータを用いたある研究においてヘルト・ヤンが発見したのは、新しいコミュニケーション技術が広まることと、それが特定の使われ方をするようになることは、ともに文化に依存するということであった。

（48） なかでもたとえば、経済学者でゲーム理論家でもあるロバート・アクステルとジョシュア・M・エプスタイン、ゲーム理論家のロバート・アクセルロッド、社会学者のナイジェル・ギルバートを参照せよ。いわゆるエージェント・ベースト・モデル（agent-based models）は近年盛んなモデル化の手法であり、個体の挙動を入力として用いて社会の創発的な挙動を調べようとする。ヘルト・ヤンは、エージェントの一つとして文化が含まれるようなエージェント・ベースト・モデルを作り、こうした一連の研究に貢献している。

（49） Mann et al. (eds.), 2000.

◉用語解説◉ （ここで取り上げていない用語については、索引を参照のこと）

アイデンティティ　ある集団もしくはカテゴリーの一員であるという自らの所属意識。国、地域、言語、宗教などの属性に根ざすことが多い。アイデンティティは、それを保持する者にも、それを共有していない外部の者にも意識され、明確である。**コーポレート・アイデンティティ**も参照。

異国崇拝　外国人や外国の物が自分たちや自分たちの物よりも優れているとする感情。

イデオロギー　人生に目的を与え、道徳的基準を定めるような働きをする首尾一貫した考え方。

因子分析　観察された現象の多様性を、その背後にある最少の数の共通因子によって説明できるように考案された統計分析の手法の一つ。一つの因子に組み合わされる現象は強く関連している。

エージェンシー　組織の代理として行為する権限を与えられた人物が職務を遂行する様式。**グループ・エージェンシー**も参照。

エンパワーメント　従業員が労働環境へ影響を強めていくプロセス。

外国人嫌い　外国人や外国の物が危険であるとする感情。

核家族　一親等の親族（親と子）だけが含まれる家族集団。

拡大家族　祖父母、伯父、伯母、いとこのように、二親等、三親等（もしくはそれ以上の）の親族を含んだ家族集団。

価値観　ある状態の方が他の状態よりも好ましいと思う一般的な傾向。たいていは意識されていない。**慣行**とは異なる。**企業の価値観**も参照。企業の価値観の場合、価値観の意味がまったく異なる。

カルチャー・アシミレーター（文化同化の手引き）　異文化間コミュニケーションの技術を向上させるために開発された、プログラム化された学習教材。

カルチャー・ショック　人がなじみのない文化環境に足を踏み入れた場合に生じる苦痛な状態。身体機能に支障をきたす場合もある。

慣　行　人々の行為の領域。人々が反応するシンボル、尊敬するヒーロー、参加する儀礼などが含まれるが、価値観は含まれない。

官僚制　組織形態の一つ。厳格な規則と、人ではなく地位に伴う責任を基礎とする。

企業の価値観（コーポレート・バリュー）　企業の従業員と

管理職にとって望ましい特性や行動に関する記述のリスト。

企業文化　企業レベルにおける組織文化。**組織文化**も参照。

儀　礼　人々が集団で行う活動である。望ましい目的に到達するための手段としては役に立たないが、その文化のなかでは社会的になくてはならないとみなされている。つまり何かの役に立つよりも、儀礼は儀礼自体のために行われる。

グループ・アイデンティティ　アイデンティティを参照。

グループ・エージェンシー　ある集団が統制のとれた集合行動をとることができる能力。

経路依存性　進化（もしくは他のプロセス）が、自分自身の歴史によって制約されるという事実。その結果、次の進化の段階に進むと後戻りできない。

ゲシュタルト　統一された全体像。全体像として研究されるべきであり、部分に分割すると意味を失う。ドイツ語では「形態」を意味する。

原理主義　唯一絶対の真理が存在し、自分の集団がその真理を保持しているという信念。唯一絶対の真理は、詳細に定義されていることが多い。

権力格差　それぞれの国の制度や組織において、権力の弱い成員が、権力が不平等に分布している状態を予測し、受け入れている程度。国民文化の次元の一つである（小さい‐大きい）。

権力格差指標（ＰＤＩ）　ある国の文化における権力格差の程度に関する指標。ＩＢＭ研究に基づいて作成された。

購買力平価（ＰＰＰ）　地域における通貨の購買力を考慮した上で、国民総所得の比較を行う基準。

国民性　この本では「国民文化」と呼んでいるが、過去においては国民性という用語が使われた。「国民性」という用語では、個人的な要素が強調され、社会システムの側面が軽視されてしまうという短所がある。

国民総所得（ＧＮＩ）　一年間にある国の経済によって生産された商品とサービスの付加価値の合計額を示す尺度。その国の居住者が海外投資で得る所得を含むが、海外居住者がその国への投資で得る所得は除外される。

国民文化　特定の国で成長することによって、集合的に人々の心に組み込まれたプログラム。

個人主義　集団主義の対極。この対は国民文化の次元の一つである。個人主義を特徴とする社会では、個人と個人の結びつきはゆるやかである。人はそれぞれ、自分自身と肉親の面倒をみればよい。

個人主義指標（ＩＤＶ）　ある国の文化における個人主義の程度に関する尺度。ＩＢＭ研究に基づいて作成された。

個別主義　集団主義的な社会で一般的な思考様式。集団主義的な社会では、人が扱われる基準は、その人がどの集団に所属しているかに左右される。

コーポレート・アイデンティティ　同じ企業に属する子会社が共有するシンボル（ロゴのようなもの）。

次　元　ある現象の一面を表し、他の側面とは独立したものとして調査によって測定可能であり、数で表される。

次元モデル　ある現象を記述するために、いくつかの次元を組み合わせたもの。

自然選択　同じ親の形質を持つ子孫のなかで生存に差が生じること。その形質（複製子）の進化を導く。

自民族中心主義　自分の社会の基準をほかの社会の人々に当てはめること。

社会化　ある文化に参加することによって、その文化のなかで求められる価値観と慣行を獲得すること。

社会階層　ある社会のなかで顕著に異なる地位や特権を持つ二つ以上の階級が存在する状態。

集団主義　個人主義の対極にあり、この対は国民文化の次元の一つである。集団主義を特徴とする社会では、人は生まれたときから、メンバー同士の結びつきの強い内集団に統合され、内集団に忠誠を誓うかぎり、その集団から生涯にわたって保護される。

柔軟・謙虚さ　謙虚さ、柔軟さ、環境の変化に対する適応性といった文化的特徴を持つ社会を示す造語。対極は、壮大主義である。この対は、ミッショ・ミンコフによるＷＶＳを用いた国民文化の次元の一つである。

主観的幸福感　人生に対する満足感（認知的評価）や感情（今現在の情緒的反応）の点から自分の人生に対して抱いている評価。

儒教的ダイナミズム　国民文化の次元の一つである。大学生を対象にして実施された中国的価値観調査から見出された。この本では、長期志向－短期志向と呼びかえられている（それぞれの項目を参照）。

女性らしさ　男性らしさの対極。この対は国民文化の次元の一つである。女性らしさを特徴とする社会では、男女の情緒的な役割が重なり合っている。男性も女性も謙虚でやさしく生活の質に関心を払うものだと考えられている。

進　化　ある複製子（遺伝子、個人、集団など）が何世代にもわたって小さい変異を伴いながら子孫を余分に生み出すプロセス。複製子のなかには他より多くの子孫を生み出すものがある。逆にいえば、うまく再生産できない変異体は、自然選択によって除去される。

進化の至近メカニズム　複製と選択が生じる実際のプロセスであって、対象となっているものの進化を導く。たとえば、物語は口頭でも文章でも、修正が加えられながら語り継がれることによって進化する。また個体は、突然変異を伴う性的再生産によって進化する。

シンボル　同じ文化を共有している人々だけが理解できる、特別な意味を持つ言葉、図、しぐさあるいは物である。

人類学　人間の身体的・社会的・文化的多様性に関する学問である。この本でいう「人類学」とは、人間社会、とくに伝統社会または無文字社会（これに限定されないが）を総合的に研究する、社会人類学もしくは文化人類学である。

ステレオタイプ　ある集合体（集団、カテゴリー、文化）の全員に対して、よく似た特徴を当てはめようとする、型にはまった思考様式。

制　度　ある集団の成員が、象徴的機能を委ねる組織化された一連の活動。制度は完全に象徴的なものでも（結婚）、物理的な形態（学校）でもよい。

相　関　統計学の用語。二つの数量的な変数の値が共通に変化する程度。相関係数の最大値は一・〇〇（二つの変数の値の変化が完全に一致する）であり、〇の場合は無関係、最小値はマイナス一・〇〇（完全な不一致）である。

相対主義　自分とは異なる人間や集団の理論と価値観が、自分自身や自分の属している集団の理論や価値観と同じようにもっともであると考える立場。

壮大主義　人間の自己が誇り高くしっかりと安定した記念碑のような状態にあるような社会の特徴。対極は、柔軟・謙虚さであり、ミッショ・ミンコフによるWVSを用いた国民文化の一次元である。

組織文化　集合的に人々の心に組み込まれたプログラムであり、所属する組織によって異なるもの。

妥当性　一つの資料に基づく研究から得られた結論が、別の資料を用いた研究でも当てはまるかどうかをテストすること。

短期志向　長期志向の対極。この対は国民文化の次元の一つである。短期志向を特徴とする国では、過去と現在に関係する徳、とくに国家の威信、伝統の尊重、「面子」の維持、社会的義務の遂行が育まれる。

男性らしさ　女性らしさの対極。この対は国民文化の次元の一つ。男性らしさを特徴とする社会では、男女の情緒的な役割がはっきりと分かれている。男性は自己主張が強くたくましく物質的な成功をめざすと考えられており、女性は男性よりも謙虚でやさしく生活の質に関心を払うと考えられている。

男性らしさ指標（MAS）　ある国の文化における男性らしさの程度に関する尺度。IBM研究に基づいて作成された。

長期志向　短期志向の対極。この対は国民文化の次元の一つである。長期志向を特徴とする社会では、未来の報酬を志向する。とくに忍耐や倹約、環境の変化への適応のような実践的な徳が育まれる。

長期志向の指標（LTO）　ある国の文化における長期志向の程度に関する尺度。CVS版LTOスコアは、大学生をサンプルにして実施された中国的価値観調査に基づいて作成された。WVS版LTOスコアは、各国の代表性の高いサンプルを対象に実施された世界価値観調査を用いて作成された。

動機（動機づけ）　個人の内面にあって、ある行動の選択を誘引する力として仮定されたもの。

統計的に有意　母集団から選ばれたサンプルによって調べられた、二つの尺度の間の関係が十分に強く、その関係がまったくの偶然によって生じる可能性が排除されることを示す用語。「有意水準」として、通常、五%、一%、〇・一%が用いられるが、これらは関係が偶然によって生じる危険性がまだどの程度残されているかを示している。

内集団　凝集性の高い集団で、忠誠の対価として、そのメンバーを保護し、アイデンティティの感覚を与えるもの。

人間性　今日の人類すべてに共通する一連の特性。

排外主義　集団への所属に基づき、自らとアイデンティティを共有する集団には好意的に、外部の集団には排除するように人々を扱う文化的傾向。対極は、普遍主義である。この対は、ミッショ・ミンコフによる世界価値観調査（ＷＶＳ）に基づく国民文化の一つ。

パラダイム　科学のある研究分野を支配しその分野の研究者の思考を拘束する仮定の体系。

表面的妥当性　質問紙調査における調査項目が、その項目のワーディングが示唆することを正確に測定していると思われること。調査結果を分析してみて初めて明らかになるような潜在的な特性とは異なる。

ヒーロー　その文化で高く評価される特徴を備えていて、人々の行動のモデルとされる人物。現在生きている人物の場合も故人の場合もあり、実在の人物の場合も架空の人物の場合もある。

不　安　何が起こるかわからない、という心配で落ち着かない漠然とした心理状態。

不確実性の回避　ある文化の成員が、あいまいな状況や未知の状況に対して脅威を感じる程度。国民文化の次元の一つ（弱い‐強い）。

不確実性の回避の指標（ＵＡＩ）　ある国の文化における不確実性の回避の程度に関する尺度。ＩＢＭ研究に基づいて作成された。

複製子　進化のプロセスにおける選択の単位。複製子は、遺伝子でも個人でも集団でも文化的価値観でも慣行でもよい。生物学的であるかどうかにかかわらず、変異を伴いながら再生産するもの。

普遍主義　個人主義的な社会で一般的な思考様式。個人主義的な社会では、誰もが同じ基準にしたがって扱われる。対極は、排外主義であり、ミッショ・ミンコフによるＷＶＳに基づく国民文化の次元の一つ。

文　化　（１）精神の修養もしくは洗練。文明。（２）社会ゲームの不文律。もう少し定式化すれば、集合的に人間の心に組み込まれるものであり、集団によってあるいはカテゴリーによって異なっている。これは人類学で用いられる「文化」の概念と一致するもので、この本で扱う文化の概念の意味するところである。

文化的アイデンティティ　アイデンティティも参照。アイデンティティは意識されるが、文化はたいていは意識されないので、両者を混同してはならない。

文化的正当化　慣行が道徳的に受け入れられるように、象徴的な理由を見いだすこと。たいていは利害によって意識されずに誘導されているが、常に文化的価値観に沿っている。

放　縦　抑制の対極。この対は国民文化の次元の一つである。放縦を特徴とする社会では、人生を愉快に楽しむことに関係するような、人間の基本的で自然な欲求が、相対的に自由に満たされる。

ホミニン　現代人（現生人類）の祖先。以前の系統分類では、「ホミニッド」と呼ばれていた。

ホメオスタシス（恒常性）　有機体や社会システムが外部からの変化を補正し、内部の安定を保とうとする傾向。

マトリックス組織　仕事の内容に応じて、一人の従業員が二人ないし三人の上司を持つような組織構造。たとえば、一人の従業員が日常業務に関わる上司と専門的な業務に関わる上司を持っていたり、業務上の上司と担当の国の業務を統括する上司を持っていたりする。

面　子　集団主義社会では、人には自分の社会的地位を保つ上で不可欠な要件があるが、その要件を満たす人に備わっている資質。「顔を立てる」とは、社会的地位に対して相応の敬意を払うことを意味する。

モラル・サークル　すべての道徳的権利と義務がたいていは意識されないままに保証されている人々から構成されるグループ。モラル・サークルは、文化を必要とする。人々は、いくつかのモラル・サークルに所属しているが、国籍、宗教、組織、家族のように、サークルの範囲が異なる。

有　意　統計的に有意を参照。

抑　制　放縦の対極。この対は国民文化の次元の一つである。抑制を特徴とする社会は、欲求の充足を抑え、厳しい社会的規範によってそれを規制する。

リスク　ある行為が、既知の望ましくない結果を生み出す確率。

類　型　ある現象を記述するために用いられる、ひとそろいの理念型。

訳者あとがき

本書は、Geert Hofstede, Gert Jan Hofstede and Michael Minkov, *Cultures and Organizations: Software of the Mind*. 3rd ed. McGraw-Hill, 2010 の翻訳である。一九九一年に出版された初版は一七カ国で翻訳され、世界的なベストセラーとなっている。初版の日本語訳は『多文化世界――違いを学び共存への道を探る』（岩井紀子・岩井八郎訳）として、一九九五年に有斐閣より出版された。これまでに一〇刷を重ね、多くの方が手に取って下さっている。本書はその第三版の翻訳である。

初版から二〇年以上が、また本書の基礎となったＩＢＭ社員の価値観調査から四〇年以上が経過した。国際情勢はめまぐるしく変化し、国際的な人的交流もますます活発となってきた。しかし、国や文化の間での衝突が治まる気配はない。むしろ激しさを増してきたようにみえる。本書には、この間に生じた事例や学術的な国際比較研究の成果がふんだんに盛り込まれているため、分量としては初版の倍以上となっている。多岐にわたる興味深い記述がところ狭しと並んでおり、二〇〇八年の経済危機の文化的背景まで論じられている。

初版は、「文化の違いを実証的にかつ体験的にわかりやすく解説し、その違いを踏まえて、家庭、学校、企業、マスメディア、政府、そして一人ひとりへの提案が添えられている」として国際的に高く評価された。大部となってもこの評価にゆらぎはない。読者は自分の異文化体験を手がかりにしながら、また自分の抱くステレオタイプ的な異文化イメージをチェックしながら、読み進むことができるだろう。欧米大国の人々が「当たり前」としている考え方や行動の仕方に冷ややかな視線を向ける、オランダ人著者のスタンスを楽しんでもよいだろう。

学術的には、この二〇年の間に実証的な国際比較研究のために利用できるデータが飛躍的に増加した。本書でも取り上げられている世界価値観調査をはじめ、信頼性の高いデータが一般公開されており、研究者が個人としてアクセスできるようになってきた。実証的な国際比較研究を志すならば、本書から多様なテーマについて有益なヒントを得られるのではなかろうか。

各国の政治や経済がそれぞれ大きく変化しているにもかかわらず、文化の相対的な差異にはあまり変化がない。本書のこのメッセージの重要性は強調しておいてよいだろう。

今日，インターネットが急速に普及し，ツールの上で情報は瞬く間に世界に広がり，内集団と外集団の壁が表面的には消え去ったように思われるかもしれない。しかし非常に狭い範囲のモラル・サークルで許容される行動が，外部の目に触れて，摩擦を生む事態はむしろ増えている。この夏には，コンビニエンスストアのアイスケースに従業員が入り，その画像がソーシャルメディアを通じて流れ，大騒動となった。遊園地において危険行為を行った写真をブログで自慢する者や，ハンバーガー用の大量のパンの上に寝転んでいる写真を公開したファストフード店の従業員など，類する行動が次々と明らかになり，社会問題になっている。狭い交友範囲の中でジョークとして交流しているつもりでも，世界に開かれたツールを用いた場合，情報はジョークの感覚が異なる人々にも広く伝わり，思わぬところで摩擦の種となる。内集団の価値観が，他の集団あるいは社会全体の価値観と接触する機会は，伝達ツールの革新にともない加速度的に増している。モラル・サークルを国家のレベルでとらえても，類似の問題が頻発している。今だからこそ，価値観の違いを学ぶ意義は大きい。

もう一点，本書は短期志向と不確実性の回避が強まれば，排外的なナショナリズムが高揚すると，繰り返し警告している。近い将来調査を行えば，日本の不確実性の回避の順位が下がり，長期志向の得点がさらに上昇していることを強く希望する。

初版より倍以上の分量となり，初版の記述も細かく修正されたために，翻訳には煩雑な作業がともない，予想以上の時間を要してしまった。本書の翻訳には，二〇〇〇年から総合的社会調査を実施している大阪商業大学JGSS研究センターの協力を得ている。JGSSでは，二〇〇六年から中国，韓国，台湾と共同で東アジア社会調査（East Asian Social Survey）を開始し，EASS二〇〇八のテーマは「東アジアの文化とグローバリゼーション」であった。本書の知見はこの調査項目の作成に取り入れられている。本書の翻訳にあっては，JGSSに主任研究員または研究員として勤務されていた，次の方々に初版からの修正や新たな章の訳をお願いした。その訳を基に，岩井八郎が全体の訳を作成し，岩井紀子が修正し，両者で全体の調整を図った。下訳がなければ，出版は難しかったかもしれない。記して感謝の意を表したい。

湊邦生氏（現 高知大学教育研究部総合科学系地域協働教育学部門准教授）第1～8章

小川直人氏（現 日本大学国際関係学部准教授）第9章

林光氏　第10～12章

最後になるが，有斐閣の編集者，櫻井堂雄氏と四竈佑介氏には，翻訳作業の過程で有益なアドバイスをいただき，適度なプレッシャーもかけていただいた。心から感謝の意を表する。

二〇一三年　猛暑の終りに

訳　者

著者・訳者紹介

●著　者

ヘールト・ホフステード

一九二八年、オランダ生まれ。オランダのデルフト工科大学で機械工学を専攻、卒業後一〇年間オランダの企業で技術職および管理職として勤務した。働きながらパートタイム学生として大学院に通い、フローニンゲン大学において社会心理学の博士号を取得した。博士論文は、*The Game of Budget Control*（藤田忠監訳『予算統制の行動科学』ダイアモンド社、一九七六年）である。その後ＩＢＭヨーロッパに入社、人事管理研究部門の設立と管理運営に携わった。アカデミックな経歴は、ヨーロッパ経営管理研修所（IMD：スイス・ローザンヌ）に始まり、ヨーロッパ経営大学院（INSEAD：フランス・フォンテーヌブロー）、ヨーロッパ経営高等研究所（ベルギー・ブリュッセル）、国際応用システム分析研究所（IIASA：オーストリア・ラクセンブルク城）を経て、マーストリヒト大学の組織人類学および国際経営学の教授を務め、一九九三年に退職した。一九八〇年から一九八三年までの短い期間だが、産業界に復帰し、ライデンのファソン・ヨーロッパ社（Fasson Europe）で人事部取締役を務めた。ヘールトは、異文化間協力に関する研究所（IRIC）の共同設立者であり、初代所長でもあった。ＩＲＩＣは、ヘールトとともにマーストリヒト大学に移り、ヘールトの退職後は、ティルブルグ大学に移ったが、二〇〇四年に活動を停止した。ヘールトは退職後も、香港大学の名誉教授および客員教授、ティルブルグ大学の経済研究所の学外研究フェローを務めた。また、その間にハワイ、オーストラリア、ニュージーランドでも教鞭を執ってきた。

ヘールトの著作は二〇カ国語で出版され、論文は世界中の社会科学ならびに経営関係の雑誌に掲載されている。アメリカ経営アカデミーのフェロー、国際ビジネスアカデミーの最高学識会員、異文化心理学の国際学会の名誉フェローでもある。ヨーロッパ七カ国で名誉博士号を授与されている。二〇〇六年、マーストリヒト大学は彼の業績を称えて、多文化経営学の専攻にヘールト・ホフステード記念教授職を創設した。二〇〇九年には国際コミュニケーションを共同で教える六つのヨーロッパの大学院が、ヘールト・ホフステード・コンソーシアムの名称を用いている。彼は多言語に通じており、オランダ語、英語、フランス語、ドイツ語による講義を大学や研究機関のトレーニングコース、企業の社内プログラムで行ってきた。彼はまた、各国の企業組織や国際的な企業組織、政府機関でコンサルタントやゲストスピーカーとして招かれている。二〇〇八年五月五日付のウォール・ストリート・ジャーナル（*Wall Street Journal*）の記事は、ヘールトを経営に最も影響力を持つ二〇名の思想家の一人としており、二〇名のなかではヨーロッパ大陸の人間は、ヘールトただ一人である。二〇二〇年二月一二日に九一歳で永眠。

ヘルト・ヤン・ホフステード

一九五六年生まれ。ヘールトの四人の息子の長男。オランダとスイスの学校で教育を受け、第二言語としてフランス語を習得した。彼はオランダのヴァーヘニンゲン大学で集団生物学の学位を取得している。一九八四年にコンピューター・プログラマーになり、一九八六年より、ヴァーヘニンゲン大学で教鞭を執っている。一九九二年には同大学で生産計画の博士号を取得。博士論文は「モデリングにおける謙虚さ」というタイトルである。現在、彼はヴァーヘニンゲン大学社会科学部門で情報工学の准教授を務めている。

一九八〇年代から九〇年代にかけて、ヘルト・ヤンはデータ・モデリングの領域において教鞭を執り、論文を発表し、専門的活動を行ってきた。ウェブによってコンピューターのユーザー間のつながりが密接になり、仮想空間上に「未来の国際オフィス」が広まるようになると、彼はヘールトの研究を利用して、異文化コミュニケーションのシミュレーションゲームを作成し始めた。その仕事は、*Exploring Culture: Exercises, Stories and Synthetic Cultures*（『文化の探索——課題、物語、合成文化』二〇〇二年）となっている。

ヘルト・ヤンは、社会の変動と文化の安定性という二つの対照的な力の相互作用に関心を持っている。投稿論文や書籍の分担執筆が多い。最近は、組織のネットワークの信頼性や透明性と、それが電子ビジネスの適用に及ぼす結果に関する著作を発表している。二〇〇八年には、ゲームのシミュレーションの秘訣についての実用的研究書 *Why Do Games Work?*（『なぜゲームがうまくいくのか？』）を共編した。今後数年間は、ソフトウエア・エージェントにおける文化のモデリングを含んだ社会シミュレーションに研究の焦点を当てる予定である。彼の関心対象は広く、人間の行動に対する文化の生物学的基盤と、その現代社会への影響について研究を掘り下げることを望んでいる。このような研究関心を実現するためには、学問領域の境界を横断することが求められる。

マイケル（ミッショ）・ミンコフ

一九五九年生まれ。異文化理解と組織行動の講師である。現在〔原著の出版された二〇一〇年〕、ミッショの教えている授業は、ポーツマス大学（イギリス）の経営管理プログラムの一環であるが、ブルガリアのソフィアにある国際大学（IUC）を通して提供されている。また、国際的な組織の企業研修でも異文化理解と組織行動を教えている。

ミッショ・ミンコフは一九八七年にソフィアの聖クリメント・オフリドスキ大学（ソフィア大学）から修士の学位（言語学・文化・文学）を取得し、現在、同大学のスカンジナビア研究科から博士号を取得しようとしている。彼はまた、ニューブルガリア大学で人類学の研究に従事し、スロベニアの国際経営幹部養成センター（IEDC）で経営管理の研究を進めてきた。理論的な知識に加えて、ミッショは一〇年にわたりアイスランド、フェロー諸島、ノルウェー、スロベニア、チュニジア、イギリス、アメリカで生活し、研究や仕事に携わったことから、異文化交流に関わる実践的な能力を養ってきた。一九九〇年代には、中央および東ヨーロッパ経営開発協会（CEEMAN：スロベニアに拠点を持ち、四〇以上の国々にまたがる約一七〇の経営管理の大学院と企業からなる組織）の事務局長を務めていた。

学問研究をはじめた当初、ミッショは古英語と古ノルド語を専攻し、それらをフランス語やブルガリア語に翻訳し、ベルギーとブルガリアで出版した。最近になって、彼は文化的な差異に関する四冊の著作をまとめ、また多くの学術論文を権威ある雑誌に発表している。ミンコフはヘールトの弟子であり、信奉者であって、文化を横断するヘールトの分析パラダイムを熱心に擁護している。この関係があって、ミッショはいくつかの新しい文化の次元を発見できた。そして、そのひとつは、いまや古典となったホフステードの文化次元モデルを豊かに改良したものとして本書に示されている。

●訳　者

岩井八郎（いわい　はちろう）

一九五五年生まれ。大阪大学大学院人間科学研究科博士前期課程修了。大阪外国語大学助教授、京都大学大学院教育学研究科教授を経て、現在、京都大学名誉教授。

岩井紀子（いわい　のりこ）

一九五八年生まれ。大阪大学大学院人間科学研究科博士前期課程修了。現在、大阪商業大学ＪＧＳＳ研究センター長・総合経営学部教授。

al Settings. Copenhagen: Handelshøjskolens Forlag.

Wu, T. Y. (1980). *Roots of Chinese Culture*. Singapore: Federal Publications.

Yan W. F., and E. L. Gaier (1994). "Casual attributions for college success and failure: An Asian-American comparison." *Journal of Cross-Cultural Psychology*, 25, 146–58.

Yelsma, P., and K. Athappilly (1998). "Marital satisfaction and communication practices: Comparisons among Indian and American couples." *Journal of Comparative Family Studies*, 19, 37–54.

Yeung, I. Y. M., and R. L. Tung (1996). *Achieving Business Success in Confuciann Societies: The Importance of Guanxi* (*Connections*). New York: American Management Association.

Zürcher, E. (1993). "Confucianism for Development?" Valedictory lecture, Leiden University.

L. F. Moore, M. R. Louis, C. C. Lundberg, and J. Martin (eds.), Beverly Hills: Sage, 381–89.

Weimer, J. (1995). *Corporate Financial Goals: A Multiple Constituency Approach to a Comparative Study of Dutch, U.S., and German Firms*. Ph. D. dissertation. Enschede, Neth.: Twente University.

Weiss, R. A. (2009). "Apes, lice and prehistory." *Journal of Biology*, 8, 20.

Westbrool, M. T., and V. Legge (1993). "Health practitioners' perceptions of family attitudes towards children with disabilities: A comparison of six communities in a multinational society." *Rehabilitation Psychology*, 38 (3), 177–85.

Westbrool, M. T., V. Legge, and M. Pennay (1993). "Men's reactions to becoming disabled: A comparison of six communities in a multinational society", *Journal of Aplpied Rehabilitation Counseling*, 24 (3), 35–41.

Westerlund, G., and S. E. Sjöstrand (1975). *Organizational Myths*. London: Harper & Row.

Wildeman, R. E., G. Hofstede, N. G. Noorderhaven, A. R. Thurik, W. H. J. Verhoeven, and A. R. M. Wennekers (1999). *Culture's Role in Entrepreneurship: Self-Employment out of Dissatisfaction*. Rotterdam: Rotterdam Institute for Business Economic Studies.

Wilkins, A. L. and W. G. Ouchi (1983). "Efficient cultures: Exploring the relationship between culture and organizational performance." *Administrative Science Quarterly*, 28, 468–81.

Williamson, O. E. (1975). *Markets and Hierarchies: Analysis and Antitrust Implications*. New York: Free Press.（『市場と企業組織』浅沼万里・岩崎晃訳，日本評論社，1980 年）

Williamson, O. E. (2000). "The New Institutional Economics: Taking stock, looking ahead." *Journal of Economic Literature*, 38, 595–613.

Wilson, D. S. (2007). *Evolution for Everyone: How Darwin's Theory Can Change the Way We Think About Our Lives*. New York: Bantam Dell.（『みんなの進化論』中尾ゆかり訳，日本放送出版協会，2009 年）

Wilson, D. S., M. Van Vugt, and R. O'Gorman (2008). "Multilevel selection theory and major evolutionary transitions: Implications for psychological science." *Current Directions in Psychological Science*, 17 (1), 6–9.

Wilson, E. O. (1998). *Consilience: The Unity of Knowledge*. London: Abacus.（『知の挑戦――科学的知性と文化的知性の統合』山下篤子訳，角川書店，2002 年）

Wirthlin Worldwide (1996). Asian Values and Commercial Successes. demica.com/publiens/report_/wr9603.htm

Witkin, H. A. (1977). "Theory in cross-cultural research: Its uses and risks." In: *Basic Problems in Cross-Cultural Psychology*. Y. H. Poortinga (ed.), Amsterdam: Swets & Zeitlinger, 82–91.

Witkin, H. A., and D. R. Goodenough (1977). "Field dependence and interpersonal behavior." *Psychological Bulletin*, 84, 661–89.

Witte, E. (1973). *Organisation für Innovationsentscheidungen: Das Promotoren-Modell*. Göttingen FRG: Verlag Otto Schwarz & Co..

Witte, E. (1977). "Power and innovation: A two-center theory." *International Studiesof Management and Organization*, 7 (1), 47–70.

World Bank (1972). *World Bank Atlas*. Washington, DC: World Bank.

World Development Report (2009). *Building Institutions for Markets*. New York: Oxford University Press.（『市場制度の構築』藪中久美子訳，シュプリンガー・フェアラーク東京，2003 年）

World Health Organization (2005). *WHO Global InfoBase Online*. BMI/Overweight/Obesity. Internet publication. Retrieved December 7, 2006, from who.inf/ncd_surveillance/infobase/web/infobasecommon.

World Health Organization (2008). *World Health Statistics 2008*. Geneva: WHO Press.

World Investment Report (2000). *Cross-Border Mergers and Acquisitions and Development*. New York: United Nations.

World Values Survey (current). worldvaluessurvey.org

Worm, V. (1997). *Vikings and Mandarins: Sino-Scandinavian Business Cooperation in Cross-Cultur-*

trieved January 20, 2006, from unodc.org/pdf/crime/seventh_survey/7sv.pdf
UN Statistics Division (2009). *Statistics and Indicators on Women and Men. Social Indicators. Total Fertility Rates.* Internet publication. Retrieved September 28, 2009, from http://unstats.un.org/unsd/demographic/products/indwm/tab2c.htm.
van den Berg-Weitzel, L., and G. van de Laar (2000). "Relation between culture and communication in packaging design." *Brand Management*, 8 (3), 171-184.
van den Bosch, F. A. J., and A. A. van Prooijen (1992). "The competitive advantage of European nations: The impact of national culture, a missing element in Porter's analysis." *European Management Journal*, 10, 173-78.
van der Veen, R. (2002). *Afrika: Van de Koude Oorlog naar de 21e Eeuw*. Amsterdam: KIT Publishers.
van de Vliert, E. (1998). "Gender role gaps, competitiveness, and masculinity." In: *Masculinity and Femininity: The Taboo Dimension of National Cultures*. G. Hofstede et al. (eds.), Thousand Oaks, CA: Sage, 117-29.
van de Vliert, E. (2009). *Climate, Affluence, and Culture*. New York: Cambridge University Press.
van Dijk, T., ed. (1997a). *Discourse as Structure and Process*. London: Sage.
van Dijk, T., ed. (1997b). *Discourse as Social Interaction*. London: Sage.
van Haaf, J., M. C. C. Vonk, and F. J. R. Van de Vijver (2002). "Structural equivalence of the social norms scale of the world values survey." In: *New Directions in Cross-Cultural Psychology*. P. Boski, F. J. R. van de Vijver, and A. M. Chodynicka (eds.), Warsaw: Wydawnictwo Instytutu Psycologii PAN, 165-82.
van Nimwegen, T. (2002). "Global Banking, Global Values: The In-House Reception of the Corporate Values of ABN AMRO." Ph. D. dissertation, Nyenrode University, Delft: Eburon.
van Oudenhoven, J. P. (2001). "Do organizations reflect national cultures? A 10-nation study." *International Journal of Intercultural Relations*, 25, 89-107.
van Rossum, J. H. A. (1998). "Why children play: American versus Dutch boys and girls." In: *Masculinity and Femininity: The Taboo Dimension of National Cultures*. G. Hofstede et al., Thousand Oaks, CA: Sage, 130-38.
Veenhoven, R. (1993). *Happiness in Nations: Subjective Appreciation of Life in 56 Nations, 1946-1992*. Rotterdam: Erasmus University, Department of Social Sciences.
Verhulst, F. C., T. M. Achenbach, R. F. Ferdinand, and M. C. Kasius (1993). "Epidemiological comparisons of American and Dutch adolescents' self-reports." *Journal of the American Academy of Child and Adolescent Psychiatry*, 32, 1135-44.
Verweij, J. (1998). "The importance of femininity in explaining cross-national differences in secularization." In: *Masculinity and Femininity: The Taboo Dimension of National Cultures*. G. Hofstede et al., Thousand Oaks, CA: Sage, 179-91.
Verweij, J., P. Ester, and R. Nauta (1997). "Secularization as an economic and cultural phenomenon: A cross-national analysis." *Journal for the Scientific Study of Religion*, 36, 309-24.
Walter, T. (1990). "Why are most churchgoers women?" In: *Vox Anglica XX: Biblical and Other Essays from London Bible College*. H. Rowdon (ed.), London: Paternoster.
Ward, C., S. Bochner, and A. Furnham (2001). *The Psychology of Culture Shock*, 2nd ed. London: Routledge.
Watts, A. (1979). *Tao: The Watercourse Way*. Harmondsworth, Mddx., UK: Pelican.
Webber, R. A. ed. (1969). *Culture and Management*. Homewood, IL: Irwin.
Weber, M. (1970). *Essays in Sociology*. H. H. Gerth, and C. W. Mills (eds.), London: Routledge & Kegan Paul. [1948]
Weber, M. (1976). *The Protestant Ethic and the Spirit of Capitalism*. London: George Allen & Unwin. [1930]（『プロテスタンティズムの倫理と資本主義の精神』大塚久雄訳，岩波書店，1989 年）
Weick, K. E. (1985). "The significance of corporate culture." In: *Organizational Culture*. P. J. Frost,

versity Press, 57-75.
Statham, A. (1987). "The gender model revisited: Differences in the management styles of men and women." *Sex Roles*, 16, 409-29.
Stevens, E. P. (1973). "Manialismo: The other face of machismo in Latin America." In: *Female and Male in Latin America*. A. Pescatello (ed.), Pittsburgh, PA: University of Pittsburgh Press, 90-101.
Stevenson, H. W., and S. Y. Lee (1996). "The academic achievement of Chinese students." In: *The Handbook of Chinese Psychology*. M. H. Bond (ed.), Hong Kong: Oxford University Press.
Stewart, E. C. (1985). "Culture and decision-making." In: *Communication, Culture, and Organizational Processes*. W. B. Gudykunst, L. P. Stewart, and S. Ting-Toomey (eds.), BeverlyHills, CA: Sage, 177-211.
Stiglitz, J. E. (2002). *Globalization and its Discontents*. New York: W. W. Norton & Company. (『世界を不幸にしたグローバリズムの正体』鈴木主税訳, 徳間書店, 2002年)
Stoetzel, J. (1983). *Les valeurs du temps présent*. Paris: Presses Universitaires de France.
Stouffer, S. A., and J. Toby (1951). "Role conflict and personality." *American Journal of Sociology*, 56 (5), 395-406.
Stroebe, W. (1976). "Is social psychology really that complicated? A review of Martin Irle's Lehrbush der Sozialpsychologie." *European Journal of Social Psychology*, 6 (4), 509-11.
Tannen, D. (1992). *You Just Don't Understand: Women and Men in Conversation*. London: Virago. (『わかりあえない理由 (わけ) ——男と女が傷つけあわないための口のきき方10章』田丸美寿々・金子一雄訳, 講談社, 1992年)
Tobin, J. J., D. Y. H. Wu, and D. H. Danielson (1989). *Pre-school in Three Cultures: Japan, China, and the United States*. New Haven, CT: Yale University Press.
Tocqueville, A. de (1956). *Democracy in America*. Edited and abridged by R. D. Heffner. New York: Mentor Books. [1835] (『アメリカのデモクラシー』全4巻, 松本礼二訳, 岩波書店, 2008年)
Tollgerdt-Andersson, I. (1996). "Attitudes, values and demands on leadership: A cultural comparison among some European countries." In: *Managing Across Cultures: Issues and Perspectives*. P. Joynt and M. Warner (eds.), London: Thomson, 166-78.
Triandis, H. C. (1972). *The Analysis of Subjective Culture*. New York: Wiley-Interscience.
Triandis, H. C. (1973). "Culture training, cognitive complexity and interpersonal attitudes." In: *Readings in Intercultural Communication*. D.S. Hoopes (ed.), Pittsburgh, PA: Regional Council for International Education, 55-68.
Triandis, H. C. (1995). *Individualism and Collectivism*. Boulder, CO: Westmore. (『個人主義と集団主義——2つのレンズを通して読み解く文化』神山貴弥・藤原武弘編訳, 北大路書房, 2002年)
Triandis, H. C. (2002). "Odysseus wandered for 10, I wondered for 50 years." In *Online Readings in Psychology and Culture*. W. J. Lonner, D. L. Dinnel, S. A. Hayes, and D. N. Sattler (eds.), Internet publication. Retrieved July 21, 2005, form wwu.edu/~culture
Trompenaars, F. (1993). *Riding the Waves of Culture: Understanding Cultural Diversity in Business*. London: Economist Books. (『異文化の波——グローバル社会：多様性の理解』須貝栄訳, 白桃書房, 2001年)
Tung, R. L. (1982). "Selection and training procedures of U.S., European and Japanese multinationals." *California Management Review*, 25 (1), 57-71.
Turchin, P. (2006). *War and Peace and War: The Rise and Fall of Empires*. New York: Plume.
Tylor, E. B. (1924). *Primitive Culture*. Gloucester, MA: Smith. [1871] (『原始文化』比屋根安定訳, 誠信書房, 1962年)
UNICEF (1995). *The State of the World's Children* 1995. New York: UNICEF/Oxford University Press.
UN Office on Drugs and Crime (2004). *Seventh United Nations Survey of Crime Trends and Operations of Criminal Justice Systems, Covering the Period 1998-2000*. Internet publication. Re-

firms: The impact of national cultures." *Journal of International Business Studies*, 29, 159–77.

Schumacher, E. F. (1973). *Small is Beautiful: A Study of Economics as if People Mattered*. London: Sphere. (『スモール・イズ・ビューティフル――人間中心の経済学』小島慶三・酒井懋訳, 講談社, 1986年)

Schwartz, S. H. (1994). "Beyond individualism/collectivism—new cultural dimensions of values." In: *Individualism and Collectivism: Theory, Method, and Applications*. U. Kim, H. C. Triandis, Ç. Kagitçibasi, S. C. Choi, and G. Yoon (eds.), Thousand Oaks, CA: Sage, 85–119.

Schwartz, S. H., and A. Bardi (2001). "Value hierarchies across cultures: Taking a similarities perspective." *Journal of Cross-Cultural Psychology*, 32 (3), 268–90.

Sebenius, J. K. (2002). "The hidden challenge of cross-border negotiations." *Harvard Business Review*, March, 76–85.

Semenov, R. (2000). *Cross-Country Differences in Economic Governance: Culture as a Major Explanatory Factor*. Ph. D. dissertation, Tilburg, Neth.: Tilburg University.

Shane, S. A. (1993). "Cultural influences on national rates of innovation." *Journal of Business Venturing*, 8, 59–73.

Shane, S. A. (1995). "Uncertainty avoidance and the preference for innovation championing role." *Journal of International Business Venturing*, 26, 47–68.

Shane, S. A., and S. Venkataraman (1996). "Renegade and rational championing strategies." *Organizational Studies*, 17, 751–72.

Shane, S. A., S. Venkataraman, and I. C. Macmillan (1995). "Cultural differences in innovation championing strategies." *Journal of Management*, 21, 931–52.

Sherman, P. J., R. L. Heimreich, and A. C. Merritt (1997). "National culture and flight deck automation: Results of a multination survey." *International Journal of Aviation Psychology*, 7 (4), 311–29.

Smircich, L. (1983). "Concepts of culture and organizational analysis." *Administrative Science Quarterly*, 28, 339–58.

Smith, P. B. (2004). "Acquiscent response bias as an aspect of cultural communication style." *Journal of Cross-Cultural Psychology*, 35, 50–61.

Smith, P. B., S. Dugan, and F. Trompenaars (1996). "National culture and the values of organizational employees: A dimensional analysis across 43 nations." *Journal of Cross-Cultural Psychology*, 27, 231–64.

Smith, P. B., M. F. Peterson, and S. H. Schwartz (2002). "Cultural values, sources of guidance, and their relevance to managerial behavior: A 47-nation study." *Journal of Cross-Cultural Psychology*, 33 (2), 188–208.

Smith, P. B., F. Trompenaars, and S. Dugan (1995). "The Rotter Locus of Control Scale in 43 countries: A test of cultural relativity." *International Journal of Psychology*, 30, 377–400.

Soeters, J. (1986). "Excellent companies as social movements." *Journal of Management Studies*, 23, 299–313.

Soeters, J. (2000). "Culture in uniformed organizations." In: *Handbook of Organizational Culture and Climate*. N. W. Ashkanasy, C. P. M. Wilderom, and M. F. Peterson (eds.), Thousand Oaks, CA: Sage, 465–81.

Soeters, J., and R. Recht (2001). "Convergence or divergence in the multinational classroom? Experiences from the military." *International Journal of Intercultural Relations*, 25, 423–40.

Soeters, J., and H. Schreuder (1986). "Nationale en organisatieculturen in accountantskantoren." *Sociologische Gids*, 33 (2), 100–21.

Søndergaard, M. (1994). "Hofstede's consequences: A study of reviews, citations and replications." *Organizational Studies*, 15, 447–56.

Søndergaard, M. (2002). "Values of local government CEOs in job motivation: How do CEOs see the ideal job?" In: *Social Bonds to City Hall*. P. Dahler-Larsen (ed.), Odense, Den.: Odense Uni-

Rice, T. W., and B. J. Steele (2004). "Subjective well-being and culture across time and space." *Journal of Cross-Cultural Psychology*, 35, 633–47.
Richerson, P. J., and R. Boyd (2005). *Not by Genes Alone: How Culture Transformed Human Evolution*. Chicago: University of Chicago Press.
Richerson, P. J., D. Collins, and R. M. Genet (2006). "Why managers need evolutionary theory of organizations." *Strategic Organization*, 4 (2), 201–11.
Rose, R. (1955). *Twelve Angry Men: A Play in Two Acts*. London: Samuel French.（『十二人の怒れる男』額田やえ子訳，劇書房，1979 年）
Ross, M. W. (1989). "Gay youth in four cultures: A comparative study." *Journal of Homosexuality*, 17, 299–314.
Russell, B. (1976). *The Impact of Science in Society*. London: Unwin Paperbacks. [1952]（『科學は社會を震撼した』堀秀彦訳，角川書店，1956 年）
Russell, B. (1979). *An Outline of Philosophy*. London: Unwin Paperbacks. [1927]
Ryback, D., A. L. Sanders, J. Lorentz, and M. Koestenblatt (1980). "Child-rearing practices reported by students in six cultures." *Journal of Psychology*, 110, 153–62.
Sadler, P. J., and G. Hofstede (1976). "Leadership styles: Preferences and perceptions of employees of an international company in different countries." *International Studies of Management and Organization*, 6 (3), 87–113.
Saffold, G. S. (1988). "Culture traits, strength, and organizational performance: Moving beyond 'strong' culture." *Academy of Management Review*, 13, 546–58.
Sagiv, L., and S. H. Schwartz (2000). "A new look at national culture: Illustrative applications to role stress and managerial behavior." In: *Handbook of Organizational Culture and Climate*. N. W. Ashkanasy, C. P. M. Wilderom and M. F. Peterson (eds.), Thousand Oaks, CA: Sage, 417–35.
Sandemose, A. (1938). *En flygtling krydser sit spor* [A Fugitive Crosses His Own Track]. Copenhagen: Grydendals Bogklub. [Danish translation. Originally published in Norwegian, 1933]
Sanders, G., and J. van der Veen (1998). "Culture in ICUs." In: *Organization and Management of Intensive Care*. D. Reis Miranda, D. W. Ryan, W. B. Schaufeli and V. Fidler (eds.), Berlin: Springer-Verlag, 208–19.
Saner, R., and L. Yiu (2000). "Developing sustainable trans-border regions: The need for business diplomats, entrepreneurial politicians and cultural ambassadors." *Social Startegies*, 23 (October), 411–28.
Schama, S. (1987). *The Embarrassment of Riches: An Interpretation of Dutch Culture in the Golden Age*. New York: Alfred A. Knopf.
Schein, E. H. (1985). *Organizational Culture and Leadership: A Dynamic View*. San Francisco: Jossey-Bass.（『組織文化とリーダーシップ――リーダーは文化をどう変革するか』清水紀彦・浜田幸雄訳，ダイヤモンド社，1989 年）
Schenk, E. J. J. (2001). *Economie en strategie van de megafusie*. The Hague: Elsevier Wetenschappelijke Publicaties.
Schildhauer, J. (1985). *The Hansa: History and Culture*. Leipzig Ger.: Edition Leipzig.
Schimmack, U., S. Oishi, and E. Diener (2002). "Cultural influences on the relation between pleasant emotions and unpleasant emotions: Asian dialectic philosophies or individualism-collectivism?" *Cognition and Emotion*, 16 (6), 705–19.
Schmitt, D. P. (2005). "Sociosexuality from Argentina to Zimbabwe: A 48-nation study of sex, culture, and strategies of human mating." *Behavioral and Brain Sciences*, 28, 247–311.
Schneider, L., and S. Lysgaard (1953). "The deferred gratification pattern: A preliminary study." *American Sociological Review*, 18, 142–49.
Schramm-Nielsen, J. (2001). "Cultural dimensions of decision making: Denmark and France compared." *Journal of Managerial Psychology*, 16, 404–23.
Schuler, R. S., and N. Rogovsky (1998). "Understanding compensation practice variation across

1960 年）
Pascal, B. (1972). Pansées. *Preface and introduction by Léon Brunschvicg*. Paris: Le Livre de Poche. [1667]（『パンセ』1・2, 前田陽一・由木康訳, 中央公論新社, 2001 年）
Payer, L. (1989). *Medicine and Culture: Notions of Health and Sickness in Britain*, the U. S., France and West Germany. London: Victor Gollancz.
Pederson, T., and S. Thomsen (1997). "European patterns of corporate ownership: A twelve-country study." *Journal of International Business Studies*, 28, 759–78.
Pelto, P. J. (1968). "The difference between 'tight' and 'loose' societies." *Transaction* (April), 37–40.
Peters, T. J., and R. H. Waterman (1982). *In Search of Excellence: Lessons from America's Best-Run Companies*. New York: Harper & Row.（『エクセレント・カンパニー』大前研一訳, 講談社, 1983 年）
Peterson, M. F., and J. G. Hunt (1997). "International perspectives of international leadership." *Leadership Quarterly*, 8 (3), 203–31.
Peterson, M. F., and K. L. Pike (2002). "Emics and ethics for organizational studies: A lesson in contrast from linguistics." *International Journal of Cross-Cultural Management*, 2, 5–19.
Pew Research Center (2007). *Global Opinion Trends 2002–2007*. Internet publication. Retrieved February 20, 2008, from http://pweglobal.org/reports/pdf/257.pdf and http://pweglobal.org/reports/pdf/257topline-trend.pdf.
Plato (1974 [375 B.C.]). *The Republic*. Translated by Desmond Lee. Harmondsworth, Mddx., UK: Penguin Classics.（『国家』上・下, 藤沢令夫訳, 岩波文庫, 1979 年）
Platow, M. J., N. J. Voudouris, M. Coulson, N. Gilford, R. Jamieson, L. Najdovski, N. Papaleo, C. Pollard, and L. Terry (2006). "In-group reassurance in a pain setting produces lower level of physiological arousal: Direct support for a self-categorization analysis of social influence." *European Journal of Social Psychology*, 37, 649–60.
Porter, M. E. (1990). *The Competitive Advantage of Nations*. London: MacMillan.（『国の競争優位』全 2 巻, 土岐坤・小野寺武夫・中辻万治・戸成富美子訳, ダイヤモンド社, 1992 年）
Porter, M. E. (1992). "A note on culture and competitive advantage: Response to van den Bosch and van Prooijen." *European Management Journal*, 10, 178.
Pryor, J. B., E. R. DeSousa, J. Fitness, C. Hutz, M. Kempf, K. Lubbert, O. Pesonen, and M. W. Erber (1997). "Gender difference in the interpretation of social-sexual behavior: A cross-cultural perspective on sexual harassment." *Journal of Cross-Cultural Psychology*, 28, 509–34.
Pugh, D. S., and D. J. Hickson (1976). *Organizational Structure in Its Context: The Aston Programme I*. Westmead, Farnborough, Hants., UK: Saxon House.
Pugh, D. S., and D. J. Hickson (1993). *Great Writers on Organizations*, The Omnibus ed. Aldershot: Darmouth.（『現代組織学説の偉人たち——組織パラダイムの生成と発展の軌跡』北野利信訳, 有斐閣, 2003 年）
Pümpin, C. (1984). "Unternehmenskultur, Unternehmensstrategie und Unternehmenserfolg." *GDI Impuls*, 2, 19–30. Bern, Swit.: Gottlieb Duttweiler Institut.
Pümpin, C., J. M. Kobi, and H. A. Wüthrich (1985). *La culture de l'entreprise: Le profil stratégique qui conduit au succès*. Bern, Switz.: Banque Populaire Suisse.
Read, R. (1993). "Politics and Policies of National Economic Growth." Ph. D. dissertation, Stanford University.
Redding, S. G. (1980). "Management education for Orientals." In: *Breaking Down Barriers: Practice and Priorities for International Management Education*. B. Garratt and J. Stopford (eds.), Westmead, Farnbrough, Hants.: Gower, 193–214.
Redding, S. G. (1990). *The Spirit of Chinese Capitalism*. Berlin: Walter de Gruyter.
Rendbell, L., and H. Whitehead (2001). "Culture in whales and dolphins." *Behavioral and Brain Sciences*, 24 (2), 309–30.
Renier, G. J. (1931). *The English: Are They Human?* London: Williams & Norgate.

313.
Moore, K., and D. Lewis (1999). *Birth of the Multinational: Two Thousand Years of Ancient* Business History, from Ashur to Augustus. Copenhagen: Copenhagen Business School Press.
Morakul, S., and F. H. Wu (2001). "Cultural Influence on the ABC implementation in Thailand's environment", *Journal of Managerial Psychology*, 16, 142-58.
Morier, J. J. (1923). *The Adventures of Hajji Baba of Ispahan*. Edited with an introduction and notes by C. W. Stewart. London: Oxford University Press. [1824]（『ハジババの冒険』全2巻，岡崎正孝・江浦公治・高橋和夫訳，平凡社，1984年）
Mouritzen, P. E., and J. H. Svara (2002). *Leadership at the Apex: Politicians and Administrations in Western Local Governments*. Pittsburgh, PA: University of Pittsburgh Press.
Mulder, M. (1976). "Reduction of power differences in practice: The power distance reduction theory and its applications." In: *European Contributions to Organization Theory*. G. Hofstede and M.S. Kassem (eds.), Assen, Neth.: Van Gorcum, 79-94.
Mulder, M. (1977). *The Daily Power Game*. Leiden, Neth.: Martinus Nijhoff.
Myasoedov, S. (2003). "Chairperson's introduction." In: *Business Cooperation and Business Schools Cooperation: New Opportunities Within CEEMAN*. M. Minkov and B. Vilfan (eds.), 17. 11th CEEMAN Annual Conference, Sofia, Bulgaria. Ljubljana, Slovenia: CEEMAN.
National Center for Education Statistics (1999). *TIMSS (Third International Mathematics and Science Study)*. http://nces.ed.gov/timss.
Negandhi, A. R., and S. B. Prasad (1971). *Comparative Management*. New York: Appleton-Century-Crofts.
Neisser, U., G. Boodoo, T. J. Bouchard, A. W. Boykin, N. Brody, S. J. Ceci, D. F. Halpern, J. C. Loehlin, R. Perloff, R. J. Sternberg, and S. Urbina (1996). "Intelligence: Knowns and unknowns." *American Psychologist*, 51 (2), 77-101.
Nesse, R. M., and G. C. Williams (1995). *Why We Get Sick: The New Science of Darwinian Medicine*. New York: Times Books.（『病気はなぜ，あるのか――進化医学による新しい理解』長谷川眞理子・長谷川寿一・青木千里訳，新曜社，2001年）
Ng, S. H. et al. (1982). "Human Values in Nine Countries." In: *Diversity and Unity* in Cross-Cultural Psychology. R. Rath et al. (eds.), Lisse Neth.: Swets & Zeitlinger, 196-205.
Noorderhaven, N. G., and B. Tidjani (2001). "Culture, governance, and economic performance: An explorative study with special focus on Africa." *International Journal of Cross-Cultural Management*, 1, 31-52.
OECD (Organzation for Economic Cooperation and Development) (1995). *Literacy, Economy and Society: Results of the First International Adult Literacy Survey*. Paris: OECD and Development Statistics Canada.
Ouchi, W. G. (1980). "Markets, bureaucracies and clans." *Administrative Science Quarterly*, 25, 129-41.
Oyserman, D., H. M. Coon, and M. Kemmelmeier (2002). "Rethinking individualism and collectivism: Evaluation of theoretical assumptions and meta-analysis." *Psychological Bulletin*, 128, 3-72.
Page, M. (1972). *The Company Savage: Life in the Corporate Jungle*. London: Coronet.（『野蛮会社』上村巌訳，平安書店，1974年）
Pagès, M. (1971). "Bethel culture, 1969: Impressions of and immigrant." *Journal of Applied Behavioral Science*, 7, 267-84.
Pagès, M., M. Bonetti, V. de Gaulejac, and D. Descendre (1979). *l'Emprise de l'organisation*, Paris: Presses Universitaires de France.
Parsons, T. (1964). "Evolutionary universals in society." *American Sociological Review*, 29 (3), 339-57.
Parsons, T., and E. A. Shils (1951). *Toward a General Theory of Action*. Cambridge, MA: Harvard University Press.（『行為の総合理論をめざして』永井道雄・作田啓一・橋本真共訳，日本評論新社，

Five-Factor Model of Personality Across Cultures. R. R. McCrae and J. Allik (eds.), New York: Kluwer Academic/Plenum Publishers.
McCrae, R. R., and P. T. Costa (2003). *Personality in Adulthood: Five-Factor Theory Perspective*. New York: Guilford Press.
McCrae, R. R., and O. P. John (1992). "An introduction to the five-factor model and its applications." *Journal of Personality and Social Psychology*, 60, 175-215.
McCrae, R. R., A. Terracciano, A. Realo, and J. Allik (2008). "Interpreting GLOBE societal practices scales." *Journal of Cross-Cultural Psychology*, 39, 805-10.
McDonald, L. G., and P. Robinson (2009). *A Colossal Failure of Common Sense: The Inside Story of the Collapse of Lehman Brothers*. New York: Crown Business.
McGregor, D. (1960). *The Human Side of Enterprise*. New York: McGraw-Hill.（『企業の人間的側面』高橋達男訳，産業能率短期大学，1966 年）
McNeill, J. R., and W. H. McNeill (2003). *The Human Web: A Bird's-Eye View of World History*. New York: W. W. Norton.
Mead, M. (1962). *Male and Female*. London: Penguin Books. [1950]（『男性と女性』田中寿美子・加藤秀俊訳，東京創元社，1961 年）
Meeuwesen, L., E. van den Brink-Muinen, and G. Hofstede (2009). "Can dimensions of national culture predict cross-national differences in medical communication?" *Patient Education and Counseling*, 75, 58-66.
Merritt, A. (2000). "Culture in the cockpit: Do Hofstede's dimensions replicate?" *Journal of Cross-Cultural Psychology*, 31 (3), 283-301.
Merton, R. K. (1968). *Social Theory and Social Structure*, enlarged ed. New York: Free Press. [1949]（『社会理論と社会構造』森東吾・森好夫・金沢実・中島竜太郎訳，みすず書房，1961 年）
Metcalf, H. C., and L. Urwick (1940). *Dynamic Administration: The Collected Papers of Mary Parker Follett*. New York: Harper & Row.（『組織行動の原理――動態的管理〔新装版〕』米田清貴・三戸公訳，未来社，1997 年）
Michaud, G., ed. (1978). Identités collectives et relations inter-culturelles. Paris: Presses Universitaires de France.
Minkov, M. (2007). *What Makes Us Different and Similar: A New Interpretation of the World Values Survey and Other Cross-Cultural Data*. Sofia, Bulgaria: Klasika I Stil.
Minkov, M. (2008). "Self-enhancement and self-stability predict school achievement an the national level." *Cross-Cultural Research*, 42, 172-96.
Minkov, M. (2009). "Predictors of differences in subjective well-being across 97 nations." *Cross-Cultural Research*, 43, 152-79.
Minkov, M., and V. Blagoev (2009). "Cultural values predict subsequent economic growth." *International Journal of Cross-Cultural Management*, 9 (1), 5-24.
Mintzberg, H. (1983). *Structure in Fives: Designing Effective Organizations*. Englewood Cliffs, NJ: Prentice-Hall.
Mintzberg, H. (1989). *Mintzberg on Management: Inside Our Strange World of Organizations*. New York: The Free Press.（『人間感覚のマネジメント――行き過ぎた合理主義への抗議』北野利信訳，ダイヤモンド社，1991 年）
Mintzberg, H. (1993). "The pitfalls of strategic planning." *California Management Review*, 36 (1), 32-47.
Mithen, S. (2003). *After the Ice: A Global Human History 20,000-5,000 B.C.* London: Weidenfield & Nicholson.
Montesquieu, C.-L. de (1979). *De l'esprit des lois*, vol. 1. Paris. GF-Flammarion. [1742]（『法の精神』全 3 巻，野田良之ほか訳，岩波文庫，1989 年）
Moore, C. A. (1967). Editor's supplement: "The enigmatic Japanese mind." In: *The Japanese Mind: Essentials of Japanese Philosophy and Culture*. C. A. Moore (ed.), Tokyo: C. E. Tuttle, 288-

agement, 8, 145–69.

Levine R., S. Sato, T. Hashimoto, and J. Verma (1995). “Love and marriage in 11 cultures.” *Journal of Cross-Cultural Psychology*, 30, 178–205.

Levine R. V., and A. Norenzayan (1999). “The pace of life in 31 countries.” *Journal of Cross-Cultural Psychology*, 30, 178–205.

Levine R. V., A. Norenzayan, and K. Philbrick (2001). “Cross-culural differences in helping strangers.” *Journal of Cross-Cultural Psychology*, 32 (5), 543–60.

Levinson, D. (1977). “What we have learned from cross-cultural surveys?” *American Behavioral Scientist*, 20, 757–92.

Lévi-Strauss, C., and D. Eribon (1988). *De près et de loin*. Paris: Editions Odile Jacob.（『遠近の回想』竹内信夫訳，みすず書房，1991 年）

Lewis, B. (1982). *The Muslim Discovery of Europe*. London: Weidenfield & Nicholson.（『ムスリムのヨーロッパ発見』上・下，尾高晋己訳，春風社，2000–2001 年）

Locke, R. R. (1996). *The Collapse of the American Management Mystique*. Oxford: Oxford University Press.

Lord, M. D., and A.L. Ranft (2000). “Organizational learning about new international markets: Exploring the internal transfer of local market knowledge.” *Journal of International Business Studies*, 31 (4), 573–89.

Lynch P. D., and J. C. Beck (2001). “Profiles of internet buyers in 20 countries: Evidence for religion-specific strategies.” *Journal of International Business Studies*, 32 (4), 725–48.

Lynn, M. (2000). “National character and tipping customs: The needs for achievement, affiliation and power as predictors of the prevalence of tipping.” *International Journal of Hospitality Management*, 19 (2), 205–10.

Lynn, R. (1971). *Personality and National Character*. Oxford: Pergamon Press.（『性格と国民性——不安と繁栄』岩脇三良・宇津木保・望月衛訳，誠信書房，1973 年）

Lynn, R. (1975). “National differences in anxiety 1935–65.” In: *Stress and Anxiety*, Part 2. I. G. Sarason and C. D. Spielberger (eds.), Washington, DC: Hemisphere, 257–74.

Lynn, R. (1991). *The Secret of Miracle Economy: Different National Attitudes to Competitiveness and Money*. London: Social Affairs Unit.

Machiavelli, N. (1955). *The Ruler*. Translated by P. Rodd. Los Angeles: Gateway Editions. [1517]（『君主論』池田廉訳，中央公論社，1975 年）

Magalhaes, R. (1984). “Organization development in Latin countries: Fact or fiction.” *Leadership and Organization Development Journal*, 5 (5), 17–21.

Mamman, A., and K. Saffu (1998). “Short-termism, control, quick-fix and bottom line.” *Journal of Managerial Psychology*, 13, 291–308.

Mann, J., R. C. Connor, P. L. Tyack, and H. Whitehead, eds. (2000). *Cetacean Societies: Field Studies of Dolphins and Whales*. Chicago: University of Chicago Press.

March, J. G., and J. P. Olsen (1976). *Ambiguity and Choice in Organizations*. Bergen, Norway: Universitetsforlaget.（『組織におけるあいまいさと決定』遠田雄志・アリソン・ユング訳，有斐閣，1986 年）

Markus, H. R., and S. Kitayama (1991). “Culture and the self: Implications for cognition, emotion, and motivation.” *Psychological Review*, 98, 224–53.

Maslow, A. H. (1970). *Motivation and Personality*, 2nd ed. New York: Harper & Row.（『人間性の心理学〔改訂新版〕』小口忠彦監訳，産業能率短期大学出版部，1987 年）

Matsumoto, D. (1989). “Cultural influences on the perception of emotion.” *Journal of Cross-Cultural Psychology*, 20, 92–105.

McClelland, D. (1961). *The Achieving Society*. Princeton NJ: Van Nostrand.（『達成動機』林保監訳，産業能率短期大学出版部，1971 年）

McCrae, R. R. (2002). “NEO-PI-R data from 36 cultures: Further intercultural comparisons.” In: *The*

Kashima, E. S., and Y. Kashima (1998). "Culture and language: The case of cultural dimensions and personal pronoun use." *Journal of Cross-Cultural Psychology*, 29, 461–84.

Kashima, Y., and E. S. Kashima (1998). "Individualism, GNP, climate, and pronoun drop: Is individualism determined by affluence and climate, or does language use play a role?" *Journal of Cross-Cultural Psychology*, 34 (1), 125–34.

Kelen, B. (1983). *Confucius: In Life and Legend*. Singapore: Graham Brash (Pte.) Ltd. [1971]

Kelly, K. (1994). *Out of Control: The New Biology of Machines, Social Systems, and the Economic World*. Reading, MA: Addison-Wesley. (『「複雑系」を超えて――システムを永久進化させる9つの法則』福岡洋一・横山亮訳，アスキー，1999年)

Kets de Vries, M. F. R. (2001). *The Leadership Mystique: A User's Manual for the Human Enterprise*. London: Financial Times/Prentice-Hall.

Khandwalla, P. N. (1985). "Pioneering Innovative management: An Indian excellence." *Organization Studies*, 6, 161–83.

Kiernan, V. G. (1969). *The Lords of Human Kind: European Attitudes Towards the Outside World in the Imperial Age*. Harmondsworth, Mddx., UK: Pelican.

Kieser, A., and H. Kubicek (1983). *Organisation*. Berlin: Walter de Gruyter.

Kim, U. (1995). "Psychology, science, and culture: Cross-cultural analysis of national psychologies." *International Journal of Psychology*, 30, 663–79.

Klidas, A. K. (2001). "Employee Empowerment in the European Hotel Industry: Meaning, Process and Cultural Relativity." Ph. D. dissertation, University of Tilburg. Amsterdam: Thela Thesis.

Kluckhorn, F. R., and F. L. Strodtbeck (1961). *Variations in Value Orientations*. Westport, CT: Greenwood.

Kohn, M. L. (1969). *Class and Conformity: A Study in Values*. Homewood IL: Dorsey Press.

Kolman, L., N. G. Noorderhaven, G. Hofstede, and E. Dienes (2003). "Cross-cultural differnces in Central Europe." *Journal of Managerial Psychology*, 18, 76–88.

Kuhn, T. S (1970). *The Structure of Scientific Revolutions*, 2nd enlarged ed. Chicago: University of Chicago Press. (『科学革命の構造』中山茂訳，みすず書房，1971年)

Kühnen, U., B. Hannover, U. Roeder, A. A. Shah, B. Schubert, A. Upmeyer, and A. Zakaria (2001). "Cross-cultural variations in identifying embedded figures: Comparison from the United States, Germany, Russia, and Malaysia." *Journal of Cross-Cultural Psychology*, 32 (3), 365–71.

Kuppens, P., E. Ceulemans, M. E. Timmerman, E. Diener, and C. Kim-Prieto (2006). "Universal intracultural and intercultural dimensions of the recalled frequency of emotional experience." *Journal of Cross-Cultural Psychology*, 37, 491–515.

Kuznar, L., and R. Sedlmeyer (2005). "Collective violence in Darfur: An agent-based model of pastoral nomad/sedentary peasant interaction." *Mathematical Anthropology and Cultural Theory: An International Journal*, 1 (4), 1–22.

Laaksonen, O. J. (1977). "The power of Chinese enterprises." *International Studies of Management and Organization*, 7 (1), 71–90.

Lammers, A. (1989). *Uncle Sam en Jan Salie: Hoe Nederland Amerika ontdekte*. Amsterdam: Balans.

Lammers, C. J. (1988). "Transience and persistence of ideal types in organization theory." *Research in the Sociology of Organizations*, 6, 203–224.

Lammers, C. J. (2003). "Occupational regimes alike and unlike." *Organization Studies*, 9, 1379–1403.

Lasch, C. (1980). *The Culture of Narcissism: American Life in an Age of Diminishing Expectations*. New York: Warner. (『ナルシシズムの時代』石川弘義訳，ナツメ社，1981年)

Laurent, A. (1981). "Matrix organizations and Latin cultures." *International Studies of Management and Organization*, 10 (4), 101–14.

Lawrence, P. (1980). *Managers and Management in West Germany*. London: Croom Helm.

Leung, K., and F. J. R. van de Vijver (2008). "Strategies for strengthening causal inferences in cross-cultural research: The consilience approach." *International Journal of Cross-Cultural Man-*

thetic Cultures. Yarmouth, ME: International Press.
Holldobler, B., and E. O. Wilson (1990). *The Ants*. Cambridge, MA: Harvard University Press. (『蟻の自然誌』辻和希・松本忠夫訳, 朝日新聞社, 1997年)
Hoppe, M. H. (1990). "A Comparative Study of Country Elites: International Differences in Work-Related Values and Learning and Their Implications for Management Training and Development." Ph. D dissertation, University of North Carolina at Chapel Hill.
Hoppe, M. H. (1998). "Validating the masculinity/femininity dimensions on elites from nineteen countries." In: *Masculinity and Femininity: The Taboo Dimension of National Cultures*. G. Hofstede et al., Thousand Oaks, CA: Sage, 29-43.
Hoppe, M. H., and R. Bhagat (2007). "Leadership in the United States: The leader as a cultural hero." In: *Culture and Leadership Across the World: The GLOBE Book of In-Depth Studies of 25 Societies*. J. S. Chhokar, F. C. Brodbeck, and R. J. House (eds.), Thousand Oaks, CA: Sage, 475-535.
Horovitz, J. H. (1980). *Top Management Control in Europe*. London: Macmillan.
House, R. J., P. Hanges, M. Javidan, P. W. Dorfman, and V. Gupta, ed. (2004). *Culture, Leadership, and Organizations: The GLOBE Study of 62 Societies*. Thousand Oaks, CA: Sage.
Hsu, F. L.K. (1971). "Psychological homeostasis and jen: Conceptual tools for advancing psychological anthropology." *American Anthropologist*, 73, 23-44.
Hudson, V. M., and A. den Boar (2004). *Bare Branches: The Security Implications of Asia's Surplus Male Population*. Cambridge, MA: MIT Press.
Huettinger, M. (2006). "Cultural dimensions in business life: Hofstede's indices for Latvia and Lithuania." *Baltic Journal of Management*, 3, 359-67.
Humana, C. (1992). *World Human Rights Guide*, 3rd ed. New York: Oxford University Press. (『世界人権ハンドブック』竹澤千恵子訳, 明石書店, 1994年)
Human Development Report, 1999. New York: Oxford University Press.
Human Development Report, 2002. New York: Oxford University Press.
Human Development Report, 2006. New York: Oxford University Press.
Hume, D. (1964). *The Philosophical Works*, 3 vol. T.H. Green and T.H. Grose (eds.), London; reprinted in facsimile, 1964, by Scientia Verlag, Aalen, Ger. FRG. [1742]
Hunt, J. W. (1981). "Commentary: Do American theories apply abroad?" *Organizational Dynamics*, 10 (1), 55-62.
Huntington, S. P. (1998). *The Clash of Civilizations and the Remaking of the World Order*. New York: Simon & Schuster. (『文明の衝突』鈴木主税訳, 集英社, 1998年)
Inglehart, R. (1997). *Modernization and Postmodernization: Cultural, Economic, and Political Change in 43 Societies*. Princeton, NJ: Princeton University Press.
Inglehart, R., and W. E. Baker (2000). "Modernization, cultural change, and the persistence of traditional values." *American Sociological Review*, 65, 19-51.
Inglehart, R., M. Basañez, and A. Moreno (1998). *Human Values and Beliefs: A Cross-Cultural Sourcebook*. Ann Arbor: University of Michigan Press.
Inkeles, A., and D. J. Levinson (1969). "National character: The study of modal personality and sociocultural systems." In: *The Handbook of Social Psychology*. G. Lindsey and E. Aronson (eds.), 2nd ed., vol. 4. Reading, MA: Addison-Wesley. [1954]
Jablonka, E., and M. J. Lamb (2005). *Evolution in Four Dimensions: Genetic, Epigenetic, Behavioral, and Symbolic Variation in the History of Life*. Cambridge, MA: MIT Press.
Jackofsky, E. F., and J. W. Slocum (1988). "CEO roles across cultures." In: *The Executive Effect: Concepts and Methods for Studying Top Managers*. D. C. Hambrick (ed.), Greenwich, CT: JAI, 76-99.
Jenkins, D. (1973). *Blue and White Collar Democracy*. Garden City, NY: Doubleday.
Kahn, H. (1979). *World Economic Development: 1979 and Beyond*. London: Croom Helm. (『大転換期』風間禎三郎, TBSブリタニカ, 1980年)

nization and Society, 6 (3), 193-221.

Hofstede, G. (1984). *Culture's Consequences: International Differences in Work-Related Values*, abridged ed. Beverly Hills, CA: Sage.

Hofstede, G. (1986). "Cultural differences in teaching and learning." *International Journal of Intercultural Relations*, 10 (3), 301-20.

Hofstede, G. (1988). "McGregor in Southeast Asia?" In: *Social Values and Development: Asian Perspectives*. D. Sinha and H. S. R. Kao (eds.), New Delhi: Sage. 304-14.

Hofstede, G. (1991). *Cultures and Organizations: Software of the Mind*. London, UK: McGraw-Hill. (『多文化世界――違いを学び共存への道を探る』岩井紀子・岩井八郎訳，有斐閣，1995年)

Hofstede, G. (1994a). *Uncommon Sense About Organizations: Cases, Studies, and Field Observations*. Thousand Oaks, CA: Sage.

Hofstede, G. (1994b). "Cultural and other differences in teaching and learning." In: *The Principles of Multicultural Tertiary Education*. A. van der Walt (ed.), 71-79. Selected papers delivered at an international conference. Vaal Traiangle Technikon, Vanderbijlpark, South Africa.

Hofstede, G. (1995). "Multilevel research of human systems: Flowers, bouquets, and gardens." *Human System Research*, 14, 207-17.

Hofstede, G. (1996a). "An American in Paris: The influence of nationality on organization theories." *Organization Studies*, 17, 525-37.

Hofstede, G. (1996b). "Gender stereotypes and partner preferences of Asian women in masculine and feminine cultures." *Journal of Cross-Cultural Psychology*, 27, 533-46.

Hofstede, G. (2001a). *Culture's Consequences: Comparing Values, Behaviors, Institutions, and Organizations Across Nations*. Thousand Oaks, CA: Sage.

Hofstede, G. (2001b). "Comparing behaviors across nations: Some suggestions to Levine and Norenzayan." *Cross Cultural Psychology Bulletin*, 35 (3), 27-29.

Hofstede, G. (2006). "What did GLOBE really measure? Researchers' minds versus respondents' minds." *Journal of International Business Studies*, 37, 882-96.

Hofstede, G. (2007a). "A European in Asia." *Asian Journal of Social Psychology*, 10, 16-21.

Hofstede, G. (2007b). "Asian management in the 21st century." *Asia Pacific Journal of Management*, 24, 411-20.

Hofstede, G., and M. H. Bond (1984). "Hofstede's culture dimensions: An independent validation using Rokeach's Value Survey." *Journal of Cross-Cultural Psychology*, 15 (4), 417-33.

Hofstede, G., and M. H. Bond (1988). "The confucius connection: From cultural roots to economic growth." *Organizational Dynamics*, 16 (4), 4-21.

Hofstede, G., M. H. Bond, and C. L. Luk (1993). "Individual perceptions of organizational cultures: A methodological treatise on levels of analysis." *Organizational Studies*, 14, 483-503.

Hofstede, G., and R. R. McCrae (2004). "Personality and culture revisited: Linking traits and dimensions of culture." *Cross-Cultural Research*, 38 (1), 52-88.

Hofstede, G., B. Neuijen, D. D. Ohayv, and G. Sanders (1990). "Measuring organizational cultures." *Administrative Science Quarterly*, 35, 286-316.

Hofstede, G., C. A. van Deusen, C. B. Mueller, T. A. Charles, and the Business Goals Network (2002). "What goals do business leaders pursue? A study in fifteen countries." *Journal of International Business Studies*, 33 (4), 785-803.

Hofstede, G., et al. (1998). *Masculinity and Femininity: The Taboo Dimension of National Cultures*. Thousand Oaks, CA: Sage.

Hofstede, G. J. (1995). "Open problems, formal problems." *Revue des Systèmes de Décesion*, 4 (2), 155-65.

Hofstede, G. J. (2001). "Adoption of communication technologies and national culture." *Systèmes d'Information et Management*, 3 (6), 55-74.

Hofstede, G. J., P. J. Pedersen, and G. Hofstede (2002). *Exploring Culture: Exercises, Stories and Syn-*

Schuster.（『アメリカ・ナウ――なぜ，何もかもうまくいかないか』大前正臣訳，サイマル出版会，1982 年）
Harrison, L. E. (1985). *Underdevelopment is a State of Mind*. Lanham, MD: Madison Books.
Harzing, A. W. (1995). "The persistent myth of high expatriate failure rates." *International Journal of Human Resource Management*, 6, 457-74.
Harzing, A. W. (2001). "Are our referencing errors undermining our scholarship and credibility? The case of expatriate failure rates." *Journal of Organizational Behavior*, 23, 127-48.
Harzing, A. W., and A. Sorge (2003). "The relative impact of country of origin and universal contingencies on internationalization strategies and corporate control in multinational enterprises: Worldwide and European perspectives." *Organization Studies*, 24 (2), 187-214.
Hastings, H. E., and P. K. Hastings (1980). *Index to International Public Opinion 1979-1980*. Oxford: Clio.
Hastings, H. E., and P. K. Hastings (1981). *Index to International Public Opinion 1980-1981*. Oxford: Clio.
Hawes, F., and D. J. Kealey (1979). *Canadians in Development: An Empirical Study of Adaptation and Effectiveness on Overseas Assignment*. Ottawa: Canadian International Development Agency.
Heine, S. J. (2003). "An exploration of cultural variation in self-enhancing and self-improving motivations." In: *Cross-Cultural Differences in Perspectives of the Self*. V. Murphy-Berman and J. J. Berman (eds.), Nebraska Symposium on Motivation, vol. 49. Lincoln: University of Nebraska Press, 101-28.
Helgesen, G., and U. Kim (2002). *Good Government: Nordic and East Indian Perspectives*. Copenhagen: NIAS Press in collaboration with DUPI (Dansk Udenrigspolitisk Institut-Danish Institute of International Affairs).
Helmreich, R. L., and A. C. Merritt (1998). *Culture at Work in Aviation and Medicine: National, Organizational and Professional Influences*. Aldershot, Hants., UK: Ashgate.
Herodotus (1997 [420 B.C.]). *The Histories*. Translated by Rosalind Thomas. New York: Everyman's Library.（『歴史』上・中・下，松平千秋訳，岩波書店，1971-1972 年）
Herzberg, F. (1966). *Work and the Nature of Man*. Boston: World Publishing Co.（『仕事と人間性』北野利信訳，東洋経済新報社，1968 年）
Herzberg, F., B. Mausner, and B. B. Snyderman (1959). *The Motivation to Work*. New York: John Wiley & Sons.
Hickson, D. J., and D. S. Pugh (2001). *Management Worldwide: Distinctive Styles amid Globalization*, new enhanced ed. Harmondsworth, Mddx.: Penguin Books.
Hill, C., and C. T. Romm (1996). "The role of mothers as gift givers: A comparison across 3 cultures." *Advances in Consumer Research*, 23, 21-27.
Ho, D. Y. F. (1976). "On the concept of face." *American Journal of Sociology*, 81, 867-84.
Hofstede, G. (1967). *The Game of Budget Control: How to Live with Budgetary Standards and Yet Be Motivated by Them*. Assen Neth.: Van Gorcum.（『予算統制の行動科学』藤田忠監訳，ダイヤモンド社，1976 年）
Hofstede, G. (1978). "The poverty of management control philosophy." *Academy of Management Review*, 3, 450-61.
Hofstede, G. (1980a) *Culture's Consequences: International Differences in Work-Related Values*. Beverly Hills, CA: Sage.（『経営文化の国際比較』萬成博・安藤文四郎監訳，産業能率大学出版部，1984 年）
Hofstede, G. (1980b). "Motivation, leadership and organization: Do American theories apply abroad?" *Organizational Dynamics*, 9 (1), 42-63.
Hofstede, G. (1981a). "Do American theories apply abroad? A reply to Goodstein and Hunt." *Organizational Dynamics*, 10 (1), 63-68.
Hofstede, G. (1981b) "Management control of public and not-for-profit activities." *Accounting, Orga-*

Fleishman, E. A., E. F. Harris, and H. E. Burtt (1955). *Leadership and Supervision in Industry.* Columbus: Ohio State University, Bureau of Educational Research.

Foreign Policy magazine and the Center for Global Development (2003). "Ranking the Rich: Which Country Really Helps the Poor?" foreignpolicy.com, May 9.

Forss, K., J. Carlsen, E. Frøyland, T. Sitari, and K. Vilby (1988). *Evaluation of the Effectiveness of Technical Assistance Personnel Financed by the Nordic Countries.* Stockholm: Swedish International Development Authority.

Franck, G. (1973). "Ëpitaphe pour la D. P. O." *Le Management,* 3, 8-14.

Franke, J., and N. Nicholson (2002). "Who shall we sent? Cultural and other influences on the rating of selection criteria for expatriate assignments." *International Journal of Cross-Cultural Management,* 1, 21-36.

Gambling, T. (1977). "Magic, accounting and morale." *Accounting, Organizations and Society,* 2, 141-51.

Gao, G., S. Ting-Toomey, and W. B. Gudykunst (1996). "Chinese communication processes." In: *The Handbook of Chinese Psychology.* M. H. Bond (ed.), Hong Kong: Oxford University Press, 280-93.

Garver-Apgar, C. E., S. W. angestad, R. Thornhill, R. D. Miller, and J. J. Olp (2006). "MHC alleles, sexual responsivity, and unfaithfulness in romantic couples." *Psychological Science,* 17, 830-35.

Giddens, A. (2001). *Sociology,* 4th ed. Cambridge, UK: Polity Press. (『社会学（第 4 版）』松尾精文・西岡八郎・藤井達也・小幡正敏・叶堂隆三・立松隆介・内田健訳，而立書房，2004 年)

Golding, W. (1978 [1954]). *Lord of the Flies.* Brighton: Guild Books. (『蝿の王』平井正穂訳，集英社，1973 年)

Gonzalez, A. (1982). "Sex roles of the traditional Mexican family: A comparison of Chicano and Anglo students' attitudes." *Journal of Cross-Cultural Psychology,* 13, 330-39.

Goodstein, L. D. (1981). "Commentary: Do American theories apply abroad?" *Organizational Dynamics,* 10 (1), 49-54.

Gould, S. J. (1996). *The Mismeasure of Man.* New York: Norton & Company. (『人間の測りまちがい——差別の科学史（増補改訂版）』鈴木善次・森脇靖子訳，河出書房新社，1998 年)

Gray, J. (1993). *Men Are From Mars, Women Are from Venus.* London: Harper Collins. (『ベスト・パートナーになるために——「分かち愛」の心理学』大島渚訳，三笠書房，1993 年)

Gray, S. J. (1988). "Towards a theory of cultural influence on the development of accounting systems internationally." *Abacus,* 24 (1), 1-15.

Groterath, A. (2000). *Operatione Babele: La comunicazione interculturale nelle missioni di pace.* Thesis Peacekeeping and Security Course, Rome University.

Habib, S. (1995). "Concepts fondametaux et fragments de psychosociologie dans l'oeuvre d'Ibn-Khaldoun: Al-Muqaddima (1375-1377)." *Les Cahires Internationaux de Psychologie Sociale,* 27, 101-21.

Haley, K. H. D. (1988). *The British and the Dutch: Political and Cultural Relations Through the Ages.* London: George Philip.

Hall, E. T. (1976). *Beyond Culture.* Garden City, NY: Doubleday Anchor Books. (『文化を超えて』岩田慶治・谷泰訳，TBS ブリタニカ，1979 年)

Halman, L. (2001). *The European Values Study: A Third Wave.* Tilburg, Neth.: ESC, WORC, Tilburg University.

Halman, L., and T. Petterson (1996). "The shifting sources of morality: From religion to post-materialism?" In: *Political Value Change in Western Democracies: Integration, Values Identification, and Participation.* L. Halman and N. Nevitte (eds.), Tilburg, Neth.: Tilburg University Press, 261-284.

Harding, S., and D. Phillips, with M. Fogarty (1986). *Contrasting Values in Western Europe.* London: Macmillan.

Harris, M. (1981). *America Now: The Anthropology of a Changing Culture.* New York: Simon &

房，2002 年）
Dia, M.（1996）. *Africa's Management in the 1990s and Beyond: Reconciling Indigenous and Transplanted Institutions*. Washington, DC: World Bank.
Diamond, J.（1997）. *Guns, Germs, and Steel: The Fates of Human Societies*. New York: W. W. Norton.（『銃・病原菌・鉄——一万三〇〇〇年にわたる人類史の謎』上・下，倉骨彰訳，草思社，2000 年）
Diderot, D.（1982）. *Voyage en Hollande*. Paris: François Maspéro. ［1780］
Diener, E., and M. Diener（1995）. "Cross-cultural correlates of life-satisfaction and self-esteem." *Journal of Personality and Social Psychology*, 68, 653–63.
Diener, E., and W. Tov（2007）. "Culture and subjective well-being." In: *Handbook of Cultural Psychology*. S. Kitayama and D. Cohen（eds.）, New York: Guilford, 691–713.
Dion, K. K., and K. L. Dion（1993）. "Individualistic and collectivistic perspectives on gender and the cultural context of love and intimacy." *Journal of Social Issues*, 49（3）, 53–69.
d'Iribarne, P.（1989）. *La logique de l'honneur: Gestion des entreprises et traditions nationales*. Paris: Seuil.
d'Iribarne, P.（1998）. "Comment s'accorder: Une rencontre franco-suédoise." In: *Cultures et mondialisation: Gérer par-delà desfrontières, P. d'Iribarne*. A. Henry, J. P. Segal, S. Chevrier, and T. Globokar（eds.）, Paris: Seuil, 89–115.
d'Iribarne, P.（2002）. "Motivating workers in emerging countries: Universal tools and local adaptations." *Journal of Organizational Behavior*, 23（3）, 243–56.
Djankov, S., R. La Porta, F. Lopez-de-Silanes, and A. Shleifer（2003）. *The Practice of Justice*. Report by the World Bank. worldbank.org/publicsector/legal/index.cfm.
Douglas, M.（1966）. *Purity and Danger*. London: Routledge and Kegan Paul.（『汚穢と禁忌』塚本利明訳，思潮社，1985 年）
Drucker, P. F.（1955）. *The Practice of Management*. London: Mercury.（『現代の経営』上・下，現代経営研究会訳，ダイヤモンド社，1965 年）
Earley, P. C.（1989）. "Social loafing and collectivism: A comparison of the United States and the People's Republic of China." *Administrative Science Quarterly*, 34, 565–81.
Earley, P. C.（1997）. *Face, Harmony and Social Structure: An Analysis of Organization Behavior Across Cultures*. New York: Oxford University Press.
The Economist（2001）. "An Anthropology of Happiness." In: *Christmas Special*, December 22, p. 70.
Elias, N.（1969）. *Uber den Prozess der Zivilisation*. Frankfurt（Main）: Suhrkamp.（『文明化の過程』赤井慧爾・中村元保・吉田正勝・波田節夫・羽田洋・溝辺敬一・藤平浩之訳，法政大学出版局，2004 年）
Erasmus, D.（2001）. *Gesprekken*（*Colloquia*）. Amsterdam: Athenaeum-Polak & van Gennep. ［1524］
Etcoff, N., S. Orbach, J. Scott, and H. Agostino（2006）. *Beyond Stereotypes: Rebuilding the Foundation fo Beauty Beliefs*. campaignforrealbeauty.com/dovebeyondstereo-typeswhitepaper.pdf.
Eurobarometer（various issues and years）. Brussels: European Commission.
Euromonitor（various issues and years）. London: Euromonitor International.
Fang, T.（2003）. "A critique of Hofstede's fifth national culture dimension." *International Journal of Cross-Cultural Management*, 3（3）, 347–68.
Fayol, H.（1970）. *Administration industrielle et générale*. Paris: Dunod. ［1916］.（『産業ならびに一般の管理』佐々木恒男訳，未来社，1972 年）
Ferguson, I. R. G.（1973）. *Management by Objectives in Deutschland*. Frankfurt: Herder und Herder.
Fernández-Armesto, F.（2004）. *So You Think You're Human? A Brief History of Humankind*. Oxford: Oxford University Press.（『人間の境界はどこにあるのだろう？』長谷川眞理子訳，岩波書店，2008 年）
Fisher, G.（1988）. *Mindsets: The Role of Culture and Perception in International Relations*. Yarmouth, ME: Intercultural Press.

culture." *Journal of Cross-Cultural Psychology*, 18 (2), 143-64.
Cleverly, G. (1971). *Managers and Magic*. London: Longman. (『重役室の中の呪術——文化人類学からみた経営社会』斎藤仁夫・亀谷悟郎訳，講談社，1972 年)
Cochran, G., and H. Harpending (2009). *The 10,000 Year Explosion: How Civilization Accelerated Human Evolution*. New York: Basic Books. (『一万年の進化爆発——文明が進化を加速した』古川奈々子訳，日経 BP 社，2010 年)
Cohen, P. (1973). *The Gospel According to the Harvard Business School: The Education of America's Managerial Elite*. Garden City NY: Doubleday.
Cooper. R., and N. Cooper (1982). *Culture Shock! Thailand…, and How to Survive It*. Singapore: Times Books International.
Costa, P. T. Jr., A. Terraciano, and R. R. McCrae (2001). "Gender differences in personality traits across cultures: Robust and surprising findings." *Journal of Personality and Social Psychology*, 81, 322-31.
Crozier, M. (1964). *The Bureaucratic Phenomenon*. Chicago: The University of Chicago Press.
Crozier, M., and E. Friedberg (1977). *L'acteur et le système: Les contraintes de l'action collective*. Paris: Seuil.
Cushner, K., and R. W. Brislin (1996). *Intercultural Interactions: A Practical Guide, 2nd ed*. Thousand Oaks, CA: Sage.
Cyert, R. M., and J. G. March (1963). *A Behavioral Theory of the Firm*. Englewood Cliffs, NJ: Prentice-Hall. (『企業の行動理論』松田武彦・井上恒夫訳，ダイヤモンド社，1967 年)
Darwin, C. (2004 [1874]). *The Descent of Man*. Harmondsworth, Mddx., UK: Penguin. (『人間の進化と性淘汰』1・2，長谷川眞理子訳，文一総合出版，1999-2000 年)
Davies, H., and P. Ellis (2000). "Porter's comparative advantage of nations: Time for final judgement?" *Journal of Management Studies*, 37 (December 8), 1189-1213.
Davies, M., H. Davies, and K. Davies (1992). *Humankind the Gatherer-Hunter: From Earliest Times to Industry*. Swanley, Kent, UK: Myddle-Brockton.
Dawkins, R. (1976). *The Selfish Gene*. Oxford: Oxford University Press. (『利己的な遺伝子』日高敏隆ほか訳，紀伊國屋書店，1991 年)
Deal, T. E., and A. A. Kennedy (1982). *Corporate Cultures: The Rites and Rituals of Corporate Life*. Reading MA: Addison-Wesley. (『シンボリック・マネジャー』城山三郎訳，新潮社，1987 年)
de Kort, W., E. Wagenmans, A. van Dongen, Y. Slotboom, G. Hofstede, and I. Veldhuizen (2010). "Blood product collection and supply: Just a matter of money?" *Vox Sanguinis*, 98.
de Mooij, M. (1998). "Masculinity/femininity and consumer behavior". In: *Masculinity and Femininity: The Taboo Dimension of National Cultures*. G. Hofstede et al., Thousand Oaks, CA: Sage.
de Mooij, M. (2004). *Consumer Behavior and Culture: Consequences for Global Marketing and Advertising*. Thousand Oaks, CA: Sage.
de Mooij, M. (2010). *Global Marketing and Advertising: Understanding Cultural Paradoxes*, 3rd ed. Thousand Oaks, CA: Sage.
de Mooij, M., and G. Hofstede (2002). "Convergence and divergence in consumer behavior: Implication for international retailing." *Journal of Retailing*, 78, 61-69.
Deschepper, R., L. Grigoryan, C. Stålsby Lundborg, G. Hofstede, J. Cohen, G. Van der Kelen, L. Deliens, and F. M. Haaijer-Ruskamp (2008). "Are cultural dimensions relevant for explaining cross-national differences in antibiotic use in Europe?" *BMC Health Services Research*, 8. London: BioMed Central.
de Waal, F. (1982). *Chimpanzee Politics: Power and Sex Among Apes*. New York: Harper & Row. (『政治をするサル——チンパンジーの権力と性』西田利貞訳，どうぶつ社，1984 年)
de Waal, F. (2001). *The Ape and the Sushi Master: Cultural Reflections of a Primatologist*. New York: Basic Books. (『サルとすし職人——「文化」と動物の行動学』西田利貞・藤井留美訳，原書

nomics, 16 (1), 26-60.
Bond, M. H. (1992). "The process of enhancing cross-cultural competence in Hong-Kong organizations." *International Journal of Intercultural Relations*, 16, 395-412.
Bond, M. H., and S. H. Wang (1983). "Aggressive behavior and the problem of maintaining order and harmony." In: *Global Perspectives on Aggression*. A. P. Goldstein and M. H. Segall (eds.), New York: Pergamon, 58-73.
Bond, M. H., et al. (2004). "Culture-level dimensions of social axioms and their correlates across 41 cultures." *Journal of Cross-Cultural Psychology*, 35, 548-70.
Bond, R., and P. B. Smith (1996). "Culture and Conformity: A meta-analysis of studies using Asch's (1952, 1956). line judgment task." *Psychological Bulletin*, 119, 111-37.
Borgerhoff Mulder, M., et al. (2009). "Intergenerational wealth transmission and the dynamics of inequality in small-scale societies." *Science*, 326, 682-88.
Bourdieu, P. (1980). *Le sens pratique*. Paris: Editions de Minuit.（『実践感覚』全2巻，今村仁司・福井憲彦・塚原史・港道隆訳，みすず書房，1988年・1990年）
Bourdieu, P., and L. J. D. Wacquant (1992). *Réponses: Pour une anthropologie réflexive*. Paris: Seuil.
Boyd, B. (2009). *On the Origin of Stories*. Cambridge, MA: Harvard University Press.
Broms, H., and H. Gahmberg (1983). "Communication to self in organizations and cultures." *Administrative Science Quarterly*, 28, 482-95.
Broverman, I. K., S. R. Vogel, D. M. Broverman, F. E. Clarkson, and P. S. Rosenkrantz (1972). "Sex-role stereotypes: a current appraisal." *Journal of Social Issues*, 28 (2), 59-78.
Brown, L. M., M. M. Bradley, and P. J. Lang (2006). "Affective reactions to pictures of ingroup and outgroup members." *Biological Psychology*, 71, 303-11.
Brunsson, N. (1985). *The Irrational Organizations*. Chichester UK: Wiley.
Buss, D. M. (1989). "Sex differences in human mate preferences: Evolutionary hypotheses tested in 37 cultures." *Behavioral and Brain Sciences*, 12, 1-49.
Buss, D. M., et al. (1990). "International preferences in selecting mates." *Journal of Cross-Cultural Psychology*, 21, 5-47.
Caligiuri, P. M. (2000). "The Big Five personality characteristics as predictors of expatriate's desire to terminate the assignment and supervisorrated performance." *Personnel Psychology*, 53, 67-88.
Campbell, J. (1988). *Myths to Live By*. New York: Bantam Books. [1972]（『生きるよすがとしての神話』飛田茂雄・古川奈々子・武舎るみ訳，角川書店，1996年）
Cao Xueqin (1980). *The Story of the Stone, also known as The Dream of the Red Chamber. Vol. 3: The Warning Voice*. Translated by David Hawkes. Harmondworth, Mddx., UK: Penguin books. [1760]（『紅楼夢』伊藤漱平訳，平凡社ライブラリー，全12巻，1997年）
Carlzon, J. (1987). *Moments of Truth*. Cambridge MA: Ballinger Publishing Company.（『真実の瞬間』堤猶二訳，ダイヤモンド社，1990年）
Carr, S. C., D. Munro, and G. D. Bishop (1996). "Attitude assessment in non-Western countries: Critical modifications to Likert scaling." *Psychologia*, 39, 55-59.
Castells, M. (2001). *The Internet Galaxy*. Oxford: Oxford University Press.（『インターネットの銀河系——ネット時代のビジネスと社会』矢澤修次郎・小山花子訳，東信堂，2009年）
Cavalli-Sforza, L. L. (2000). *Genes, Peoples and Languages*. Berkeley: University of California Press.（『文化インフォマティックス——遺伝子・人種・言語』赤木昭夫訳，産業図書，2001年）
Chandler, T. A., D. D. Shama, F. M. Wolf, and S. K. Planchard (1981). "Multiattributional causality: A five cross-national samples study." *Journal of Cross-Cultural Psychology*, 12, 207-21.
Chenery, H. B., and A. M. Strout (1966). "Foreign assistance and economic development." *American Economic Review*, 56 (4), 679-733.
Chew-Lim, F. Y. (1997). "Evolution of Organizational Culture: A Singaporean Experience." Ph. D. dissertation, University of Hong Kong, School of Business.
Chinese Culture Connection (1987). "Chinese values and the search for culture-free dimensions of

引 用 文 献

［　］内の年度は，初版の発行年度である。新聞記事と未刊行の文書は各章末の「注」に挙げている。

Aberbach, J. D., and R. D. Putnam (1977). *Paths to the Top: The Origins and Careers of Political and Administrative Elites.* Ann Arbor: University of Michigan Press.

Adebayo, A. (1988). "The masculine side of planned parenthood: An explanatory analysis." *Journal of Comparative Family Studies*, 19, 55-67.

Adler, N. J. (1991). *International Dimensions of Organizational Behavior*, 2nd ed. Boston: Kent Publishing Company.（『異文化組織のマネジメント』江夏健一・桑名義晴監訳，マグロウヒル出版，1992年，原著初版の翻訳）

Afro-Centric Alliance (2001). "Indigenising organizational change: Localisation in Tanzania and Malawi." *Journal of Managerial Psychology*, 16, 59-78.

Almond, G. A., and S. Verba (1963). *The Civic Culture: Political Attitudes and Democracy in Five Nations.* Princeton NJ: Princeton University Press.（『現代市民の政治文化』石川一雄ほか訳，勁草書房，1974年）

Alvesson, M. (2002). *Understanding Organizational Culture.* London: Sage.

Andersson, L., and G. Hofstede (1984). *The Effectiveness of Expatriates: Report on a Feasibility Study.* Tilburg, Neth.: IRIC.

Apfelthaler, G., H. J. Muller, and R. R. Rehder (2002). "Corporate global culture as comparative advantage: Learning from Germany and Japan in Alabama and Austria?" *Journal of World Business*. 37, 108-18.

Argyle, M., M. Henderson, M. Bond, Y. Iizuka, and A. Contarello (1986). "Cross-cultural variations in relationship rules." *International Journal of Psychology*, 21, 287-315.

Baker, C. R. (1976). "An investigation of differences in values: Accounting majors versus non-accounting majors." *The Accounting Review*, 51 (4), 886-93.

Barney, J. B. (2002). "Strategic management: From informed conversation to academic discipline." *Academy of Management Executive*, 16, 53-57.

Baruch, J. (2001). "Global or North American? A geographical based comparative analysis of publications in top management journals." *International Journal of Cross-Cultural Management*, 1, 109-26.

Baumeister, R. F. (2007). "Is There Anything Good About Men?" Invited address, American Psychological Association annual convention, San Francisco.

Bel Ghazi, H. (1982). *Over twee culturen: Uitbuiting en opportunisme.* Rotterdam: Futile.

Bem, S. L. (1975). "Sex role adaptability: One consequence of psychological androgyny." *Journal of Personality and Social Psychology*, 31, 634-43.

Benedict, R. (1959). *Patterns of Culture (with a Preface by Margaret Mead).* Boston: Houghton Mifflin. [1934]（『文化の型』米山俊直訳，社会思想社，1973年）

Best, D. L., and J. E. Williams (1996). "Anticipation of aging: A cross-cultural examination of young adults' views of growing old." In: *Asian Contributions to Cross-Cultural Psychology*. J. Pandey, D. Sinha and D P. S. Bhawuk (eds.), New Delhi: Sage, 274-88.

Biggs, J. B. (1996). "Approaches to learning of Asian students: A multiple paradox". In: *Asian Contributions to Cross-Cultural Psychology*. J. Pandey, D. Sinha and D P. S. Bhawuk (eds.), New Delhi: Sage, 180-99.

Blake, R. R., and J. S. Mouton (1964). *The Managerial Grid.* Houston: Gulf Publishing Co.（『期待される管理者像』上野一郎監訳，産業能率短期大学出版部，1969年）

Blanchflower, D. G. and A. J. Oswald (1988). "What makes an entrepreneur?" *Journal of Labor Eco-*

●ヤ　行

●ラ　行

●ワ　行

●マ 行

●タ　行

●ナ　行

●ハ　行

人名索引

●ア　行

●カ　行

●サ　行

■カ　行

■サ　行

◆ラ　行

◆ワ　行

◆国と地域

■ア　行

◆マ　行

◆ヤ　行

◆ハ　行

◆ナ　行

◆タ　行

◆サ　行

◆カ　行

事項索引

太字の数字は，語句がゴシック体で表示されている掲載ページ，「用」は用語解説を示す。

多文化世界《たぶんかせかい》〔原書第3版〕◉違《ちが》いを学《まな》び未来《みらい》への道《みち》を探《さぐ》る

Cultures and Organizations: Software of the Mind, 3rd ed.

1995年 2月20日　初版第1刷発行
2013年10月20日　原書第3版第1刷発行
2024年 3月30日　原書第3版第7刷発行

著　者　ヘールト・ホフステード（Geert Hofstede）
　　　　ヘルト・ヤン・ホフステード（Gert Jan Hofstede）
　　　　マイケル・ミンコフ（Michael Minkov）
訳　者　岩井《いわい》八郎《はちろう》
　　　　岩井《いわい》紀子《のりこ》
発行者　江草貞治
発行所　株式会社 有斐閣
　東京都千代田区神田神保町 2-17
　郵便番号 101-0051　https://www.yuhikaku.co.jp/
印　刷　株式会社精興社
製　本　大口製本印刷株式会社

ISBN 978-4-641-17389-7